醍醐笔记高考数学秘籍（上）

郑 鹏 编著

电子工业出版社

Publishing House of Electronics Industry

北京·BEIJING

内容提要

数学是最依赖于刷题的学科，没有一定的题量积累，不可能取得好成绩，但盲目的题海战术的"性价比"实在太低。提高数学成绩最高效的做法就是，在科学的方法指导下，适量地刷题并学会总结。本书是"头哥"十几年一线高考数学教学经验与智慧的结晶：把高中数学总结出 149 个知识点，441 个次级知识点，47 个二级结论，89 个次级二级结论；做到"考什么，讲什么"，精炼出 193 个高考必考点，配以 558 个经典例题讲解，以精选的高考真题为习题（"答案与解析"单独成册）；在知识点与考点的讲解中，加入了彩色的手写体"醍醐笔记"，在关键处进行深入分析与点拨，让人有"醍醐灌顶"之感，是帮助学生快速打破"考法壁垒"的神器。

本书适用于高考一轮、二轮复习，也适用于高一、高二学生拓宽视野。

图书在版编目(CIP)数据

醍醐笔记：高考数学秘籍：上、下 / 郑鹏编著.
— 北京：电子工业出版社，2023.2

ISBN 978-7-121-45110-2

Ⅰ. ①醍… Ⅱ. ①郑… Ⅲ. ①中学数学课－高中－升学参考资料 Ⅳ. ①G634.603

中国国家版本馆 CIP 数据核字(2023)第 028892 号

责任编辑：崔汝泉　　文字编辑：张毅
印　　刷：三河市良远印务有限公司
装　　订：三河市良远印务有限公司
出版发行：电子工业出版社
　　　　　北京市海淀区万寿路 173 信箱　邮编：100036
开　　本：880×1230　1/16　印张：23.5　字数：756 千字　插页：24
版　　次：2023 年 2 月第 1 版
印　　次：2023 年 2 月第 1 次印刷
定　　价：118.00 元(含上册、下册)

凡所购买电子工业出版社图书有缺损问题，请向购买书店调换。若书店售缺，请与本社发行部联系，联系及邮购电话：(010)88254888，88258888。

质量投诉请发邮件至 zlts@phei.com.cn，盗版侵权举报请发邮件至 dbqq@phei.com.cn。

本书咨询联系方式：(010)88254407。

Preface

经常有学生来问我:"头哥,我数学知识点都会,但就是做不出题,这是为什么呢?""头哥,为什么题老师一讲我就懂,一到自己做就不会了呢?""头哥,我平时感觉良好,一到考试就翻车,这是怎么回事?"其实这些问题都可以归结为一个问题,那就是"为什么不会做题"。而弄明白这个问题的关键所在,就首先要知道什么是题,题的本质是什么。

下图中的方框及其内部就是一道题的构成要素,内部的"球棍模型"代表题目中涉及的知识点以及知识点之间的关联,外部的方框形成了一个壁垒,头哥给它起名为"考法壁垒"。当你站在题目之外,无法看到题目内部的知识点,不会做题就是必然的。因此,"会做题"的前提条件是打破"考法壁垒"。

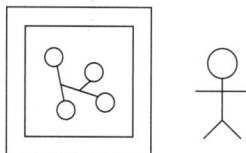

所以,开头几个问题的答案也就显而易见了。

为什么数学知识点都会,但就是做不出题?因为你没有打破"考法壁垒",看不到题目里面考查的是哪些知识点,自然就做不出题。

为什么题经老师一讲我就懂,一到自己做就不会了呢?因为老师帮你打破了"考法壁垒",让你看到了里面的知识点,而自己做题的时候,没有人帮你打破"考法壁垒"了。

为什么平时感觉良好,一到考试就翻车?因为平时没有时间压力,可以慢慢磨,一点点打破"考法壁垒",但是考试时有时间压力,在有限的时间内,自己无法及时打破"考法壁垒"。

本书的一个核心任务,就是教会同学们如何高效打破"考法壁垒"。实战中,在题目里"考法壁垒"的厚度不是均匀的,总有些地方存在薄弱点,如下图所示。如果能够快速找到这些薄弱点,就能够快速打破"考法壁垒",从而快速做出题目。在对本书学习中,同学们会发现很多实用、好用、高效的解题方法与技巧,这些都是帮助大家快速打破"考法壁垒"的神器。

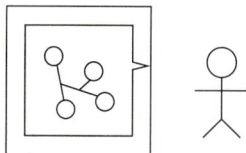

明白这个原理之后,大家便可以站在一个更高的维度重新审视题目。完成一道道题目的本质就是在打破一道道壁垒。"工欲善其事,必先利其器。"本书是头哥在十几年的一线教学工作中一点点打磨出来的神器库,头哥会毫无保留地把这些神器悉心传授给大家。

努力不一定能成功,但不努力必定会失败,用数学语言来描述,"努力"是"成功"的必要不充分条件。真正的英雄主义,或许不是为了一个成功的结果而全力以赴,而是拼尽全力,只为博取一个成功的可能。

加油啊,同学们!努力打拼出自己美好的未来!

编著者

现在就扫,认识清华头哥
拿 1000 字手写提分心得

Contents
目录

第一章　集合、逻辑、复数

头哥说：集合论是整个数学大厦（不止高中数学）的基础理论，代数本质上研究的是数集，几何本质上研究的是点集，概率与统计本质上研究的是样本的集合。

第 1 节　集　　合

集合就像购物车，什么都能往里捆。

知识梳理

基础知识

1. 元素与集合

当含参集合（求解参数）出现多解时，经常需要利用元素的互异性舍解。

(1)集合中元素的三个特性:确定性、互异性、无序性; → 数集与数列的重要区别。

(2)元素与集合的关系是属于或不属于,表示符号分别为 ∈ 和 ∉; → 这两个符号用来连接元素与集合。

(3)集合的三种表示方法:列举法、描述法、图示法(韦恩图);

$\{1,2,3\}$　　　$1,2,3$　　　$\{x\in\mathbf{Z}\mid 1\leqslant x\leqslant 3\}$

头哥说：描述法表示集合时一定要注意代表元素，例如：$\{x\mid y=x^2\}$ 表示函数 $y=x^2$ 的定义域，$\{y\mid y=x^2\}$ 表示函数 $y=x^2$ 的值域，$\{(x,y)\mid y=x^2\}$ 表示函数 $y=x^2$ 图像上的所有点。

(4)常用数集:实数集 **R**、有理数集 **Q**、整数集 **Z**、自然数集 **N**、正整数集 $\mathbf{N}_+$ 或 $\mathbf{N}^*$.

2. 区间 → 连续集的简单表示方法。

"+"（家）在地上，代表取正值；"*"（星星）在天上，代表除去元素 0。

(1)开区间:$\{x\mid a<x<b\}\to(a,b)$;

(2)闭区间:$\{x\mid a\leqslant x\leqslant b\}\to[a,b]$;

(3)半开半闭区间:$\{x\mid a\leqslant x<b\}\to[a,b)$,$\{x\mid a<x\leqslant b\}\to(a,b]$.

$A\ B$　真子集　$A(B)$　相等　子集

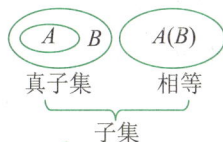

3. 集合间的基本关系

(1)子集:若对任意 $x\in A$,都有 $x\in B$,则集合 A 是集合 B 的子集,记作 $A\subseteq B$ 或 $B\supseteq A$;

(2)真子集:若 $A\subseteq B$,且集合 B 中至少有一个元素不属于集合 A,则集合 A 是集合 B 的真子集,记作 $A\subsetneqq B$ 或 $B\supsetneqq A$;

(3)相等:若 $A\subseteq B$,且 $B\subseteq A$,则集合 A 与集合 B 相等,记作 $A=B$;

(4)空集的性质:空集是任何集合的子集,是任何非空集合的真子集.

4.集合的基本运算

头哥说:一个集合在某些情况下_____ 填空:∅____{∅}.
也能看成一个元素. → 本空既可填∈,又可填⊆.

(1)并集:由 $x \in A$ 或 $x \in B$ 的所有元素 x 组成的集合叫作集合 A 与集合 B 的并集,记作 $A \cup B$;

(2)交集:由 $x \in A$ 且 $x \in B$ 的所有元素 x 组成的集合叫作集合 A 与集合 B 的交集,记作 $A \cap B$;

(3)全集:含有我们所研究问题中涉及的所有元素的集合叫作全集,通常记作 U;

(4)补集:由 $x \in U$ 且 $x \notin A$ 的所有元素 x 组成的集合叫作集合 A 在 U 中的补集,记作 $\complement_U A$.

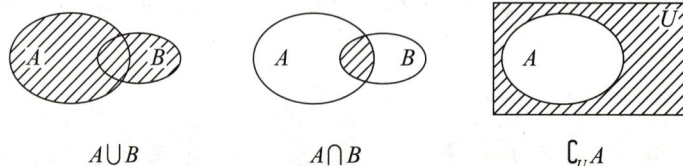

$A \cup B$ $A \cap B$ $\complement_U A$

5.集合的运算性质 → 结合韦恩图进行记忆.

(1) $A \cap A = A, A \cap \varnothing = \varnothing, A \cap B = B \cap A$;

(2) $A \cup A = A, A \cup \varnothing = A, A \cup B = B \cup A$;

(3) $A \cap \complement_U A = \varnothing, A \cup \complement_U A = U, \complement_U(\complement_U A) = A$.

二级结论

头哥说:如果两个集合取交集或并集后恰好等于其中某一个集合(做题时经常遇到这种形式),那么两集合必存在包含关系.根据并大交小性质,可以将集合的运算关系,转化为集合的包含关系.

1.并大交小性质

(1)并大性质: $A \subseteq B \Leftrightarrow A \cup B = B$; → 并集等于的集合为"大"集合.

(2)交小性质: $A \subseteq B \Leftrightarrow A \cap B = A$. → 交集等于的集合为"小"集合.

2.子集个数公式

若集合 A 中含有 n 个元素:

头哥说:本质为投信问题.集合 A 中每个元素都有"在集合内"与"不在集合内"2 种选择(2个信箱),总共有 n 个元素(n 封信),所以共有 2^n 种可能性,即子集个数为 2^n.

(1)集合 A 的子集个数为 2^n;

(2)集合 A 的真子集个数为 $2^n - 1$; → 除去集合 A 本身.

(3)集合 A 的非空子集个数为 $2^n - 1$; → 除去空集.

(4)集合 A 的非空真子集个数为 $2^n - 2$. → 除去集合 A 本身和空集.

3.德·摩根定律 → 头哥说:德·摩根定律本质为求补集运算的分配律,分配后交变并,并变交.

(1) $\complement_U(A \cap B) = (\complement_U A) \cup (\complement_U B)$; → 交集的补集等于补集的并集.

(2) $\complement_U(A \cup B) = (\complement_U A) \cap (\complement_U B)$. → 并集的补集等于补集的交集.

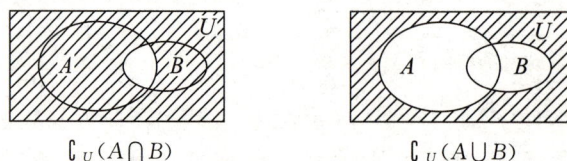

$\complement_U(A \cap B)$ $\complement_U(A \cup B)$

4. 容斥原理 → 头哥说：结合韦恩图进行记忆，韦恩图中小圈圈的面积代表集合元素个数.

(1)两集合 A,B：$\mathrm{card}(A\bigcup B)=\mathrm{card}(A)+\mathrm{card}(B)-\mathrm{card}(A\bigcap B)$； → $\mathrm{card}(A)$ 表示集合 A 中元素的个数.

(2)三集合 A,B,C：$\mathrm{card}(A\bigcup B\bigcup C)=\mathrm{card}(A)+\mathrm{card}(B)+\mathrm{card}(C)-\mathrm{card}(A\bigcap B)-\mathrm{card}(B\bigcap C)-\mathrm{card}(A\bigcap C)+\mathrm{card}(A\bigcap B\bigcap C)$.

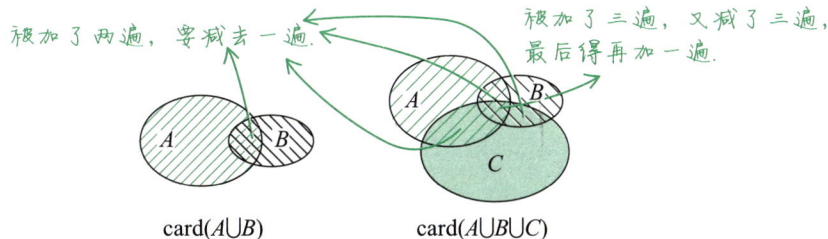

被加了两遍，要减去一遍.

被加了三遍，又减了三遍，最后得再加一遍.

$\mathrm{card}(A\bigcup B)$ $\mathrm{card}(A\bigcup B\bigcup C)$

考点剖析

1. 韦恩图法 → 可数集是指元素可以一一列举出来（可以是有限多个，也可以是无穷多个）的数集.

对于可数集的关系与运算相关问题，常借助于韦恩图进行数形结合的分析.

头哥说：一看题目中集合都是可数集，立马画出韦恩图，之后不管求什么，一目了然.

【例1】 已知全集 $U=\{1,2,3,4,5\}$，集合 $A=\{1,2\}$，$B=\{2,3,4\}$，则 $B\bigcap(\complement_U A)=($　　$)$

A. $\{2\}$ B. $\{3,4\}$ C. $\{1,4,5\}$ D. $\{2,3,4,5\}$

解析 画出如下图所示的韦恩图，可知 $B\bigcap(\complement_U A)=\{3,4\}$.

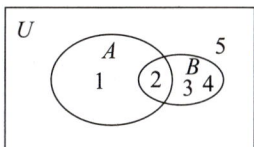

答案 B.

【例2】 已知集合 A,B 均为全集 $U=\{1,2,3,4\}$ 的子集，且 $\complement_U(A\bigcup B)=\{4\}$，$B=\{1,2\}$，则 $A\bigcap(\complement_U B)=$　　（　　）

A. $\{3\}$ B. $\{4\}$ C. $\{3,4\}$ D. $\varnothing$

解析 画出如下图所示的韦恩图，可知 $A\bigcap(\complement_U B)=\{3\}$.

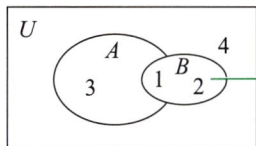

此题中无法确定 $A\cap B$ 是什么，因此集合 A 未画全.

答案 A.

2. 数轴法 → 连续集是指元素连续存在且不可一一列举出来的数集，即区间对应的集合.

关于连续集的关系与运算，常借助于数轴进行数形结合的分析.

头哥说：一看题目中集合都是连续集，立马画出数轴，之后不管求什么，一目了然.

【例3】 已知集合 $P=\{x\mid x^2-2x\geqslant 0\}$，$Q=\{x\mid 1<x\leqslant 2\}$，则 $(\complement_R P)\bigcap Q=$　　（　　）

A. $[0,1)$ B. $(0,2)$ C. $(1,2)$ D. $[1,2]$

解析 由题得 $P=\{x|x\leqslant 0$ 或 $x\geqslant 2\}$,画出如下图所示的数轴,由数轴可知 $(\complement_{\mathbf{R}}P)\cap Q=(1,2)$.

$$\xrightarrow{\hspace{3cm}} \complement_{\mathbf{R}}P \text{ 为 }(0,2).$$

（数轴：0 ● 1 ○ 2 ●）

答案 C.

【例4】 全集 $U=\mathbf{R}$,集合 $A=\{x|x^2-3x-4>0\}$,$B=\{x|2^x>8\}$,那么集合 $(\complement_U A)\cap B=$ （　　）

A.$(3,4)$ 　　　　B.$(4,+\infty)$ 　　　　C.$(3,4]$ 　　　　D.$[3,4]$

解析 由题得 $A=\{x|x<-1$ 或 $x>4\}$,$B=\{x|x>3\}$,画出如下图所示的数轴,可知 $(\complement_U A)\cap B=(3,4]$.

$$\xrightarrow{\hspace{3cm}} \complement_{\mathbf{R}}A \text{ 为 }[-1,4].$$

（数轴：-1 0 1 2 3 ○ 4 ●）

答案 C.

头哥说：集合中元素的互异性往往是一个隐含条件，题目不会直接给出，所以做题时容易遗忘，特此强调.

3. 互异性

集合内的元素是互异的,因此对于含有参数的集合,在计算得出参数有多解之后,一定要验证是否满足互异性,不满足互异性的解需要舍去.

头哥说：一看需要分类讨论了，必然可能出现多解，所以进行计算之前心中就要想着：要验证元素的互异性.

【例5】 已知集合 $A=\{a+1,a^2-1\}$,若 $0\in A$,则实数 a 的值为_____.

解析 由题得 $a+1=0$ 或 $a^2-1=0$.

当 $a+1=0$,即 $a=-1$ 时,$a^2-1=0$,不满足互异性;

当 $a^2-1=0$,$a=1$($a=-1$ 已舍),$A=\{2,0\}$,满足题意.

综上 $a=1$.

答案 1.

【例6】 已知集合 A 是由 $0,m,m^2-3m+2$ 三个元素组成的集合,且 $2\in A$,则实数 m 的值为 （　　）

A.2 　　　　B.3 　　　　C.0 或 3 　　　　D.0 或 2 或 3

解析 由题得 $m=2$ 或 $m^2-3m+2=2$.

当 $m=2$ 时,$m^2-3m+2=0$,不满足互异性;

当 $m^2-3m+2=2$ 时,解得 $m=0$ 或 $m=3$,

若 $m=0$,不满足互异性;

若 $m=3$,$A=\{0,3,2\}$,满足题意.

综上 $m=3$.

答案 B.

头哥说：当题目出现集合包含关系时，首先考虑子集为空集的情况，空集时意味着集合内的方程或不等式无解，此种情况往往讨论起来比较简单.

4. 空子集性质

空集是任何集合的子集,因此对于题目给出两个集合的包含关系之后(往往是含参集合求参数),一定要先考虑子集为空集的情况.

【例7】 设集合 $M=\{x\,|\,2x^2-5x-3=0\}$，$N=\{x\,|\,mx=1\}$，若 $N\subseteq M$，则实数 m 的取值集合为_____．

解析 由题得 $M=\left\{3,-\dfrac{1}{2}\right\}$．

$m=0$ 时，$N=\varnothing$，满足题意；$\longrightarrow$ *首先讨论子集为空集（方程无解）的情况.*

$m\neq 0$ 时，$N=\left\{\dfrac{1}{m}\right\}$，可得 $\dfrac{1}{m}=3$ 或 $\dfrac{1}{m}=-\dfrac{1}{2}$，即 $m=\dfrac{1}{3}$ 或 $m=-2$．

综上，m 的取值集合为 $\left\{-2,0,\dfrac{1}{3}\right\}$．

答案 $\left\{-2,0,\dfrac{1}{3}\right\}$．

【例8】 已知集合 $A=\{x\,|\,x^2-x-12\leqslant 0\}$，$B=\{x\,|\,2m-1<x<m+1\}$，且 $B\subseteq A$，则实数 m 的取值范围为_____．

解析 由题得 $A=\{x\,|\,-3\leqslant x\leqslant 4\}$．

$B=\varnothing$ 时，$2m-1\geqslant m+1$，解得 $m\geqslant 2$；$\longrightarrow$ *首先讨论子集为空集（不等式无解）的情况.*

$B\neq\varnothing$ 时，$-3\leqslant 2m-1<m+1\leqslant 4$，解得 $-1\leqslant m<2$．

综上，$m\geqslant -1$．

答案 $m\geqslant -1$．

头哥说：题目表面给出的是集合的运算，实际给出的是集合的包含关系，根据并大交小性质进行转化，还要注意转化为包含关系之后与元素的互异性、空子集性质的结合.

5. 并大交小性质

如果两个集合的交集或并集等于其中一个集合，则两集合存在包含关系，根据并大交小性质，把集合的计算问题转化为集合的包含问题．

【例9】 已知集合 $A=\{1,3,\sqrt{m}\}$，$B=\{1,m\}$，$A\cup B=A$，则 m 等于（　　）

A. 0 或 $\sqrt{3}$　　　　B. 0 或 3　　　　C. 1 或 $\sqrt{3}$　　　　D. 1 或 3 或 0

解析 由题得 $B\subseteq A$，于是有 $m=3$ 或 $m=\sqrt{m}$．

$m=3$ 时，$A=\{1,3,\sqrt{3}\}$，$B=\{1,3\}$，满足题意；

$m=\sqrt{m}$ 时：若 $m=0$，$A=\{1,3,0\}$，$B=\{1,0\}$，满足题意；

若 $m=1$，不满足互异性．$\longrightarrow$ *与元素的互异性的结合考查.*

综上，$m=3$ 或 $m=0$．

答案 B.

【例10】 已知集合 $A=\{x\,|\,-2\leqslant x\leqslant 5\}$，$B=\{x\,|\,2a\leqslant x\leqslant a+3\}$，若 $A\cap B=B$，则实数 a 的取值范围为_____．

解析 由题得 $B\subseteq A$．

$B=\varnothing$ 时，$2a>a+3$，解得 $a>3$；$\longrightarrow$ *与空子集性质的结合考查.*

$B\neq\varnothing$ 时，$-2\leqslant 2a\leqslant a+3\leqslant 5$，解得 $-1\leqslant a\leqslant 2$．

综上，$-1 \leqslant a \leqslant 2$ 或 $a > 3$.

答案 $-1 \leqslant a \leqslant 2$ 或 $a > 3$.

6. 子集个数公式

> 头哥说：若集合 A 有 n 个元素，则其子集个数为 2^n，其中既包含了空集，又包含了集合 A 本身.

当涉及子集个数的情况时，需要牢记子集个数公式.

【例 11】 集合 $A = \{x \mid 0 \leqslant x < 3, x \in \mathbf{N}\}$ 的真子集的个数为　　　　　（　　）

A. 4　　　　　　　B. 7　　　　　　　C. 8　　　　　　　D. 16

解析 由题得 $A = \{0,1,2\}$，所以真子集个数为 $2^3 - 1 = 7$.

答案 B.

【例 12】 已知集合 M 满足 $\{2,3\} \subseteq M \subseteq \{1,2,3,4,5\}$，则满足条件的集合 M 的个数为　　　　　.

解析 依据题目描述相当于求集合 $\{1,4,5\}$ 的子集个数，为 $2^3 = 8$.

> 集合 M 中必含有 $2,3$ 两个元素，于是 M 可看成集合 $\{2,3\}$ 与集合 N 的并集，N 为 $\{1,4,5\}$ 的子集，N 有多少个，M 就有多少个.

答案 8.

【例 13】 已知非空集合 $M \subseteq \{1,2,3,4,5\}$ 满足条件：若 $a \in M$，$6 - a \in M$，则满足条件的集合 M 的个数为　　　　　.

> 注意：非空集合.

解析 可将 M 中元素分成三组 $\{1,5\}$，$\{2,4\}$，$\{3\}$，所以 M 的个数为 $2^3 - 1 = 7$.

答案 7.

> 依题意，$1,5$ 要么都在 M 中，要么都不在 M 中，于是 $\{1,5\}$ 看成一个整体，同理 $\{2,4\}$ 看成一个整体，$\{3\}$ 自己一个整体，相当于元素个数为 3.

7. 德·摩根定律

德·摩根定律本质为求补集运算的分配律，经常逆用以降低运算量，把求两次补集运算转化为只求一次补集运算.

> 头哥说：当遇到两次补集运算后的交或并时，可直接适用德·摩根定律化简.

【例 14】 设全集 $U = \{x \mid x \leqslant 5, x \in \mathbf{N}\}$，$A = \{x \mid x^2 - 5x + 6 = 0\}$，$B = \{x \mid x^2 - 7x + 12 = 0\}$，则 $(\complement_U A) \cap (\complement_U B) =$ 　　　　　.

解析 由题得 $A = \{2,3\}$，$B = \{3,4\}$，$U = \{0,1,2,3,4,5\}$.

所以 $(\complement_U A) \cap (\complement_U B) = \complement_U (A \cup B) = \{0,1,5\}$.

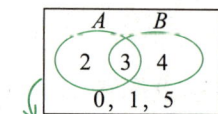

> 头哥说：可数集用韦恩图法.

答案 $\{0,1,5\}$.

【例 15】 已知集合 $A = \{x \mid x < a\}$，$B = \{x \mid 1 < x < 2\}$，且 $(\complement_U A) \cup (\complement_U B) = \mathbf{R}$，则实数 a 的取值范围是　　　　　（　　）

A. $a \leqslant 1$　　　　　B. $a < 1$　　　　　C. $a \geqslant 2$　　　　　D. $a > 2$

解析 由题得 $(\complement_U A) \cup (\complement_U B) = \complement_U (A \cap B) = \mathbf{R}$，得 $A \cap B = \varnothing$.

所以 $a \leqslant 1$.

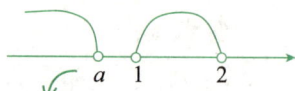

> 头哥说：连续集用数轴法.

答案 A.

8. 容斥原理

> 头哥说：注意两个集合并集的元素个数不是直接将两个集合元素个数相加，还需要去重（去除重复的元素，即再减去两集合交集的元素个数），结合韦恩图理解记忆.

求集合元素个数时经常用到容斥原理，公式无须死记，只需借助于韦恩图来进行分析即可.

[例16] 某班共30人,其中15人喜爱篮球运动,10人喜爱乒乓球运动,8人对这两项运动都不喜爱,则喜爱篮球运动但不喜爱乒乓球运动的人数为_____.

解析 设 A,B 分别表示喜爱篮球、乒乓球的学生集合.

由题得 $card(A)=15, card(B)=10, card(A\bigcup B)=30-8=22$,

则由容斥原理可得 $card(A\bigcap B)=15+10-22=3$,

所以所求为 $card(A\bigcap(\complement_U B))=15-3=12$,

即喜爱篮球运动但不喜爱乒乓球运动的人数为12.

答案 12.

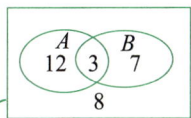

头哥说:直接用韦恩图法更直观(图中数字代表元素个数).

高考链接

[高1] (2022 全国甲理3,5分)设全集 $U=\{-2,-1,0,1,2,3\}$,集合 $A=\{-1,2\}, B=\{x\mid x^2-4x+3=0\}$,则 $\complement_U(A\bigcup B)=$ ( )

    A. $\{1,3\}$ B. $\{0,3\}$ C. $\{-2,1\}$ D. $\{-2,0\}$

[高2] (2022 全国乙理1,5分)设全集 $U=\{1,2,3,4,5\}$,集合 M 满足 $\complement_U M=\{1,3\}$,则 ( )

    A. $2\in M$ B. $3\in M$ C. $4\notin M$ D. $5\notin M$

[高3] (2021 新高考二2,5分)若全集 $U=\{1,2,3,4,5,6\}$,集合 $A=\{1,3,6\}, B=\{2,3,4\}$,则 $A\bigcap\complement_U B=$ ( )

    A. $\{3\}$ B. $\{1,6\}$ C. $\{5,6\}$ D. $\{1,3\}$

[高4] (2022 新高考一1,5分)若集合 $M=\{x\mid\sqrt{x}<4\}, N=\{x\mid 3x\geq 1\}$,则 $M\bigcap N=$ ( )

    A. $\{x\mid 0\leq x<2\}$ B. $\left\{x\mid\dfrac{1}{3}\leq x<2\right\}$ C. $\{x\mid 3\leq x<16\}$ D. $\left\{x\mid\dfrac{1}{3}\leq x<16\right\}$

[高5] (2022 新高考二1,5分)已知集合 $A=\{-1,1,2,4\}, B=\{x\mid|x-1|\leq 1\}$,则 $A\bigcap B=$ ( )

    A. $\{-1,2\}$ B. $\{1,2\}$ C. $\{1,4\}$ D. $\{-1,4\}$

[高6] (2022 北京1,4分)已知全集 $U=\{x\mid-3<x<3\}$,集合 $A=\{x\mid-2<x\leq 1\}$,则 $\complement_U A=$ ( )

    A. $(-2,1]$ B. $(-3,-2)\bigcup[1,3)$ C. $[-2,1)$ D. $(-3,-2]\bigcup(1,3)$

[高7] (2021 全国甲理1,5分)设集合 $M=\{x\mid 0<x<4\}, N=\left\{x\mid\dfrac{1}{3}\leq x\leq 5\right\}$,则 $M\bigcap N=$ ( )

    A. $\left\{x\mid 0<x\leq\dfrac{1}{3}\right\}$ B. $\left\{x\mid\dfrac{1}{3}\leq x<4\right\}$ C. $\{x\mid 4\leq x<5\}$ D. $\{x\mid 0<x\leq 5\}$

[高8] (2021 新高考一1,5分)设集合 $A=\{x\mid-2<x<4\}, B=\{2,3,4,5\}$,则 $A\bigcap B=$ ( )

    A. $\{2\}$ B. $\{2,3\}$ C. $\{3,4\}$ D. $\{2,3,4\}$

【高9】（2021 北京 1,4 分)已知集合 $A=\{x\,|-1<x<1\}$，$B=\{x\,|0\leqslant x\leqslant 2\}$，则 $A\bigcup B=$

（　　）

A. $(-1,2)$ B. $(-1,2]$ C. $[0,1)$ D. $[0,1]$

【高10】（2020 全国 1 理 2,5 分)设集合 $A=\{x\,|x^2-4\leqslant 0\}$，$B=\{x\,|2x+a\leqslant 0\}$，且 $A\bigcap B=\{x\,|-2\leqslant x\leqslant 1\}$，则 $a=$

（　　）

A. -4 B. -2 C. 2 D. 4

【高11】（2019 全国 1 理 1,5 分)设集合 $M=\{x\,|-4<x<2\}$，$N=\{x\,|x^2-x-6<0\}$，则 $M\bigcap N=$

（　　）

A. $\{x\,|-4<x<3\}$ B. $\{x\,|-4<x<-2\}$

C. $\{x\,|-2<x<2\}$ D. $\{x\,|2<x<3\}$

【高12】（2019 全国 3 理 1/文 1,5 分)设集合 $A=\{-1,0,1,2\}$，$B=\{x\,|x^2\leqslant 1\}$，则 $A\bigcap B=$

（　　）

A. $\{-1,0,1\}$ B. $\{0,1\}$ C. $\{-1,1\}$ D. $\{0,1,2\}$

【高13】（2021 全国乙理 2,5 分)已知集合 $S=\{s\,|s=2n+1,n\in \mathbf{Z}\}$，$T=\{t\,|t=4n+1,n\in \mathbf{Z}\}$，则 $S\bigcap T=$

（　　）

A. $\varnothing$ B. S C. T D. Z

【高14】（2020 新高考一 5,5 分)某中学的学生积极参加体育锻炼,其中有 96% 的学生喜欢足球或游泳,60% 的学生喜欢足球,82% 的学生喜欢游泳,则该中学既喜欢足球又喜欢游泳的学生数占该校学生总数的比例是

（　　）

A. 62% B. 56% C. 46% D. 42%

【高15】（2019 全国 3 理 3/文 4,5 分)《西游记》《三国演义》《水浒传》和《红楼梦》是中国古典文学瑰宝,并称为中国古典小说四大名著.某中学为了解本校学生阅读四大名著的情况,随机调查了 100 名学生,其中阅读过《西游记》或《红楼梦》的学生共有 90 位,阅读过《红楼梦》的学生共有 80 位,阅读过《西游记》且阅读过《红楼梦》的学生共有 60 位,则该校阅读过《西游记》的学生人数与该校学生总数比值的估计值为

（　　）

A. 0.5 B. 0.6 C. 0.7 D. 0.8

【高16】（2018 全国 3 文 5,5 分)若某群体中的成员只用现金支付的概率为 0.45,既用现金支付也用非现金支付的概率为 0.15,则不用现金支付的概率为

（　　）

A. 0.3 B. 0.4 C. 0.6 D. 0.7

第 2 节　简易逻辑

知识梳理

基础知识

1. 命题 → 满足两个条件：陈述句（"1＋2 等于 2 吗？"不是命题）＋能判断真假（"地外文明存在"不是命题）.

(1)命题：用语言、符号或式子表达的，能够判断真假的陈述句叫作命题，高中阶段只研究"若 p，则 q"形式的命题，其中 p 称为条件，q 称为结论；

→ 一个命题要么为真命题，要么为假命题，不存在中间情况.

(2)真命题：判断为真的命题；

(3)假命题：判断为假的命题. → "若 p，则 q"为真命题，则记为 $p \Rightarrow q$；为假命题，则记为 $p \not\Rightarrow q$.

2. 充分条件与必要条件 → 关导说：所有问题的求解本质都是在寻找已知条件的充要条件.

(1)如果 $p \Rightarrow q$，则 p 是 q 的充分条件，q 是 p 的必要条件；

(2)如果 $p \Rightarrow q$，但 $q \not\Rightarrow p$，则 p 是 q 的充分不必要条件；

(3)如果 $p \not\Rightarrow q$，且 $q \Rightarrow p$，则 p 是 q 的必要不充分条件；

(4)如果 $p \Rightarrow q$，且 $q \Rightarrow p$，则 p 与 q 互为对方的充分必要条件，简称充要条件；

(5)如果 $p \not\Rightarrow q$，且 $q \not\Rightarrow p$，则 p 与 q 互为对方的既不充分也不必要条件.

→ "充要条件""等价""当且仅当"三者是相同意思.

3. 全称量词命题与存在量词命题　"Any"首字母"A"上下颠倒.

(1)全称量词：类似"所有"这样的量词，并用符号"$\forall$"（任取）表示；

(2)全称量词命题：含有全称量词的命题，其结构一般为：$\forall x \in M, p(x)$；

(3)存在量词：类似"存在"或"有"或"至少有一个"这样的量词，并用符号"$\exists$"（存在）表示；

→ "Exist"首字母"E"左右颠倒.

(4)存在量词命题：含有存在量词的命题，其结构一般为：$\exists x \in M, p(x)$；

(5)全称量词命题的否定："$\forall x \in M, p(x)$"的否定为"$\exists x \in M, \neg p(x)$"；

(6)存在量词命题的否定："$\exists x \in M, p(x)$"的否定为"$\forall x \in M, \neg p(x)$".

→ $\neg p(x)$ 表示对语句 $p(x)$ 的否定，本质为 $p(x)$ 对应集合的补集.

考点剖析

1. 充分条件与必要条件 → 关导说：推出符号就像一把枪，"biu"（与"必要"谐音）一声，打向必要条件.

先写成 $p \Rightarrow q$ 的形式，推出符号前面的是充分条件，后面的是必要条件.

【例1】设甲、乙、丙是三个命题，如果甲是乙的必要条件，丙是乙的充分条件但不是乙的必要条件，那么　　　　　　　　　　　　　　　　　　　（　　）

A.丙是甲的充分条件，但不是甲的必要条件

B. 丙是甲的必要条件,但不是甲的充分条件

C. 丙是甲的充要条件

D. 丙既不是甲的充分条件,也不是甲的必要条件 先写成推出符号的表示形式,再判断充分、必要条件.

解析 由题得丙⇒乙⇒甲,乙⇏丙,于是丙⇒甲,甲⇏丙,因此丙是甲的充分条件,但不是甲的必要条件.

头哥说:"同构可定函",不等号两边是相同构造(简称同构),因此可以将字母 a,b 代换为 x,构造一个函数进行分析,这个思路在做题时非常常见.

答案 A.

【例2】 设 $a,b\in\mathbf{R}$,则"$a>b$ 是 $a|a|>b|b|$"的 （　　）

A. 充分不必要条件 B. 必要不充分条件

C. 充要条件 D. 既不充分也不必要条件

解析 设函数 $f(x)=x|x|=\begin{cases} x^2, & x\geq 0 \\ -x^2, & x<0 \end{cases}$,易知其在 $\mathbf{R}$ 上单增,

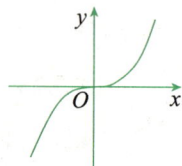

所以 $a>b\Leftrightarrow f(a)>f(b)\Leftrightarrow a|a|>b|b|$,因此 $a>b$ 是 $a|a|>b|b|$ 的充要条件.

答案 C.

2. 命题的否定 头哥说:牢记口诀"量词互换,条件不变,结论否定".

对于含有量词的命题的否定,量词互换（∀变为∃,∃变为∀）,条件不变,结论否定.

【例3】 设命题 p:$\exists n\in\mathbf{N}$,$n^2>2^n$,则 $\neg p$ 为 （　　）

A. $\forall n\in\mathbf{N}$,$n^2>2^n$ B. $\exists n\in\mathbf{N}$,$n^2\leq 2^n$

C. $\forall n\in\mathbf{N}$,$n^2\leq 2^n$ D. $\exists n\in\mathbf{N}$,$n^2<2^n$

解析 量词互换,条件不变,结论否定,即为"$\forall n\in\mathbf{N}$,$n^2\leq 2^n$".

答案 C.

有两个量词也不怕,都互换即可.

【例4】 命题"$\forall x\in\mathbf{R}$,$\exists n\in\mathbf{N}^*$,使得 $n\geq x^2$"的否定形式是 （　　）

A. $\forall x\in\mathbf{R}$,$\exists n\in\mathbf{N}^*$,使得 $n<x^2$

B. $\forall x\in\mathbf{R}$,$\forall n\in\mathbf{N}^*$,使得 $n<x^2$

C. $\exists x\in\mathbf{R}$,$\exists n\in\mathbf{N}^*$,使得 $n<x^2$

D. $\exists x\in\mathbf{R}$,$\forall n\in\mathbf{N}^*$,使得 $n<x^2$

解析 量词互换,条件不变,结论否定,即为"$\exists x\in\mathbf{R}$,$\forall n\in\mathbf{N}^*$,使得 $n<x^2$".

答案 D.

充分必要性的集合解释

A 是 B 的充分不必要条件,B 是 A 的必要不充分条件.

A 是 B 的充要条件.

A 是 B 的既不充分也不必要条件.

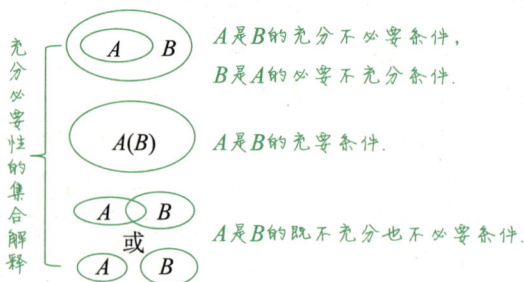

3. 集合法判断充分必要性

头哥说:牢记口诀"小推大".

若 A 是 B 的充分条件($A\Rightarrow B$),则 A（所对应的集合）是 B（所对应的集合）的子集（"小集合"推出"大集合"）.一方面,可以通过集合的包含关系判断充分必要性;另一方面,可以通过充分必要性得到集合的包含关系.

【例5】已知 $p:x+1>2,q:5x-6>x^2$，则 $\neg p$ 是 $\neg q$ 的 （ ）

A. 充分不必要条件　　　　　B. 必要不充分条件

C. 充要条件　　　　　　　　D. 既不充分也不必要条件

解析 由题得 $p\Leftrightarrow x>1,q\Leftrightarrow 2<x<3$，于是 $\neg p\Leftrightarrow x\leqslant 1$，$\neg q\Leftrightarrow x\leqslant 2$ 或 $x\geqslant 3$，$\neg p$ 对应集合是 $\neg q$ 对应集合的真子集，即 $\neg p\Rightarrow\neg q$，所以 $\neg p$ 为 $\neg q$ 的充分不必要条件.

答案 A.

【例6】设 $p:\dfrac{1}{2}\leqslant x\leqslant 1,q:(x-a)(x-a-1)\leqslant 0$，若 p 是 q 的充分不必要条件，则实数 a 的取值范围是 （ ）

A. $\left(0,\dfrac{1}{2}\right)$ 　　　　　　　　B. $\left[0,\dfrac{1}{2}\right]$

C. $\left[0,\dfrac{1}{2}\right)$ 　　　　　　　　D. $\left(0,\dfrac{1}{2}\right]$

解析 由题得 $q\Leftrightarrow a\leqslant x\leqslant a+1$，因为 p 是 q 的充分不必要条件，即 $p\Rightarrow q$，

于是 p 对应集合是 q 对应集合的真子集，所以 $a\leqslant\dfrac{1}{2}<1\leqslant a+1$，解得 $a\in\left[0,\dfrac{1}{2}\right]$.

答案 B.

【例7】已知 $p:x^2-8x-20>0,q:x^2-2x+1-a^2>0$，若 p 是 q 的充分条件，则正实数 a 的取值范围为 _____.

解析 由题得 $p\Leftrightarrow x<-2$ 或 $x>10$，又知 $p\Rightarrow q$，

于是 p 对应集合是 q 对应集合的真子集，

因此 $\begin{cases}(-2)^2-2\times(-2)+1-a^2\geqslant 0\\10^2-2\times 10+1-a^2\geqslant 0\\a>0\end{cases}$，解得正实数 $a\in(0,3)$.

答案 $(0,3]$.

高考链接

【高1】（2021 全国甲理 7,5分）等比数列 $\{a_n\}$ 的公比为 q，前 n 项和为 S_n. 设甲：$q>0$，乙：$\{S_n\}$ 是递增数列，则 （ ）

A. 甲是乙的充分条件，但不是必要条件　　B. 甲是乙的必要条件，但不是充分条件

C. 甲是乙的充要条件　　　　　　　　　　D. 甲既不是乙的充分条件，也不是乙的必要条件

【高2】（2021 北京 3,4分）已知 $f(x)$ 是定义在 $[0,1]$ 上的函数，那么"函数 $f(x)$ 在 $[0,1]$ 上单调递增"是"函数 $f(x)$ 在 $[0,1]$ 上的最大值为 $f(1)$"的 （ ）

A. 充分而不必要条件　　　　　B. 必要而不充分条件

C. 充分必要条件　　　　　　　D. 既不充分也不必要条件

第3节 复 数

"复"是复杂的意思.

知识梳理

基础知识

1. 复数的概念

(1) 虚数单位：i, $i^2 = -1$；

(2) 复数：$z = a + bi$ ($a, b \in \mathbf{R}$, a 为实部，b 为虚部)；——> 注意：虚部是一个实数.

(3) 复数集：全体复数所组成的集合，用 C 表示 ($\mathbf{R} \subseteq C$)；——> Complex Number.

(4) 复数相等：$a + bi = c + di \Leftrightarrow \begin{cases} a = c \\ b = d \end{cases}$ ($a, b, c, d \in \mathbf{R}$)；——> 两个复数只能判断是否相等，不能比较大小.

(5) 复数的分类：对于复数 $z = a + bi$ ($a, b \in \mathbf{R}$)，$b = 0$ 时表示实数，$b \neq 0$ 时表示虚数，$b \neq 0$ 且 $a = 0$ 时表示纯虚数.

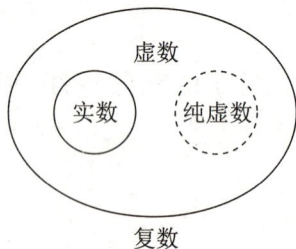

头哥说：除了 0 之外，实数与纯虚数可以一一对应（每个非零实数乘 i 即变为相应纯虚数），所以实数的数量与纯虚数差不多，而远远小于虚数的数量.（注意：此处涉及无穷多数量的大小比较，这种理解方式仅限于高中阶段的直觉理解，实际上，实数、纯虚数、虚数都是一样多的）

2. 复数的几何意义

(1) 复平面：横轴为实轴，纵轴为虚轴；

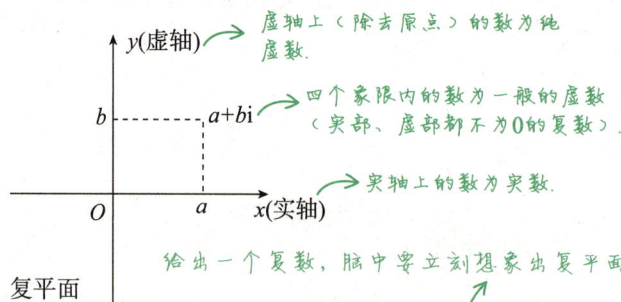

虚轴上（除去原点）的数为纯虚数.

四个象限内的数为一般的虚数（实部、虚部都不为0的复数）.

实轴上的数为实数.

给出一个复数，脑中要立刻想象出复平面内的一个点或者一个向量.

(2) 复数的点意义：$z = a + bi$ ($a, b \in \mathbf{R}$) 与复平面内的点 $Z(a, b)$ 一一对应；

(3) 复数的向量意义：$z = a + bi$ ($a, b \in \mathbf{R}$) 与复平面内的向量 $\overrightarrow{OZ} = (a, b)$ 一一对应；

(4) 复数的模：复平面内的向量 $\overrightarrow{OZ} = (a, b)$ 的模，即为复数 $z = a + bi$ ($a, b \in \mathbf{R}$) 的模，记为 $|z| = \sqrt{a^2 + b^2}$；——> 复数不可比较大小，复数的模可以比较大小.

复数对应的两个点（或向量）关于实轴对称.

(5) 共轭复数：$z = a + bi$ 的共轭复数为 $\overline{z} = a - bi$ (实部相同，虚部互为相反数).

头哥说：一个复数乘它的共轭复数等于其模的平方（实数），经常利用这个性质把一个复数变为实数（实数化）.

3. 复数的运算 → 头哥说：关于复数的运算，只需把虚数单位 i 当成一个字母即可（例如：x），所有的运算法则与实数相同，合并同类项之后把 i^2 换成 -1 即可.

设 $z_1 = a + bi$，$z_2 = c + di (a, b, c, d \in \mathbf{R})$.

(1) 复数的加法：$z_1 + z_2 = a + c + (b + d)i$；

(2) 复数的减法：$z_1 - z_2 = a - c + (b - d)i$；

(3) 复数的乘法：$z_1 z_2 = ac - bd + (ad + bc)i$；

(4) 复数的除法：$\dfrac{z_1}{z_2} = \dfrac{ac + bd}{c^2 + d^2} + \dfrac{bc - ad}{c^2 + d^2}i$. → 此处需用到分母实数化.

二级结论

1. 复数除法口诀：分母模方，对应作和，相交作差

设 $z_1 = a + bi$，$z_2 = c + di (a, b, c, d \in \mathbf{R})$.

$$\dfrac{z_1}{z_2} = \dfrac{a + bi}{c + di} = \dfrac{(ac + bd) + (bc - ad)i}{c^2 + d^2}$$

a	b
c	d

对应作和（实部）：竖着对应相乘再作和.

相交作差（虚部）：交叉相乘再作差（注意顺序）.

分母模方：除法后的分母为原分母模的平方.

2. 求模的穿透公式 → 头哥说：把复数求模当成一种运算，这种运算可以穿透乘法、除法、乘方.

设 z_1, z_2, z 为复数. → 注意：复数求模运算不可穿透加减，即一般情况下，$|z_1 + z_2| \neq |z_1| + |z_2|$，$|z_1 - z_2| \neq |z_1| - |z_2|$.

(1) 乘法穿透公式：$|z_1 z_2| = |z_1| |z_2|$；

(2) 除法穿透公式：$\left| \dfrac{z_1}{z_2} \right| = \dfrac{|z_1|}{|z_2|}$；

(3) 乘方穿透公式：$|z^n| = |z|^n$.

考点剖析

1. 复数的运算 → 头哥说：加、减、乘运算相对简单，除法可以借助于分母实数化（分子、分母同时乘分母的共轭复数）或者直接利用除法口诀进行计算.

把虚数单位 i 当成一个字母，运算过程中所有的运算法则与我们熟悉的实数运算完全相同，最后再把出现 i^2 的地方代换成 -1 即可.

【例1】已知 $a \in \mathbf{R}$，i 为虚数单位，若 $\dfrac{a - i}{2 + i}$ 为实数，则 a 的值为 _____.

解析 由题得 $\dfrac{a - i}{2 + i} = \dfrac{(a - i)(2 - i)}{(2 + i)(2 - i)} = \dfrac{2a - 1 - (a + 2)i}{5}$ 为实数，所以有 $a + 2 = 0$，得 $a = -2$.

答案 -2.

分母实数化.

【例2】计算 $\dfrac{(-1 + \sqrt{3}i)^3}{(1 + i)^6} + \dfrac{-2 + i}{1 + 2i}$ 的值是 　　　　（　　）

A. 0　　　　　　　B. 1　　　　　　　C. i　　　　　　　D. 2i

解析 因为 $(1 + i)^2 = 2i$，所以 $(1 + i)^6 = (2i)^3 = -8i$.

又 $(-1+\sqrt{3}\mathrm{i})^3=(-2-2\sqrt{3}\mathrm{i})(-1+\sqrt{3}\mathrm{i})=8$，$\dfrac{-2+\mathrm{i}}{1+2\mathrm{i}}=\dfrac{0+5\mathrm{i}}{5}=\mathrm{i}$，

所以原式 $=\dfrac{8}{-8\mathrm{i}}+\mathrm{i}=2\mathrm{i}$. 除法口诀.

答案 D.

2. 复数的几何意义 → 头哥说：主要掌握判断复数象限、共轭复数的概念、复数模的运算.

复数与复平面内的点（或向量）一一对应，实部为点（或向量）的横坐标，虚部为点（或向量）的纵坐标.

共轭复数与原复数实部相同，虚部互为相反数，在复平面内的点（或向量）关于实轴对称.

复数的模等于实部虚部的平方和开根号，亦等于原复数与共轭复数的乘积开根号.

【例3】 已知复数 $z_1=2-a\mathrm{i}\,(a\in\mathbf{R})$ 对应的点在直线 $x-3y+4=0$ 上，则复数 $z_2=a+2\mathrm{i}$ 的共轭复数对应的点在 （　　）

A. 第一象限　　　　　　　　B. 第二象限

C. 第三象限　　　　　　　　D. 第四象限

解析 由题得 $2+3a+4=0$，得 $a=-2$，

所以 $z_2=-2+2\mathrm{i}$，$\overline{z_2}=-2-2\mathrm{i}$，对应的点位于第三象限. → 共轭复数＋判断复数象限.

答案 C.

【例4】 设复数 z 满足 $z+|z|=2+\mathrm{i}$，则 $z=$ _____.

解析 设 $z=a+b\mathrm{i}$，于是 $z+|z|=a+\sqrt{a^2+b^2}+b\mathrm{i}=2+\mathrm{i}$，

复数模的运算.

于是 $\begin{cases}a+\sqrt{a^2+b^2}=2\\ b=1\end{cases}$，解得 $\begin{cases}a=\dfrac{3}{4}\\ b=1\end{cases}$，所以 $z=\dfrac{3}{4}+\mathrm{i}$.

答案 $\dfrac{3}{4}+\mathrm{i}$.

3. 穿透法求模 → 头哥说：复数乘法、除法、乘方计算量很大，求模后变为实数，再进行乘、除、乘方，则计算量大大减小.

对于求两复数积或商的模，或者复数乘方的模的问题，可以直接利用穿透公式进行求解，以降低计算量.

【例5】 若 a 为正实数，i 为虚数单位，$\left|\dfrac{a+\mathrm{i}}{\mathrm{i}}\right|=2$，则 $a=$ （　　）

A. 2　　　　　B. $\sqrt{3}$　　　　　C. $\sqrt{2}$　　　　　D. 1

解析 由题得 $\left|\dfrac{a+\mathrm{i}}{\mathrm{i}}\right|=\dfrac{|a+\mathrm{i}|}{|\mathrm{i}|}=\sqrt{a^2+1}=2$，解得正实数 $a=\sqrt{3}$.

除法穿透公式.

答案 B.

虽然没有求模运算，但是该乘积等于 z 模平方，所以依然为求模问题.

【例6】 已知复数 $z=\dfrac{\sqrt{3}+i}{(1-\sqrt{3}i)^2}$，$\bar{z}$ 是 z 的共轭复数，则 $z\cdot\bar{z}=$ 　　　　（ 　 ）

A. $\dfrac{1}{4}$ 　　　　B. $\dfrac{1}{2}$ 　　　　C. 1 　　　　D. 2

解析 由题得 $|z|=\dfrac{|\sqrt{3}+i|}{|1-\sqrt{3}i|^2}=\dfrac{2}{2^2}=\dfrac{1}{2}$，所以 $z\cdot\bar{z}=|z|^2=\dfrac{1}{4}$.

答案 A.　乘方穿透公式与除法穿透公式.

【例7】 设复数 z 满足 $(1+i)z=2i$，则 $|z|=$ 　　　　（ 　 ）

A. $\dfrac{1}{2}$ 　　　　B. $\dfrac{\sqrt{2}}{2}$ 　　　　C. $\sqrt{2}$ 　　　　D. 2

解析 原式两边求模可得 $|1+i||z|=|2i|$，即 $\sqrt{2}|z|=2$，得 $|z|=\sqrt{2}$.

答案 C.　乘法穿透公式.

【例8】 设复数 z 满足 $z^2=3+4i$（i是虚数单位），则 z 的模为 　　　　.

解析 原式两边求模可得 $|z|^2=|3+4i|=5$，可得 $|z|=\sqrt{5}$.

答案 $\sqrt{5}$.　乘方穿透公式.

高考链接

【高1】（2022 全国甲理1,5分）若 $z=-1+\sqrt{3}i$，则 $\dfrac{z}{z\bar{z}-1}=$ 　　　　（ 　 ）

A. $-1+\sqrt{3}i$ 　　　　　　　B. $-1-\sqrt{3}i$

C. $-\dfrac{1}{3}+\dfrac{\sqrt{3}}{3}i$ 　　　　　　D. $-\dfrac{1}{3}-\dfrac{\sqrt{3}}{3}i$

【高2】（2022 全国乙理2,5分）已知 $z=1-2i$，且 $z+a\bar{z}+b=0$，其中 a,b 为实数，则
　　　　（ 　 ）

A. $a=1,b=-2$ 　　　　　　B. $a=-1,b=2$

C. $a=1,b=2$ 　　　　　　D. $a=-1,b=-2$

【高3】（2022 新高考一2,5分）若 $i(1-z)=1$，则 $z+\bar{z}=$ 　　　　（ 　 ）

A. -2 　　　　　　　　　　B. -1

C. 1 　　　　　　　　　　D. 2

【高4】（2022 新高考二2,5分）$(2+2i)(1-2i)=$ 　　　　（ 　 ）

A. $-2+4i$ 　　　　　　　　B. $-2-4i$

C. $6+2i$ 　　　　　　　　D. $6-2i$

【高5】(2021 全国甲理 3,5 分)已知 $(1-i)^2z=3+2i$,则 $z=$ （　　）

A. $-1-\dfrac{3}{2}i$

B. $-1+\dfrac{3}{2}i$

C. $-\dfrac{3}{2}+i$

D. $-\dfrac{3}{2}-i$

【高6】(2021 全国乙理 1,5 分)设 $2(z+\bar{z})+3(z-\bar{z})=4+6i$,则 $z=$ （　　）

A. $1-2i$

B. $1+2i$

C. $1+i$

D. $1-i$

【高7】(2021 新高考一 2,5 分)已知 $z=2-i$,则 $z(\bar{z}+i)=$ （　　）

A. $6-2i$

B. $4-2i$

C. $6+2i$

D. $4+2i$

【高8】(2021 北京 2,4 分)在复平面内,复数 z 满足 $(1-i)z=2$,则 $z=$ （　　）

A. $2+i$

B. $2-i$

C. $1-i$

D. $1+i$

【高9】(2020 全国 3 理 2,5 分)复数 $\dfrac{1}{1-3i}$ 的虚部是 （　　）

A. $-\dfrac{3}{10}$

B. $-\dfrac{1}{10}$

C. $\dfrac{1}{10}$

D. $\dfrac{3}{10}$

【高10】(2021 新高考二 1,5 分)在复平面内,复数 $\dfrac{2-i}{1-3i}$ 对应的点位于 （　　）

A. 第一象限

B. 第二象限

C. 第三象限

D. 第四象限

【高11】(2022 北京 2,4 分)若复数 z 满足 $i\cdot z=3-4i$,则 $|z|=$ （　　）

A. 1

B. 5

C. 7

D. 25

【高12】(2020 全国 1 理 1,5 分)若 $z=1+i$,则 $|z^2-2z|=$ （　　）

A. 0

B. 1

C. $\sqrt{2}$

D. 2

【高13】(2019 全国 1 文 1,5 分)设 $z=\dfrac{3-i}{1+2i}$,则 $|z|=$ （　　）

A. 2

B. $\sqrt{3}$

C. $\sqrt{2}$

D. 1

第二章 函　数

头哥说：函数是高中数学的核心，贯穿每个板块，搞定函数，也就搞定了高中数学的一半，俗话说"函数能搞定，全家都高兴"哈哈哈哈.

第 1 节　函数及其表示

知识梳理

基础知识

头哥说：$f(\ )$就像一个机器，头哥称之为"函数机器"，$(\ )$是它的嘴巴，吃进去一个东西，然后排出来一个东西，就是 $f(\ )$. 例如：$f(x)=2x+1$，这个函数表示把吃进去的东西变成它的 2 倍再加 1.

1. 函数的定义

设 A,B 是非空的数集，如果按照某种确定的对应关系 f，使对于集合 A 中的任意一个数 x，在集合 B 中都有唯一确定的数 $f(x)$ 和它对应，那么就称 $f:A\to B$ 为从集合 A 到集合 B 的一个函数，记作：$y=f(x),x\in A$.

注意："函数机器"的本质是对变量进行"加工"，而与变量用哪个字母表示无关，所以 $f(x)=2x+1$ 与 $f(y)=2y+1$ 表示同一个函数，这个函数甚至可以写成 $f(头)=2头+1$.

2. 函数的三要素

(1) 三要素之定义域：函数 $y=f(x)$ 中，自变量 x 的取值范围；$\longrightarrow$ 集合 A.

(2) 三要素之值域：函数 $y=f(x)$ 中，函数值 y 的取值范围；$\longrightarrow$ 集合 B 的非空子集.

(3) 三要素之对应关系：$y=f(x)$ 即为对应关系，对应关系不一定能用表达式表示出来；

(4) 函数相等：如果两个函数定义域相同，并且对应关系完全一致，则这两个函数相等.

3. 分段函数

实际上，定义域、对应关系均相同，则值域必定相同，三要素都相同，则两个函数相等.

$f(x)=x^0$ 与 $g(x)=1$ 定义域不同，为不同函数.

若函数在其定义域的不同子集上，因对应关系不同而分别用几个不同的式子来表示，这种函数称为分段函数. 分段函数的定义域等于各段函数的定义域的并集，其值域等于各段函数的值域的并集，分段函数虽由几个部分组成，但它表示的是一个函数.

头哥说：分段函数完美地诠释了高中数学中分类讨论思想，该类题目伤害性不大，但侮辱性极强.

考点剖析

1. 函数的概念

函数关系的核心是任意性与唯一性，即定义域内的任意一个 x，都对应值域内唯一的 y，反映到图像上，即与 x 轴垂直的直线与函数图像最多只有一个交点.

判定两个函数是否相等时，先分析定义域，定义域相同的情况下，再确定对应关系是否完全一致，定义域与对应关系均相同，则这两个函数相等.

【例1】 设 $M=\{x|0\leqslant x\leqslant 2\}$，$N=\{y|0\leqslant y\leqslant 2\}$，给出下列四个图形，其中能表示从集合 M 到集合 N 的函数关系的有 （　　）

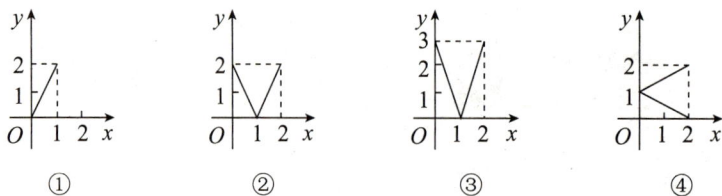

①　　　　②　　　　③　　　　④

A. 0 个　　　　　　　　　　　B. 1 个

C. 2 个　　　　　　　　　　　D. 3 个

解析 ①不能，$x=2$ 时，在 N 中无元素与之对应；　→ 不满足任意性.

②能；③不能，$x=2$ 时，对应元素 $y=3\notin N$；　→ 不满足唯一性.

④不能，$x=1$ 时，在 N 中有两个元素与之对应.　→ 不满足唯一性.

答案 B.

【例2】 下列两个函数完全相同的是 （　　）

A. $f(x)=|x|$，$g(x)=(\sqrt{x})^2$

B. $f(x)=|x|$，$g(x)=\sqrt{x^2}$

C. $f(x)=|x|$，$g(x)=\dfrac{x^2}{x}$

D. $f(x)=\dfrac{x^2-9}{x-3}$，$g(x)=x+3$　→ 先判断定义域，再判断对应关系.

解析 A. $f(x)$ 定义域为 $\mathbf{R}$，$g(x)$ 定义域为 $[0,+\infty)$，两个函数不同；

B. $f(x)$，$g(x)$ 定义域均为 $\mathbf{R}$，$f(x)=|x|=g(x)$，对应关系相同，两个函数相同；

C. $f(x)$ 定义域为 $\mathbf{R}$，$g(x)$ 定义域为 $\{x|x\neq 0\}$，两个函数不同；

D. $f(x)$ 定义域为 $\{x|x\neq 3\}$，$g(x)$ 定义域为 $\mathbf{R}$，两个函数不同.

答案 B.

2. 分段函数 → 头哥说：分类讨论思想遵循"先分类，后合并"的步骤.

分段函数的题目主要是对分类讨论思想的考查，注意分段函数虽然表达式有两个或者多个，但实际为一个函数.

【例3】 设函数 $f(x)=\begin{cases}-x, & x\leqslant 0 \\ x^2, & x>0\end{cases}$，若 $f(a)=4$，则实数 $a=$ （　　）

A. -4 或 -2　　　　　　　　B. -4 或 2

C. -2 或 4　　　　　　　　　D. -2 或 2

解析 由题得①$a\leqslant 0$ 时，$f(a)=-a=4$，解得 $a=-4$；　→ 无法确定 $f(a)$ 用哪个表达式，因此需要分类讨论.

②$a>0$ 时，$f(a)=a^2=4$，解得 $a=2$.

答案 B.

3. 函数的定义域 → 头导说：牢记口诀"实体王函数，抽象找食谱"。

对于实体函数(已知函数解析式)求定义域问题，注意"根母对零切"五种函数形式．

↓

根：偶次根号下非负．　母：分母不为零．　对：对数函数的真数大于零．
零：零次幂的底数不为零．　切：正切函数的角不等于 $\frac{\pi}{2}+k\pi(k\in Z)$．

对于抽象函数(未知函数解析式)求定义域问题，首先，定义域永远指 x 的取值范围，其次，$f(\ )$ 括号内表达式的取值范围是函数机器 f 的"食谱"，同一个函数机器的"食谱"是不变的，从而建立等量关系．

↓
定义域与"食谱"不要混淆．

【例4】函数 $f(x)=\dfrac{\sqrt{3-x}}{\ln x}+(x-2)^0+\tan x$ 的定义域为_____．

→ 实体函数定义域问题，寻找"根母对零切"．

解析 由题得 $\begin{cases} 3-x\geq 0 \\ \ln x\neq 0 \\ x-2\neq 0 \\ x\neq \frac{\pi}{2}+k\pi(k\in Z) \end{cases}$，解得 $\begin{cases} x\leq 3 \\ x>0,x\neq 1 \\ x\neq 2 \\ x\neq \frac{\pi}{2}+k\pi(k\in Z) \end{cases}$，即 $0<x\leq 3$ 且 $x\neq 1,2,\frac{\pi}{2}$，

所以定义域为 $(0,1)\cup\left(1,\frac{\pi}{2}\right)\cup\left(\frac{\pi}{2},2\right)\cup(2,3]$． → 定义域要写成集合或区间的形式．

答案 $(0,1)\cup\left(1,\frac{\pi}{2}\right)\cup\left(\frac{\pi}{2},2\right)\cup(2,3]$．

【例5】若函数 $f(x+1)$ 的定义域为 $[-2,3]$，则函数 $f(2x-1)$ 的定义域是_____；函数 $f\left(\frac{1}{x}+2\right)$ 的定义域为_____．

抽象函数定义域问题，先找到"食谱"，"食谱"是建立等量关系的桥梁．
↑

解析 由 $x\in[-2,3]$，得 $x+1\in[-1,4]$，因此 $f(\ )$ "食谱"为 $[-1,4]$，

由 $-1\leq 2x-1\leq 4$，解得 $x\in\left[0,\frac{5}{2}\right]$，所以 $f(2x-1)$ 定义域为 $\left[0,\frac{5}{2}\right]$，

由 $-1\leq \frac{1}{x}+2\leq 4$，解得 $x\in\left(-\infty,-\frac{1}{3}\right]\cup\left[\frac{1}{2},+\infty\right)$，所以 $f\left(\frac{1}{x}+2\right)$ 定义域为

$\left(-\infty,-\frac{1}{3}\right]\cup\left[\frac{1}{2},+\infty\right)$．

答案 $\left[0,\frac{5}{2}\right]$；$\left(-\infty,-\frac{1}{3}\right]\cup\left[\frac{1}{2},+\infty\right)$．

4. 根式型函数值域 → 头导说：判利用单调性求值域是求解值域的核心方法，不仅是针对根式型函数，对所有函数的值域问题，先判断单调性永远是王道．

对于根式型函数求值域的问题，首先判断函数单调性，如果函数单调，则直接求定义域区间端点的函数值，即得到值域；若不单调，则考虑转化为二次复合函数，再求值域．

【例6】函数 $f(x)=\sqrt{x+1}-\sqrt{x-1}$ 的值域为_____．

二次复合函数的判断标准不是看函数中是否有平方项，而是看函数不同部分之间是否有平方关系．

解析 由题得 $\begin{cases} x+1\geq 0 \\ x-1\geq 0 \end{cases}$，得定义域为 $x\in[1,+\infty)$， → 养成习惯，求值域先求定义域．

易知 $f(x)=\sqrt{x+1}-\sqrt{x-1}=\dfrac{2}{\sqrt{x+1}+\sqrt{x-1}}$ 在 $[1,+\infty)$ 单减, *(分子有理化,把根号作差变为根号作和.)*

又 $f(1)=\sqrt{2}$,$\lim\limits_{x\to+\infty}f(x)=0$,所以值域为 $(0,\sqrt{2})$. *(函数两部分之间有平方关系,可转为二次复合函数.)*

答案 $(0,\sqrt{2}]$.

【例7】 函数 $f(x)=2x+4\sqrt{1-x}$ 的值域为 _____.

解析 由题得 $1-x\geqslant 0$,得定义域为 $x\in(-\infty,1]$.

设 $u=\sqrt{1-x}$,则 $x=1-u^2$,所以 $f(x)=g(u)=2(1-u^2)+4u=-2u^2+4u+2,u\in[0,+\infty)$.

所以 $f_{\max}=g(1)=4$,于是值域为 $(-\infty,4]$.

答案 $(-\infty,4]$.

5. 一次分式型函数值域 → *头哥说:永远告别分离常数法.*

对于一次分式型函数 $f(x)=\dfrac{mx+n}{px+q}(p\neq 0,mq\neq np)$,$x\in[a,b]$,其单调性为分段单调,并且两段上单调性相同(如图所示),因此值域可用断点法快速计算.

(1)求函数断点 x_0,即令分母为零的 x 值;

(2)计算所给区间 $[a,b]$ 端点处的函数值 $f(a)$,$f(b)$,大者 $f_{\max}$,小者 $f_{\min}$;

(3)如果断点 x_0 在区间外,即 $x_0\notin[a,b]$,则值域为 $[f_{\min},f_{\max}]$;如果断点 x_0 在区间内,即 $x_0\in[a,b]$,则值域为 $(-\infty,f_{\min}]\cup[f_{\max},+\infty)$.

注:若所给区间为开区间,则值域相应变为开区间即可,当区间端点为无穷大时,相应函数值变为求极限.

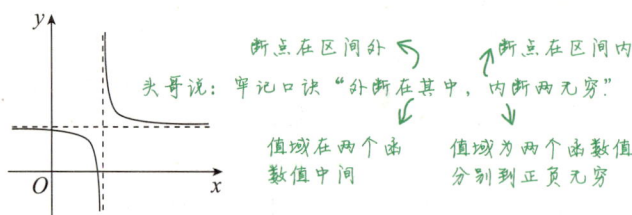

头哥说:牢记口诀"外断在其中,内断两无穷"

断点在区间外 → 值域在两个函数值中间

断点在区间内 → 值域为两个函数值分别到正负无穷

【例8】 函数 $f(x)=\dfrac{1-x}{2x+1}$ 在 $[0,1]$ 上的值域为 _____;在 $(0,+\infty)$ 上的值域为 _____;在 $(-2,0)$ 上的值域为 _____.

解析 由题得断点为 $x_0=-\dfrac{1}{2}$. → *首先找函数断点.* *注意值域左端点小,右端点大,别写反.*

(1)$f(0)=1$,$f(1)=0$,断点不在区间内,值域为 $[0,1]$;

(2)$f(0)=1$,$\lim\limits_{x\to+\infty}f(x)=-\dfrac{1}{2}$,断点不在区间内,值域为 $\left(-\dfrac{1}{2},1\right)$;

(3)$f(-2)=-1$,$f(0)=1$,断点在区间内,值域为 $(-\infty,-1)\cup[1,+\infty)$. *(注意值域的开闭与原区间端点的开闭要对应.)*

答案 $[0,1]$;$\left(-\dfrac{1}{2},1\right)$;$(-\infty,-1)\cup[1,+\infty)$.

【例9】 函数 $f(x)=\dfrac{2\sqrt{x}-1}{\sqrt{x}+2}$ 的值域为 _____；函数 $g(x)=\dfrac{2x^2+4x}{x^2+2x-1}$ 的值域为

> *对根号换元后，原函数变为一次分式型函数，或者理解成原函数为幂函数与一次分式型函数的复合函数.*

_____.

解析 设 $u=\sqrt{x}\in[0,+\infty)$，$f(x)=h(u)=\dfrac{2u-1}{u+2}$，断点为 $u_0=-2$，

$h(0)=-\dfrac{1}{2}$，$\lim\limits_{u\to+\infty}h(u)=2$，断点不在区间内，值域为 $\left[-\dfrac{1}{2},2\right)$.

> *二次函数与一次分式型函数的复合函数.*

设 $v=x^2+2x\in[-1,+\infty)$，则 $g(x)=w(v)=\dfrac{2v}{v-1}$，断点为 $v_0=1$，

$w(-1)=1$，$\lim\limits_{v\to+\infty}w(v)=2$，断点在区间内，值域为 $(-\infty,1]\cup(2,+\infty)$.

答案 $\left[-\dfrac{1}{2},2\right)$；$(-\infty,1]\cup(2,+\infty)$.

6.三角分式型函数值域

> *头哥说："形的输入，必将带来数的运算上的简化"（头哥恩师的名言），此为数形结合的真谛.*

对于含有正弦与余弦的分式型函数，若分子、分母同名（例如：$y=\dfrac{\sin x+1}{\sin x-1}$），则可以看成三角函数与一次分式型函数的复合函数进行值域求解；若分子、分母异名（例如：$y=\dfrac{\sin x+1}{\cos x-1}$），则可用斜率法求解值域.

以函数 $y=\dfrac{\sin x+1}{\cos x-1}$ 为例，设点 $P(\cos x,\sin x)$，点 $Q(1,-1)$，则 y 表示 PQ 连线的斜率，

即 $k_{PQ}=y=\dfrac{\sin x+1}{\cos x-1}$. 易知点 P 为圆 $x^2+y^2=1$ 上的动点，由动态变化过程可得 $k_{PQ}\in(-\infty,0]$，

即原函数值域为 $(-\infty,0]$.

> *PQ 连线与圆相切时为斜率的临界取值.*

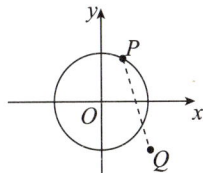

> *头哥说：动点 P 的坐标必须设成 $(\cos x,\sin x)$，因为这样才具有几何意义（x 表示以 OP 为终边的角），便于后续结合图像进行分析.*

【例10】 函数 $f(x)=\dfrac{\sin x-\sqrt{3}}{\cos x-1}\left(\dfrac{\pi}{2}\leqslant x\leqslant\dfrac{3\pi}{2}\right)$ 的值域为 _____.

解析 设 $P(\cos x,\sin x)$，则原函数表示点 P 与点 $Q(1,\sqrt{3})$ 连线的斜率 k_{PQ}，

易知点 P 在半圆 $x^2+y^2=1(x\leqslant0)$ 上运动，

当 PQ 与半圆相切时，如图所示，易知 $|OQ|=2|OP|=2$，$PQ\perp OP$，

由几何关系知 $\angle POQ=60°$，同理 $\angle MOQ=60°$，

于是 $\angle PQM=60°$，即 PQ 与 y 轴夹角为 $60°$，PQ 倾斜角为 $30°$，

此时 k_{PQ} 取最小值为 $\tan 30°=\dfrac{\sqrt{3}}{3}$，又 P 点坐标为 $(0,-1)$ 时，

k_{PQ} 取最大值为 $\dfrac{-1-\sqrt{3}}{0-1}=\sqrt{3}+1$，

所以 $k_{PQ}\in\left[\dfrac{\sqrt{3}}{3},\sqrt{3}+1\right]$，即原函数值域为 $\left[\dfrac{\sqrt{3}}{3},\sqrt{3}+1\right]$.

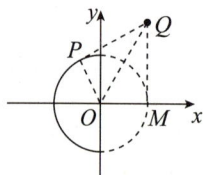

求此时 PQ 斜率，也可设出 PQ 点斜式，利用圆心到直线的距离等于半径求得斜率，这种方法优点在于 Q 点在哪都能用（如果 Q 点坐标改变，本题解析中的方法不一定适用），缺点在于计算量较大.

答案 $\left[\dfrac{\sqrt{3}}{3},\sqrt{3}+1\right]$.

高考链接

【高1】（2022 北京 11,5 分）函数 $f(x)=\dfrac{1}{x}+\sqrt{1-x}$ 的定义域是 _____.

【高2】（2019 全国 2 理 4,5 分）2019 年 1 月 3 日嫦娥四号探测器成功实现人类历史上首次月球背面软着陆，我国航天事业取得又一重大成就，实现月球背面软着陆需要解决的一个关键技术问题是地面与探测器的通信联系. 为解决这个问题，发射了嫦娥四号中继星"鹊桥"，"鹊桥"沿着围绕地月拉格朗日 L_2 点的轨道运行. L_2 点是平衡点，位于地月连线的延长线上. 设地球质量为 M_1，月球质量为 M_2，地月距离为 R，L_2 点到月球的距离为 r，根据牛顿运动定律和万有引力定律，r 满足方程：$\dfrac{M_1}{(R+r)^2}+\dfrac{M_2}{r^2}=(R+r)\dfrac{M_1}{R^3}$. 设 $\alpha=\dfrac{r}{R}$，由于 α 的值很小，因此在近似计算中 $\dfrac{3\alpha^3+3\alpha^4+\alpha^5}{(1+\alpha)^2}\approx 3\alpha^3$，则 r 的近似值为 （　　）

A. $\sqrt{\dfrac{M_2}{M_1}}R$

B. $\sqrt{\dfrac{M_2}{2M_1}}R$

C. $\sqrt[3]{\dfrac{3M_2}{M_1}}R$

D. $\sqrt[3]{\dfrac{M_2}{3M_1}}R$

第 2 节　函数的性质

头哥说：研究函数性质的目的是为了画函数图像，有了函数图像就能够轻松方便地解题。借助单调性可以知道函数图像的增、减，借助奇偶性与对称性可以只画一半图像就知道另一半图像，借助周期性可以只画一个周期图像就知道整体图像.

知识梳理

基础知识

1.单调性的定义

→ 不等号相同 ←

(1)单调递增：对于任意 $x_1,x_2 \in D$，当 $x_1 < x_2$（或 $x_1 > x_2$）时，都有 $f(x_1) < f(x_2)$（或 $f(x_1) > f(x_2)$），那么就说函数 $f(x)$ 在区间 D 上是增函数，D 叫作 $f(x)$ 的单增区间（即单调递增区间，全书同）；

→ 不等号相异 ←

(2)单调递减：对于任意 $x_1,x_2 \in D$，当 $x_1 < x_2$（或 $x_1 > x_2$）时，都有 $f(x_1) > f(x_2)$（或 $f(x_1) < f(x_2)$），那么就说函数 $f(x)$ 在区间 D 上是减函数，D 叫作 $f(x)$ 的单减区间（即单调递减区间，全书同）.

2.单调性的图像特点

头哥说：记住口诀"同增异减"，x 的不等号与 f 的不等号相同，则单增；相异，则单减.

(1)单调递增：自左向右看图像是上升的，由定义知 $\dfrac{f(x_1)-f(x_2)}{x_1-x_2} > 0$，即任意两点连线斜率为正，如图 1 所示；

当 x_1 与 x_2 无限接近时，割线（斜率）变为切线（斜率），该表达式变为导数，"同增异减"变为"（导数）正增（导数）负减"，此即为哲学中所讲"量变引起质变".

(2)单调递减：自左向右看图像是下降的，由定义知 $\dfrac{f(x_1)-f(x_2)}{x_1-x_2} < 0$，即任意两点连线斜率为负，如图 2 所示.

单调性为函数的局部性质，即同一个函数在不同区间，单调性可以不同.

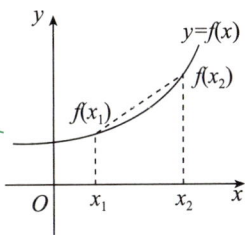

图 1

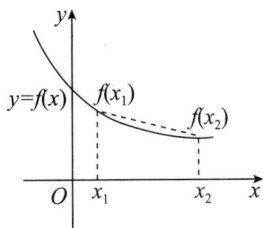

图 2

3.奇偶性的定义 → 奇偶性为函数的整体性质,即该性质是针对整个函数而言,而不是针对某个区间而言,不能说函数 $f(x)$ 在某个区间上是奇函数或者偶函数.

(1)偶函数:对于函数 $f(x)$ 的定义域内任意一个 x,都有 $f(-x)=f(x)$,那么函数 $f(x)$ 叫作偶函数;

隐含条件:某函数如果是奇函数或者偶函数,则它的定义域一定关于原点对称.

(2)奇函数:对于函数 $f(x)$ 的定义域内任意一个 x,都有 $f(-x)=-f(x)$,那么函数 $f(x)$ 叫作奇函数.

重要性质:若奇函数在 $x=0$ 处有定义,则必有 $f(0)=0$.

头哥说:奇偶性是函数机器的性质,偶函数可认为 $f(\ )$ 对负号具有消灭性,奇函数可认为 $f(\ )$ 对负号具有穿遮性,例如:$\cos(\ )$ 可以消灭负号,$\sin(\ )$ 可以穿遮负号.

4.奇偶性的图像特点

(1)偶函数:偶函数的图像关于 y 轴对称;

(2)奇函数:奇函数的图像关于原点对称.

5.周期性

(1)周期函数:对于函数 $y=f(x)$,如果存在一个非零常数 T,使得当 x 取定义域内的任何值时,都有 $f(x+T)=f(x)$,那么就称函数 $y=f(x)$ 为周期函数,称 T 为这个函数的周期;

(2)最小正周期:如果在周期函数 $f(x)$ 的所有周期中存在一个最小的正数,那么这个最小正数就叫作 $f(x)$ 的最小正周期,通常简称周期.

周期函数不一定有最小正周期,例如:$f(x)=1$($x\in\mathbf{R}$),所有非零实数都是它的周期,但是没有最小正周期.

二级结论

1.对称公式

两个"f"由等号连接.

(1)轴对称:若函数 $y=f(x)$ 满足 $f(a+x)=f(b-x)$,则 $y=f(x)$ 的对称轴为 $x=\dfrac{a+b}{2}$;

括号内和为定值.

(2)中心对称:若函数 $y=f(x)$ 满足 $f(a+x)+f(b-x)=c$,则 $y=f(x)$ 的对称中心为 $\left(\dfrac{a+b}{2},\dfrac{c}{2}\right)$.

两个"f"由加号连接.

2.(半)周期公式 → 区分对称公式与(半)周期公式的口诀"和为定值想对称,差为定值想周期,加号连接中心半,等号连接轴周期".

两个"f"由等号连接.

(1)周期公式:若函数 $y=f(x)$ 满足 $f(x+a)=f(x+b)$,则 $y=f(x)$ 的周期为 $T=|b-a|$($a\neq b$);

括号内差为定值.

(2)半周期公式:若函数 $y=f(x)$ 满足 $f(x+a)+f(x+b)=c$,则 $y=f(x)$ 的周期为 $T=2|b-a|$($a\neq b$).

两个"f"由加号连接.

3.平移对称性 → 头哥说:对称公式和(半)周期公式都是同一个函数的性质,而平移对称性指的是两个函数的性质.

(1)平移对称:$f(a+x)$ 与 $f(b-x)$ 关于 $x=\dfrac{b-a}{2}$ 轴对称;

把两个"f"括号中的 x 抹掉,则剩下 $b-a$.

(2)构造轴对称函数:$g(x)=f(a+x)+f(b-x)$,对称轴为 $x=\dfrac{b-a}{2}$;

头哥说:特别地,当 $a=b=0$ 时,可构造出偶函数与奇函数.

(3)构造中心对称函数:$h(x)=f(a+x)-f(b-x)$,对称中心为 $\left(\dfrac{b-a}{2},0\right)$.

4. 两次对称推周期 —→ 该性质可结合正弦函数进行记忆.

(1)两轴:若 $f(x)$ 有两相邻对称轴 $x=a$,$x=b$ $(a\neq b)$,则其必为周期函数,且 $T=2|b-a|$;

(2)两中心:若 $f(x)$ 有两相邻对称中心 (a,c),(b,c) $(a\neq b)$,则其必为周期函数,且 $T=2|b-a|$;

(3)一轴一中心:若 $f(x)$ 有相邻的对称轴 $x=a$,对称中心 (b,c) $(a\neq b)$,则其必为周期函数,且 $T=4|b-a|$.

镜子　　镜子

头哥说:可借助于照镜子形象理解这个性质,为你的前后各有一面镜子(两次对称),则会出现无限多个"你"(周期性),即两次对称推周期.

考点剖析

1. 复合法判断单调性

对于分析复合函数的单调区间问题,只需要掌握一个单调函数与一个不单调函数复合的情况即可,可分为内层函数单调与外层函数单调两种,分析原则是"谁不单调先分析谁",注意事项为"定义域优先".

设函数为 $y=f(g(x))$,则内层函数记为 $u=g(x)$,外层函数记为 $y=f(u)$.

首先,确定函数定义域 $x\in D$. —→ 头哥说:外层函数单调较简单,只需分析内层函数即可.

(1)若外层函数 $y=f(u)$ 单调,则先分析内层函数 $u=g(x)$ 的单调区间 $x\in D_1$,$x\in D_2$,…,每个区间与外层函数 $y=f(u)$ 进行复合,遵循"同增异减"(单调性相同,复合为增;单调性相异,复合为减)的原则,从而得到复合函数单调区间 D_1,D_2,….

↓

头哥说:内层函数单调较复杂,需要分析外层函数单调区间,再对应到内层函数区间.

(2)若内层函数 $u=g(x)$ 单调,则先分析外层函数 $y=f(u)$ 的单调区间 $u\in E_1$,$u\in E_2$,…(外层函数的定义域为内层函数的值域,所以应先求出内层函数值域),将这些区间对应为 x 的区间 $x\in D_1$,$x\in D_2$,…,每个区间与内层函数 $u=g(x)$ 进行复合,遵循"同增异减"(单调性相同,复合为增;单调性相异,复合为减)的原则,从而得到复合函数单调区间 D_1,D_2,….

【例1】函数 $f(x)=\dfrac{1}{\sqrt{-x^2-2x+3}}$ 的单调递增区间为＿＿＿＿＿.

↗ 外层函数单调.

解析 由 $-x^2-2x+3>0$,得定义域为 $(-3,1)$,设 $u=-x^2-2x+3$,则 $f(u)=\dfrac{1}{\sqrt{u}}$,

外层函数 $f(u)$ 为单调减函数,内层函数 $u(x)$ 不单调,$u(x)$ 在 $x\in(-3,-1]$ 单增,在 $x\in[-1,1)$ 单减,

所以原函数在 $x\in(-3,-1]$ 单减,$x\in[-1,1)$ 单增,故单增区间为 $[-1,1)$.

答案 $[-1,1)$.

【例2】函数 $f(x)=\dfrac{1}{x^2}+\dfrac{1}{x}$ 的单调递增区间为＿＿＿＿＿.

↗ 内层函数分段单调.

解析 由题得定义域为 $(-\infty,0)\bigcup(0,+\infty)$,设 $u=\dfrac{1}{x}$,则 $f(u)=u^2+u$ $(u\neq 0)$,

内层函数 $u(x)$ 分段单减,

外层函数 $f(u)$ 不单调，$f(u)$ 在 $u\in\left(-\infty,-\dfrac{1}{2}\right]$ 单减，在 $u\in\left[-\dfrac{1}{2},0\right)$ 单增，$u\in(0,+\infty)$ 单增，

分别对应 $x\in[-2,0)$，$x\in(-\infty,-2]$，$x\in(0,+\infty)$，

所以原函数在 $x\in[-2,0)$ 单增，$x\in(-\infty,-2]$ 单减，$x\in(0,+\infty)$ 单减，

故单增区间为 $[-2,0)$.

答案 $[-2,0)$.

2. 单调法解函数不等式

头哥说：单调法只能处理标准形式的函数不等式，即 $f(\ )>f(\ )$ 形式，所以如果题目中不是标准形式，必须先想办法转化为标准形式。

解函数不等式是指求解含有 $f(\ )$ 的不等式，原理是利用函数的单调性扒掉"函数衣服"。标准形式为 $f(\sharp)>f(\&)$，且 $\sharp,\&\in D$[D 为 $f(\ )$ 的定义域]，若 $f(x)$ 单增，则扒掉"函数衣服"后不等号方向不变，得到 $\sharp>\&$；若 $f(x)$ 单减，则扒掉"函数衣服"后不等号方向改变，得到 $\sharp<\&$.

该类题目经常与函数的奇偶性进行结合考查，对于奇函数，常利用对负号的穿透性将 $f(\sharp)+f(\&)>0$（或 <0）形式转化为标准形式 $f(\sharp)>f(-\&)$（或 $<$）；对于偶函数（定义域上不单调，无法直接扒掉"函数衣服"），常利用对负号的消灭性将 $f(\sharp)>f(\&)$（或 $<$）形式转化为 $f(|\sharp|)>f(|\&|)$（或 $<$），将 $f(\ )$ 括号内部分非负化，从而转化到一个单调区间上，再去扒掉"函数衣服"。 $f(x)=f(-x)=f(|x|)$.

【例3】 已知定义域为 $(-1,1)$ 的奇函数 $y=f(x)$ 又是减函数，且 $f(9-a^2)+f(a-3)<0$，则 a 的取值范围是 （ ）

A. $(2\sqrt{2},3)$ 　　 B. $(3,\sqrt{10})$ 　　 C. $(2\sqrt{2},4)$ 　　 D. $(-2,3)$

解析 由题得 $f(9-a^2)<-f(a-3)=f(3-a)$，

于是 $1>9-a^2>3-a>-1$，解得 $a\in(2\sqrt{2},3)$.

答案 A.

注意：扒掉"函数衣服"后，要保证变量在定义域内。

【例4】 设定义在 $[-2,2]$ 上的偶函数 $f(x)$ 在区间 $[0,2]$ 上单调递减，若 $f(1-m)<f(m)$，则实数 m 的取值范围为_____.

解析 由题得 $f(|1-m|)<f(|m|)$，于是 $2\geqslant|1-m|>|m|\geqslant0$，解得 $m\in\left[-1,\dfrac{1}{2}\right)$.

答案 $\left[-1,\dfrac{1}{2}\right)$.

注意：扒掉"函数衣服"后，要保证变量在定义域内。

3. 奇偶函数求参

头哥说：此类问题会量不要用奇偶函数的定义直接列式，因为计算量较大，用特值法可以大大降低计算量。

对于含参函数，已知其奇偶性，求参数的问题，往往采用特值法进行求解。对于奇函数，如果 $x=0$ 在定义域内，则必有 $f(0)=0$，如果 $x=0$ 不在定义域内，则可考虑其他简单特值，例如：$f(-1)=-f(1)$；对于偶函数，考虑非零简单特值，例如：$f(-1)=f(1)$.

【例5】 函数 $f(x)=\dfrac{2^x+1}{2^x-a}$ 为奇函数，则实数 $a=$_____.

解析 由题得 $f(-1)=\dfrac{2^{-1}+1}{2^{-1}-a}=-f(1)=-\dfrac{2+1}{2-a}$，解得 $a=1$.

更快、更高级的做法：注意到将 $x=0$ 代入分子不为 0，因此必有 $f(0)$ 无意义，即将 $x=0$ 代入分母必为 0，所以 $1-a=0$，解得 $a=1$.

答案 1.

【例6】若函数 $f(x)=x\ln(x+\sqrt{a+x^2})$ 为偶函数，则 $a=$ _____.

解析 由题得 $f(1)=\ln(1+\sqrt{a+1})=f(-1)=-\ln(-1+\sqrt{a+1})$，解得 $a=1$.

答案 1.

4. 对称求和——*头哥说：对称求和公式可以认为是等差数列中项求和公式 $S_n=na_{\dot+}$ 的拓展.*

如果一组数 $a_1,a_2,\cdots,a_n$ 关于中位数 a_0 对称（在数轴上对称分布于中位数两侧），则有 $\displaystyle\sum_{i=1}^{n}a_i=na_0$，此即为对称求和公式，该公式经常与函数的对称性结合考查. 例如：某函数关于 $x=a$ 对称，则所有的零点 $x_1,x_2,\cdots,x_n$ 亦关于 $x=a$ 对称，于是所有零点之和 $\displaystyle\sum_{i=1}^{n}x_i=na$.

注意：对称性的抽象式表达 $f(a+x)=f(b-x)$（对称轴为 $x=\dfrac{a+b}{2}$），$f(a+x)+f(b-x)=c$ $\left[\text{对称中心为}\left(\dfrac{a+b}{2},\dfrac{c}{2}\right)\right]$，不要与周期性混淆.

【例7】已知函数 $f(x)(x\in\mathbf{R})$ 满足 $f(x)=f(2-x)$，*对称轴 $x=1$.* 若函数 $y=|x^2-2x-3|$ 与 $y=f(x)$ 图像的交点为 $(x_1,y_1),(x_2,y_2),\cdots,(x_m,y_m)$，则 $\displaystyle\sum_{i=1}^{m}x_i=$ （　　）

A. 0　　　　　　　　　　　　　B. m

C. $2m$　　　　　　　　　　　　D. $4m$

看到求和问题，想到对称求和公式.

解析 由题得 $f(x)$ 与 $y=|x^2-2x-3|$ 的对称轴均为 $x=1$，

于是两函数图像所有交点关于 $x=1$ 对称，有 $\displaystyle\sum_{i=1}^{m}x_i=m\times 1=m$.

答案 B.

对称中心 $(1,0)$.

看到求和问题，想到对称求和公式.

【例8】已知函数 $f(x)(x\in\mathbf{R})$ 满足 $f(2-x)=-f(x)$，若函数 $y=\sin\pi x$ 与 $f(x)$ 图像的交点为 $(x_1,y_1),(x_2,y_2),\cdots,(x_m,y_m)(m\in\mathbf{N}^*)$，则 $\displaystyle\sum_{i=1}^{m}(x_i+y_i)$ 的值为 （　　）

A. $4m$　　　　　B. $2m$　　　　　C. m　　　　　D. 0

解析 由题得 $f(x)$ 与 $y=\sin\pi x$ 的对称中心均为 $(1,0)$，

于是两函数图像所有交点关于 $(1,0)$ 对称，

相应横坐标关于 $x=1$ 对称，纵坐标关于 $y=0$ 对称，

于是有 $\displaystyle\sum_{i=1}^{m}(x_i+y_i)=m\times 1+m\times 0=m$.

答案 C.

5. 周期公式与半周期公式

头哥说：牢记口诀"和为定值想对称，差为定值想周期，加号连接中心半，等号连接轴周期".

注意周期性的抽象式表达 $f(x+a)=f(x+b)(a\neq b$,周期为 $T=|b-a|)$,$f(x+a)+f(x+b)=c(a\neq b$,周期为 $T=2|b-a|)$,不要与对称性混淆.

【例9】 已知函数 $f(x)$ 的定义域为 **R**. 当 $x<0$ 时,$f(x)=x^3-1$;当 $-1\leqslant x\leqslant 1$ 时,$f(-x)=-f(x)$;当 $x>\dfrac{1}{2}$ 时,$f(x+\dfrac{1}{2})=f(x-\dfrac{1}{2})$. 则 $f(6)=$ （ ）

对称中心 $(0,0)$.　　　　周期 $T=1$（周期公式）.

注意：本题中的对称性与周期性的表达式都有区间限制，所以不能说整个函数具有对称性或周期性，而只是在特定区间上可以应用对称性与周期性的性质。

A. -2　　　　　　　　　　　B. -1

C. 0　　　　　　　　　　　D. 2

解析 由题得 $f(6)=f(1)=-f(-1)=-(-2)=2$.

答案 D.

周期 $T=2$（半周期公式）.

【例10】 定义在 **R** 上的偶函数 $f(x)$,满足 $f(x+1)=-f(x)$,且在区间 $[-1,0]$ 上递增,则 （ ）

A. $f(3)<f(\sqrt{2})<f(2)$　　　　　　　　B. $f(2)<f(3)<f(\sqrt{2})$

C. $f(3)<f(2)<f(\sqrt{2})$　　　　　　　　D. $f(\sqrt{2})<f(2)<f(3)$

解析 由题得周期 $T=2$,由偶函数知 $f(x)$ 在 $[0,1]$ 上单减,

所以 $f(3)=f(1)$,$f(\sqrt{2})=f(\sqrt{2}-2)=f(2-\sqrt{2})$,$f(2)=f(0)$,

因为 $1>2-\sqrt{2}>0$,所以 $f(3)<f(\sqrt{2})<f(2)$.

答案 A.

6. 两次对称推周期

头哥说：当题目中出现两次对称性时，立刻想到转化为周期性进行处理，注意奇偶性也是对称性的一种情况。

如果一个函数具有两次对称性（两个对称轴、两个纵坐标相同的对称中心、一个对称轴＋一个对称中心），则该函数必是周期函数，且周期为相邻两对称轴（对称中心）距离的两倍，相邻对称轴与对称中心距离的四倍（该结论可结合 $y=\sin x$ 图像进行记忆）.

【例11】 奇函数 $f(x)$ 的定义域为 **R**,若 $f(x+2)$ 为偶函数,且 $f(1)=1$,则 $f(8)+f(9)=$ （ ）

A. -2　　　　B. -1　　　　C. 0　　　　D. 1

解析 由 $f(x)$ 为奇函数知 $f(x)$ 对称中心为 $(0,0)$,

由 $f(x+2)$ 为偶函数知 $f(x+2)$ 对称轴为 $x=0$,故 $f(x)$ 对称轴为 $x=2$,

由两次对称推周期知,$f(x)$ 周期为 $T=8$,

$f(x+2)$ 表示 $f(x)$ 向左平移 2 个单位.

所以 $f(8)+f(9)=f(0)+f(1)=0+1=1$. → 由奇函数知 $f(0)=0$.

答案 D.

【例12】 函数 $f(x)$ 的定义域为 **R**,满足 $f(x)=f(4-x)$ 且 $f(2-x)+f(x-2)=0$,则 $f(1000)=$ _____.

解析 由 $f(x)=f(4-x)$ 知，$f(x)$ 有对称轴 $x=2$，

由 $f(2-x)+f(x-2)=0$ 知 $f(x)$ 有对称中心 $(0,0)$，

由两次对称推周期知，$f(x)$ 周期为 $T=8$，所以 $f(1000)=f(0)=0$.

答案 0.

【例 13】 定义域为 **R** 的函数 $f(x)$ 满足：① $f(-x+2)=f(x+2)$，② $f(x+1)$ 图像关于点 $(-1,0)$ 对称，③ $f(-2)=2$，则 $f(2)+f(4)+f(6)+\cdots+f(500)=$ (　　)

A. 2 B. 1 C. -1 D. -2

解析 由 $f(x+1)$ 对称中心为 $(-1,0)$ 知 $f(x)$ 的对称中心为 $(0,0)$，　　　　　→ $f(x+1)$ 表示 $f(x)$ 向左平移 1 个单位.

由 $f(-x+2)=f(x+2)$ 知 $f(x)$ 对称轴为 $x=2$，

由两次对称推周期知，$f(x)$ 周期为 $T=8$，

又 $f(-2)+f(0)+f(2)+f(4)=f(4)=f(0)=0$，　　　　→ 1 个周期内的四个函数值和为 0.

所以 $f(2)+f(4)+f(6)+\cdots+f(500)=f(2)+f(4)=-f(-2)=-2$.

答案 D. 　　→ 共 250 个函数值，后 248 个数（4 的整数倍）为整数个周期内的函数值求和，和为 0，所以原求和等于 $f(2)+f(4)$.

7. 平移对称性

→ 头哥说：注意这两种情况下，对称轴或对称中心的横坐标求法是不同的.

注意平移对称性与自对称性的区别，自对称性是指同一个函数满足的对称性，平移对称性是指两个对称函数相加或相减形成一个新的函数.

→ 括号内和的一半.

自对称性：若 $f(a+x)=f(b-x)$，则 $f(x)$ 对称轴为 $x=\dfrac{a+b}{2}$；若 $f(a+x)+f(b-x)=c$，则 $f(x)$ 对称中心为 $\left(\dfrac{a+b}{2},\dfrac{c}{2}\right)$. ［注意：该种情况研究的是同一个函数 $f(x)$］

平移对称性：$f(a+x)$ 与 $f(b-x)$ 关于 $x=\dfrac{b-a}{2}$ 轴对称，$g(x)=f(a+x)+f(b-x)$ 的对称轴为 $x=\dfrac{b-a}{2}$；$h(x)=f(a+x)-f(b-x)$ 的对称中心为 $\left(\dfrac{b-a}{2},0\right)$. ［注意：该种情况研究的是两个函数 $f(a+x)$ 与 $f(b-x)$ 及其组合］

→ 两个函数的和，所以是平移对称性.

【例 14】 已知函数 $f(x)=\ln x+\ln(2-x)$，则   (　　)

A. $f(x)$ 在 $(0,2)$ 单调递增   B. $f(x)$ 在 $(0,2)$ 单调递减

C. $y=f(x)$ 的图像关于直线 $x=1$ 对称   D. $y=f(x)$ 的图像关于点 $(1,0)$ 对称

解析 由题得 $y=\ln x$ 与 $y=\ln(2-x)$ 关于 $x=\dfrac{2-0}{2}=1$ 轴对称，所以 $f(x)$ 的对称轴为 $x=1$.

答案 C.

【例 15】 已知函数 $f(x)=\begin{cases}2-|x|, & x\leqslant 2 \\ (x-2)^2, & x>2\end{cases}$，函数 $g(x)=b-f(2-x)$，其中 $b\in \mathbf{R}$，若函数 $y=f(x)-g(x)$ 恰有 4 个零点，则 b 的取值范围是   (　　)

A. $\left(\dfrac{7}{4},+\infty\right)$ B. $\left(-\infty,\dfrac{7}{4}\right)$ C. $\left(0,\dfrac{7}{4}\right)$ D. $\left(\dfrac{7}{4},2\right)$

解析 由题得函数 $y=f(x)-g(x)=f(x)+f(2-x)-b$,

两个函数的和,所以是平移对称性.

设 $h(x)=f(x)+f(2-x)$, 又知 $f(x)$ 与 $f(2-x)$ 关于 $x=\dfrac{2-0}{2}=1$ 轴对称,

所以 $h(x)$ 的对称轴为 $x=1$,

因此只需要研究 $h(x)(x\geqslant 1)$ 的图像即可.

头哥说:利用对称性,只需要研究函数图像的一半即可,把计算量降低了一半.

由题得 $f(2-x)=\begin{cases}2-|2-x|, & x\geqslant 0\\ x^2, & x<0\end{cases}$, 当 $x\geqslant 1$ 时,

$f(x)=\begin{cases}2-x, & 1\leqslant x\leqslant 2\\ (x-2)^2, & x>2\end{cases}$, $f(2-x)=\begin{cases}x, & 1\leqslant x\leqslant 2\\ 4-x, & x>2\end{cases}$,

所以 $h(x)=\begin{cases}2, & 1\leqslant x\leqslant 2\\ x^2-5x+8, & x>2\end{cases}$, 由题得 $h(x)$ 图像与 $y=b$ 图像在 $x\geqslant 1$ 时有两个交点,

由图像可知 $b\in\left(\dfrac{7}{4},2\right)$.

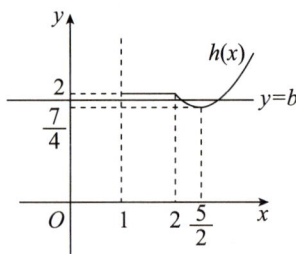

答案 D.

高考链接

【高1】(2020 新高考一 8,5 分)若定义在 $\mathbf{R}$ 上的奇函数 $f(x)$ 在 $(-\infty,0)$ 单调递减,且 $f(2)=0$,则满足 $xf(x-1)\geqslant 0$ 的 x 的取值范围是 (　　)

A.$[-1,1]\cup[3,+\infty)$　　　　　　　　B.$[-3,-1]\cup[0,1]$

C.$[-1,0]\cup[1,+\infty)$　　　　　　　　D.$[-1,0]\cup[1,3]$

【高2】(2018 全国 1 文 12,5 分)设函数 $f(x)=\begin{cases}2^{-x}, & x\leqslant 0\\ 1, & x>0\end{cases}$,则满足 $f(x+1)<f(2x)$ 的 x 的取值范围是 (　　)

A.$(-\infty,-1]$　　　B.$(0,+\infty)$　　　C.$(-1,0)$　　　D.$(-\infty,0)$

【高3】(2021 全国乙理 4,5 分)设函数 $f(x)=\dfrac{1-x}{1+x}$,则下列函数中为奇函数的是 (　　)

A.$f(x-1)-1$　　　B.$f(x-1)+1$　　　C.$f(x+1)-1$　　　D.$f(x+1)+1$

【高4】(2021 新高考一 13,5 分)已知函数 $f(x)=x^3(a\cdot 2^x-2^{-x})$ 是偶函数,则 $a=$＿＿.

【高5】(2019 全国 2 理 14,5 分)已知 $f(x)$ 是奇函数,且当 $x<0$ 时,$f(x)=-e^{ax}$.若 $f(\ln 2)=8$,则 $a=$＿＿＿＿.

【高6】(2019 全国 2 文 6,5 分)设 $f(x)$ 为奇函数,且当 $x\geqslant 0$ 时,$f(x)=e^x-1$,则当 $x<0$

时，$f(x)=$ 　　　　　　　　　　　　　　　　　　　　　　　　　　　　（　　）

　　A. $e^{-x}-1$ 　　　　B. $e^{-x}+1$ 　　　　C. $-e^{-x}-1$ 　　　　D. $-e^{-x}+1$

【高 7】（2018 全国 3 文 16，5 分）已知函数 $f(x)=\ln(\sqrt{1+x^2}-x)+1$，$f(a)=4$，则 $f(-a)=$ _____.

【高 8】（2022 北京 4，4 分）已知函数 $f(x)=\dfrac{1}{1+2^x}$，则对任意实数 x，有 （　　）

　　A. $f(-x)+f(x)=0$ 　　　　　　　　　　B. $f(-x)-f(x)=0$

　　C. $f(-x)+f(x)=1$ 　　　　　　　　　　D. $f(-x)-f(x)=\dfrac{1}{3}$

【高 9】（2022 全国乙理 12，5 分）已知函数 $f(x)$，$g(x)$ 的定义域均为 **R**，且 $f(x)+g(2-x)=5$，$g(x)-f(x-4)=7$. 若 $y=g(x)$ 的图像关于直线 $x=2$ 对称，$g(2)=4$，则 $\displaystyle\sum_{k=1}^{22}f(k)=$ （　　）

　　A. -21 　　　　B. -22 　　　　C. -23 　　　　D. -24

【高 10】（2022 新高考一 12 多选，5 分）已知函数 $f(x)$ 及其导函数 $f'(x)$ 的定义域均为 **R**，记 $g(x)=f'(x)$. 若 $f\left(\dfrac{3}{2}-2x\right)$，$g(2+x)$ 均为偶函数，则 （　　）

　　A. $f(0)=0$ 　　B. $g\left(-\dfrac{1}{2}\right)=0$ 　　C. $f(-1)=f(4)$ 　　D. $g(-1)=g(2)$

【高 11】（2022 新高考二 8，5 分）若函数 $f(x)$ 的定义域为 **R**，且 $f(x+y)+f(x-y)=f(x)f(y)$，$f(1)=1$，则 $\displaystyle\sum_{k=1}^{22}f(k)=$ （　　）

　　A. -3 　　　　B. -2 　　　　C. 0 　　　　D. 1

【高 12】（2021 全国甲理 12，5 分）设函数 $f(x)$ 的定义域为 **R**，$f(x+1)$ 为奇函数，$f(x+2)$ 为偶函数，当 $x\in[1,2]$ 时，$f(x)=ax^2+b$. 若 $f(0)+f(3)=6$，则 $f\left(\dfrac{9}{2}\right)=$ （　　）

　　A. $-\dfrac{9}{4}$ 　　　　B. $-\dfrac{3}{2}$ 　　　　C. $\dfrac{7}{4}$ 　　　　D. $\dfrac{5}{2}$

【高 13】（2021 新高考二 8，5 分）设函数 $f(x)$ 的定义域为 **R**，且 $f(x+2)$ 为偶函数，$f(2x+1)$ 为奇函数，则下列选项中一定成立的是 （　　）

　　A. $f\left(-\dfrac{1}{2}\right)=0$ 　　B. $f(-1)=0$ 　　C. $f(2)=0$ 　　D. $f(4)=0$

【高 14】（2018 全国 2 理 11／文 12，5 分）已知 $f(x)$ 是定义域为 $(-\infty,+\infty)$ 的奇函数，满足 $f(1-x)=f(1+x)$. 若 $f(1)=2$，则 $f(1)+f(2)+f(3)+\cdots+f(50)=$ （　　）

　　A. -50 　　　　B. 0 　　　　C. 2 　　　　D. 50

【高 15】（2018 全国 3 文 7，5 分）下列函数中，其图像与函数 $y=\ln x$ 的图像关于直线 $x=1$ 对称的是 （　　）

　　A. $y=\ln(1-x)$ 　　　　　　　　　　B. $y=\ln(2-x)$

　　C. $y=\ln(1+x)$ 　　　　　　　　　　D. $y=\ln(2+x)$

第3节　二次函数与对勾函数

知识梳理

基础知识

1. 一元二次函数　→注意:二次项系数不为零.

形如 $f(x)=ax^2+bx+c(a\neq 0)$ 的函数称为一元二次函数,一元二次函数的图像为一条开口向上或开口向下的抛物线.

2. 一元二次函数的关键信息　→通过关键信息画出二次函数草图,结合图像解决问题.

(1)二次项系数 a : $a>0$,则开口向上; $a<0$,则开口向下.

(2)对称轴: $x=-\dfrac{b}{2a}$.

(3)判别式 $\Delta=b^2-4ac$: $\Delta>0$,则抛物线与 x 轴有两个公共点; $\Delta=0$,

则抛物线与 x 轴只有一个公共点(相切); $\Delta<0$,则抛物线与 x 轴无公共点.

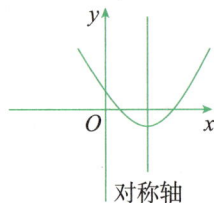

3. 对勾函数

拓展来讲, a , b 同号即可,此处仅考虑 a , b 均为正的情况,因为若 a , b 均为负,则可提出一个负号,转化为 a , b 均为正的情况.

(1)对勾函数:把形如 $f(x)=ax+\dfrac{b}{x}(a>0,b>0)$ 的函数称为对勾函数.

(2)近似:在第一象限内,当 x 接近零时, $f(x)\approx\dfrac{b}{x}$;当 x 很大时, $f(x)\approx ax$.

(3)图像:

接近 $y=\dfrac{b}{x}$ 的图像　接近 $y=ax$ 的图像

平滑过渡

与第一象限图像关于原点对称

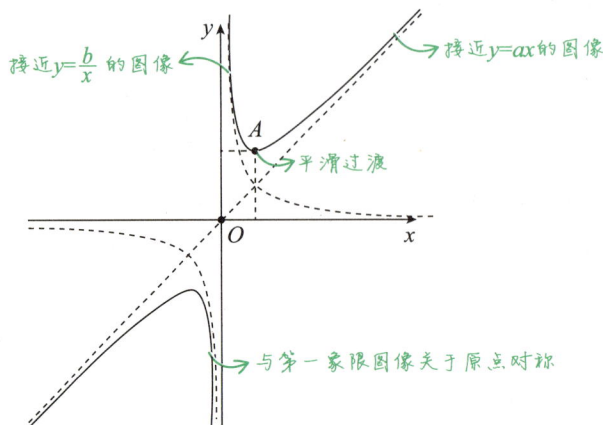

(4)奇偶性:对勾函数为奇函数.

（5）最值：第一象限内的最小值点为 $\left(\sqrt{\dfrac{b}{a}},2\sqrt{ab}\right)$，第三象限内的最大值点为

$\left(-\sqrt{\dfrac{b}{a}},-2\sqrt{ab}\right)$。 ↗ *时匀函数两部分相等时取得，可由基本不等式得到。*

考点剖析

1. 二次不等式恒成立

↗ *头哥说：如果所关心的最值可能在两个或多个点处取得，则此时无须分类讨论最值的具体位置，只需将这些"疑似"最值均代入不等式即可（这样就保证了最值一定是满足不等式的）。*

二次不等式恒成立问题，本质是二次函数的最值问题。首先，分析二次项系数，如果二次项系数含参，必须首先考虑二次项系数为零的情况，因为此时抛物线会"退化"为直线。其次，分析对称轴与区间的位置关系，若对称轴在区间外，则在区间上函数单调，最值在区间端点处取得；若对称轴在区间内，则在区间上函数不单调，最值在区间端点或对称轴处取得。第三，利用最值构造不等式，从而解出参数的取值范围。 ↗ *若 $f(x)>0$ 恒成立，则只需 $f_小>0$；若 $f(x)<0$ 恒成立，则只需 $f_大<0$。*

【例1】若不等式 $(m-1)x^2+(m-1)x+2>0$ 的解集是 **R**，则 m 的取值范围为 _____。

解析 由题得 $m=1$ 时，易知满足题意； ↗ *先讨论二次项系数为零的情况。*

$m\neq 1$ 时，可得 $\begin{cases} m-1>0 & \text{↗ 开口向上} \\ \Delta=(m-1)^2-8(m-1)<0 \end{cases}$，解得 $m\in(1,9)$。

↗ *与 $f_小>0$ 效果相同。*

综上 $m\in[1,9)$。

答案 $[1,9)$。

【例2】设 $f(x)=x^2-2mx+2$，当 $x\in[-1,+\infty)$ 时，$f(x)\geqslant m$ 恒成立，则 m 的取值范围为 _____。

解析 由题得 $\begin{cases} m<-1 & \text{↗ 对称轴不在区间内} \\ f(-1)\geqslant m \end{cases}$，解得 $m\in[-3,-1)$；

↗ *$f_小=f(-1)$。*

或 $\begin{cases} m\geqslant -1 & \text{↗ 对称轴在区间内} \\ f(m)\geqslant m \end{cases}$，解得 $m\in[-1,1]$。

↗ *$f_小=f(m)$。*

综上 $m\in[-3,1]$。

答案 $[-3,1]$。

【例3】对任意 $a\in[-1,1]$，不等式 $x^2+(a-4)x+4-2a>0$ 恒成立，则 x 的取值范围为 _____。

↗ *注意：题目已知 a 的取值范围，所以应当把 a 看成自变量，x 看成参数，所以本题实际为关于 a 的一次函数问题，而非关于 x 的二次函数问题。*

解析 设 $f(a)=x^2+(a-4)x+4-2a>0$，

由题得 $\begin{cases} f(-1)>0 \\ f(1)>0 \end{cases}$，解得 $x\in(-\infty,1)\cup(3,+\infty)$。

↗ *注意：$f(-1)$ 与 $f(1)$ 内有可能为最小值，此处无须区分，只需都代入原不等式即可。*

答案 $(-\infty,1)\cup(3,+\infty)$。

2. 二次函数零点分布

↗ *头哥说：在画草图的时候，注意二次函数是否过定点（代入某个 x 值恰好消掉参数，得到某个确定的 y 值），如果过定点，则可迅速缩短确定草图的时间。*

二次函数零点分布问题的核心在于画出函数草图，根据草图确定相关参数的取值范围。首先，分析二次项系数，如果二次项系数含参，必须首先考虑二次项系数为零的情况，因为此时抛

物线会"退化"为直线;其次,根据零点分布(或一元二次方程实根分布)情况,画出二次函数草图;第三,根据草图对开口方向(二次项系数)、对称轴(顶点位置)、区间端点或特殊点函数值、判别式的要求,列出不等式,求解参数范围.

【例 4】 若关于 x 的方程 $x^2+mx+m-1=0$ 有一正根和一负根,且负根的绝对值较大,则实数 m 的取值范围为_____.

解析 由题得 $\begin{cases} -\dfrac{m}{2}<0 & \rightarrow 对称轴. \\ f(0)=m-1<0 & \rightarrow 特殊点函数值. \end{cases}$,解得 $m\in(0,1)$.

答案 $(0,1)$.

【例 5】 若方程 $-x^2+3x-m=3-x$ 在 $x\in(0,3)$ 内有唯一解,则实数 m 的取值范围为_____.

解析 方程可化为 $x^2-4x+m+3=0$, $\rightarrow$ 对称轴为 $x=2$.

由题得 $\begin{cases} f(0)=m+3>0 \\ f(3)=m\leqslant 0 \end{cases}$ 或 $\Delta=16-4(m+3)=0$,解得 $m\in(-3,0]\cup\{1\}$.

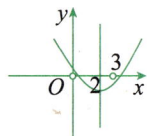

$\rightarrow$ 与 x 轴相交. $\qquad \rightarrow$ 与 x 轴相切.

答案 $(-3,0]\cup\{1\}$.

【例 6】 若方程 $mx^2+(2m-3)x+2=0$ 在 $(0,3)$ 内只有一个实根,则实数 m 的取值范围为_____.

解析 当 $m=0$ 时,易得满足题意;

当 $m\neq 0$ 时,易知函数过 $(0,2)$ 点.

由题得 $\begin{cases} m>0 \\ -\dfrac{2m-3}{2m}>0 \\ f(3)=15m-7<0 \end{cases}$,解得 $0<m<\dfrac{7}{15}$;

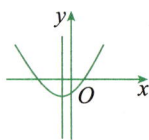

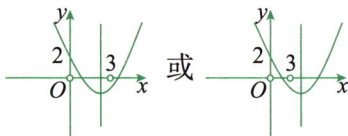

或 $\begin{cases} m>0 \\ 0<-\dfrac{2m-3}{2m}<3 \\ f(3)=15m-7=0 \end{cases}$,解得 $m=\dfrac{7}{15}$;

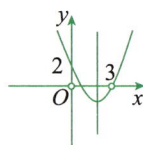

或 $\begin{cases} m>0 \\ 0<-\dfrac{2m-3}{2m}<3 \\ \Delta=(2m-3)^2-8m=0 \end{cases}$,解得 $m=\dfrac{1}{2}$;

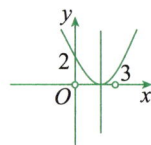

或 $\begin{cases} m<0 \\ f(3)=15m-7<0 \end{cases}$,解得 $m<0$.

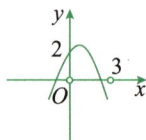

综上 $m\in\left(-\infty,\dfrac{7}{15}\right]\cup\left\{\dfrac{1}{2}\right\}$.

答案 $\left(-\infty,\dfrac{7}{15}\right]\cup\left\{\dfrac{1}{2}\right\}$.

3. 正对勾

头哥说：此处的二次与一次是相对而言，即分子相对于分母是二次的即可，例如：分母为 e^x，分子为 $e^{2x}+1$，此也属于二次与一次的关系.

正对勾型函数的特点是 $\dfrac{二次}{一次}$，即分子为二次，分母为一次，将分母换元为 t，于是便可将原函数转化为关于 t 的对勾函数，结合对勾函数图像进行分析求解.

[例 7] 若函数 $y=f(x)$ 的值域为 $\left[\dfrac{1}{2},3\right]$，则函数 $F(x)=f(x)+\dfrac{1}{f(x)}$ 的值域为 _____.

解析 设 $t=f(x),t\in\left[\dfrac{1}{2},3\right]$，

通分后为二次除以一次的形式，因此为正对勾.

则 $F(x)=g(t)=t+\dfrac{1}{t}$，由对勾函数的性质可知 $F_{\min}=g(1)=2$.

又 $g\left(\dfrac{1}{2}\right)=\dfrac{5}{2},g(3)=\dfrac{10}{3}$，有 $F_{\max}=g(3)=\dfrac{10}{3}$，所以值域为 $\left[2,\dfrac{10}{3}\right]$.

答案 $\left[2,\dfrac{10}{3}\right]$.

二次除以一次的形式，因此为正对勾.

[例 8] $f(x)=\dfrac{x^2+5}{\sqrt{x^2+4}}$ $(x\in\mathbf{R})$ 的最小值为 _____.

解析 令 $t=\sqrt{x^2+4}$ $(t\geqslant2)$，则 $f(x)=g(t)=t+\dfrac{1}{t}$ $(t\geqslant2)$.

由对勾函数性质可知，$g(t)$ 在 $[2,+\infty)$ 单增，所以 $f_{\min}=g(2)=\dfrac{5}{2}$.

答案 $\dfrac{5}{2}$.

[例 9] 关于 x 的二次方程 $x^2+(m-1)x+1=0$ 在区间 $[0,2]$ 上有解，则实数 m 的取值范围是 _____.

参变分离，将二次函数问题转化为正对勾问题.

解析 易知 $x=0$ 不是原方程根，所以可得 $1-m=x+\dfrac{1}{x},x\in(0,2]$.

设 $f(x)=x+\dfrac{1}{x}$，由对勾函数性质可知 $f_{\min}=f(1)=2$，于是 $f(x)\in[2,+\infty)$，

所以 $1-m\in[2,+\infty)$，得 $m\in(-\infty,-1]$.

答案 $(-\infty,-1]$.

4. 倒对勾

头哥说：倒对勾为正对勾的倒数，会处理正对勾则会处理倒对勾，唯一需要注意的是分子为零的情况需要单独讨论.

倒对勾型函数的特点是 $\dfrac{一次}{二次}$（正对勾的倒数形式），即分子为一次，分母为二次. 首先，对"一次"部分为零的情况进行单独讨论；然后，当"一次"部分不为零时，将分子、分母同时除以原分子从而变为 $\dfrac{1}{\frac{二次}{一次}}$ 形式，该形式的分母为正对勾，处理方式同正对勾.

【例10】 函数 $f(x)=\dfrac{x+2}{x^2+2}\,(0\leqslant x\leqslant 2)$ 的值域为 _____.

一次除以二次的形式，因此为倒对勾.

解析 令 $t=x+2$，则 $x=t-2,t\in[2,4]$，

所以 $f(x)=g(t)=\dfrac{t}{(t-2)^2+2}=\dfrac{1}{t+\dfrac{6}{t}-4},t\in[2,4]$，

由对勾函数性质可知 $t+\dfrac{6}{t}\in\left[2\sqrt{6},\dfrac{11}{2}\right]$，得 $g(t)\in\left[\dfrac{2}{3},\dfrac{\sqrt{6}+2}{4}\right]$.

答案 $\left[\dfrac{2}{3},\dfrac{\sqrt{6}+2}{4}\right]$.

二次除以二次的形式，但是可以通过分离常数，将分子降次，从而变为一次除以二次的形式，即倒对勾.

【例11】 函数 $f(x)=\dfrac{2x^2+3x+1}{x^2+x+1}\,(0\leqslant x\leqslant 3)$ 的值域为 _____.

解析 由题得 $f(x)=\dfrac{(2x^2+2x+2)+x-1}{x^2+x+1}=2+\dfrac{x-1}{x^2+x+1}$.

令 $t=x-1$，则 $x=t+1,t\in[-1,2]$，

所以 $f(x)=g(t)=2+\dfrac{t}{t^2+3t+3},t\in[-1,2]$.

当 $t=0$ 时，$g(0)=2$；

当 $t\neq 0$ 时，$g(t)=2+\dfrac{1}{t+\dfrac{3}{t}+3},t\in[-1,0)\cup(0,2]$.

由对勾函数性质可知 $t+\dfrac{3}{t}\in(-\infty,-4]\cup[2\sqrt{3},+\infty)$，得 $g(t)\in[1,2)\cup\left(2,\dfrac{3+2\sqrt{3}}{3}\right]$，

综上 $g(t)\in\left[1,\dfrac{3+2\sqrt{3}}{3}\right]$.

答案 $\left[1,\dfrac{3+2\sqrt{3}}{3}\right]$.

【例12】 若对任意 $x>0,a(x^2+3x+1)\geqslant x$ 恒成立，则 a 的取值范围是 _____.

解析 易知 $x>0$ 时，$x^2+3x+1>0$，于是 $a\geqslant\dfrac{x}{x^2+3x+1}$ 恒成立.

参变分离，将二次函数问题转化为倒对勾问题.

设 $f(x)=\dfrac{x}{x^2+3x+1}=\dfrac{1}{x+\dfrac{1}{x}+3},x>0$.

由对勾函数性质可知 $x+\dfrac{1}{x}\in[2,+\infty)$，得 $f(x)\in\left(0,\dfrac{1}{5}\right]$，

于是有 $a\geqslant\dfrac{1}{5}$.

答案 $a\geqslant\dfrac{1}{5}$.

头哥说：指数运算与对数运算互为逆运算，指数函数与对数函数互为反函数，牢记这两类函数图像.

第4节 指数函数与对数函数

知识梳理

基础知识

1. 指数

(1)n 次方根：一般地，如果 $x^n=a$，那么 x 叫作 a 的 n 次方根，其中 $n>1$，且 $n\in\mathbf{N}^*$.

(2)分数指数幂：——→ 分子指数，分母开根，负号取倒数.

①规定正数的正分数指数幂的意义是：$a^{\frac{m}{n}}=\sqrt[n]{a^m}$（$a>0$，$m,n\in\mathbf{N}^*$，且 $n>1$）；

②规定正数的负分数指数幂的意义是：$a^{-\frac{m}{n}}=\dfrac{1}{\sqrt[n]{a^m}}$（$a>0$，$m,n\in\mathbf{N}^*$，且 $n>1$）；

③0 的正分数指数幂等于 0，0 的负分数指数幂没有意义.

(3)实数指数幂：a^α（$a>0$，α 是实数）. ——→ 当 α 为有理数时，可转化为整数或分数指数幂计算；当 α 为无理数时，可对 α 进行有理数极限逼近计算.

2. 指数幂运算法则 ——→ 运算法则适用于实数指数幂（实际上也适用于复数指数幂，但高中阶段不作要求）.

(1)指数的积：$a^r a^s=a^{r+s}$（$a>0$，$r,s\in\mathbf{R}$）；

(2)积的指数：$(ab)^r=a^r b^r$（$a,b>0$，$r\in\mathbf{R}$）；

头哥说：对指数运算性质的高级理解——指数可以让运算升级. 运算级别为：加法低于乘法，乘法低于乘方. 加法的指数变为指数的乘法，乘法的指数变为指数的乘方.

(3)指数的指数：$(a^r)^s=(a^s)^r=a^{rs}$（$a>0$，$r,s\in\mathbf{R}$）.

3. 对数

(1)对数：一般地，如果 $a^x=N$（$a>0$ 且 $a\neq1$），那么幂指数 x 叫作以 a 为底 N 的对数，记作 $x=\log_a N$，其中 a 叫作对数的底数，N 叫作对数的真数（$N>0$）；

	a	N	x
$a^x=N$	指数的底数	幂	幂指数
$x=\log_a N$	对数的底数	真数	对数

(2)常用对数：以 10 为底的对数，$\log_{10} N$ 简写为 $\lg N$；

(3)自然对数：以 e 为底的对数，$\log_e N$ 简写为 $\ln N$（无理数 e＝2.71828…）；

(4)对数与指数的关系：互为逆运算 $a^x=N\Leftrightarrow x=\log_a N$（$a>0$ 且 $a\neq1$）； 理解方式：将底数"诣项"，指数变对数.

(5)对数的基本性质：①负数和 0 没有对数；②$\log_a 1=0$；③$\log_a a=1$.

4. 对数运算法则 头哥说：对对数运算法则的高级理解——对数可以让运算降级. 乘方的对数变为对数的乘法，乘法的对数变为对数的加法，除法的对数变为对数的减法.

(1)积的对数：$\log_a(MN)=\log_a M+\log_a N$（$a>0$ 且 $a\neq1$，$M,N>0$）；

(2)商的对数：$\log_a\dfrac{M}{N}=\log_a M-\log_a N$（$a>0$ 且 $a\neq1$，$M,N>0$）；

(3)指数的对数：$\log_a M^b=b\log_a M$（$a>0$ 且 $a\neq1$，$M>0$）；

(4)对数恒等式：$a^{\log_a N}=N$；$\log_a a^x=x(a>0$ 且 $a\neq1,N>0)$；→ *同一个数先取对数再取指数，或先取指数再取对数，依然是它自己（指数与对数的底相同）。*

(5)换底公式：$\log_a b=\dfrac{\log_c b}{\log_c a}(a,c>0$ 且 $a,c\neq1,b>0)$；

推论式：①$\log_a b=\dfrac{1}{\log_b a}(a,b>0$ 且 $a,b\neq1)$；→ *底数真数互换则变为倒数。*

②$\log_{a^m} b^n=\dfrac{n}{m}\log_a b(a>0$ 且 $a\neq1,m\neq0)$．→ *真数的指数是分子，底数的指数是分母。*

5.指数函数

(1)指数函数：$y=a^x(a>0$ 且 $a\neq1)$；→ *时刻牢记对底数的要求。*

(2)定义域：**R**；

(3)值域：$(0,+\infty)$；

(4)定点：$(0,1)$；

(5)单调性：$0<a<1$ 时，单减；$a>1$ 时，单增；

(6)图像：

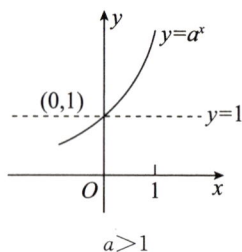

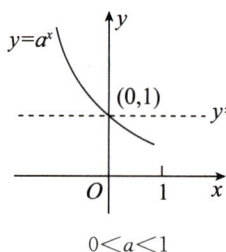

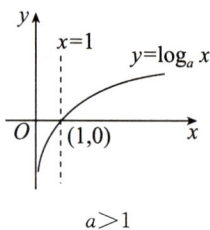

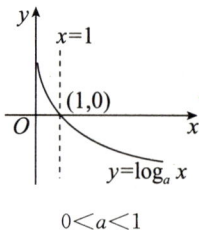

→ *头哥说：牢记函数图像！牢记函数图像！牢记函数图像！重要的事情说三遍。*

6.对数函数

(1)对数函数：$y=\log_a x(a>0$ 且 $a\neq1)$；→ *时刻牢记对底数的要求。*

(2)定义域：$(0,+\infty)$；

(3)值域：**R**；

(4)定点：$(1,0)$；

(5)单调性：$0<a<1$ 时，单减；$a>1$ 时单增；

(6)图像：

→ *头哥说：牢记函数图像！牢记函数图像！牢记函数图像！重要的事情说三遍。*

7.反函数 → *如果函数 $y=f(x)$ 有反函数，则将 x，y 互换，重新整理，则得到反函数表达式。*

对数函数 $y=\log_a x$ 与指数函数 $y=a^x$ 互为反函数,反函数关于 $y=x$ 对称,原函数的定义域为反函数的值域,原函数的值域为反函数的定义域.

二级结论

1. 指数函数与对数函数底的大小

(1) 指数函数底的大小：$0 < a_1 < a_2 < 1 < a_3 < a_4$；

$x=1$ → 作 $x=1$ 与图像的交点的纵坐标，纵坐标越大，底越大.

(2) 对数函数底的大小：$0 < b_1 < b_2 < 1 < b_3 < b_4$.

作 $y=1$ 与图像的交点的横坐标，横坐标越大，底越大.

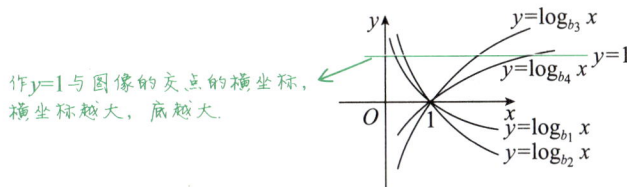

2. 指底互换/相同的大小比较

(1) a^b 与 b^a 的大小比较（指底互换）；

大哥说：首先记住图像（具有单极大值点 $x=e$），如果所比较的 a 与 b 在 e 的同侧，则直接利用单调性即可比较大小；如果在 e 的异侧，则通过 2，4 等高建立桥梁进行比较.

构造函数 $f(x) = \dfrac{\ln x}{x}$（如下图所示），则 $f(a) < f(b) \Leftrightarrow a^b < b^a$.

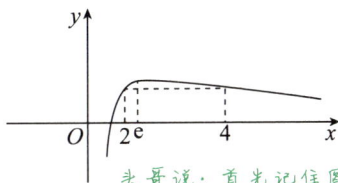

大哥说：首先记住图像（具有单极小值点 $x = \dfrac{1}{e}$），如果所比较的 a 与 b 在 $\dfrac{1}{e}$ 的同侧，则直接利用单调性即可比较大小；如果在 $\dfrac{1}{e}$ 的异侧，则通过 $\dfrac{1}{2}$，$\dfrac{1}{4}$ 等高建立桥梁进行比较.

(2) a^a 与 b^b 的大小比较（指底相同）.

构造函数 $g(x) = x\ln x$（如下图所示），则 $g(a) < g(b) \Leftrightarrow a^a < b^b$.

大哥说：指底互换/相同比较大小的问题关键在于不要把图像记混，牢记口诀"小同大换"（谐音"心头大患"）.

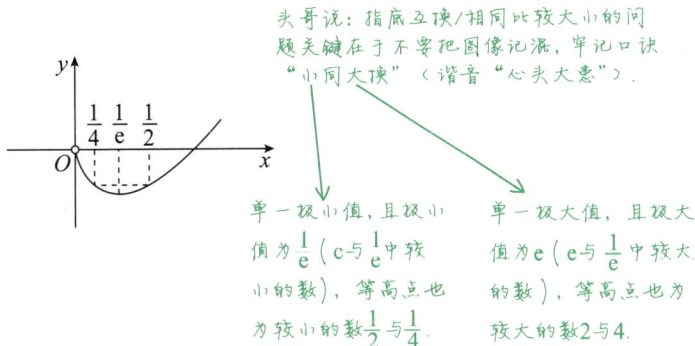

单一极小值，且极小值为 $\dfrac{1}{e}$（c 与 $\dfrac{1}{e}$ 中较小的数），等高点也为较小的数 $\dfrac{1}{2}$ 与 $\dfrac{1}{4}$.

单一极大值，且极大值为 e（e 与 $\dfrac{1}{e}$ 中较大的数），等高点也为较大的数 2 与 4.

考点剖析

1. 指数与对数运算

指数运算与对数运算属于基础能力，要求牢记相关公式，并熟练应用.

【例1】将下列根式化成分数指数幂形式.

(1) $\sqrt[3]{a^2} \cdot \sqrt{a^3} = $ _____;

(2) $\sqrt{a\sqrt{a\sqrt{a}}} = $ _____;

(3) $\left(\sqrt[4]{b^{\frac{2}{3}}}\right)^{\frac{2}{3}}(b<0) = $ _____;

(4) $\dfrac{1}{\sqrt[3]{x\left(\sqrt[5]{x^2}\right)^2}}(x>0) = $ _____.

解析 (1) 原式 $=a^{\frac{2}{3}} \cdot a^{\frac{3}{2}}=a^{\frac{13}{6}}$;

(2) 原式 $=a^{\frac{1}{2}} \cdot a^{\frac{1}{4}} \cdot a^{\frac{1}{8}}=a^{\frac{7}{8}}$;   *简便思路:从每个 a 出发思考,从左起,第1个 a 外面1个根号,所以是 $a^{\frac{1}{2}}$,第2个 a 外面两个根号,所以是 $a^{\frac{1}{4}}$,第3个 a 外面3个根号,所以是 $a^{\frac{1}{8}}$.*

(3) 原式 $=\left(\left((-b)^{\frac{2}{3}}\right)^{\frac{1}{4}}\right)^{\frac{2}{3}}=(-b)^{\frac{2}{3}\times\frac{1}{4}\times\frac{2}{3}}=(-b)^{\frac{1}{9}}$;

(4) 原式 $=\dfrac{1}{x^{\frac{1}{3}} \cdot (x^{\frac{2}{5}})^{\frac{2}{3}}}=\dfrac{1}{x^{\frac{1}{3}} \cdot x^{\frac{4}{15}}}=x^{-\frac{3}{5}}$.

答案 (1) $a^{\frac{13}{6}}$; (2) $a^{\frac{7}{8}}$; (3) $(-b)^{\frac{1}{9}}$; (4) $x^{-\frac{3}{5}}$.

【例2】计算: $3^{1+\log_3 5}-2^{4+\log_2 3}+10^{3\lg 3}+\left(\dfrac{1}{2}\right)^{\log_2 5}=$ _____.

解析 原式 $=3^1\times3^{\log_3 5}-2^4\times2^{\log_2 3}+(10^{\lg 3})^3+(2^{\log_2 5})^{-1}=3\times5-16\times3+3^3+\dfrac{1}{5}=-\dfrac{29}{5}$.

答案 $-\dfrac{29}{5}$.

【例3】已知 $\log_{18}9=a$,$18^b=5$,则用 a,b 表示 $\log_{36}45=$ _____.

解析 由题得 $b=\log_{18}5$,所以 $\log_{36}45=\dfrac{\log_{18}45}{\log_{18}36}=\dfrac{\log_{18}5+\log_{18}9}{\log_{18}18^2-\log_{18}9}=\dfrac{b+a}{2-a}$.

答案 $\dfrac{b+a}{2-a}$.   *45=5×9;36=18×18÷9.*

2. 桥梁法比较大小 → *头哥说:桥梁往往都是较为简单的数,例如: 0, 1, −1, $\frac{1}{2}$, $-\frac{1}{2}$ 等.*

对于比较大小的题目,经常是与指数和对数相关的,利用桥梁进行比较既是最重要的思路也是首选思路.例如:要比较 a 与 b 的大小,可以找到桥梁 c,若 $a>c,c>b$,则可得 $a>b$;若 $a<c$,$c<b$,则可得 $a<b$.比较过程中,要熟练利用指数函数与对数函数的单调性进行分析.

【例4】设 $a=\log_3 \pi,b=\log_2 \sqrt{3},c=\log_3 \sqrt{2}$,则 (   )

A. $a>b>c$ B. $a>c>b$ C. $b>a>c$ D. $b>c>a$

解析 易知 $a=\log_3 \pi>\log_3 3=1$,$\dfrac{1}{2}=\log_2 \sqrt{2}<b=\log_2 \sqrt{3}<\log_2 2=1$,

$c=\log_3 \sqrt{2}<\log_3 \sqrt{3}=\dfrac{1}{2}$,可知 $a>b>c$.   *桥梁为 1 与 $\frac{1}{2}$.*

答案 A.

【例5】已知 $a=\log_5 2,b=\log_{0.5} 0.2,c=0.5^{0.2}$,则 (   )

A. $a<c<b$ B. $a<b<c$ C. $b<c<a$ D. $c<a<b$

解析 易知 $b=\log_{0.5}0.2>\log_{0.5}0.5=1$,

$\rightarrow$ *桥梁为 1 与 $\frac{1}{2}$.*

$a=\log_5 2<\log_5\sqrt{5}=\dfrac{1}{2},\dfrac{1}{2}=0.5^1<c=0.5^{0.2}<0.5^0=1$,可知 $a<c<b$.

答案 A.

【例 6】 $0.8^2,2^{0.8},\log_{0.8}2,\log_2 0.8$ 按照从小到大的顺序排列为 _____.

解析 易知 $2^{0.8}>2^0=1=0.8^0>0.8^2>0$,且 $0>\log_2 0.8>\log_2 0.5=-1=\log_{0.8}1.25>\log_{0.8}2$,

所以 $\log_{0.8}2<\log_2 0.8<0.8^2<2^{0.8}$. $\rightarrow$ *桥梁为 0,1 与 -1.*

答案 $\log_{0.8}2<\log_2 0.8<0.8^2<2^{0.8}$.

头哥说:该类问题对我们的启示"同构可定函",即不等号两侧如果是对于两个变量的相同构造的表达式,则可以通过构造函数进行分析.

3. 指底互换/相同比较大小

a^b 与 b^a 的大小比较称为指底互换比较大小,a^a 与 b^b 的大小比较称为指底相同比较大小. 大小比较的核心在于构造函数 $f(x)=\dfrac{\ln x}{x}$ 与 $g(x)=x\ln x$,依据函数单调性进行比较. 做题时可直接记住两个图像的大概形状(牢记口诀"小同大换",图像不要记混),如果所比较的 a 与 b 在极值点的同侧,则直接利用单调性即可比较大小,如果在极值点的异侧,则通过等高点建立桥梁进行比较.

【例 7】 比较下列两数大小:

(1) 99^{101} _____ 101^{99};

(2) $1.7^{1.9}$ _____ $1.9^{1.7}$;

(3) π^e _____ e^π;

(4) $2.1^{4.1}$ _____ $4.1^{2.1}$.

解析 (1)指底互换情形,由 $e<99<101$,得 $99^{101}>101^{99}$; $\rightarrow$ *极大值点右侧.*

(2)指底互换情形,由 $1.7<1.9<e$,得 $1.7^{1.9}<1.9^{1.7}$; $\rightarrow$ *极大值点左侧.*

(3)指底互换情形,由 $e<\pi$,得 $\pi^e<e^\pi$; $\rightarrow$ *极大值点处.*

(4)指底互换情形,由 $2<2.1<e<4<4.1$,得 $2.1^{4.1}>4.1^{2.1}$. $\rightarrow$ *极大值点两侧.*

答案 (1)$>$;(2)$<$;(3)$<$;(4)$>$.

【例 8】 设 $0<a<b<1$,则下列不等式正确的是 ( )

A. $a^a<b^b$ B. $b^a<b^b$ C. $a^a>b^a$ D. $a^b<b^a$

解析 A 选项为指底相同情形,a,b 与 $\dfrac{1}{e}$ 大小关系不确定,

故无法判断 a^a 与 b^b 大小关系,A 错误;

头哥说:指底互换/相同比较大小的问题关键在于不要把图像记混,牢记口诀"小同大换"(谐音"心头大患").

B 选项,由函数 $y=b^x$ 单减,得 $b^a>b^b$,B 错误;

C 选项,由函数 $y=x^a$ 单增,得 $a^a<b^a$,C 错误;

D 选项为指底互换情形,由 $0<a<b<1<e$,得 $a^b<b^a$,D 正确. $\rightarrow$ *极大值点左侧.*

答案 D.

【高1】(2022 北京 7,4 分)在北京冬奥会上,国家速滑馆"冰丝带"使用高效环保的二氧化碳跨临界直冷制冰技术,为实现绿色冬奥作出了贡献.下图描述了一定条件下二氧化碳所处的状态与 T 和 $\lg P$ 的关系,其中 T 表示温度,单位是 K;P 表示压强,单位是 bar(1 bar=0.1 MPa).下列结论中正确的是　　　(　　)

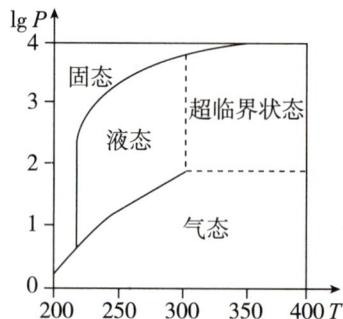

A. 当 $T=220,P=1026$ 时,二氧化碳处于液态

B. 当 $T=270,P=128$ 时,二氧化碳处于气态

C. 当 $T=300,P=9987$ 时,二氧化碳处于超临界状态

D. 当 $T=360,P=729$ 时,二氧化碳处于超临界状态

【高2】(2021 全国甲理 4,5 分)青少年视力是社会普遍关注的问题,视力情况可借助视力表测量.通常用五分记录法和小数记录法记录视力数据,五分记录法的数据 L 和小数记录法的数据 V 满足 $L=5+\lg V$.已知某同学视力的五分记录法的数据为 4.9,则其视力的小数记录法的数据约为($\sqrt[10]{10}\approx1.259$)　　　　　(　　)

A. 1.5 　　　　　B. 1.2 　　　　　C. 0.8 　　　　　D. 0.6

【高3】(2020 新高考一 6,5 分)基本再生数 R_0 与世代间隔 T 是新冠肺炎的流行病学基本参数.基本再生数指一个感染者传染的平均人数,世代间隔指相邻两代间传染所需的平均时间.在新冠肺炎疫情初始阶段,可以用指数模型:$I(t)=e^{rt}$ 描述累计感染病例数 $I(t)$ 随时间 t(单位:天)的变化规律,指数增长率 r 与 R_0,T 近似满足 $R_0=1+rT$.有学者基于已有数据估计出 $R_0=3.28$,$T=6$.据此,在新冠肺炎疫情初始阶段,累计感染病例数增加 1 倍需要的时间约为($\ln 2\approx0.69$)　　　(　　)

A. 1.2 天 　　　　　B. 1.8 天 　　　　　C. 2.5 天 　　　　　D. 3.5 天

【高4】(2018 全国 3 理 12,5 分)设 $a=\log_{0.2}0.3$,$b=\log_2 0.3$,则　　　(　　)

A. $a+b<ab<0$ 　　　　　　　　B. $ab<a+b<0$

C. $a+b<0<ab$ 　　　　　　　　D. $ab<0<a+b$

【高5】(2018 全国 1 文 13,5 分)已知函数 $f(x)=\log_2(x^2+a)$,若 $f(3)=1$,则 $a=$ _____.

【高6】(2021 新高考二 7,5 分)若 $a=\log_5 2$,$b=\log_8 3$,$c=\dfrac{1}{2}$,则下列判断正确的是 (　　)

A. $c<b<a$ 　　　　　　　　B. $b<a<c$

C. $a<c<b$ 　　　　　　　　D. $a<b<c$

【高7】(2020 全国 3 理 12,5 分)已知 $5^5<8^4,13^4<8^5$.设 $a=\log_5 3$,$b=\log_8 5$,$c=\log_{13} 8$,则 (　　)

A. $a<b<c$ 　　　　　　　　B. $b<a<c$

C. $b<c<a$ 　　　　　　　　D. $c<a<b$

第5节　幂函数

尖哥说：对于幂函数，一要注意幂函数格式的严格性，即 x^α 前的系数必须为1；二要牢记五个基础幂函数图像。

知识梳理

基础知识

1. 幂函数

只需掌握五个基础幂函数，即 $\alpha = 1, 2, 3, -1, \dfrac{1}{2}$.

（1）幂函数：$y = x^\alpha$（其中 α 为常数）；

奇偶性"奇""偶"的名称即来源于幂函数. α 为奇数时幂函数为奇函数；α 为偶数时幂函数为偶函数.

（2）图像与性质：

图像	解析式	定义域	值域	单调性	奇偶性	定点
	$y = x$	**R**	**R**	单增	奇	
	$y = x^2$	**R**	$[0, +\infty)$	$(-\infty, 0]$单减，$[0, +\infty)$单增	偶	
	$y = x^3$	**R**	**R**	单增	奇	$(1,1)$
	$y = x^{-1}$	$(-\infty, 0) \cup (0, +\infty)$	$(-\infty, 0) \cup (0, +\infty)$	$(-\infty, 0)$单减，$(0, +\infty)$单减	奇	
	$y = x^{\frac{1}{2}}$	$[0, +\infty)$	$[0, +\infty)$	单增	非奇非偶	

2. 指、对、幂函数的增速

头哥说：可借助于导函数分析增速的大小关系，感兴趣的娃们可自己尝试.

(1) 对数函数 $f(x)=\log_a x(a>1)$：对数增长，增速越来越慢.

(2) 幂函数 $f(x)=x^\alpha(\alpha>0)$：$\alpha=1$ 时为直线上升；$\alpha>1$ 时，增速越来越快（低于指数函数）；$0<\alpha<1$ 时，增速越来越慢（高于对数函数）.

(3) 指数函数 $f(x)=a^x(a>1)$：指数爆炸式增长，增速越来越快.

感觉　　实际

头哥说：指数函数增速高于幂函数的经典例如：$y=x^2$ 与 $y=2^x$.

(4) 增速不同的数学描述：存在一个 x_0，使得当 $x>x_0$ 时，恒有 $\log_a x<x^\alpha<a^x$.

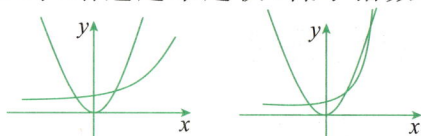

考点剖析

1. 幂函数

注意幂函数定义的严格性，如果题目给出某函数是幂函数，则函数形式为 $f(x)=x^\alpha$.

【例1】 函数 $f(x)=(m^2-m-1)x^{m^2+m-3}$ 是幂函数，且当 $x\in(0,+\infty)$ 时，$f(x)$ 是增函数，则 $f(x)=$_____.

解析 由题得 $m^2-m-1=1$，解得 $m=-1$ 或 $m=2$.

当 $m=-1$ 时，$f(x)=x^{-3}$ 在 $x\in(0,+\infty)$ 单减，不满足题意，

当 $m=2$ 时，$f(x)=x^3$ 在 $x\in(0,+\infty)$ 单增，满足题意.

所以 $f(x)=x^3$.

答案 x^3.

【例2】 已知幂函数 $f(x)$ 的图像经过点 $(9,3)$，则 $f(100)=$_____.

解析 设 $f(x)=x^\alpha$，代入 $(9,3)$，于是 $3=9^\alpha$，故 $\alpha=\dfrac{1}{2}$，所以 $f(100)=100^{\frac{1}{2}}=10$.

头哥说：增速的比较是基于自变量足够大的情况，比较函数值的大小. 例如：$f(x)=1.01^x$ 与 $g(x)=x^{100}$，当 x 较小（大于 2）时，$f(x)<g(x)$，但是随着 x 增大，$f(x)$ 一定会在某时刻超越 $g(x)$，而且一旦超越，永不回头. 此即所谓"厚积薄发"。

答案 10.

2. 指、对、幂函数的增速

对于单增的三类函数，从增速的角度来讲，指数函数高于幂函数，幂函数高于对数函数.

【例3】 当 x 越来越大时，下列函数中，增长速度最快的应该是 （　　）

A. $y=10000x$　　　　B. $y=\log_2 x$　　　　C. $y=x^{10000}$　　　　D. $y=1.01^x$

解析 指数函数的增速最快，故 D 正确.

答案 D.

【例4】 四个变量 y_1，y_2，y_3，y_4 随变量 x 变化的数据如下表所示.

x	1	5	10	15	20	25	30
y_1	2	26	101	226	401	626	901
y_2	2	32	1 024	32 768	1.05×10^6	3.36×10^7	1.07×10^9
y_3	2	10	20	30	40	50	60
y_4	2	4.322	5.322	5.907	6.322	6.644	6.907

则关于 x 呈指数函数变化的变量是_____.

解析 增速最快的应为指数函数，易知 y_2 增速最快，故填 y_2.

答案 y_2.

第6节　函数与方程

> 头哥说:利用函数来研究方程是学习函数最重要的目的之一,而函数图像是沟通函数与方程的桥梁,此节完美地体现出了数学中重要的数形结合思想.

知识梳理

基础知识

1. 函数图像变换

(1)平移变换 ——> 头哥说:牢记口诀"上加下减,左加右减".

向左平移 $a(a>0)$ 个单位:$y=f(x)\rightarrow y=f(x+a)$;

向右平移 $a(a>0)$ 个单位:$y=f(x)\rightarrow y=f(x-a)$;　　——> 左右平移:加或减的数直接作用在 x 上.

向上平移 $a(a>0)$ 个单位:$y=f(x)\rightarrow y=f(x)+a$;

向下平移 $a(a>0)$ 个单位:$y=f(x)\rightarrow y=f(x)-a$.　　——> 上下平移:加或减的数作用在整个 $f(\ )$ 表达式上.

(2)对称变换 ——> 头哥说:牢记口诀"对称不变"(关于谁对称,谁就不变).

关于 x 轴对称:$y=f(x)\rightarrow y=-f(x)$;——> 关于 x 轴对称,x 不变(给 y 加个负号).

关于 y 轴对称:$y=f(x)\rightarrow y=f(-x)$;——> 关于 y 轴对称,y 不变(给 x 加个负号).

关于原点对称:$y=f(x)\rightarrow y=-f(-x)$.——> 关于原点对称,没有不变的(给 x,y 都加个负号).

(3)翻折变换 ——> 头哥说:牢记口诀"在外翻折"(绝对值在外是翻折变换).

保留 x 轴上方图像,将 x 轴下方图像翻折上去:$y=f(x)\rightarrow y=|f(x)|$.

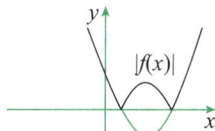

(4)变偶变换 ——> 头哥说:牢记口诀"在内变偶"(绝对值在内是变偶变换).

保留 y 轴右侧图像,并拓展成偶函数:$y=f(x)\rightarrow y=f(|x|)$.

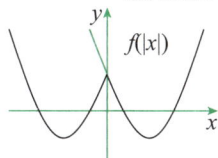

翻折变换

变偶变换

2. 函数的零点 ——> 注意:零点不是点,而是一个实数.

(1)定义:对于函数 $y=f(x)$,我们把使 $f(x)=0$ 的实数 x 叫作函数 $y=f(x)$ 的零点,即 $y=f(x)$ 函数图像与 x 轴交点的横坐标;

> 头哥说:连续异号必有零点.

(2)零点存在定理:如果函数 $y=f(x)$ 在区间 $[a,b]$ 上的图像是连续不断的一条曲线,并且有 $f(a)\cdot f(b)<0$,则函数 $y=f(x)$ 在区间 (a,b) 内至少有一个零点;　　——> 头哥说:连续异号单调则零点唯一.

(3)零点唯一定理:如果函数 $y=f(x)$ 在区间 $[a,b]$ 上单调,且图像是连续不断的一条曲线,并且有 $f(a)\cdot f(b)<0$,则函数 $y=f(x)$ 在区间 (a,b) 内有唯一零点.

——> 零点存在定理的通俗解释:"此山是我开,此树是我栽,要打此路过,留下买路财."

考点剖析

1. 函数图像变换 → 头哥说：此处未涉及伸缩变换，对于伸缩变换参照"第四章 三角函数".

首先，要会画一次函数、二次函数、对勾函数、幂函数、指数函数、对数函数、三角函数等基本函数图像，在此基础上，结合图像变换，会画这些基本函数平移、对称、翻折、变偶变换之后的函数图像，结合图像，利用数形结合求解问题.

【例 1】 如图所示，函数 $f(x)$ 的图像为折线 ACB，则不等式 $f(x) \geqslant \log_2(x+1)$ 的解集是　　（　　）

A. $\{x \mid -1 < x \leqslant 0\}$

B. $\{x \mid -1 \leqslant x \leqslant 1\}$

C. $\{x \mid -1 < x \leqslant 1\}$

D. $\{x \mid -1 < x \leqslant 2\}$

解析 画出 $y = \log_2(x+1)$ 图像，如下图所示，由图像可得解集为 $x \in \{x \mid -1 < x \leqslant 1\}$.

平移变换，$y = \log_2 x$ 向左平移 1 个单位.

利用图像解不等式，寻找 $f(x)$ 图像在 $y = \log_2(x+1)$ 上方的部分可得相应解集.

答案 C.

【例 2】 已知函数 $f(x)$ 是以 2 为周期的偶函数，且当 $x \in [-1, 1]$ 时，$f(x) = -|x|$，则 $y = f(x)$ 与 $y = \log_9 \dfrac{1}{x}$ 的图像的交点个数为　　（　　）

A. 6　　　　　B. 7　　　　　C. 8　　　　　D. 9

解析 画出函数 $y = f(x)$ 与 $y = \log_9 \dfrac{1}{x} = -\log_9 x$ 的图像，如下图所示，由图像可得交点个数为 8.

对称变换，与 $y = \log_9 x$ 关于 x 轴对称.

答案 C.

【例3】 若定义在 **R** 上的偶函数 $f(x)$ 满足 $f(x+1)=-f(x)$,且当 $x\in[0,1]$ 时,$f(x)=x^2$,则函数 $y=f(x)-|\log_3 x|$ 的零点个数是 （　　）

A. 3   B. 5   C. 8   D. 10

解析 由题得 $f(x)$ 的对称轴为 $x=0$,周期为 2. → 参照"第2节　函数的性质".

又由 $y=0$,得 $f(x)=|\log_3 x|$,画出 $y=f(x)$ 与 $y=|\log_3 x|$ 的图像,如下图所示. → 翻折变换,$y=\log_3 x$ 翻折.

两个图像的交点个数为 3,即所求的零点个数为 3.

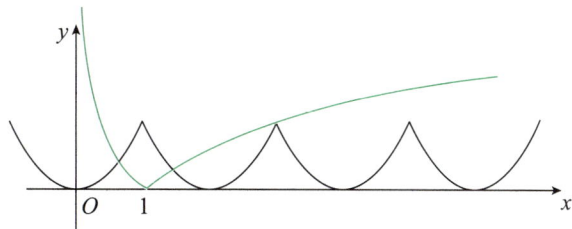

答案 A.

【例4】 若定义在 **R** 上的偶函数 $f(x)$ 满足 $f(x+2)=f(x)$ 且 $x\in[0,1]$ 时,$f(x)=x$,则方程 $f(x)=\log_3|x|$ 的实数解个数是 （　　）

A. 2   B. 3   C. 4   D. 6

解析 由题得 $f(x)$ 的对称轴为 $x=0$,周期为 2, → 参照"第2节　函数的性质".

画出 $y=f(x)$ 与 $y=\log_3|x|$ 的图像,如下图所示. → 变偶变换,$y=\log_3 x$ 变偶.

两个图像的交点个数为 4,即原方程实数解的个数为 4.

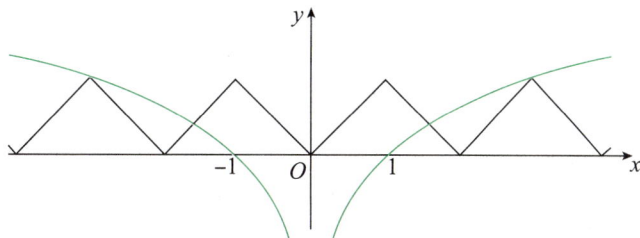

答案 C.

2. 零点存在定理

头哥说:基本初等函数在不间断的定义域内都是连续的,一般来讲,无须特别关注其连续的要求,仅需特别考虑如 $y=\dfrac{1}{x}$ 这种分母为零处不连续的情况及分段函数即可.

当仅需要判断是否有零点,而不需要确定零点个数时,可用零点存在定理,简记为"连续异号必有零点". → 零点存在定理仅能确定零点存在,无法确定零点个数.

【例5】 函数 $f(x)=\left(\dfrac{1}{4}\right)^x-x^{\frac{1}{5}}$,那么函数 $f(x)$ 零点所在的区间可以是 （　　）

A. $(-1,0)$ B. $\left(0,\dfrac{1}{5}\right)$

C. $\left(\dfrac{1}{5},\dfrac{1}{4}\right)$ D. $\left(\dfrac{1}{4},1\right)$

解析 $f\left(\dfrac{1}{5}\right)=\left(\dfrac{1}{4}\right)^{\frac{1}{5}}-\left(\dfrac{1}{5}\right)^{\frac{1}{5}}>0,f\left(\dfrac{1}{4}\right)=\left(\dfrac{1}{4}\right)^{\frac{1}{4}}-\left(\dfrac{1}{4}\right)^{\frac{1}{5}}<0,$ ⟶ *仅需判断零点所在区间,无须判断零点个数,用零点存在定理即可.*

$f\left(\dfrac{1}{5}\right)\cdot f\left(\dfrac{1}{4}\right)<0,$ 所以在 $\left(\dfrac{1}{5},\dfrac{1}{4}\right)$ 上必存在零点.

答案 C.

3. 零点唯一定理 ⟶ *尖哥说:零点唯一定理可以确定零点个数,因此其应用更加广泛.*

当需要确定零点个数时,需用零点唯一定理,在零点存在定理的基础上,结合在区间上函数单调的条件,即可确定唯一零点,简记为"连续异号单调则零点唯一".若需要分析多个零点,则需在函数的每个单调区间上应用零点唯一定理.

【例 6】 方程 $\log_3 x+x=3$ 的解的个数及所在的区间为 （　　）

A. $1,(2,3)$　　　　B. $2,(2,3)$　　　　C. $1,(3,4)$　　　　D. $2,(3,4)$

解析 设 $f(x)=\log_3 x+x-3$,易知其在定义域 $(0,+\infty)$ 单增, ⟶ *需判断零点个数与区间,应用零点唯一定理.*

$f(2)=\log_3 2-1<0,f(3)=1>0,$

$f(2)\cdot f(3)<0,$ 所以有唯一零点在 $(2,3)$ 上.

答案 A.

【例 7】 函数 $f(x)=2^x-\dfrac{2}{x}-a$ 的一个零点在区间 $(1,2)$ 内,则实数 a 的取值范围是 （　　）

A. $(1,3)$　　　　B. $(1,2)$　　　　C. $(0,3)$　　　　D. $(0,2)$

解析 易知 $f(x)=2^x-\dfrac{2}{x}-a$ 在 $(1,2)$ 上单增, ⟶ *需确定零点个数与区间,应用零点唯一定理.*

于是有 $f(1)\cdot f(2)=(-a)\cdot(3-a)<0,$ 解得 $a\in(0,3)$.

答案 C.

⟶ *尖哥说:对于选项(函数图像)中标出特殊点的情况,往往采用奇偶特值法.*

4. 奇偶特值法判断函数图像

对于已知函数解析式选择函数图像的问题,求导、画图较为复杂,往往利用排除法进行选择.首先判断函数的奇偶性,排除部分选项,其次寻找一些特殊点的函数值,排除部分选项,往往经过两轮排除之后即可确定正确答案.

【例 8】 函数 $y=2x^2-e^{|x|}$ 在 $[-2,2]$ 的图像大致为 （　　）

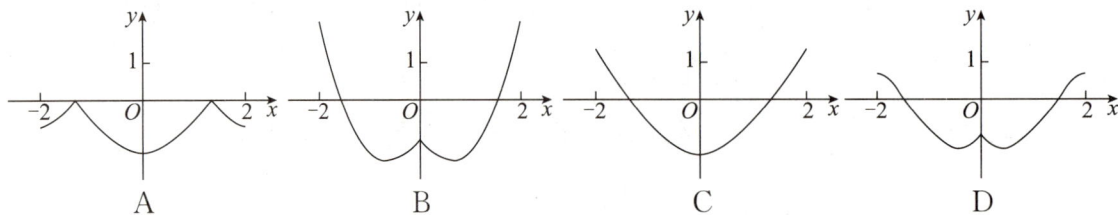

A　　　　B　　　　C　　　　D

解析 由 $y|_{x=2}=8-e^2\in(0,1),$ 排除 A,B,C,故 D 正确. ⟶ *四个图像都是偶函数,因此无须判断奇偶性,图像中横轴上标有 2,直接通过特值排除即可.*

答案 D.

【例9】 函数 $f(x)=\left(x-\dfrac{1}{x}\right)\cos x(-\pi\leqslant x\leqslant\pi,x\neq0)$ 的图像可能为 （　　）

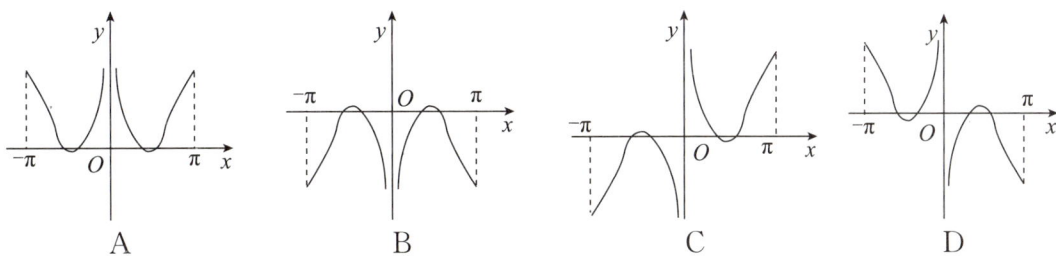

A　　　　　B　　　　　C　　　　　D

解析 由 $f(-x)=\left(-x+\dfrac{1}{x}\right)\cos(-x)=-f(x)$，可知原函数为奇函数，排除 A，B.

又 $f(\pi)=\dfrac{1}{\pi}-\pi<0$，排除 C，故选 D.

四个图像中有奇有偶，先判断奇偶性，图像中横轴上标有 π，再通过特值排除即可.

答案 D.

5.极限特值法判断函数图像

头哥说：奇偶特值法与极限特值法区分的标志即在于选项的图像中是否标有特殊点.

对于已知函数解析式选择函数图像的问题，若选项的图像中并未标有特殊点，则可通过计算 $x\to0^{+}$，$x\to0^{-}$，$x\to+\infty$，$x\to-\infty$ 时的函数极限来进行排除.

【例10】 函数 $y=\dfrac{\cos 6x}{2^{x}-2^{-x}}$ 的图像大致为 （　　）

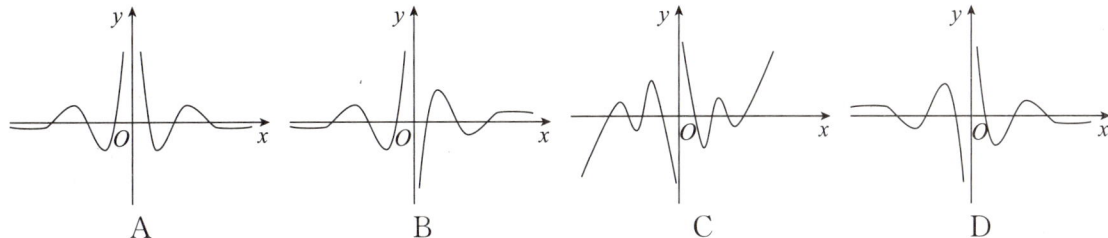

A　　　　　B　　　　　C　　　　　D

解析 记 $f(x)=\dfrac{\cos 6x}{2^{x}-2^{-x}}$，由 $f(-x)=\dfrac{\cos(-6x)}{2^{-x}-2^{x}}=-f(x)$，可知原函数为奇函数，排除 A.

又 $\lim\limits_{x\to0^{+}}f(x)=+\infty$，排除 B，$\lim\limits_{x\to+\infty}f(x)=0$，排除 C，故 D 正确.

四个图像中有奇有偶，先判断奇偶性，图像中横轴上没标特殊点，通过极限排除.

答案 D.

【例11】 函数 $y=\dfrac{x^{3}}{3^{x}-1}$ 的图像大致是 （　　）

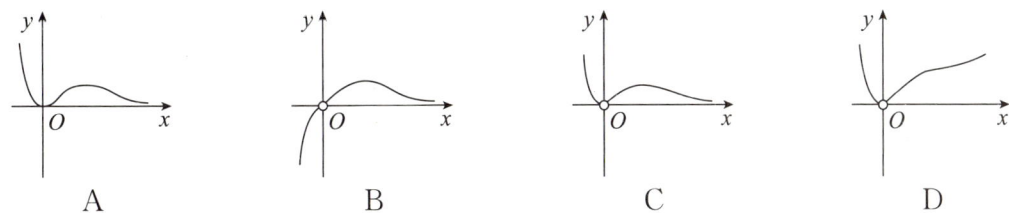

A　　　　　B　　　　　C　　　　　D

解析 $y|_{x=0}$ 无定义，排除 A，$\lim\limits_{x\to-\infty}y=+\infty$，排除 B，$\lim\limits_{x\to+\infty}y=0$，排除 D，故 C 正确.

答案 C.

四个图像都是非奇非偶，无须判断奇偶性，图像中横轴上没标特殊点，通过极限排除.

【高1】(2019 全国 1 理 5/文 5,5 分)函数 $f(x)=\dfrac{\sin x+x}{\cos x+x^2}$ 在 $[-\pi,\pi]$ 的图像大致为 　　　(　)

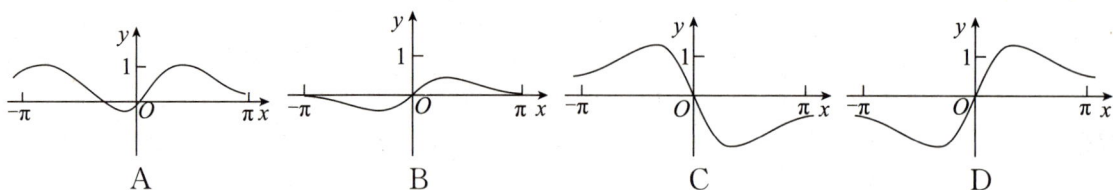

A　　　　　　　B　　　　　　　C　　　　　　　D

【高2】(2019 全国 3 理 7,5 分)函数 $y=\dfrac{2x^3}{2^x+2^{-x}}$ 在 $[-6,6]$ 的图像大致为 　　　(　)

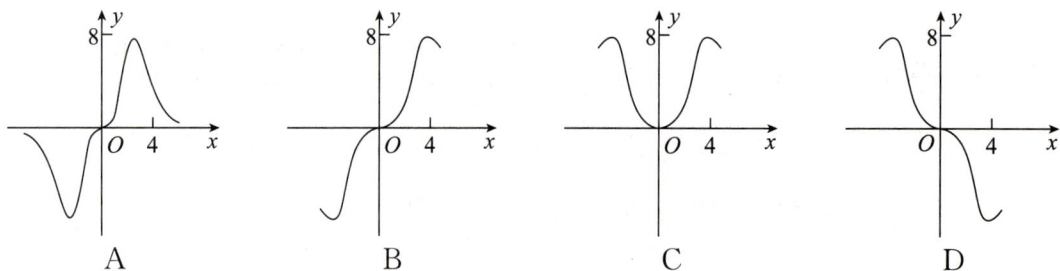

A　　　　　　　B　　　　　　　C　　　　　　　D

【高3】(2018 全国 3 理 7/文 9,5 分)函数 $y=-x^4+x^2+2$ 的图像大致为 　　　(　)

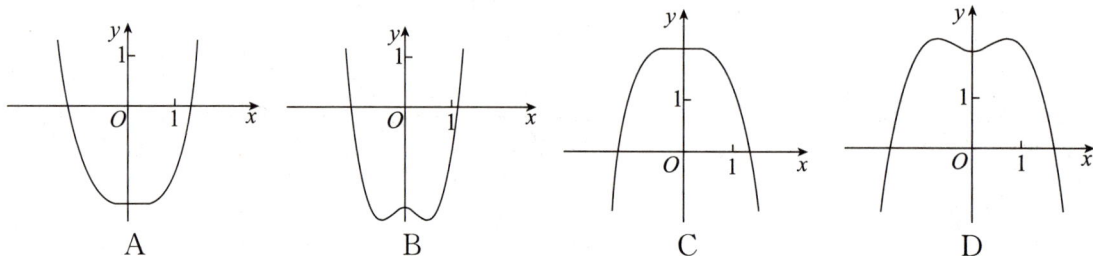

A　　　　　　　B　　　　　　　C　　　　　　　D

【高4】(2022 全国甲理 5,5 分)函数 $y=(3^x-3^{-x})\cos x$ 在区间 $\left[-\dfrac{\pi}{2},\dfrac{\pi}{2}\right]$ 的图像大致为 　　　(　)

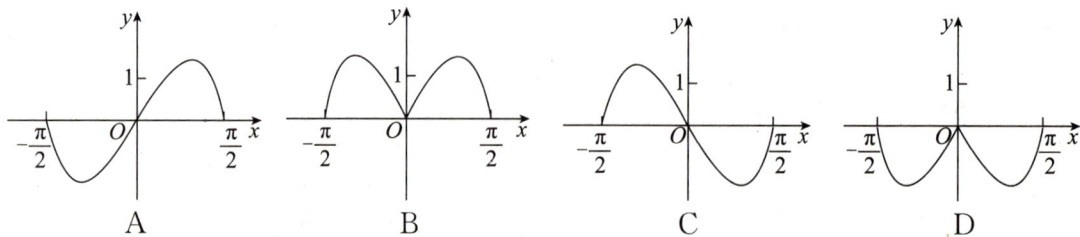

A　　　　　　　B　　　　　　　C　　　　　　　D

头哥说：对于某些复杂问题，可能会画出三图、四图，但是道理与双图是一致的，因此统称"双图问题".

专题 1　双图问题

如下图所示，我们不妨称之为"函数铁三角"，分为三个级别：①求方程的实根，但能够直接求解的方程 $f(x)=0$ 其实很少；②求函数的零点，对于无法求解的方程 $f(x)=0$，可以画出对应函数 $y=f(x)$ 的图像，研究函数图像的零点；③两个图像的交点，若 $y=f(x)$ 图像难以画出，可将方程 $f(x)=0$ 借助"="拆分为二，即 $f_1(x)=f_2(x)$，画出 $y=f_1(x)$ 与 $y=f_2(x)$ 的图像，研究两图像的交点.

→ 方程一化二.

图像的交点 / 方程的实根　函数的零点

在做题的过程中，往往遇到的都是 $y=f(x)$ 图像难以画出的情况，此时"方程一化二"是一个非常重要的手段，把一个复杂图像拆分为两个简单图像，结合图像进行分析，故称为"双图问题".

1. 不含参问题 *→ 头哥说：由于函数不含参，因此双图是确定的.*

对于题目所给函数不含参的情况，根据所给条件抽离出方程，进行"方程一化二"，画出双图，或者题目直接给出两个函数，画出双图，利用数形结合分析，求解问题.

【例 1】设 $f(x)$ 是定义在 $\mathbf{R}$ 上且周期为 1 的函数，在区间 $[0,1)$ 上，$f(x)=x$，则方程 $f(x)-\lg x=0$ 的解的个数是_____.

解析 由题得 $f(x)=\lg x$，画出 $y=f(x)$ 与 $y=\lg x$ 的图像，如下图所示，*→ 方程一化二.*

两个图像的交点个数为 8，即原方程解的个数为 8.

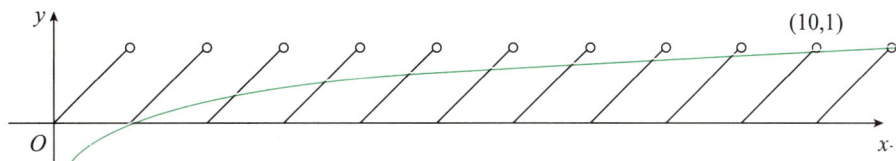

答案 8.

【例 2】函数 $f(x)=\begin{cases}|\lg x|, & 0<x\leqslant 10 \\ -\dfrac{1}{2}x+6, & x>10\end{cases}$，若 $f(a)=f(b)=f(c)$ 且 a,b,c 互不相等，则 abc 的取值范围是（　　）

A. $(1,10)$　　　　　　　　　　　　B. $(10,12)$

C. $(5,6)$　　　　　　　　　　　　D. $(20,24)$

解析 画出 $y=f(x)$ 的图像，如下图所示，由题得函数图像在 $x=a,b,c$ 三处等高，

可作一条垂直于 y 轴且与函数图像交于三点的直线,交点的横坐标即为 a,b,c,

原函数图像与
垂直于 y 轴的
直线构成双图.

于是有 $|\lg a|=|\lg b|$,有 $-\lg a=\lg b$,即 $\lg ab=0$,$ab=1$,所以 $abc=c$,

又由图像可知 $c\in(10,12)$,故 $abc\in(10,12)$.

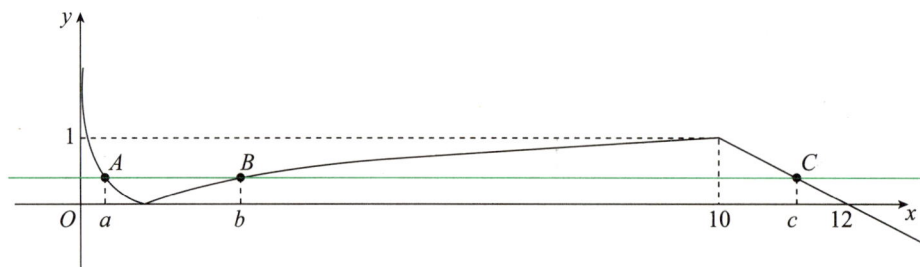

答案 B.

【**例3**】已知函数 $f(x)=\begin{cases} x+\dfrac{1}{2}, & x\in\left[0,\dfrac{1}{2}\right) \\ 2^{x-1}, & x\in\left[\dfrac{1}{2},2\right) \end{cases}$. 若存在 x_1,x_2,当 $0\leqslant x_1<x_2<2$ 时,

$f(x_1)=f(x_2)$,则 $x_1 f(x_2)$ 的取值范围是_____.

解析 画出 $y=f(x)$ 的图像,如下图所示,由题得函数图像在 x_1,x_2 处等高.

原函数图像与垂直于
y 轴的直线构成双图.

可作一条垂直于 y 轴且与函数图像交于两点的直线,交点的横坐标即为 x_1,x_2,

于是记 $u=x_1 f(x_2)=x_1 f(x_1)=x_1^2+\dfrac{1}{2}x_1$,且 $x_1\in\left[\dfrac{\sqrt{2}-1}{2},\dfrac{1}{2}\right)$,

必须保证垂直于 y 轴的
直线与原函数图像有两
个交点.

所以 $u_{\min}=\left(\dfrac{\sqrt{2}-1}{2}\right)^2+\dfrac{1}{2}\left(\dfrac{\sqrt{2}-1}{2}\right)=\dfrac{2-\sqrt{2}}{4}$.

又 $u<\left(\dfrac{1}{2}\right)^2+\dfrac{1}{2}\left(\dfrac{1}{2}\right)=\dfrac{1}{2}$,所以 $u\in\left[\dfrac{2-\sqrt{2}}{4},\dfrac{1}{2}\right)$.

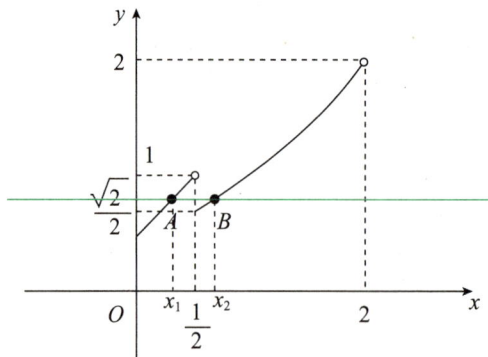

答案 $\left[\dfrac{2-\sqrt{2}}{4},\dfrac{1}{2}\right)$.

【**例4**】用 $\min\{a,b,c\}$ 表示 a,b,c 三个数中的最小值,设 $f(x)=\min\{2^x,x+2,10-x\}$

$(x\geqslant 0)$,则 $f(x)$ 的最大值为　　　　　　　　　　　　　　　　　　　(　　)

A. 4　　　　　　　　B. 5　　　　　　　　C. 6　　　　　　　　D. 7

解析 画出 $y=2^x$, $y=x+2$, $y=10-x$ 在 $x\geqslant 0$ 时的图像,如下图所示, ⟶ 三个表达式构成三图.

则 $y=f(x)$ 表示三个图像的"下沿",易知最大值为 6,故选 C.

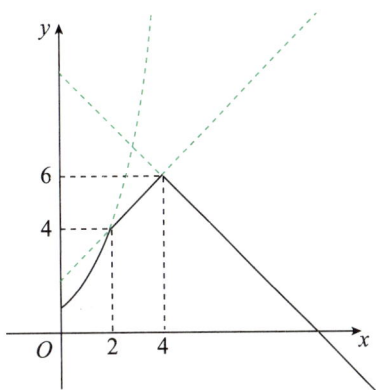

答案 C.

[例 5] 已知 $f(x)=2^x-1$, $g(x)=1-x^2$,规定:当 $|f(x)|\geqslant g(x)$ 时,$h(x)=|f(x)|$;当 $|f(x)|<g(x)$ 时,$h(x)=-g(x)$,则 $h(x)$ ( )

A. 有最小值 -1,最大值 1

B. 有最大值 1,无最小值

C. 有最小值 -1,无最大值

D. 有最大值 -1,无最小值

解析 画出 $y=|f(x)|$, $y=g(x)$ 的图像,由题得 $y=h(x)$ 的图像如下图所示: ⟶ 两个表达式构成双图.

$|f(x)|\geqslant g(x)$ 的部分保留,$y=-g(x)$ 与 $g(x)>|f(x)|$ 的部分关于 x 轴对称,于是 $h(x)$ 最小值为 -1,无最大值.

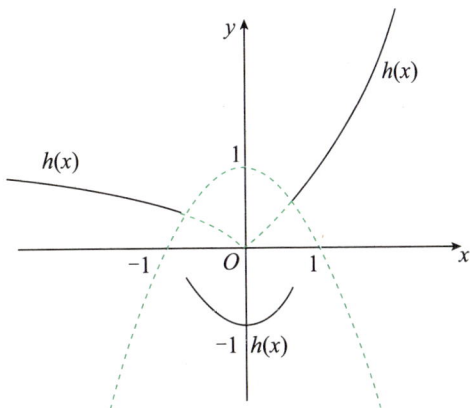

答案 C.

[例 6] 已知函数 $f(x)=x^2-2(a+2)x+a^2$, $g(x)=-x^2+2(a-2)x-a^2+8$,设 $H_1(x)=\max\{f(x),g(x)\}$, $H_2(x)=\min\{f(x),g(x)\}$,其中 $\max\{p,q\}$ 表示 p,q 中较大值,$\min\{p,q\}$ 表示 p,q 中较小值,记 $H_1(x)$ 的最小值为 A,$H_2(x)$ 的最大值为 B,则 $A-B=$ ( )

A. $a^2-2a-16$ B. $a^2+2a-16$

C. -16 D. 16

解析 由 $f(x)=g(x)$，得 $x^2-2ax+a^2-4=0$，即 $[x-(a+2)][x-(a-2)]=0$，$\longrightarrow$ 为了确定两个图像的交点.

由下图易得 $A=f(a+2)$，$B=f(a-2)$，$\longrightarrow$ 恰好两个交点在对称轴处.

所以 $A-B=[(a+2)^2-2(a+2)(a+2)+a^2]-[(a-2)^2-2(a+2)(a-2)+a^2]=-16.$

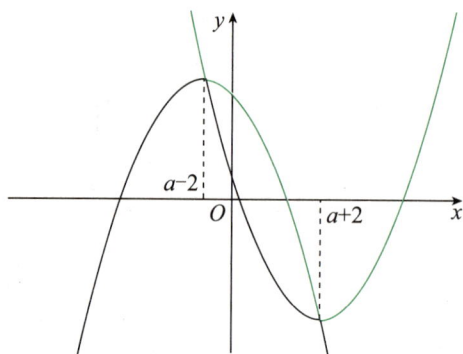

答案 C.

2. 含参问题：参变分离 $\longrightarrow$ 头哥说：参变分离的核心思想是把含参函数转化为不含参函数.

对于题目所给函数含参的情况，根据所给条件抽离出方程，若能够让等号的一侧仅含变量不含参数，另一侧仅含参数不含变量，则我们说可以实现参变分离. 参变分离后，便把原来的含参函数零点问题转化为了不含参函数与一条垂直于 y 轴的直线交点的问题.

$\downarrow$
对于不等式问题也可参变分离，道理是相同的.

【例 7】 方程 $|x^2-2x|-a^2-1=0(a>0)$ 的解的个数是 （ ）

A. 1　　　　　　B. 2　　　　　　C. 3　　　　　　D. 4

解析 由题得 $|x^2-2x|=a^2+1$，画出 $y=|x^2-2x|$ 与 $y=a^2+1$ 的图像，$\longrightarrow$ 参变分离后的不含参函数图像与垂直于 y 轴的直线构成双图.

如下图所示，因为 $a^2+1>1$，两图像交点个数为 2，原方程的解的个数为 2.

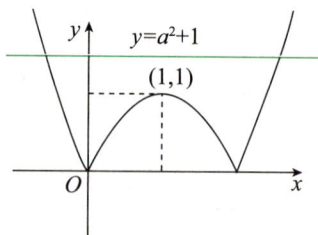

答案 B.

【例 8】 若不等式 $x^2+ax+1\geqslant 0$ 对于一切 $x\in\left(0,\dfrac{1}{2}\right]$ 成立，则 a 的最小值为 _____.

解析 由题得 $a\geqslant -x-\dfrac{1}{x}$，$x\in\left(0,\dfrac{1}{2}\right]$，画出 $y=-x-\dfrac{1}{x}$ 与 $y=a$ 的图像，如下图所示.

$\downarrow$
参变分离后的不含参函数图像与垂直于 y 轴的直线构成双图.

由图像可知，a 的最小值为 $-\dfrac{5}{2}$.

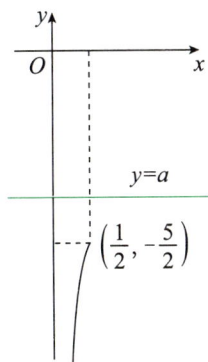

答案 $-\dfrac{5}{2}$.

【例9】 已知函数 $y=\dfrac{|x^2-1|}{x-1}$ 的图像与函数 $y=kx$ 的图像恰有两个交点,则实数 k 的取值范围是_____.

解析 由题得 $\dfrac{|x^2-1|}{x-1}=kx$,易知 $x\neq 0$,且 $x\neq 1$,所以有 $k=\begin{cases}1+\dfrac{1}{x}, & |x|>1 \\ -1-\dfrac{1}{x}, & 0<|x|<1,x=-1\end{cases}$,

去掉绝对值号,便于画图.

画出 $y=\begin{cases}1+\dfrac{1}{x},|x|>1 \\ -1-\dfrac{1}{x},0<|x|<1,x=-1\end{cases}$ 与 $y=k$ 的图像,如下图所示,两图像交点个数为2,

可知 $k\in(0,1)\cup(1,2)$.

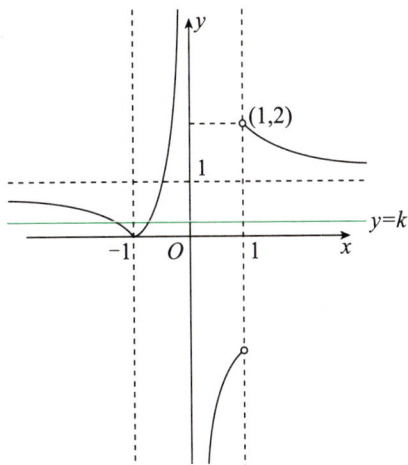

答案 $(0,1)\cup(1,2)$.

【例10】 已知定义在 $\mathbf{R}$ 上的奇函数 $f(x)$,满足 $f(x-2)=-f(x)$,且在区间 $[0,1]$ 上是增函数,若方程 $f(x)-m=0$ 在区间 $[-4,4]$ 上有四个不同的根 x_1,x_2,x_3,x_4,则 $x_1+x_2+x_3+x_4=$_____.

解析 由题得 $f(x)$ 的周期为4,参照"第2节 函数的性质".

且 $f(x-2)=-f(x)=f(-x)$,所以 $f(x)$ 的对称中心为 $(0,0)$,对称轴为 $x=-1$.

画出如下图所示的 $y=f(x)$ 草图，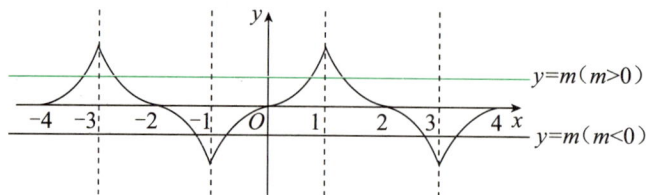（注：绿色批注）题目没给出具体表达式，只需画出满足题目中对单调性、周期性要求的草图即可.

若 $m>0$，则 $x_1+x_2+x_3+x_4=(-3)\times2+1\times2=-4$；→ x_1,x_2 关于 -3 对称，x_3,x_4 关于 1 对称.

若 $m<0$，则 $x_1+x_2+x_3+x_4=(-1)\times2+3\times2=4$. → x_1,x_2 关于 -1 对称，x_3,x_4 关于 3 对称.

所以答案为 -4 或 4.

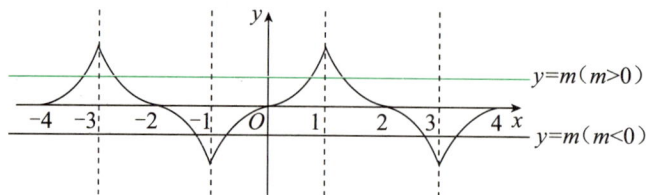

答案 -4 或 4.

3. 含参问题：一静一动

（绿色批注）头哥说：一静一动的方法由于难以严谨地将做题步骤写清晰，所以仅适合做选择、填空题，解答题不考虑此方法.

对于题目所给函数含参的情况，根据所给条件抽离出方程，若无法实现参变分离或者参变分离之后的不含参函数画图较为困难，则可以让等号的一侧是一个较简单的不含参函数，另一侧是一个较简单的含参函数.不含参函数的图像是不变的，为"静"，含参函数的图像是随着参数变化的，为"动".一般先画出"静"图像，然后画出"动"图像，根据图像随参数的动态变化，解决问题. → 解不等式问题也可一静一动，道理是相同的.

应用"一静一动"处理含参函数问题时，需要注意的是，必须明确"动"图像是如何随参数变化的，即知道参数的图形意义.常见的参数图形意义有三种：①边界量，即参数变化导致分段函数边界变化（例如：$y=\begin{cases}x, & x\leqslant a \\ 2x, & x>a\end{cases}$）；②平移量，即参数变化导致函数平移［例如：$y=\ln(x+a)$］；③伸缩量，即参数变化导致函数横、纵坐标的伸缩（例如：$y=ae^x$）.

【例 11】已知函数 $f(x)=\begin{cases}x^3, & x\leqslant a \\ x^2, & x>a\end{cases}$，若存在实数 b，使函数 $g(x)=f(x)-b$ 有两个零点，则 a 的取值范围是_____.

解析 由 $g(x)=0$，得 $f(x)=b$.

如图 1 所示，当 $a\in(-\infty,0)$ 时，存在 $y=b$ 与 $y=f(x)$ 图像有两个交点，满足题意；

如图 2 所示，当 $a\in[0,1]$ 时，$y=b$ 与 $y=f(x)$ 图像最多有一个交点，不满足题意；

如图 3 所示，当 $a\in(1,+\infty)$ 时，存在 $y=b$ 与 $y=f(x)$ 图像有两个交点，满足题意.

综上 $a\in(-\infty,0)\cup(1,+\infty)$.

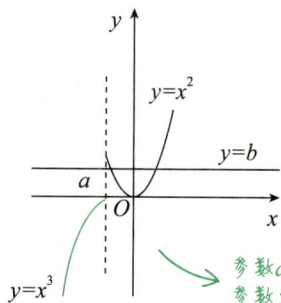 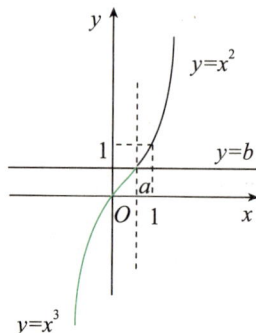 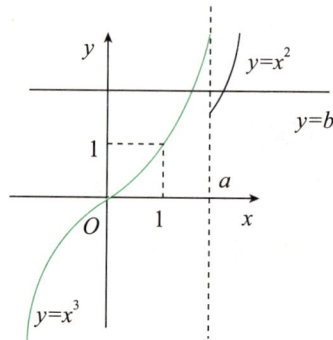

（绿色批注，图1）参数 a 为边界量，参数变化导致分段函数边界变化.

图1　　　图2　　　图3

答案 $(-\infty,0)\cup(1,+\infty)$.

【例12】已知函数 $f(x)=x^2+\mathrm{e}^x-\dfrac{1}{2}(x<0)$ 与 $g(x)=x^2+\ln(x+a)$ 的图像上存在关于 y 轴对称的点,则 a 的取值范围是 （　　）

A. $\left(-\infty,\dfrac{1}{\sqrt{\mathrm{e}}}\right)$

B. $(-\infty,\sqrt{\mathrm{e}})$

C. $\left(-\dfrac{1}{\sqrt{\mathrm{e}}},\sqrt{\mathrm{e}}\right)$

D. $\left(-\sqrt{\mathrm{e}},\dfrac{1}{\sqrt{\mathrm{e}}}\right)$

解析 设点 (x,y) 在 $f(x)$ 上,则点 $(-x,y)$ 在 $g(x)$ 上,

于是 $y=x^2+\mathrm{e}^x-\dfrac{1}{2}=(-x)^2+\ln(-x+a)$,即 $\mathrm{e}^x-\dfrac{1}{2}=\ln(-x+a)$,其中 $x\in(-\infty,0)$.

画出 $y=\mathrm{e}^x-\dfrac{1}{2}$ 与 $y=\ln(-x+a)$ 的图像,如下图所示,两图像有交点, *（参数 a 为平移量,参数变化导致图像平移.）*

于是有 $a\leqslant 0$ 或 $\begin{cases}a>0\\ \ln(-0+a)<\dfrac{1}{2}\end{cases}$, *（将 $x=0$ 代入函数 $y=\ln(-x+a)$,函数值小于 $\dfrac{1}{2}$.）*

解得 $a\in(-\infty,\sqrt{\mathrm{e}})$.

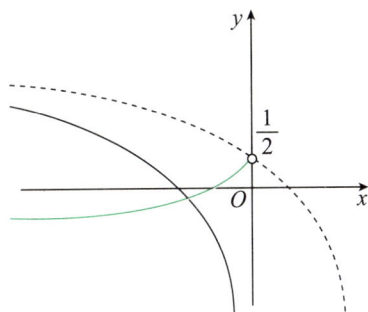

答案 B.

【例13】设函数 $f(x)=\begin{cases}2^x-a, & x<1\\ 4(x-a)(x-2a), & x\geqslant 1\end{cases}$.

(1)若 $a=1$,则 $f(x)$ 的最小值为 _____;

(2)若 $f(x)$ 恰有两个零点,则实数 a 的取值范围是 _____.

解析 (1)画出如图 1 所示的 $y=f(x)$ 的图像,易知 $f_{\min}=-1$.

（2^x-a 中的参数 a 为平移量,$4(x-a)(x-2a)$ 中的参数 a 改变导致二次函数的零点发生改变,可认为是平移量与伸缩量的综合.）

(2)分 4 种情况画出 $y=f(x)$ 的图像.

如图 2 所示,当 $a<\dfrac{1}{2}$ 时,$y=4(x-a)(x-2a)$ 在 $x\geqslant 1$ 时无零点,

$y=2^x-a$ 在 $x<1$ 时最多有一个零点,故 $y=f(x)$ 最多有一个零点,不满足题意;

如图 3 所示,当 $\dfrac{1}{2}\leqslant a<1$ 时,$y=4(x-a)(x-2a)$ 在 $x\geqslant 1$ 时恰有一个零点,

$y=2^x-a$ 在 $x<1$ 时恰有一个零点,故 $y=f(x)$ 恰有两个零点,满足题意;

如图 4 所示,当 $1\leqslant a<2$ 时,$y=4(x-a)(x-2a)$ 在 $x\geqslant1$ 时恰有两个零点,

$y=2^x-a$ 在 $x<1$ 时恰有一个零点,故 $y=f(x)$ 恰有三个零点,不满足题意;

如图 5 所示,当 $a\geqslant2$ 时,$y=4(x-a)(x-2a)$ 在 $x\geqslant1$ 时恰有两个零点,

$y=2^x-a$ 在 $x<1$ 时无零点,故 $y=f(x)$ 恰有两个零点,满足题意.

综上 $a\in\left[\dfrac{1}{2},1\right)\cup[2,+\infty)$.

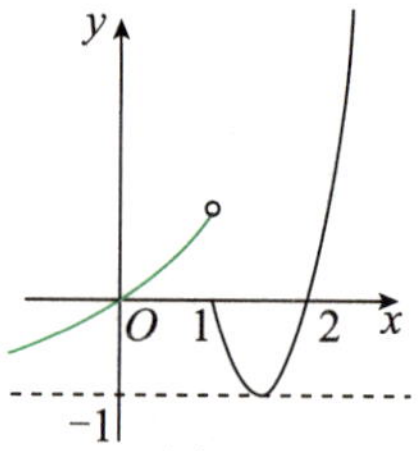

图1 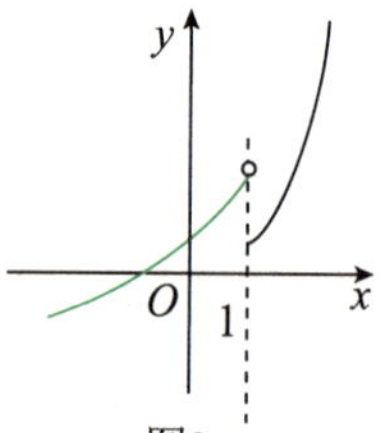　图2 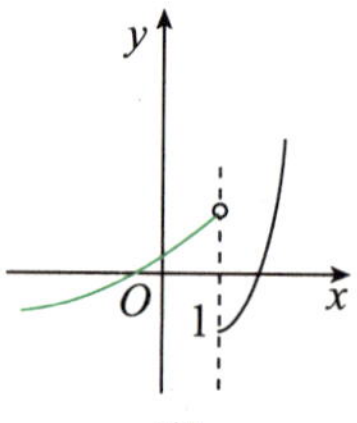　图3 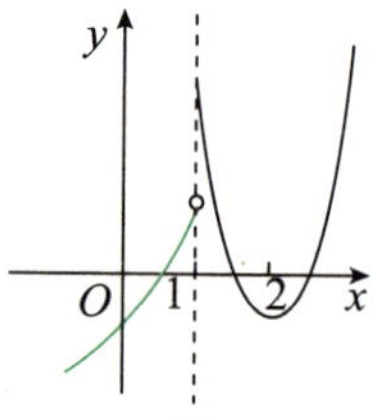　图4 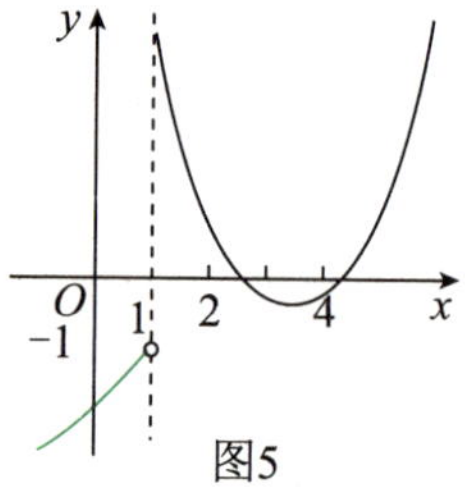　图5

答案 $(1)-1$;$(2)\left[\dfrac{1}{2},1\right)\cup[2,+\infty)$.

【例 14】 设函数 $f(x)=e^x(2x-1)-ax+a$,其中 $a<1$,若存在唯一的整数 x_0,使得 $f(x_0)<0$,则 a 的取值范围是 　　　　　　　　　　　　　　（　　）

A. $\left[-\dfrac{3}{2e},1\right)$

B. $\left[-\dfrac{3}{2e},\dfrac{3}{4}\right)$

C. $\left[\dfrac{3}{2e},\dfrac{3}{4}\right)$

D. $\left[\dfrac{3}{2e},1\right)$

解析 由 $f(x)<0$,得 $e^x(2x-1)<a(x-1)$.

画 $y=e^x(2x-1)$ 图像需要求导,此处解析有略↑

画出 $y=e^x(2x-1)$ 与 $y=a(x-1)$ 的图像,如下图所示.　→*参数 a 为伸缩量,参数变化导致图像纵坐标伸缩.*

由题得 $y=e^x(2x-1)$ 在 $y=a(x-1)$ 图像下方的部分仅包含唯一整数 x_0,

由图像可知,将点 $\left(-1,-\dfrac{3}{e}\right)$ 代入 $y=a_1(x-1)$,可得 $a_1=\dfrac{3}{2e}$,

将点 $(0,-1)$ 代入 $y=a_2(x-1)$,可得 $a_2=1$,所以 $a\in\left[\dfrac{3}{2e},1\right)$.

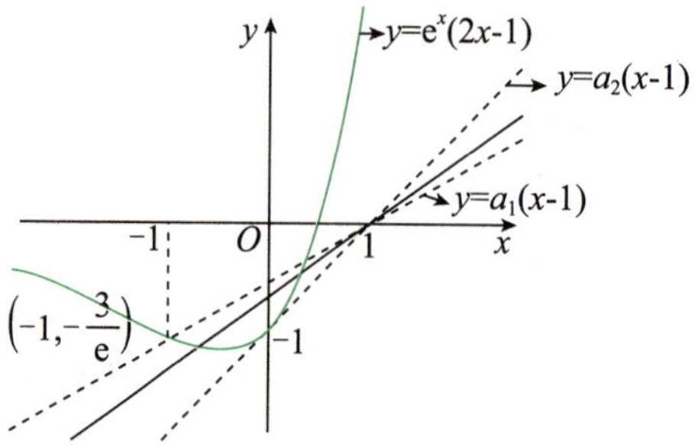

答案 D.

【高1】(2019 全国 1 理 11,5 分)关于函数 $f(x)=\sin|x|+|\sin x|$ 有下述四个结论:

①$f(x)$ 是偶函数

②$f(x)$ 在区间 $\left(\dfrac{\pi}{2},\pi\right)$ 单调递增

③$f(x)$ 在 $[-\pi,\pi]$ 有 4 个零点

④$f(x)$ 的最大值为 2

其中所有正确结论的编号是   (   )

A. ①②④   B. ②④

C. ①④   D. ①③

【高2】(2022 北京 14,5 分)设函数 $f(x)=\begin{cases}-ax+1, & x<a \\ (x-2)^2, & x\geqslant a\end{cases}$. 若 $f(x)$ 存在最小值,则 a

的一个取值为_____;a 的最大值为_____.

【高3】(2021 北京 15,5 分)已知函数 $f(x)=|\lg x|-kx-2$,给出下列四个结论:

①若 $k=0$,则 $f(x)$ 有两个零点;

②$\exists k<0$,使得 $f(x)$ 有一个零点;

③$\exists k<0$,使得 $f(x)$ 有三个零点;

④$\exists k>0$,使得 $f(x)$ 有三个零点.

以上正确结论的序号是_____.

【高4】(2019 全国 2 理 12,5 分)设函数 $f(x)$ 的定义域为 $\mathbf{R}$,满足 $f(x+1)=2f(x)$,且当

$x\in(0,1]$ 时,$f(x)=x(x-1)$. 若对任意 $x\in(-\infty,m]$,都有 $f(x)\geqslant-\dfrac{8}{9}$,则 m 的取值范围是

                                                                (   )

A. $\left(-\infty,\dfrac{9}{4}\right]$ B. $\left(-\infty,\dfrac{7}{3}\right]$

C. $\left(-\infty,\dfrac{5}{2}\right]$ D. $\left(-\infty,\dfrac{8}{3}\right]$

【高5】(2018 全国 1 理 9,5 分)已知函数 $f(x)=\begin{cases}\mathrm{e}^x, & x\leqslant 0 \\ \ln x, & x>0\end{cases}$,$g(x)=f(x)+x+a$. 若

$g(x)$ 存在 2 个零点,则 a 的取值范围是   (   )

A. $[-1,0)$ B. $[0,+\infty)$

C. $[-1,+\infty)$ D. $[1,+\infty)$

第三章 导 数

第1节 导数的定义与运算

> 头哥说：通过导数可以研究函数的极值点、单调性，从而刻画出函数的大致图像，大大拓宽了我们在高中阶段可以研究的函数范围.

知识梳理

基础知识

1. 导数的相关概念

(1) 平均变化率：$\dfrac{\Delta y}{\Delta x} = \dfrac{f(x_0 + \Delta x) - f(x_0)}{\Delta x}$；——→ 割线斜率.

(2) 瞬时变化率：$\lim\limits_{\Delta x \to 0} \dfrac{\Delta y}{\Delta x} = \lim\limits_{\Delta x \to 0} \dfrac{f(x_0 + \Delta x) - f(x_0)}{\Delta x}$；——→ 切线斜率.

(3) 导数：$y'|_{x=x_0} = f'(x_0) = \lim\limits_{\Delta x \to 0} \dfrac{\Delta y}{\Delta x} = \lim\limits_{\Delta x \to 0} \dfrac{f(x_0 + \Delta x) - f(x_0)}{\Delta x}$；

> 导数是瞬时变化率的"昵称".

(4) 导函数：如果函数 $y = f(x)$ 在区间 (a, b) 内的每一点处都有导数，其导数值在 (a, b) 内构成一个新函数，这个函数称为函数 $y = f(x)$ 在区间 (a, b) 内的导函数. 记作 $f'(x)$ 或 y'. 导函数通常简称为导数. ——→ "导数"究竟指的是一个数，还是一个函数，要根据上下文来判断.

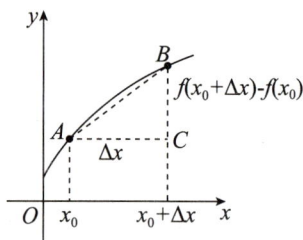

2. 基本初等函数的导数公式 ——→ 头哥说：八大基本导数公式，背就完了.

基本初等函数	导数公式
$f(x) = C$（C 为常数）	$f'(x) = 0$
$f(x) = x^a$（$a \in \mathbf{Q}^*$）	$f'(x) = a x^{a-1}$
$f(x) = \sin x$	$f'(x) = \cos x$
$f(x) = \cos x$	$f'(x) = -\sin x$
$f(x) = \mathrm{e}^x$	$f'(x) = \mathrm{e}^x$
$f(x) = a^x$（$a > 0, a \neq 1$）	$f'(x) = a^x \ln a$
$f(x) = \ln x$	$f'(x) = \dfrac{1}{x}$
$f(x) = \log_a x$（$a > 0, a \neq 1$）	$f'(x) = \dfrac{1}{x \ln a}$

3. 导数的运算法则

头哥说：当函数含参时，一定要注意，求导是对变量求导，不是对参数求导，参数要当成常数对待. 例如：$f(x)=e^x+a^2$，则导函数为 $f'(x)=e^x$，而不是 e^x+2a.

(1)线性法则：$[f(x)\pm g(x)]'=f'(x)\pm g'(x)$，$[af(x)]'=af'(x)$；

(2)乘法法则：$[f(x)g(x)]'=f'(x)g(x)+f(x)g'(x)$；——→ "前导，后不导" + "后导，前不导".

(3)除法法则：$\left[\dfrac{f(x)}{g(x)}\right]'=\dfrac{f'(x)g(x)-f(x)g'(x)}{g^2(x)}$. ——→ 分子："上导，下不导" — "下导上不导".

4. 复合函数求导法则

记忆：前一个导数的下标 u 与后一个导数的主体 u 可以消去，则剩余 y'_x.

复合函数 $y=f(g(x))$ 的导数和函数 $y=f(u)$，$u=g(x)$ 的导数间的关系为 $y'_x=y'_u\cdot u'_x$. 亦可拓展到多次复合的形式. ——→ $y'_x=y'_u\cdot u'_v\cdot v'_w\cdot\cdots\cdot z'_x$.

🔘 二级结论

1. 导数定义变形式

记忆：此倍数为 Δx 前面系数的组合.

$$\lim_{\Delta x\to 0}\frac{f(x_0+a\Delta x)-f(x_0+b\Delta x)}{c\Delta x}=\frac{a-b}{c}f'(x_0).$$

2. 常用求导结论 ——→ 头哥说：做题时经常用到的求导形式，记住可以帮我们在考试中节省时间.

(1)指数类：$[e^xf(x)]'=e^x[f'(x)+f(x)]$，$\left[\dfrac{f(x)}{e^x}\right]'=\dfrac{f'(x)-f(x)}{e^x}$；——→ 记忆：$e^x$ 可以"提出来".

(2)对数类：$(\ln ax)'=\dfrac{1}{x}$，$(x\ln x)'=\ln x+1$.

↓ $\ln ax=\ln x+\ln a$.

考点剖析

1. 导数的相关概念

明确平均变化率、瞬时变化率、导数的定义及变形式.

【例1】函数 $y=x^3$ 从 x_0 到 $x_0+\Delta x$ 之间的平均变化率为_____，在 $x_0=1$ 时的瞬时变化率为_____.

解析 平均变化率为 $\dfrac{\Delta y}{\Delta x}=\dfrac{(x_0+\Delta x)^3-x_0^3}{\Delta x}=3x_0^2+3x_0\cdot\Delta x+(\Delta x)^2$，

瞬时变化率为 $\lim\limits_{\Delta x\to 0}\dfrac{\Delta y}{\Delta x}=3x_0^2$，$x_0=1$ 时的瞬时变化率为 3.

答案 $3x_0^2+3x_0\cdot\Delta x+(\Delta x)^2$；3.

【例2】已知函数 $f(x)$ 可导且 $f'(1)=1$，则 $\lim\limits_{h\to 0}\dfrac{f(1+2h)-f(1-h)}{h}=$ （ ）

A. $\dfrac{3}{2}$ B. $\dfrac{1}{2}$ C. 3 D. 2

解析 $\lim\limits_{h\to 0}\dfrac{f(1+2h)-f(1-h)}{h}=\dfrac{2-(-1)}{1}f'(1)=3$. ——→ 导数定义变形式

答案 C.

2. 导数的运算

导学说：求导时一般遵循"先化简，后求导"的顺序，先把函数化简成一个较为简单的形式，再去求导.

牢记八大基本初等函数的导数公式,熟练应用导数的运算法则、复合函数的求导法则.

【例 3】 求下列函数的导数:

$(1)\, y = x^2 \cdot \log_3 x;\ (2)\, y = \dfrac{\cos x}{x};\ (3)\, y = x^2 + a^2 + a.$

解析 $(1)\, y' = (x^2)' \cdot \log_3 x + x^2 \cdot (\log_3 x)' = 2x \cdot \log_3 x + x^2 \cdot \dfrac{1}{x \ln 3} = 2x \cdot \log_3 x + \dfrac{x}{\ln 3};$

$(2)\, y' = \dfrac{(\cos x)' \cdot x - \cos x \cdot (x)'}{x^2} = \dfrac{-\sin x \cdot x - \cos x \cdot 1}{x^2} = -\dfrac{x \sin x + \cos x}{x^2};$

$(3)\, y' = (x^2)' + (a^2 + a)' = 2x.$ → 求导时参数看成常数.

答案 $(1)\, 2x \cdot \log_3 x + \dfrac{x}{\ln 3};\ (2)\, -\dfrac{x \sin x + \cos x}{x^2};\ (3)\, 2x.$

【例 4】 求下列函数的导数:

$(1)\, y = \dfrac{1}{\sqrt{1 - 2x^2}};\ (2)\, y = e^{\sin(ax+b)};\ (3)\, y = \sin^2\left(2x + \dfrac{\pi}{3}\right);\ (4)\, y = 5 \log_2(2x+1).$

解析 (1) 设 $u = 1 - 2x^2$，则 $y = u^{-\frac{1}{2}}$，所以 $y' = y'_u \cdot u'_x = -\dfrac{1}{2} u^{-\frac{3}{2}} \cdot (-4x) = 2x(1 - 2x^2)^{-\frac{3}{2}};$

(2) 设 $v = ax + b, u = \sin v$，则 $y = e^u$，所以 $y' = y'_u \cdot u'_v \cdot v'_x = e^u \cdot \cos v \cdot a = a\cos(ax+b) \cdot e^{\sin(ax+b)};$

→ 先化简，再求导.

(3) 由题得 $y = \dfrac{1 - \cos\left(4x + \dfrac{2\pi}{3}\right)}{2}$，设 $u = 4x + \dfrac{2\pi}{3}$，则 $y = \dfrac{1 - \cos u}{2}$，

所以 $y' = y'_u \cdot u'_x = \dfrac{1}{2}\sin u \cdot 4 = 2\sin\left(4x + \dfrac{2\pi}{3}\right);$

(4) 设 $u = 2x + 1$，则 $y = 5\log_2 u$，所以 $y' = y'_u \cdot u'_x = \dfrac{5}{u\ln 2} \cdot 2 = \dfrac{10}{(2x+1)\ln 2}.$

答案 $(1)\, 2x(1 - 2x^2)^{-\frac{3}{2}};\ (2)\, a\cos(ax+b) \cdot e^{\sin(ax+b)};\ (3)\, 2\sin\left(4x + \dfrac{2\pi}{3}\right);\ (4)\, \dfrac{10}{(2x+1)\ln 2}.$

【例 5】 求下列函数的导数:

$(1)\, y = xe^x;\ (2)\, y = \dfrac{x^2 + 2}{e^x};\ (3)\, y = x^2 \ln 2x;\ (4)\, y = x^x\ (x > 0).$

解析 $(1)\, y' = ((x)' + x)e^x = (1 + x)e^x;$ → 常用求导结论——指数类.

$(2)\, y' = \dfrac{(x^2 + 2)' - (x^2 + 2)}{e^x} = \dfrac{2x - (x^2 + 2)}{e^x} = \dfrac{-x^2 + 2x - 2}{e^x};$

$(3)\, y' = (x^2)' \ln 2x + x^2 (\ln 2x)' = 2x\ln 2x + x^2 \cdot \dfrac{1}{x} = 2x\ln 2x + x;$

→ 常用求导结论——对数类.

(4) 由题得 $y = e^{x\ln x}$，所以 $y' = e^{x\ln x} \cdot (x\ln x)' = e^{x\ln x} \cdot (\ln x + 1) = (\ln x + 1)x^x.$

答案 $(1)\, (1+x)e^x;\ (2)\, \dfrac{-x^2 + 2x - 2}{e^x};\ (3)\, 2x\ln 2x + x;\ (4)\, (\ln x + 1)x^x.$

高考链接

【高 1】 (2020 全国 3 文 15,5 分)设函数 $f(x) = \dfrac{e^x}{x + a}$，若 $f'(1) = \dfrac{e}{4}$，则 $a = $ _____.

第 2 节　导数的几何意义

头哥说：某点处导数的几何意义是函数图像在该点处的切线斜率，因此与切线相关的问题，要立刻想到利用导数求解。

知识梳理

基础知识

1. 导数的几何意义——→ 头哥说：切线的准确定义是"割线的极限情况"。

函数 $y=f(x)$ 在点 x_0 处的导数的几何意义，就是曲线 $y=f(x)$ 在点 $P(x_0,f(x_0))$ 处的切线的斜率 k，即 $k=f'(x_0)$．

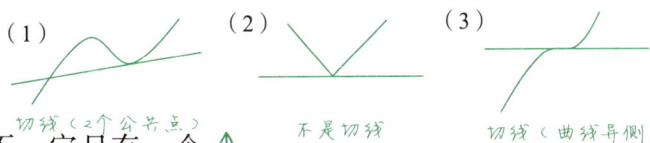

2. 切线的注意事项

(1) 切线与曲线公共点不一定只有一个；

(2) 与曲线只有一个公共点的直线不一定是切线；

(3) 切线不一定位于曲线的同一侧；

(4) 切线斜率不存在不代表切线不存在．

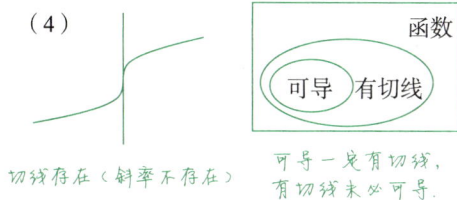

(1) 切线（2个公共点）

(2) 不是切线

(3) 切线（曲线异侧）

(4) 切线存在（斜率不存在）

函数：可导　有切线

可导一定有切线，有切线未必可导．

考点剖析

1. 已知切点

→ 头哥说：口诀"已知切点用切点"。注意，如果题目的描述为"在 A 点处的切线"，则 A 为切点；如果题目描述为"过 A 点的切线"，则 A 不一定为切点．

对于函数 $y=f(x)$，若已知切点坐标 (x_0,y_0)，则直接对原函数求导，得到导函数 $y=f'(x)$，代入切点横坐标即得到切线斜率 $k=f'(x_0)$，然后由点斜式即可求得切线方程 $y=k(x-x_0)+y_0$，最后要将直线方程化为一般式或斜截式．

→ 题目描述为"在 $x=1$ 处"，因此 $x=1$ 为切点横坐标，属于已知切点的问题．

【例1】 函数 $f(x)=e^x(3x-2)$ 在 $x=1$ 处的切线方程为_____．

解析 由题得切点坐标为 $(1,e)$，$f'(x)=e^x(3x+1)$，

所以切线斜率 $k=f'(1)=4e$，所以切线方程为 $y=4e\cdot(x-1)+e$，即 $4ex-y-3e=0$．

答案 $4ex-y-3e=0$．

【例2】 函数 $f(x)=a\ln x-bx^2$ 上一点 $P(2,f(2))$ 处的切线方程为 $y=-3x+2\ln 2+2$，则 $a=$_____；$b=$_____．

解析 因为 P 点在 $y=-3x+2\ln 2+2$ 上，所以 $f(2)=-3\times 2+2\ln 2+2=2\ln 2-4$，

于是切点坐标为 $P(2,2\ln 2-4)$，$f'(x)=\dfrac{a}{x}-2bx$，

所以切线斜率为 $f'(2)=\dfrac{a}{2}-4b=-3$，又 $f(2)=a\ln 2-4b=2\ln 2-4$，

解得 $a=2$，$b=1$．

→ 切点横坐标已知，因此属于"已知切点"的问题，但是原函数中含参，所以需要建立方程组，解出参数．

答案 2；1．

2. 未知切点

头导说：口诀"未知切点设切点"．切点的横坐标是关键未知量，通过"斜率＝斜率"（斜等法）建立方程求解．

对于函数 $y=f(x)$，若未知切点坐标，则需要设出切点横坐标 x_0，对原函数求导，得到导函数 $y=f'(x)$，则切线斜率为 $k=f'(x_0)$，若 k 已知，则可直接求解 x_0，若 k 未知，则根据题目其他条件表示出 k，建立方程解出 x_0，从而转化为已知切点的情况．

【例3】 过点 $A(2,8)$，且与曲线 $f(x)=x^3$ 相切的直线方程为_____．

解析 由题得 $f'(x)=3x^2$，当 $A(2,8)$ 为切点时，

题目描述为"过点 A"，因此点 A 不一定为切点，需要分类讨论．

切线斜率 $k=f'(2)=12$，切线方程为 $y-8=12(x-2)$，即 $12x-y-16=0$．

当 $A(2,8)$ 不是切点时，设切点为 $P(x_0,y_0)(x_0\neq2)$，即 $P(x_0,x_0^3)$．

切线斜率 $k=f'(x_0)=3x_0^2=\dfrac{x_0^3-8}{x_0-2}$，解得 $x_0=2$（舍），$x_0=-1$，

所以 $y_0=x_0^3=-1$，$k=3x_0^2=3$，切线方程为 $y+1=3(x+1)$，即 $3x-y+2=0$．

综上，切线方程为 $12x-y-16=0$ 或 $3x-y+2=0$．

答案 $12x-y-16=0$ 或 $3x-y+2=0$．

【例4】 已知函数 $f(x)=\dfrac{\ln x}{x}$，则过原点且与函数 $f(x)$ 图像相切的直线方程为_____．

解析 已知原点不在 $y=f(x)$ 图像上，因此不可能为切点，

由题得 $f'(x)=\dfrac{1-\ln x}{x^2}$，设切点 $P(x_0,y_0)$，即 $P\left(x_0,\dfrac{\ln x_0}{x_0}\right)$．

题目描述为"过原点"，原点明显不在原函数图像上，不可能为切点，因此属于未知切点的问题．

切线斜率 $k=f'(x_0)=\dfrac{1-\ln x_0}{x_0^2}=\dfrac{\frac{\ln x_0}{x_0}-0}{x_0-0}$，解得 $x_0=\sqrt{e}$，$k=\dfrac{1-\ln x_0}{x_0^2}=\dfrac{1}{2e}$，

所以切线方程为 $y=\dfrac{1}{2e}x$，即 $x-2ey=0$．

答案 $x-2ey=0$．

3. 曲线相切

头导说：口诀"曲线相切双导法"．在切点处两函数值相等，两边求导继续相等，故称为双导法．

两曲线相切

当两条曲线在某点处具有公共切线时，就说两曲线在该点处相切．对于两曲线相切的问题，可采用双导法进行处理，设两函数为 $y=f(x)$ 与 $y=g(x)$，记切点坐标为 (x_0,y_0)，首先，切点同时在两条曲线上，有 $f(x_0)=g(x_0)$，其次，在切点处两曲线的切线斜率相同，有 $f'(x_0)=g'(x_0)$，根据以上两方程，可求解相应问题．

【例5】 设点 P 为 $f(x)=\dfrac{1}{2}x^2+2ax$ 与 $g(x)=3a^2\ln x+2b(a>0)$ 图像的公共点，以 P 为切点可作直线 l 与两曲线都相切于点 P，则实数 b 的最大值为 （ ）

A. $\dfrac{2}{3}e^{\frac{3}{4}}$ B. $\dfrac{3}{2}e^{\frac{3}{4}}$ C. $\dfrac{4}{3}e^{\frac{2}{3}}$ D. $\dfrac{3}{4}e^{\frac{2}{3}}$

解析 设 $P(x_0,y_0)$，$f'(x)=x+2a$，$g'(x)=\dfrac{3a^2}{x}$，

由题得 $f(x_0)=g(x_0)$，$f'(x_0)=g'(x_0)$，即 $\dfrac{1}{2}x_0^2+2ax_0=3a^2\ln x_0+2b$，$x_0+2a=\dfrac{3a^2}{x_0}$，

解得 $x_0=a$ 或 $x_0=-3a$（舍去，因为 $x_0>0$）.

于是 $2b=\dfrac{1}{2}a^2+2a^2-3a^2\ln a=\dfrac{5}{2}a^2-3a^2\ln a$.

令 $h(t)=\dfrac{5}{2}t^2-3t^2\ln t(t>0)$，则 $h'(t)=2t(1-3\ln t)$，

易知 $h(t)$ 在 $\left(0,\mathrm{e}^{\frac{1}{3}}\right)$ 为增函数，在 $\left(\mathrm{e}^{\frac{1}{3}},+\infty\right)$ 为减函数，

$h_{\max}=h(\mathrm{e}^{\frac{1}{3}})=\dfrac{3}{2}\mathrm{e}^{\frac{2}{3}}$，即 b 的最大值为 $\dfrac{3}{4}\mathrm{e}^{\frac{2}{3}}$.

答案 D.

两曲线相切，采用双导法，两方程合有三个未知量，可以将 b 表示为 a 的函数，再去求函数的最大值.

4. 直线公切

头哥说：口诀"直线公切二分法". 直线公切有"阶梯模式"与"双雄模式"两种处理方式，故称为二分法.

两曲线的公切线

当一条直线同时与两条曲线相切时，该曲线叫作两条曲线的公切线（如果两切点重合，则为两曲线相切的情况，详见"曲线相切"部分，此部分仅考虑切点不重合的情况）. 直线公切问题有两个处理思路，一是转化为两次相切先后进行处理（阶梯模式），每次相切的处理方式参照

做题时经常遇到两函数中有一个是二次函数的情况，此时可利用联立后判别式为零处理相切，计算量更小一些.

"已知切点"与"未知切点"两部分内容；二是两次相切同时处理（双雄模式），设出两个切点坐标 $(x_1,f(x_1))$，$(x_2,g(x_2))$，利用公切线斜率 $k=f'(x_1)=g'(x_2)=\dfrac{g(x_2)-f(x_1)}{x_2-x_1}$ 建立方程，进行求解.

【例6】 已知曲线 $y=x+\ln x$ 在点 $(1,1)$ 处的切线与曲线 $y=ax^2+(a+2)x+1$ 相切，则 $a=$ _____.

切线为两曲线的公切线，对于曲线 $y=x+\ln x$ 是已知切点的问题，可用阶梯模式处理.

解析 由题得 $y'=1+\dfrac{1}{x}$，所以切线斜率 $k=y'|_{x=1}=2$，

切线方程为 $y-1=2(x-1)$，即 $y=2x-1$.

联立方程 $\begin{cases} y=2x-1 \\ y=ax^2+(a+2)x+1 \end{cases}$，可得 $ax^2+ax+2=0$. *第二个曲线为二次函数曲线，可利用联立后判别式为零处理.*

由 $\Delta=a^2-8a=0$，解得 $a=8$ 或 $a=0$（舍）. —— *若 $a=0$ 则第二个曲线为 $y=2x+1$，为直线，无切线.*

答案 8.

【例7】 若存在过点 $(1,0)$ 的直线与曲线 $y=x^3$ 和 $y=ax^2+\dfrac{15}{4}x-9$ 都相切，则 a 等于（ ）

A. -1 或 $-\dfrac{25}{64}$　　　　　　　　B. -1 或 $\dfrac{21}{4}$

C. $-\dfrac{7}{4}$ 或 $-\dfrac{25}{64}$　　　　　　　　D. $-\dfrac{7}{4}$ 或 7

切线为两曲线的公切线，对于曲线 $y=x^3$ 是未知切点的问题，可用阶梯模式处理.

解析 设过 $(1,0)$ 的直线与曲线 $y=x^3$ 切于点 (x_0,x_0^3)，该函数求导得 $y'=3x^2$，

所以切线斜率为 $k=3x_0^2=\dfrac{x_0^3-0}{x_0-1}$，解得 $x_0=0$ 或 $x_0=\dfrac{3}{2}$，即切点坐标为 $(0,0)$ 或 $\left(\dfrac{3}{2},\dfrac{27}{8}\right)$.

当切点为 $(0,0)$ 时，切线为 $y=0$，与 $y=ax^2+\dfrac{15}{4}x-9$ 联立，得 $ax^2+\dfrac{15}{4}x-9=0$，

由 $\Delta=\left(\dfrac{15}{4}\right)^2-4a(-9)=0$ 解得 $a=-\dfrac{25}{64}$；

（批注）第二个曲线为二次函数曲线，可利用联立后判别式为零处理.

当切点为 $\left(\dfrac{3}{2},\dfrac{27}{8}\right)$ 时，切线为 $y=\dfrac{27}{4}(x-1)$，与 $y=ax^2+\dfrac{15}{4}x-9$ 联立，得 $ax^2-3x-\dfrac{9}{4}=0$，

由 $\Delta=(-3)^2-4a\left(-\dfrac{9}{4}\right)=0$ 解得 $a=-1$；

综上，$a=-\dfrac{25}{64}$ 或 $a=-1$.

答案 A.

【例 8】 若直线 $y=kx+b$ 是曲线 $y=\ln x+2$ 的切线，也是曲线 $y=\ln(x+1)$ 的切线，则 $b=$ _____.

（批注）切线为两曲线的公切线，但是两曲线均无法单独处理，可用"双雄模式"处理.

解析 设公切线与 $y=\ln x+2$ 切于点 $(x_1,\ln x_1+2)$，与 $y=\ln(x+1)$ 切于点 $(x_2,\ln(x_2+1))$，

两曲线求导分别为 $y'=\dfrac{1}{x}$，$y'=\dfrac{1}{x+1}$，

切线斜率为 $k=\dfrac{1}{x_1}=\dfrac{1}{x_2+1}=\dfrac{\ln x_1+2-\ln(x_2+1)}{x_1-x_2}$，解得 $x_1=\dfrac{1}{2}$，$x_2=-\dfrac{1}{2}$，$k=2$.

于是第一个切点为 $\left(\dfrac{1}{2},2-\ln 2\right)$，代入切线方程有 $2-\ln 2=2\times\dfrac{1}{2}+b$，可得 $b=1-\ln 2$.

答案 $1-\ln 2$.

【例 9】 若曲线 $C_1:y=x^2$ 与曲线 $C_2:y=a\mathrm{e}^x$ 存在公切线，则 a 的最值情况为 （　　）

A. 最大值为 $\dfrac{8}{\mathrm{e}^2}$　　　　　　　　B. 最大值为 $\dfrac{4}{\mathrm{e}^2}$

C. 最小值为 $\dfrac{8}{\mathrm{e}^2}$　　　　　　　　D. 最小值为 $\dfrac{4}{\mathrm{e}^2}$

解析 设公切线与曲线 C_1 切于点 (x_1,x_1^2)，与曲线 C_2 切于点 $(x_2,a\mathrm{e}^{x_2})$，

两曲线求导分别为 $y'=2x$，$y'=a\mathrm{e}^x$，

（批注）切线为两曲线的公切线，但是两曲线均无法单独处理，可用"双雄模式"处理.

切线斜率为 $k=2x_1=a\mathrm{e}^{x_2}=\dfrac{a\mathrm{e}^{x_2}-x_1^2}{x_2-x_1}$，所以有 $2x_1=\dfrac{2x_1-x_1^2}{x_2-x_1}$，解得 $x_1=2x_2-2$ 或 $x_1=0$，

所以 $a\mathrm{e}^{x_2}=4x_2-4$ 或 $a\mathrm{e}^{x_2}=0$，即 $a=\dfrac{4(x_2-1)}{\mathrm{e}^{x_2}}$ 或 $a=0$（舍，此时 C_2 无切线）.

设 $f(x)=\dfrac{4(x-1)}{\mathrm{e}^x}$，则 $f'(x)=\dfrac{4(2-x)}{\mathrm{e}^x}$.

可知 $f(x)$ 在 $(-\infty,2)$ 单调递增，在 $(2,+\infty)$ 单调递减，所以 $a_{\max}=f(2)=\dfrac{4}{\mathrm{e}^2}$.

答案 B.

高考链接

【高1】(2021 全国甲理 13,5 分)曲线 $y=\dfrac{2x-1}{x+2}$ 在点 $(-1,-3)$ 处的切线方程为 _____.

【高2】(2020 全国 1 理 6,5 分)函数 $f(x)=x^4-2x^3$ 的图像在点 $(1,f(1))$ 处的切线方程为 　　　　　　　　　　　　　　　　　　　　　　　　　　　　　　( )

A. $y=-2x-1$　　　　　　　　　　B. $y=-2x+1$

C. $y=2x-3$　　　　　　　　　　　D. $y=2x+1$

【高3】(2019 全国 3 理 6/文 7,5 分)已知曲线 $y=a\mathrm{e}^x+x\ln x$ 在点 $(1,a\mathrm{e})$ 处的切线方程为 $y=2x+b$,则 　　　　　　　　　　　　　　　　　　　　　　　　　( )

A. $a=\mathrm{e},b=-1$　　　　　　　　B. $a=\mathrm{e},b=1$

C. $a=\mathrm{e}^{-1},b=1$　　　　　　　　D. $a=\mathrm{e}^{-1},b=-1$

【高4】(2022 新高考一 15,5 分)若曲线 $y=(x+a)\mathrm{e}^x$ 有两条过坐标原点的切线,则 a 的取值范围是_____.

【高5】(2022 新高考二 14,5 分)曲线 $y=\ln|x|$ 过坐标原点的两条切线方程为_____,_____.

【高6】(2021 新高考一 7,5 分)若过点 (a,b) 可以作曲线 $y=\mathrm{e}^x$ 的两条切线,则 　( )

A. $\mathrm{e}^b<a$　　　　　　　　　　B. $\mathrm{e}^a<b$

C. $0<a<\mathrm{e}^b$　　　　　　　　　D. $0<b<\mathrm{e}^a$

【高7】(2021 新高考二 16,5 分)已知函数 $f(x)=|\mathrm{e}^x-1|$,$x_1<0,x_2>0$,函数 $f(x)$ 的图像在点 $A(x_1,f(x_1))$ 和点 $B(x_2,f(x_2))$ 的两条切线互相垂直,且分别交 y 轴于 M,N 两点,则 $\dfrac{|AM|}{|BN|}$ 的取值范围是_____.

【高8】(2020 全国 1 文 15,5 分)曲线 $y=\ln x+x+1$ 的一条切线的斜率为 2,则该切线的方程为_____.

【高9】(2020 全国 3 理 10,5 分)若直线 l 与曲线 $y=\sqrt{x}$ 和 $x^2+y^2=\dfrac{1}{5}$ 都相切,则 l 的方程为 　　　　　　　　　　　　　　　　　　　　　　　　　　　　　　( )

A. $y=2x+1$　　　　　　　　　　B. $y=2x+\dfrac{1}{2}$

C. $y=\dfrac{1}{2}x+1$　　　　　　　　D. $y=\dfrac{1}{2}x+\dfrac{1}{2}$

第3节　导数的应用

夫导说：通过求导判断原函数的单调性是导数应用的核心，刻画函数图像、求极值、求最值等均是建立在单调性的基础之上的。

知识梳理

基础知识

1. 导数与单调性

（1）单调递增：在某个区间(a,b)内，如果$f'(x)>0$，那么函数$y=f(x)$在这个区间内单调递增；

> 切线斜率为正→图像"上坡"→单增.

（2）单调递减：在某个区间(a,b)内，如果$f'(x)<0$，那么函数$y=f(x)$在这个区间内单调递减；

> 切线斜率为负→图像"下坡"→单减.

（3）常函数：在某个区间(a,b)内，如果恒有$f'(x)=0$，那么函数$y=f(x)$在这个区间内是常函数.

2. 关于等号的注意

> 夫导说：函数的单调性是区间上的性质，针对个别点无所谓单调性，因此导函数在个别点处为零，并不影响单调性。

（1）$f(x)$在(a,b)上为增函数的充要条件是对任意的$x\in(a,b)$都有$f'(x)\geq0$且在(a,b)内的任一非空子区间上$f'(x)$不恒为0；$f(x)$在(a,b)上为减函数的充要条件是对任意的$x\in(a,b)$都有$f'(x)\leq0$且在(a,b)内的任一非空子区间上$f'(x)$不恒为0.

> 单调区间无须关注端点，都可写成开区间. 　求参数范围时如果不加等号则会漏解.

（2）一般来讲求函数单调区间不需考虑等号，但是求参数范围时必须考虑等号.（参见本节的"考点2"）

3. 函数的极值 → 夫导说：极值是函数的局部性质，只能在区间内部取得.

（1）极大值与极大值点：如果对x_0附近的所有的点，都有$f(x)<f(x_0)$，就说$f(x_0)$是函数$y=f(x)$的一个极大值，x_0称为极大值点.

（2）极小值与极小值点：如果对x_0附近的所有的点，都有$f(x)>f(x_0)$，就说$f(x_0)$是函数$y=f(x)$的一个极小值，x_0称为极小值点.

> 极值是函数值（纵坐标），极值点是变量值（横坐标）.
>
> 极值点处不一定导函数为零；导函数为零处不一定是极值点.

（3）可导函数

若x_0为极大值点，则$f'(x_0)=0$，左侧$f'(x)>0$，右侧$f'(x)<0$；

若x_0为极小值点，则$f'(x_0)=0$，左侧$f'(x)<0$，右侧$f'(x)>0$.

> 极值点处导函数不存在　　导函数为零处不是极值点

4. 函数的最值 → 夫导说：最值是函数的整体性质，可能在区间内部或端点处取得.

（1）在闭区间$[a,b]$上连续的函数$f(x)$的最值一定在极值点或区间端点处取得；

（2）若函数$f(x)$在$[a,b]$上单调递增，则$f(a)$为函数的最小值，$f(b)$为函数的最大值；

（3）若函数$f(x)$在$[a,b]$上单调递减，则$f(a)$为函数的最大值，$f(b)$为函数的最小值；

(4)如右图所示,在闭区间$[a,b]$上连续的函数$f(x)$若只有一个极值点,则该极值点必为最值点.——→ 连续函数:单极值点必为最值点.

考点剖析

1.无参函数分析

头哥说:已知导函数零点,判断各区间正负时,每经过一个奇次重根则变号,每经过一个偶次重根则不变号(奇变偶不变).

对于无参函数$y=f(x)$,先确定定义域(时刻牢记定义域优先),求导得导函数$y=f'(x)$.①由$f'(x)=0$求导函数零点;②以导函数零点为界,判断各区间导函数正负;③由导函数正负判断原函数单调性;④由原函数单调性判断极值;⑤计算定义域端点处函数值并判断最值.对于求单调区间的题目执行①~③,对于求极值的题目执行①~④,对于求最值的题目执行①~⑤.

例:$f'(x)=(x-1)(x-2)^2(x-3)^3$

【例1】求函数$f(x)=\dfrac{\ln^2 x}{\sqrt{x}}$的单调区间.

解析 由题得$x\in(0,+\infty)$,$f'(x)=\dfrac{2\ln x\cdot\frac{1}{x}\cdot\sqrt{x}-\frac{1}{2}x^{-\frac{1}{2}}\ln^2 x}{x}=\dfrac{1}{2}\cdot\dfrac{\ln x(4-\ln x)}{x\sqrt{x}}$,

由$f'(x)=0$,得$x=1$或$x=e^4$,于是有

对于解答题,必须列出此表格,只画数轴不行.

x	$(0,1)$	$(1,e^4)$	$(e^4,+\infty)$
$f'(x)$	$-$	$+$	$-$
$f(x)$	↘	↗	↘

所以单增区间为$(1,e^4)$,单减区间为$(0,1)$和$(e^4,+\infty)$.

答案 单增区间:$(1,e^4)$,单减区间:$(0,1)$和$(e^4,+\infty)$.——→ 不能写"∪",只能写"和".

【例2】求函数$f(x)=(x^3+3x^2-3x-3)e^{-x}$的单调区间.

解析 由题得$x\in\mathbf{R}$,$f'(x)=-(x^3-9x)e^{-x}=-x(x-3)(x+3)e^{-x}$,

由$f'(x)=0$得$x=0$或$x=3$或$x=-3$,于是有

x	$(-\infty,-3)$	$(-3,0)$	$(0,3)$	$(3,+\infty)$
$f'(x)$	$+$	$-$	$+$	$-$
$f(x)$	↗	↘	↗	↘

所以单增区间为$(-\infty,-3)$和$(0,3)$,单减区间为$(-3,0)$和$(3,+\infty)$.

答案 单增区间:$(-\infty,-3)$和$(0,3)$,单减区间:$(-3,0)$和$(3,+\infty)$.

【例3】求函数$f(x)=x^2 e^{-x}$的极值.

解析 由题得$x\in\mathbf{R}$,$f'(x)=\dfrac{2x-x^2}{e^x}=\dfrac{x(2-x)}{e^x}$,

由$f'(x)=0$,得$x=0$或$x=2$,于是有

x	$(-\infty,0)$	$(0,2)$	$(2,+\infty)$
$f'(x)$	$-$	$+$	$-$
$f(x)$	↘	↗	↘

所以极小值为 $f(0)=0$；极大值为 $f(2)=\dfrac{4}{e^2}$.

答案 极小值为 0，极大值为 $\dfrac{4}{e^2}$.

【例4】 函数 $y=x+2\cos x$ 在 $\left[0,\dfrac{\pi}{2}\right]$ 上取最大值时，x 的值为 （　　）

A. 0 　　　　　 B. $\dfrac{\pi}{6}$ 　　　　　 C. $\dfrac{\pi}{3}$ 　　　　　 D. $\dfrac{\pi}{2}$

解析 由题得 $x\in\left[0,\dfrac{\pi}{2}\right]$，$y'=1-2\sin x$，

由 $y'=0$ 得 $x=\dfrac{\pi}{6}$，于是有

x	$\left[0,\dfrac{\pi}{6}\right)$	$\left(\dfrac{\pi}{6},\dfrac{\pi}{2}\right]$
$f'(x)$	$+$	$-$
$f(x)$	↗	↘

所以 $x=\dfrac{\pi}{6}$ 既是极大值点又是最大值点.

答案 B.

2. 已知单调性求参 头导说：求导后将题目转化为不等式恒成立问题，对于恒成立问题的处理方式参见本章的"专题2　恒成立与能成立问题".

对于含参函数 $y=f(x,a)$，已知其在某区间上的单调性，求参数的取值范围的问题，先对原函数求导得导函数 $y=f'(x,a)$. ①若在区间上单增，则 $f'(x,a)\geqslant0$ 恒成立；②若在区间上单减，则 $f'(x,a)\leqslant0$ 恒成立.

要带着等号，注意导函数可以在个别点处为零，但不能在某子区间上恒为零.

【例5】 (1)若函数 $f(x)=\ln(ax+1)+\dfrac{1-x}{1+x}(x\geqslant0,a>0)$ 在区间 $[1,+\infty)$ 单调递增，则 a 的取值集合是 _____. 注意(1)(2)两题说法的区别.

(2)若函数 $f(x)=\ln(ax+1)+\dfrac{1-x}{1+x}(x\geqslant0,a>0)$ 的递增区间是 $[1,+\infty)$，则 a 的取值集合是 _____.

解析 (1)由题得 $f'(x)=\dfrac{a}{ax+1}-\dfrac{2}{(x+1)^2}=\dfrac{ax^2+a-2}{(ax+1)(x+1)^2}$，

所以 $x\in[1,+\infty)$ 时，$f'(x)=\dfrac{ax^2+a-2}{(ax+1)(x+1)^2}\geqslant0$ 恒成立，得 $a\geqslant\dfrac{2}{x^2+1}$，参变分离

易知 $\left(\dfrac{2}{x^2+1}\right)_{\max}=1$，所以 $a\geqslant1$，即 $a\in[1,+\infty)$. "递增区间"的边界处，要么为极值点，要么为间断点，由原函数形式，以及1为闭端点可判断 $x=1$ 处应为极值点.

(2)由题得 $f(x)$ 的递增区间为 $[1,+\infty)$，故 $x=1$ 为 $f(x)$ 的极值点，即 $f'(1)=0$，

由(1)题知 $f'(1)=\dfrac{2a-2}{4(a+1)}=0$，所以 $a=1$.

答案 (1) $[1,+\infty)$；(2) $\{1\}$. → 题目问的是取值集合，所以要写成集合形式.

【**例6**】设函数 $f(x)=px-\dfrac{p}{x}-2\ln x$，若 $f(x)$ 在其定义域内为单调函数，求实数 p 的取值范围.

解析 由题得 $x\in(0,+\infty)$，$f'(x)=p+\dfrac{p}{x^2}-\dfrac{2}{x}=\dfrac{px^2-2x+p}{x^2}$，

所以 $x\in(0,+\infty)$ 时，$f'(x)\geqslant 0$ 恒成立或 $f'(x)\leqslant 0$ 恒成立，

即 $px^2-2x+p\geqslant 0$ 或 $px^2-2x+p\leqslant 0$，有 $p\geqslant\dfrac{2x}{x^2+1}$ 或 $p\leqslant\dfrac{2x}{x^2+1}$，→ 参变分离.

记 $g(x)=\dfrac{2x}{x^2+1}=\dfrac{2}{x+\frac{1}{x}}$，$x\in(0,+\infty)$，易知 $g(x)\in(0,1]$，→ 对勾函数，参见"第二章第3节 二次函数与对勾函数".

于是有 $p\geqslant 1$ 或 $p\leqslant 0$.

答案 $p\geqslant 1$ 或 $p\leqslant 0$.

头哥说：含参函数分析的关键在于找到分类讨论的边界，在参数的每个讨论区间内，函数的单调性、极值、最值等不会发生"质变"，所以讨论边界本质上为"质变处".

3. 含参函数分析

对于含参函数 $y=f(x,a)$，先确定定义域，求导得导函数 $y=f'(x,a)$. ①由 $f'(x,a)=0$ 求导函数零点（含参表示）；②确定含参讨论的分类边界，具体方法见下一段；③在参数的每个讨论区间，分析原函数单调区间、极值、最值等，分析方法与无参函数相同.

含参讨论的分类边界在：①无根（"根"指的是导函数零点）处，根从无到有的分界处（例如：

头哥说：牢记口诀"三根一等高". 此处找的是分界点，无须考虑分母不为零.

$x_0=\sqrt{a-1}$ 的无根处为 $a=1$，$x_0=\dfrac{1}{a}$ 的无根处为 $a=0$）；②边根处，根在区间边界处（例如：$x_0=\ln a$ [定义域为 $x\in(0,+\infty)$] 的边根处为 $a=1$）；③重根处，两根相等处（例如：$x_1=a^2,x_2=a$ 的重根处为

同为极大值或同为极小值. 可能取得最值的位置.

$a=1$ 与 $a=0$）；④等高处，同名极值相等处 [例如：$f(x_{极小1})=f(x_{极小2})$ 时参数 a 的值] 或同名嫌疑最值相等处 [例如：$f(x_{极小})=f(x_{可能取得最小值的边界})$ 时参数 a 的值]. 对于求单调区间的题目执行①~③，对于求极值或最值的题目执行①~④.

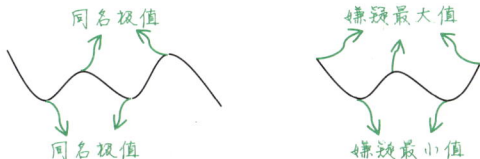

同名极值 / 嫌疑最大值 / 同名极值 / 嫌疑最小值

头哥说：对于解答题来讲，寻找分类边界的过程不需要写在解答过程中.

【**例7**】已知函数 $f(x)=\dfrac{1}{2}x^2+ax-a\ln(x+1)$（$a\in\mathbf{R}$）. 求函数 $f(x)$ 的单调区间.

解析 由题得 $x\in(-1,+\infty)$，$f'(x)=x+a-\dfrac{a}{x+1}=\dfrac{x(x+a+1)}{x+1}$，→ 解得 $x_1=0$，$x_2=-a-1$.
无根处：无；边根处：$a=0$；重根处：$a=-1$.

① $a<-1$ 时，$x_1=0$，$x_2=-(a+1)>0$，于是有

x	$(-1,0)$	$(0,-(a+1))$	$(-(a+1),+\infty)$
$f'(x)$	$+$	$-$	$+$
$f(x)$	↗	↘	↗

所以单增区间为$(-1,0)$和$(-(a+1),+\infty)$,单减区间为$(0,-(a+1))$.

② $-1<a<0$ 时,$x_1=0,-1<x_2=-(a+1)<0$,于是有

x	$(-1,-(a+1))$	$(-(a+1),0)$	$(0,+\infty)$
$f'(x)$	$+$	$-$	$+$
$f(x)$	↗	↘	↗

所以单增区间为$(-1,-(a+1))$和$(0,+\infty)$,单减区间为$(-(a+1),0)$.

③ $a\geqslant 0$ 时,$x_1=0$,于是有 → *$x_2=-a-1\leqslant -1$不在定义域内.*

先考虑不带等号的情况,如果带等号时能合在一起,则加一笔即可.

x	$(-1,0)$	$(0,+\infty)$
$f'(x)$	$-$	$+$
$f(x)$	↘	↗

所以单增区间为$(0,+\infty)$,单减区间为$(-1,0)$.

如果取等号时不能合在一起,则单独讨论.

④ $a=-1$ 时,$f'(x)\geqslant 0$,所以单增区间为$(-1,+\infty)$.

综上,$a<-1$ 时,单增区间为$(-1,0)$和$(-(a+1),+\infty)$,单减区间为$(0,-(a+1))$;

$-1<a<0$ 时,单增区间为$(-1,-(a+1))$和$(0,+\infty)$,单减区间为$(-(a+1),0)$;

$a\geqslant 0$ 时,单增区间为$(0,+\infty)$,单减区间为$(-1,0)$;

$a=-1$ 时,单增区间为$(-1,+\infty)$.

答案 见解析.

【例8】已知函数$f(x)=\ln x-ax^2+(a-2)x$,求$f(x)$的单调区间.

*解得$x_1=\dfrac{1}{2}$,$x_2=-\dfrac{1}{a}$.
无根处:$a=0$;
边根处:无;
重根处:$a=-2$.*

解析 由题得$x\in(0,+\infty)$,$f'(x)=\dfrac{1}{x}-2ax+(a-2)=-\dfrac{(2x-1)(ax+1)}{x}$.

① $a<-2$ 时,$x_1=\dfrac{1}{2},0<x_2=-\dfrac{1}{a}<\dfrac{1}{2}$,于是有

x	$\left(0,-\dfrac{1}{a}\right)$	$\left(-\dfrac{1}{a},\dfrac{1}{2}\right)$	$\left(\dfrac{1}{2},+\infty\right)$
$f'(x)$	$+$	$-$	$+$
$f(x)$	↗	↘	↗

所以单增区间为$\left(0,-\dfrac{1}{a}\right)$和$\left(\dfrac{1}{2},+\infty\right)$,单减区间为$\left(-\dfrac{1}{a},\dfrac{1}{2}\right)$.

② $-2<a<0$ 时,$x_1=\dfrac{1}{2},x_2=-\dfrac{1}{a}>\dfrac{1}{2}$,于是有

x	$\left(0,\dfrac{1}{2}\right)$	$\left(\dfrac{1}{2},-\dfrac{1}{a}\right)$	$\left(-\dfrac{1}{a},+\infty\right)$
$f'(x)$	$+$	$-$	$+$
$f(x)$	↗	↘	↗

所以单增区间为 $\left(0,\frac{1}{2}\right)$ 和 $\left(-\frac{1}{a},+\infty\right)$，单减区间为 $\left(\frac{1}{2},-\frac{1}{a}\right)$．

③ $a\geqslant 0$ 时，$x_1=\frac{1}{2}$，于是有 ——→ $x_2=-\frac{1}{a}$ 不在定义域内或不存在.

先考虑不带等号的情况，如果带等号时能合在一起，则加一笔即可.

x	$\left(0,\frac{1}{2}\right)$	$\left(\frac{1}{2},+\infty\right)$
$f'(x)$	$+$	$-$
$f(x)$	↗	↘

所以单增区间为 $\left(0,\frac{1}{2}\right)$，单减区间为 $\left(\frac{1}{2},+\infty\right)$．

④ $a=-2$ 时，$f'(x)\geqslant 0$，所以单增区间为 $(0,+\infty)$． ——→ 如果取等号时不能合在一起，则单独讨论.

综上，$a<-2$ 时，单增区间为 $\left(0,-\frac{1}{a}\right)$ 和 $\left(\frac{1}{2},+\infty\right)$，单减区间为 $\left(-\frac{1}{a},\frac{1}{2}\right)$；

$-2<a<0$ 时，单增区间为 $\left(0,\frac{1}{2}\right)$ 和 $\left(-\frac{1}{a},+\infty\right)$，单减区间为 $\left(\frac{1}{2},-\frac{1}{a}\right)$；

$a\geqslant 0$ 时，单增区间为 $\left(0,\frac{1}{2}\right)$，单减区间为 $\left(\frac{1}{2},+\infty\right)$；

$a=-2$ 时，单增区间为 $(0,+\infty)$．

答案 见解析．

【例9】已知 $a\in\mathbf{R}$，函数 $f(x)=\frac{a}{x}+\ln x-1$．求 $f(x)$ 在区间 $(0,\mathrm{e}]$ 上的最小值．

解析 由题得 $x\in(0,\mathrm{e}]$，$f'(x)=-\frac{a}{x^2}+\frac{1}{x}=\frac{x-a}{x^2}$，——→ 解得 $x_0=a$．

无根处：无；
边根处：$a=0$ 与 $a=\mathrm{e}$；
重根处：无；
等高处：无．

① $a\leqslant 0$ 时，$f'(x)>0$，$f(x)$ 在 $(0,\mathrm{e}]$ 上单增，无最小值；

② $0<a<\mathrm{e}$ 时，$0<x_0=a<\mathrm{e}$，于是有

x	$(0,a)$	(a,e)
$f'(x)$	$-$	$+$
$f(x)$	↘	↗

所以 $f(x)$ 在 $(0,a)$ 单调递减，在 (a,e) 单调递增，最小值为 $f(a)=\ln a$；

③ $a\geqslant \mathrm{e}$ 时，$f'(x)\leqslant 0$，$f(x)$ 在 $(0,\mathrm{e}]$ 上单减，最小值为 $f(\mathrm{e})=\frac{a}{\mathrm{e}}$．

综上，$a\leqslant 0$ 时，无最小值；$0<a<\mathrm{e}$ 时，最小值为 $\ln a$；$a\geqslant \mathrm{e}$ 时，最小值为 $\frac{a}{\mathrm{e}}$．

答案 见解析．

【例10】已知函数 $f(x)=\frac{\mathrm{e}^x}{x}$ 的定义域为 $(0,+\infty)$，求 $f(x)$ 在 $[m,m+1]$（$m>0$）上的最值．

解得 $x_0=1$．

无根处：无；边根处：$m=1$ 与 $m=0$；
重根处：无；等高处：$f(m)=f(m+1)$，即
$m=\frac{1}{\mathrm{e}-1}$．

解析 由题得 $x\in[m,m+1]$，$f'(x)=\frac{(x-1)\mathrm{e}^x}{x^2}$，——→

① $0<m\leqslant\frac{1}{\mathrm{e}-1}$ 时，$m<x_0=1<m+1$，于是有 ——→ 题干中给出 $m>0$，因此无须讨论 $m\leqslant 0$ 的情况．

x	$[m,1)$	$(1,m+1]$
$f'(x)$	$-$	$+$
$f(x)$	↘	↗

所以 $f(x)$ 在 $[m,1)$ 单调递减,在 $(1,m+1]$ 单调递增,最小值为 $f(1)=\mathrm{e}$,

又 $f(m) \geqslant f(m+1)$,所以最大值为 $f(m)=\dfrac{\mathrm{e}^m}{m}$.

② $\dfrac{1}{\mathrm{e}-1}<m<1$ 时,$m<x_0=1<m+1$,$f(x)$ 单调性同①,最小值为 $f(1)=\mathrm{e}$,

又 $f(m)<f(m+1)$,所以最大值为 $f(m+1)=\dfrac{\mathrm{e}^{m+1}}{m+1}$.

③ $m \geqslant 1$ 时,$f'(x) \geqslant 0$,$f(x)$ 在 $[m,m+1]$ 上单增,最小值为 $f(m)=\dfrac{\mathrm{e}^m}{m}$,最大值为 $f(m+1)=\dfrac{\mathrm{e}^{m+1}}{m+1}$.

综上,$0<m \leqslant \dfrac{1}{\mathrm{e}-1}$ 时,最小值为 e,最大值为 $\dfrac{\mathrm{e}^m}{m}$;

$\dfrac{1}{\mathrm{e}-1}<m<1$ 时,最小值为 e,最大值为 $\dfrac{\mathrm{e}^{m+1}}{m+1}$;

$m \geqslant 1$ 时,最小值为 $\dfrac{\mathrm{e}^m}{m}$,最大值为 $\dfrac{\mathrm{e}^{m+1}}{m+1}$.

答案 见解析.

4. 导图判极值

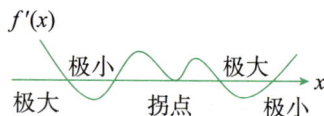

大导说:"导图看正负,原图看增减".导函数图像关注正负号,原函数图像关注增减性(单调性).

对于已知导函数图像,判断原函数极值点的问题.首先,导函数的零点不一定是原函数的极值点,导函数穿越 x 轴的零点为原函数极值点(两侧导函数变号,原函数单调性发生变化),

类似于 $y=x^3$ 在 $x=0$ 处的 feel.

导函数与 x 轴相切的零点为原函数拐点(两侧导函数不变号,原函数单调性不变).其次,确定极值点之后,看该点左侧导函数的符号,大于零则为极大值点,小于零则为极小值点.

【例11】已知函数 $y=f(x)$,其导函数 $y=f'(x)$ 的图像如图所示,则 $y=f(x)$ （　　）

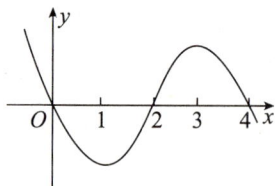

A. 在 $(-\infty,0)$ 上为减函数 　　　　　B. 在 $x=0$ 处取极小值

C. 在 $(4,+\infty)$ 上为减函数 　　　　　D. 在 $x=2$ 处取极大值

解析 由导函数图像得,在 $(-\infty,0)$ 上 $f'(x)>0$,$f(x)$ 单增,A 错误;

在 $x=0$ 处取极大值,B 错误;在 $(4,+\infty)$ 上 $f'(x)<0$,$f(x)$ 单减,C 正确;

在 $x=2$ 处取极小值,D 错误.

答案 C.

【例12】已知函数 $f(x)$ 的导函数 $f'(x)=a(x+1)(x-a)$,若 $f(x)$ 在 $x=a$ 处取到极大值,则 a 的取值范围是 （　　）

A. $(-\infty,-1)$ B. $(0,+\infty)$

C. $(0,1)$ D. $(-1,0)$

解析 由题易知 $a\neq0$ [若 $a=0$,则 $f'(x)=0$,$f(x)$ 为常函数,无极值].

如图 1 所示,若 $a>0$,导函数图像为开口向上的抛物线,易知 $x=a$ 为 $f(x)$ 极小值点,不符合题意;

如图 2 所示,若 $a<0$,导函数图像为开口向下的抛物线,若要 $x=a$ 为 $f(x)$ 极大值点,则需 $a>-1$.

因此 $a\in(-1,0)$.

答案 D.

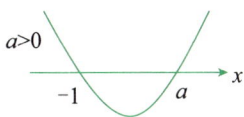 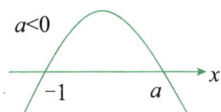

图1　　　　图2

高考链接

【高1】(2022 新高考一 10 多选,5 分)已知函数 $f(x)=x^3-x+1$,则 （　　）

A. $f(x)$ 有两个极值点   B. $f(x)$ 有三个零点

C. 点 $(0,1)$ 是曲线 $y=f(x)$ 的对称中心   D. 直线 $y=2x$ 是曲线 $y=f(x)$ 的切线

【高2】(2021 新高考一 15,5 分)函数 $f(x)=|2x-1|-2\ln x$ 的最小值为 _____.

【高3】(2018 全国 1 理 16,5 分)已知函数 $f(x)=2\sin x+\sin 2x$,则 $f(x)$ 的最小值是 _____.

【高4】(2020 全国 2 理 9,5 分)设函数 $f(x)=\ln|2x+1|-\ln|2x-1|$,则 $f(x)$ （　　）

A. 是偶函数,且在 $\left(\dfrac{1}{2},+\infty\right)$ 单调递增

B. 是奇函数,且在 $\left(-\dfrac{1}{2},\dfrac{1}{2}\right)$ 单调递减

C. 是偶函数,且在 $\left(-\infty,-\dfrac{1}{2}\right)$ 单调递增

D. 是奇函数,且在 $\left(-\infty,-\dfrac{1}{2}\right)$ 单调递减

【高5】(2022 全国甲理 6,5 分)当 $x=1$ 时,函数 $f(x)=a\ln x+\dfrac{b}{x}$ 取得最大值 -2,则 $f'(2)=$ （　　）

A. -1 B. $-\dfrac{1}{2}$ C. $\dfrac{1}{2}$ D. 1

【高6】(2022 全国乙理 16,5 分)已知 $x=x_1$ 和 $x=x_2$ 分别是函数 $f(x)=2a^x-ex^2$ $(a>0$ 且 $a\neq1)$ 的极小值点和极大值点. 若 $x_1<x_2$,则 a 的取值范围是 _____.

【高7】(2021 全国乙理 10,5 分)设 $a\neq0$,若 $x=a$ 为函数 $f(x)=a(x-a)^2(x-b)$ 的极大值点,则 （　　）

A. $a<b$ B. $a>b$

C. $ab<a^2$ D. $ab>a^2$

【高8】(2022 北京 20,15 分)已知函数 $f(x)=\mathrm{e}^x\ln(1+x)$.

(1)求曲线 $y=f(x)$ 在点 $(0,f(0))$ 处的切线方程;

(2)设 $g(x)=f'(x)$,讨论函数 $g(x)$ 在 $[0,+\infty)$ 上的单调性;

(3)证明:对任意的 $s,t\in(0,+\infty)$,有 $f(s+t)>f(s)+f(t)$.

【高9】(2021 全国乙理 20,12 分)已知函数 $f(x)=\ln(a-x)$,$x=0$ 是函数 $y=xf(x)$ 的极值点.

(1)求 a;

(2)设函数 $g(x)=\dfrac{x+f(x)}{xf(x)}$.证明:$g(x)<1$.

【高10】(2021 北京 19,15 分)已知函数 $f(x)=\dfrac{3-2x}{x^2+a}$.

(1)若 $a=0$,求 $y=f(x)$ 在 $(1,f(1))$ 处切线方程;

(2)若函数 $f(x)$ 在 $x=-1$ 处取得极值,求 $f(x)$ 的单调区间,以及最大值和最小值.

专题 2　恒成立与能成立问题

头哥说:恒成立问题,是含参不等式的核心问题.

对于含参不等式 $f(x,a)\geqslant 0[f(x,a)\leqslant 0,f(x,a)>0,f(x,a)<0$ 道理相同]:

若 $\forall x\in D,f(x,a)\geqslant 0$ 始终成立,求参数 a 的取值范围,则称为恒成立问题;

若 $\exists x_0\in D$,使得 $f(x_0,a)\geqslant 0$ 成立,求参数 a 的取值范围,则称为能成立问题.

在做题的过程中,恒成立问题出现频率远大于能成立问题.对于两类问题的处理方法,主要有参变分离、含参讨论两种.

1. 参变分离 —— 头哥说:参变分离的优点在于把含参问题转化为不含参问题.

对原不等式进行变形,若能够让不等号的一侧仅含变量不含参数,另一侧仅含参数不含变量,则我们说可以实现参变分离.以 $f(x,a)\geqslant 0$ 的恒成立问题为例,假设参变分离后变为 $h(a)\geqslant g(x)$ 的形式,则只需求函数 $y=g(x)$ 的最大值 $g_{\max}$,由 $h(a)\geqslant g_{\max}$ 解出参数 a 的取值范围即可.其他的情况详见下表.

其中,记函数 $y=g(x)$ 的最大值为 $g_{\max}$,最小值为 $g_{\min}$.若无最值,则上限记为 g_{up},下限记为 g_{down}(上限为"取不到"的"最大值",例如: $y=-\mathrm{e}^x$ 的上限为 0;下限为"取不到"的"最小值",例如: $y=\mathrm{e}^x$ 的下限为 0).

恒成立问题			能成立问题		
原不等式	参变分离	转化为	原不等式	参变分离	转化为
$f(x,a)\geqslant 0$ 或 $f(x,a)\leqslant 0$	$h(a)\geqslant g(x)$	$h(a)\geqslant g_{\max}$ 或 $h(a)\geqslant g_{\mathrm{up}}$	$f(x,a)\geqslant 0$ 或 $f(x,a)\leqslant 0$	$h(a)\geqslant g(x)$	$h(a)\geqslant g_{\min}$ 或 $h(a)>g_{\mathrm{down}}$
	$h(a)\leqslant g(x)$	$h(a)\leqslant g_{\min}$ 或 $h(a)\leqslant g_{\mathrm{down}}$		$h(a)\leqslant g(x)$	$h(a)\leqslant g_{\max}$ 或 $h(a)<g_{\mathrm{up}}$
$f(x,a)>0$ 或 $f(x,a)<0$	$h(a)>g(x)$	$h(a)>g_{\max}$ 或 $h(a)\geqslant g_{\mathrm{up}}$	$f(x,a)>0$ 或 $f(x,a)<0$	$h(a)>g(x)$	$h(a)>g_{\min}$ 或 $h(a)>g_{\mathrm{down}}$
	$h(a)<g(x)$	$h(a)<g_{\min}$ 或 $h(a)\leqslant g_{\mathrm{down}}$		$h(a)<g(x)$	$h(a)<g_{\max}$ 或 $h(a)<g_{\mathrm{up}}$

该表格莫死记硬背,可结合图像明确原理进行记忆.

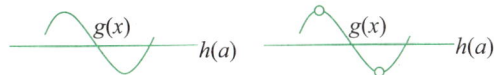

【例1】函数 $f(x)=x\ln x-ax+1$,其中 $a\in\mathbf{R}$,若对任意正数 x 都有 $f(x)\geqslant 0$,则实数 a 的取值范围为 _____ .

解析 由题得 $x\in(0,+\infty),x\ln x-ax+1\geqslant 0$,有 $a\leqslant\ln x+\dfrac{1}{x}$ 恒成立,

令 $g(x)=\ln x+\dfrac{1}{x},g'(x)=\dfrac{1}{x}-\dfrac{1}{x^2}=\dfrac{x-1}{x^2}.$ —— 参变分离,求最小值或下限.

$x\in(0,1)$ 时, $g'(x)<0,g(x)$ 单减; $x\in(1,+\infty)$ 时, $g'(x)>0,g(x)$ 单增.

所以 $g_{\min}=g(1)=1$,于是 $a\leqslant 1$,即 $a\in(-\infty,1]$.

答案 $(-\infty,1]$.

【例2】 已知函数 $f(x)=\ln x-\dfrac{a}{x}$，若 $f(x)<x^2$ 在 $(1,+\infty)$ 上恒成立，求实数 a 的取值范围.

解析 由题得 $x\in(1,+\infty)$，$\ln x-\dfrac{a}{x}<x^2$，有 $a>x\ln x-x^3$ 恒成立，　→ 参变分离，求最大值或上限.

令 $g(x)=x\ln x-x^3$，$g'(x)=1+\ln x-3x^2$，　→ 一阶导数解不出零点，需要求二阶导数.

设 $h(x)=g'(x)$，则 $h'(x)=\dfrac{1}{x}-6x=\dfrac{1-6x^2}{x}<0$，故 $g'(x)$ 在 $(1,+\infty)$ 单减，

所以 $g'(x)<g'(1)=-2<0$，于是 $g(x)$ 在 $(1,+\infty)$ 单减，

所以 $g(x)<g(1)=-1$，于是 $a\geqslant-1$，即 $a\in[-1,+\infty)$.

答案 $[-1,+\infty)$.　→ 上限.

【例3】 设函数 $f(x)=\dfrac{e^2x^2+1}{x}$，$g(x)=\dfrac{e^2x}{e^x}$，对任意 $x_1,x_2\in(0,+\infty)$，不等式 $\dfrac{g(x_1)}{k}\leqslant\dfrac{f(x_2)}{k+1}$ 恒成立，求正数 k 的取值范围.

解析 由题得 $\dfrac{kf(x_2)}{k+1}\geqslant g(x_1)$，$g'(x)=\dfrac{e^2(1-x)}{e^x}$，　→ 两个变量一个参数，先把变量 x_1 分离出来，求最大值或上限.

$x\in(0,1)$ 时，$g'(x)>0$，$g(x)$ 单增；$x\in(1,+\infty)$ 时，$g'(x)<0$，$g(x)$ 单减.

故 $g_{\max}=g(1)=e$，所以若原不等式恒成立，只需 $\dfrac{kf(x_2)}{k+1}\geqslant e$，得 $e\cdot\dfrac{k+1}{k}\leqslant f(x_2)$.　→ 再把变量 x_2 分离出来，求最小值或下限.

$f(x)=\dfrac{e^2x^2+1}{x}=e^2x+\dfrac{1}{x}\geqslant2\sqrt{e^2x\cdot\dfrac{1}{x}}=2e$，当且仅当 $x=\dfrac{1}{e}$ 时取等号，即 $f_{\min}=2e$.　→ 用基本不等式求最小值.

所以 $e\cdot\dfrac{k+1}{k}\leqslant2e$，得 $k\geqslant1$，即 $k\in[1,+\infty)$.

答案 $[1,+\infty)$.

【例4】 已知函数 $f(x)=ax+\ln x(a\in\mathbf{R})$，$g(x)=x^2-2x+2$，若对任意 $x_1\in(0,+\infty)$，均存在 $x_2\in[0,1]$，使得 $f(x_1)<g(x_2)$，求实数 a 的取值范围.

解析 由题得 $g(x)=x^2-2x+2$ 的对称轴为 $x=1$，故其在 $[0,1]$ 上单减.

所以 $g_{\max}=g(0)=2$，于是 $f(x_1)<2$ 在 $(0,+\infty)$ 恒成立.　→ 题干中已把变量 x_2 分离出来，且对 x_2 为能成立问题，求最大值或上限.

即 $a<\dfrac{2}{x_1}-\dfrac{\ln x_1}{x_1}$，设 $h(x)=\dfrac{2}{x}-\dfrac{\ln x}{x}$，则 $h'(x)=\dfrac{\ln x-3}{x^2}$，　→ 再把变量 x_1 分离出来，求最小值或下限.

$x\in(0,e^3)$ 时，$h'(x)<0$，$h(x)$ 单减；$x\in(e^3,+\infty)$ 时，$h'(x)>0$，$h(x)$ 单增.

所以 $h_{\min}=h(e^3)=-\dfrac{1}{e^3}$，于是 $a<-\dfrac{1}{e^3}$，即 $a\in\left(-\infty,-\dfrac{1}{e^3}\right)$.

答案 $\left(-\infty,-\dfrac{1}{e^3}\right)$.

2. 含参讨论　→ 头导说：导数压轴题中含参讨论的应用要比参变分离更多.

如果原不等式无法实现参变分离，或者参变分离后的函数求导后太复杂，则考虑放弃参变

分离,而采用含参讨论的方法.以 $f(x,a) \geq 0$ 的恒成立问题为例,针对参数 a 的不同取值区间进行分类讨论,在每个讨论区间求函数 $y=f(x,a)$ 的最小值 f_{min}(或下限 f_{down}),验证是否满足 $f_{min} \geq 0$(或 $f_{down} \geq 0$),参数 a 的符合题意的所有讨论区间即为所求参数范围.其他的情况详见下表.

恒成立问题		能成立问题	
原不等式	讨论验证	原不等式	讨论验证
$f(x,a) \geq 0$	$f_{min} \geq 0$ 或 $f_{down} \geq 0$	$f(x,a) \geq 0$	$f_{max} \geq 0$ 或 $f_{up} > 0$
$f(x,a) > 0$	$f_{min} > 0$ 或 $f_{down} \geq 0$	$f(x,a) > 0$	$f_{max} > 0$ 或 $f_{up} > 0$
$f(x,a) \leq 0$	$f_{max} \leq 0$ 或 $f_{up} \leq 0$	$f(x,a) \leq 0$	$f_{min} \leq 0$ 或 $f_{down} < 0$
$f(x,a) < 0$	$f_{max} < 0$ 或 $f_{up} \leq 0$	$f(x,a) < 0$	$f_{min} < 0$ 或 $f_{down} < 0$

该表格莫死记硬背,可结合图像明确原理进行记忆.

在含参讨论过程中,有四大法宝:

第一,质变分析.即如何寻找分类讨论的边界,详见本章第 3 节"导数的应用"中的"含参函数分析"部分;

第二,边界分析.分析定义域边界处的函数值,对于画原函数草图时有巨大帮助.例如:$f(x,a) \geq 0(x \in [0,+\infty))$ 恒成立,计算 $f(0,a)$,很多情况下 $f(0,a)=0$,即函数始终过 $(0,0)$ 点(与参数 a 的取值无关),则可以更快地画出原函数草图;

第三,缩参.对于恒成立问题,可取一些自变量的特殊值满足不等式以缩小参数讨论范围.例如:$f(x,a) \geq 0(x \in [0,+\infty))$ 恒成立,令 $x=0$,$f(0,a) \geq 0$,解此不等式得 $a \in D$,于是 a 可以不在 **R** 上进行讨论,而在 D 上进行讨论即可;

本质为找一个必要条件,一般来讲,取 $x=0$ 或 1 或 e 等较为简单的值即可.

第四,定参.在分类讨论过程中,对于参数 a 的某个讨论范围,若带参求导分析较为复杂,可以考虑先对原函数进行放缩,把参数放缩为常数,然后去分析一个不含参函数.例如:$f(x,a) \geq 0$ 恒成立,若已讨论 $a=1$ 时,$f(x,1) \geq 0$,而当 $a>1$ 时,有 $f(x,a) > f(x,1)$,则可得到 $f(x,a) \geq 0$.

把 a 放缩为 1.

【例 5】已知函数 $f(x)=a\ln x+1(a>0)$,在区间 $(1,e)$ 上,$f(x)>x$ 恒成立,求 a 的取值范围.

解析 由 $f(x)>x$ 得 $a\ln x-x+1>0$ 恒成立.

边界分析.

令 $g(x)=a\ln x-x+1$,观察易得 $g(1)=0$,$g'(x)=\dfrac{a}{x}-1=\dfrac{a-x}{x}$.

质变分析.
无根处:无;
边根处:$a=1$,$a=e$;
重根处:无.

(1)当 $0<a \leq 1$ 时,$g'(x)<0$,$g(x)$ 在 $(1,e)$ 单减,则 $g(x)<g(1)=0$,不满足题意.

(2)当 $1<a<e$ 时,$x \in (1,a)$ 时,$g'(x)>0$,$g(x)$ 单增;

$x \in (a,e)$ 时,$g'(x)<0$,$g(x)$ 单减,

于是有 $g(e)=a-e+1 \geq 0$,解得 $a \geq e-1$,即 $e-1 \leq a<e$ 时满足题意.

(3)当 $a \geq e$ 时,$g'(x)>0$,$g(x)$ 在 $(1,e)$ 上单增,则 $g(x)>g(1)=0$,满足题意.

综上,$a \geq e-1$,即 $a \in [e-1,+\infty)$.

答案 $[e-1,+\infty)$.

【例6】 已知 $f(x)=\dfrac{1+x}{1-x}\mathrm{e}^{-ax}$，若对任意的 $x\in(0,1)$，均有 $f(x)>1$，求 a 的取值范围.

解析 令 $g(x)=\dfrac{1+x}{1-x}\mathrm{e}^{-ax}-1$，观察易得 $g(0)=0$，$g'(x)=\dfrac{ax^2-a+2}{(x-1)^2}\cdot\mathrm{e}^{-ax}$.

边界分析.

质变分析.
无根处：$a=0$,
$a=2$;
边根处：$a=2$;
重根处：$a=2$.

(1) 当 $a\le 0$ 时，$x\in(0,1)$，$ax^2-a+2=a\cdot(x^2-1)+2>0$，所以 $g'(x)>0$，*边根处：$a=2$,*

$g(x)$ 在 $(0,1)$ 单增，所以 $g(x)>g(0)=0$，满足题意；

(2) 当 $0<a\le 2$ 时，$x\in(0,1)$，$ax^2-a+2>0$，所以 $g'(x)>0$，

$g(x)$ 在 $(0,1)$ 单增，所以 $g(x)>g(0)=0$，满足题意；

(3) 当 $a>2$ 时，$x\in\left(0,\sqrt{\dfrac{a-2}{a}}\right)$ 时，$g'(x)<0$，$g(x)$ 单减，

$x\in\left(\sqrt{\dfrac{a-2}{a}},1\right)$ 时，$g'(x)>0$，$g(x)$ 单增.

所以 $x\in\left(0,\sqrt{\dfrac{a-2}{a}}\right)$ 时，$g(x)<g(0)=0$，不满足题意.

综上，$a\le 2$，即 $a\in(-\infty,2]$.

答案 $(-\infty,2]$.

【例7】 已知函数 $f(x)=\mathrm{e}^x-1-x-ax^2$ 对任意的 $x\in[0,+\infty)$，均有 $f(x)\ge 0$，求实数 a 的取值范围.

边界分析.

解析 观察易得 $f(0)=0$，$f'(x)=\mathrm{e}^x-2ax-1$，观察易得 $f'(0)=0$. —— *导函数的边界分析.*

二阶导函数的质变分析.

记 $h(x)=f'(x)$，则 $h'(x)=\mathrm{e}^x-2a$. *无根处：$a=0$；边根处：$a=\dfrac{1}{2}$；重根处：无.*

(1) 当 $a\le 0$ 时，$x\in[0,+\infty)$，$h'(x)>0$，$f'(x)$ 单增，所以 $f'(x)>f'(0)=0$，

于是 $f(x)$ 单增，$f(x)>f(0)=0$，满足题意.

(2) 当 $0<a\le\dfrac{1}{2}$ 时，$x\in[0,+\infty)$，$h'(x)\ge 0$，$f'(x)$ 单增，所以 $f'(x)>f'(0)=0$，于是 $f(x)$

单增，$f(x)>f(0)=0$，满足题意.

(3) 当 $a>\dfrac{1}{2}$ 时，$x\in(0,\ln 2a)$ 时，$h'(x)<0$，$f'(x)$ 单减，所以 $f'(x)<f'(0)=0$.

于是 $f(x)$ 在 $(0,\ln 2a)$ 单减，$f(x)<f(0)=0$，不满足题意.

综上，$a\le\dfrac{1}{2}$，即 $a\in\left(-\infty,\dfrac{1}{2}\right]$.

答案 $\left(-\infty,\dfrac{1}{2}\right]$.

【例8】 设函数 $f(x)=2\mathrm{e}^x(x+1)$，$g(x)=x^2+4x+2$. 若对 $\forall x\ge -2$，$kf(x)\ge g(x)$ 恒成立，求实数 k 的取值范围.

解析 令 $F(x)=kf(x)-g(x)=2k\mathrm{e}^x(x+1)-(x^2+4x+2)$，易知 $F(x)\ge 0$ 恒成立，

由 $F(-2)=2(1-k\mathrm{e}^{-2})\geqslant0$,可得 $k\leqslant\mathrm{e}^2$;由 $F(0)=2(k-1)\geqslant0$,可得 $k\geqslant1$.

$F'(x)=2k\mathrm{e}^x(x+2)-2x-4=2(k\mathrm{e}^x-1)(x+2)$, ⟶ *质变分析.*

边界分析+缩参.   *缩参.*   *无根处:$k=0$;边根处:$k=\mathrm{e}^2$;重根处:$k=\mathrm{e}^2$.*

当 $1\leqslant k\leqslant\mathrm{e}^2$ 时,$x\in\left(-2,\ln\dfrac{1}{k}\right)$ 时,$F'(x)<0$,$F(x)$ 单减;

$x\in(\ln\dfrac{1}{k},+\infty)$,$F'(x)>0$,$F(x)$ 单增.

所以 $F_{\min}=F\left(\ln\dfrac{1}{k}\right)=2k\cdot\mathrm{e}^{\ln\frac{1}{k}}\left(\ln\dfrac{1}{k}+1\right)-\left[\left(\ln\dfrac{1}{k}\right)^2+4\ln\dfrac{1}{k}+2\right]=-\ln\dfrac{1}{k}\left(\ln\dfrac{1}{k}+2\right)\geqslant0$,满足题意.

因此 $k\in\left[1,\mathrm{e}^2\right]$.

答案 $\left[1,\mathrm{e}^2\right]$.

【例 9】 函数 $f(x)=\sin x$. 若 $f(x)+1\geqslant ax+\cos x$ 在 $[0,\pi]$ 上恒成立,求实数 a 的取值范围.

边界分析.

解析 设 $g(x)=\sin x+1-ax-\cos x$,由题得 $g(x)\geqslant0$ 恒成立,观察易得 $g(0)=0$.

缩参.   *定参.*

由 $g(\pi)\geqslant0$,可得 $a\leqslant\dfrac{2}{\pi}$,$x\in[0,\pi]$ 时,$g(x)\geqslant\sin x+1-\dfrac{2}{\pi}x-\cos x$,

记 $h(x)=\sin x+1-\dfrac{2}{\pi}x-\cos x$,观察易得 $h(0)=0,h(\pi)=0$. ⟶ *边界分析.*

要证 $g(x)\geqslant0$,只需证 $h(x)\geqslant0$,$h'(x)=\sin x+\cos x-\dfrac{2}{\pi}=\sqrt{2}\sin\left(x+\dfrac{\pi}{4}\right)-\dfrac{2}{\pi}$.

(1)$x\in\left(0,\dfrac{\pi}{2}\right)$ 时,$\sqrt{2}\sin\left(x+\dfrac{\pi}{4}\right)\in(1,\sqrt{2}]$,故 $h'(x)>0$,$h(x)$ 在 $\left(0,\dfrac{\pi}{2}\right)$ 单增.

(2)$x\in\left(\dfrac{\pi}{2},\pi\right)$ 时,易知 $h'(x)=\sqrt{2}\sin\left(x+\dfrac{\pi}{4}\right)-\dfrac{2}{\pi}$ 在 $\left(\dfrac{\pi}{2},\pi\right)$ 单减,

又 $h'\left(\dfrac{\pi}{2}\right)=1-\dfrac{2}{\pi}>0$,$h'(\pi)=-1-\dfrac{2}{\pi}<0$,所以 $\exists x_0\in\left(\dfrac{\pi}{2},\pi\right)$,使得 $h'(x_0)=0$;

于是 $x\in(0,x_0)$ 时,$h'(x)>0$,$h(x)$ 单增,$x\in(x_0,\pi)$ 时,$h'(x)<0$,$h(x)$ 单减,

所以 $h_{\min}=h(0)=h(\pi)=0$,有 $h(x)\geqslant0$,于是 $g(x)\geqslant0$.

综上,$a\leqslant\dfrac{2}{\pi}$,即 $a\in\left(-\infty,\dfrac{2}{\pi}\right]$.

答案 $\left(-\infty,\dfrac{2}{\pi}\right]$.

高考链接

【高 1】 (2021 全国甲理 21,12 分)已知 $a>0$ 且 $a\neq1$,函数 $f(x)=\dfrac{x^a}{a^x}(x>0)$.

(1)当 $a=2$ 时,求 $f(x)$ 的单调区间;

(2)若曲线 $y=f(x)$ 与直线 $y=1$ 有且仅有两个交点,求 a 的取值范围.

【高2】(2022 全国乙理 21,12 分)已知函数 $f(x)=\ln(1+x)+axe^{-x}$.

(1)当 $a=1$ 时,求曲线 $y=f(x)$ 在点 $(0,f(0))$ 处的切线方程;

(2)若 $f(x)$ 在区间 $(-1,0),(0,+\infty)$ 各恰有一个零点,求 a 的取值范围.

【高3】(2021 新高考二 22,12 分)已知函数 $f(x)=(x-1)e^x-ax^2+b$.

(1)讨论 $f(x)$ 的单调性;

(2)从下面两个条件中选一个,证明:$f(x)$ 有一个零点.

①$\dfrac{1}{2}<a\leqslant\dfrac{e^2}{2}$,$b>2a$;②$0<a<\dfrac{1}{2}$,$b\leqslant 2a$.

专题 3 隐零点问题

头哥说：零点存在，但是无法求解出来，故称为隐零点问题。

设原函数为 $y=f(x)$，导函数为 $y=f'(x)$，若要分析原函数单调性，则需要先求解出导函数的零点，即 $f'(x)=0$ 的实根．若 $f'(x)=0$ 有实根但是无法解出，并且方程形式不太复杂，则为隐零点问题，处理方式如下．

由零点唯一定理确定零点存在　　一般情况下为超越方程．

首先，题目往往为不等式证明问题，将不等式证明转化为求函数的最值［例如：要证 $f(x)>0$，只需证 $f_{\min}>0$］；

即应用零点唯一定理的区间．

其次，对原函数求导后，根据导函数 $y=f'(x)$ 的零点唯一定理，证明零点存在并求出零点所在区间 D，设零点为 x_0，于是有 $f'(x_0)=0$，则极值（往往也是所求最值）为 $f(x_0)$；

最后，利用 $f'(x_0)=0$ 进行等量代换，使得 $f(x_0)$ 变为更简形式，又由 $x_0 \in D$，确定 $f(x_0)$ 范围，从而证明原不等式［例如：$f_{\min}=f(x_0) \in \left(\dfrac{1}{2},1\right)$，从而 $f(x)>0$ 得证］．

如果 $f(x_0)$ 的范围较大，则可能原不等式无法得证［例如：$f_{\min}=f(x_0) \in \left(-\dfrac{1}{2},\dfrac{3}{2}\right)$，则无法证明 $f(x)>0$］，此时可以考虑通过缩小 x_0 范围（缩小零点唯一定理的区间）以缩小 $f(x_0)$ 范围．

在利用 $f'(x_0)=0$ 进行等量代换，使得 $f(x_0)$ 变为更简形式的过程中，常见情况有反代消超越与反代消参两种．

1. 反代消超越

头哥说：所谓超越形式是指不同类型的基本初等函数合在一起的函数形式，例如：$f(x)=x+e^x$，$g(x)=\ln x+2\sin x$ 等．

若 $f'(x_0)$ 为超越形式，则 $f(x_0)$ 也为超越形式，于是可以通过等量代换，把 $f(x_0)$ 变为非超越的形式．例如：$f'(x_0)=e^{x_0}+x_0-2=0$，有 $e^{x_0}=2-x_0$，则 $f(x_0)=e^{x_0}+\dfrac{1}{2}x_0^2-2x_0=\dfrac{1}{2}x_0^2-3x_0+2$ 为非超越形式（二次函数形式）．

【例 1】已知函数 $f(x)=\ln x$，函数 $g(x)=e^x$．求证：$f(x)<g(x)-2$．

解析 由题得 $x \in (0,+\infty)$，令 $\varphi(x)=g(x)-f(x)-2$，只需证 $\varphi(x)>0$．

有 $\varphi(x)=e^x-\ln x-2$，$\varphi'(x)=e^x-\dfrac{1}{x}$，易知 $\varphi'(x)$ 在 $(0,+\infty)$ 上单增．

两个增函数相加仍为增函数，此处无须求导分析．

由 $\varphi'\left(\dfrac{1}{2}\right)=\sqrt{e}-2<0$，$\varphi'(1)=e-1>0$，可知 $\exists x_0 \in \left(\dfrac{1}{2},1\right)$，$\varphi'(x_0)=0$，

零点唯一定理．

又 $\varphi'(x)$ 在 $(0,+\infty)$ 上为增函数，

可得 $x \in (0,x_0)$ 时，$\varphi'(x)<0$，$\varphi(x)$ 单减；$x \in (x_0,+\infty)$ 时，$\varphi'(x)>0$，$\varphi(x)$ 单增．

所以 $\varphi_{\min}=\varphi(x_0)=e^{x_0}-\ln x_0-2$，

又 $\varphi'(x_0)=e^{x_0}-\dfrac{1}{x_0}=0$ 可得 $e^{x_0}=\dfrac{1}{x_0}$ 与 $\ln x_0=-x_0$，

反代消超越，变为对勾函数形式．

所以 $\varphi(x_0)=\dfrac{1}{x_0}+x_0-2 \geqslant 2\sqrt{\dfrac{1}{x_0} \cdot x_0}-2=0$．又 $x_0 \in \left(\dfrac{1}{2},1\right)$，可知等号取不到，

即 $\varphi(x_0)>0$，所以 $\varphi(x)\geqslant\varphi(x_0)>0$，即 $f(x)<g(x)-2$，证毕.

答案 见解析.

【**例 2**】已知函数 $f(x)=x^2-x-x\ln x$. 证明：$f(x)$ 存在唯一的极大值点 x_0，且 $e^{-2}<f(x_0)<2^{-2}$.

解析 由题得 $x\in(0,+\infty)$，$f'(x)=2x-1-(\ln x+1)=2x-\ln x-2$，易知 $f'(1)=0$.

设 $g(x)=f'(x)$，$g'(x)=2-\dfrac{1}{x}=\dfrac{2x-1}{x}$，$\longrightarrow$ *一阶导函数不单调，二次求导.*

易知 $x\in\left(0,\dfrac{1}{2}\right)$ 时，$g'(x)<0$，$f'(x)$ 单减；$x\in\left(\dfrac{1}{2},+\infty\right)$ 时，$g'(x)>0$，$f'(x)$ 单增.

① $x\in\left(\dfrac{1}{2},+\infty\right)$ 时，$f'(x)$ 单增，$f'(1)=0$，

于是有 $x\in\left(\dfrac{1}{2},1\right)$ 时，$f'(x)<0$，$f(x)$ 单减；$x\in(1,+\infty)$ 时，$f'(x)>0$，$f(x)$ 单增.

故 $x\in\left(\dfrac{1}{2},+\infty\right)$ 时有唯一极小值点 $x=1$.

② $x\in\left(0,\dfrac{1}{2}\right)$ 时，$f'(x)$ 单减，$f'\left(\dfrac{1}{2}\right)=\ln 2-1<0$，$f'\left(\dfrac{1}{e^2}\right)=\dfrac{2}{e^2}>0$，

所以必存在 $x_0\in\left(\dfrac{1}{e^2},\dfrac{1}{2}\right)$，使得 $f'(x_0)=0$，$\longrightarrow$ *零点唯一定理.*

于是 $x\in(0,x_0)$ 时，$f'(x)>0$，$f(x)$ 单增；$x\in(x_0,1)$ 时，$f'(x)<0$，$f(x)$ 单减.

所以 $f(x)$ 存在唯一的极大值点 x_0.

$f(x_0)=x_0^2-x_0-x_0\ln x_0$，又 $f'(x_0)=2x_0-\ln x_0-2=0$，得 $\ln x_0=2x_0-2$，

于是 $f(x_0)=-x_0^2+x_0$，$x_0\in\left(\dfrac{1}{e^2},\dfrac{1}{2}\right)$，$\longrightarrow$ *反代消超越，变为二次函数形式.*

所以 $f(x_0)<-\left(\dfrac{1}{2}\right)^2+\dfrac{1}{2}=\dfrac{1}{4}=2^{-2}$，$\longrightarrow$ *注意：此处不能写成 $f\left(\dfrac{1}{2}\right)$，因为 $f(\ )$ 指的是消超越之前的函数，只有 $f(x_0)$ 才能用消超越之后的形式.*

又 x_0 为极大值点，可知 $f(x_0)>f\left(\dfrac{1}{e}\right)=\dfrac{1}{e^2}=e^{-2}$.

故 $e^{-2}<f(x_0)<2^{-2}$，证毕.

答案 见解析.

【**例 3**】已知函数 $f(x)=(x-a)\ln x+\dfrac{1}{2}x$. 若 $\dfrac{1}{2e}<a<2\sqrt{e}$，求证：$f(x)>0$.

解析 $f'(x)=\ln x+\dfrac{x-a}{x}+\dfrac{1}{2}=\ln x-\dfrac{a}{x}+\dfrac{3}{2}$，$x\in(0,+\infty)$.

由 $\dfrac{1}{2e}<a<2\sqrt{e}$，易知 $f'(x)$ 在 $(0,+\infty)$ 单增，

$f'\left(\dfrac{a}{2}\right)=\ln\dfrac{a}{2}-\dfrac{1}{2}<\ln\dfrac{2\sqrt{e}}{2}-\dfrac{1}{2}=0$，$f'(2a)=\ln 2a+1>\ln\dfrac{2}{2e}+1=0$，

所以 $f'(x)$ 在 $(0,+\infty)$ 存在唯一零点 $x_0\in\left(\dfrac{a}{2},2a\right)$. $\longrightarrow$ *零点唯一定理.*

当 $x\in(0,x_0)$ 时，$f'(x)<0$，$f(x)$ 单减；当 $x\in(x_0,+\infty)$ 时，$f'(x)>0$，$f(x)$ 单增.

所以 $f_{\min}=f(x_0)=(x_0-a)\ln x_0+\dfrac{1}{2}x_0$，又 $f'(x_0)=\ln x_0-\dfrac{a}{x_0}+\dfrac{3}{2}=0$，得 $\ln x_0=\dfrac{a}{x_0}-\dfrac{3}{2}$，

可得 $f_{\min}=\dfrac{5}{2}a-x_0-\dfrac{a^2}{x_0}=-\dfrac{1}{x_0}(x_0-\dfrac{a}{2})(x_0-2a)$，$x_0\in\left(\dfrac{a}{2},2a\right)$， $\longrightarrow$ 反代消超越.

所以 $f_{\min}>0$，于是 $f(x)>0$，证毕.

答案 见解析.

【例 4】 已知函数 $f(x)=\mathrm{e}^{x-1}-a\ln x$. 若 $0\leqslant a\leqslant \mathrm{e}$，求证：$f(x)$ 无零点.

$\longrightarrow$ 即证 $f(x)>0$ 或 $f(x)<0$，看似零点问题，实际为不等式证明问题.

解析 由题得 $f'(x)=\mathrm{e}^{x-1}-\dfrac{a}{x}=\dfrac{x\mathrm{e}^{x-1}-a}{x}$，$x\in(0,+\infty)$.

设 $g(x)=x\mathrm{e}^{x-1}-a$，易知 $g(x)$ 在 $(0,+\infty)$ 单增.

① 当 $a=0$ 时，$f(x)=\mathrm{e}^{x-1}$，无零点；

② 当 $0<a\leqslant \mathrm{e}$ 时，$g(0)=-a<0$，$g(\mathrm{e})=\mathrm{e}^{\mathrm{e}}-a>0$，

所以 $g(x)$ 在 $(0,+\infty)$ 存在唯一零点 $x_0\in(0,\mathrm{e})$. $\longrightarrow$ 零点唯一定理.

当 $x\in(0,x_0)$ 时，$g(x)<0$，$f'(x)<0$，$f(x)$ 单减；

当 $x\in(x_0,+\infty)$ 时，$g(x)>0$，$f'(x)>0$，$f(x)$ 单增.

所以 $f_{\min}=f(x_0)=\mathrm{e}^{x_0-1}-a\ln x_0$，又 $g(x_0)=x_0\mathrm{e}^{x_0-1}-a=0$，得 $\mathrm{e}^{x_0-1}=\dfrac{a}{x_0}$，$\ln x_0=\ln a-x_0+1$，

于是 $f_{\min}=a\left(x_0+\dfrac{1}{x_0}-\ln a-1\right)$，$x_0\in(0,\mathrm{e})$. $\longrightarrow$ 反代消超越.

$x_0=1$，$a=1$ 时，$f_{\min}=1>0$；

$x_0\neq1$ 时，$f_{\min}>a\left(2\sqrt{x_0\cdot\dfrac{1}{x_0}}-\ln a-1\right)=a(1-\ln a)\geqslant0$.

所以 $f(x)>0$，$f(x)$ 无零点.

综上，$f(x)$ 无零点，证毕.

答案 见解析.

2. 反代消参

当原函数含参时，若反代消超越后的含参情况无法处理，可考虑反代消参，即 $f'(x_0,a)=0$，可进行参变分离，将 $f(x_0,a)$ 中的参数代换消去，使之不含参. 例如：$f'(x_0)=\mathrm{e}^{x_0}-a=0$，有 $a=\mathrm{e}^{x_0}$，则 $f(x_0)=\mathrm{e}^{x_0}-ax_0=(1-x_0)\mathrm{e}^{x_0}$ 消去了参数.

【例 5】 已知函数 $f(x)=\mathrm{e}^{x+a}-\ln x$. 求证：当 $a>1-\dfrac{1}{\mathrm{e}}$ 时，$f(x)>\mathrm{e}+1$.

解析 由题得 $x\in(0,+\infty)$，$f'(x)=\mathrm{e}^{x+a}-\dfrac{1}{x}$，易知 $f'(x)$ 在 $(0,+\infty)$ 单增，

$f'(\mathrm{e}^{-1})=\mathrm{e}^{\frac{1}{\mathrm{e}}+a}-\mathrm{e}>\mathrm{e}-\mathrm{e}=0$，$f'(\mathrm{e}^{-a-1})=\mathrm{e}^{\mathrm{e}^{-a-1}+a}-\mathrm{e}^{a+1}<\mathrm{e}^{1+a}-\mathrm{e}^{a+1}=0$，

所以 $f'(x)$ 在 $(0,+\infty)$ 存在唯一零点 $x_0\in(\mathrm{e}^{-a-1},\mathrm{e}^{-1})$. $\longrightarrow$ 零点唯一定理.

当 $x \in (0, x_0)$ 时，$f'(x) < 0$，$f(x)$ 单减；当 $x \in (x_0, +\infty)$ 时，$f'(x) > 0$，$f(x)$ 单增.

所以 $f_{\min} = f(x_0) = e^{x_0 + a} - \ln x_0$.

又 $f'(x_0) = e^{x_0 + a} - \dfrac{1}{x_0} = 0$，得 $e^{x_0 + a} = \dfrac{1}{x_0}$.

于是 $f_{\min} = \dfrac{1}{x_0} - \ln x_0, x_0 \in (e^{-a-1}, e^{-1})$. —→ 反代消参

所以 $f_{\min} > \dfrac{1}{e^{-1}} - \ln e^{-1} = e + 1$，即 $f(x) > e + 1$，证毕. ——单减.

答案 见解析.

【例 6】已知函数 $f(x) = \dfrac{\ln x}{x} - ax$. 若 $1 < a < 2$，求证：$f(x) < -1$.

解析 要证 $f(x) < -1$，只需证 $\ln x - ax^2 + x < 0, x \in (0, +\infty)$.

令 $g(x) = \ln x - ax^2 + x, g'(x) = \dfrac{1}{x} - 2ax + 1 = \dfrac{-2ax^2 + x + 1}{x}$，

设 $-2ax^2 + x + 1 = 0$ 的两根为 x_1, x_2，不妨设 $x_1 < x_2$.

由 $x_1 x_2 = -\dfrac{1}{2a} < 0$，可知 $x_1 < 0 < x_2$，

所以 $g'(x)$ 在 $(0, +\infty)$ 存在唯一零点 x_2. —→ 利用二次函数分析零点

$x_2 = \dfrac{1 + \sqrt{1 + 8a}}{4a}$，令 $t = \sqrt{1 + 8a}$，由 $1 < a < 2$，知 $t \in (3, \sqrt{17})$，所以 $x_2 = \dfrac{2}{t - 1} \in \left(\dfrac{2}{\sqrt{17} - 1}, 1 \right)$.

当 $x \in (0, x_2)$ 时，$g'(x) > 0$，$g(x)$ 单增；当 $x \in (x_2, +\infty)$ 时，$g'(x) < 0$，$g(x)$ 单减.

所以 $g_{\max} = g(x_2) = \ln x_2 - a x_2^2 + x_2$. 又 $-2a x_2^2 + x_2 + 1 = 0$，得 $a x_2^2 = \dfrac{x_2 + 1}{2}$，

于是 $g_{\max} = \ln x_2 + \dfrac{1}{2} x_2 - \dfrac{1}{2}, x_2 \in \left(\dfrac{2}{\sqrt{17} - 1}, 1 \right)$，—→ 反代消参

所以 $g_{\max} < \ln 1 + \dfrac{1}{2} \times 1 - \dfrac{1}{2} = 0$，于是 $g(x) < 0$，即 $f(x) < -1$，证毕. ——单增.

答案 见解析.

高考链接

【高 1】(2022 新高考一 22, 12 分) 已知函数 $f(x) = e^x - ax$ 和 $g(x) = ax - \ln x$ 有相同的最小值.

(1) 求 a；

(2) 证明：存在直线 $y = b$，其与两条曲线 $y = f(x)$ 和 $y = g(x)$ 共有三个不同的交点，并且从左到右的三个交点的横坐标成等差数列.

专题 4　极值点偏移问题

> 尖哥说：与极值点不偏相对（二次函数的极值点不偏，两侧对称）。

若函数图像出现如下各图所示的形式,则称为极值点偏移,极值点偏向左侧或右侧.

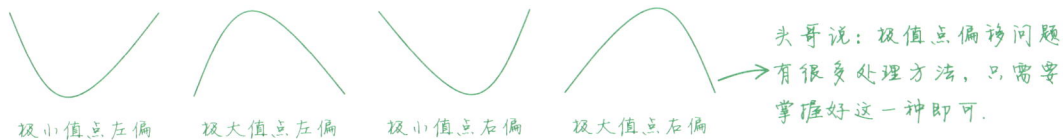

极小值点左偏　　　极大值点左偏　　　极小值点右偏　　　极大值点右偏

> 尖哥说：极值点偏移问题有很多处理方法,只需要掌握好这一种即可.

设原函数为 $y=f(x)$,$\exists x_1,x_2\in D$,满足 $f(x_1)=f(x_2)$(x_1,x_2 为等高点),存在极值点为 x_0,若满足 $x_0<\dfrac{x_1+x_2}{2}$,则极值点左偏,若满足 $x_0>\dfrac{x_1+x_2}{2}$,则极值点右偏(左偏、右偏是指相对于两个等高点的中点位置而言).

极值点偏移问题往往需要证明不等式 $x_0<\dfrac{x_1+x_2}{2}$(或 $x_0>\dfrac{x_1+x_2}{2}$),该不等式形式太过简单,没有继续化"简"的余地,因此需要先化"繁".

> 定序,当出现 x_1,x_2 时经常用到.

首先,因为 x_1,x_2 等高,可知二者必分立极值点两侧,不妨令 $x_1<x_0<x_2$,则有 $2x_0-x_1>x_0$,$x_2>x_0$,即 $2x_0-x_1$ 与 x_2 在同一个单调区间.

其次,若证 $x_0<\dfrac{x_1+x_2}{2}$,即证 $2x_0-x_1<x_2$,即证 $f(2x_0-x_1)<f(x_2)$(原函数在 $x>x_0$ 时单增)或 $f(2x_0-x_1)>f(x_2)$(原函数在 $x>x_0$ 时单减),又 $f(x_1)=f(x_2)$,所以只需证 $f(2x_0-x_1)<f(x_1)$ 或 $f(2x_0-x_1)>f(x_1)$.

最后,构造函数 $g(x)=f(2x_0-x)-f(x)$($x<x_0$),只需证明 $g(x)<0$ 或 $g(x)>0$ 即可.注意要对 $y=g(x)$ 进行边界分析,因为必有 $g(x_0)=0$.

极值点偏移问题除了加法型表述($x_0<\dfrac{x_1+x_2}{2}$ 或 $x_0>\dfrac{x_1+x_2}{2}$)之外,还有导数型表述,对于极小值点左偏与极大值点右偏,表述为 $f'\left(\dfrac{x_1+x_2}{2}\right)>0$,对于极小值点右偏与极大值点左

> 两个等高点的中点位置切线斜率为正.

偏,表述为 $f'\left(\dfrac{x_1+x_2}{2}\right)<0$.对于导数型表述,依然证明 $x_0<\dfrac{x_1+x_2}{2}$ 或 $x_0>\dfrac{x_1+x_2}{2}$,从而确定

> 两个等高点的中点位置切线斜率为负.

$\dfrac{x_1+x_2}{2}$ 在极值点的右侧或左侧,进而确定原函数在 $\dfrac{x_1+x_2}{2}$ 所在区间单增或单减,于是可得 $f'\left(\dfrac{x_1+x_2}{2}\right)$ 的正负.

除此之外,还有一些极值点偏移问题的变形,例如:证明 $x_1x_2>x_0^2$,$x_1x_2<x_0^2$ 等,处理方法与极值点偏移问题相同,不再赘述.

注意等高点与零点的区别.若仅给出 x_1,x_2 为等高点,即 $f(x_1)=f(x_2)$,则直接进行极值点偏移分析即可;若给出 x_1,x_2 为零点,即 $f(x_1)=f(x_2)=0$,则可考虑对 $f(x)=0$ 进行变形,尤其是 $y=f(x,a)$ 含参的情况,通过变形可以实现参变分离 $h(x)=w(a)$,于是有 $h(x_1)=h(x_2)$,则对 $y=h(x)$ 进行极值点偏移分析,将含参函数转化为了不含参函数.

1. 标准偏移问题

加法型表述 $\left(x_0<\dfrac{x_1+x_2}{2}\text{ 或 }x_0>\dfrac{x_1+x_2}{2}\right)$ 与导数型表述 $\left[f'\left(\dfrac{x_1+x_2}{2}\right)>0\text{ 或 }f'\left(\dfrac{x_1+x_2}{2}\right)<0\right]$ 称为标准偏移问题,因为这两种表述是严格符合极值点偏移的图像意义的,具体处理方式在上文已详细介绍了.

【例1】 已知函数 $f(x)=\dfrac{2}{x}+\ln x$,若 $x_1\ne x_2$,且 $f(x_1)=f(x_2)$.求证:$x_1+x_2>4$.

解析 由题得 $x\in(0,+\infty)$,$f'(x)=-\dfrac{2}{x^2}+\dfrac{1}{x}=\dfrac{x-2}{x^2}$.

当 $x\in(0,2)$ 时,$f'(x)<0$,$f(x)$ 单减;当 $x\in(2,+\infty)$ 时,$f'(x)>0$,$f(x)$ 单增.

令 $x_1<x_2$,则 $0<x_1<2<x_2$,要证 $x_1+x_2>4$,即证 $x_2>4-x_1$.

又 $4-x_1>2$,即证 $f(x_2)>f(4-x_1)$,即证 $f(x_1)>f(4-x_1)$. *此处不要写成 $x_1>4-x_2$,因为无法保证 $4-x_2>0$,从而无法保证 $f(4-x_2)$ 有意义.*

设 $g(x)=f(x)-f(4-x)=\dfrac{2}{x}+\ln x-\left[\dfrac{2}{4-x}+\ln(4-x)\right]$ $[x\in(0,2)]$,易知 $g(2)=0$, *边界分析.*

则 $g'(x)=-\dfrac{2}{x^2}+\dfrac{1}{x}-\dfrac{2}{(4-x)^2}+\dfrac{1}{4-x}=-\dfrac{8(2-x)^2}{x^2(4-x)^2}<0$,故 $g(x)$ 单减.

所以 $g(x)>g(2)=0$,于是 $f(x_1)>f(4-x_1)$,即 $x_1+x_2>4$,证毕.

答案 见解析.

【例2】 已知函数 $f(x)=e^x-ax(a>e)$ 有两个不同的零点 x_1,x_2,其极值点为 x_0.求证:(1)$x_1+x_2<2x_0$;(2)$x_1+x_2>2$.

解析 (1)由题得 $f'(x)=e^x-a$,$x\in\mathbf{R}$,$f(x_1)=f(x_2)=0$,易知 $x_0=\ln a$.

当 $x\in(-\infty,\ln a)$ 时,$f'(x)<0$,$f(x)$ 单减;当 $x\in(\ln a,+\infty)$ 时,$f'(x)>0$,$f(x)$ 单增.

不妨设 $x_1<x_2$,易知 $x_1<\ln a<x_2$,要证 $x_1+x_2<2x_0$,即证 $x_2<2\ln a-x_1$.

又 $2\ln a-x_1>\ln a$,即证 $f(x_2)<f(2\ln a-x_1)$,即证 $f(x_1)<f(2\ln a-x_1)$.

设 $g(x)=f(x)-f(2\ln a-x)=e^x-ax-\left[e^{2\ln a-x}-a(2\ln a-x)\right]$ $[x\in(-\infty,\ln a)]$,$g(\ln a)=0$, *边界分析.*

则 $g'(x)=e^x+e^{2\ln a-x}-2a\geqslant 2\sqrt{e^x\cdot e^{2\ln a-x}}-2a=0$,$g(x)$ 单增.

所以 $g(x)<g(\ln a)=0$,于是 $f(x_1)<f(2\ln a-x_1)$,即 $x_1+x_2<2x_0$,证毕.

(2)设 $f(x)=0$,可得 $\dfrac{1}{a}=\dfrac{x}{e^x}$, *原题为两个零点的情况,并且含参,且 $x=1$ 明显不是原函数极值点,因此可以考虑函数转化.之所以左侧为 $\dfrac{1}{a}$,由于这样转化右侧函数求导分析更容易,且右侧函数极值点恰好为1.*

设 $h(x)=\dfrac{x}{e^x}$,则 $h(x_1)=h(x_2)$,$h'(x)=\dfrac{1-x}{e^x}$.

当 $x\in(-\infty,1)$ 时,$h'(x)>0$,$h(x)$ 单增;当 $x\in(1,+\infty)$ 时,$h'(x)<0$,$h(x)$ 单减.

不妨设 $x_1<x_2$,易知 $x_1<1<x_2$,要证 $x_1+x_2>2$,即证 $x_2>2-x_1$.

又 $2-x_1>1$,即证 $h(x_2)<h(2-x_1)$,即证 $h(x_1)<h(2-x_1)$.

设 $w(x)=h(x)-h(2-x)=\dfrac{x}{e^x}-\dfrac{2-x}{e^{2-x}}$ $[x\in(-\infty,1)]$,$w(1)=0$, *边界分析.*

则 $w'(x)=(1-x)\left(\dfrac{1}{e^x}-\dfrac{1}{e^{2-x}}\right)>0$，$w(x)$ 单增.

所以 $w(x)<w(1)=0$，于是 $h(x_1)<h(2-x_1)$，即 $x_1+x_2>2$，证毕.

答案 见解析.

【例 3】 已知函数 $f(x)=\dfrac{1}{2}x^2+(1-a)x-a\ln x(a>0)$ 有两个零点 x_1,x_2. 求证：

$f'\left(\dfrac{x_1+x_2}{2}\right)>0$. → 原题为导数型表述，首先证明加法型表述，即 $x_1+x_2>2x_0$ 或 $x_1+x_2<2x_0$.

解析 由题得 $x\in(0,+\infty)$，$f'(x)=x+(1-a)-\dfrac{a}{x}=\dfrac{(x+1)(x-a)}{x}$，

当 $x\in(0,a)$ 时，$f'(x)<0$，$f(x)$ 单减；当 $x\in(a,+\infty)$ 时，$f'(x)>0$，$f(x)$ 单增.

不妨令 $x_1<x_2$，易知 $0<x_1<a<x_2$，要证 $x_1+x_2>2a$，即证 $x_2>2a-x_1$.

又 $2a-x_1>a$，即证 $f(x_2)>f(2a-x_1)$，即证 $f(x_1)>f(2a-x_1)$. → 自己写的时候，这些不等号可先空着，最后再补上.

设 $g(x)=f(x)-f(2a-x)=2x-2a+a\ln(2a-x)-a\ln x[x\in(0,a)]$，$g(a)=0$，

则 $g'(x)=2-\dfrac{a}{2a-x}-\dfrac{a}{x}=2-\dfrac{2a^2}{x(2a-x)}<2-\dfrac{2a^2}{\left(\dfrac{x+(2a-x)}{2}\right)^2}=0$，$g(x)$ 单减.

所以 $g(x)>g(a)=0$，于是 $f(x_1)>f(2a-x_1)$，即 $x_1+x_2>2a$，

所以 $\dfrac{x_1+x_2}{2}>a$. 又 $f(x)$ 在 $(a,+\infty)$ 单增，故 $f'\left(\dfrac{x_1+x_2}{2}\right)>0$，证毕.

答案 见解析.

2. 变形偏移问题 → 头导说：具体做题时，无须对函数图像的偏移形式进行详细分析.

非标准偏移问题，却又在形式上与标准偏移问题相近的，我们称之为变形偏移问题. 对于变形偏移问题，原函数图像不一定严格符合极值点偏移的图像意义. 变形偏移问题的处理方式与标准偏移问题类似.

【例 4】 已知函数 $f(x)=\ln x-ax$ 有两个零点 x_1,x_2. 求证：$x_1x_2>e^2$.

解析 由题得 $x\in(0,+\infty)$，$f(x)=\ln x-ax=0$，可得 $a=\dfrac{\ln x}{x}$. → 原题为两个零点的情况，并且含参，可以考虑函数转化.

设 $h(x)=\dfrac{\ln x}{x}$，则 $h(x_1)=h(x_2)$，$h'(x)=\dfrac{1-\ln x}{x^2}$.

当 $x\in(0,e)$ 时，$h'(x)>0$，$h(x)$ 单增；当 $x\in(e,+\infty)$ 时，$h'(x)<0$，$h(x)$ 单减.

不妨令 $x_1<x_2$，易知 $0<x_1<e<x_2$，要证 $x_1x_2>e^2$，即证 $x_2>\dfrac{e^2}{x_1}$.

又 $\dfrac{e^2}{x_1}>e$，即证 $h(x_2)<h\left(\dfrac{e^2}{x_1}\right)$，即证 $h(x_1)<h\left(\dfrac{e^2}{x_1}\right)$.

设 $g(x)=h(x)-h\left(\dfrac{e^2}{x}\right)=\dfrac{\ln x}{x}-\dfrac{x\ln\dfrac{e^2}{x}}{e^2}[x\in(0,e)]$，$g(e)=0$，→ 边界分析.

则 $g'(x)=(1-\ln x)\left(\dfrac{1}{x^2}-\dfrac{1}{e^2}\right)>0$，$g(x)$ 单增.

所以 $g(x)<g(\mathrm{e})=0$，于是 $h(x_1)<h\left(\dfrac{\mathrm{e}^2}{x_1}\right)$，即 $x_1x_2>\mathrm{e}^2$，证毕.

答案 见解析.

【例5】 已知函数 $f(x)=\ln x-x$，方程 $f(x)=m(m<-2)$ 有两个相异实根 x_1,x_2，且 $x_1<x_2$．求证：$x_1x_2^2<2$．

解析 由题得 $x\in(0,+\infty)$，$f'(x)=\dfrac{1}{x}-1=\dfrac{1-x}{x}$． ——→ 原题已经为我们做好了参变分离.

当 $x\in(0,1)$ 时，$f'(x)>0$，$f(x)$ 单增；当 $x\in(1,+\infty)$ 时，$f'(x)<0$，$f(x)$ 单减.

——→ 进一步确定 x_2 范围，为了保证 $\dfrac{2}{x_2^2}$ 与 x_1 在同一单调区间．

所以 $0<x_1<1<x_2$，又 $f(2)=\ln 2-2>-2>m$，所以可得 $x_2>2$．

要证 $x_1x_2^2<2$，即证 $x_1<\dfrac{2}{x_2^2}$．又 $0<\dfrac{2}{x_2^2}<1$，即证 $f(x_1)<f\left(\dfrac{2}{x_2^2}\right)$，即证 $f(x_2)<f\left(\dfrac{2}{x_2^2}\right)$．

设 $g(x)=f(x)-f\left(\dfrac{2}{x^2}\right)=3\ln x-x+\dfrac{2}{x^2}-\ln 2[x\in(2,+\infty)]$，$g(2)<0$， ——→ 边界分析.

则 $g'(x)=\dfrac{3}{x}-1-\dfrac{4}{x^3}=\dfrac{-(x+1)(x-2)^2}{x^3}<0$，$g(x)$ 单减.

所以 $g(x)<g(2)<0$，于是 $f(x_2)<f\left(\dfrac{2}{x_2^2}\right)$，即 $x_1x_2^2<2$，证毕.

答案 见解析.

高考链接

【高1】（2021 新高考一 22，12 分）已知函数 $f(x)=x(1-\ln x)$．

(1)讨论 $f(x)$ 的单调性；

(2)设 a,b 为两个不相等的正数，且 $b\ln a-a\ln b=a-b$，证明：$2<\dfrac{1}{a}+\dfrac{1}{b}<\mathrm{e}$．

【高2】（2022 全国甲理 21，12 分）已知函数 $f(x)=\dfrac{\mathrm{e}^x}{x}-\ln x+x-a$．

(1)若 $f(x)\geqslant 0$，求 a 的取值范围；

(2)证明：若 $f(x)$ 有两个零点 x_1,x_2，则 $x_1x_2<1$．

专题 5 切线放缩问题

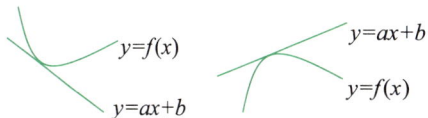

头导说：放缩是不等式问题中一个非常非常重要的概念.

放缩：把一个表达式的一部分变大或变小，导致整个表达式变大或变小的过程叫作放缩.

例如：$x>1$ 时，$\dfrac{1}{1+x}<\dfrac{1}{2}$（$x$ 换成 1 变小了，整体变大了）.

切线放缩：当函数 $y=f(x)$ 图像在其某条切线 $y=ax+b$ 的上方（或下方）时，可以把函数放缩为该条切线，即 $f(x)\geqslant ax+b$[或 $f(x)\leqslant ax+b$].

常用三大放缩：①对数放缩：$1-\dfrac{1}{x}\leqslant\ln x\leqslant x-1$（当且仅当 $x=1$ 时取等号）；②指数放缩：$e^x\geqslant x+1$（当且仅当 $x=0$ 时取等号）；③三角放缩：$\sin x\leqslant x\leqslant\tan x\left(0\leqslant x<\dfrac{\pi}{2}\right)$（当且仅当 $x=0$ 时取等号）.

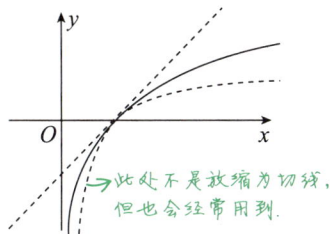

此处不是放缩为切线，但也会经常用到.

对数放缩

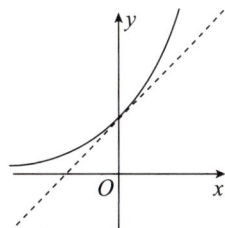

指数放缩

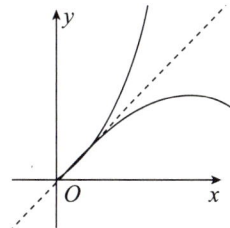

三角放缩

对于不等式证明问题，例如：要证 $f(x)>0$，若函数 $y=f(x)$ 太过复杂，直接求导后不易处理，则可考虑先将 $y=f(x)$ 进行放缩，$f(x)\geqslant g(x)$，只需证明 $g(x)>0$，则原不等式得证，而函数 $y=g(x)$ 相对简单，可以直接求导进行处理. 对 $y=f(x)$ 进行放缩的过程，往往都是切线放缩，将 $y=f(x)$ 一部分放缩为切线.

头导说：对数放缩可以把对数函数变成多项式，指数放缩可以把指数函数变成多项式，三角放缩可以把正弦函数与正切函数变成多项式，各放缩都是围绕着如何处理函数的"超越性"展开的.

1. 常用放缩

当所证不等式较复杂，且其中含有对数函数、指数函数、正弦函数、正切函数时，可以考虑常用放缩，但是使用之前必须要先对其证明. → 放缩时要注意：放缩方向与所证不等式中不等号方向要保持一致.

【例1】已知函数 $f(x)=\dfrac{\ln x+1}{e^x}$. 设 $g(x)=(x^2+x)f'(x)$，其中 $f'(x)$ 为 $f(x)$ 的导函数.

证明：对 $\forall x>0,g(x)<1+e^{-2}$.

解析 由题得 $f'(x)=\dfrac{\dfrac{1}{x}-\ln x-1}{e^x},x\in(0,+\infty)$.

要证 $(x^2+x)\dfrac{\left(\dfrac{1}{x}-\ln x-1\right)}{e^x}<1+e^{-2}$，即证 $1-x\ln x-x<\dfrac{e^x}{x+1}(1+e^{-2})$.

$x\in(0,+\infty)$ 时，设 $h(x)=e^x-x-1,h'(x)=e^x-1>0,h(x)$ 单增，

所以 $h(x) > h(0) = 0$，有 $e^x > x+1$，有 $\dfrac{e^x}{x+1} > 1$，有 $1 + e^{-2} < \dfrac{e^x}{x+1}(1 + e^{-2})$，

↓ 指数放缩.   ↓ 注意放缩方向要与原不等式方向一致.

所以证原不等式，只需证 $1 - x\ln x - x < 1 + e^{-2}$.

设 $w(x) = 1 - x\ln x - x$，$w'(x) = -1 - \ln x - 1 = -\ln x - 2$.

当 $x \in (0, e^{-2})$ 时，$w'(x) > 0$，$w(x)$ 单增；当 $x \in (e^{-2}, +\infty)$ 时，$w'(x) < 0$，$w(x)$ 单减.

所以 $w(x) \leqslant w(e^{-2}) = 1 + e^{-2}$，即 $1 - x\ln x - x < 1 + e^{-2}$.

所以 $g(x) < 1 + e^{-2}$，证毕.

答案 见解析.

【例 2】 证明：$4\sin x + 2x\ln x - 3x^2 - 1 < 0$.

解析 由题得 $x \in (0, +\infty)$，所证不等式等价于 $3x - 2\ln x + \dfrac{1}{x} > 4 \cdot \dfrac{\sin x}{x}$.

设 $f(x) = x - \sin x$，$f'(x) = 1 - \cos x \geqslant 0$，$f(x)$ 单增.

所以 $f(x) > f(0) = 0$，有 $x > \sin x$，有 $4 \cdot \dfrac{\sin x}{x} < 4$. ⟶ 三角放缩.

所以证原不等式，只需证 $3x - 2\ln x + \dfrac{1}{x} \geqslant 4$.

⟶ 此处可加上等号.

设 $g(x) = 3x - 2\ln x + \dfrac{1}{x}$，$g'(x) = 3 - \dfrac{2}{x} - \dfrac{1}{x^2} = \dfrac{(3x+1)(x-1)}{x^2}$，

当 $x \in (0, 1)$ 时，$g'(x) < 0$，$g(x)$ 单减；当 $x \in (1, +\infty)$ 时，$g'(x) > 0$，$g(x)$ 单增.

所以 $g(x) \geqslant g(1) = 4$，即 $3x - 2\ln x + \dfrac{1}{x} \geqslant 4$.

所以原不等式得证.

答案 见解析.

2. 常数放缩 ⟶ 放缩为常数也属于切线放缩（切线斜率为 0）.

设所证不等式为 $f(x) > 0$，当 $f(x)$ 较复杂时，可拆分为二，即证 $g(x) > h(x)$，可将 $g(x)$ 放缩为常数 [放缩 $h(x)$ 亦可，道理相同]，即 $g(x) \geqslant C$，故只需证 $h(x) < C$ 即可. 此种情况称为常数放缩. ⟶ 放缩时要注意：放缩方向与所证不等式中不等号方向要保持一致.

【例 3】 已知 $f(x) = e^x - a\ln x - a$，其中常数 $a > 0$.

(1) 当 $a = e$ 时，求函数 $f(x)$ 的极值；

(2) 求证：$e^{2x-2} - e^{x-1}\ln x - x \geqslant 0$.

解析 (1) 当 $a = e$ 时，$f(x) = e^x - e\ln x - e$，$x \in (0, +\infty)$，

$f'(x) = e^x - \dfrac{e}{x}$，易知 $f'(1) = 0$，且 $f'(x)$ 单增. ⟶ 导函数为超越形式，无法解零点，但可试出来.

当 $x \in (0, 1)$ 时，$f'(x) < 0$，$f(x)$ 单减；当 $x \in (1, +\infty)$ 时，$f'(x) > 0$，$f(x)$ 单增.

所以 $f(x)$ 的极小值为 $f(1) = 0$，无极大值.

(2)所证不等式等价于 $e^x-e\ln x\geqslant\dfrac{x}{e^{x-2}}$.

由(1)题得 $e^x-e\ln x-e\geqslant0$,即 $e^x-e\ln x\geqslant e$. → *常数放缩,该放缩由（1）题提示.*

若证原式,只需证 $\dfrac{x}{e^{x-2}}\leqslant e$,设 $g(x)=\dfrac{x}{e^{x-2}}=xe^{2-x}$,$x\in(0,+\infty)$,

$g'(x)=e^{2-x}-xe^{2-x}=(1-x)e^{2-x}$.

当 $x\in(0,1)$ 时,$g'(x)>0$,$g(x)$ 单增;当 $x\in(1,+\infty)$ 时,$g'(x)<0$,$g(x)$ 单减.

所以 $g(x)\leqslant g(1)=e$,即 $\dfrac{x}{e^{x-2}}\leqslant e$,

所以原不等式得证.

答案(1)极小值为 0,无极大值;(2)见解析.

【例 4】求证:$\forall x\in(0,+\infty)$,$\ln x+1>\dfrac{1}{e^x}-\dfrac{2}{ex}$.

解析所证不等式等价于 $x\ln x+x>\dfrac{x}{e^x}-\dfrac{2}{e}$. → *此处之所以不等式两侧同时乘 x,因为 $y=\ln x+1$ 无最小值,无法进行常数放缩.*

设 $f(x)=x\ln x+x$,$f'(x)=\ln x+2$.

当 $x\in\left(0,\dfrac{1}{e^2}\right)$ 时,$f'(x)<0$,$f(x)$ 单减;当 $x\in\left(\dfrac{1}{e^2},+\infty\right)$ 时,$f'(x)>0$,$f(x)$ 单增.

所以 $f(x)\geqslant f\left(\dfrac{1}{e^2}\right)=-\dfrac{1}{e^2}$, → *常数放缩.* 于是要证原不等式,只需证 $\dfrac{x}{e^x}-\dfrac{2}{e}<-\dfrac{1}{e^2}$.

设 $g(x)=\dfrac{x}{e^x}-\dfrac{2}{e}$,$g'(x)=\dfrac{1-x}{e^x}$.

当 $x\in(0,1)$ 时,$g'(x)>0$,$g(x)$ 单增;当 $x\in(1,+\infty)$ 时,$g'(x)<0$,$g(x)$ 单减.

所以 $g(x)\leqslant g(1)=-\dfrac{1}{e}<-\dfrac{1}{e^2}$,即 $\dfrac{x}{e^x}-\dfrac{2}{e}<-\dfrac{1}{e^2}$.

所以原不等式得证.

答案见解析.

高考链接

【高 1】(2022 全国甲理 12,5 分)已知 $a=\dfrac{31}{32}$,$b=\cos\dfrac{1}{4}$,$c=4\sin\dfrac{1}{4}$,则 (   )

A. $c>b>a$ B. $b>a>c$ C. $a>b>c$ D. $a>c>b$

【高 2】(2022 新高考一 7,5 分)设 $a=0.1e^{0.1}$,$b=\dfrac{1}{9}$,$c=-\ln0.9$,则 (   )

A. $a<b<c$ B. $c<b<a$ C. $c<a<b$ D. $a<c<b$

【高 3】(2021 全国乙理 12,5 分)设 $a=2\ln1.01$,$b=\ln1.02$,$c=\sqrt{1.04}-1$,则 (   )

A. $a<b<c$ B. $b<c<a$ C. $b<a<c$ D. $c<a<b$

专题 6　求和不等式问题

头哥说：求和不等式证明是导数放缩与数列求和问题的结合.

求和不等式证明的基本思想,是把一个不可求和的数列,放缩成一个可求和的数列.例如:

要证 $\sum\limits_{i=1}^{n} a_i < C$,数列 $\{a_n\}$ 无法求和,则可以对 a_i 进行放缩(和前放缩),$a_i \leqslant b_i$(数列 $\{b_n\}$ 可求

和),有 $\sum\limits_{i=1}^{n} a_i \leqslant \sum\limits_{i=1}^{n} b_i$,则只需证明 $\sum\limits_{i=1}^{n} b_i < C$ 即可.对数列 $\{b_n\}$ 求和 $\sum\limits_{i=1}^{n} b_i = S_n$,实际只需证明

$S_n < C$(和后放缩)即可. —— 求和之后的放缩.

> 求和之前的放缩
> 注意放缩方向要与原不等式方向一致.

头哥说：此处仅是举例说明,关于放缩过程带不带等号,要结合具体问题分析.若原不等式带等号,则放缩过程都可带等号;若原不等式不带等号,则和前、和后放缩至少一个不带等号.

导数在上述过程中的应用主要是"和前放缩",即得到 $a_i \leqslant b_i$.往往需要构造函数 $y = f(x)$,通过证明 $f(x) \leqslant 0$[或 $f(x) \geqslant 0$],然后给 x 赋值为关于 i 的某个表达式,得到 $g(i) \leqslant 0$ [或 $g(i) \geqslant 0$],整理后得到 $a_i \leqslant b_i$.在实际题目中,最常见的 $\{b_n\}$ 为等比数列或可裂项的数列 $\left[$例如: $b_n = \dfrac{1}{n(n+1)}\right]$,于是"和前放缩"的大概方向就清晰了.

1.和前放缩

头哥说：求和不等式证明先看非求和侧是常数还是关于 n 的表达式,如果是表达式,就偷着乐吧.

若所证不等式右侧为关于 n 的表达式(例如: $\sum\limits_{i=1}^{n} a_i < T_n$),则往往只有和前放缩,没有和后放缩,即 T_n 就是 $\{b_n\}$ 的前 n 项和 $\sum\limits_{i=1}^{n} b_i = S_n = T_n$,此种情况下,可以利用 $b_i = S_i - S_{i-1}$ 求出 b_i 的表达式,于是和前放缩的目标不等式就明确了.

【例 1】证明:对于任意的正整数 n,不等式 $2 + \dfrac{3}{4} + \dfrac{4}{9} + \cdots + \dfrac{n+1}{n^2} > \ln(n+1)$ 都成立.

解析设 $f(x) = \ln(x+1) - x^2 - x, x \in (0, +\infty)$.

$f'(x) = \dfrac{1}{x+1} - 2x - 1 = -\dfrac{x(2x+3)}{x+1} < 0, f(x)$ 单减,

所以 $f(x) < f(0) = 0$,即 $\ln(x+1) < x^2 + x$.

令 $x = \dfrac{1}{i}(i \in \mathbf{N}^*)$,则 $\ln\left(\dfrac{1}{i} + 1\right) < \left(\dfrac{1}{i}\right)^2 + \dfrac{1}{i}$,即 $\dfrac{i+1}{i^2} > \ln\dfrac{i+1}{i}$.

于是 $2 + \dfrac{3}{4} + \dfrac{4}{9} + \cdots + \dfrac{n+1}{n^2} = \sum\limits_{i=1}^{n} \dfrac{i+1}{i^2} > \sum\limits_{i=1}^{n} \ln\left(\dfrac{i+1}{i}\right) = \ln\left(\dfrac{2}{1} \times \dfrac{3}{2} \times \cdots \times \dfrac{n+1}{n}\right) = $

$\ln(n+1)$,原不等式得证.

答案见解析.

> 不等式右侧为表达式, $S_n = \ln(n+1)$, $b_i = S_i - S_{i-1} = \ln\left(1 + \dfrac{1}{i}\right)$.又 $a_i = \dfrac{i+1}{i^2}$,所以目标不等式为 $\dfrac{i+1}{i^2} > \ln\left(1 + \dfrac{1}{i}\right)$,令 $x = \dfrac{1}{i}$,于是有 $x + x^2 > \ln(x+1)$,可构造函数.

【例2】 证明:对任意的正整数 n,不等式 $\ln(n+1) > \sum\limits_{k=1}^{n}\left(\dfrac{1}{k^2} - \dfrac{1}{k^3}\right)$ 都成立.

解析 设 $f(x) = x^3 - x^2 + \ln(x+1), x \in (0, +\infty)$,

$f'(x) = \dfrac{3x^3 + (x-1)^2}{x+1} > 0, f(x)$ 单增.

所以 $f(x) > f(0) = 0$,即 $\ln(x+1) > x^2 - x^3$.

令 $x = \dfrac{1}{k}(k \in \mathbf{N}^*)$,则 $\dfrac{1}{k^2} - \dfrac{1}{k^3} < \ln\left(\dfrac{k+1}{k}\right)$.

于是 $\sum\limits_{k=1}^{n}\left(\dfrac{1}{k^2} - \dfrac{1}{k^3}\right) < \sum\limits_{k=1}^{n} \ln\dfrac{k+1}{k} = \ln\left(\dfrac{2}{1} \times \dfrac{3}{2} \times \cdots \times \dfrac{n+1}{n}\right) = \ln(n+1)$.

原不等式得证.

答案 见解析.

不等式左侧为表达式,$S_n = \ln(n+1), b_k = S_k - S_{k-1} = \ln\left(1+\dfrac{1}{k}\right)$,又 $a_k = \dfrac{1}{k^2} - \dfrac{1}{k^3}$,所以目标不等式为 $\dfrac{1}{k^2} - \dfrac{1}{k^3} < \ln\left(1+\dfrac{1}{k}\right)$,令 $x = \dfrac{1}{k}$,于是有 $x^2 - x^3 < \ln(x+1)$,可构造函数.

2. 和前-和后放缩

头哥说:求和不等式证明先看非求和侧是常数还是关于 n 的表达式,如果是常数,则会比较麻烦.

若所证不等式右侧为常数(例如: $\sum\limits_{i=1}^{n} a_i < C$),则既有和前放缩,又有和后放缩.和后放缩往往并不难,而和前放缩比较难,目标不等式需要进行尝试构造.

【例3】 求证: $\left(1 + \dfrac{2}{2 \times 3}\right)\left(1 + \dfrac{4}{3 \times 5}\right)\left(1 + \dfrac{8}{5 \times 9}\right) \cdot \cdots \cdot \left(1 + \dfrac{2^n}{(2^{n-1}+1)(2^n+1)}\right) < e$(其中 $n \in \mathbf{N}^*$,e 是自然对数的底数).

解析 所证不等式等价于 $\ln\left(1 + \dfrac{2}{2 \times 3}\right) + \ln\left(1 + \dfrac{4}{3 \times 5}\right) + \cdots + \ln\left(1 + \dfrac{2^n}{(2^{n-1}+1)(2^n+1)}\right) < 1$,

利用对数把求积问题转化为求和问题.

$x \in (0, +\infty)$ 时,设 $f(x) = \ln(x+1) - x, f'(x) = \dfrac{-x}{x+1} < 0, f(x)$ 单减,

所以 $f(x) < f(0) = 0$,即 $\ln(x+1) < x$, → *出现 $\ln(x+1)$ 的格式,想到常用的对数放缩.*

令 $x = \dfrac{2^i}{(2^{i-1}+1)(2^i+1)}$,得 $\ln\left(1 + \dfrac{2^i}{(2^{i-1}+1)(2^i+1)}\right) < \dfrac{2^i}{(2^{i-1}+1)(2^i+1)} = 2\left(\dfrac{1}{2^{i-1}+1} - \dfrac{1}{2^i+1}\right)$,

所以 $\ln\left(1 + \dfrac{2}{2 \times 3}\right) + \cdots + \ln\left(1 + \dfrac{2^n}{(2^{n-1}+1)(2^n+1)}\right) <$ *和前放缩,放缩为可裂项数列.*

$2\left(\dfrac{1}{2} - \dfrac{1}{2^1+1} + \dfrac{1}{2^1+1} - \dfrac{1}{2^2+1} + \cdots + \dfrac{1}{2^{n-1}+1} - \dfrac{1}{2^n+1}\right) = 1 - \dfrac{2}{2^n+1} < 1$,

→ *和后放缩,$-\dfrac{2}{2^n+1} < 0$.*

原不等式得证.

答案 见解析.

【例4】 证明: $\left(\dfrac{1}{n}\right)^n + \left(\dfrac{2}{n}\right)^n + \cdots + \left(\dfrac{n}{n}\right)^n < \dfrac{e}{e-1}$.

解析 $x\in(0,+\infty)$ 时，设 $f(x)=\ln x-x+1$，$f'(x)=\dfrac{1-x}{x}$.

当 $x\in(0,1)$ 时，$f'(x)>0$，$f(x)$ 单增；当 $x\in(1,+\infty)$ 时，$f'(x)<0$，$f(x)$ 单减.

所以 $f(x)\leqslant f(1)=0$，于是有 $\ln x\leqslant x-1$. *原不等式左边为指数形式，想到常用的指数放缩，但是指数放缩的方向与原不等式不一致，所以考虑由常用的对数放缩推导为指数形式.*

令 $x=\dfrac{i}{n}$，得 $\ln\dfrac{i}{n}\leqslant\dfrac{i}{n}-1=\dfrac{i-n}{n}$，得 $n\ln\dfrac{i}{n}\leqslant i-n$，得 $\ln\left(\dfrac{i}{n}\right)^n\leqslant i-n$，得 $\left(\dfrac{i}{n}\right)^n\leqslant\mathrm{e}^{i-n}$，

和后放缩，$-\mathrm{e}^{1-n}<0$. *和前放缩，放缩为等比数列.*

所以 $\left(\dfrac{1}{n}\right)^n+\left(\dfrac{2}{n}\right)^n+\cdots+\left(\dfrac{n}{n}\right)^n\leqslant\mathrm{e}^{1-n}+\mathrm{e}^{2-n}+\cdots+\mathrm{e}^{n-n}=\dfrac{\mathrm{e}^{1-n}(\mathrm{e}^n-1)}{\mathrm{e}-1}=\dfrac{\mathrm{e}-\mathrm{e}^{1-n}}{\mathrm{e}-1}<\dfrac{\mathrm{e}}{\mathrm{e}-1}$.

于是原不等式得证.

答案 见解析.

【例 5】证明：$\displaystyle\sum_{i=1}^{n}\dfrac{2}{2i-1}-\ln(2n+1)<2\,(n\in\mathbf{N}^*)$. *将原不等式左侧 $\ln(2n+1)$ 部分放到求和中，令 $T_n=\ln(2n+1)$，则求和前为 $T_i-T_{i-1}=\ln\dfrac{2i+1}{2i-1}$，令 $x=\dfrac{2}{2i-1}$，则求和前*

解析 设 $f(x)=x-\ln(x+1)-\dfrac{1}{2}x^2$，$x\in(0,+\infty)$， *形式为 $x-\ln(x+1)$，考虑放缩为可裂项形式，x^2 可以继续放缩裂项，但是前面的系数 $\dfrac{1}{2}$ 需要尝试得到，于是得到函数形式 $f(x)=x-\ln(x+1)-\dfrac{1}{2}x^2$.*

$f'(x)=1-\dfrac{1}{x+1}-x=\dfrac{-x^2}{x+1}<0$，$f(x)$ 单减. *和前放缩，放缩为可裂项数列.*

于是 $f(x)<f(0)=0$，有 $x-\ln(x+1)<\dfrac{1}{2}x^2$. 令 $x=\dfrac{2}{2i-1}(i\in\mathbf{N}^*)$，

得 $\dfrac{2}{2i-1}-\ln\dfrac{2i+1}{2i-1}<\dfrac{1}{2}\left(\dfrac{2}{2i-1}\right)^2=\dfrac{2}{(2i-1)^2}<\dfrac{2}{(2i-1)(2i-3)}=\dfrac{1}{2i-3}-\dfrac{1}{2i-1}(i\geqslant2)$，

所以 $\displaystyle\sum_{i=1}^{n}\left(\dfrac{2}{2i-1}-\ln\dfrac{2i+1}{2i-1}\right)\leqslant2-\ln 3+\left(1-\dfrac{1}{3}+\dfrac{1}{3}-\dfrac{1}{5}+\cdots+\dfrac{1}{2n-3}-\dfrac{1}{2n-1}\right)=$

$3-\ln 3-\dfrac{1}{2n-1}<2$. → *和后放缩，$-\dfrac{1}{2n-1}<0$，$3-\ln 3<2$.*

又 $\displaystyle\sum_{i=1}^{n}\left(\dfrac{2}{2i-1}-\ln\dfrac{2i+1}{2i-1}\right)=\displaystyle\sum_{i=1}^{n}\dfrac{2}{2i-1}-\ln\left(\dfrac{3}{1}\times\dfrac{5}{3}\times\cdots\times\dfrac{2n+1}{2n-1}\right)=\displaystyle\sum_{i=1}^{n}\dfrac{2}{2i-1}-$

$\ln(2n+1)$，

即 $\displaystyle\sum_{i=1}^{n}\dfrac{2}{2i-1}-\ln(2n+1)<2\,(n\in\mathbf{N}^*)$，证毕.

答案 见解析.

【例 6】证明：$\dfrac{1}{1\cdot(\sqrt{\mathrm{e}})^1}+\dfrac{1}{2\cdot(\sqrt{\mathrm{e}})^2}+\dfrac{1}{3\cdot(\sqrt{\mathrm{e}})^3}+\cdots+\dfrac{1}{n\cdot(\sqrt{\mathrm{e}})^n}<\dfrac{7}{2\mathrm{e}}$.

令 $x=i$，则求和前形式为 $\dfrac{1}{x\mathrm{e}^{\frac{x}{2}}}$，考虑放缩为可裂项形式，$\dfrac{1}{x^2}$ 可以继续放缩裂项，但是不知道前面的系数为多少，因此构造的函数为 $\dfrac{x\mathrm{e}^{\frac{x}{2}}}{x^2}$ 即 $\dfrac{\mathrm{e}^{\frac{x}{2}}}{x}$，可找出系数.

解析 设 $f(x)=\dfrac{\mathrm{e}^{\frac{x}{2}}}{x}$，$x\in(0,+\infty)$，

$f'(x)=\dfrac{\dfrac{1}{2}\mathrm{e}^{\frac{x}{2}}\cdot x-\mathrm{e}^{\frac{x}{2}}}{x^2}=\dfrac{\mathrm{e}^{\frac{x}{2}}\cdot(x-2)}{2x^2}$.

当 $x\in(0,2)$ 时，$f'(x)<0$，$f(x)$ 单减；当 $x\in(2,+\infty)$ 时，$f'(x)>0$，$f(x)$ 单增.

所以 $f(x) \geqslant f(2) = \dfrac{e}{2}$，即 $\dfrac{e^{\frac{x}{2}}}{x} \geqslant \dfrac{e}{2}$，得 $xe^{\frac{x}{2}} \geqslant \dfrac{e}{2}x^2$，得 $\dfrac{1}{x(\sqrt{e})^x} \leqslant \dfrac{2}{e} \cdot \dfrac{1}{x^2}$.

令 $x = i(i \in \mathbf{N}^*)$，可得 $\dfrac{1}{i(\sqrt{e})^i} \leqslant \dfrac{2}{e} \cdot \dfrac{1}{i^2} < \dfrac{2}{e} \cdot \dfrac{1}{i(i-1)} = \dfrac{2}{e} \cdot \left(\dfrac{1}{i-1} - \dfrac{1}{i}\right)(i \geqslant 2)$.

于是 $\dfrac{1}{1 \cdot (\sqrt{e})^1} + \dfrac{1}{2 \cdot (\sqrt{e})^2} + \dfrac{1}{3 \cdot (\sqrt{e})^3} + \cdots + \dfrac{1}{n \cdot (\sqrt{e})^n} \leqslant$ *（和前放缩，放缩为可裂项数列.）*

$\dfrac{2}{e} \cdot \left(1 + \dfrac{1}{4} + \dfrac{1}{2} - \dfrac{1}{3} + \dfrac{1}{3} - \dfrac{1}{4} + \cdots + \dfrac{1}{n-1} - \dfrac{1}{n}\right) = \dfrac{2}{e} \cdot \left(1 + \dfrac{1}{4} + \dfrac{1}{2} - \dfrac{1}{n}\right) < \dfrac{2}{e} \cdot \dfrac{7}{4} = \dfrac{7}{2e}$，

证毕. *（$i=1,2$ 时，放缩为 $\dfrac{2}{e} \cdot \dfrac{1}{i^2}$；$i \geqslant 3$ 时，放缩为 $\dfrac{2}{e} \cdot \left(\dfrac{1}{i-1} - \dfrac{1}{i}\right)$.）* *（和后放缩，$-\dfrac{1}{n} < 0$.）*

答案 见解析.

高考链接

【高 1】(2022 新高考二 22,12 分) 已知函数 $f(x) = xe^{ax} - e^x$.

(1) 当 $a = 1$ 时,讨论 $f(x)$ 的单调性;

(2) 当 $x > 0$ 时,$f(x) < -1$,求 a 的取值范围;

(3) 设 $n \in \mathbf{N}^*$,证明: $\dfrac{1}{\sqrt{1^2+1}} + \dfrac{1}{\sqrt{2^2+2}} + \cdots + \dfrac{1}{\sqrt{n^2+n}} > \ln(n+1)$.

第四章 三角函数

第1节 三角函数的概念

> 头哥说:高中阶段,通过弧度制,建立了角与实数的一一对应关系,从此任意一个实数都可以表示一个角,任意一个角也可以表示一个实数.

知识梳理

基础知识

1. 任意角 → 初中的角是静态定义的,高中的角是动态定义的,角的定义关键在于"旋转"二字.

(1)任意角:在平面内一条射线绕其端点旋转到另一条射线所形成的图形称为角.这两条射线分别称为角的始边与终边.

(2)任意角的正负:习惯上规定,逆时针旋转而成的角为正角,顺时针旋转而成的角为负角,没有旋转的为零角.

(3)象限角:在直角坐标系中,角的顶点与坐标原点重合,角的始边与 x 轴的非负半轴重合,角的终边落在第几象限,就说这个角是第几象限的角.若终边落在坐标轴上,则称为轴线角,或界角.

2. 弧度制

(1)弧度制:长度等于半径长的圆弧所对的圆心角叫作 1 弧度的角,用符号 rad 表示,读作弧度,单位可省略.以弧度作为单位来度量角的制度叫作弧度制.如果半径为 r 的圆的圆心角 α 所对弧的长为 l,那么角 α 的弧度数的绝对值是 $|\alpha| = \dfrac{l}{r}$. → 角可正、可负,因此需要加绝对值号.

(2)弧度与实数:正角的弧度数是一个正数,负角的弧度数是一个负数,零角的弧度数是零.

(3)弧角互换: $1° = \dfrac{\pi}{180}$ rad , 1 rad $= \dfrac{180°}{\pi} \approx 57.3°$. → 牢记:180°等于一个 π.

(4)扇形弧长与面积: $l = |\alpha| \cdot r$, $S = \dfrac{1}{2} \cdot |\alpha| \cdot r^2$. → 可以把扇形想象成"三角形",面积等于 $\dfrac{1}{2}$ 底×高,其中"底"为弧长,"高"为半径.

3. 终边相同的角

(1)终边相同的角:角 α 及所有与角 α 终边相同的角,构成一个集合 $S = \{\beta | \beta = \alpha + 2k\pi, k \in \mathbf{Z}\}$.终边相同的角有无数多个,它们相差 2π 的整数倍.

(2) x 轴界角: $\{\alpha | \alpha = k\pi, k \in \mathbf{Z}\}$.

(3)y轴界角：$\left\{\alpha \mid \alpha=\dfrac{\pi}{2}+k\pi, k \in \mathbf{Z}\right\}$.

4.任意角的三角函数

(1)任意角的三角函数：设角α终边上除原点外的任意一点的坐标为(x, y)，它与原点的距离为r，则$\sin \alpha=\dfrac{y}{r}, \cos \alpha=\dfrac{x}{r}, \tan \alpha=\dfrac{y}{x}$.

(2)正弦、余弦、正切函数值在各象限的符号，如下图所示.

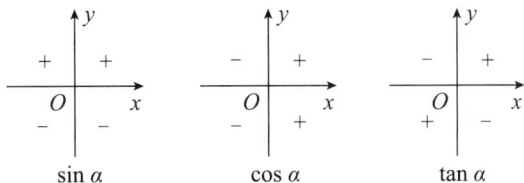

考点剖析

1.弧度制

头哥说：应用弧度制处理扇形问题非常方便，圆心角直接乘半径即为弧长，$\dfrac{1}{2}$弧长×半径即为面积.

要学会角度与弧度的互相转化，以及扇形弧长、面积的计算.

【例1】已知扇形的圆心角为$\dfrac{\pi}{4}$，面积为2π，则该扇形的弧长为 （　　）

A.12π　　　　　　B.6π　　　　　　C.π　　　　　　D.$\dfrac{\pi}{2}$

解析 设扇形半径为$R(R>0)$，由题得$\dfrac{1}{2}\times\dfrac{\pi}{4}\times R^{2}=2\pi$，解得$R=4$，

所以扇形的弧长为$l=4\times\dfrac{\pi}{4}=\pi$.

答案 C.

【例2】一个扇形的面积为1，周长为4，则圆心角的正弧度数为_____.

解析 设圆心角为$\alpha(\alpha>0)$，半径为$R(R>0)$，由题得$\begin{cases}\dfrac{1}{2}\alpha R^{2}=1 \\ 2R+\alpha R=4\end{cases}$，解得$\alpha=2$.

答案 2.

2.终边相同的角

头哥说：利用旋转的观念理解$k\alpha(k\in\mathbf{Z})$的含义，其代表每次旋转α.例如：$k\pi$代表每次旋转π，$\dfrac{k\pi}{2}$代表每次旋转$\dfrac{\pi}{2}$.

要学会角的图形表示与代数表示之间的转化.

【例3】集合$\left\{\alpha \mid \dfrac{\pi}{4}+k\pi \leqslant \alpha \leqslant \dfrac{\pi}{2}+k\pi, k \in \mathbf{Z}\right\}$中的角所表示的范围（阴影部分）是 （　　）

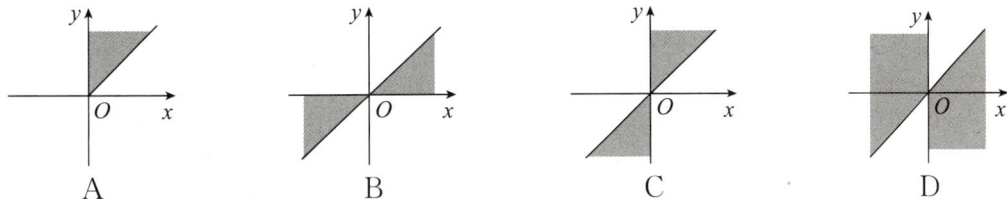

解析 $\frac{\pi}{4}\leqslant\alpha\leqslant\frac{\pi}{2}$ 表示在 $\frac{\pi}{4}$ 与 $\frac{\pi}{2}$ 之间,$k\pi$ 代表每次旋转 π,故 C 正确.

答案 C.

【例4】 若角 θ 的终边与 $\frac{2\pi}{3}$ 角的终边相同,则在 $[0,2\pi]$ 内终边与 $\frac{\theta}{3}$ 角的终边相同的角的个数为_____.

解析 由题得 $\theta=\frac{2\pi}{3}+2k\pi(k\in\mathbf{Z})$,于是 $\frac{\theta}{3}=\frac{2\pi}{9}+\frac{2k\pi}{3}$.

由 $0\leqslant\frac{2\pi}{9}+\frac{2k\pi}{3}\leqslant2\pi$,解得 $-\frac{1}{3}\leqslant k\leqslant\frac{8}{3}(k\in\mathbf{Z})$,即 $k\in\{0,1,2\}$,故所求角个数为 3.

→k 有 3 个取值,故有 3 个角.

答案 3.

3.任意角的三角函数

给出某角终边上一点,会写出该角的所有三角函数,且牢记正弦、余弦、正切在不同象限的正负情况.

【例5】 已知角 α 的终边过点 $(-1,\sqrt{3})$,则 $\sin^2\alpha+\cos\alpha=$ （　　）

A. 1 　　　　　　B. $\frac{1}{2}$ 　　　　　　C. $\frac{1}{4}$ 　　　　　　D. $\frac{1}{8}$

解析 由题得 $\sin\alpha=\dfrac{\sqrt{3}}{\sqrt{(-1)^2+(\sqrt{3})^2}}=\dfrac{\sqrt{3}}{2}$,$\cos\alpha=\dfrac{-1}{\sqrt{(-1)^2+(\sqrt{3})^2}}=-\dfrac{1}{2}$,

于是 $\sin^2\alpha+\cos\alpha=\dfrac{3}{4}-\dfrac{1}{2}=\dfrac{1}{4}$.

答案 C.

【例6】 已知角 α 的终边经过点 $P(2a+1,a-2)$,且 $\cos\alpha=-\dfrac{3}{5}$,则实数 a 的值是 （　　）

A. -2 　　　　B. $\dfrac{2}{11}$ 　　　　C. -2 或 $\dfrac{2}{11}$ 　　　　D. 2

解析 由题得 $\cos\alpha=\dfrac{2a+1}{\sqrt{(2a+1)^2+(a-2)^2}}=-\dfrac{3}{5}$,

整理得 $11a^2+20a-4=0$,解得 $a=-2$ 或 $\dfrac{2}{11}$.

出现多解,可能需要舍解,由于原方程进行了平方处理,所以考虑利用正负号进行舍解.

又 $\dfrac{2a+1}{\sqrt{(2a+1)^2+(a-2)^2}}=-\dfrac{3}{5}<0$,可知 $a<-\dfrac{1}{2}$,所以 $a=-2$.

答案 A.

高考链接

【高1】(2021 北京 14,5 分)若点 $P(\cos\theta,\sin\theta)$ 与点 $Q\left(\cos\left(\theta+\dfrac{\pi}{6}\right),\sin\left(\theta+\dfrac{\pi}{6}\right)\right)$,关于 y 轴对称,写出一个符合题意的 $\theta=$_____.

第 2 节　三角函数计算

头哥说：三角函数计算部分主要是对公式的记忆以及熟练运用，该记的公式必须牢记.

知识梳理

基础知识

1. 同角三角函数的基本关系

头哥说：在进行演草运算时，可将 $\sin\alpha$ 写成 s，$\cos\alpha$ 写成 c，$\tan\alpha$ 写成 t，于是，$s^2+c^2=1$，$t=\dfrac{s}{c}$，既省笔水，又省时间.

（1）平方关系：$\sin^2\alpha+\cos^2\alpha=1$；

（2）商数关系：$\tan\alpha=\dfrac{\sin\alpha}{\cos\alpha}$. $\left(\tan\alpha=\dfrac{a}{b}，\text{则}\ \sin\alpha=\dfrac{a}{\sqrt{a^2+b^2}}，\cos\alpha=\dfrac{b}{\sqrt{a^2+b^2}}\right)$

2. 诱导公式 头哥说：此处公式比较多，不要求背诵，具体记忆方法参照本节"二级结论"中的"诱导公式总诀".

（1）终边相同的角（$k\in\mathbf{Z}$）

$\sin(\alpha+2k\pi)=\sin\alpha，\cos(\alpha+2k\pi)=\cos\alpha，\tan(\alpha+2k\pi)=\tan\alpha$；

（2）差半个圆周的角

$\sin(\alpha+\pi)=-\sin\alpha，\cos(\alpha+\pi)=-\cos\alpha，\tan(\alpha+\pi)=\tan\alpha$；

（3）关于 x 轴对称的角

$\sin(-\alpha)=-\sin\alpha，\cos(-\alpha)=\cos\alpha，\tan(-\alpha)=-\tan\alpha$；

（4）关于 y 轴对称的角

$\sin(\pi-\alpha)=\sin\alpha，\cos(\pi-\alpha)=-\cos\alpha，\tan(\pi-\alpha)=-\tan\alpha$；

（5）互余的角

$\sin\left(\dfrac{\pi}{2}-\alpha\right)=\cos\alpha，\cos\left(\dfrac{\pi}{2}-\alpha\right)=\sin\alpha，\tan\left(\dfrac{\pi}{2}-\alpha\right)=\dfrac{1}{\tan\alpha}$；

（6）相差 $90°$ 的角

$\sin\left(\dfrac{\pi}{2}+\alpha\right)=\cos\alpha，\cos\left(\dfrac{\pi}{2}+\alpha\right)=-\sin\alpha，\tan\left(\dfrac{\pi}{2}+\alpha\right)=-\dfrac{1}{\tan\alpha}$.

3. 两角和差的三角函数 头哥说：此处六个公式必须全部背诵熟练.

（1）正弦和：$\sin(\alpha+\beta)=\sin\alpha\cos\beta+\cos\alpha\sin\beta$；
（2）正弦差：$\sin(\alpha-\beta)=\sin\alpha\cos\beta-\cos\alpha\sin\beta$； 正弦符号一致.
（3）余弦和：$\cos(\alpha+\beta)=\cos\alpha\cos\beta-\sin\alpha\sin\beta$；
（4）余弦差：$\cos(\alpha-\beta)=\cos\alpha\cos\beta+\sin\alpha\sin\beta$； 余弦符号相反.
（5）正切和：$\tan(\alpha+\beta)=\dfrac{\tan\alpha+\tan\beta}{1-\tan\alpha\tan\beta}$；
（6）正切差：$\tan(\alpha-\beta)=\dfrac{\tan\alpha-\tan\beta}{1+\tan\alpha\tan\beta}$. 正切分子符号一致，分母符号相反.

4. 二倍角公式 —→ 头哥说：此处三组公式必须全部背调熟练.

(1)正弦：$\sin 2\alpha = 2\sin\alpha\cos\alpha$；

(2)余弦：$\cos 2\alpha = \cos^2\alpha - \sin^2\alpha = 2\cos^2\alpha - 1 = 1 - 2\sin^2\alpha$；

该两组公式可以实现升幂，因此又叫升幂公式.

(3)正切：$\tan 2\alpha = \dfrac{2\tan\alpha}{1 - \tan^2\alpha}\left(\alpha \neq \dfrac{\pi}{4} + \dfrac{\pi}{2}\cdot k, \alpha \neq \dfrac{\pi}{2} + k\pi, k\in\mathbf{Z}\right)$.

5. 辅助角公式 —→ 头哥说：当出现同角的 $\sin$ 与 $\cos$ 一次组合时，是应用辅助角公式的标志.

记忆：$\sin$ 在前，$\cos$ 在后，则按顺序的两个系数构成的坐标点 (A,B) 在辅助角 φ 的终边上.

(1)一般辅助角：$A\sin\alpha + B\cos\alpha = \sqrt{A^2 + B^2}\sin(\alpha + \varphi)$，$\tan\varphi = \dfrac{B}{A}$；

(2)特殊辅助角：$\sqrt{3}\sin\alpha \pm \cos\alpha = 2\sin\left(\alpha \pm \dfrac{\pi}{6}\right)$，$\sin\alpha \pm \sqrt{3}\cos\alpha = 2\sin\left(\alpha \pm \dfrac{\pi}{3}\right)$，$\sin\alpha \pm \cos\alpha = \sqrt{2}\sin\left(\alpha \pm \dfrac{\pi}{4}\right)$.

—→ 头哥说：牢记口诀"前六后三相等四"，即 $\sqrt{3}$ 在前面辅助角就是 $\dfrac{\pi}{6}$，在后面辅助角就是 $\dfrac{\pi}{3}$，两个系数相等辅助角就是 $\dfrac{\pi}{4}$.

二级结论

1. 诱导公式总决 —→ 头哥说："总决"适用于所有应用诱导公式的情况.

例如：$\cos(3\pi - \alpha)$，易知 $3\pi - \alpha$ 在第二象限，第二象限 $\cos$ 为负，且界角 3π 在横轴（不变），故 $\cos(3\pi - \alpha) = -\cos\alpha$.

"正负看象限，纵变横不变"．例如：对于 $\sin\theta$，$\cos\theta$，$\tan\theta$，将角 θ 拆为"界角±基角"的形式，即 $\theta = \dfrac{\pi}{2}\cdot k \pm \alpha(k\in\mathbf{Z})$，确定 θ 所在的象限（确定象限时，无论基角 α 实际为多大，始终将其当成锐角处理）．先根据象限判断正负号：若 θ 在第一象限，$\sin\theta$，$\cos\theta$，$\tan\theta$ 均为正；若 θ 在第二象限，$\sin\theta$ 为正，$\cos\theta$，$\tan\theta$ 为负；若 θ 在第三象限，$\tan\theta$ 为正，$\sin\theta$，$\cos\theta$ 为负；若 θ 在第四象限，$\cos\theta$ 为正，$\sin\theta$，$\tan\theta$ 为负．再判断函数名：若界角在横轴（k 为偶数），则函数名称不变；若界角在纵轴（k 为奇数），则函数名称改变（正变余，余变正），$\sin$ 变 $\cos$，$\cos$ 变 $\sin$，$\tan$ 变 $\cot\left(\cot\beta = \dfrac{1}{\tan\beta}\right)$.

2. 降幂公式 —→ 头哥说：对于正弦与余弦的二倍角公式，正用为升幂公式，逆用为降幂公式，正用、逆用都要非常熟练.

(1)余弦平方：$\cos^2\alpha = \dfrac{1 + \cos 2\alpha}{2}$；

(2)正弦平方：$\sin^2\alpha = \dfrac{1 - \cos 2\alpha}{2}$；

(3)正余弦积：$\sin\alpha\cos\alpha = \dfrac{1}{2}\sin 2\alpha$.

3. $1 \pm sc$ 固定组合 —→ 头哥说：该组合实际为"正余弦平方和为1"与"二倍角公式"的应用，做题遇到时要快速识别出来.

(1)$1\pm s$：$1\pm\sin\alpha = \sin^2\dfrac{\alpha}{2} \pm 2\sin\dfrac{\alpha}{2}\cos\dfrac{\alpha}{2} + \cos^2\dfrac{\alpha}{2} = \left(\sin\dfrac{\alpha}{2} \pm \cos\dfrac{\alpha}{2}\right)^2$；

(2)$1\pm c$：$1 + \cos\alpha = 2\cos^2\dfrac{\alpha}{2}$，$1 - \cos\alpha = 2\sin^2\dfrac{\alpha}{2}$.

考点剖析

1. 同角计算——直角三角形

> 头哥说：同角三角函数知一求二，用平方关系和商数关系进行计算太过复杂，可借助于直角三角形，"先算大小，再判正负"，简便快捷。

对于同角三角函数 $\sin \alpha, \cos \alpha, \tan \alpha$，知道一个便可以求出另外两个. 最快的计算方式是借助于直角三角形，根据已知的三角函数画出直角三角形，利用 $|\sin \alpha| = \dfrac{对边}{斜边}$，$|\cos \alpha| = \dfrac{邻边}{斜边}$，$|\tan \alpha| = \dfrac{对边}{邻边}$，计算另外两个三角函数的绝对值，再根据角所在象限判断正负.

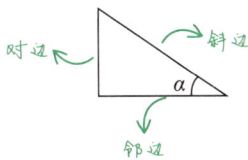

【例1】 已知 $\tan \alpha = 2$，若 α 在第三象限，则 $\sin \alpha = $ _____ ，$\cos \alpha = $ _____ .

解析 由勾股定理得直角三角形的对边、邻边、斜边分别为 $2, 1, \sqrt{5}$.

因为 α 在第三象限时，所以 $\sin \alpha = -\dfrac{2\sqrt{5}}{5}$，$\cos \alpha = -\dfrac{\sqrt{5}}{5}$.

答案 $-\dfrac{2\sqrt{5}}{5}$；$-\dfrac{\sqrt{5}}{5}$.

2. 切化弦

> 头哥说：对于同角的正弦与余弦，有平方关系可以利用，因此切化弦后，计算渠道更多了，所以切化弦是首先考虑的过程。

对于既有弦又有切的三角函数计算式中，往往需要借助于商数关系 $\tan \alpha = \dfrac{\sin \alpha}{\cos \alpha}$，将正切转化为正弦与余弦，然后再进行后续计算，此过程称为"切化弦".

【例2】 已知 $\sin \alpha - \cos \alpha = -\dfrac{\sqrt{5}}{2}$，则 $\tan \alpha + \dfrac{1}{\tan \alpha} = $ _____ .

解析 由题得 $\tan \alpha + \dfrac{1}{\tan \alpha} = \dfrac{\sin \alpha}{\cos \alpha} + \dfrac{\cos \alpha}{\sin \alpha} = \dfrac{1}{\sin \alpha \cos \alpha}$. $\longrightarrow \sin^2 \alpha + \cos^2 \alpha = 1.$

又 $(\sin \alpha - \cos \alpha)^2 = 1 - 2\sin \alpha \cos \alpha = \dfrac{5}{4}$，得 $\sin \alpha \cos \alpha = -\dfrac{1}{8}$，

所以原式 $= -8$.

答案 -8.

【例3】 $\sin 50°(1 + \sqrt{3}\tan 10°) = $ _____ .

解析 原式 $= \sin 50°\left(1 + \sqrt{3}\dfrac{\sin 10°}{\cos 10°}\right) = \sin 50° \cdot \dfrac{\sqrt{3}\sin 10° + \cos 10°}{\cos 10°} = $ $\longrightarrow 辅助角公式.$

$\sin 50° \cdot \dfrac{2\sin(10° + 30°)}{\cos 10°} = \dfrac{2\sin 40° \cos 40°}{\cos 10°} = \dfrac{\sin 80°}{\cos 10°} = 1$.

答案 1.

3. 弦化切 → 头哥说：如果出现常数，可以利用"1代换"，即 $1=\sin^2\alpha+\cos^2\alpha$ 转化为"二次型"；如果出现了"一次型"，可以通过平方或二倍角公式转化为"二次型".

如果分式的分子、分母（或者等式的等号两边）都是正余弦的二次式，则称为"二次型"（例如：$\dfrac{\sin^2\alpha-\cos^2\alpha}{\sin\alpha\cos\alpha}$，$\sin^2\alpha+\sin\alpha\cos\alpha=\cos^2\alpha$），对于"二次型"，可考虑将分子、分母（或等式的等号两边）同时除以余弦的平方，从而转化为关于正切的表达式（例如：$\dfrac{\tan^2\alpha-1}{\tan\alpha}$，$\tan^2\alpha+\tan\alpha=1$），然后再进行后续计算，此过程称为"弦化切".

【例 4】 已知 $\tan\alpha=-2$，则 $\dfrac{1}{2\sin\alpha\cos\alpha+\cos^2\alpha}=$ _____.

解析 由题得原式 $=\dfrac{\sin^2\alpha+\cos^2\alpha}{2\sin\alpha\cos\alpha+\cos^2\alpha}=\dfrac{\tan^2\alpha+1}{2\tan\alpha+1}=-\dfrac{5}{3}$. ← "1代换"

答案 $-\dfrac{5}{3}$.

【例 5】 已知 $\sin\alpha+2\cos\alpha=\dfrac{\sqrt{10}}{2}$，则 $\tan\alpha=$ _____.

解析 由题得 $(\sin\alpha+2\cos\alpha)^2=\dfrac{\sin^2\alpha+4\sin\alpha\cos\alpha+4\cos^2\alpha}{\sin^2\alpha+\cos^2\alpha}=\dfrac{\tan^2\alpha+4\tan\alpha+4}{\tan^2\alpha+1}=\dfrac{5}{2}$，

→ 通过平方将"一次型"转化为"二次型"

解得 $\tan\alpha=3$ 或 $-\dfrac{1}{3}$.

答案 3 或 $-\dfrac{1}{3}$.

【例 6】 已知 $\tan\dfrac{\theta}{2}=3$，则 $\dfrac{1-\cos\theta+\sin\theta}{1+\cos\theta+\sin\theta}=$ _____.

解析 由题得原式 $=\dfrac{2\sin^2\dfrac{\theta}{2}+2\sin\dfrac{\theta}{2}\cos\dfrac{\theta}{2}}{2\cos^2\dfrac{\theta}{2}+2\sin\dfrac{\theta}{2}\cos\dfrac{\theta}{2}}=\dfrac{\tan^2\dfrac{\theta}{2}+\tan\dfrac{\theta}{2}}{1+\tan\dfrac{\theta}{2}}=\tan\dfrac{\theta}{2}=3$.

→ 通过二倍角公式将"一次型"转化为"二次型"

答案 3.

4. 角度换元 → 头哥说：角度换元经常用于诱导公式，两角和差的正弦、余弦、正切展开式等运算.

当已知三角函数的角为角度组合时 $\Big[$例如：已知 $\sin\left(\dfrac{\pi}{3}+\alpha\right)=\dfrac{1}{3}$，$\cos(\alpha+\beta)=\dfrac{1}{4}\Big]$，经常需要进行换元，把角度组合换为单一角 $\Big($例如：令 $\theta=\dfrac{\pi}{3}+\alpha$，$\varphi=\alpha+\beta\Big)$，再进行后续计算，此过程称为角度换元.

【例 7】 已知 $\cos\left(\dfrac{\pi}{6}-\alpha\right)=\dfrac{1}{3}$，则 $\cos\left(\dfrac{5\pi}{6}+\alpha\right)\cdot\sin\left(\dfrac{2\pi}{3}-\alpha\right)=$ _____.

解析 记 $\theta=\dfrac{\pi}{6}-\alpha$，则 $\alpha=\dfrac{\pi}{6}-\theta$，$\cos\theta=\dfrac{1}{3}$，$\longrightarrow$ *角度换元用于诱导公式.*

所以原式 $=\cos(\pi-\theta)\cdot\sin\left(\dfrac{\pi}{2}+\theta\right)=(-\cos\theta)(\cos\theta)=-\dfrac{1}{9}$.

答案 $-\dfrac{1}{9}$.

【例 8】若 $\cos\left(\alpha-\dfrac{\beta}{2}\right)=-\dfrac{2\sqrt{7}}{7}$，$\sin\left(\dfrac{\alpha}{2}-\beta\right)=\dfrac{1}{2}$，且 $\alpha\in\left(\dfrac{\pi}{2},\pi\right)$，$\beta\in\left(0,\dfrac{\pi}{2}\right)$，则 $\cos\dfrac{\alpha+\beta}{2}=$

_____.

解析 记 $\theta=\alpha-\dfrac{\beta}{2}$，$\varphi=\dfrac{\alpha}{2}-\beta$，$\longrightarrow$ *角度换元用于两角和差的余弦展开.*

由题得 $\alpha\in\left(\dfrac{\pi}{2},\pi\right)$，$\beta\in\left(0,\dfrac{\pi}{2}\right)$，知 $\theta\in\left(\dfrac{\pi}{4},\pi\right)$，$\varphi\in\left(-\dfrac{\pi}{4},\dfrac{\pi}{2}\right)$.

又 $\cos\theta=-\dfrac{2\sqrt{7}}{7}=-\dfrac{2}{\sqrt{7}}$，$\sin\varphi=\dfrac{1}{2}$，可得 $\sin\theta=\dfrac{\sqrt{3}}{\sqrt{7}}$，$\cos\varphi=\dfrac{\sqrt{3}}{2}$，

于是 $\cos\dfrac{\alpha+\beta}{2}=\cos(\theta-\varphi)=\cos\theta\cos\varphi+\sin\theta\sin\varphi=-\dfrac{\sqrt{21}}{14}$.

答案 $-\dfrac{\sqrt{21}}{14}$.

$\longrightarrow$ *夫导说：特别地，当进行和差计算的两个三角函数前面系数相同时，即为"和差化积"，但是由于和差化积公式记忆负担太重，可以通过记角度配凑来代替.*

5. 角度配凑

当出现不同角度的正弦、余弦进行和差计算时（例如：$\sin 105°+\sin 15°$），经常需要找到不同角度之间的关联，将角度拆分为两部分 [例如：$\sin 105°+\sin 15°=\sin(60°+45°)+\sin(60°-45°)$]，然后展开，再进行化简，此过程称为角度配凑.

【例 9】$4\cos 50°-\tan 40°=$ _____.

$\longrightarrow$ *切化弦.*

解析 由题得 $4\cos 50°-\tan 40°=4\cos 50°-\dfrac{\sin 40°}{\cos 40°}=\dfrac{4\cos 50°\cos 40°-\sin 40°}{\cos 40°}=$

$\dfrac{4\sin 40°\cos 40°-\sin 40°}{\cos 40°}=\dfrac{2\sin 80°-\sin 40°}{\cos 40°}=\dfrac{2\sin(120°-40°)-\sin 40°}{\cos 40°}=$

$\longrightarrow$ *$120°$ 为特殊角，都转化为 $40°$ 的三角函数.*

$\dfrac{\sqrt{3}\cos 40°+\sin 40°-\sin 40°}{\cos 40°}=\dfrac{\sqrt{3}\cos 40°}{\cos 40°}=\sqrt{3}$.

答案 $\sqrt{3}$.

【例 10】$\cos 72°-\cos 36°=$ _____.

解析 由题得 $\cos 72°-\cos 36°=\cos(54°+18°)-\cos(54°-18°)=$ $\longrightarrow$ *实际为和差化积.*

$-2\sin 54°\sin 18°=-2\cos 36°\cos 72°=$

$\longrightarrow$ *多个余弦相乘称为"余弦链"，此时可通过乘来最小角的正弦，再除以最小角的正弦进行化简.*

$$\frac{-2\sin 36°\cos 36°\cos 72°}{\sin 36°}=\frac{-\sin 72°\cos 72°}{\sin 36°}=\frac{-\frac{1}{2}\sin 144°}{\sin 36°}=-\frac{1}{2}.$$

答案 $-\dfrac{1}{2}$.

6.构造对偶式 → 头哥说:"积化和差"公式记忆负担太重,可以通过构造对偶式运算来代替.

某个式子中的正弦对应变为余弦,余弦对应变为正弦之后得到的式子为原式的对偶式(例如:$\sin \alpha\cos \beta$ 与 $\cos \alpha\sin \beta$,$\sin \alpha+\sin \beta$ 与 $\cos \alpha+\cos \beta$).构造对偶式可以凑出两角和差的正余弦展开[例如:$\sin \alpha\cos \beta+\cos \alpha\sin \beta=\sin(\alpha+\beta)$,$(\sin \alpha+\sin \beta)^2+(\cos \alpha+\cos \beta)^2=2+2\cos(\alpha-\beta)$].

【例 11】 已知 $\cos \alpha-\cos \beta=\dfrac{1}{2}$,$\sin \alpha-\sin \beta=\dfrac{1}{3}$,则 $\cos(\alpha-\beta)=$ _____.

解析 由题得 $(\cos \alpha-\cos \beta)^2=\dfrac{1}{4}$,$(\sin \alpha-\sin \beta)^2=\dfrac{1}{9}$, → 已知对偶式.

两式相加得 $2-2\sin \alpha\sin \beta-2\cos \alpha\cos \beta=2-2\cos(\alpha-\beta)=\dfrac{13}{36}$,

于是 $\cos(\alpha-\beta)=\dfrac{59}{72}$.

答案 $\dfrac{59}{72}$.

【例 12】 $\sin 70°\cos 20°-\sin 10°\sin 50°=$ _____.

解析 设 $x=\sin 70°\cos 20°-\sin 10°\sin 50°$,

$y=\cos 70°\sin 20°-\cos 10°\cos 50°$, → 构造对偶式.

于是 $x+y=\sin 90°-\cos 40°=1-\cos 40°$, ①

$x-y=\sin 50°+\cos 60°=\sin 50°+\dfrac{1}{2}$. ②

两式相加得 $2x=1-\cos 40°+\sin 50°+\dfrac{1}{2}=\dfrac{3}{2}$,所以 $x=\dfrac{3}{4}$.

答案 $\dfrac{3}{4}$.

高考链接

【高1】(2021 全国甲理 9,5 分)若 $\alpha\in\left(0,\dfrac{\pi}{2}\right)$,$\tan 2\alpha=\dfrac{\cos \alpha}{2-\sin \alpha}$,则 $\tan \alpha=$ ( )

A. $\dfrac{\sqrt{15}}{15}$ B. $\dfrac{\sqrt{5}}{5}$ C. $\dfrac{\sqrt{5}}{3}$ D. $\dfrac{\sqrt{15}}{3}$

【高2】(2020 全国 2 文 13,5 分)若 $\sin x=-\dfrac{2}{3}$,则 $\cos 2x=$ _____.

【高3】(2022 新高考二 6,5 分)若 $\sin(\alpha+\beta)+\cos(\alpha+\beta)=2\sqrt{2}\cos\left(\alpha+\dfrac{\pi}{4}\right)\sin \beta$,则( )

A. $\tan(\alpha+\beta)=-1$ B. $\tan(\alpha+\beta)=1$

C. $\tan(\alpha-\beta)=-1$ D. $\tan(\alpha-\beta)=1$

【高4】(2020 全国 3 理 9,5 分)已知 $2\tan\theta-\tan\left(\theta+\dfrac{\pi}{4}\right)=7$,则 $\tan\theta=$ ( )

A. -2 B. -1 C. 1 D. 2

【高5】(2019 全国 1 文 7,5 分)$\tan 255°=$ ( )

A. $-2-\sqrt{3}$ B. $-2+\sqrt{3}$ C. $2-\sqrt{3}$ D. $2+\sqrt{3}$

【高6】(2018 全国 1 文 11,5 分)已知角 α 的顶点为坐标原点,始边与 x 轴的非负半轴重合,终边上有两点 $A(1,a)$,$B(2,b)$,且 $\cos 2\alpha=\dfrac{2}{3}$,则 $|a-b|=$ ( )

A. $\dfrac{1}{5}$ B. $\dfrac{\sqrt{5}}{5}$ C. $\dfrac{2\sqrt{5}}{5}$ D. 1

【高7】(2019 全国 2 理 10/文 11,5 分)已知 $\alpha\in\left(0,\dfrac{\pi}{2}\right)$,$2\sin 2\alpha=\cos 2\alpha+1$,则 $\sin\alpha=$

                                                          ( )

A. $\dfrac{1}{5}$ B. $\dfrac{\sqrt{5}}{5}$ C. $\dfrac{\sqrt{3}}{3}$ D. $\dfrac{2\sqrt{5}}{5}$

【高8】(2020 全国 3 文 5,5 分)已知 $\sin\theta+\sin\left(\theta+\dfrac{\pi}{3}\right)=1$,则 $\sin\left(\theta+\dfrac{\pi}{6}\right)=$ ( )

A. $\dfrac{1}{2}$ B. $\dfrac{\sqrt{3}}{3}$ C. $\dfrac{2}{3}$ D. $\dfrac{\sqrt{2}}{2}$

【高9】(2018 全国 2 理 15,5 分)已知 $\sin\alpha+\cos\beta=1$,$\cos\alpha+\sin\beta=0$,则 $\sin(\alpha+\beta)=$

_____.

第3节　三角函数的图像与性质

头哥说：利用三角函数图像，数形结合，可把抽象问题直观化.

知识梳理

基础知识

1. 正弦、余弦、正切函数图像

头哥说：正弦、余弦、正切图像牢记心中，相关性质通过图像进行记忆.

函数	$f(x)=\sin x$	$f(x)=\cos x$	$f(x)=\tan x$
图像			
定义域	$\mathbf{R}$	$\mathbf{R}$	$\left\{ x \mid x \neq \dfrac{\pi}{2}+k\pi, k\in\mathbf{Z} \right\}$
值域	$[-1,1]$	$[-1,1]$	$\mathbf{R}$
单调性	单增区间：$\left[-\dfrac{\pi}{2}+2k\pi, \dfrac{\pi}{2}+2k\pi \right]$ 单减区间：$\left[\dfrac{\pi}{2}+2k\pi, \dfrac{3\pi}{2}+2k\pi \right]$ $k\in\mathbf{Z}$	单增区间：$[\pi+2k\pi, 2\pi+2k\pi]$ 单减区间：$[2k\pi, \pi+2k\pi]$ $k\in\mathbf{Z}$	单增区间：$\left(-\dfrac{\pi}{2}+k\pi, \dfrac{\pi}{2}+k\pi \right)$ $k\in\mathbf{Z}$
最值	$y_{\max}=1\left(x=\dfrac{\pi}{2}+2k\pi\right)$ $y_{\min}=-1\left(x=-\dfrac{\pi}{2}+2k\pi\right)$ $k\in\mathbf{Z}$	$y_{\max}=1(x=2k\pi)$ $y_{\min}=-1(x=\pi+2k\pi)$ $k\in\mathbf{Z}$	无
奇偶性	奇函数	偶函数	奇函数
对称中心	$(k\pi,0), k\in\mathbf{Z}$	$\left(\dfrac{\pi}{2}+k\pi, 0 \right), k\in\mathbf{Z}$	$\left(\dfrac{k\pi}{2}, 0 \right), k\in\mathbf{Z}$
对称轴	$x=\dfrac{\pi}{2}+k\pi, k\in\mathbf{Z}$	$x=k\pi, k\in\mathbf{Z}$	无
周期	2π	2π	π

2. $y=A\sin(\omega x+\varphi)(A>0, \omega>0)$ 的性质

头哥说：该函数图像可由 $y=\sin x$ 向左平移 φ 个单位，横坐标变为原来的 $\dfrac{1}{\omega}$ 倍，纵坐标变为原来的 A 倍得到.

（1）定义域：$\mathbf{R}$；

（2）值域：$[-A, A]$；

（3）振幅：A；

注意：振幅为离开平衡位置的最大距离，不等于图像上下波动范围，为波动范围的 $\dfrac{1}{2}$.

（4）周期：$T=\dfrac{2\pi}{\omega}$；

（5）相位：$\omega x+\varphi$；

（6）初相：φ.

3. 五点法作图

画函数 $y=A\sin(\omega x+\varphi)(A>0,\omega>0)$ 的图像（一个周期内），只需列出如下表格，标出一个周期内的五个关键点，用平滑的曲线连出即可.

注意：x 的取值成等差数列，公差为周期的 $\frac{1}{4}$，所以只需算出第一项，其余四个数可顺次写出.

$\omega x+\varphi$	0	$\dfrac{\pi}{2}$	π	$\dfrac{3\pi}{2}$	2π
x	$-\dfrac{\varphi}{\omega}$	$\dfrac{\dfrac{\pi}{2}-\varphi}{\omega}$	$\dfrac{\pi-\varphi}{\omega}$	$\dfrac{\dfrac{3\pi}{2}-\varphi}{\omega}$	$\dfrac{2\pi-\varphi}{\omega}$
$y=A\sin(\omega x+\varphi)$	0	A	0	$-A$	0

4. 三角函数图像变换 → 头哥说：牢记口诀"上加下减，左加右减，横倒纵不变".

（1）平移变换

向上平移 C 个单位：$f(x)\rightarrow f(x)+C$；

向下平移 C 个单位：$f(x)\rightarrow f(x)-C$；

向左平移 a 个单位：$f(x)\rightarrow f(x+a)$；

向右平移 a 个单位：$f(x)\rightarrow f(x-a)$.

（2）伸缩变换

横坐标变为原来的 $\dfrac{1}{\omega}$：$f(x)\rightarrow f(\omega x)$；→ 横坐标的伸缩量与 x 前面来的倍数互为倒数，故称"横倒"

纵坐标变为原来的 A 倍：$f(x)\rightarrow Af(x)$. → 纵坐标的伸缩量与整个表达式前面来的倍数一样，故称"纵不变".

二级结论

1. 角幂积 → 头哥说：该名称为头哥所起，网上可能搜不到.

对于正弦、余弦组合的函数，若最高次数不超过二次（例如：$y=\sin 4x+\sin 2x\cos 2x$），因为在对函数形式变化过程中，升幂的同时会降角（二倍角变为一倍角），降幂的同时会升角（一倍角变为二倍角），故角（几倍角，例如：$\sin 4x$ 为 4 倍角）幂（几次幂，例如：$\sin 2x\cos 2x$ 为 2 次幂）的乘积是守恒不变的，称之为角幂积，用 ω_0 表示（例如：$y=\sin 4x+\sin 2x\cos 2x$ 的角幂积为 $\omega_0=4$）. 若函数相加的每部分角幂积均相同，称之为齐角幂.

考点剖析

1. 角幂分析 → 头哥说：角幂分析是研究正余弦复杂函数的重要步骤，若为齐角幂的情况，则函数可化为正弦型函数；若不是齐角幂的情况，则无法化成正弦型函数.

对于正弦、余弦构成的复杂函数，首先进行角幂分析，若为齐角幂的情况，则可以化为 $y=A\sin(\omega_0 x+\varphi)+B$ 的形式（其中 ω_0 为原函数的角幂积）. 特别地，对于求周期的情况，无须进行函数化简，直接利用 $T=\dfrac{2\pi}{\omega_0}$ 计算即可.

【例 1】函数 $y=\sin\left(2x-\dfrac{\pi}{4}\right)-2\sqrt{2}\sin^2 x$ 的周期为 _____.

解析 由题得原函数为齐角幂,角幂积为 2,所以 $T=\dfrac{2\pi}{2}=\pi$.

> 齐角幂算周期,无须化简.

答案 π.

【例 2】 函数 $f(x)=\cos^2\left(\omega x-\dfrac{\pi}{6}\right)+\sin 2\omega x$ 最小正周期为 $\dfrac{\pi}{5}$,其中 $\omega>0$,则 $\omega=$ _____.

解析 由题得原函数为齐角幂,角幂积为 2ω,

> 齐角幂算周期,无须化简.

所以 $T=\dfrac{2\pi}{2\omega}=\dfrac{\pi}{5}$,解得 $\omega=5$.

答案 5.

> 头哥说:换轴法的本质是通过复合函数进行分析,要求 $\omega>0$,这样才能保证 $y=\sin u$ 的单调性与原函数一致. 结合角幂分析,只有齐角幂的情况才可以化为正弦型函数,从而应用换轴法.

2. 齐次复合:换轴法

对于函数 $y=\sin(\omega x+\varphi)$($\omega>0$)的图像,若在 xOy 坐标系内去画图,函数图像会随着 ω 与 φ 的变化而变化,换一个思路,如果把 x 轴换为 $u=\omega x+\varphi$ 轴,则函数图像为标准正弦图像 $y=\sin u$,ω 与 φ 的变化不影响函数图像,只影响 u 轴上的区间,图像不变区间变,分析过程更为简便.

对于 $y=A\sin(\omega x+\varphi)$ 的图像,只需振幅相应改变即可.

对于 $\omega<0$ 的情况,$y=\sin(\omega x+\varphi)=-[\sin(-\omega x-\varphi)]$,相应图像变为 $y=-\sin u$ 的图像.

对于函数 $y=\cos(\omega x+\varphi)$($\omega>0$)的图像,同理可知.

【例 3】 已知函数 $f(x)=\sin\left(\dfrac{\pi}{2}-x\right)\sin x-\sqrt{3}\cos^2 x$.

(1)求函数 $f(x)$ 的最小正周期和最大值;

(2)讨论函数 $f(x)$ 在区间 $\left[\dfrac{\pi}{6},\dfrac{2\pi}{3}\right]$ 上的单调性.

解析 (1)由题得

> 齐角幂,化为正弦型函数.

$$f(x)=\cos x\sin x-\sqrt{3}\cos^2 x=\dfrac{1}{2}\sin 2x-\dfrac{\sqrt{3}}{2}\cos 2x-\dfrac{\sqrt{3}}{2}=\sin\left(2x-\dfrac{\pi}{3}\right)-\dfrac{\sqrt{3}}{2},$$

所以周期 $T=\pi$,最大值为 $1-\dfrac{\sqrt{3}}{2}$.

(2)由 $x\in\left[\dfrac{\pi}{6},\dfrac{2\pi}{3}\right]$,得 $2x-\dfrac{\pi}{3}\in[0,\pi]$, ——> 实际为换轴法.

由 $0\leqslant 2x-\dfrac{\pi}{3}\leqslant\dfrac{\pi}{2}$,可得 $x\in\left[\dfrac{\pi}{6},\dfrac{5\pi}{12}\right]$,所以单增区间为 $\left[\dfrac{\pi}{6},\dfrac{5\pi}{12}\right]$;

由 $\dfrac{\pi}{2}\leqslant 2x-\dfrac{\pi}{3}\leqslant\pi$,可得 $x\in\left[\dfrac{5\pi}{12},\dfrac{2\pi}{3}\right]$,所以单减区间为 $\left[\dfrac{5\pi}{12},\dfrac{2\pi}{3}\right]$.

答案 (1)周期为 π,最大值为 $1-\dfrac{\sqrt{3}}{2}$;(2)单增区间 $\left[\dfrac{\pi}{6},\dfrac{5\pi}{12}\right]$,单减区间 $\left[\dfrac{5\pi}{12},\dfrac{2\pi}{3}\right]$.

【例 4】 设函数 $f(x)=\sin\left(2x+\dfrac{\pi}{6}\right)$,$x\in\left[-\dfrac{\pi}{6},a\right]$ 的值域是 $\left[-\dfrac{1}{2},1\right]$,则实数 a 的取值范围是 _____.

解析 由 $x\in\left[-\dfrac{\pi}{6},a\right]$，得 $2x+\dfrac{\pi}{6}\in\left[-\dfrac{\pi}{6},2a+\dfrac{\pi}{6}\right]$，以"$2x+\dfrac{\pi}{6}$"为整体角,画出下列图像.

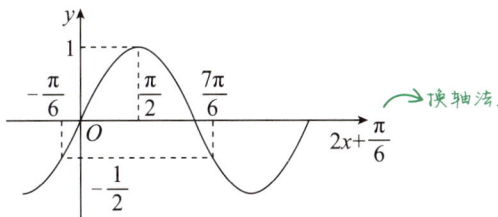

由图得 $\dfrac{\pi}{2}\leqslant 2a+\dfrac{\pi}{6}\leqslant\dfrac{7\pi}{6}$，解得 $a\in\left[\dfrac{\pi}{6},\dfrac{\pi}{2}\right]$.

答案 $\left[\dfrac{\pi}{6},\dfrac{\pi}{2}\right]$.

【例 5】 已知函数 $f(x)=\sin 2x+a\cos 2x$ 的图像关于直线 $x=-\dfrac{\pi}{8}$ 对称,则 a 的值为

_____.

解析 由题得

➡ 齐角幂,可利用辅助角公式化为正弦型函数.

$$f(x)=\sqrt{1+a^2}\left(\dfrac{1}{\sqrt{1+a^2}}\sin 2x+\dfrac{a}{\sqrt{1+a^2}}\cos 2x\right)=\sqrt{1+a^2}\sin(2x+\varphi)，\text{其中 }\tan\varphi=a，$$画

图如下.

此题也可求导去做,易知 $x=-\dfrac{\pi}{8}$ 为极值点,$f'(x)=2\cos 2x-2a\sin 2x$，由 $f'\left(-\dfrac{\pi}{8}\right)=0$，解得 $a=-1$.

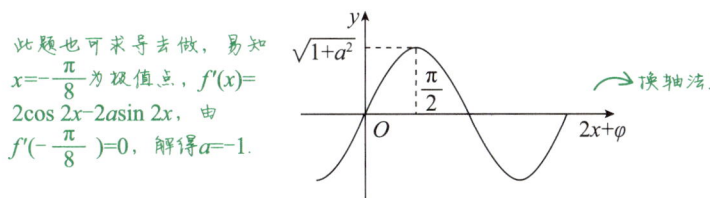

由图得 $2\times\left(-\dfrac{\pi}{8}\right)+\varphi=\dfrac{\pi}{2}+k\pi$，即 $\varphi=\dfrac{3\pi}{4}+k\pi,k\in\mathbf{Z}$，所以 $a=\tan\varphi=-1$.

答案 -1.

【例 6】 已知 $f(x)=\sin\left(\omega x+\dfrac{\pi}{4}\right)(\omega>0)$ 在 $\left(\dfrac{\pi}{2},\pi\right)$ 上单调递减,则 ω 的取值范围为

_____.

解析 由 $x\in\left(\dfrac{\pi}{2},\pi\right)$，得 $\omega x+\dfrac{\pi}{4}\in\left(\dfrac{\omega\pi}{2}+\dfrac{\pi}{4},\omega\pi+\dfrac{\pi}{4}\right)$，画图如下.

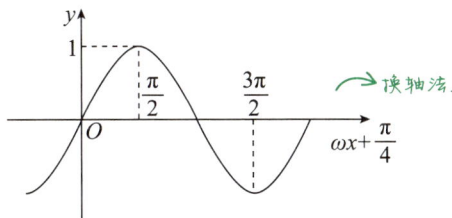

由图得 $\dfrac{\pi}{2}+2k\pi\leqslant\dfrac{\omega\pi}{2}+\dfrac{\pi}{4}<\omega\pi+\dfrac{\pi}{4}\leqslant\dfrac{3\pi}{2}+2k\pi$，即 $\dfrac{1}{2}+4k\leqslant\omega\leqslant\dfrac{5}{4}+2k,k\in\mathbf{Z}$.

又 $\omega>0$ 知 $k\geqslant 0$，且 $\dfrac{1}{2}+4k\leqslant\dfrac{5}{4}+2k$，可得 $k\leqslant\dfrac{3}{8}$，于是 $k=0$，所以 $\omega\in\left[\dfrac{1}{2},\dfrac{5}{4}\right]$.

答案 $\left[\dfrac{1}{2},\dfrac{5}{4}\right]$.

3. 非齐次复合 —→ 头哥说：角幂分析是判定齐次复合与非齐次复合的关键.

通过角幂分析，若函数不是齐角幂的情况(例如：$y=\sin x+\cos 2x$，$y=\sin x+\sin 2x$)，则无法化为正弦型函数，此时往往通过二次复合(例如：$y=\sin x+\cos 2x=\sin x+1-2\sin^2 x$)或求导(例如：$y=\sin x+\sin 2x$，$y'=\cos x+2\cos 2x$)进行处理.

【例 7】 函数 $f(x)=\cos 2x+6\cos\left(\dfrac{\pi}{2}-x\right)$ 的最大值为　　　　　　　(　　)

A. 4　　　　　　　B. 5　　　　　　　C. 6　　　　　　　D. 7

解析 由题得 $f(x)=\cos 2x+6\sin x=-2\sin^2 x+6\sin x+1$，$\sin x\in[-1,1]$，

记 $u=\sin x$，则原函数为 $y=-2u^2+6u+1$，$u\in[-1,1]$，　—→ 二次复合.

所以 $u=1$ 时，最大值为 5.

答案 B.

【例 8】 函数 $f(x)=\sin x+\cos x-\sin x\cos x+1$ 的值域是 _____.

解析 设 $t=\sin x+\cos x$，　—→ 二次复合.

由题得原函数为 $y=t-\dfrac{t^2-1}{2}+1=-\dfrac{1}{2}t^2+t+\dfrac{3}{2}$，$t\in[-\sqrt{2},\sqrt{2}]$，

所以 $t=1$ 时，最大值为 2，$t=-\sqrt{2}$ 时，最小值为 $\dfrac{1}{2}-\sqrt{2}$，

于是原函数的值域为 $\left[\dfrac{1}{2}-\sqrt{2},2\right]$.

答案 $\left[\dfrac{1}{2}-\sqrt{2},2\right]$.

【例 9】 若函数 $f(x)=x-\dfrac{1}{3}\sin 2x+a\sin x$ 在 $(-\infty,+\infty)$ 单调递增，则 a 的取值范围是

　　　　　　　　　　　　　　　　　　　　　　　　　　　　　　　　　(　　)

A. $[-1,1]$　　　　　B. $\left[-1,\dfrac{1}{3}\right]$　　　　　C. $\left[-\dfrac{1}{3},\dfrac{1}{3}\right]$　　　　　D. $\left[-1,-\dfrac{1}{3}\right]$

解析 由题得 $f'(x)=1-\dfrac{2}{3}\cos 2x+a\cos x\geqslant 0$ 恒成立，　—→ 原函数无法二次复合，故求导分析.

即 $-4\cos^2 x+3a\cos x+5\geqslant 0$ 恒成立，设 $t=\cos x$，知 $t\in[-1,1]$，

于是 $-4t^2+3at+5\geqslant 0$ 在 $t\in[-1,1]$ 恒成立，　—→ 求导后可二次复合.

所以 $\begin{cases}-4(-1)^2+3a(-1)+5\geqslant 0\\-4\times 1^2+3a\times 1+5\geqslant 0\end{cases}$，解得 $a\in\left[-\dfrac{1}{3},\dfrac{1}{3}\right]$.

答案 C.

4. 已知图像求解析式 —→ 头哥说：如果为余弦型函数，则只需将后半句口诀改为"最大点来负欧米"，即找到离原点最近的最大值点，乘一 ω 即可算出 φ.

对于题目给出 $y=A\sin(\omega x+\varphi)$ 图像，求其解析式的问题，可利用头哥独创口诀"先看振幅后周期，升零点乘负欧米"快速处理. 首先根据图像的振幅得到 A，根据 x 轴上标的数值计算周期 T，利用 $\omega=\dfrac{2\pi}{T}$ 得到 ω；然后较为麻烦的 φ 值求解，找到函数的升零点，即上升阶段(单增)的零点 x_0，乘一 ω，直接得到 φ，即 $\varphi=x_0\cdot(-\omega)$.

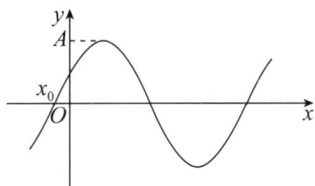

注意:由于函数的升零点有无穷多个,φ 值亦有无穷多个,而往往题目需要的 φ 为绝对值最小的那个,所以找升零点时,只需找离原点最近的升零点即可.

【例 10】函数 $f(x)=\sin(\omega x+\varphi)(\omega>0,0\leq\varphi<2\pi)$ 的图像的一部分如图所示,则此函数的解析式为_____.

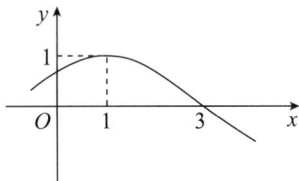

解析 由题得 $\dfrac{T}{4}=3-1=2$,$T=8$,$\omega=\dfrac{2\pi}{T}=\dfrac{\pi}{4}$.

升零点为 -1,所以 $\varphi=(-1)\cdot\left(-\dfrac{\pi}{4}\right)=\dfrac{\pi}{4}$,所以 $f(x)=\sin\left(\dfrac{\pi}{4}x+\dfrac{\pi}{4}\right)$.

答案 $f(x)=\sin\left(\dfrac{\pi}{4}x+\dfrac{\pi}{4}\right)$.

【例 11】函数 $f(x)=2\sin(\omega x+\varphi)\left(\omega>0,-\dfrac{\pi}{2}<\varphi<\dfrac{\pi}{2}\right)$ 的图像的一部分如图所示,则此函数的解析式为_____.

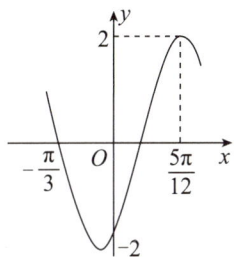

解析 由题得 $\dfrac{3T}{4}=\dfrac{5\pi}{12}-\left(-\dfrac{\pi}{3}\right)=\dfrac{3\pi}{4}$,$T=\pi$,$\omega=\dfrac{2\pi}{T}=2$.

升零点为 $\dfrac{5\pi}{12}-\dfrac{1}{4}T=\dfrac{\pi}{6}$,所以 $\varphi=\dfrac{\pi}{6}\cdot(-2)=-\dfrac{\pi}{3}$,所以 $f(x)=2\sin\left(2x-\dfrac{\pi}{3}\right)$.

答案 $f(x)=2\sin\left(2x-\dfrac{\pi}{3}\right)$.

高考链接

【高 1】(2022 全国甲理 11,5 分)设函数 $f(x)=\sin\left(\omega x+\dfrac{\pi}{3}\right)$ 在区间 $(0,\pi)$ 恰有三个极值点、两个零点,则 ω 的取值范围是 ( )

A. $\left[\dfrac{5}{3},\dfrac{13}{6}\right)$ B. $\left[\dfrac{5}{3},\dfrac{19}{6}\right)$ C. $\left(\dfrac{13}{6},\dfrac{8}{3}\right]$ D. $\left(\dfrac{13}{6},\dfrac{19}{6}\right)$

【高 2】(2022 全国乙理 15,5 分)记函数 $f(x)=\cos(\omega x+\varphi)(\omega>0,0<\varphi<\pi)$ 的最小正周

期为 T，若 $f(T)=\dfrac{\sqrt{3}}{2}$，$x=\dfrac{\pi}{9}$ 为 $f(x)$ 的零点，则 ω 的最小值为_____．

【高3】（2022 新高考一 6，5分）记函数 $f(x)=\sin\left(\omega x+\dfrac{\pi}{4}\right)+b(\omega>0)$ 的最小正周期为 T．若 $\dfrac{2\pi}{3}<T<\pi$，且 $y=f(x)$ 的图像关于点 $\left(\dfrac{3\pi}{2},2\right)$ 中心对称，则 $f\left(\dfrac{\pi}{2}\right)=$ （　　）

A. 1　　　　　　　B. $\dfrac{3}{2}$　　　　　　　C. $\dfrac{5}{2}$　　　　　　　D. 3

【高4】（2022 新高考二 9 多选，5分）已知函数 $f(x)=\sin(2x+\varphi)(0<\varphi<\pi)$ 的图像关于点 $\left(\dfrac{2\pi}{3},0\right)$ 中心对称，则 （　　）

A. $f(x)$ 在 $\left(0,\dfrac{5\pi}{12}\right)$ 单调递减

B. $f(x)$ 在 $\left(-\dfrac{\pi}{12},\dfrac{11\pi}{12}\right)$ 有两个极值点

C. 直线 $x=\dfrac{7\pi}{6}$ 是曲线 $y=f(x)$ 的一条对称轴

D. 直线 $y=\dfrac{\sqrt{3}}{2}-x$ 是曲线 $y=f(x)$ 的切线

【高5】（2022 北京 5，4分）已知函数 $f(x)=\cos^2 x-\sin^2 x$，则 （　　）

A. $f(x)$ 在 $\left(-\dfrac{\pi}{2},-\dfrac{\pi}{6}\right)$ 上单调递减　　　　B. $f(x)$ 在 $\left(-\dfrac{\pi}{4},\dfrac{\pi}{12}\right)$ 上单调递增

C. $f(x)$ 在 $\left(0,\dfrac{\pi}{3}\right)$ 上单调递减　　　　　　D. $f(x)$ 在 $\left(\dfrac{\pi}{4},\dfrac{7\pi}{12}\right)$ 上单调递增

【高6】（2022 北京 13，5分）若函数 $f(x)=A\sin x-\sqrt{3}\cos x$ 的一个零点为 $\dfrac{\pi}{3}$，则 $A=$ _____；$f\left(\dfrac{\pi}{12}\right)=$ _____．

【高7】（2021 新高考一 4，5分）下列区间中，函数 $f(x)=7\sin\left(x-\dfrac{\pi}{6}\right)$ 单调递增的区间是 （　　）

A. $\left(0,\dfrac{\pi}{2}\right)$　　　　B. $\left(\dfrac{\pi}{2},\pi\right)$　　　　C. $\left(\pi,\dfrac{3\pi}{2}\right)$　　　　D. $\left(\dfrac{3\pi}{2},2\pi\right)$

【高8】（2018 全国 2 理 10，5分）若 $f(x)=\cos x-\sin x$ 在 $[-a,a]$ 是减函数，则 a 的最大值是 （　　）

A. $\dfrac{\pi}{4}$　　　　　　B. $\dfrac{\pi}{2}$　　　　　　C. $\dfrac{3\pi}{4}$　　　　　　D. π

【高9】（2018 全国 3 理 15，5分）函数 $f(x)=\cos\left(3x+\dfrac{\pi}{6}\right)$ 在 $[0,\pi]$ 的零点个数为_____．

【高10】（2021 北京 7，4分）函数 $f(x)=\cos x-\cos 2x$，试判断函数的奇偶性及最大值 （　　）

A. 奇函数，最大值为 2　　　　　　　　B. 偶函数，最大值为 2

C. 奇函数,最大值为 $\dfrac{9}{8}$ D. 偶函数,最大值为 $\dfrac{9}{8}$

【高 11】(2018 全国 3 文 6,5 分)函数 $f(x)=\dfrac{\tan x}{1+\tan^2 x}$ 的最小正周期为 （　　）

A. $\dfrac{\pi}{4}$ B. $\dfrac{\pi}{2}$ C. π D. 2π

【高 12】(2020 全国 1 理 9,5 分)已知 $\alpha\in(0,\pi)$,且 $3\cos 2\alpha-8\cos\alpha=5$,$\sin\alpha=$ （　　）

A. $\dfrac{\sqrt{5}}{3}$ B. $\dfrac{2}{3}$ C. $\dfrac{1}{3}$ D. $\dfrac{\sqrt{5}}{9}$

【高 13】(2020 全国 1 文 15,5 分)函数 $f(x)=\sin\left(2x+\dfrac{3\pi}{2}\right)-3\cos x$ 的最小值为 _____.

【高 14】(2021 全国甲理 16,5 分)已知函数 $f(x)=2\cos(\omega x+\varphi)$ 的部分图像如图所示,则满足条件 $\left(f(x)-f\left(-\dfrac{7\pi}{4}\right)\right)\left(f(x)-f\left(\dfrac{4\pi}{3}\right)\right)>0$ 的最小正整数 x 为 _____.

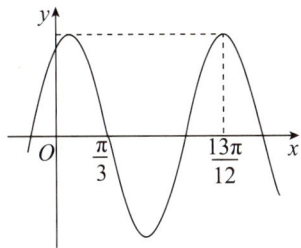

【高 15】(2019 全国 2 文 8,5 分)若 $x_1=\dfrac{\pi}{4}$,$x_2=\dfrac{3\pi}{4}$ 是函数 $f(x)=\sin\omega x\,(\omega>0)$ 两个相邻的极值点,则 $\omega=$ （　　）

A. 2   B. $\dfrac{3}{2}$ C. 1   D. $\dfrac{1}{2}$

【高 16】(2020 全国 1 理 7/文 7,5 分)设函数 $f(x)=\cos\left(\omega x+\dfrac{\pi}{6}\right)$ 在 $[-\pi,\pi]$ 的图像大致如下图所示,则 $f(x)$ 的最小正周期为 （　　）

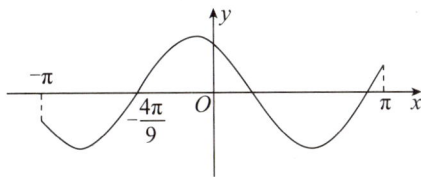

A. $\dfrac{10\pi}{9}$ B. $\dfrac{7\pi}{6}$ C. $\dfrac{4\pi}{3}$ D. $\dfrac{3\pi}{2}$

【高 17】(2020 新高考一 10 多选,5 分)下图是函数 $y=\sin(\omega x+\varphi)$ 的部分图像,则 $\sin(\omega x+\varphi)=$ （　　）

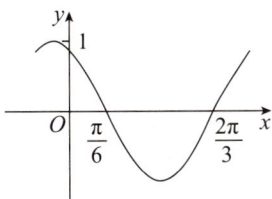

A. $\sin\left(x+\dfrac{\pi}{3}\right)$ B. $\sin\left(\dfrac{\pi}{3}-2x\right)$ C. $\cos\left(2x+\dfrac{\pi}{6}\right)$ D. $\cos\left(\dfrac{5\pi}{6}-2x\right)$

第五章　解三角形

头哥说：在一个三角形中，有三条边、三个角共六个要素，知道其中三个（至少知道一条边），即可求出另外三个，这是解三角形最基本的思想。

第 1 节　正弦定理与余弦定理

知识梳理

基础知识

1. 正弦定理 → 正弦定理的重要推论是"大角大边大正弦"，此为初中"大边对大角"的拓展。

$$\frac{a}{\sin A}=\frac{b}{\sin B}=\frac{c}{\sin C}=2R(R \text{ 为三角形外接圆半径}).$$

2. 余弦定理 → 虽然两组式子可以通过变形得到，但是使用频率都很高，要求都背下来。

(1)求边：$a^2=b^2+c^2-2bc\cos A$，$b^2=a^2+c^2-2ac\cos B$，$c^2=a^2+b^2-2ab\cos C$；

(2)求角：$\cos A=\dfrac{b^2+c^2-a^2}{2bc}$，$\cos B=\dfrac{a^2+c^2-b^2}{2ac}$，$\cos C=\dfrac{a^2+b^2-c^2}{2ab}$.

3. 常用面积公式

(1)$S=\dfrac{1}{2}ah_a=\dfrac{1}{2}bh_b=\dfrac{1}{2}ch_c(h_a,h_b,h_c$ 分别表示边 a,b,c 上的高)；

(2)$S=\dfrac{1}{2}ab\sin C=\dfrac{1}{2}ac\sin B=\dfrac{1}{2}bc\sin A$；→ 此组公式在解三角形中应用最多，最为重要。

(3)$S=rp(r$ 为内切圆半径，p 为周长的一半，称为半周长). → "人品公式"，当涉及内切圆半径时使用。

二级结论

→ 头哥说：单一解意味着可以确定唯一三角形，即所有满足条件的三角形全等，所以单一解条件与初中证明三角形全等的情况是一致的。

1. 单一解条件

(1)已知两角一边：AAS，ASA；

(2)已知两边一夹角：SAS；

(3)已知三边：SSS.

2. 多解条件

已知两边一对角：SSA. → SSA 无法证明三角形全等，因为可能会出现多解。

	A 为锐角				A 为钝角或直角	
图形						
条件	$a=b\sin A$	$b\sin A<a<b$	$a\geqslant b$		$a>b$	
解的个数	一解	两解	一解		一解	

考点剖析

1. 单一解情形 → 头导说：单一解情形符合"马太效应"，知道的边多就先求边，知道的角多就先求角.

对于已知两角一边的情况（例如：已知 A,B,c），先利用内角和为 $180°$，求出第三角 [例如：$C=180°-A-B$ 或 $\sin C=\sin(A+B)$]，然后利用正弦定理求剩余两条边.

对于已知两边一夹角的情况（例如：已知 a,b,C），先利用余弦定理求出第三边（例如：$c^2=a^2+b^2-2ab\cos C$），然后利用正弦定理求剩余两角.

对于已知三边的情况（例如：已知 a,b,c），先利用余弦定理求出一个角（例如：$\cos C=\dfrac{a^2+b^2-c^2}{2ab}$），

一般求最大角（最大边所对角），因为最大角是唯一可能是钝角的角，余弦值确定唯一角度，剩余两角必为锐角，可由正弦值确定唯一角度.

然后利用正弦定理求剩余两角.

【例1】设 $\triangle ABC$ 的内角 A,B,C 的对边分别为 a,b,c. 若 $\sin A=\dfrac{3}{5}$，$\cos C=\dfrac{5}{13}$，$a=1$，则 $b=$ _____.

大边大角大正弦.　　已知两角一边.

解析 由题得 $\sin C=\dfrac{12}{13}>\sin A$，故 $C>A$，于是 A 为锐角，所以 $\cos A=\dfrac{4}{5}$，

所以 $\sin B=\sin(A+C)=\sin A\cos C+\cos A\sin C=\dfrac{63}{65}$.

又 $\dfrac{a}{\sin A}=\dfrac{b}{\sin B}$，即 $\dfrac{1}{\frac{3}{5}}=\dfrac{b}{\frac{63}{65}}$，得 $b=\dfrac{21}{13}$.

答案 $\dfrac{21}{13}$.

【例2】在 $\triangle ABC$ 中，已知 $a=2\sqrt{2}$，$b=2\sqrt{3}$，$C=15°$，则 $B=$ _____.

已知两边一夹角.

解析 由题得 $c^2=a^2+b^2-2ab\cos C=20-2\times2\sqrt{2}\times2\sqrt{3}\times\dfrac{\sqrt{6}+\sqrt{2}}{4}=8-4\sqrt{3}=(\sqrt{6}-\sqrt{2})^2$，

解得 $c=\sqrt{6}-\sqrt{2}$. $\sin C=\sin(60°-45°)=\dfrac{\sqrt{6}-\sqrt{2}}{4}$.

又 $\dfrac{b}{\sin B}=\dfrac{c}{\sin C}$，即 $\dfrac{2\sqrt{3}}{\sin B}=\dfrac{\sqrt{6}-\sqrt{2}}{\frac{\sqrt{6}-\sqrt{2}}{4}}$，

得 $\sin B=\dfrac{\sqrt{3}}{2}$，于是 $B=120°$ 或 $B=60°$.

又 $a<b$，故 $A<B$，当 $B=60°$ 时，$A=180°-B-C=105°>B$，不满足题意，舍去.

所以 $B=120°$. → 大边大角大正弦.

答案 $120°$.

【例3】 边长为 $5,7,8$ 的三角形中，最大角与最小角的和是 _____. → 已知三边.

解析 令 $a=5,b=7,c=8$，易知 A 为最小角，C 为最大角，→ 大边大角大正弦.

由 $\cos B=\dfrac{a^2+c^2-b^2}{2ac}=\dfrac{25+64-49}{2\times5\times8}=\dfrac{1}{2}$，$B=60°$，→ 无须把最大最小角都求出来，只需求中间角即可.

所以 $A+C=180°-B=120°$.

答案 $120°$.

2. 多解情形 → 头哥说：已知两边一对角可能出现多解（最多 2 解），但是不一定多解，需要根据具体情况确定解的个数.

对于已知两边一对角的情况（例如：已知 a,b,A），处理方法取决于题目所求.

若题目要求角（B 或 C），则直接利用正弦定理求解 $\left[\text{例如：由 }\dfrac{a}{\sin A}=\dfrac{b}{\sin B}\text{ 解出 }B\text{，再由}\right.$

$\left.C=180°-A-B\text{ 或 }\sin C=\sin(A+B)\text{ 解出 }C\right]$，此时可能会出现多解，利用"大角大边大正弦"

确定是否需要舍解.

若题目要求第三边（c），则直接利用余弦定理求解（例如：$a^2=b^2+c^2-2bc\cos A$，构造关于

c 的一元二次方程，解出 c），此时可能会出现多解，舍去负根，保留正根即可.

【例4】 设 $\triangle ABC$ 的内角 A,B,C 的对边分别为 a,b,c. 若 $A=45°$，$a=2$，$c=\sqrt{6}$，则 $B=$

_____.

→ 已知两边一对角，求角，用正弦定理.

解析 由题得 $\dfrac{a}{\sin A}=\dfrac{c}{\sin C}$，即 $\dfrac{2}{\frac{\sqrt{2}}{2}}=\dfrac{\sqrt{6}}{\sin C}$，得 $\sin C=\dfrac{\sqrt{3}}{2}$，

于是 $C=60°$ 或 $C=120°$，所以 $B=75°$ 或 $B=15°$. → 两解均满足"大角大边大正弦"，故都保留.

答案 $75°$ 或 $15°$.

【例5】 设 $\triangle ABC$ 的内角 A,B,C 的对边分别为 a,b,c. 若 $A=60°$，$a=3$，$b=\sqrt{3}$，则 $C=$

_____.

→ 已知两边一对角，求角，用正弦定理.

解析 由题得 $\dfrac{a}{\sin A}=\dfrac{b}{\sin B}$，即 $\dfrac{3}{\frac{\sqrt{3}}{2}}=\dfrac{\sqrt{3}}{\sin B}$，得 $\sin B=\dfrac{1}{2}$，

于是 $B=30°$ 或 $B=150°$（舍），所以 $C=90°$. → $B=150°$ 不满足"大角大边大正弦"，舍去.

答案 $90°$.

【例6】 在 $\triangle ABC$ 中，已知 $AB=\sqrt{13}$，$BC=3$，$C=120°$，则 $AC=$ _____.

→ 已知两边一对角，求边，用余弦定理.

解析 由题得 $c=\sqrt{13}$，$a=3$，

于是 $c^2=a^2+b^2-2ab\cos C$，可得 $13=9+b^2-2\times3\times b\times\left(-\dfrac{1}{2}\right)$，

即 $b^2+3b-4=0$，解得 $b=1$ 或 $b=-4$(舍). $\longrightarrow$ *b=-4 为负，舍去.*

答案 1.

【例 7】 在 $\triangle ABC$ 中，已知 $a=\sqrt{5}$，$b=\sqrt{15}$，$A=30°$，则 $c=$ _____.

解析 由题得 $a^2=b^2+c^2-2bc\cos A$，于是 $5=15+c^2-2\times\sqrt{15}\times c\times\dfrac{\sqrt{3}}{2}$，

即 $c^2-3\sqrt{5}c+10=0$，解得 $c=\sqrt{5}$ 或 $c=2\sqrt{5}$. $\longrightarrow$ *两根均为正，故都保留.*

答案 $2\sqrt{5}$ 或 $\sqrt{5}$.

头哥说：已知一边一对角的情况，关键是会画出外接圆，结合动态变化进行分析. 记住面积类、周长类变化范围的结论："重合"时最小（取不到），"最高点"处最大.

3.一边一对角 $\longrightarrow$

对于已知一边一对角的情况(例如：已知 a，A)，虽然无法解三角形，但是却可以确定该三角形的外接圆(例如：如图 1 所示，固定点为 B，C，点 A 在优弧 BC 上运动时所有三角形均满足题意). 于是可以借助于外接圆分析几类范围问题.

(1)单边范围 $\longrightarrow$ *单边的取值范围无须记忆，要会分析.*

根据对称性，可知边 b 与边 c 的取值范围是相同的，当 A 与 C 重合时，b 最小为 0(取不到)，当 A 与 B 重合时，c 最小为 0(取不到). 当 AC 过圆心时，b 最大为 $2R$，当 AB 过圆心时，c 最大为 $2R$. 所以 b，$c\in(0,2R]$. 此结论是 A 为锐角的情形；若 A 为钝角或直角，则 b，$c\in(0,a)$.

(2)面积类范围 $\longrightarrow$ *面积或 bc 均是在 A 与 B（或 C）重合时，最小为 0（取不到），"最高点"处最大.*

对于 $\triangle ABC$，底边 a 确定，三角形面积与高成正比，所以当 A 与 C(或 B)重合时，面积最小为 0(取不到)，当 A 在"最高点"时(如图 2 所示)，面积最大. 由于 $S=\dfrac{1}{2}bc\sin A$，所以 bc 与面积变化情形完全一致.

(3)周长类范围 $\longrightarrow$ *周长与面积变化一致，即在 A 与 B（或 C）重合时最小（取不到），"最高点"处最大.*

由余弦定理 $a^2=b^2+c^2-2bc\cos A=(b+c)^2-2bc(1+\cos A)$，可得 $(b+c)^2=a^2+2bc(1+\cos A)$，于是 $(b+c)^2$(或 $b+c$)与 bc(或面积)变化情形完全一致，故三角形周长与面积变化情形完全一致.

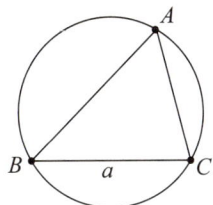

图1

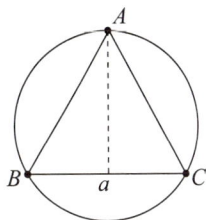

图2

【例 8】 设 $\triangle ABC$ 的内角 A，B，C 的对边分别为 a，b，c，已知 $a=\sqrt{3}$，$A=60°$，则 bc 的最大值为 _____.

解析 由题得 A 在"最高点"时，bc 取得最大值，此时 $\triangle ABC$ 为正三角形，

$b=c=a=\sqrt{3}$ ，所以 $(bc)_{\max}=3$.

答案 3 .

【例9】设 $\triangle ABC$ 的内角 A,B,C 的对边分别为 a,b,c ，已知 $A=\dfrac{\pi}{3}$ ，$a=2$ ，则 $\triangle ABC$ 周长的取值范围为_____，b^2+c^2 的取值范围为_____.

解析 由余弦定理 $a^2=b^2+c^2-2bc\cos A$ ，即 $b^2+c^2=4+bc$ ，

于是 b^2+c^2 与 bc 变化情形完全一致，   *→利用余弦定理将 b^2+c^2 转化为面积类.*

所以 A 在"最高点"时，周长 $a+b+c$ 与 b^2+c^2 取得最大值，

此时 $\triangle ABC$ 为正三角形，即 $b=c=a=2$ ，$(a+b+c)_{\max}=6$ ，$(b^2+c^2)_{\max}=8$.

在 A 与 C "重合"时 $a+b+c$ 与 b^2+c^2 最小，但取不到，

此时 $c=2$ (取不到)，$b=0$ (取不到)，

$(a+b+c)_{\min}=4$ (取不到)，$(b^2+c^2)_{\min}=4$ (取不到).

所以 $a+b+c\in(4,6]$ ，$b^2+c^2\in(4,8]$.

答案 $(4,6]$ ；$(4,8]$.

4. 利用余弦定理求面积 *→头哥说：余弦定理与面积公式要列对应的，即两公式包含的角需是同一个角.*

三角形的面积公式涉及两边一夹角，余弦定理也涉及两边一夹角，因此面积公式与余弦定理经常一起考查。做题时，如果题目中出现"面积"二字，则除了想到面积公式之外，还要列出对应的余弦定理.

【例10】设 $\triangle ABC$ 的内角 A,B,C 的对边分别为 a,b,c . 若 $c^2=(a-b)^2+6$ ，$C=\dfrac{\pi}{3}$ ，则 $\triangle ABC$ 的面积为_____.

解析 由题得 $c^2=a^2+b^2-2ab+6$ ，

由余弦定理得 $c^2=a^2+b^2-2ab\cos C=a^2+b^2-ab$ ，

解得 $ab=6$ ，所以 $S_{\triangle ABC}=\dfrac{1}{2}ab\sin C=\dfrac{3\sqrt{3}}{2}$.

答案 $\dfrac{3\sqrt{3}}{2}$.

【例11】设 $\triangle ABC$ 的内角 A,B,C 的对边分别为 a,b,c . 若 $\triangle ABC$ 的面积为 $3\sqrt{15}$ ，$b-c=2$ ，$\cos A=-\dfrac{1}{4}$ ，则 $a=$ _____.

解析 由题得 $\sin A=\dfrac{\sqrt{15}}{4}$ ，$S_{\triangle ABC}=\dfrac{1}{2}bc\sin A=3\sqrt{15}$ ，得 $bc=24$ ，

又由余弦定理得 $a^2=b^2+c^2-2bc\cos A=b^2+c^2+\dfrac{1}{2}bc=(b-c)^2+\dfrac{5}{2}bc=64$，

无须把 b,c 均解出来，配方整体代换即可.

于是 $a=8,a=-8$(舍).

答案 8.

【例 12】 设 $\triangle ABC$ 的内角 A,B,C 的对边分别为 a,b,c. 若 $\triangle ABC$ 的面积为 $S,2S=(a+b)^2-c^2$，则 $\tan C=$ _____.

解析 由题得 $2S=ab\sin C=(a+b)^2-c^2$.

又由余弦定理 $c^2=a^2+b^2-2ab\cos C$，

一次型，平方变为二次型，再弦化切. 参照"第四章第 2 节'考点剖析'中的'弦化切'".

得 $2ab+2ab\cos C=ab\sin C$.

于是 $\sin C-2\cos C=2$. ①

①式两边平方可得 $\sin^2 C-4\sin C\cos C+4\cos^2 C=4$，

即 $\sin^2 C-4\sin C\cos C+4\cos^2 C=4(\sin^2 C+\cos^2 C)$，

即 $3\sin^2 C+4\sin C\cos C=0$.

于是 $\tan C=-\dfrac{4}{3}$.

答案 $-\dfrac{4}{3}$.

高考链接

【高1】 (2020 全国 3 理 7,5 分)在 $\triangle ABC$ 中,$\cos C=\dfrac{2}{3},AC=4,BC=3$,则 $\cos B=$

( )

A. $\dfrac{1}{9}$ B. $\dfrac{1}{3}$ C. $\dfrac{1}{2}$ D. $\dfrac{2}{3}$

【高2】 (2018 全国 2 理 6/文 7,5 分)在 $\triangle ABC$ 中,$\cos\dfrac{C}{2}=\dfrac{\sqrt{5}}{5},BC=1,AC=5$,则 $AB=$

( )

A. $4\sqrt{2}$ B. $\sqrt{30}$ C. $\sqrt{29}$ D. $2\sqrt{5}$

【高3】 (2021 全国乙理 15,5 分)记 $\triangle ABC$ 的内角 A,B,C 的对边分别为 a,b,c,面积为 $\sqrt{3},B=60°,a^2+c^2=3ac$,则 $b=$ _____.

【高4】 (2019 全国 2 理 15,5 分)设 $\triangle ABC$ 的内角 A,B,C 的对边分别为 a,b,c. 若 $b=6,a=2c,B=\dfrac{\pi}{3}$,则 $\triangle ABC$ 的面积为 _____.

【高5】 (2018 全国 3 理 9/文 11,5 分)设 $\triangle ABC$ 的内角 A,B,C 的对边分别为 a,b,c. 若 $\triangle ABC$ 的面积为 $\dfrac{a^2+b^2-c^2}{4}$,则 $C=$

( )

A. $\dfrac{\pi}{2}$ B. $\dfrac{\pi}{3}$ C. $\dfrac{\pi}{4}$ D. $\dfrac{\pi}{6}$

【高6】(2022 北京 16,13 分)在 $\triangle ABC$ 中,$\sin 2C = \sqrt{3} \sin C$.

(1)求 C;

(2)若 $b = 6$,且 $\triangle ABC$ 的面积为 $6\sqrt{3}$,求 $\triangle ABC$ 的周长.

【高7】(2021 新高考二 18,12 分)在 $\triangle ABC$ 中,角 A,B,C 所对的边长为 a,b,c,$b = a+1$,$c = a+2$.

(1)若 $2\sin C = 3\sin A$,求 $\triangle ABC$ 的面积;

(2)是否存在正整数 a,使得 $\triangle ABC$ 为钝角三角形?若存在,求 a;若不存在,说明理由.

【高8】(2020 全国 1 文 18,12 分) $\triangle ABC$ 的内角 A,B,C 的对边分别为 a,b,c.已知 $B = 150°$.

(1)若 $a = \sqrt{3}c$,$b = 2\sqrt{7}$,求 $\triangle ABC$ 的面积;

(2)若 $\sin A + \sqrt{3}\sin C = \dfrac{\sqrt{2}}{2}$,求 C.

第 2 节　边角混合问题

头哥说：由边与角（边或角）构成的复杂等式（不等式）称为边角混合式. 处理边角混合式的核心思想是把边全部化成角，或者把角全部化成边.

知识梳理

基础知识

1. 内角关系——→ 头哥说：内角关系的来源是 $A+B+C=\pi$，任意两角和与第三个角都是互补的.

(1)正弦：$\sin A=\sin(B+C)$，$\sin B=\sin(A+C)$，$\sin C=\sin(A+B)$；

(2)余弦：$\cos A=-\cos(B+C)$，$\cos B=-\cos(A+C)$，$\cos C=-\cos(A+B)$；

(3)正切：$\tan A=-\tan(B+C)$，$\tan B=-\tan(A+C)$，$\tan C=-\tan(A+B)$.

2. 正弦边角互化——→ 头哥说：来源于正弦定理.

(1)边化角：$a=2R\sin A$，$b=2R\sin B$，$c=2R\sin C$；——→把边化成对应角的正弦.

(2)角化边：$\sin A=\dfrac{a}{2R}$，$\sin B=\dfrac{b}{2R}$，$\sin C=\dfrac{c}{2R}$. ——→把角的正弦化成对应边.

3. 余弦边角互化——→ 头哥说：来源于余弦定理.

(1)边化角：$\dfrac{b^2+c^2-a^2}{2bc}=\cos A$，$\dfrac{a^2+c^2-b^2}{2ac}=\cos B$，$\dfrac{a^2+b^2-c^2}{2ab}=\cos C$；——→把边化成角的余弦.

(2)角化边：$\cos A=\dfrac{b^2+c^2-a^2}{2bc}$，$\cos B=\dfrac{a^2+c^2-b^2}{2ac}$，$\cos C=\dfrac{a^2+b^2-c^2}{2ab}$. ——→把角的余弦化成边.

考点剖析

1. 正弦边化角

头哥说：只有对于边是齐次的，$2R$ 才会被消掉，否则带着 $2R$ 无法进行后续处理.

注意：只看边是否齐次.←

对于边角混合式，如果等号（不等号）两边或分式的分子、分母对于边是齐次的（例如：$a\cos B+b\cos A=c$ 或 $\dfrac{a+b}{c}$），则可以进行正弦边化角. 由于对于边是齐次的，$2R$ 会被消掉，所以具体操作时，只需直接将 a 换为 $\sin A$，b 换为 $\sin B$，c 换为 $\sin C$ 即可.

【例 1】 设 $\triangle ABC$ 的内角 A，B，C 的对边分别为 a，b，c. 若 $a\cos C+\sqrt{3}a\sin C-b-c=0$，则 $A=$ _____.

解析 由题得 $\sin A\cos C+\sqrt{3}\sin A\sin C-\sin B-\sin C=0$，——→原等式两边对于边是齐次的，正弦边化角.

即 $\sin A\cos C+\sqrt{3}\sin A\sin C-\sin(A+C)-\sin C=0$，

得 $\sqrt{3}\sin A\sin C-\cos A\sin C-\sin C=0$，又因 $\sin C\neq0$，$\sqrt{3}\sin A-\cos A-1=0$，——→辅助角公式.

于是 $\sin\left(A-\dfrac{\pi}{6}\right)=\dfrac{1}{2}$, 所以 $A-\dfrac{\pi}{6}=\dfrac{\pi}{6}$, $A=\dfrac{\pi}{3}$; 或 $A-\dfrac{\pi}{6}=\dfrac{5\pi}{6}$, $A=\pi$(舍).

答案 $\dfrac{\pi}{3}$.

【例2】 锐角 $\triangle ABC$ 的内角 A,B,C 的对边分别为 a,b,c. 若 $A=2B$, 则 $\dfrac{b}{b+c}$ 的取值范围为（　　）

A. $\left(\dfrac{1}{4},\dfrac{1}{3}\right)$　　　　B. $\left(\dfrac{1}{3},\dfrac{1}{2}\right)$　　　　C. $\left(\dfrac{1}{2},\dfrac{2}{3}\right)$　　　　D. $\left(\dfrac{2}{3},\dfrac{3}{4}\right)$

解析 由题得 $\dfrac{b}{b+c}=\dfrac{\sin B}{\sin B+\sin C}=\dfrac{1}{1+\dfrac{\sin C}{\sin B}}$, ⟶ *分子、分母对于边是齐次的，正弦边化角.*

又 $A=2B$, 有 $\sin C=\sin A\cos B+\cos A\sin B=2\sin B\cos^2 B+(2\cos^2 B-1)\sin B$,

于是 $\dfrac{\sin C}{\sin B}=4\cos^2 B-1$, 所以 $\dfrac{b}{b+c}=\dfrac{1}{4\cos^2 B}$.

又 $\begin{cases}0<A=2B<\dfrac{\pi}{2} \\[1mm] 0<B<\dfrac{\pi}{2} \\[1mm] 0<C=\pi-3B<\dfrac{\pi}{2}\end{cases}$ ⟶ *由锐角三角形确定 B 的范围.*

, 得 $\dfrac{\pi}{6}<B<\dfrac{\pi}{4}$, $\cos B\in\left(\dfrac{\sqrt{2}}{2},\dfrac{\sqrt{3}}{2}\right)$,

所以 $\dfrac{b}{b+c}=\dfrac{1}{4\cos^2 B}\in\left(\dfrac{1}{3},\dfrac{1}{2}\right)$.

答案 B.

2. 正弦角化边

尖哥说：只有对于角的正弦是齐次的，$2R$ 才会被消掉，否则带着 $2R$ 无法进行后续处理.

注意：只看角的正弦是否齐次.

对于边角混合式, 如果等号(不等号)两边或分式的分子、分母对于角的正弦是齐次的（例如: $\sin^2 A+\sin^2 B=\sin^2 C$ 或 $\dfrac{\sin A}{\sin B+\sin C}$）, 则可以进行正弦角化边. 由于对于角的正弦是齐次的, $2R$ 会被消掉, 所以具体操作时, 只需直接将 $\sin A$ 换为 a, $\sin B$ 换为 b, $\sin C$ 换为 c 即可.

【例3】 设 $\triangle ABC$ 的内角 A,B,C 的对边分别为 a,b,c. 若 $2a\sin A=(2b+c)\sin B+(2c+b)\sin C$, 则 $A=$ _____.

⟶ *原等式两边对于角的正弦是齐次的，正弦角化边.*

解析 由题得 $2a^2=(2b+c)b+(2c+b)c$, 得 $a^2=b^2+c^2+bc$,

所以 $\cos A=\dfrac{b^2+c^2-a^2}{2bc}=-\dfrac{1}{2}$, 故 $A=\dfrac{2\pi}{3}$.

答案 $\dfrac{2\pi}{3}$.

【例4】 设 $\triangle ABC$ 的内角 A,B,C 的对边分别为 a,b,c. 若 a,b,c 成等比数列, 则 $\dfrac{\sin B}{\sin A}$ 的取

值范围是_____.

解析 由题得 $b^2=ac$，$\dfrac{\sin B}{\sin A}=\dfrac{b}{a}$，$\longrightarrow$ *分子、分母对于角的正弦是齐次的，正弦角化边.*

由 $\begin{cases}a+b>c\\c+b>a\end{cases}$ 可得 $\begin{cases}a+b>\dfrac{b^2}{a}\\[2mm]\dfrac{b^2}{a}+b>a\end{cases}$，即 $\begin{cases}\left(\dfrac{b}{a}\right)^2-\dfrac{b}{a}-1<0\\[2mm]\left(\dfrac{b}{a}\right)^2+\dfrac{b}{a}-1>0\end{cases}$，解得 $\dfrac{b}{a}\in\left(\dfrac{\sqrt5-1}{2},\dfrac{\sqrt5+1}{2}\right)$.

$\downarrow$

三角形两边之和大于第三边. $\qquad\qquad\qquad\qquad\qquad\searrow$ *关于 $\dfrac{b}{a}$ 的一元二次不等式.*

答案 $\left(\dfrac{\sqrt5-1}{2},\dfrac{\sqrt5+1}{2}\right)$.

3. 余弦边化角 $\longrightarrow$ *头哥说：如果出现边的一次型，则可以通过平方变为二次型.*

对于边角混合式，如果出现了边的二次型(例如：$b^2+c^2-a^2$，$2ab$)，则可以配凑出余弦定理的形式$\left(\text{例如：}\dfrac{b^2+c^2-a^2}{2bc},\dfrac{a^2+b^2-c^2}{2ab}\right)$，进行余弦边化角.

【例 5】设 $\triangle ABC$ 的内角 A，B，C 的对边分别为 a，b，c. 若 $b^2=a^2+bc$，且 $A=\dfrac{\pi}{6}$，则 $C=$

_____.

边的二次型，余弦边化角.

解析 由题得 $\dfrac{b^2+c^2-a^2}{2bc}=\dfrac{c^2+bc}{2bc}=\dfrac{c+b}{2b}=\cos A=\dfrac{\sqrt3}{2}$，得 $c=(\sqrt3-1)b$，

于是 $a^2=b^2-bc=(2-\sqrt3)b^2$，$a=\sqrt{2-\sqrt3}\,b=\sqrt{\dfrac{(\sqrt3-1)^2}{2}}\,b=\dfrac{\sqrt3-1}{\sqrt2}b$.

由正弦定理得 $\dfrac{a}{\sin A}=\dfrac{c}{\sin C}$，即 $\dfrac{\frac{\sqrt3-1}{\sqrt2}b}{\frac12}=\dfrac{(\sqrt3-1)b}{\sin C}$，可得 $\sin C=\dfrac{\sqrt2}{2}$.

又 $c=(\sqrt3-1)b<b$，知 $C<B$，故 C 为锐角，所以 $C=\dfrac{\pi}{4}$.

$\longrightarrow$ *大边大角大正弦.*

答案 $\dfrac{\pi}{4}$.

【例 6】设 $\triangle ABC$ 的内角 A，B，C 的对边分别为 a，b，c. 若 $a+c=pb(p\in\mathbf{R})$，且 $ac=\dfrac14 b^2$，若 B 为锐角，则 p 的取值范围为_____.

解析 由题得 $b^2=4ac$，$(a+c)^2=p^2b^2$，$\longrightarrow$ *边的一次型，平方变为二次型，余弦边化角.*

于是 $\dfrac{a^2+c^2-b^2}{2ac}=\dfrac{(a+c)^2-2ac-b^2}{2ac}=2p^2-3=\cos B$，

由 B 为锐角，知 $0<\cos B=2p^2-3<1$，又易知 $p>0$，解得 $p\in\left(\dfrac{\sqrt6}{2},\sqrt2\right)$.

答案 $\left(\dfrac{\sqrt6}{2},\sqrt2\right)$.

4. 余弦角化边

头哥说：实际上，余弦角化边与余弦边化角并没有本质的区别，一个为余弦定理的正用，一个为逆用，牢记余弦定理的形式才是关键.

对于边角混合式,如果出现了角的余弦与边的组合式时$\left(\text{例如}:\cos B=\dfrac{a}{c}\right)$,则可以利用余弦定理把角的余弦化成边$\left(\text{例如}:\cos B=\dfrac{a^2+c^2-b^2}{2ac}\right)$,即余弦角化边.

【例7】 设 $\triangle ABC$ 的内角 A,B,C 的对边分别为 a,b,c. 已知 $\cos^2\dfrac{A}{2}=\dfrac{b+c}{2c}$,则 $\triangle ABC$ 的形状为_____.

解析 由题得 $\cos^2\dfrac{A}{2}=\dfrac{1+\cos A}{2}=\dfrac{b+c}{2c}$,得 $\cos A=\dfrac{b}{c}$,　*角的余弦与边的组合式,余弦角化边.*

于是 $\cos A=\dfrac{b}{c}=\dfrac{b^2+c^2-a^2}{2bc}$,

得 $a^2+b^2=c^2$,所以 $\triangle ABC$ 为以 C 为直角的直角三角形.

答案 以 C 为直角的直角三角形.　*尽量把信息描述全面.*

【例8】 设 $\triangle ABC$ 的三边长为三个连续的自然数,且最大内角是最小内角的 2 倍,则最小内角的余弦值是 　　　(　　)

A. $\dfrac{3}{4}$　　　　B. $\dfrac{5}{6}$　　　　C. $\dfrac{7}{10}$　　　　D. $\dfrac{2}{3}$

解析 由题设 $a=x-1,b=x,c=x+1$,于是知 $C=2A$.

由正弦定理得 $\dfrac{c}{a}=\dfrac{\sin C}{\sin A}=\dfrac{\sin 2A}{\sin A}=2\cos A=2\cdot\dfrac{b^2+c^2-a^2}{2bc}$,　*角的余弦与边的组合式,余弦角化边.*

得 $\dfrac{x+1}{x-1}=\dfrac{x^2+(x+1)^2-(x-1)^2}{x(x+1)}$,解得 $x=5$,即 $a=4,b=5,c=6$.

又知 A 为最小内角,于是 $\cos A=\dfrac{b^2+c^2-a^2}{2bc}=\dfrac{25+36-16}{2\times5\times6}=\dfrac{3}{4}$.

答案 A.

高考链接

【高1】 (2018 全国 1 文 16,5 分)设 $\triangle ABC$ 的内角 A,B,C 的对边分别为 a,b,c. 已知 $b\sin C+c\sin B=4a\sin B\sin C$,$b^2+c^2-a^2=8$,则 $\triangle ABC$ 的面积为_____.

【高2】 (2019 全国 1 文 11,5 分)$\triangle ABC$ 的内角 A,B,C 的对边分别为 a,b,c,已知 $a\sin A-b\sin B=4c\sin C$,$\cos A=-\dfrac{1}{4}$,则 $\dfrac{b}{c}=$ 　　　(　　)

A. 6　　　　B. 5　　　　C. 4　　　　D. 3

【高3】 (2022 新高考一 18,12 分)记 $\triangle ABC$ 的内角 A,B,C 的对边分别为 a,b,c,已知

$$\frac{\cos A}{1+\sin A}=\frac{\sin 2B}{1+\cos 2B}.$$

(1)若 $C=\dfrac{2\pi}{3}$，求 B；

(2)求 $\dfrac{a^2+b^2}{c^2}$ 的最小值．

【高4】(2022 全国乙理 17,12 分)记 $\triangle ABC$ 的内角 A,B,C 的对边分别为 a,b,c，已知 $\sin C\sin(A-B)=\sin B\sin(C-A)$．

(1)证明：$2a^2=b^2+c^2$；

(2)若 $a=5,\cos A=\dfrac{25}{31}$，求 $\triangle ABC$ 的周长．

【高5】(2020 全国 2 理 17,12 分)△ABC 中,$\sin^2 A - \sin^2 B - \sin^2 C = \sin B \sin C$.

(1)求 A;

(2)若 $BC = 3$,求 △ABC 周长的最大值.

【高6】(2022 新高考二 18,12 分)记 △ABC 的内角 A,B,C 的对边分别为 a,b,c,以 a,b,c

为边长的三个正三角形的面积分别为 S_1,S_2,S_3,且 $S_1 - S_2 + S_3 = \dfrac{\sqrt{3}}{2}$,$\sin B = \dfrac{1}{3}$.

(1)求 △ABC 的面积;

(2)若 $\sin A \sin C = \dfrac{\sqrt{2}}{3}$,求 b.

第3节　解三角形应用

知识梳理

基础知识

1. 仰角和俯角

与目标视线在同一铅垂平面内的水平视线和目标视线的夹角，目标视线在水平视线上方时形成的夹角叫作仰角，目标视线在水平视线下方时形成的夹角叫作俯角.

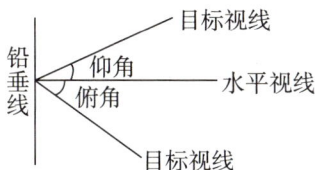

2. 方向角

相对于某方向（东南西北）的水平角叫作方向角，例如：南偏东 $30°$，北偏西 $45°$ 等.

3. 方位角

如图所示，从正北方向顺时针转到目标方向线的水平角叫作方位角，例如：方位角 $120°$（即南偏东 $60°$）.

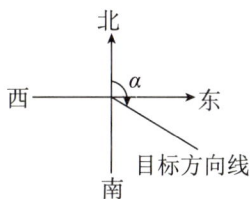

考点剖析

1. 知三求三

一个三角形内，有三条边 a,b,c 和三个角 A,B,C 共六个要素，满足"知三求三"的原则（知道其中三个，至少包含一条边，则可求另外三个）.无论是平面几何问题，还是实际应用问题，都要以三角形为单位进行分析，在每个三角形中，考查是否满足"知三求三".如果满足，则此三角形可解，然后再找到该三角形与其他三角形的关联（公共边或公共角），进而解其他三角形.

【例1】 如图所示，位于 A 处的信息中心获悉：在其正东方向相距 40 n mile 的 B 处有一艘渔船遇险，在原地等待营救.信息中心立即把消息告知在其南偏西 $30°$、相距 20 n mile 的 C 处的乙船，现乙船朝北偏东 θ 的方向沿直线 CB 前往 B 处救援，则 $\cos \theta$ 的值为 _____.

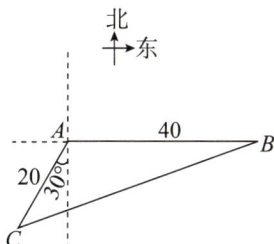

解析 在 $\triangle ABC$ 中, 已知 $AC=b=20$, $AB=c=40$, $A=90°+30°=120°$, $\longrightarrow$ 已知两边一夹角, 满足"知三求三".

由余弦定理得 $a^2=b^2+c^2-2bc\cos A=20^2+40^2-2\times20\times40\times\cos120°=2800$, $a>0$, 得 $a=20\sqrt{7}$.

由正弦定理得 $\dfrac{a}{\sin A}=\dfrac{b}{\sin B}$, 即 $\dfrac{20\sqrt{7}}{\frac{\sqrt{3}}{2}}=\dfrac{20}{\sin B}$, 得 $\sin B=\dfrac{\sqrt{21}}{14}$.

于是 $\cos\theta=\sin B=\dfrac{\sqrt{21}}{14}$.

答案 $\dfrac{\sqrt{21}}{14}$.

【例 2】如图所示, 在 $\triangle ABC$ 中, D 是 BC 上一点, $BD=\dfrac{1}{2}CD$, $AD=2$, $\angle ADB=120°$, 若 $\triangle ADC$ 面积为 $3-\sqrt{3}$, 则 $\angle BAC=$_____.

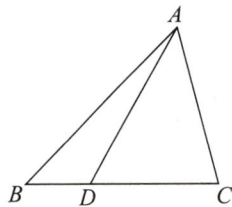

解析 由题得 $\angle ADC=180°-\angle ADB=60°$,

于是 $S_{\triangle ADC}=\dfrac{1}{2}AD\cdot DC\cdot\sin\angle ADC=\dfrac{\sqrt{3}}{2}DC=3-\sqrt{3}$,

得 $DC=2(\sqrt{3}-1)$, 于是 $BD=\sqrt{3}-1$, $BC=3(\sqrt{3}-1)$.

在 $\triangle ABD$ 中, 由余弦定理得 $\longrightarrow$ 已知两边一夹角, 满足"知三求三".

$AB^2=AD^2+DB^2-2AD\cdot DB\cdot\cos\angle ADB=6$, 得 $AB=\sqrt{6}$.

在 $\triangle ADC$ 中, 由余弦定理得 $\longrightarrow$ 已知两边一夹角, 满足"知三求三".

$AC^2=AD^2+DC^2-2AD\cdot DC\cdot\cos\angle ADC=24-12\sqrt{3}$, 得 $AC=\sqrt{6}(\sqrt{3}-1)$.

在 $\triangle ABC$ 中, 由余弦定理得 $\longrightarrow$ 已知三边, 满足"知三求三".

$\cos\angle BAC=\dfrac{AB^2+AC^2-BC^2}{2AB\cdot AC}=\dfrac{6+6(\sqrt{3}-1)^2-[3(\sqrt{3}-1)]^2}{2\times\sqrt{6}\times\sqrt{6}(\sqrt{3}-1)}=\dfrac{1}{2}$.

于是 $\angle BAC=\dfrac{\pi}{3}$.

答案 $\dfrac{\pi}{3}$.

2. 未知量引入 $\longrightarrow$ 夫哥说: 未知量引入的核心是方程思想, 建立方程解出未知量.

若题中的每个三角形均不满足"知三求三", 即每个三角形均不可解, 此时需要引入未知量(设出某条边或某个角), 然后将此未知量当作已知, 继续考查每个三角形是否满足"知三求三", 相继解各个三角形, 由引入的未知量表示其余量, 再通过其余量建立等量关系求解未知量, 进而所有量即可求出.

【例3】△ABC中,D是BC上的点,AD平分∠BAC,△ABD面积是△ADC面积的2倍.

(1)求$\dfrac{\sin B}{\sin C}$;

(2)若$AD=1$,$DC=\dfrac{\sqrt{2}}{2}$,求BD与AC的长.

解析(1)

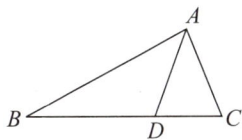

由题得$\dfrac{S_{\triangle ABD}}{S_{\triangle ADC}}=\dfrac{BD}{DC}=\dfrac{2}{1}$,由正弦定理得$\dfrac{\sin B}{\sin C}=\dfrac{AC}{AB}$,

由角平分线定理得$\dfrac{AC}{AB}=\dfrac{DC}{BD}=\dfrac{1}{2}$,所以$\dfrac{\sin B}{\sin C}=\dfrac{1}{2}$.

(2)由(1)题得$\dfrac{DC}{BD}=\dfrac{1}{2}$,可得$BD=\sqrt{2}$.

设$AC=x$,则有$AB=2x$. ——> 每个三角形都不满足"知三求三",引入未知量.

在△ADC中,由余弦定理得$\cos\angle ADC=\dfrac{AD^2+DC^2-AC^2}{2\cdot AD\cdot DC}=\dfrac{3-2x^2}{2\sqrt{2}}$.

在△ADB中,由余弦定理得$\cos\angle ADB=\dfrac{AD^2+BD^2-AB^2}{2\cdot AD\cdot BD}=\dfrac{3-4x^2}{2\sqrt{2}}$.

又知$\cos\angle ADB=-\cos\angle ADC$,可得$\dfrac{3-2x^2}{2\sqrt{2}}+\dfrac{3-4x^2}{2\sqrt{2}}=0$,解得$x=1$,$x=-1$(舍).

于是$AC=1$. ——> 建立方程求解未知量.

答案(1)$\dfrac{1}{2}$;(2)$BD=\sqrt{2}$,$AC=1$.

【例4】如图所示,在海岸边A点的观测站发现南偏西30°方向上,距离A点20 n mile的C处有一艘走私船,立刻通知了停在A点的正东方向上,且距离A点$10(\sqrt{3}-1)$ n mile的B处的缉私艇,缉私艇立刻奉命以$10\sqrt{3}$ n mile/h的速度追截走私船,此时,走私船正以10 n mile/h的速度从C处沿南偏东15°方向逃窜.

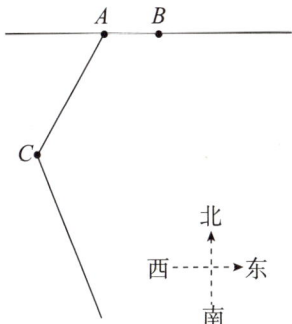

(1)刚发现走私船时,走私船距离缉私艇多远,在缉私艇的什么方向?

(2)缉私艇至少需要多长时间追上走私船? ——> 已知两边一夹角,满足"知三求三"

解析(1)由题得$AB=10(\sqrt{3}-1)$,$AC=20$,$\angle BAC=90°+30°=120°$.

在 $\triangle ABC$ 中,由余弦定理得 $BC^2=AB^2+AC^2-2AB\cdot AC\cdot\cos 120°=600$,$BC=10\sqrt{6}$.

由正弦定理得 $\dfrac{AC}{\sin\angle ABC}=\dfrac{BC}{\sin\angle BAC}$,即 $\dfrac{20}{\sin\angle ABC}=\dfrac{10\sqrt{6}}{\frac{\sqrt{3}}{2}}$,解得 $\sin\angle ABC=\dfrac{\sqrt{2}}{2}$.

易知 $\angle ABC$ 为锐角,所以 $\angle ABC=45°$.

故刚发现走私船时,走私船距缉私艇 $10\sqrt{6}$ n mile,在缉私艇的西南方向上.

(2)如图所示,

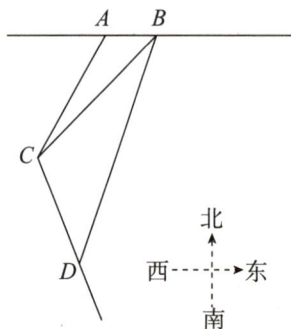

设 t h 后缉私艇在 D 处追上走私船,则 $CD=10t$,$BD=10\sqrt{3}t$,

易知 $\angle BCD=180°-45°-15°=120°$. ←△BCD 不满足"知三求三",引入未知量.

在 $\triangle BCD$ 中,由余弦定理得 $BD^2=BC^2+CD^2-2BC\cdot CD\cdot\cos 120°$,

即 $300t^2=600+100t^2-2\times 10\sqrt{6}\times 10t\times\left(-\dfrac{1}{2}\right)$,即 $2t^2-\sqrt{6}t-6=0$. ←建立方程求解未知量.

解得 $t=\sqrt{6}$ 或 $t=-\dfrac{\sqrt{6}}{2}$(舍),故缉私艇至少需要 $\sqrt{6}$ h 追上走私船.

答案(1)$10\sqrt{6}$ n mile,西南方向;(2)$\sqrt{6}$ h.

高考链接

【高1】(2021 全国甲理 8,5 分)2020 年 12 月 8 日,中国和尼泊尔联合公布珠穆朗玛峰最新高程为 8848.86(单位:m),三角高程测量法是珠峰高程测量方法之一.下图是三角高程测量法的一个示意图,现有 A,B,C 三点,且 A,B,C 在同一水平面上的投影 A',B',C' 满足 $\angle A'C'B'=45°$,$\angle A'B'C'=60°$.由 C 点测得 B 点的仰角为 $15°$,BB' 与 CC' 的差为 100;由 B 点测得 A 点的仰角为 $45°$,则 A,C 两点到水平面 $A'B'C'$ 的高度差 $AA'-CC'$ 约为($\sqrt{3}\approx 1.732$) ( )

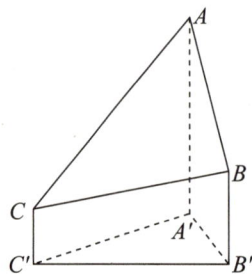

A. 346   B. 373   C. 446   D. 473

【高2】(2021 全国乙理 9,5 分)魏晋时期刘徽撰写的《海岛算经》是关于测量的数学著作,其中第一题是测量海岛的高.如图所示,点 E,H,G 在水平线 AC 上,DE 和 FG 是两个垂直于水平面且等高的测量标杆的高度,称为"表高",EG 称为"表距",GC 和 EH 都称为"表目距",

GC 与 EH 的差称为"表目距的差",则海岛的高 $AB=$ 　　　（　　）

A. $\dfrac{\text{表高}\times\text{表距}}{\text{表目距的差}}+\text{表高}$

B. $\dfrac{\text{表高}\times\text{表距}}{\text{表目距的差}}-\text{表高}$

C. $\dfrac{\text{表高}\times\text{表距}}{\text{表目距的差}}+\text{表距}$

D. $\dfrac{\text{表高}\times\text{表距}}{\text{表目距的差}}-\text{表距}$

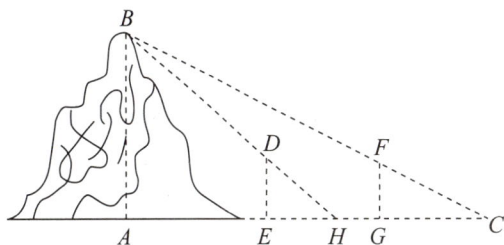

【高3】（2020 全国 1 理 16,5 分）如图所示,在三棱锥 $P-ABC$ 的平面展开图中,$AC=1$,$AB=AD=\sqrt{3}$,$AB\perp AC$,$AB\perp AD$,$\angle CAE=30°$,则 $\cos\angle FCB=$ 　　　.

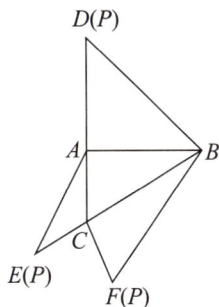

【高4】（2020 新高考一 15,5 分）某中学开展劳动实习,学生加工制作零件,零件的截面如图所示. O 为圆孔及轮廓圆弧 AB 所在圆的圆心,A 是圆弧 AB 与直线 AG 的切点,B 是圆弧 AB 与直线 BC 的切点,四边形 $DEFG$ 为矩形,$BC\perp DG$,垂足为 C,$\tan\angle ODC=\dfrac{3}{5}$,$BH\parallel DG$,$EF=12\ \text{cm}$,$DE=2\ \text{cm}$,$A$ 到直线 DE 和 EF 的距离均为 $7\ \text{cm}$,圆孔半径为 $1\ \text{cm}$,则图中阴影部分的面积为　　　 cm^2.

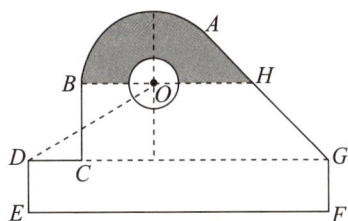

【高5】（2022 全国甲理 16,5 分）已知 $\triangle ABC$ 中,点 D 在边 BC 上,$\angle ADB=120°$,$AD=2$,$CD=2BD$. 当 $\dfrac{AC}{AB}$ 取得最小值时,$BD=$ 　　　.

【高6】（2021 新高考一 19,12 分）记 $\triangle ABC$ 的内角 A,B,C 的对边分别为 a,b,c. 已知 $b^2=ac$,点 D 在边 AC 上,$BD\sin\angle ABC=a\sin C$.

（1）证明：$BD=b$；

（2）若 $AD=2DC$,求 $\cos\angle ABC$.

第六章　平面向量

第1节　平面向量的概念与线性运算

头哥说：平面向量也属于解析几何的一部分，借助于向量运算，可以把很多几何问题的思考复杂度大大降低．

知识梳理

基础知识

1. 向量的基本概念 →头哥说：这些概念不仅适用于平面向量，也适用于空间向量．

（1）向量：既有大小（或长度），又有方向的量称为向量；

（2）有向线段：具有方向的线段叫作有向线段，它包含起点、方向、长度三个要素，如图所示，以 A 为起点、B 为终点的有向线段记为 $\overrightarrow{AB}$；

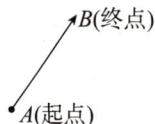

B(终点)

A(起点)

（3）向量的表示：向量可以用有向线段表示（例如 $\overrightarrow{AB}$），也可以用字母 $a,b,c,\cdots$ 表示（印刷用黑体 $\boldsymbol{a},\boldsymbol{b},\boldsymbol{c}$，书写时用 $\vec{a},\vec{b},\vec{c}$）；

（4）向量的模：向量 $\overrightarrow{AB}$（或 $\boldsymbol{a}$）的大小称为向量的模，记为 $|\overrightarrow{AB}|$（或 $|\boldsymbol{a}|$）；

（5）零向量：长度为 0 的向量称为零向量，记为 $\boldsymbol{0}$；

（6）单位向量：长度为 1 个单位长度的向量称为单位向量；

（7）相等向量：长度相等且方向相同的向量称为相等向量； 向量前面加个负号表示相反向量．

（8）相反向量：长度相等且方向相反的向量称为相反向量；

（9）共线向量（平行向量）：方向相同或相反的非零向量称为共线向量或平行向量． 高中阶段只研究自由向量，平移并不改变向量，因此共线与平行没有区别．

2. 向量的线性运算 →头哥说：向量的加法、减法、数乘统称为向量的线性运算．

（1）向量的加法：求两个向量和的运算叫作向量的加法，向量的加法满足平行四边形法则与三角形法则．

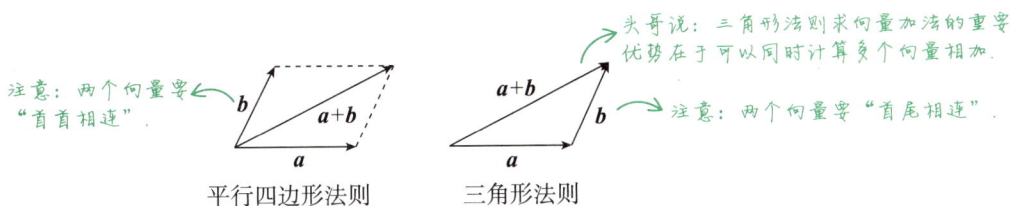

注意:两个向量要"首首相连".

注意:两个向量要"首尾相连".

头哥说:三角形法则求向量加法的重要优势在于可以同时计算多个向量相加.

平行四边形法则　　　三角形法则

(2)向量的减法:求两个向量差的运算叫作向量的减法,向量的减法满足三角形法则.

头哥说:往往把向量的减法转化为加法去处理,即 $a-b=a+(-b)$.

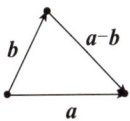

注意:两个向量要"首首相连",相减结果指向被减向量.

三角形法则

(3)向量的数乘:求实数 λ 与向量 a 乘积的运算叫作向量的数乘. λa 的模为 $|\lambda||a|$, $\lambda>0$ 时, λa 与 a 同向; $\lambda<0$ 时, λa 与 a 反向; $\lambda=0$ 时, λa 为零向量.

3. 向量的线性运算律——→头哥说:向量的线性运算律与实数的运算律完全一致.

(1)加法交换律: $a+b=b+a$;

(2)加法结合律: $(a+b)+c=a+(b+c)$;

(3)数乘结合律: $\lambda(\mu a)=(\lambda\mu)a$;

(4)数乘分配律: $(\lambda+\mu)a=\lambda a+\mu a$, $\lambda(a+b)=\lambda a+\lambda b$.

4. 共线向量定理——→头哥说:共线向量定理的本质为向量的一维分解.

已知 $a\neq 0$,则 a,b 共线 $\Leftrightarrow b=\lambda a$.

5. 平面向量基本定理——→头哥说:平面向量基本定理的本质为向量的二维分解.

(1)平面向量基本定理:如果 e_1,e_2 是同一平面内两个不共线的向量,那么对于这一平面内的任意向量 a,有且只有一对实数 λ_1,λ_2,使得 $a=\lambda_1 e_1+\lambda_2 e_2$;

(2)基底:不共线的一组向量 e_1,e_2 称为基底, e_1,e_2 都称为基向量;

(3)坐标: (λ_1,λ_2) 叫作向量 a 在基底 e_1,e_2 下的坐标.

二级结论

爪形图——→头哥说:三个向量必须具有共同起点,且用旁边两个向量表示中间的向量.

如下图所示的图形称为爪形图(或鸡爪形),向量 $\overrightarrow{AB},\overrightarrow{AC},\overrightarrow{AD}$ 具有共同起点,则用 $\overrightarrow{AB},\overrightarrow{AC}$ 来表示 $\overrightarrow{AD}$ 有: $\overrightarrow{AD}=\dfrac{n}{m+n}\overrightarrow{AB}+\dfrac{m}{m+n}\overrightarrow{AC}$.

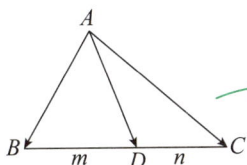

头哥说:不用死记公式,牢记口诀"近大远小和为1".例如: $m:n=3:2$,则点 D 将 BC 分成的两部分各占 $\dfrac{3}{5}$ 与 $\dfrac{2}{5}$(和为1),点 D 与 C 更近,于是向量 $\overrightarrow{AC}$ 前面的系数为较大的 $\dfrac{3}{5}$(近大),向量 $\overrightarrow{AB}$ 前面的系数为较小的即 $\dfrac{2}{5}$(远小).

考点剖析

1. 向量的点运算 —— 头哥说：插点与消点的优势在于无须把图像画出来，直接看代数式即可进行运算.

插点：对于用大写字母表示向量的情况（例如：$\overrightarrow{AE}$），根据三角形法则，可以在起点与终点中间插入任意多的点，只需保证插入的点首尾相连（例如：$\overrightarrow{AE}=\overrightarrow{AB}+\overrightarrow{BE}=\overrightarrow{AB}+\overrightarrow{BC}+\overrightarrow{CD}+\overrightarrow{DE}$），此为向量运算的插点过程. 插点常用于用若干向量表示其他向量的问题.

消点：消点为插点的逆过程，当相加的两个向量或多个向量首尾相连时，可以直接将首尾相连的点消去（例如：$\overrightarrow{AB}+\overrightarrow{BC}+\overrightarrow{CD}+\overrightarrow{DE}=\overrightarrow{AE}$），此为向量运算的消点过程. 消点常用于向量运算的化简过程.

爪形图实际为插点过程的二级结论.

【例1】 如图所示，在平行四边形 $ABCD$ 中，$\overrightarrow{AB}=\boldsymbol{a}$，$\overrightarrow{AD}=\boldsymbol{b}$，$E$ 是 AB 的中点，G 点使 $\overrightarrow{DG}=\dfrac{1}{3}\overrightarrow{DC}$，则以 $\boldsymbol{a}$，$\boldsymbol{b}$ 为基底表示向量 $\overrightarrow{EG}=$ _____.

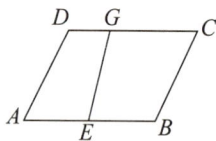

解析 $\overrightarrow{EG}=\overrightarrow{EA}+\overrightarrow{AD}+\overrightarrow{DG}=-\dfrac{1}{2}\overrightarrow{AB}+\overrightarrow{AD}+\dfrac{1}{3}\overrightarrow{AB}=-\dfrac{1}{6}\boldsymbol{a}+\boldsymbol{b}.$

答案 $-\dfrac{1}{6}\boldsymbol{a}+\boldsymbol{b}.$ —— 插点

【例2】 设 D 为 $\triangle ABC$ 所在平面内一点，若 $\overrightarrow{BC}=3\overrightarrow{CD}$，则 （　　）

A. $\overrightarrow{AD}=-\dfrac{1}{3}\overrightarrow{AB}+\dfrac{4}{3}\overrightarrow{AC}$　　　　B. $\overrightarrow{AD}=\dfrac{1}{3}\overrightarrow{AB}-\dfrac{4}{3}\overrightarrow{AC}$

C. $\overrightarrow{AD}=\dfrac{4}{3}\overrightarrow{AB}+\dfrac{1}{3}\overrightarrow{AC}$　　　　D. $\overrightarrow{AD}=\dfrac{4}{3}\overrightarrow{AB}-\dfrac{1}{3}\overrightarrow{AC}$

解析 由题得 D 在 BC 的延长线上，且 $\dfrac{BC}{CD}=\dfrac{3}{1}$，

于是 $\overrightarrow{AC}=\dfrac{1}{4}\overrightarrow{AB}+\dfrac{3}{4}\overrightarrow{AD}$，所以 $\overrightarrow{AD}=-\dfrac{1}{3}\overrightarrow{AB}+\dfrac{4}{3}\overrightarrow{AC}$. —— 爪形图

答案 A.

【例3】 在 $\triangle ABC$ 所在平面内有一点 P，满足 $\overrightarrow{PA}+\overrightarrow{PB}+\overrightarrow{PC}=\overrightarrow{AB}$，则 $\triangle PBC$ 与 $\triangle ABC$ 面积之比为 （　　）

A. $\dfrac{1}{3}$　　　　B. $\dfrac{1}{2}$　　　　C. $\dfrac{2}{3}$　　　　D. $\dfrac{3}{4}$

解析 由题得 $\overrightarrow{PA}+\overrightarrow{PB}+\overrightarrow{PC}+\overrightarrow{BA}=\boldsymbol{0}$，即 $2\overrightarrow{PA}+\overrightarrow{PC}=\boldsymbol{0}$， —— 消点

于是 P 为 AC 的三等分点(靠近 A 点),所以 $\dfrac{S_{\triangle PBC}}{S_{\triangle ABC}}=\dfrac{|\overrightarrow{PC}|}{|\overrightarrow{AC}|}=\dfrac{2}{3}$.

答案 C.

2. 向量共线 → *头哥说:向量共线问题往往结合平面向量基本定理,先由基底表示出向量,再判断向量是否共线.*

向量共线:若 e_1,e_2 不共线,$a=x_1e_1+y_1e_2$,$b=x_2e_1+y_2e_2$,则 a 与 b 共线的充要条件是 $x_1y_2=x_2y_1$(相应系数交叉相乘相等),此为充要条件,无须单独考虑某个系数可能为零的情况;如果 b 的系数均不为零,即 $x_2,y_2\neq0$,则 a 与 b 共线的充要条件是 $\dfrac{x_1}{x_2}=\dfrac{y_1}{y_2}$(系数对应成比例),该条件判断起来更为直观.

三点共线:当两向量具有一个公共点时(例如:$\overrightarrow{AB}$ 与 $\overrightarrow{BC}$),两向量共线则三点共线(例如:$\overrightarrow{AB}$ 与 $\overrightarrow{BC}$ 共线,则 A,B,C 三点共线).

【例4】 向量 a,b 共线的有 ( )

①$a=2e,b=-2e$;②$a=e_1-e_2,b=-2e_1+2e_2$;

③$a=4e_1-\dfrac{2}{5}e_2,b=e_1-\dfrac{1}{10}e_2$;④$a=e_1+e_2,b=2e_1-2e_2$.

A. ①②③   B. ②③④

C. ①③④   D. ①②③④

解析 ①$b=-a$,共线;②$\dfrac{1}{-2}=\dfrac{-1}{2}$,共线; → *判断系数是否对应成比例.*

③$\dfrac{4}{1}=\dfrac{-\dfrac{2}{5}}{-\dfrac{1}{10}}$,共线;④$\dfrac{1}{2}\neq\dfrac{1}{-2}$,不共线.

答案 A.

【例5】 向量 e_1,e_2 不共线,若 $a=\lambda e_1+2e_2$,$b=e_1+2\lambda e_2$,且 $a\parallel b$,则 $\lambda=$ _____.

解析 由题得 $\lambda\times2\lambda=2\times1$,解得 $\lambda=\pm1$.

答案 ±1. → *系数交叉相乘相等.*

【例6】 已知向量 a,b,且 $\overrightarrow{AB}=a+2b$,$\overrightarrow{BC}=-5a+6b$,$\overrightarrow{CD}=7a-2b$,则一定共线的三点是 ( )

A. B,C,D B. A,B,C

C. A,B,D D. A,C,D

解析 由题得 $\overrightarrow{BD}=\overrightarrow{BC}+\overrightarrow{CD}=2a+4b$,$\dfrac{1}{2}=\dfrac{2}{4}$,所以 $\overrightarrow{BD}$ 与 $\overrightarrow{AB}$ 共线. → *两向量具有一个公共点,两向量共线,三点共线.*

故 A,B,D 三点共线.

答案 C.

3. 动态向量 →夹哥说：题目一定会给出限制条件，动态向量在此限制条件下进行动态变化，而不是随意变化。

在线性运算中，若相加（或相减）的两向量中（例如：$b-a$），有一个为已知向量（例如：a），另一个为未知向量（例如：b），则未知向量为动态向量。可通过画图，固定已知向量，通过动态向量的变动过程，数形结合分析问题。

画图时，无论是向量加法还是向量减法，都用三角形法则，因为三角形比平行四边形分析起来更为方便。→注意：加法需首尾相连，减法需首首相连。

【例 7】 已知 a,b 是单位向量，$a \cdot b = 0$，若向量 c 满足 $|c-a-b|=1$，则 $|c|$ 的取值范围是

( )

A. $[\sqrt{2}-1, \sqrt{2}+1]$

B. $[\sqrt{2}-1, \sqrt{2}+2]$

C. $[1, \sqrt{2}+1]$

D. $[1, \sqrt{2}+2]$

解析 令 $\overrightarrow{AB}=a$，$\overrightarrow{AC}=b$，$\overrightarrow{AE}=c$，如图所示，则 $|c-a-b|=|c-\overrightarrow{AD}|=|\overrightarrow{DE}|=1$，

→向量减法的三角形法则。

所以点 E 在以点 D 为圆心，以 1 为半径的圆上。

又易知 $|a+b|=\sqrt{2}$，所以 $\sqrt{2}-1 \leqslant |c| \leqslant \sqrt{2}+1$，即 $|c| \in [\sqrt{2}-1, \sqrt{2}+1]$。

→当 E 点位于直线 AD 与圆的两个交点时取得最大值、最小值。

答案 A.

【例 8】 已知向量 $a \neq e$，$|e|=1$，对任意的 $t \in \mathbf{R}$，恒有 $|a-te| \geqslant |a-e|$，则 $e \cdot (a-e)$ 的值为
_____。

解析 令 $\overrightarrow{AB}=e$，$\overrightarrow{AC}=te$，$\overrightarrow{AD}=a$，如图所示，则 $\overrightarrow{CD}=a-te$，$\overrightarrow{BD}=a-e$，

→向量减法的三角形法则。

于是 $|\overrightarrow{CD}| \geqslant |\overrightarrow{BD}|$，根据垂线段最短，可知 $\overrightarrow{BD} \perp \overrightarrow{AB}$，

即 $(a-e) \perp e$，所以 $e \cdot (a-e)=0$。

答案 0.

【例 9】 已知等边 $\triangle ABC$ 的边长为 $2\sqrt{3}$，P 为它所在平面内一点，且 $|\overrightarrow{AP}+\overrightarrow{AB}+\overrightarrow{AC}|=1$，则 $|\overrightarrow{AP}|$ 的最大值为_____。

解析 如图所示，$\overrightarrow{AB}+\overrightarrow{AC}=\overrightarrow{AD}$，令 $\overrightarrow{AP}=\overrightarrow{DQ}$，则 $|\overrightarrow{AP}+\overrightarrow{AB}+\overrightarrow{AC}|=|\overrightarrow{DQ}+\overrightarrow{AD}|=|\overrightarrow{AQ}|=1$，

平移或首尾相连. ←　→ *向量加法的三角形法则.*

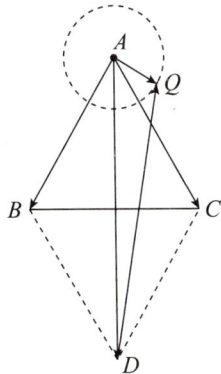

所以点 Q 在以点 A 为圆心，以 1 为半径的圆上.

又知 $|\overrightarrow{AD}|=\sqrt{3}|\overrightarrow{AB}|=6$，所以 $|\overrightarrow{DQ}|$ 的最大值为 $|\overrightarrow{AD}|+1=7$，

即 $|\overrightarrow{AP}|$ 的最大值为 7.

答案 7.

高考链接

【高 1】（2022 新高考一 3,5 分）在 $\triangle ABC$ 中，点 D 在边 AB 上，$BD=2DA$. 记 $\overrightarrow{CA}=\boldsymbol{m}$，$\overrightarrow{CD}=\boldsymbol{n}$，则 $\overrightarrow{CB}=$　　　　　　　　　（　　）

A.$3\boldsymbol{m}-2\boldsymbol{n}$ 　　　　　　　　　　B.$-2\boldsymbol{m}+3\boldsymbol{n}$

C.$3\boldsymbol{m}+2\boldsymbol{n}$ 　　　　　　　　　　D.$2\boldsymbol{m}+3\boldsymbol{n}$

【高 2】（2018 全国 1 理 6/文 7,5 分）在 $\triangle ABC$ 中，AD 为 BC 边上的中线，E 为 AD 的中点，则 $\overrightarrow{EB}=$　　　　　　　（　　）

A.$\dfrac{3}{4}\overrightarrow{AB}-\dfrac{1}{4}\overrightarrow{AC}$ 　　　　　　B.$\dfrac{1}{4}\overrightarrow{AB}-\dfrac{3}{4}\overrightarrow{AC}$

C.$\dfrac{3}{4}\overrightarrow{AB}+\dfrac{1}{4}\overrightarrow{AC}$ 　　　　　　D.$\dfrac{1}{4}\overrightarrow{AB}+\dfrac{3}{4}\overrightarrow{AC}$

第 2 节　平面向量的数量积

头哥说：数量积是高中阶段需要掌握的向量的唯一非线性运算，也是向量运算的核心。

知识梳理

基础知识

1. 向量的夹角

头哥说：两向量必须首首相连所成的角为夹角，若首尾相连所成的角为夹角的补角。

（1）向量的夹角：两个非零向量首首相连所成的较小的角称为两向量的夹角，向量 a 与 b 的夹角记为 $\langle a, b\rangle$，$\langle a, b\rangle \in [0, \pi]$；

（2）向量的垂直：两向量夹角为 $\dfrac{\pi}{2}$ 时，称为两向量垂直，向量 a 与 b 垂直记为 $a \perp b$。

2. 数量积

头哥说：数量积中间的"·"不可省去，也不能写成"×"（此为另外一种运算，高中不学）。

（1）数量积：两个非零向量的数量积等于这两个非零向量的模与夹角的余弦值的乘积，向量 a 与 b 的数量积为 $a \cdot b = |a||b|\cos\theta$，其中 $\theta = \langle a, b\rangle$；

（2）数量积的几何意义：两个非零向量的数量积等于一个非零向量 a 在另一个非零向量 b 上的投影 $|a|\cos\langle a, b\rangle$ 与另一个向量的长度 $|b|$ 的乘积。 $\longrightarrow$ 注意：投影可正、可负、可为零。

3. 数量积的性质

（1）$a \perp b \Leftrightarrow a \cdot b = 0$；

（2）$a^2 = |a|^2 = a \cdot a$； $\longrightarrow$ 头哥说：一个向量的平方等于它的模的平方，经常用此性质去掉模符号。

（3）$\cos\langle a, b\rangle = \dfrac{a \cdot b}{|a||b|}$；

（4）$|a \cdot b| \leqslant |a||b|$。

4. 数量积的运算律 头哥说：只要不出现三个及以上向量连乘，则向量的所有运算律与实数完全相同。

（1）交换律：$a \cdot b = b \cdot a$；

（2）与数的结合律：$(\lambda a) \cdot b = \lambda(a \cdot b)$；

（3）分配律：$(a + b) \cdot c = a \cdot c + b \cdot c$；

（4）不满足对向量的结合律：$(a \cdot b) \cdot c \neq a \cdot (b \cdot c)$。

考点剖析

1. 代数运算 头哥说：进行向量的数量积运算要有基底思想，把所有向量表示成基底的线性组合，最终运算全部归结为基底向量的模与数量积。

利用数量积的定义、运算律进行代数运算，常用来求模或求夹角。求模时，利用性质 $|a|^2 = a^2$；求夹角时，利用公式 $\cos\langle a, b\rangle = \dfrac{a \cdot b}{|a||b|}$。

【例1】已知向量 a 与 b 的夹角为 $60°$，且 $|a|=2$，$|b|=1$，则 $|a-4b|=$ _____.

（→ 求模，要平方.）

解析 由题得 $a \cdot b = |a||b| \cos 60° = 2 \times 1 \times \cos 60° = 1$，

所以 $|a-4b|^2 = (a-4b)^2 = a^2 - 8a \cdot b + 16b^2 = 4 - 8 + 16 = 12$，$|a-4b| = 2\sqrt{3}$.

答案 $2\sqrt{3}$.

（→ 此为向量的外积.）

【例2】定义：$|a \times b| = |a||b| \sin \theta$，其中 θ 为向量 a 与 b 的夹角，若 $|a|=2$，$|b|=5$，$a \cdot b = -6$，则 $|a \times b|$ 等于 （　　）

A. 6 　　　　　 B. 7 　　　　　 C. 8 　　　　　 D. 9

解析 由题得 $\cos \theta = \dfrac{a \cdot b}{|a||b|} = -\dfrac{6}{10} = -\dfrac{3}{5}$，由 $\theta \in [0, \pi]$，可知 $\sin \theta = \dfrac{4}{5}$，

（→ 实际考查求夹角.）

所以 $|a \times b| = |a||b| \sin \theta = 8$.

答案 C.

【例3】已知单位向量 e_1 与 e_2 的夹角为 α，且 $\cos \alpha = \dfrac{1}{3}$，向量 $a = 3e_1 - 2e_2$ 与 $b = 3e_1 - e_2$ 的夹角为 β，则 $\cos \beta =$ _____.

解析 由题得 $|e_1| = |e_2| = 1$，$e_1 \cdot e_2 = 1 \times 1 \times \cos \alpha = \dfrac{1}{3}$，

$|a|^2 = a^2 = (3e_1 - 2e_2)^2 = 9e_1^2 - 12e_1 \cdot e_2 + 4e_2^2 = 9$，$|a| = 3$，（→ 求夹角，要求出模与数量积.）

$|b|^2 = b^2 = (3e_1 - e_2)^2 = 9e_1^2 - 6e_1 \cdot e_2 + e_2^2 = 8$，$|b| = 2\sqrt{2}$，

$a \cdot b = (3e_1 - 2e_2) \cdot (3e_1 - e_2) = 9e_1^2 - 9e_1 \cdot e_2 + 2e_2^2 = 8$，

所以 $\cos \beta = \dfrac{a \cdot b}{|a||b|} = \dfrac{8}{3 \times 2\sqrt{2}} = \dfrac{2\sqrt{2}}{3}$.

答案 $\dfrac{2\sqrt{2}}{3}$.

2. 几何运算 （→ 关导说：利用数量积的几何意义进行运算，并不要求两个向量首尾相连，但是要注意投影的正负.）

利用数量积的几何意义进行运算，即两个非零向量的数量积等于一个非零向量在另一个非零向量上的投影与另一个非零向量的长度的乘积. 当其中一个非零向量不确定，夹角也不确定，但其在另一个非零向量上的投影确定时，常用几何意义进行运算.

【例4】如图所示，两个半径分别为 r_1，r_2 的圆 M，N，公共弦 AB 长为 3，则 $\overrightarrow{AM} \cdot \overrightarrow{AB} + \overrightarrow{AN} \cdot \overrightarrow{AB} =$ _____.

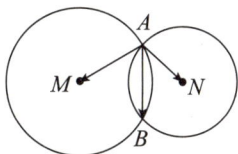

解析 如下图所示，设线段 MN 与 AB 交于 T，易知 $MN \perp AB$，

M 与 N 在 AB 上的投影恰为 AB 中点。

所以 $\overrightarrow{AM} \cdot \overrightarrow{AB} = |\overrightarrow{AT}||\overrightarrow{AB}| = \dfrac{1}{2}|\overrightarrow{AB}|^2 = \dfrac{9}{2}$，$\overrightarrow{AN} \cdot \overrightarrow{AB} = |\overrightarrow{AT}||\overrightarrow{AB}| = \dfrac{1}{2}|\overrightarrow{AB}|^2 = \dfrac{9}{2}$，

于是 $\overrightarrow{AM} \cdot \overrightarrow{AB} + \overrightarrow{AN} \cdot \overrightarrow{AB} = 9$.

答案 9.

【例 5】 A, B 是半径为 1 的圆 O 上两点，且 $\angle AOB = \dfrac{\pi}{3}$，若点 C 是圆 O 上任意一点，则 $\overrightarrow{OA} \cdot \overrightarrow{BC}$ 的取值范围是 _____.

解析 如图所示，设 $\overrightarrow{BC}$ 在 $\overrightarrow{OA}$ 上的投影向量为 $\overrightarrow{MN}$，

两向量不首首相连，可直接投影（起点、终点分别投影即可）.

易知点 M 为 OA 中点，点 N 可在线段 AD 上运动，

所以当点 N 与点 D 重合时，$(\overrightarrow{OA} \cdot \overrightarrow{BC})_{\min} = -|\overrightarrow{OA}||\overrightarrow{MD}| = -\dfrac{3}{2}$.

当 N 与 A 重合时，$(\overrightarrow{OA} \cdot \overrightarrow{BC})_{\max} = |\overrightarrow{OA}||\overrightarrow{MA}| = \dfrac{1}{2}$.

所以 $\overrightarrow{OA} \cdot \overrightarrow{BC} \in \left[-\dfrac{3}{2}, \dfrac{1}{2}\right]$.

答案 $\left[-\dfrac{3}{2}, \dfrac{1}{2}\right]$.

【例 6】 如图所示，在半径为 1 的扇形 AOB 中，$\angle AOB = 60°$，C 为弧上的动点，AB 与 OC 交于点 P，则 $\overrightarrow{OP} \cdot \overrightarrow{AP}$ 最小值是 _____.

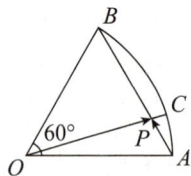

解析 如图所示，设 $\overrightarrow{OP}$ 在 $\overrightarrow{AP}$ 上的投影向量为 $\overrightarrow{DP}$，

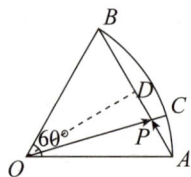

题目求最小值，只需考虑投影为负时即可.

易知 P 在线段 AD 上时，$\overrightarrow{OP} \cdot \overrightarrow{AP} \leqslant 0$，设 $|\overrightarrow{AP}| = x\left(0 \leqslant x \leqslant \dfrac{1}{2}\right)$，

则 $\overrightarrow{OP} \cdot \overrightarrow{AP} = -|\overrightarrow{DP}||\overrightarrow{AP}| = -x\left(\dfrac{1}{2} - x\right) = \left(x - \dfrac{1}{4}\right)^2 - \dfrac{1}{16} \geqslant -\dfrac{1}{16}$，当 $x = \dfrac{1}{4}$ 时取等号，

所以 $\overrightarrow{OP} \cdot \overrightarrow{AP}$ 的最小值为 $-\dfrac{1}{16}$.

答案 $-\dfrac{1}{16}$.

3. 极化恒等式

头哥说：极化恒等式的优势在于无须计算角度，直接把数量积转化为两个长度的平方差.

如图所示，易知 $\overrightarrow{AD} = \dfrac{\overrightarrow{AB}+\overrightarrow{AC}}{2}$，$\overrightarrow{DB} = \dfrac{\overrightarrow{AB}-\overrightarrow{AC}}{2}$（$D$ 为边 BC 的中点），两式平方再作差可得 $\overrightarrow{AB} \cdot \overrightarrow{AC} = AD^2 - BD^2$，此式称为极化恒等式，可用于计算两向量的数量积.

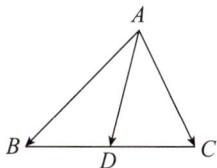

应用极化恒等式计算数量积，要求两向量起点相同（首首相连），可把数量积转化为中线与第三边一半的平方差. 当第三边长度固定不变时，往往考虑使用极化恒等式.

【例7】 已知 $\triangle ABC$ 是边长为 2 的等边三角形，P 为平面 ABC 内一点，则 $\overrightarrow{PA} \cdot (\overrightarrow{PB}+\overrightarrow{PC})$ 的最小值是 _____.

解析 如图所示，设 BC 的中点为 D，DA 的中点为 M.

第三边 AD 固定不变，考虑使用极化恒等式.

易知 $AD = \sqrt{3}$，$MA = \dfrac{AD}{2} = \dfrac{\sqrt{3}}{2}$，$\overrightarrow{PB}+\overrightarrow{PC} = 2\overrightarrow{PD}$，

于是 $\overrightarrow{PA} \cdot (\overrightarrow{PB}+\overrightarrow{PC}) = 2\overrightarrow{PA} \cdot \overrightarrow{PD} = 2(PM^2 - MA^2) = 2PM^2 - \dfrac{3}{2} \geqslant -\dfrac{3}{2}$，

当且仅当 P 与 M 重合时取最小值 $-\dfrac{3}{2}$.

答案 $-\dfrac{3}{2}$.

【例8】 如图所示，在 $\triangle ABC$ 中，D 是 BC 的中点，E，F 是 AD 上的两个三等分点，$\overrightarrow{BA} \cdot \overrightarrow{CA} = 4$，$\overrightarrow{BF} \cdot \overrightarrow{CF} = -1$，则 $\overrightarrow{BE} \cdot \overrightarrow{CE}$ 的值为 _____.

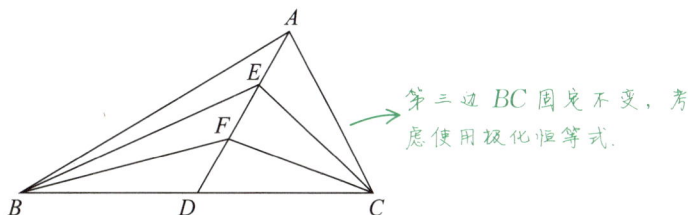

第三边 BC 固定不变，考虑使用极化恒等式.

解析 设 $BD = a$，$FD = b$，

则 $\overrightarrow{BA} \cdot \overrightarrow{CA} = AD^2 - BD^2 = 9b^2 - a^2 = 4$,

$\overrightarrow{BF} \cdot \overrightarrow{CF} = FD^2 - BD^2 = b^2 - a^2 = -1$,

解得 $a^2 = \dfrac{13}{8}, b^2 = \dfrac{5}{8}$.

所以 $\overrightarrow{BE} \cdot \overrightarrow{CE} = ED^2 - BD^2 = 4b^2 - a^2 = \dfrac{7}{8}$.

答案 $\dfrac{7}{8}$.

【例9】 在正方形 $ABCD$ 中, $AB=1$, A, D 分别在 x, y 轴的非负半轴上滑动, 则 $\overrightarrow{OC} \cdot \overrightarrow{OB}$ 的最大值为 _____.

解析 如图所示, 设 BC 的中点为 E, AD 的中点为 F,

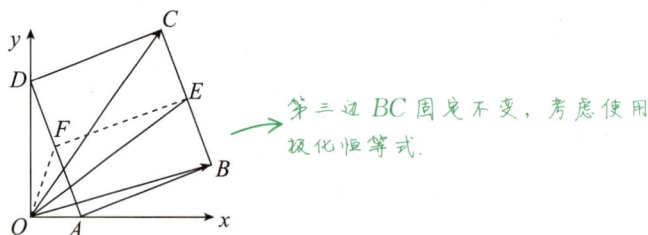

第三边 BC 固定不变, 考虑使用极化恒等式.

所以 $\overrightarrow{OC} \cdot \overrightarrow{OB} = OE^2 - CE^2 = OE^2 - \dfrac{1}{4}$.

又 $OF = \dfrac{1}{2}AD = \dfrac{1}{2}$, 可知 $OE \leqslant OF + FE = \dfrac{1}{2} + 1 = \dfrac{3}{2}$,

所以 $\overrightarrow{OC} \cdot \overrightarrow{OB} = OE^2 - \dfrac{1}{4} \leqslant \left(\dfrac{3}{2}\right)^2 - \dfrac{1}{4} = 2$.

当且仅当 O, F, E 共线时 $\overrightarrow{OC} \cdot \overrightarrow{OB}$ 的最大值为 2.

答案 2.

4. 向量垂直 *夹哥说: 看到两向量垂直立刻写出其数量积为零, 看到数量积为零立刻想到两向量垂直.*

两向量垂直等价于两向量的数量积为零.

【例10】 已知 $a \perp b$, $|a|=2$, $|b|=3$, 且 $3a+2b$ 与 $\lambda a - b$ 垂直, 则 λ 等于 （　　）

A. $\dfrac{3}{2}$ 　　　　 B. $-\dfrac{3}{2}$ 　　　　 C. $\pm\dfrac{3}{2}$ 　　　　 D. 1

解析 由题得 $(3a+2b) \cdot (\lambda a - b) = 0$, $a \cdot b = 0$, *两向量垂直则其数量积为零.*

于是 $3\lambda a^2 + (2\lambda - 3)a \cdot b - 2b^2 = 3\lambda \times 2^2 - 2 \times 3^2 = 0$, 解得 $\lambda = \dfrac{3}{2}$.

答案 A.

【例11】 已知 a, b 都是非零向量, 且 $a+3b$ 与 $7a-5b$ 垂直, $a-4b$ 与 $7a-2b$ 垂直, 则 a, b 的夹角 $\theta =$ _____.

解析 由题得 $\begin{cases}(a+3b)\cdot(7a-5b)=0\\(a-4b)\cdot(7a-2b)=0\end{cases}$，→ *两向量垂直则其数量积为零.*

即 $\begin{cases}7a^2+16a\cdot b-15b^2=0\\7a^2-30a\cdot b+8b^2=0\end{cases}$，可得 $\begin{cases}a^2=2a\cdot b\\b^2=2a\cdot b\end{cases}$.

所以 $\cos\theta=\dfrac{a\cdot b}{|a||b|}=\dfrac{a\cdot b}{\sqrt{2a\cdot b}\cdot\sqrt{2a\cdot b}}=\dfrac{1}{2}$，所以 $\theta=\dfrac{\pi}{3}$.

答案 $\dfrac{\pi}{3}$.

5. 一次型 → *夫哥说：平方处理一次型有两大优势. 其一，平方后转化为向量的数量积，运算更加多元化；其二，如果原一次型存在模，平方可以把模去掉.*

等式中的每部分都是向量的一次形式，则称为一次型(例如：$a+b=c$，$|a-b|=2|c|$)．对于一次型，往往进行平方变为二次型 [例如：$(a+b)^2=c^2$，$(a-b)^2=4c^2$]，然后结合向量的数量积相关运算进行分析求解.

【例 12】 设非零向量 a,b,c 满足 $|a|=|b|=|c|$，$a+b=c$，则 $\langle a,b\rangle$ 等于   (　　)

A. 150°　　　　　　B. 120°　　　　　　C. 60°　　　　　　D. 30°

解析 由题得 $(a+b)^2=c^2$，即 $a^2+2a\cdot b+b^2=c^2$，得 $a\cdot b=-\dfrac{a^2}{2}$，

所以 $\cos\langle a,b\rangle=\dfrac{a\cdot b}{|a||b|}=\dfrac{-\dfrac{a^2}{2}}{a^2}=-\dfrac{1}{2}$，所以 $\langle a,b\rangle=120°$. → *一次型平方变为二次型.*

答案 B.

【例 13】 已知 a,b,c 为单位向量，且满足 $3a+\lambda b+7c=0$，a 与 b 的夹角为 $\dfrac{\pi}{3}$，则实数 $\lambda=$

_____.

解析 由题得 $|a|=|b|=|c|=1$，$a\cdot b=1\times1\times\cos\dfrac{\pi}{3}=\dfrac{1}{2}$. 又 $3a+\lambda b=-7c$，→ *如果直接对原一次型平方，展开项数太多，所以移项后再平方.*

等式两边平方可得 $(3a+\lambda b)^2=49c^2$，即 $9a^2+6\lambda a\cdot b+\lambda^2b^2=49c^2$，

即 $\lambda^2+3\lambda-40=0$，解得 $\lambda=-8$ 或 5.

答案 -8 或 5.

【例 14】 若非零向量 a,b 满足 $|a|=3|b|=|a+2b|$，则 a 与 b 夹角的余弦值为 _____.

解析 由题得 $a^2=9b^2=a^2+4a\cdot b+4b^2$，可得 $a\cdot b=-b^2$，

所以 $\cos\langle a,b\rangle=\dfrac{a\cdot b}{|a||b|}=\dfrac{-b^2}{3b^2}=-\dfrac{1}{3}$. → *一次型平方变为二次型.*

答案 $-\dfrac{1}{3}$.

【高1】(2022 全国甲理 13,5 分)设向量 a,b 的夹角的余弦值为 $\frac{1}{3}$,且 $|a|=1$,$|b|=3$,则 $(2a+b)\cdot b=$ _____.

【高2】(2020 全国 3 理 6,5 分)已知向量 a,b 满足 $|a|=5$,$|b|=6$,$a\cdot b=-6$,则 $\cos\langle a,a+b\rangle=$ ( )

A. $-\frac{31}{35}$ B. $-\frac{19}{35}$

C. $\frac{17}{35}$ D. $\frac{19}{35}$

【高3】(2018 全国 2 理 4/文 4,5 分)已知向量 a,b 满足 $|a|=1$,$a\cdot b=-1$,则 $a\cdot(2a-b)=$ ( )

A. 4   B. 3

C. 2   D. 0

【高4】(2020 新高考一 7,5 分)已知 P 是边长为 2 的正六边形 $ABCDEF$ 内的一点,则 $\overrightarrow{AP}\cdot\overrightarrow{AB}$ 的取值范围是 ( )

A. $(-2,6)$ B. $(-6,2)$

C. $(-2,4)$ D. $(-4,6)$

【高5】(2022 北京 10,4 分)在 $\triangle ABC$ 中,$AC=3$,$BC=4$,$\angle C=90°$.P 为 $\triangle ABC$ 所在平面内的动点,且 $PC=1$,则 $\overrightarrow{PA}\cdot\overrightarrow{PB}$ 的取值范围是 ( )

A. $[-5,3]$ B. $[-3,5]$

C. $[-6,4]$ D. $[-4,6]$

【高6】(2019 全国 1 理 7/文 8,5 分)已知非零向量 a,b 满足 $|a|=2|b|$,且 $(a-b)\perp b$,则 a 与 b 的夹角为 ( )

A. $\frac{\pi}{6}$ B. $\frac{\pi}{3}$

C. $\frac{2\pi}{3}$ D. $\frac{5\pi}{6}$

【高7】(2022 全国乙理 3,5 分)已知向量 a,b 满足 $|a|=1$,$|b|=\sqrt{3}$,$|a-2b|=3$,则 $a\cdot b=$ ( )

A. -2 B. -1

C. 1   D. 2

【高8】(2021 新高考二 15,5 分)已知向量 $a+b+c=0$,$|a|=1$,$|b|=|c|=2$,则 $a\cdot b+b\cdot c+c\cdot a=$ _____.

【高9】(2020 全国 1 理 14,5 分)设 a,b 为单位向量,且 $|a+b|=1$,则 $|a-b|=$ _____.

第 3 节　平面向量的坐标运算

头哥说：利用坐标进行运算是处理向量问题的"法宝"，可以大大降低思维复杂度.

知识梳理

基础知识

1.直角坐标

(1)向量的正交分解：把一个向量分解为两个互相垂直的向量，叫作把向量作正交分解；

(2)平面向量的坐标表示：分别取与 x,y 轴方向相同的两个单位向量 $\boldsymbol{i},\boldsymbol{j}$ 作为基底，对于平面内的一个向量 $\boldsymbol{a}$，有且只有一对实数 x,y 使得 $\boldsymbol{a}=x\boldsymbol{i}+y\boldsymbol{j}$，则有序数对 (x,y) 叫作向量 $\boldsymbol{a}$ 的坐标，$\boldsymbol{a}=(x,y)$ 叫作向量 $\boldsymbol{a}$ 的坐标表示； → 表示向量的坐标要写"="，表示点的坐标不写"=".

(3)坐标求法 1：某个向量的坐标等于起点平移到原点后终点的坐标；

(4)坐标求法 2：终点坐标减去起点坐标，$A(x_A,y_A),B(x_B,y_B)$，则 $\overrightarrow{AB}=(x_B-x_A,y_B-y_A)$.

2.线性运算 → 头哥说：直角坐标中的线性运算与普通基底表示中的线性运算性质完全相同，因为线性运算与夹角无关.

设 $\boldsymbol{a}=(x_1,y_1),\boldsymbol{b}=(x_2,y_2)$.

(1)加减运算：$\boldsymbol{a}\pm\boldsymbol{b}=(x_1\pm x_2,y_1\pm y_2)$；

(2)数乘运算：$\lambda\boldsymbol{a}=(\lambda x_1,\lambda y_1)$.

3.数量积 → 头哥说：直角坐标中的数量积运算比普通基底表示中的数量积运算简便很多，直角坐标的运算优势主要体现于此.

设 $\boldsymbol{a}=(x_1,y_1),\boldsymbol{b}=(x_2,y_2)$.

(1)数量积：$\boldsymbol{a}\cdot\boldsymbol{b}=x_1x_2+y_1y_2$；

(2)模：$|\boldsymbol{a}|=\sqrt{x_1^2+y_1^2}$；

(3)夹角：$\cos\langle\boldsymbol{a},\boldsymbol{b}\rangle=\dfrac{\boldsymbol{a}\cdot\boldsymbol{b}}{|\boldsymbol{a}||\boldsymbol{b}|}=\dfrac{x_1x_2+y_1y_2}{\sqrt{x_1^2+y_1^2}\cdot\sqrt{x_2^2+y_2^2}}$.

考点剖析

1.平行与垂直 → 头哥说：对于向量平行，直角坐标中的结论与普通基底表示完全相同；对于向量垂直，直角坐标与普通基底表示的区别在于更简便地求出数量积.

设 $\boldsymbol{a}=(x_1,y_1),\boldsymbol{b}=(x_2,y_2)$.

向量平行：$\boldsymbol{a}$ 与 $\boldsymbol{b}$ 平行的充要条件是 $x_1y_2=x_2y_1$（相应系数交叉相乘相等），此为充要条件，无须单独考虑某个系数可能为零的情况.

向量垂直：$\boldsymbol{a}$ 与 $\boldsymbol{b}$ 垂直的充要条件是 $\boldsymbol{a}\cdot\boldsymbol{b}=x_1x_2+y_1y_2=0$.

【例1】设向量 $\overrightarrow{OA}=(k,12)$，$\overrightarrow{OB}=(4,5)$，$\overrightarrow{OC}=(10,k)$，已知 A,B,C 三点共线，则 $k=$ _____.

解析 由题得 $\overrightarrow{AB}=\overrightarrow{OB}-\overrightarrow{OA}=(4-k,-7)$，$\overrightarrow{BC}=\overrightarrow{OC}-\overrightarrow{OB}=(6,k-5)$，*（两向量有一个公共点，向量平行则三点共线.）*

于是有 $(4-k)(k-5)=-7\times6$，得 $k^2-9k-22=0$，解得 $k=11$ 或 -2.

答案 11 或 -2.

【例2】已知 $\boldsymbol{a}=(1,2)$，$\boldsymbol{b}=(-3,2)$，若 $k\boldsymbol{a}+\boldsymbol{b}$ 与 $\boldsymbol{a}-3\boldsymbol{b}$ 平行，则实数 $k=$ _____.

解析 由题得 $k\boldsymbol{a}+\boldsymbol{b}=(k-3,2k+2)$，$\boldsymbol{a}-3\boldsymbol{b}=(10,-4)$，*（头哥说：更好的做法是直接把 $\boldsymbol{a}$，$\boldsymbol{b}$ 当成基底，于是有 $-3k=1$，解得 $k=-\dfrac{1}{3}$.）*

于是有 $-4\times(k-3)=10\times(2k+2)$，解得 $k=-\dfrac{1}{3}$.

答案 $-\dfrac{1}{3}$.

【例3】已知向量 $\boldsymbol{m}=(\lambda+1,1)$，$\boldsymbol{n}=(\lambda+2,2)$，若 $(\boldsymbol{m}+\boldsymbol{n})\perp(\boldsymbol{m}-\boldsymbol{n})$，则 $\lambda=$ （　　）

A. -4　　　　　B. -3　　　　　C. -2　　　　　D. -1

解析 由题得 $\boldsymbol{m}+\boldsymbol{n}=(2\lambda+3,3)$，$\boldsymbol{m}-\boldsymbol{n}=(-1,-1)$，

所以 $(\boldsymbol{m}+\boldsymbol{n})\cdot(\boldsymbol{m}-\boldsymbol{n})=-2\lambda-3-3=0$，解得 $\lambda=-3$.

答案 B.

【例4】设 $x,y\in\mathbf{R}$，向量 $\boldsymbol{a}=(x,1)$，$\boldsymbol{b}=(1,y)$，$\boldsymbol{c}=(2,-4)$ 且 $\boldsymbol{a}\perp\boldsymbol{c}$，$\boldsymbol{b}/\!/\boldsymbol{c}$，则 $|\boldsymbol{a}+\boldsymbol{b}|=$ （　　）

A. $\sqrt{5}$　　　　　B. $\sqrt{10}$　　　　　C. $2\sqrt{5}$　　　　　D. 10

解析 由题得 $\begin{cases}\boldsymbol{a}\cdot\boldsymbol{c}=2x-4=0\\-4=2y\end{cases}$，解得 $\begin{cases}x=2\\y=-2\end{cases}$.

所以 $\boldsymbol{a}+\boldsymbol{b}=(3,-1)$，于是 $|\boldsymbol{a}+\boldsymbol{b}|=\sqrt{3^2+(-1)^2}=\sqrt{10}$.

答案 B.

2. 建系求解 *→ 头哥说：我们处理向量问题的原则是"能建系则建系，不能建系尽量建系"哈哈哈.*

如果题目中有现成的直角（图1～图5），则可以直接在直角处进行建系；如果没有直角，有特殊角（例如：$30°,45°,60°,120°,135°,150°$ 等），也可在特殊角处构造直角强行建系（图6～图7）.

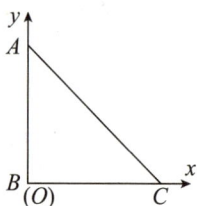
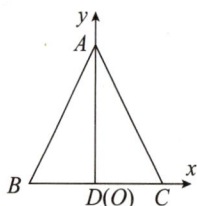
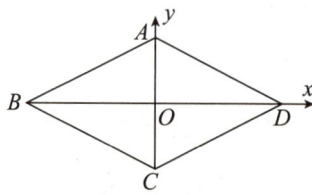
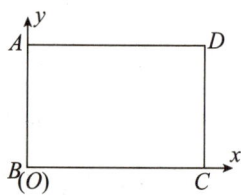

图1　　　　　　　图2　　　　　　　图3　　　　　　　图4

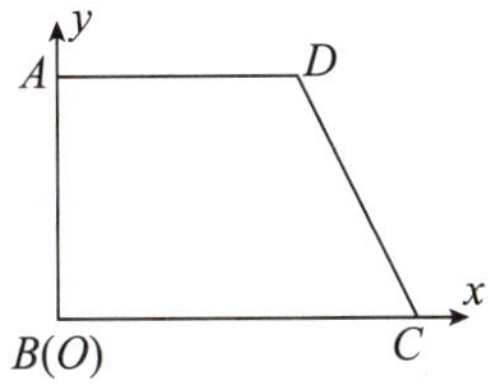

图 5 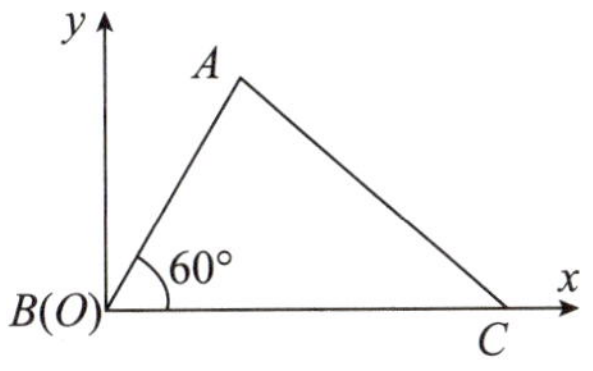　　　　　图 6 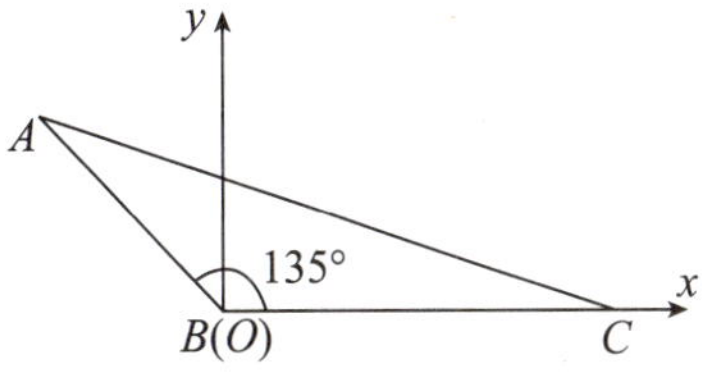　　　　　图 7

【例 5】 已知 $\overrightarrow{AB} \perp \overrightarrow{AC}$，$|\overrightarrow{AB}| = \dfrac{1}{t}$，$|\overrightarrow{AC}| = t$，若点 P 是 $\triangle ABC$ 所在平面内一点，且 $\overrightarrow{AP} = \dfrac{\overrightarrow{AB}}{|\overrightarrow{AB}|} + \dfrac{4\overrightarrow{AC}}{|\overrightarrow{AC}|}$，则 $\overrightarrow{PB} \cdot \overrightarrow{PC}$ 的最大值等于　　　　　　　　　　（　　）

A. 13

B. 15

C. 19

D. 21

解析 以 $\overrightarrow{AB}$，$\overrightarrow{AC}$ 方向为 x，y 轴建立直角坐标系，如图所示.

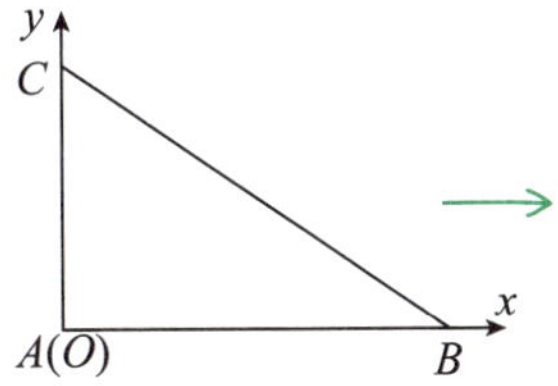

→ 直角三角形，可在直角处直接建系.

则 $B\left(\dfrac{1}{t}, 0\right)$，$C(0, t)$，$P(1, 4)$，所以 $\overrightarrow{PB} = \left(\dfrac{1}{t} - 1, -4\right)$，$\overrightarrow{PC} = (-1, t - 4)$，易知 $t > 0$，

于是 $\overrightarrow{PB} \cdot \overrightarrow{PC} = 1 - \dfrac{1}{t} - 4t + 16 = 17 - \left(4t + \dfrac{1}{t}\right) \leqslant 17 - 2\sqrt{4t \cdot \dfrac{1}{t}} = 13$.

→ 与基本不等式相结合.

当且仅当 $t = \dfrac{1}{2}$ 时，$\overrightarrow{PB} \cdot \overrightarrow{PC}$ 取得最大值 13.

答案 A.

【例 6】 已知 $\triangle ABC$ 是边长为 1 的等边三角形，点 D，E 分别是边 AB，BC 的中点，连接 DE 并延长到点 F，使得 $DE = 2EF$，则 $\overrightarrow{AF} \cdot \overrightarrow{BC}$ 的值为　　　　　　　　　　（　　）

A. $-\dfrac{5}{8}$

B. $\dfrac{1}{8}$

C. $\dfrac{1}{4}$

D. $\dfrac{11}{8}$

解析 建系，如图所示.

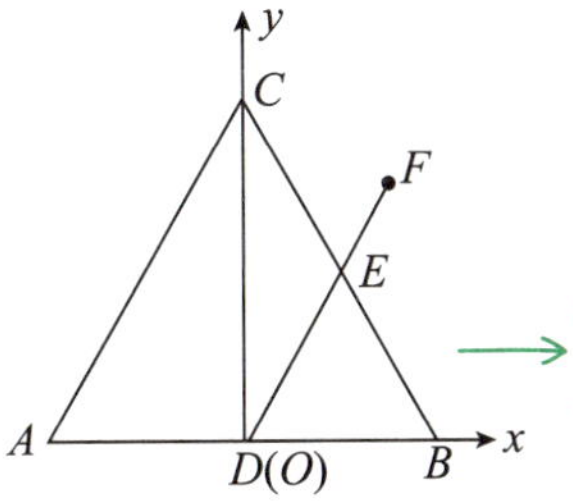

→ 等边三角形三线合一，可在底边中点处直接建系.

则 $A\left(-\dfrac{1}{2},0\right)$，$B\left(\dfrac{1}{2},0\right)$，$C\left(0,\dfrac{\sqrt{3}}{2}\right)$，所以 BC 中点 $E\left(\dfrac{1}{4},\dfrac{\sqrt{3}}{4}\right)$，进而 $F\left(\dfrac{3}{8},\dfrac{3\sqrt{3}}{8}\right)$，

所以 $\overrightarrow{AF}=\left(\dfrac{7}{8},\dfrac{3\sqrt{3}}{8}\right)$，$\overrightarrow{BC}=\left(-\dfrac{1}{2},\dfrac{\sqrt{3}}{2}\right)$，于是 $\overrightarrow{AF}\cdot\overrightarrow{BC}=-\dfrac{7}{16}+\dfrac{9}{16}=\dfrac{1}{8}$.

答案 B.

【例7】 在等腰梯形 $ABCD$ 中，已知 $AB\parallel DC$，$AB=2$，$BC=1$，$\angle ABC=60°$. 点 E 和 F 分别在线段 BC 和 DC 上，且 $\overrightarrow{BE}=\dfrac{2}{3}\overrightarrow{BC}$，$\overrightarrow{DF}=\dfrac{1}{6}\overrightarrow{DC}$，则 $\overrightarrow{AE}\cdot\overrightarrow{AF}$ 的值为 _____.

解析 建系，如图所示.

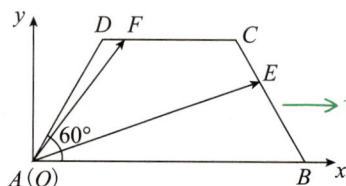

→ 有 60° 特殊角，可在特殊角处强行建系.

则 $B(2,0)$，$C\left(\dfrac{3}{2},\dfrac{\sqrt{3}}{2}\right)$，$D\left(\dfrac{1}{2},\dfrac{\sqrt{3}}{2}\right)$，所以 $F\left(\dfrac{2}{3},\dfrac{\sqrt{3}}{2}\right)$，$E\left(\dfrac{5}{3},\dfrac{\sqrt{3}}{3}\right)$，

于是 $\overrightarrow{AF}=\left(\dfrac{2}{3},\dfrac{\sqrt{3}}{2}\right)$，$\overrightarrow{AE}=\left(\dfrac{5}{3},\dfrac{\sqrt{3}}{3}\right)$，所以 $\overrightarrow{AE}\cdot\overrightarrow{AF}=\dfrac{10}{9}+\dfrac{1}{2}=\dfrac{29}{18}$.

答案 $\dfrac{29}{18}$.

【例8】 在 $\triangle ABC$ 中，边 $AC=1$，$AB=2$，$A=120°$，过 A 作 $AP\perp BC$ 于 P，且 $\overrightarrow{AP}=\lambda\overrightarrow{AB}+\mu\overrightarrow{AC}$，则 $\lambda\mu=$ _____.

解析 建系，如图所示.

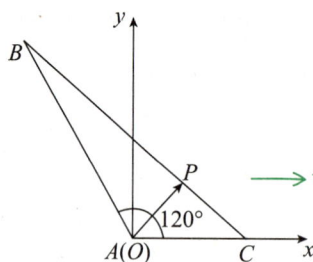

→ 有 120° 特殊角，可在特殊角处强行建系.

则 $C(1,0)$，$B(-1,\sqrt{3})$，所以 $\overrightarrow{AP}=\lambda\overrightarrow{AB}+\mu\overrightarrow{AC}=(\mu-\lambda,\sqrt{3}\lambda)$.

又 $\overrightarrow{BC}=(2,-\sqrt{3})$，$\overrightarrow{AP}\cdot\overrightarrow{BC}=2(\mu-\lambda)-3\lambda=0$，

且知 $\mu+\lambda=1$，可解得 $\begin{cases}\lambda=\dfrac{2}{7}\\[2mm]\mu=\dfrac{5}{7}\end{cases}$，所以 $\lambda\mu=\dfrac{10}{49}$.

答案 $\dfrac{10}{49}$.

高考链接

【高1】(2021 全国甲理 14,5 分)已知向量 $a=(3,1)$，$b=(1,0)$，$c=a+kb$。若 $a\perp c$，则 $k=$ _____．

【高2】(2021 全国乙理 14,5 分)已知向量 $a=(1,3)$，$b=(3,4)$，若 $(a-\lambda b)\perp b$，则 $\lambda=$ _____．

【高3】(2020 全国 1 文 14,5 分)设向量 $a=(1,-1)$，$b=(m+1,2m-4)$，若 $a\perp b$，则 $m=$ _____．

【高4】(2018 全国 3 理 13/文 13,5 分)已知向量 $a=(1,2)$，$b=(2,-2)$，$c=(1,\lambda)$，若 $c\,/\!/\,(2a+b)$，则 $\lambda=$ _____．

【高5】(2022 新高考二 4,5 分)已知向量 $a=(3,4)$，$b=(1,0)$，$c=a+tb$，若 $\langle a,c\rangle=\langle b,c\rangle$，则实数 $t=$　　　　　　　　　　　　　　(　)

A. -6　　　　　　　　　　　　B. -5

C. 5　　　　　　　　　　　　　D. 6

【高6】(2021 新高考一 10 多选,5 分)已知 O 为坐标原点，点 $P_1(\cos\alpha,\sin\alpha)$，$P_2(\cos\beta,-\sin\beta)$，$P_3(\cos(\alpha+\beta),\sin(\alpha+\beta))$，$A(1,0)$，则 (　)

A. $|\overrightarrow{OP_1}|=|\overrightarrow{OP_2}|$　　　　　　　　B. $|\overrightarrow{AP_1}|=|\overrightarrow{AP_2}|$

C. $\overrightarrow{OA}\cdot\overrightarrow{OP_3}=\overrightarrow{OP_1}\cdot\overrightarrow{OP_2}$　　　　　D. $\overrightarrow{OA}\cdot\overrightarrow{OP_1}=\overrightarrow{OP_2}\cdot\overrightarrow{OP_3}$

【高7】(2021 北京 13,5 分)$a=(2,1)$，$b=(2,-1)$，$c=(0,1)$，则 $(a+b)\cdot c=$ _____；$a\cdot b=$ _____．

【高8】(2019 全国 3 理 13,5 分)已知 a,b 为单位向量，且 $a\cdot b=0$，若 $c=2a-\sqrt{5}b$，则 $\cos\langle a,c\rangle=$ _____．

【高9】(2020 全国 3 文 6,5 分)在平面内，A,B 是两个定点，C 是动点，若 $\overrightarrow{AC}\cdot\overrightarrow{BC}=1$，则点 C 的轨迹为 (　)

A. 圆　　　　　　　　　　　　B. 椭圆

C. 抛物线　　　　　　　　　　D. 直线

第七章 数　列

第1节　等差数列

> 头哥说：正如直线是几何图形中最简单的，一次函数与常函数是函数中最简单的，等差数列是数列中最简单的. 实际上，等差数列的本质就是一次函数（或常函数），也对应了几何图形中的直线.

知识梳理

基础知识

1. 数列的概念　→ 头哥说：数列的本质是函数，是一个定义在非零自然数集或其子集上的函数.

（1）数列的定义：按照一定次序排列的一列数称为数列，数列中的每一个数叫作这个数列的项. 数列的一般形式可以写成 $a_1, a_2, a_3, \cdots, a_n, \cdots$，简记为 $\{a_n\}$；

（2）数列的分类：按照项数是否有限可分为有穷数列、无穷数列，按照单调性质可分为递增数列、递减数列、常数列、摆动数列；

（3）通项公式：如果数列 $\{a_n\}$ 的第 n 项与序号 n 之间的关系可以用一个式子来表示，那么就把这个式子叫作这个数列的通项公式，简称通项；　→ 数列的通项公式本质为数列这个特殊函数的函数解析式.

（4）递推公式：如果数列 $\{a_n\}$ 的任一项 a_n 与它的前一项 a_{n-1}（或前几项）间的关系可以用一个式子来表示，那么这个式子就叫作这个数列的递推公式.　→ 只知道递推公式无法确定一个数列，必须同时知道初始条件（首项或前几项）才行.

2. 等差数列

（1）等差数列的定义：如果一个数列 $\{a_n\}$ 从第 2 项起，每一项与它的前一项之差都等于同一个常数 d，那么这个数列 $\{a_n\}$ 就叫作等差数列，这个常数叫作等差数列的公差，即 $a_n - a_{n-1} = d(n \geqslant 2)$；

（2）等差数列的通项公式：如果等差数列 $\{a_n\}$ 的首项为 a_1，公差为 d，那么它的通项公式是 $a_n = a_1 + (n-1)d(n \in \mathbf{N}^*)$；

（3）等差中项：如果三个数 a, A, b 成等差数列，那么 A 叫作 a 与 b 的等差中项，这三个数满足的关系式是 $a + b = 2A$.　→ 在一个等差数列中，间距相同的三个数一定成等差数列，中间的数为其余两个数的等差中项.

3. 等差数列的前 n 项和

（1）前 n 项和：对于数列 $\{a_n\}$，称 $a_1 + a_2 + \cdots + a_n$ 为数列 $\{a_n\}$ 的前 n 项和，用 S_n 表示，即 $S_n = a_1 + a_2 + \cdots + a_n$；

(2)等差数列的前 n 项和：$S_n = \dfrac{n(a_1+a_n)}{2} = na_1 + \dfrac{n(n-1)}{2}d$. ⟶ *已知首项、末项、项数用前者，已知首项、公差、项数用后者。*

二级结论

1. 通项公式的性质

(1) $a_n = pn + q$； ⟶ *等差数列的通项一定为关于 n 的一次函数形式，但只是形式上相同，不一定为一次函数，因为 p 可以为 0。*

(2) $a_n = a_m + (n-m)d$； ⟶ *该公式本质为直线的点斜式，因为等差数列的本质就是直线。*

(3) $d = \dfrac{a_n - a_m}{n - m}(n \neq m)$； ⟶ *该公式本质为直线的斜率公式，公差本质上为等差数列的"斜率"。*

(4) $a_m + a_n = a_s + a_t (n + m = s + t)$； ⟶ *该公式称为同和公式。*

(5) $a_m + a_n = 2a_中\left(中 = \dfrac{n+m}{2}, n+m 为偶数\right)$. ⟶ *该公式称为中项公式。*

2. 前 n 项和的性质

(1) $S_n = An^2 + Bn$； ⟶ *等差数列前 n 项和一定为关于 n 的二次函数形式（不含常数项），但只是形式上相同，不一定为二次函数，因为 A 可以为 0。*

(2) $S_n = na_中\left(中 = \dfrac{n+1}{2}, n 为奇数\right)$； ⟶ *该公式相当于计算梯形面积的公式，面积等于中位线（$a_中$）乘高（n）。*

(3) 三段性质：$S_n, S_{2n} - S_n, S_{3n} - S_{2n}$ 成等差数列；

(4) 三段性质拓展：$S_n, S_{2n} - S_n, S_{3n} - S_{2n}, \cdots$，成等差数列.

3. 刘帆口诀
⟶ *头哥说："刘帆"为头哥一山东学生的名字，该口诀可以实现 a_n 与 S_n 之间的快速转化。*

(1) "除后加"：用于已知 a_n 快速求解 S_n，如图所示；

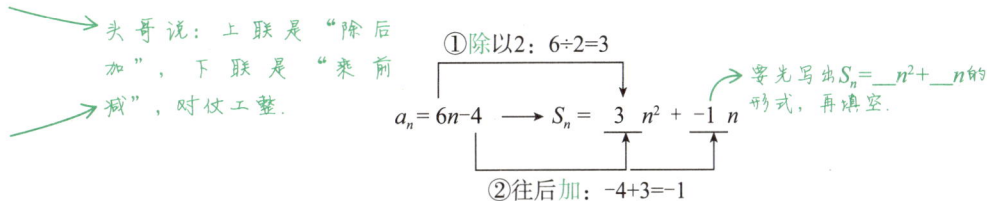

头哥说：上联是"除后加"，下联是"乘前减"，对仗工整。

①除以2：6÷2=3

$a_n = 6n - 4 \longrightarrow S_n = \boxed{3}\,n^2 + \boxed{-1}\,n$ ⟶ *要先写出 $S_n = \_\_n^2 + \_\_n$ 的形式，再填空。*

②往后加：-4+3=-1

(2) "乘前减"：用于已知 S_n 快速求解 a_n，如图所示.

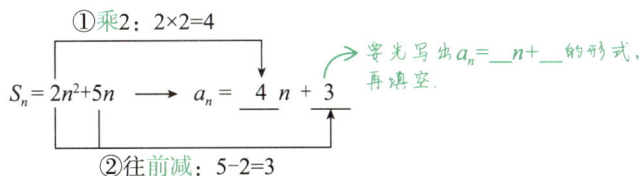

①乘2：2×2=4

$S_n = 2n^2 + 5n \longrightarrow a_n = \boxed{4}\,n + \boxed{3}$ ⟶ *要先写出 $a_n = \_\_n + \_\_$ 的形式，再填空。*

②往前减：5-2=3

考点剖析

1. 方程思想
⟶ *头哥说：方程思想是等差数列问题中最重要的思想，也是高考最常考查的点，没有之一。*

等差数列中有两个基础量，即首项 a_1 与公差 d. 任意一项 a_n，以及前 n 项和 S_n 都可以表示为 a_1 与 d 的组合. 因此，根据方程思想，只需找到题目中两个等量关系，即可建立关于 a_1 与 d 的二元方程组，解出 a_1 与 d，从而得到所求的等差数列.

【例 1】 若等差数列 $\{a_n\}$ 的前 5 项和 $S_5=25$，且 $a_2=3$，则 a_7 等于 　　　　（　　）

A. 12　　　　　　　　B. 13　　　　　　　　C. 14　　　　　　　　D. 15

解析 由题得 $\begin{cases} S_5=5a_1+10d=25 \\ a_2=a_1+d=3 \end{cases}$ ，解得 $\begin{cases} a_1=1 \\ d=2 \end{cases}$ ，于是 $a_7=a_1+6d=13$.

→ 建立方程组，解出 a_1 与 d.

答案 B.

【例 2】《莱茵德纸草书》是世界上最古老的数学著作之一，书中有这样的一道题：把 120 个面包分成 5 份，使每份的面包数成等差数列，且较多的三份之和恰好是较少的两份之和的 7 倍，若将这 5 份面包数按由少到多的顺序排列，则第 4 份面包的数量为 　　　　（　　）

A. 15　　　　　　　　B. 25　　　　　　　　C. 35　　　　　　　　D. 45

解析 设 5 份面包数按由少到多排列为 a_1,a_2,a_3,a_4,a_5，

由题得 $\begin{cases} S_5=5a_1+10d=120 \\ a_3+a_4+a_5=7(a_1+a_2) \end{cases}$ ，即 $\begin{cases} a_1+2d=24 \\ 3a_1+9d=7(2a_1+d) \end{cases}$ ，即 $\begin{cases} a_1+2d=24 \\ 11a_1-2d=0 \end{cases}$ ，

→ 建立方程组，解出 a_1 与 d.

解得 $\begin{cases} a_1=2 \\ d=11 \end{cases}$ ，于是 $a_4=a_1+3d=35$，即第 4 份面包的数量为 35.

答案 C.

【例 3】 四个数成等差数列，它们的和是 26，第二个数与第三个数之积为 40，则这四个数依次为_____.

解析 设这四个数依次为 a_1,a_2,a_3,a_4.

由题得 $\begin{cases} S_4=4a_1+6d=26 \\ a_2a_3=(a_1+d)(a_1+2d)=40 \end{cases}$ ，即 $\begin{cases} (a_1+d)+(a_1+2d)=13 \\ (a_1+d)(a_1+2d)=40 \end{cases}$.

→ 建立方程组，解出 a_1 与 d.

由韦达定理可知 a_1+d 与 a_1+2d 为方程 $x^2-13x+40=0$ 的两根，即 $x_1=5,x_2=8$，

→ 当知道两数和与两数来求时，经常用此方法进行求解.

于是 $\begin{cases} a_1+d=5 \\ a_1+2d=8 \end{cases}$ 或 $\begin{cases} a_1+d=8 \\ a_1+2d=5 \end{cases}$ ，解得 $\begin{cases} a_1=2 \\ d=3 \end{cases}$ 或 $\begin{cases} a_1=11 \\ d=-3 \end{cases}$ ，

易得这四个数依次为 $2,5,8,11$，或 $11,8,5,2$.

答案 $2,5,8,11$，或 $11,8,5,2$.

2. 等差中项与虚中项 →头哥说：牢记口诀"见和找中项，肯定不上当".

等差中项：对于两项之和，有 $a_m+a_n=2a_{中}\left(中=\dfrac{n+m}{2}, n+m \text{ 为偶数}\right)$；对于前 n 项和，有

$S_n=na_{中}\left(中=\dfrac{n+1}{2}, n \text{ 为奇数}\right)$. 引入中项进行计算可以大大降低计算量.

→注意：做解答题时千万不能用虚中项.

虚中项：对于两项之和，有 $a_m+a_n=2a_{中}\left(中=\dfrac{n+m}{2}, n+m \text{ 为奇数}\right)$；对于前 n 项和，有

$S_n=na_{中}\left(中=\dfrac{n+1}{2}, n \text{ 为偶数}\right)$. 此时中项 $a_{中}$ 的脚标不是整数，实际上该数并不存在于数列中，但是却依然可以引入该项进行运算，称之为虚中项. 对于虚中项，等差数列的其他公式依然

成立(例如:$a_{5.5}=a_2+3.5d$,$a_{10}=a_{4.5}+5.5d$).

实际上,虚中项的引入相当于把等差数列拓展为完整的一次函数(或常函数),定义域为全体实数,即脚标可以为非整数.

【例 4】 已知等差数列 $\{a_n\}$,满足 $a_2+a_3+a_4=18$,$a_2a_3a_4=66$,则数列 $\{a_n\}$ 的通项公式为

_____.

解析 由题得 $a_2+a_3+a_4=3a_3=18$,得 $a_3=6$,

→ 见和找中项.

于是有 $\begin{cases}a_2+a_4=12 \\ a_2 \cdot a_4=11\end{cases}$,由韦达定理可知 a_2 与 a_4 为方程 $x^2-12x+11=0$ 的两根,

即 $x_1=1$,$x_2=11$,于是 $\begin{cases}a_2=1 \\ a_4=11\end{cases}$ 或 $\begin{cases}a_2=11 \\ a_4=1\end{cases}$.

又 $d=\dfrac{a_4-a_2}{4-2}$,有 $d=5$ 或 $d=-5$,

于是 $a_n=a_2+(n-2)d$,得 $a_n=5n-9$ 或 $a_n=21-5n$.

答案 $a_n=5n-9$ 或 $a_n=21-5n$.

【例 5】 在等差数列 $\{a_n\}$ 中,$a_1=-100$,其前 n 项和为 S_n,若 $\dfrac{S_{12}}{12}-\dfrac{S_{10}}{10}=2$,则 S_{100} 的值等于

( )

A. -100 B. -99 C. -98 D. -97

解析 由题得 $\dfrac{S_{12}}{12}-\dfrac{S_{10}}{10}=\dfrac{12a_{6.5}}{12}-\dfrac{10a_{5.5}}{10}=a_{6.5}-a_{5.5}=2$,得 $d=\dfrac{a_{6.5}-a_{5.5}}{6.5-5.5}=2$.

于是 $a_{50.5}=a_1+49.5d=-1$,所以 $S_{100}=100a_{50.5}=-100$.

→ 见和找中项.

答案 A.

【例 6】 记 S_n 为等差数列 $\{a_n\}$ 的前 n 项和. 已知 $S_4=0$,$a_5=5$,则 ( )

A. $a_n=2n-5$ B. $a_n=3n-10$

C. $S_n=2n^2-8n$ D. $S_n=\dfrac{1}{2}n^2-2n$

解析 由题得 $S_4=4a_{2.5}=0$,得 $a_{2.5}=0$,所以 $d=\dfrac{a_5-a_{2.5}}{5-2.5}=2$,

→ 见和找中项.

所以 $a_n=a_5+(n-5)d=2n-5$,于是 $S_n=n^2-4n$. *→ 刬帆口诀.*

答案 A.

【例 7】 在等差数列 $\{a_n\}$ 中,若 $a_2+a_3=11$,$a_5+a_6+a_7+a_8=70$,则 $\{a_n\}$ 的公差为 _____.

解析 由题得 $\begin{cases}a_2+a_3=2a_{2.5}=11 \\ a_5+a_6+a_7+a_8=4a_{6.5}=70\end{cases}$,可得 $\begin{cases}a_{2.5}=\dfrac{11}{2} \\ a_{6.5}=\dfrac{35}{2}\end{cases}$,于是 $d=\dfrac{\frac{35}{2}-\frac{11}{2}}{6.5-2.5}=3$.

↓ 见和找中项,中间几项求和(非前 n 项和)也可以用.

答案 3.

3. 函数化 头哥说：由于等差数列通项对应一次函数（或常函数），较为简单，无须函数化分析，所以函数化主要应用于等差数列的前 n 项和。

等差数列的前 n 项和为 $S_n = An^2 + Bn = \dfrac{d}{2}n^2 + \left(a_1 - \dfrac{d}{2}\right)n$ 形式，当 $A \neq 0$ $(d \neq 0)$ 时，对应二次函数，且该二次函数一定过原点，该性质使得画图更加方便．随着 a_1 与 d 的变化，二次函数图像的变化如下图所示（此处不考虑 $d = 0$ 的情况，因为 $d = 0$ 时等差数列为常数列，没必要函数化）． 头哥说：主要考查两个不单调的图像情形．

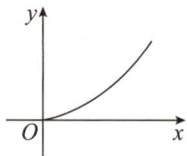 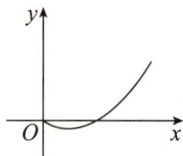 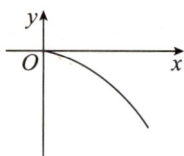 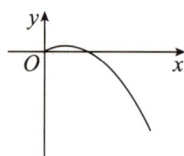

$d > 0, a_1 \geqslant \dfrac{d}{2}$　　$d > 0, a_1 < \dfrac{d}{2}$　　$d < 0, a_1 \leqslant \dfrac{d}{2}$　　$d < 0, a_1 > \dfrac{d}{2}$

【例 8】 在等差数列 $\{a_n\}$ 中，前 n 项和为 S_n，$a_1 = 25$，$S_{17} = S_9$，则当 $n = $ _____ 时，前 n 项和 S_n 取最大值，最大值是 _____．

解析 由题画出 S_n 对应的二次函数图像，如下图所示．

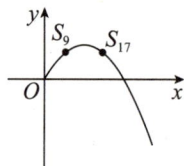

由 S_9 与 S_{17} 等高可得对称轴．

于是对称轴为 $x = \dfrac{9+17}{2} = 13$，设 $S_n = An^2 - 26An$， 已知对称轴，可知 $B = -26A$，于是只需引入一个变量 A 即可．

由 $S_1 = -25A = a_1 = 25$，可得 $A = -1$，所以 $S_n = -n^2 + 26n$，

于是当 $n = 13$ 时，$S_{\max} = S_{13} = 169$．

答案 13；169．

【例 9】 已知公差非零的等差数列 $\{a_n\}$ 的前 n 项和为 S_n，满足 $|a_3| = |a_8|$，则下列结论正确的是 （　　）

A. $S_{11} = 0$ 　　　　　　　　　　　B. $S_n = S_{11-n}$（$1 \leqslant n \leqslant 10$）

C. 当 $S_{11} > 0$ 时，$S_n \geqslant S_5$ 　　　D. 当 $S_{11} < 0$ 时，$S_n \geqslant S_5$

解析 由题得 $a_3 + a_8 = 0$，即 $2a_{5.5} = 0$，$a_{5.5} = 0$，于是 $S_{10} = 10a_{5.5} = 0$，

画出 S_n 对应的二次函数图像，如下图所示． 虚中项实际为函数化的典型应用．

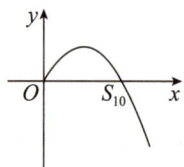　或　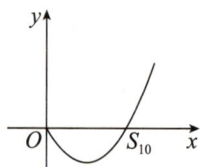

图 1　　　　　　　图 2

由图像易知 $S_{11} \neq 0$，A 错误；

$S_1 \neq S_{10} = 0$，B 错误；

当 $S_{11} > 0$ 时,如图 2 所示,对称轴为 $x = \dfrac{0+10}{2} = 5$,即 $S_{\min} = S_5$,$S_n \geqslant S_5$,C 正确;

当 $S_{11} < 0$ 时,如图 1 所示,对称轴为 $x = \dfrac{0+10}{2} = 5$,即 $S_{\max} = S_5$,$S_n \leqslant S_5$,D 错误.

答案 C.

4. 三段性质 ⟶ *头哥说:该性质为一个较小的考点,但由于等差数列与等比数列均具备该性质,所以列于此.*

在等差数列中,S_n,$S_{2n} - S_n$,$S_{3n} - S_{2n}$,$\cdots$,成等差数列,其含义为从首项开始,连续的 n 项和所构成的数列为等差数列,且公差为 $(S_{2n} - S_n) - S_n = (a_{n+1} - a_1) + (a_{n+2} - a_2) + \cdots + (a_{2n} - a_n) = n^2 d$.

当题目中出现多个 "S",且 "S" 的脚标有比例关系时(例如:S_5 与 S_{10}),考虑应用三段性质.

【例 10】设等差数列 $\{a_n\}$ 的前 n 项和为 S_n,$S_{10} = 10$,$S_{20} = 30$,则 $S_{30} = $ _____.

解析 由题得 S_{10},$S_{20} - S_{10}$,$S_{30} - S_{20}$ 成等差数列, ↓*脚标有比例关系,想到三段性质.*

于是有 $S_{10} + (S_{30} - S_{20}) = 2(S_{20} - S_{10})$,即 $S_{30} = 3S_{20} - 3S_{10} = 60$.

答案 60. *脚标有比例关系,想到三段性质.* ↑

【例 11】设等差数列 $\{a_n\}$ 的前 n 项和为 S_n,且 $S_3 = -12$,$S_9 = 45$,则 $S_{12} = $ _____.

解析 由题得 S_3,$S_6 - S_3$,$S_9 - S_6$,$S_{12} - S_9$ 成等差数列,

于是有 $S_3 + (S_{12} - S_9) = (S_6 - S_3) + (S_9 - S_6)$,即 $S_{12} = 2S_9 - 2S_3 = 114$.

⟶ *同和公式.*

答案 114.

高考链接

【高 1】(2021 北京 10,4 分)数列 $\{a_n\}$ 是递增的整数数列,且 $a_1 \geqslant 3$,$a_1 + a_2 + \cdots + a_n = 100$,则 n 的最大值为 （ ）

A. 9   B. 10   C. 11   D. 12

【高 2】(2020 新高考一 14,5 分)将数列 $\{2n-1\}$ 与 $\{3n-2\}$ 的公共项从小到大排列后得到数列 $\{a_n\}$,则 $\{a_n\}$ 的前 n 项和为 _____.

【高 3】(2022 新高考二 3,5 分)图 1 是中国古代建筑中的举架结构,AA',BB',CC',DD' 是桁,相邻桁的水平距离称为步,垂直距离称为举,图 2 是某古代建筑屋顶截面的示意图.其中 DD_1,CC_1,BB_1,AA_1 是举,OD_1,DC_1,CB_1,BA_1 是相等的步,相邻桁的举、步之比分别为 $\dfrac{DD_1}{OD_1} = 0.5$,$\dfrac{CC_1}{DC_1} = k_1$,$\dfrac{BB_1}{CB_1} = k_2$,$\dfrac{AA_1}{BA_1} = k_3$.已知 k_1,k_2,k_3 成公差为 0.1 的等差数列,且直线 OA 的斜率为 0.725,则 $k_3 = $ （ ）

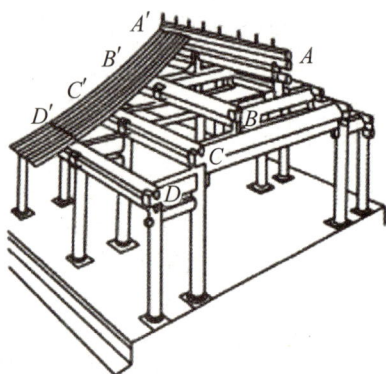

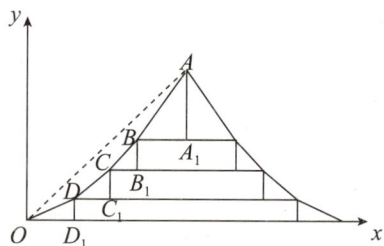

图1　　　　　　　　　　　　图2

A. 0.75　　　　　　B. 0.8　　　　　　C. 0.85　　　　　　D. 0.9

【高4】(2021 北京 6,4 分){a_n} 和 {b_n} 是两个等差数列,其中 $\dfrac{a_k}{b_k}(1\leqslant k\leqslant 5)$ 为常值,$a_1=$ 288,$a_5=96$,$b_1=192$,则 $b_3=$　　　　　　　　　　　　　　　　（　　）

A. 64　　　　　　B. 128　　　　　　C. 256　　　　　　D. 512

【高5】(2019 全国 3 理 14,5 分)记 S_n 为等差数列 {a_n} 的前 n 项和,$a_1\neq 0$,$a_2=3a_1$,则 $\dfrac{S_{10}}{S_5}=$ _____.

【高6】(2022 北京 6,4 分)设 {a_n} 是公差不为 0 的无穷等差数列,则"{a_n} 为递增数列"是 "存在正整数 N_0,当 $n>N_0$ 时,$a_n>0$"的　　　　　　　　　　　　　　　　（　　）

A. 充分而不必要条件　　　　　　　　　B. 必要而不充分条件

C. 充分必要条件　　　　　　　　　　　D. 既不充分也不必要条件

【高7】(2020 全国 2 理 4,5 分)北京天坛的圜丘坛为古代祭天的场所,分上、中、下三层,上层中心有一块圆形石板(称为天心石),环绕天心石砌 9 块扇面形石板构成第一环,向外每环依次增加 9 块,下一层的第一环比上一层的最后一环多 9 块,向外每环依次也增加 9 块,已知每层环数相同,且下层比中层多 729 块,则三层共有扇面形石板(不含天心石)　　　（　　）

A. 3699 块　　　　　B. 3474 块　　　　　C. 3402 块　　　　　D. 3339 块

【高 8】(2021 新高考一 17,10 分)已知数列 $\{a_n\}$ 满足 $a_1=1$,$a_{n+1}=\begin{cases} a_n+1, & n\text{ 为奇数} \\ a_n+2, & n\text{ 为偶数} \end{cases}$.

(1)记 $b_n=a_{2n}$,写出 b_1,b_2,并求数列 $\{b_n\}$ 的通项公式;

(2)求 $\{a_n\}$ 的前 20 项和.

【高 9】(2021 新高考二 17,10 分)记 S_n 是公差不为 0 的等差数列 $\{a_n\}$ 的前 n 项和,若 $a_3=S_5$,$a_2a_4=S_4$.

(1)求数列 $\{a_n\}$ 的通项公式 a_n;

(2)求使 $S_n>a_n$ 成立的 n 的最小值.

【高 10】(2018 全国 2 理 17/文 17,12 分)记 S_n 为等差数列 $\{a_n\}$ 的前 n 项和,已知 $a_1=-7$,$S_3=-15$.

(1)求 $\{a_n\}$ 的通项公式;

(2)求 S_n,并求 S_n 的最小值.

第 2 节 等比数列

> 头哥说：等差数列求指数后变成等比数列，等比数列（正项）取对数后变成等差数列.

知识梳理

基础知识

1. 等比数列

(1)等比数列的定义：如果一个数列 $\{a_n\}$ 从第 2 项起，每一项与它的前一项之比都等于同一常数 $q(q\neq0)$，那么这个数列 $\{a_n\}$ 叫作等比数列，这个常数 $q(q\neq0)$ 叫作等比数列的公比，即 $\dfrac{a_n}{a_{n-1}}=q(n\geq2)$.

> 等比数列中每一项都不为 0，因为每一项都有机会作分母.

(2)等比数列的通项公式：如果等比数列 $\{a_n\}$ 的首项为 a_1，公比为 q，那么它的通项公式是 $a_n=a_1 \cdot q^{n-1}(n\in\mathbf{N}^*)$；

(3)等比中项：如果三个数 a,G,b 是等比数列，那么 G 叫作 a 与 b 的等比中项，这三个数满足的关系式是 $ab=G^2$.

> 在一个等比数列中，间距相同的三个数一定成等比数列，中间的数为其余两个数的等比中项.

2. 等比数列的前 n 项和

等比数列的前 n 项和：$q=1$ 时，$S_n=na_1$；$q\neq1$ 时，$S_n=\dfrac{a_1(1-q^n)}{1-q}$.

二级结论

1. 通项公式的性质

(1)$a_n=a_m \cdot q^{n-m}$；

(2)$a_m \cdot a_n=a_s \cdot a_t(n+m=s+t)$； → 该公式称为同积公式.

(3)$a_m \cdot a_n=a_{\text{中}}^2\left(\text{中}=\dfrac{n+m}{2},n+m \text{ 为偶数}\right)$. → 该公式称为中项公式.

2. 前 n 项和的性质

(1)$S_n=A(1-q^n)\left(A=\dfrac{a_1}{1-q},q\neq1\right)$； → 等比数列前 n 项和的形式中包含 $1-q^n(q\neq1)$ 这个组合.

(2)三段性质：$S_n,S_{2n}-S_n,S_{3n}-S_{2n}$ 成等比数列（公比为 $q^n,q\neq-1$）；

(3)三段性质拓展：$S_n,S_{2n}-S_n,S_{3n}-S_{2n},\cdots$，成等比数列$(q\neq-1)$.

考点剖析

> 头哥说：在利用方程思想寻找等量关系的同时，需要结合分类讨论思想，单独讨论 $q=1$ 的情况（涉及 S_n 时）.

1. 方程思想

等比数列中有两个基础量，即首项 a_1 与公比 q，任意一项 a_n 及 S_n 都可以表示为 a_1 与 q

的组合.因此,根据方程思想,只需找到题目中两个等量关系,即可建立关于 a_1 与 q 的二元方程组,解出 a_1 与 q,从而得到所求的等比数列.

注意:$q=1$ 时,无法用公式 $S_n=\dfrac{a_1(1-q^n)}{1-q}$,所以如果题目涉及前 n 项和,必须单独讨论 $q=1$ 的情况.

【例1】已知各项均为正数的等比数列 $\{a_n\}$ 的前 4 项和为 15,且 $a_5=3a_3+4a_1$,则 $a_3=$

( )

A. 16   B. 8   C. 4   D. 2

解析 $q=1$ 时,显然 $a_5\neq3a_3+4a_1$,因此 $q\neq1$. → 先讨论 $q=1$ 时.

由题得 $\begin{cases} S_4=\dfrac{a_1(1-q^4)}{1-q}=15 \\ a_1q^4=3a_1q^2+4a_1 \end{cases}$. 又 $q>0$,解得 $\begin{cases} a_1=1 \\ q=2 \end{cases}$,所以 $a_3=a_1q^2=4$. → 建立方程组,解出 a_1 与 q.

答案 C.

【例2】已知 S_n 表示等比数列 $\{a_n\}$ 的前 n 项和,若 $S_3=\dfrac{7}{4}$,$S_6=\dfrac{63}{4}$,则 $a_8=$ _____.

解析 $q=1$ 时,显然不符合题意,因此 $q\neq1$. → 先讨论 $q=1$ 时.

由题得 $\begin{cases} S_3=\dfrac{a_1(1-q^3)}{1-q}=\dfrac{7}{4} \\ S_6=\dfrac{a_1(1-q^6)}{1-q}=\dfrac{63}{4} \end{cases}$,解得 $\begin{cases} a_1=\dfrac{1}{4} \\ q=2 \end{cases}$,所以 $a_8=a_1q^7=32$. → 建立方程组,解出 a_1 与 q.

答案 32.

【例3】已知 S_n 表示等比数列 $\{a_n\}$ 的前 n 项和,若 $S_3+S_6=2S_9$,则公比 $q=$ _____.

解析 $q=1$ 时,显然 $S_3+S_6=9a_1\neq2S_9=18a_1$,因此 $q\neq1$. → 先讨论 $q=1$ 时.

由题得 $\dfrac{a_1(1-q^3)}{1-q}+\dfrac{a_1(1-q^6)}{1-q}=2\times\dfrac{a_1(1-q^9)}{1-q}$,得 $2q^6-q^3-1=0$,

→ 题目只有一个等量关系,无法把 a_1 与 q 都解出来,但是此题可以解出 q.

解得 $q=1$(舍)或 $q=-\sqrt[3]{\dfrac{1}{2}}$.

答案 $-\sqrt[3]{\dfrac{1}{2}}$.

→ 头哥说:等差数列中的求和对应等比数列中的求积,原理相同,结合在一起进行记忆.牢记口诀"见积找中项,肯定不上当".

2. 等比中项与虚中项

等比中项:对于两项之积,有 $a_m\cdot a_n=a_{中}^2\left(中=\dfrac{n+m}{2},n+m \text{ 为偶数}\right)$;对于前 n 项积,有

$a_1a_2\cdot\cdots\cdot a_n=a_{中}^n\left(中=\dfrac{n+1}{2},n \text{ 为奇数}\right)$.引入中项进行计算可以大大降低计算量.

虚中项:当 $q>0$ 时,对于两项之积,有 $a_m\cdot a_n=a_{中}^2\left(中=\dfrac{n+m}{2},n+m \text{ 为奇数}\right)$;对于前 n 项积,有 $a_1a_2\cdot\cdots\cdot a_n=a_{中}^n\left(中=\dfrac{n+1}{2},n \text{ 为偶数}\right)$.此时中项 $a_{中}$ 的脚标不是整数,实际上该数

并不存在于数列中,但是却依然可以引入该项进行运算,称之为虚中项.对于虚中项,等比数列的其他公式依然成立(例如:$a_{5.5}=a_2 \cdot q^{3.5}$,$a_{10}=a_{4.5} \cdot q^{5.5}$).

↓
注意:做解答题时千万不能用虚中项.

实际上,虚中项的引入相当于把等比数列拓展为完整的指数型函数($y=k \cdot a^x$),定义域为全体实数,即脚标可以为非整数.但是由于指数函数要求 $a>0$,所以只有公比为正时才能使用虚中项.

【例4】有四个实数,前三个数成等比数列,且它们的乘积为216,后三个数成等差数列,且它们的和为12,则这四个数为_____.

解析 设四个数依次为 a_1,a_2,a_3,a_4,

由题得 $\begin{cases} a_1a_2a_3=a_2^3=216 \\ a_2+a_3+a_4=3a_3=12 \end{cases}$,得 $\begin{cases} a_2=6 \\ a_3=4 \end{cases}$,于是 $\begin{cases} a_1=9 \\ a_4=2 \end{cases}$,

→ 见和找中项,见积找中项.

所以这四个数依次为 $9,6,4,2$.

答案 $9,6,4,2$.

【例5】已知等比数列 $\{a_n\}$ 中,$a_1=\dfrac{1}{4}$,$a_3a_5=4(a_4-1)$,则 a_2 等于 ( )

A. 2　　　　　　　B. 1　　　　　　　C. $\dfrac{1}{2}$　　　　　　　D. $\dfrac{1}{8}$

解析 由题得 $a_3a_5=a_4^2=4(a_4-1)$,解得 $a_4=2$, → 见积找中项.

于是 $\dfrac{a_4}{a_1}=q^3=8$,得 $q=2$,于是 $a_2=a_1 \cdot q=\dfrac{1}{2}$.

答案 C.

【例6】若等比数列 $\{a_n\}$ 的各项均为正数,且 $a_{10}a_{11}+a_9a_{12}=2e^5$,则 $\ln a_1+\ln a_2+\cdots+\ln a_{20}=$ _____.

解析 由题得 $a_{10}a_{11}+a_9a_{12}=2a_{10.5}^2=2e^5$,得 $a_{10.5}=e^{\frac{5}{2}}$, → 虚中项.

于是 $\ln a_1+\ln a_2+\cdots+\ln a_{20}=\ln(a_1a_2 \cdot \cdots \cdot a_{20})=\ln a_{10.5}^{20}=\ln e^{50}=50$.

答案 50.

3. 三段性质 → 头哥说:该性质为一个较小的考点,但由于等差数列与等比数列均具备该性质,所以列于此.

在等比数列中,$S_n,S_{2n}-S_n,S_{3n}-S_{2n},\cdots$,成等比数列,其含义为从首项开始,连续的 n 项和所构成的数列为等比数列,且公比为 $\dfrac{(S_{2n}-S_n)}{S_n}=\dfrac{a_1 \cdot q^n+a_2 \cdot q^n+\cdots+a_n \cdot q^n}{a_1+a_2+\cdots+a_n}=q^n$.

当题目中出现多个"S",且"S"的脚标有比例关系时(例如:S_5 与 S_{10}),考虑应用三段性质.

【例7】设等比数列 $\{a_n\}$ 的前 n 项和为 S_n,若 $\dfrac{S_6}{S_3}=\dfrac{1}{2}$,则 $\dfrac{S_9}{S_3}=$ _____.

→ 脚标有比例关系想到三段性质.

解析 由题得 S_3,S_6-S_3,S_9-S_6 成等比数列,设 $S_3=2a$,$S_6=a$,

于是 $2a,-a,S_9-a$ 成等比数列,即 $2a(S_9-a)=(-a)^2$,解得 $S_9=\dfrac{3}{2}a$,

于是有 $\dfrac{S_9}{S_3}=\dfrac{3}{4}$.

答案 $\dfrac{3}{4}$.

【例8】设等比数列 $\{a_n\}$ 的前 n 项和为 S_n,已知 $S_4=2$,$S_8=6$,则 $a_{17}+a_{18}+a_{19}+a_{20}=$ _____.

→ 脚标有比例关系,想到三段性质.

解析 由题得 S_4,S_8-S_4,$\cdots$,$S_{20}-S_{16}$ 成等比数列,

即 $2,4,\cdots,S_{20}-S_{16}$ 成等比数列,$q=2$,

于是 $a_{17}+a_{18}+a_{19}+a_{20}=S_{20}-S_{16}=2^5=32$.

答案 32.

高考链接

【高1】(2022 全国乙理 8,5分)已知等比数列 $\{a_n\}$ 的前 3 项和为 168,$a_2-a_5=42$,则 $a_6=$ ( )

A. 14   B. 12   C. 6   D. 3

【高2】(2020 全国 1 文 10,5分)设 $\{a_n\}$ 是等比数列,且 $a_1+a_2+a_3=1$,$a_2+a_3+a_4=2$,则 $a_6+a_7+a_8=$ ( )

A. 12   B. 24   C. 30   D. 32

【高3】(2020 全国 2 理 6,5分)数列 $\{a_n\}$ 中,$a_1=2$,$a_{m+n}=a_m \cdot a_n$. 若 $a_{k+1}+a_{k+2}+\cdots+a_{k+10}=2^{15}-2^5$,则 $k=$ ( )

A. 2   B. 3   C. 4   D. 5

【高4】(2019 全国 1 理 14,5分)记 S_n 为等比数列 $\{a_n\}$ 的前 n 项和. 若 $a_1=\dfrac{1}{3}$,$a_4^2=a_6$,则 $S_5=$ _____.

【高5】(2022 新高考二 17,10分)已知 $\{a_n\}$ 为等差数列,$\{b_n\}$ 为公比为 2 的等比数列,且 $a_2-b_2=a_3-b_3=b_4-a_4$.

(1)证明:$a_1=b_1$;

(2)求集合 $\{k|b_k=a_m+a_1,1\leqslant m\leqslant 500\}$ 中元素的个数.

第 3 节　数列求和

知识梳理

基础知识

1. 分组求和

将数列的每一项拆分为若干部分，每部分所形成的数列是一个可求和的数列（例如：等差数列或等比数列），则该部分称为一组，把每组分别求和，最终把不同组的求和结果加在一起可得原数列的前 n 项和.

2. 并项求和

将相邻或不相邻的若干项并在一起，形成一个可求和的数列，称为并项，对其进行求和，把所有并项之后的求和结果加在一起可得原数列的前 n 项和.

3. 倒序相加 → 头哥说：该方法来源于等差数列求和公式的推导过程。

将原数列顺序完全颠倒得到倒序数列，倒序数列与原数列对应项相加后得到一个新数列，此数列可求和，对其进行求和之后再除以 2 可得原数列的前 n 项和.

4. 错位相减 → 头哥说：该方法来源于等比数列求和公式的推导过程。

该方法适用于差比数列（通项公式为等差乘等比的形式，即 $a_n = b_n \cdot c_n$，其中 $\{b_n\}$ 为等差数列，$\{c_n\}$ 为等比数列，$\{a_n\}$ 为差比数列）的求和. 将原数列乘等比部分的公比，再与原数列作差，作差时错位相减，产生一个等比数列，再化简可得原数列的前 n 项和.

5. 裂项相消

将数列的每一项拆分为两部分 A 与 B，求和时，A 部分可以与前一项的 B 部分正好消去，于是原数列求和的大部分被消去，仅保留最前面的若干项与最后面的若干项，化简可得原数列前 n 项和.

考点剖析

1. 分组求和 → 头哥说：从通项公式入手，若通项公式为几部分加减的形式，则可以考虑分组求和。

设原数列为 $\{a_n\}$，拆分通项可得 $a_n = b_n + c_n$，其中数列 $\{b_n\}$ 与 $\{c_n\}$ 可求和，于是有 $\displaystyle\sum_{i=1}^{n} a_i = \sum_{i=1}^{n} b_i + \sum_{i=1}^{n} c_i$. 此处为拆分为两部分的例子，拆分为多部分道理相同，不予赘述.

【例1】求和 $1 + 11 + 111 + \cdots + \underbrace{111\cdots1}_{n \text{个} 1} =$ _____.

解析 由题得 $a_n=\dfrac{10^n-1}{9}=\dfrac{10^n}{9}-\dfrac{1}{9}$，→ 拆分为一个等比数列加一个常数列.

所以 $S_n=\left(\dfrac{10}{9}+\dfrac{10^2}{9}+\cdots+\dfrac{10^n}{9}\right)-\dfrac{n}{9}=\dfrac{\frac{10}{9}\cdot(1-10^n)}{1-10}-\dfrac{n}{9}=\dfrac{10^{n+1}}{81}-\dfrac{n}{9}-\dfrac{10}{81}.$

答案 $\dfrac{10^{n+1}}{81}-\dfrac{n}{9}-\dfrac{10}{81}.$

【例2】 数列 $\{n+4^n-2\}$ 的前 n 项和 $S_n=$ _____.

解析 由题得 $S_n=(1+2+\cdots+n)+(4^1+4^2+\cdots+4^n)-2n$ → 拆分为一个等差数列、一个等比数列和一个常数列.

$=\dfrac{n(n+1)}{2}+\dfrac{4(4^n-1)}{4-1}-2n=\dfrac{n^2-3n}{2}+\dfrac{4}{3}(4^n-1).$

答案 $\dfrac{n^2-3n}{2}+\dfrac{4}{3}(4^n-1).$

2. 并项求和

头哥说：如果原数列相邻项之间关系暧昧，则考虑相邻并项；如果原数列奇（偶）数项之间关系暧昧，则考虑奇偶并项；如果原数列有绝对值号，则考虑绝对值并项.

并项求和主要有相邻并项、奇偶并项、绝对值并项三种.

相邻并项：将相邻的两项或多项并在一起. 例如：$a_1+a_2+\cdots+a_n=(a_1+a_2)+(a_3+a_4)+\cdots$，每个括号内进行求和，然后不同括号间再求和即可. 每个括号内的项数不一定是固定的. 例如：$a_1+a_2+\cdots+a_n=(a_1+a_2)+(a_3+a_4+a_5)+\cdots$.

奇偶并项：将原数列的奇数项并在一起，偶数项并在一起. 例如：$a_1+a_2+\cdots+a_n=(a_1+a_3+a_5+\cdots)+(a_2+a_4+a_6+\cdots)$，对奇数项与偶数项分别求和，然后再相加即可.

绝对值并项：如果数列通项中含有绝对值号，则根据绝对值号内每一项的正负进行并项，正项并在一起，负项并在一起. 例如：$|a_1|+|a_2|+\cdots+|a_n|=(a_1+a_2+\cdots+a_m)-(a_{m+1}+a_{m+2}+\cdots+a_n)$ $(a_1,a_2,\cdots,a_m\geqslant0,a_{m+1},a_{m+2},\cdots,a_n<0)$，对正项与负项分别求和，然后再相减即可.

【例3】 求和 $100^2-99^2+98^2-97^2+\cdots+2^2-1^2=$ _____.

解析 由题得原式 $=(100^2-99^2)+(98^2-97^2)+\cdots+(2^2-1^2)$ → 相邻项可以用平方差公式，考虑相邻并项.

$=(100+99)(100-99)+(98+97)(98-97)+\cdots+(2+1)(2-1)$

$=(100+99)+(98+97)+\cdots+(2+1)=\dfrac{(1+100)\times100}{2}=5050.$

答案 5050.

【例4】 已知数列 $\{a_n\}$ 满足 $a_1=1,a_2=2,a_{n-1}a_na_{n+1}=a_{n-1}+a_n+a_{n+1}(n\geqslant2,n\in\mathbf{N}^*)$，且对于 $\forall n\in\mathbf{N}^*,a_na_{n+1}\neq1$，设 $\{a_n\}$ 的前 n 项和为 S_n，则 $S_{1024}=$ _____.

解析 由题得 $a_{n-1}a_na_{n+1}=a_{n-1}+a_n+a_{n+1},a_na_{n+1}a_{n+2}=a_n+a_{n+1}+a_{n+2}$，

两式作差可得 $(a_na_{n+1}-1)(a_{n+2}-a_{n-1})=0$. 又 $a_na_{n+1}\neq1$，可知 $a_{n+2}=a_{n-1}$，

于是 $\{a_n\}$ 为周期数列，且周期为 3，由 $a_1a_2a_3=a_1+a_2+a_3$ 可得 $a_3=3$，

所以一个周期的和为 $a_1+a_2+a_3=6$，又由于 $1024=1023+1=3\times341+1$，

可知前 1024 项包含了 341 个周期，余 1 项，

所以 $S_{1024}=a_1+(a_2+a_3+a_4)+(a_5+a_6+a_7)+\cdots+(a_{1022}+a_{1023}+a_{1024})=1+6\times341=2047$.

答案 2047.

周期数列求和一定要凑相邻并项,且最好把剩余项放在前面,更容易计算.

【例5】 已知数列 $1,2,1,2,2,1,2,2,2,1,\cdots$,其中相邻的两个 1 被 2 隔开,第 n 对 1 之间有 n 个 2,则该数列的前 1234 项的和为 _____.

解析 由题得 $1+2+1+2+2+1+2+2+2+1+\cdots=(1+2)+(1+2+2)+(1+2+2+2)+\cdots$,

相邻项并起来后整个数列更有规律,考虑相邻并项.

并项后,各括号内分别有 $2,3,4,\cdots$ 项,

于是前 n 个括号共包含原数列的 $\dfrac{2+(n+1)}{2}\cdot n=\dfrac{n(n+3)}{2}$ 项,

可知前 48 个括号中含有 $\dfrac{48\times51}{2}=1224$ 项,前 49 个括号中含有 $\dfrac{49\times52}{2}=1274$ 项.

由于 $1224<1234<1274$,于是原数列第 1234 项是第 49 个括号内的第 10 个数.

易知前 48 个括号中含有 48 个 1,含有 $1+2+\cdots+48=1176$ 个 2,

在第 49 个括号中有 1 个 1,9 个 2,所以原数列前 1234 项和为 $48+1176\times2+1+9\times2=2419$.

答案 2419.

【例6】 数列 $b_n=(2^n+2n)\cos n\pi$ 的前 n 项和 $S_n=$ _____.

解析 由题得 $b_n=(-1)^n(2^n+2n)=\begin{cases}-2^n-2n, & n\text{ 为奇数}\\ 2^n+2n, & n\text{ 为偶数}\end{cases}$

通项公式分奇偶两种情况,考虑奇偶并项.

当 n 为偶数时,$S_n=(b_1+b_3+b_5+\cdots+b_{n-1})+(b_2+b_4+b_6+\cdots+b_n)$,

$b_1+b_3+\cdots+b_{n-1}=-(2^1+2^3+\cdots+2^{n-1})-2(1+3+\cdots+n-1)$ *结合了分组求和.*

$=-\dfrac{2(4^{\frac{n}{2}}-1)}{4-1}-2\cdot\dfrac{1+n-1}{2}\cdot\dfrac{n}{2}=-\dfrac{2^{n+1}}{3}+\dfrac{2}{3}-\dfrac{n^2}{2}$.

$b_2+b_4+\cdots+b_n=(2^2+2^4+\cdots+2^n)+2(2+4+\cdots+n)$

$=\dfrac{4(4^{\frac{n}{2}}-1)}{4-1}+2\cdot\dfrac{2+n}{2}\cdot\dfrac{n}{2}=\dfrac{2^{n+2}}{3}-\dfrac{4}{3}+\dfrac{n(n+2)}{2}$,

所以 $S_n=\left(-\dfrac{2^{n+1}}{3}+\dfrac{2}{3}-\dfrac{n^2}{2}\right)+\left(\dfrac{2^{n+2}}{3}-\dfrac{4}{3}+\dfrac{n(n+2)}{2}\right)=\dfrac{2^{n+1}}{3}+n-\dfrac{2}{3}$.

当 n 为奇数时,$S_n=S_{n+1}-b_{n+1}=\dfrac{2^{n+2}}{3}+(n+1)-\dfrac{2}{3}-[2^{n+1}+2(n+1)]=-\dfrac{2^{n+1}}{3}-n-\dfrac{5}{3}$.

奇偶并项时,当 n 为偶数求和完毕,n 为奇数时无须再求一遍,直接用 n 为偶数的求和结果即可.

综上,$S_n=\begin{cases}\dfrac{2^{n+1}}{3}+n-\dfrac{2}{3}, & n\text{ 为偶数}\\[2mm] -\dfrac{2^{n+1}}{3}-n-\dfrac{5}{3}, & n\text{ 为奇数}\end{cases}$.

答案 $\begin{cases}\dfrac{2^{n+1}}{3}+n-\dfrac{2}{3}, & n\text{ 为偶数}\\[2mm] -\dfrac{2^{n+1}}{3}-n-\dfrac{5}{3}, & n\text{ 为奇数}\end{cases}$.

【例7】 已知等差数列 $\{a_n\}$ 中，$a_n=8-2n$，则 $|a_1|+|a_2|+\cdots+|a_n|=$ _____ .

解析 设 S_n 为 $\{a_n\}$ 的前 n 项和，易得 $S_n=-n^2+7n$，$\longrightarrow$ *列帆口诀.*

$n\leq4$ 时，$|a_n|=a_n$，$|a_1|+|a_2|+\cdots+|a_n|=a_1+a_2+\cdots+a_n=S_n=-n^2+7n$.

$n\geq5$ 时，$|a_n|=-a_n$，$|a_1|+|a_2|+\cdots+|a_n|=(a_1+a_2+a_3+a_4)-(a_5+a_6+\cdots+a_n)=$

$S_4-(S_n-S_4)=2S_4-S_n=n^2-7n+24$. $\longrightarrow$ *有绝对值号，考虑绝对值并项.*

所以 $|a_1|+|a_2|+\cdots+|a_n|=\begin{cases}-n^2+7n, & n\leq4 \\ n^2-7n+24, & n\geq5\end{cases}$.

答案 $\begin{cases}-n^2+7n, & n\leq4 \\ n^2-7n+24, & n\geq5\end{cases}$.

【例8】 已知数列 $\{a_n\}$，通项公式为 $a_n=|3^{n-1}-15|$，则其前 n 项和 $S_n=$ _____ .

解析 设 $b_n=3^{n-1}-15$，T_n 为 $\{b_n\}$ 的前 n 项和，于是 $T_n=\dfrac{1-3^n}{1-3}-15n=\dfrac{3^n-1}{2}-15n$.

$n\leq3$ 时，$a_n=-b_n$，$S_n=|b_1|+|b_2|+\cdots+|b_n|=-(b_1+b_2+\cdots+b_n)=-T_n=$

$15n-\dfrac{3^n-1}{2}$；

$n\geq4$ 时，$a_n=b_n$，$S_n=|b_1|+|b_2|+\cdots+|b_n|=-(b_1+b_2+b_3)+(b_4+b_5+\cdots+b_n)=$

$\longrightarrow$ *有绝对值号，考虑绝对值并项.*

$-T_3+(T_n-T_3)=T_n-2T_3=\dfrac{3^n+127}{2}-15n$.

所以 $S_n=\begin{cases}15n-\dfrac{3^n-1}{2}, & n\leq3 \\ \dfrac{3^n+127}{2}-15n, & n\geq4\end{cases}$.

答案 $\begin{cases}15n-\dfrac{3^n-1}{2}, & n\leq3 \\ \dfrac{3^n+127}{2}-15n, & n\geq4\end{cases}$.

3. 倒序相加 $\longrightarrow$ *头哥说：如果求和的数列首尾项关系暧昧，则考虑使用倒序相加.*

对于数列 $\{a_n\}$，记 $S_n=a_1+a_2+\cdots+a_n$，倒序可得 $S_n=a_n+a_{n-1}+\cdots+a_1$，两式相加可得 $2S_n=(a_1+a_n)+(a_2+a_{n-1})+\cdots+(a_n+a_1)$，多数情况，每个括号内之和为常数 C，于是有 $S_n=\dfrac{nC}{2}$.

有时题目求前 n 项积，则可类比倒序相加法，得到倒序相乘法，只需将倒序相加中的两式相加变为两式相乘即可.

【例9】 求和 $\sin^21°+\sin^22°+\sin^23°+\cdots+\sin^288°+\sin^289°=$ _____ .

解析 设 $S=\sin^21°+\sin^22°+\sin^23°+\cdots+\sin^288°+\sin^289°$，

则 $S=\sin^289°+\sin^288°+\cdots+\sin^22°+\sin^21°$. $\longrightarrow$ *首尾项角度互余，考虑倒序相加.*

两式相加可得 $2S=(\sin^21°+\sin^289°)+(\sin^22°+\sin^288°)+\cdots+(\sin^289°+\sin^21°)=$

$(\sin^2 1° + \cos^2 1°) + (\sin^2 2° + \cos^2 2°) + \cdots + (\sin^2 89° + \cos^2 89°) = 89$，故 $S = \dfrac{89}{2}$.

答案 $\dfrac{89}{2}$.

【例 10】 已知函数 $f(x) = \dfrac{x+1}{2x-1}$，求和 $f\left(\dfrac{1}{99}\right) + f\left(\dfrac{2}{99}\right) + \cdots + f\left(\dfrac{98}{99}\right) = $ _____.

解析 设 $S = f\left(\dfrac{1}{99}\right) + f\left(\dfrac{2}{99}\right) + \cdots + f\left(\dfrac{98}{99}\right)$，$\longrightarrow$ *首尾项自变量之和为 1，考虑倒序相加.*

则 $S = f\left(\dfrac{98}{99}\right) + f\left(\dfrac{97}{99}\right) + \cdots + f\left(\dfrac{1}{99}\right)$，

两式相加可得 $2S = \left[f\left(\dfrac{1}{99}\right) + f\left(\dfrac{98}{99}\right)\right] + \left[f\left(\dfrac{2}{99}\right) + f\left(\dfrac{97}{99}\right)\right] + \cdots + \left[f\left(\dfrac{98}{99}\right) + f\left(\dfrac{1}{99}\right)\right]$.

又知 $f(x) + f(1-x) = \dfrac{x+1}{2x-1} + \dfrac{2-x}{1-2x} = 1$，

所以 $2S = 1 \times 98 = 98$，故 $S = 49$.

答案 49.

【例 11】 $(1 + \tan 1°)(1 + \tan 2°) \cdot \cdots \cdot (1 + \tan 44°) = $ _____.

解析 设 $S = (1 + \tan 1°)(1 + \tan 2°) \cdot \cdots \cdot (1 + \tan 44°)$，$\longrightarrow$ *首尾项角度之和为 45°，考虑倒序相乘.*

则 $S = (1 + \tan 44°)(1 + \tan 43°) \cdot \cdots \cdot (1 + \tan 1°)$，

两式相乘可得

$S^2 = [(1 + \tan 1°)(1 + \tan 44°)][(1 + \tan 2°)(1 + \tan 43°)] \cdot \cdots \cdot [(1 + \tan 44°)(1 + \tan 1°)]$，

又知 $\tan 45° = \tan(x + 45° - x) = \dfrac{\tan x + \tan(45° - x)}{1 - \tan x \tan(45° - x)} = 1$，

可得 $\tan x \tan(45° - x) + \tan x + \tan(45° - x) = 1$，即 $(1 + \tan x)[1 + \tan(45° - x)] = 2$.
所以 $S^2 = 2^{44}$，故 $S = 2^{22}$.

答案 2^{22}.

4. 错位相减 $\longrightarrow$ *头哥说：错位相减仅用于差比数列的求和，适用范围很固定.*

差比数列通项公式的一般形式可写为 $a_n = (an + b) \cdot q^n = b_n \cdot c_n \ (q \neq 1)$，记 $S_n = b_1 c_1 + b_2 c_2 + \cdots + b_n c_n$，两边乘 q 可得 $qS_n = b_1 c_2 + b_2 c_3 + \cdots + b_n c_{n+1}$. 两式相减可得 $(1 - q)S_n = b_1 c_1 + a(c_2 + c_3 + \cdots + c_n) - b_n c_{n+1}$（其中 $\{c_n\}$ 为等比数列，因此 $c_2 + c_3 + \cdots + c_n$ 可求），化简即可得到 S_n.

【例 12】 已知数列 $\{a_n\}$ 的通项公式为 $a_n = \dfrac{2n-1}{2^n}$，求其前 n 项和 S_n.

解析 由题得 $S_n = \dfrac{1}{2} + \dfrac{3}{2^2} + \dfrac{5}{2^3} + \cdots + \dfrac{2n-1}{2^n}$， ①$\longrightarrow$ *差比数列求和，用错位相减.*

则 $\dfrac{1}{2}S_n = \dfrac{1}{2^2} + \dfrac{3}{2^3} + \dfrac{5}{2^4} + \cdots + \dfrac{2n-1}{2^{n+1}}$， ②

①$-$②得 $\dfrac{1}{2}S_n = \dfrac{1}{2} + \dfrac{2}{2^2} + \dfrac{2}{2^3} + \cdots + \dfrac{2}{2^n} - \dfrac{2n-1}{2^{n+1}} = \dfrac{1}{2} + \dfrac{\dfrac{2}{2^2}\left(1-\dfrac{1}{2^{n-1}}\right)}{1-\dfrac{1}{2}} - \dfrac{2n-1}{2^{n+1}},$

化简得 $S_n = 3 - \dfrac{2n+3}{2^n}$.

答案 $3 - \dfrac{2n+3}{2^n}$.

【例 13】 已知 $\{a_n\}$ 是等差数列,其前 n 项和为 S_n,$\{b_n\}$ 是等比数列,且 $a_1 = b_1 = 2$,$a_4 + b_4 = 27$,$S_4 - b_4 = 10$.

(1)求数列 $\{a_n\}$ 与 $\{b_n\}$ 的通项公式;

(2)记 $T_n = a_n b_1 + a_{n-1} b_2 + \cdots + a_1 b_n$,$n \in \mathbf{N}^*$,求证:$T_n + 12 = -2a_n + 10b_n$.

解析 (1)设 $\{a_n\}$ 的公差为 d,$\{b_n\}$ 的公比为 q.

由题得 $\begin{cases} a_1 + 3d + b_1 \cdot q^3 = 27 \\ 4a_1 + 6d - b_1 \cdot q^3 = 10 \end{cases}$,即 $\begin{cases} 3d + 2q^3 = 25 \\ 6d - 2q^3 = 2 \end{cases}$,解得 $\begin{cases} d = 3 \\ q = 2 \end{cases}$.

所以 $a_n = 3n - 1$,$b_n = 2^n$.

(2)由题得 $T_n = (3n-1) \times 2 + (3n-4) \times 2^2 + (3n-7) \times 2^3 + \cdots + 2 \times 2^n$, ①

则 $2T_n = (3n-1) \times 2^2 + (3n-4) \times 2^3 + (3n-7) \times 2^4 + \cdots + 2 \times 2^{n+1}$, ②

虽然不是 $b_n \times c_n$ 型的标准差比数列,但依然是等差×等比型,用错位相减.

②$-$①得 $T_n = -2(3n-1) + 3 \times 2^2 + 3 \times 2^3 + \cdots + 3 \times 2^n + 2 \times 2^{n+1}$

$= -2(3n-1) + \dfrac{3 \times 2^2 (1 - 2^{n-1})}{1 - 2} + 2 \times 2^{n+1}$,

化简得 $T_n = 5 \times 2^{n+1} - 6n - 10$,则 $T_n + 12 = 5 \times 2^{n+1} - 6n + 2$.

又 $-2a_n + 10b_n = -2(3n-1) + 10 \times 2^n = 5 \times 2^{n+1} - 6n + 2$.

即左边$=$右边,证毕.

答案 (1)$a_n = 3n - 1$,$b_n = 2^n$;(2)见解析.

5. 裂项相消——*头哥说:主要掌握分母裂项,对对数裂项、根式裂项、阶乘裂项有个印象即可.*

对于数列 $\{a_n\}$:

若 $a_n = \dfrac{p-q}{pq}\left(\dfrac{两项之差}{两项之积}\right)$,则可裂项 $a_n = \dfrac{p}{pq} - \dfrac{q}{pq} = \dfrac{1}{q} - \dfrac{1}{p}$,若其中 $p = f(n)$,$q = f(n+1)$

$\left[\text{或 } q = f(n), p = f(n+1)\right]$,则可消,即有 $S_n = a_1 + a_2 + \cdots + a_n = \left(\dfrac{1}{f(2)} - \dfrac{1}{f(1)}\right) + \left(\dfrac{1}{f(3)} - \right.$

$\left.\dfrac{1}{f(2)}\right) + \cdots + \left(\dfrac{1}{f(n+1)} - \dfrac{1}{f(n)}\right) = \dfrac{1}{f(n+1)} - \dfrac{1}{f(1)}$;

若 $a_n = (-1)^n \dfrac{p+q}{pq}\left(\dfrac{两项之和}{两项之积}\right)$,则可裂项 $a_n = (-1)^n \left(\dfrac{p}{pq} + \dfrac{q}{pq}\right) = (-1)^n \left(\dfrac{1}{q} + \dfrac{1}{p}\right)$,若其

中 $p = f(n)$,$q = f(n+1)$ $\left[\text{或 } q = f(n), p = f(n+1)\right]$,则可消,即有 $S_n = a_1 + a_2 + \cdots + a_n =$

$-\left(\dfrac{1}{f(2)} + \dfrac{1}{f(1)}\right) + \left(\dfrac{1}{f(3)} + \dfrac{1}{f(2)}\right) - \cdots + (-1)^n \left(\dfrac{1}{f(n+1)} + \dfrac{1}{f(n)}\right) = (-1)^n \dfrac{1}{f(n+1)} - \dfrac{1}{f(1)}$.

区分 $\dfrac{\text{两项之差}}{\text{两项之积}}$ 与 $\dfrac{\text{两项之和}}{\text{两项之积}}$ 两种情况的关键在于看通项中是否有 $(-1)^n$.

以上为最常见的分母裂项,除此之外,还有对数裂项 $\ln\left(\dfrac{n+1}{n}\right)=\ln(n+1)-\ln n$,根式裂项 $\dfrac{1}{\sqrt{n+1}+\sqrt{n}}=\sqrt{n+1}-\sqrt{n}$,阶乘裂项 $n\cdot n!=(n+1)!-n!$ 等.

【例 14】已知数列 $\{a_n\}$ 的通项公式为 $a_n=8n$,S_n 表示其前 n 项和,求 $\dfrac{1}{S_1}+\dfrac{1}{S_2}+\cdots+\dfrac{1}{S_n}$.

解析 由题得 $S_n=\dfrac{(8+8n)\cdot n}{2}=4n^2+4n$,

于是 $\dfrac{1}{S_n}=\dfrac{1}{4n^2+4n}=\dfrac{1}{4n(n+1)}=\dfrac{1}{4}\left(\dfrac{1}{n}-\dfrac{1}{n+1}\right)$, *（分母为两项之积,分子为两项之差,考虑裂项相消.）*

则 $\dfrac{1}{S_1}+\dfrac{1}{S_2}+\cdots+\dfrac{1}{S_n}=\dfrac{1}{4}\left(1-\dfrac{1}{2}+\dfrac{1}{2}-\dfrac{1}{3}+\cdots+\dfrac{1}{n}-\dfrac{1}{n+1}\right)=\dfrac{n}{4(n+1)}$.

答案 $\dfrac{n}{4(n+1)}$.

【例 15】设数列 $\{a_n\}$,其前 n 项和 $S_n=-3n^2$,$\{b_n\}$ 为单调递增的等比数列,已知 $b_1b_2b_3=512$,$a_1+b_1=a_3+b_3$.

(1)求数列 $\{a_n\}$,$\{b_n\}$ 的通项公式;

(2)若 $c_n=\dfrac{b_n}{(b_n-2)(b_n-1)}$,求数列 $\{c_n\}$ 的前 n 项和 T_n.

解析 (1)$n\geqslant 2$ 时,$a_n=S_n-S_{n-1}=-3n^2-[-3(n-1)^2]=-6n+3$,

$n=1$ 时,$a_1=S_1=-3$ 符合上式,所以 $a_n=-6n+3$.

于是有 $\begin{cases}b_1b_2b_3=b_1^3q^3=512\\-3+b_1=-15+b_1q^2\end{cases}$,即 $\begin{cases}b_1q=8\\b_1q^2-b_1=12\end{cases}$,解得 $\begin{cases}b_1=4\\q=2\end{cases}$ 或 $\begin{cases}b_1=-16\\q=-\dfrac{1}{2}\end{cases}$（舍）.

于是 $b_n=2^{n+1}$.

(2)由题得 $c_n=\dfrac{2^{n+1}}{(2^{n+1}-2)(2^{n+1}-1)}=\dfrac{2^n}{(2^n-1)(2^{n+1}-1)}=\dfrac{1}{2^n-1}-\dfrac{1}{2^{n+1}-1}$,

所以 $T_n=\left(\dfrac{1}{2^1-1}-\dfrac{1}{2^2-1}\right)+\left(\dfrac{1}{2^2-1}-\dfrac{1}{2^3-1}\right)+\cdots+\left(\dfrac{1}{2^n-1}-\dfrac{1}{2^{n+1}-1}\right)=$ *（分母为两项之积,分子为两项之差,考虑裂项相消.）*

$\dfrac{1}{2^1-1}-\dfrac{1}{2^{n+1}-1}=1-\dfrac{1}{2^{n+1}-1}$.

答案 (1)$a_n=-6n+3$,$b_n=2^{n+1}$;(2)$1-\dfrac{1}{2^{n+1}-1}$.

【例 16】已知等差数列 $\{a_n\}$ 的公差为 2,前 n 项和为 S_n,且 S_1,S_2,S_4 成等比数列.

(1)求 $\{a_n\}$ 的通项公式;

(2)令 $b_n=(-1)^{n-1}\cdot\dfrac{4n}{a_{n+1}a_n}$,求数列 $\{b_n\}$ 的前 n 项和 T_n.

解析 (1)由题得 $S_2^2=S_1S_4$,即 $(2a_1+d)^2=a_1(4a_1+6d)$,$d=2$,

即 $(2a_1+2)^2=a_1(4a_1+12)$, 解得 $a_1=1$, 所以 $a_n=a_1+(n-1)d=2n-1$.

(2)由题得 $b_n=(-1)^{n-1}\cdot\dfrac{4n}{(2n-1)(2n+1)}=(-1)^{n-1}\cdot\left(\dfrac{1}{2n-1}+\dfrac{1}{2n+1}\right)$,

分母为两项之积，分子为两项之和，有 $(-1)^{n-1}$，考虑裂项相消.

所以 $T_n=\left(1+\dfrac{1}{3}\right)-\left(\dfrac{1}{3}+\dfrac{1}{5}\right)+\cdots+(-1)^{n-1}\left(\dfrac{1}{2n-1}+\dfrac{1}{2n+1}\right)=1+\dfrac{(-1)^{n-1}}{2n+1}$.

答案(1)$2n-1$;(2)$1+\dfrac{(-1)^{n-1}}{2n+1}$.

高考链接

【高1】(2021 新高考一 16,5 分)某校学生在研究民间剪纸艺术时,发现剪纸时经常会沿纸的某条对称轴把纸对折.规格为 20 dm×12 dm 的长方形纸,对折 1 次共可以得到 10 dm×12 dm,20 dm×6 dm 两种规格的图形,它们的面积之和 $S_1=240$ dm², 对折 2 次共可以得到 5 dm×12 dm,10 dm×6 dm,20 dm×3 dm 三种规格的图形,它们的面积之和 $S_2=180$ dm², 依此类推,则对折 4 次共可以得到不同规格图形的种数为_____;如果对折 n 次,那么

$\displaystyle\sum_{k=1}^{n}S_k=$_____dm².

【高2】(2020 新高考一 18,12 分)已知公比大于 1 的等比数列 $\{a_n\}$ 满足 $a_2+a_4=20$, $a_3=8$.

(1)求 $\{a_n\}$ 的通项公式;

(2)记 b_m 为 $\{a_n\}$ 在区间 $(0,m]$ $(m\in\mathbf{N}^*)$ 中的项的个数,求数列 $\{b_m\}$ 的前 100 项和 S_{100}.

【高3】(2020 全国 1 理 17,12 分)设 $\{a_n\}$ 是公比不为 1 的等比数列,a_1 为 a_2,a_3 的等差中项.

(1)求 $\{a_n\}$ 的公比;

(2)若 $a_1=1$,求数列 $\{na_n\}$ 的前 n 项和.

第4节　数列递推

头哥说:已知递推公式求通项公式是处理数列问题的基本技能,也是很多数列问题的难点所在.

知识梳理

基础知识

1. 等差数列

形如 $a_n - a_{n-1} = d(n \geq 2)$ [或 $a_{n+1} - a_n = d(n \geq 1)$] 的递推公式,对应的数列为等差数列.

2. 等比数列

形如 $\dfrac{a_n}{a_{n-1}} = q(n \geq 2)$ [或 $\dfrac{a_{n+1}}{a_n} = q(n \geq 1)$] $(q \neq 0)$ 的递推公式,对应的数列为等比数列.

3. 累加法　→ 头哥说:累加法的本质是把求通项问题转化为求和问题.

形如 $a_n - a_{n-1} = f(n)(n \geq 2)$ [或 $a_{n+1} - a_n = f(n)(n \geq 1)$] 的递推公式,在求通项公式时可用累加法: $a_n = a_1 + (a_2 - a_1) + (a_3 - a_2) + \cdots + (a_n - a_{n-1}) = a_1 + f(2) + f(3) + \cdots + f(n)$.

4. 累乘法　→ 头哥说:累乘法的本质是把求通项问题转化为求积问题.

形如 $\dfrac{a_n}{a_{n-1}} = f(n)(n \geq 2)$ [或 $\dfrac{a_{n+1}}{a_n} = f(n)(n \geq 1)$] 的递推公式,在求通项公式时可用累乘法:

$$a_n = a_1 \cdot \dfrac{a_2}{a_1} \cdot \dfrac{a_3}{a_2} \cdots \cdots \dfrac{a_n}{a_{n-1}} = a_1 \cdot f(2) \cdot f(3) \cdots \cdots f(n).$$

应用数列求和方法进行求和.

头哥说:关于累加法与累乘法首项需不需要单独验证的问题,实际上是不需要验证的,只要 $f(n)$ 不是分段函数,$n=1$ 时一定会满足最后推导出的通项,理由解释起来比较麻烦,此处省略. 但是如果做解答题,建议大家还是写一下验证的步骤,避免扣分.

二级结论

递推公式与初始条件

一般来讲,只知道递推公式无法确定一个数列,必须同时知道初始条件(首项或前几项)才行. 对于邻项递推(递推公式中只涉及相邻的若干项,例如:$a_n = 2a_{n-1} + 1$,$a_n = a_{n-1} + a_{n-2}$),如果涉及相邻的 m 项,则要想确定数列,必须知道前 $m-1$ 项的数值才可(例如:对于 $a_n = 2a_{n-1} + 1$ 须知道首项,对于 $a_n = a_{n-1} + a_{n-2}$ 须知道前 2 项),前 $m-1$ 项的数值称为初始条件.

考点剖析

1. 累加法与累乘法　→ 头哥说:累加法是用来求通项公式的,而不是用来求和的,它把求通项公式的问题转化为求和问题,所以称为"累加法".

对于相邻两项递推,如果可以化为两项差为关于 n 的一个表达式 $[a_n - a_{n-1} = f(n)(n \geq 2)]$,或两项商为关于 n 的一个表达式 $\left[\dfrac{a_n}{a_{n-1}} = f(n)(n \geq 2)\right]$,则可应用累加法或累乘法.

$f(n)$ 必须为可求和的数列.　$f(n)$ 必须为可求积的数列.

如果是相隔两项递推,例如:$a_n-a_{n-2}=f(n)(n\geqslant3)$或$\dfrac{a_n}{a_{n-2}}=f(n)(n\geqslant3)$,可用隔项累加法或隔项累乘法. → 对奇数项与偶数项分别用累加法或累乘法.

隔项累加法:

n为奇数时,$a_n=a_1+(a_3-a_1)+(a_5-a_3)+\cdots+(a_n-a_{n-2})=a_1+f(3)+f(5)+\cdots+f(n)$;

n为偶数时,$a_n=a_2+(a_4-a_2)+(a_6-a_4)+\cdots+(a_n-a_{n-2})=a_2+f(4)+f(6)+\cdots+f(n)$.

隔项累乘法:

n为奇数时,$a_n=a_1\cdot\dfrac{a_3}{a_1}\cdot\dfrac{a_5}{a_3}\cdots\dfrac{a_n}{a_{n-2}}=a_1\cdot f(3)\cdot f(5)\cdots f(n)$;

n为偶数时,$a_n=a_2\cdot\dfrac{a_4}{a_2}\cdot\dfrac{a_6}{a_4}\cdots\dfrac{a_n}{a_{n-2}}=a_2\cdot f(4)\cdot f(6)\cdots f(n)$.

【例1】已知数列$\{a_n\}$满足$a_1=2,a_{n+1}=a_n+\ln\left(1+\dfrac{1}{n}\right)$,则通项公式$a_n=$_____.

解析 由题得$a_{n+1}-a_n=\ln\left(1+\dfrac{1}{n}\right)=\ln(n+1)-\ln n$, → 可用裂项相消求和.

所以$a_n=a_1+(a_2-a_1)+(a_3-a_2)+\cdots+(a_n-a_{n-1})$ → 累加法.

$=2+(\ln 2-\ln 1)+(\ln 3-\ln 2)+\cdots+(\ln n-\ln(n-1))=2+\ln n$.

答案 $2+\ln n$.

【例2】已知数列$\{a_n\}$满足$a_1=1,a_n=\dfrac{n+1}{n}a_{n-1}$,则通项公式$a_n=$_____.

解析 由题得$\dfrac{a_n}{a_{n-1}}=\dfrac{n+1}{n}$,所以$a_n=a_1\cdot\dfrac{a_2}{a_1}\cdot\dfrac{a_3}{a_2}\cdots\dfrac{a_n}{a_{n-1}}=1\times\dfrac{3}{2}\times\dfrac{4}{3}\times\cdots\times\dfrac{n+1}{n}=\dfrac{n+1}{2}$. ↓ 累乘法.

答案 $\dfrac{n+1}{2}$.

【例3】已知数列$\{a_n\}$满足$a_1=1,a_n+a_{n-1}=2^n$,则通项公式$a_n=$_____.

解析 由题得$a_n+a_{n-1}=2^n,a_{n-1}+a_{n-2}=2^{n-1}$,作差得$a_n-a_{n-2}=2^{n-1}$; → 隔项累加.

n为奇数时:

$a_n=a_1+(a_3-a_1)+(a_5-a_3)+\cdots+(a_n-a_{n-2})=1+2^2+2^4+\cdots+2^{n-1}=\dfrac{1-4^{\frac{n+1}{2}}}{1-4}=\dfrac{2^{n+1}-1}{3}$;

n为偶数时:

$a_n=2^n-a_{n-1}=2^n-\dfrac{2^n-1}{3}=\dfrac{2^{n+1}+1}{3}$. → n为偶数时无须再累加一遍,直接用n为奇数的累加结果即可.

综上 $a_n=\begin{cases}\dfrac{2^{n+1}+1}{3}, & n\text{ 为偶数}\\[2mm]\dfrac{2^{n+1}-1}{3}, & n\text{ 为奇数}\end{cases}$.

答案 $\begin{cases} \dfrac{2^{n+1}+1}{3}, & n \text{ 为偶数} \\ \dfrac{2^{n+1}-1}{3}, & n \text{ 为奇数} \end{cases}$.

【例4】已知数列 $\{a_n\}$ 满足 $a_1=2$，$a_{n+1}\cdot a_n=\left(\dfrac{1}{2}\right)^n$，则通项公式 $a_n=$ _____.

解析 由题得 $a_{n+1}\cdot a_n=\left(\dfrac{1}{2}\right)^n$，$a_n\cdot a_{n-1}=\left(\dfrac{1}{2}\right)^{n-1}$，作商得 $\dfrac{a_{n+1}}{a_{n-1}}=\dfrac{1}{2}$， →隔项累乘.

n 为奇数时：$a_n=a_1\cdot\dfrac{a_3}{a_1}\cdot\dfrac{a_5}{a_3}\cdot\cdots\cdot\dfrac{a_n}{a_{n-2}}=2\cdot\left(\dfrac{1}{2}\right)^{\frac{n-1}{2}}=2^{\frac{3-n}{2}}$；

n 为偶数时：$a_n=\dfrac{\left(\dfrac{1}{2}\right)^{n-1}}{a_{n-1}}=2^{\frac{-2-n}{2}}$， → n 为偶数时无须再累乘一遍，直接用 n 为奇数的累乘结果即可.

综上 $a_n=\begin{cases} 2^{\frac{-2-n}{2}}, & n \text{ 为偶数} \\ 2^{\frac{3-n}{2}}, & n \text{ 为奇数} \end{cases}$.

答案 $\begin{cases} 2^{\frac{-2-n}{2}}, & n \text{ 为偶数} \\ 2^{\frac{3-n}{2}}, & n \text{ 为奇数} \end{cases}$.

2. 辅助数列—→ 夹哥说：辅助数列技巧性较强，多见题目，熟悉常用的构造形式.

如果递推公式无法化成等差、等比形式，也无法用累加、累乘法处理，则考虑构造辅助数列（辅助数列可化成等差、等比形式，或者可用累加、累乘法），求出辅助数列的通项，再去求出原数列通项.

【例5】已知数列 $\{a_n\}$ 满足 $a_1=1$，$a_{n+1}=9-2a_n$，则通项公式 $a_n=$ _____.

解析 设 $a_{n+1}+x=-2(a_n+x)$，即 $a_{n+1}=-3x-2a_n$，与已知对比可得 $x=-3$. →待定系数法确定辅助数列的形式.

于是 $a_{n+1}-3=-2(a_n-3)$，设 $b_n=a_n-3$，$b_{n+1}=-2b_n$，可知 $\{b_n\}$ 是公比为 -2 的等比数列，所以 $b_n=b_1\cdot(-2)^{n-1}=(-2)^n$，于是 $a_n=b_n+3=(-2)^n+3$.

答案 $(-2)^n+3$.

【例6】已知数列 $\{a_n\}$ 满足 $a_1=1$，$a_n=3a_{n-1}+2^{n+1}$，则通项公式 $a_n=$ _____. →待定系数法确定辅助数列的形式.

解析 设 $a_n+x\cdot2^n=3(a_{n-1}+x\cdot2^{n-1})$，即 $a_n=3a_{n-1}+x\cdot2^{n-1}$，与已知对比可得 $x=4$.

于是 $a_n+2^{n+2}=3(a_{n-1}+2^{n+1})$，设 $b_n=a_n+2^{n+2}$，$b_n=3b_{n-1}$，可知 $\{b_n\}$ 是公比为 3 的等比数列，所以 $b_n=b_1\cdot3^{n-1}=3^{n+1}$，于是 $a_n=b_n-2^{n+2}=3^{n+1}-2^{n+2}$.

答案 $3^{n+1}-2^{n+2}$.

【例7】已知数列 $\{a_n\}$ 满足 $a_1=2$，$a_n=2a_{n-1}+2^{n+1}$，则通项公式 $a_n=$ _____.

解析 由题得 $\dfrac{a_n}{2^n}=\dfrac{a_{n-1}}{2^{n-1}}+2$，设 $b_n=\dfrac{a_n}{2^n}$，$b_n=b_{n-1}+2$，可知 $\{b_n\}$ 是公差为 2 的等差数列，

→辅助数列为等差数列.

$b_1=\dfrac{a_1}{2}=1$，所以 $b_n=b_1+2(n-1)=2n-1$，于是 $a_n=2^nb_n=(2n-1)2^n$.

答案 $(2n-1)2^n$.

【例8】 已知数列 $\{a_n\}$ 满足 $a_1=1$，$a_{n+1}=\dfrac{a_n}{a_n+3}$，则通项公式 $a_n=$ _____．

解析 由题得 $\dfrac{1}{a_{n+1}}=\dfrac{a_n+3}{a_n}=\dfrac{3}{a_n}+1$，

设 $\dfrac{1}{a_{n+1}}+x=3\left(\dfrac{1}{a_n}+x\right)$，即 $\dfrac{1}{a_{n+1}}=\dfrac{3}{a_n}+2x$，与已知对比可得 $x=\dfrac{1}{2}$． → 待定系数法确定辅助数列的形式．

于是 $\dfrac{1}{a_{n+1}}+\dfrac{1}{2}=3\left(\dfrac{1}{a_n}+\dfrac{1}{2}\right)$．设 $b_n=\dfrac{1}{a_n}+\dfrac{1}{2}$，$b_{n+1}=3b_n$，可知 $\{b_n\}$ 是公比为 3 的等比数列，

$b_1=\dfrac{1}{a_1}+\dfrac{1}{2}=\dfrac{3}{2}$，所以 $b_n=b_1\cdot 3^{n-1}=\dfrac{3^n}{2}$，于是 $a_n=\dfrac{1}{b_n-\dfrac{1}{2}}=\dfrac{2}{3^n-1}$．

答案 $\dfrac{2}{3^n-1}$．

【例9】 已知数列 $\{a_n\}$ 满足 $a_1=1$，$a_{n-1}-a_n=2a_{n-1}a_n$，则通项公式 $a_n=$ _____．

解析 由题得 $\dfrac{1}{a_n}-\dfrac{1}{a_{n-1}}=2$，设 $b_n=\dfrac{1}{a_n}$，$b_n-b_{n-1}=2$，可知 $\{b_n\}$ 是公差为 2 的等差数列，$b_1=\dfrac{1}{a_1}=1$，所以 $b_n=b_1+2(n-1)=2n-1$，于是 $a_n=\dfrac{1}{b_n}=\dfrac{1}{2n-1}$．

答案 $\dfrac{1}{2n-1}$．

【例10】 已知数列 $\{a_n\}$ 满足 $a_1=1$，$a_2=3$，$a_{n+2}=3a_{n+1}-2a_n$，则通项公式 $a_n=$ _____．

解析 由题得 $a_{n+2}-a_{n+1}=2(a_{n+1}-a_n)$，

设 $b_n=a_{n+1}-a_n$，$b_{n+1}=2b_n$，可知 $\{b_n\}$ 是公比为 2 的等比数列．

$b_1=a_2-a_1=2$，所以 $b_n=b_1\cdot 2^{n-1}=2^n$，于是 $a_{n+1}-a_n=2^n$． → 可用累加法．

所以 $a_n=a_1+(a_2-a_1)+(a_3-a_2)+\cdots+(a_n-a_{n-1})=1+2+2^2+\cdots+2^{n-1}=2^n-1$．

答案 2^n-1．

头哥说：一般来讲，如果题目求的是 a，则首先考虑退项作差，因为退项作差直接得到 a 的递推式；如果题目求的是 S，则首先考虑 SA 代换，因为 SA 代换直接得到 S 的递推式．

3. SA 递推

既含有通项 a_n，又含有前 n 项和 S_n 的递推公式称为 SA 递推．SA 递推的处理思路是把"S"全部转化为"a"，或者把"a"全部转化为"S"，对应方法为"退项作差"与"SA 代换"．

退项作差：对于 SA 递推 $f(a_n,S_n)=0$，退项（向前退一项，即把 n 换成 $n-1$）可得 $f(a_{n-1},S_{n-1})=0$，作差可得 $f(a_n,S_n)-f(a_{n-1},S_{n-1})=0$，再利用 $S_n-S_{n-1}=a_n$，将"S"消掉，得到关于"a"的递推公式，再进一步处理．

SA 代换：对于 SA 递推 $f(a_n,S_n)=0$，利用 $a_n=S_n-S_{n-1}$，将"a"消掉，得到关于"S"的递推公式，再进一步处理．

注意 1：无论是退项作差，还是 SA 代换，都涉及脚标的变化，要注意脚标变化过程中 n 的范围的相应变化．例如：对于 $f(a_n,S_n)=0$，对于 n 的要求是 $n\geqslant 1$；退项作差有 $f(a_{n-1},S_{n-1})=0$，或 SA 代换有 $a_n=S_n-S_{n-1}$，对于 n 的要求是 $n\geqslant 2$．

注意 2：如果题目未给出初始条件，可由 SA 递推式，以及 $S_1=a_1$ 解出 a_1．

【例 11】 已知数列 $\{a_n\}$ 的前 n 项和为 S_n，满足 $S_n = \frac{1}{8}(a_n+2)^2$，$a_n > 0(n \in \mathbf{N}^*)$，则通项公式 $a_n = $ _____． $\longrightarrow$ *求 a，首先考虑退项作差．*

解析 由题得 $S_n = \frac{1}{8}(a_n+2)^2$，$S_{n-1} = \frac{1}{8}(a_{n-1}+2)^2$，

作差得 $S_n - S_{n-1} = a_n = \frac{1}{8}(a_n^2 + 4a_n - a_{n-1}^2 - 4a_{n-1})(n \geq 2)$，$\longrightarrow$ *注意 n 的取值范围的变化．*

得 $a_n^2 - 4a_n - a_{n-1}^2 - 4a_{n-1} = 0$，即 $(a_n + a_{n-1})(a_n - a_{n-1} - 4) = 0$，

由 $a_n > 0$，可得 $a_n - a_{n-1} = 4(n \geq 2)$．

于是 $\{a_n\}$ 为等差数列，公差为 4，又 $S_1 = a_1 = \frac{1}{8}(a_1+2)^2$，解得 $a_1 = 2$．$\longrightarrow$ *解出初始条件．*

所以 $a_n = 2 + 4(n-1) = 4n - 2$．

答案 $4n - 2$．

【例 12】 已知数列 $\{a_n\}$ 的前 n 项和为 S_n，满足 $\frac{4S_1}{a_1+2} + \frac{4S_2}{a_2+2} + \cdots + \frac{4S_n}{a_n+2} = S_n$，$a_n > 0(n \in \mathbf{N}^*)$，则通项 $a_n = $ _____． $\longrightarrow$ *求 a，首先考虑退项作差．*

解析 由题得 $\frac{4S_1}{a_1+2} + \frac{4S_2}{a_2+2} + \cdots + \frac{4S_n}{a_n+2} = S_n$，$\frac{4S_1}{a_1+2} + \frac{4S_2}{a_2+2} + \cdots + \frac{4S_{n-1}}{a_{n-1}+2} = S_{n-1}$，

作差可得 $\frac{4S_n}{a_n+2} = S_n - S_{n-1} = a_n(n \geq 2)$，$\longrightarrow$ *注意 n 的取值范围的变化．*

于是 $4S_n = a_n^2 + 2a_n$，有 $4S_{n-1} = a_{n-1}^2 + 2a_{n-1}$，$\longrightarrow$ *依然有 S，再次退项作差．*

作差可得 $4a_n = a_n^2 + 2a_n - a_{n-1}^2 - 2a_{n-1}(n \geq 3)$，$\longrightarrow$ *注意 n 的取值范围的变化．*

即 $(a_n + a_{n-1})(a_n - a_{n-1} - 2) = 0$，

由 $a_n > 0$，可得 $a_n - a_{n-1} = 2(n \geq 3)$，

于是 $\{a_n\}(n \geq 2)$ 为等差数列，公差为 2，又 $\frac{4S_1}{a_1+2} = S_1$，解得 $a_1 = 2$．

又 $4S_2 = a_2^2 + 2a_2 = 4(a_1 + a_2)$，$a_n > 0$，解得 $a_2 = 4$，$\longrightarrow$ *根据 n 的取值范围，需要解出 a_2 作为初始条件．*

所以 $a_n = 4 + 2(n-2) = 2n(n \geq 2)$，验证得 $n = 1$ 时满足该式．

综上 $a_n = 2n$．

答案 $2n$．

【例 13】 已知数列 $\{a_n\}$ 的前 n 项和为 S_n，满足 $a_1 = 5$，$a_{n+1} = S_n + 3^n(n \in \mathbf{N}^*)$，则 $S_n = $ _____．

解析 由题得 $S_{n+1} - S_n = S_n + 3^n$，即 $S_{n+1} = 2S_n + 3^n(n \in \mathbf{N}^*)$，$\longrightarrow$ *求 S，首先考虑 SA 代换．*

即 $S_{n+1} - 3^{n+1} = 2(S_n - 3^n)$．设 $b_n = S_n - 3^n$，$b_{n+1} = 2b_n$，可知 $\{b_n\}$ 是公比为 2 的等比数列，

$\longrightarrow$ *辅助数列为等比数列．*

$b_1 = a_1 - 3 = 2$，所以 $b_n = b_1 \cdot 2^{n-1} = 2^n$，于是 $S_n = b_n + 3^n = 2^n + 3^n(n \in \mathbf{N}^*)$．

答案 $2^n + 3^n$． *注意：虽然该题求的是"a"，但退项作差后关于"a"的通推难以处理，故考虑 SA 代换．*

【例 14】 已知数列 $\{a_n\}$ 的各项均为正数，且 $S_n = \frac{1}{2}\left(a_n + \frac{1}{a_n}\right)$，则通项 $a_n = $ _____．

解析 由题得 $S_n=\dfrac{1}{2}\left(S_n-S_{n-1}+\dfrac{1}{S_n-S_{n-1}}\right)(n\geqslant 2)$,

即 $2S_n=S_n-S_{n-1}+\dfrac{1}{S_n-S_{n-1}}$, 即 $S_n+S_{n-1}=\dfrac{1}{S_n-S_{n-1}}$,

即 $S_n^2-S_{n-1}^2=1$, 设 $b_n=S_n^2$, $b_n-b_{n-1}=1$, 可知 $\{b_n\}$ 是公差为 1 的等差数列.

又由题得 $S_1=a_1=\dfrac{1}{2}\left(a_1+\dfrac{1}{a_1}\right)$, 解得 $a_1=1$ 或 $a_1=-1$(舍).

$b_1=S_1^2=1$, 所以 $b_n=b_1+(n-1)\times 1=n$, 于是 $S_n=\sqrt{b_n}=\sqrt{n}$.

$n\geqslant 2$ 时, $a_n=S_n-S_{n-1}=\sqrt{n}-\sqrt{n-1}$, 验证得 $n=1$ 时满足该式.

综上, $a_n=\sqrt{n}-\sqrt{n-1}$.

答案 $\sqrt{n}-\sqrt{n-1}$.

高考链接

【高 1】(2020 全国 1 文 16,5 分)数列 $\{a_n\}$ 满足 $a_{n+2}+(-1)^n a_n=3n-1$,前 16 项和为 540,则 $a_1=$ _____.

【高 2】(2018 全国 1 理 14,5 分)记 S_n 为数列 $\{a_n\}$ 的前 n 项和. 若 $S_n=2a_n+1$,则 $S_6=$ _____.

【高 3】(2022 全国甲理 17,12 分)记 S_n 为数列 $\{a_n\}$ 的前 n 项和. 已知 $\dfrac{2S_n}{n}+n=2a_n+1$.

(1)证明:$\{a_n\}$ 是等差数列;

(2)若 a_4,a_7,a_9 成等比数列,求 S_n 的最小值.

【高 4】(2022 新高考一 17,10 分)记 S_n 为数列 $\{a_n\}$ 的前 n 项和,已知 $a_1=1$,$\left\{\dfrac{S_n}{a_n}\right\}$ 是公差为 $\dfrac{1}{3}$ 的等差数列.

(1)求 $\{a_n\}$ 的通项公式;

(2)证明:$\dfrac{1}{a_1}+\dfrac{1}{a_2}+\cdots+\dfrac{1}{a_n}<2$.

【高 5】(2021 全国乙理 19,12 分)记 S_n 为数列 $\{a_n\}$ 的前 n 项和,b_n 为数列 $\{S_n\}$ 的前 n 项积,已知 $\dfrac{2}{S_n}+\dfrac{1}{b_n}=2$.

(1)证明:数列 $\{b_n\}$ 是等差数列;

(2)求 $\{a_n\}$ 的通项公式.

专题 7　数列放缩

头哥说：放缩是指将式中某一部分变大或变小，导致整个式子变大或变小的过程．数列放缩的本质是把一个不可求和（不可求积）的数列放缩为一个可求和（可求积）的数列的过程．

常用放缩技巧如下：

（1）定号放缩：表达式恒正或恒负时，可放缩至零$\left(\text{例如：}1-\dfrac{1}{n}<1\right)$；

（2）加减放缩：表达式的分母（大于 0）加一个正数变小，减一个正数变大$\left(\text{例如：}\dfrac{1}{n+1}<\dfrac{1}{n},\dfrac{1}{n-1}>\dfrac{1}{n}\right)$；

（3）均值放缩：利用均值不等式进行放缩$\left[\text{例如：}a+b\geqslant 2\sqrt{ab},ab\leqslant\left(\dfrac{a+b}{2}\right)^2\right]$；

（4）绝对放缩：利用绝对值三角不等式进行放缩（例如：$||a|-|b||\leqslant|a+b|\leqslant|a|+|b|$）；

（5）首项放缩：若数列单调，则可将所有项放缩至首项（例如：$a_n\geqslant a_1$ 或 $a_n\leqslant a_1$）；

（6）边界放缩：利用函数的有界性进行放缩（例如：$-1\leqslant\sin x\leqslant 1$）；

（7）函数放缩：利用函数不等式进行放缩，常用核心不等式$\left(\text{例如：}1-\dfrac{1}{x}\leqslant\ln x\leqslant x-1,\mathrm{e}^x\geqslant x+1\right)$．

对于求和不等式 $a_1+a_2+\cdots+a_n<c$（或 $a_1+a_2+\cdots+a_n>c$）的证明，其中数列 $\{a_n\}$ 为不可

求和的数列，需要通过放缩来证明不等式．一般来讲，放缩可分为"和前放缩"（求和之前的放缩）与"和后放缩"（求和之后的放缩）两步．

头哥说：注意放缩的方向要与所证不等式的不等号方向一致．

头哥说：和前放缩比较难，就像两人分手了，在和好之前过得比较难，哈哈哈哈．

和前放缩：由不可求和的数列 $\{a_n\}$，放缩为可求和的数列 $\{b_n\}$ 的过程．由 $a_n<b_n$（或 $a_n>b_n$），可得 $a_1+a_2+\cdots+a_n<b_1+b_2+\cdots+b_n$（或 $a_1+a_2+\cdots+a_n>b_1+b_2+\cdots+b_n$），只需证明 $b_1+b_2+\cdots+b_n=T_n\leqslant c$（或 $b_1+b_2+\cdots+b_n=T_n\geqslant c$）即可．

和后放缩：由 $\{b_n\}$ 的和 T_n 放缩为 c 的过程．如果原不等式中的 c 是一个关于 n 的表达式，往往 $c=T_n$，此时不需要和后放缩，而且可由 $T_n-T_{n-1}=b_n$ 确定和前放缩的放缩目标数列；如果 c 是一个常数，则需要进行和后放缩，此种情况下相对较难，因为需要凭借经验确定和前放缩的目标数列 $\{b_n\}$．

头哥说：拿到求和不等式，先看右侧是常数还是关于 n 的表达式，如果是后者，则可快速确定放缩目标．

1.裂项放缩

头哥说：对裂项相消的各种数列形式要非常熟悉．

放缩的目标数列 $\{b_n\}$ 为一个可以裂项相消进行求和的数列．

【例1】已知数列 $\{a_n\}$ 的前 n 项和为 S_n，若 $4S_n=(2n-1)a_{n+1}+1$，且 $a_1=1$．

（1）求出数列 $\{a_n\}$ 的通项公式；

（2）设 $b_n=\dfrac{1}{a_n\sqrt{S_n}}$，数列 $\{b_n\}$ 的前 n 项和为 T_n，求证：$T_n<\dfrac{3}{2}$．

解析（1）由题得 $4S_n=(2n-1)a_{n+1}+1$，　①　$4S_{n-1}=(2n-3)a_n+1(n\geqslant 2)$，　②

①－②得 $4a_n=(2n-1)a_{n+1}-(2n-3)a_n$，即 $\dfrac{a_{n+1}}{a_n}=\dfrac{2n+1}{2n-1}(n\geqslant 2)$，

退项作差．

累乘法，注意 n 的取值范围，需从 a_2 开始．

所以 $a_n=a_2\cdot\dfrac{a_3}{a_2}\cdot\dfrac{a_4}{a_3}\cdots\dfrac{a_n}{a_{n-1}}=a_2\times\dfrac{5}{3}\times\dfrac{7}{5}\times\cdots\times\dfrac{2n-1}{2n-3}=\dfrac{2n-1}{3}a_2$．

又 $4S_1=4a_1=a_2+1$，可得 $a_2=3$，所以 $a_n=2n-1(n\geqslant 2)$．

验证得 $n=1$ 时满足该式,所以 $a_n=2n-1$.

(2)由(1)题得 $S_n=\dfrac{(1+2n-1)\cdot n}{2}=n^2$,所以 $b_n=\dfrac{1}{(2n-1)\sqrt{n^2}}=\dfrac{1}{n(2n-1)}$,$b_1=1$,

$$b_n=\frac{1}{n(2n-1)}<\frac{1}{n(2n-2)}=\frac{1}{2n(n-1)}=\frac{1}{2}\left(\frac{1}{n-1}-\frac{1}{n}\right)(n\geq 2),$$ → *加减放缩,之后可裂项（注意第 1 项不可放缩,从第 2 项开始）*

所以 $T_n=b_1+b_2+\cdots+b_n\leqslant b_1+\dfrac{1}{2}\left[\left(1-\dfrac{1}{2}\right)+\left(\dfrac{1}{2}-\dfrac{1}{3}\right)+\cdots+\left(\dfrac{1}{n-1}-\dfrac{1}{n}\right)\right]=$

$1+\dfrac{1}{2}\left(1-\dfrac{1}{n}\right)<\dfrac{3}{2}$,证毕. → *定号放缩.*

答案 (1)$a_n=2n-1$;(2)见解析.

【例2】 已知正项数列 $\{a_n\}$ 的前 n 项和为 S_n,且 $a_n+\dfrac{1}{a_n}=2S_n$,$n\in\mathbf{N}^*$.

(1)求证:数列 $\{S_n^2\}$ 是等差数列;

(2)记数列 $b_n=2S_n^3$,$T_n=\dfrac{1}{b_1}+\dfrac{1}{b_2}+\cdots+\dfrac{1}{b_n}$,证明:$1-\dfrac{1}{\sqrt{n+1}}<T_n\leqslant\dfrac{3}{2}-\dfrac{1}{\sqrt{n}}$.

解析 (1)由题得 $S_n-S_{n-1}+\dfrac{1}{S_n-S_{n-1}}=2S_n(n\geq 2)$,即 $S_n+S_{n-1}=\dfrac{1}{S_n-S_{n-1}}$, → *SA 代换.*

即 $S_n^2-S_{n-1}^2=1(n\geq 2)$,所以 $\{S_n^2\}$ 是等差数列.

尖哥说:原不等式两边都是关于 n 的 → *表达式,把它们当成目标数列的前 n 项和,可以快速确定放缩目标.*

(2)由题得 $a_1+\dfrac{1}{a_1}=S_1+\dfrac{1}{S_1}=2S_1$,又知 $S_n>0$,解得 $S_1=1$,

所以 $S_n^2=S_1^2+(n-1)\times 1=n$,于是 $b_n=2n\sqrt{n}$,$b_1=2$,

加减放缩,之后可裂项（注意第 1 项不可放缩,从第 2 项开始）↑

$$\frac{1}{b_n}=\frac{1}{2n\sqrt{n}}<\frac{1}{n(\sqrt{n-1}+\sqrt{n})}=\frac{\sqrt{n}-\sqrt{n-1}}{n}<\frac{\sqrt{n}-\sqrt{n-1}}{\sqrt{n(n-1)}}=\frac{1}{\sqrt{n-1}}-\frac{1}{\sqrt{n}}(n\geq 2),$$

所以 $T_n\leqslant\dfrac{1}{b_1}+\left(1-\dfrac{1}{\sqrt{2}}\right)+\left(\dfrac{1}{\sqrt{2}}-\dfrac{1}{\sqrt{3}}\right)+\cdots+\left(\dfrac{1}{\sqrt{n-1}}-\dfrac{1}{\sqrt{n}}\right)=\dfrac{1}{2}+1-\dfrac{1}{\sqrt{n}}=\dfrac{3}{2}-\dfrac{1}{\sqrt{n}}$.

$$\frac{1}{b_n}=\frac{1}{2n\sqrt{n}}>\frac{1}{n(\sqrt{n+1}+\sqrt{n})}=\frac{\sqrt{n+1}-\sqrt{n}}{n}>\frac{\sqrt{n+1}-\sqrt{n}}{\sqrt{n(n+1)}}=\frac{1}{\sqrt{n}}-\frac{1}{\sqrt{n+1}},$$ → *加减放缩,之后可裂项.*

所以 $T_n>\left(1-\dfrac{1}{\sqrt{2}}\right)+\left(\dfrac{1}{\sqrt{2}}-\dfrac{1}{\sqrt{3}}\right)+\cdots+\left(\dfrac{1}{\sqrt{n}}-\dfrac{1}{\sqrt{n+1}}\right)=1-\dfrac{1}{\sqrt{n+1}}$.

综上,$1-\dfrac{1}{\sqrt{n+1}}<T_n\leqslant\dfrac{3}{2}-\dfrac{1}{\sqrt{n}}$,证毕.

答案 见解析.

【例3】 已知数列 $\{a_n\}$ 满足 $a_1=2$,$a_{n+1}=2\left(1+\dfrac{1}{n}\right)^2 a_n$,$n\in\mathbf{N}^*$.

(1)求证:数列 $\left\{\dfrac{a_n}{n^2}\right\}$ 是等比数列,并求出数列 $\{a_n\}$ 的通项公式;

(2)设 $c_n=\dfrac{n}{a_n}$,求证:$c_1+c_2+\cdots+c_n<\dfrac{3}{4}$.

解析 (1)由题得 $a_{n+1}=2\cdot\dfrac{(n+1)^2}{n^2}a_n$,即 $\dfrac{a_{n+1}}{(n+1)^2}=2\cdot\dfrac{a_n}{n^2}$, → *辅助数列为等比数列.*

所以 $\left\{\dfrac{a_n}{n^2}\right\}$ 是公比为 2 的等比数列.

所以 $\dfrac{a_n}{n^2}=\left(\dfrac{a_1}{1^2}\right)\cdot 2^{n-1}=2^n$，$a_n=n^2\cdot 2^n$.

(2)由(1)题得 $c_n=\dfrac{n}{a_n}=\dfrac{1}{n\cdot 2^n}=\dfrac{n-1}{n(n-1)\cdot 2^n}$.

又知 $\dfrac{1}{(n-1)\cdot 2^{n-1}}-\dfrac{1}{n\cdot 2^n}=\dfrac{n\cdot 2^n-(n-1)\cdot 2^{n-1}}{n\cdot 2^n\cdot(n-1)\cdot 2^{n-1}}=\dfrac{(n+1)\cdot 2^{n-1}}{n\cdot 2^n\cdot(n-1)\cdot 2^{n-1}}=\dfrac{n+1}{n(n-1)\cdot 2^n}$，

所以 $c_n=\dfrac{n-1}{n(n-1)\cdot 2^n}<\dfrac{n+1}{n(n-1)\cdot 2^n}=\dfrac{1}{(n-1)\cdot 2^{n-1}}-\dfrac{1}{n\cdot 2^n}(n\geqslant 2)$，

于是 $c_1+c_2+\cdots+c_n\leqslant c_1+c_2+\left(\dfrac{1}{2\times 2^2}-\dfrac{1}{3\times 2^3}+\dfrac{1}{3\times 2^3}-\dfrac{1}{4\times 2^4}+\cdots+\dfrac{1}{(n-1)\cdot 2^{n-1}}-\dfrac{1}{n\cdot 2^n}\right)=$

$\dfrac{1}{2}+\dfrac{1}{8}+\dfrac{1}{8}-\dfrac{1}{n\cdot 2^n}=\dfrac{3}{4}-\dfrac{1}{n\cdot 2^n}<\dfrac{3}{4}(n\geqslant 3)$.

头哥说：如果从第 1 项或者从第 2 项开始放缩，发现"放过了"，这时可进行微调，从第 3 项或第 4 项再开始放缩.

又因为 $c_n>0$，所以 $c_1<c_1+c_2=\dfrac{5}{8}<\dfrac{3}{4}$.

对于正项数列，求和时一定越加越大，所以只要 n 足够大时满足不等式，则 n 较小时一定满足，但是写步骤时还是要验证一下，避免扣分.

综上，$c_1+c_2+\cdots+c_n<\dfrac{3}{4}$，证毕.

答案 (1) $a_n=n^2\cdot 2^n$；(2)见解析.

【例 4】 已知数列 $\{a_n\}$ 满足：$a_1=\dfrac{3}{2}$，且 $a_n=\dfrac{3na_{n-1}}{2a_{n-1}+n-1}(n\geqslant 2,n\in\mathbf{N}^*)$.

(1)求数列 $\{a_n\}$ 的通项公式；

(2)证明：对于一切正整数 n，均有 $a_1\cdot a_2\cdot\cdots\cdot a_n<2\cdot n!$.

解析 (1)由题得 $\dfrac{1}{a_n}=\dfrac{2a_{n-1}+n-1}{3na_{n-1}}$，即 $\dfrac{n}{a_n}=\dfrac{2}{3}+\dfrac{n-1}{3a_{n-1}}$，

即 $\left(\dfrac{n}{a_n}-1\right)=\dfrac{1}{3}\left(\dfrac{n-1}{a_{n-1}}-1\right)$，设 $b_n=\dfrac{n}{a_n}-1$，$b_n=\dfrac{1}{3}b_{n-1}$，可知 $\{b_n\}$ 是公比为 $\dfrac{1}{3}$ 的等比数列，

$b_1=-\dfrac{1}{3}$，所以 $b_n=b_1\cdot\left(\dfrac{1}{3}\right)^{n-1}=-\left(\dfrac{1}{3}\right)^n$，于是 $a_n=\dfrac{n}{b_n+1}=\dfrac{n\cdot 3^n}{3^n-1}$.

(2)所证不等式为 $n!\cdot\dfrac{3^1}{3^1-1}\cdot\dfrac{3^2}{3^2-1}\cdot\cdots\cdot\dfrac{3^n}{3^n-1}<2\cdot n!$，

原不等式有阶乘，先化简一下.

等价于证明 $\dfrac{3^1}{3^1-1}\cdot\dfrac{3^2}{3^2-1}\cdot\cdots\cdot\dfrac{3^n}{3^n-1}<2$，设 $c_n=\dfrac{3^n}{3^n-1}$，$c_1=\dfrac{3}{2}$，$c_2=\dfrac{9}{8}$，

于是 $c_n=\dfrac{3^n}{3^n-1}<\dfrac{3^n-2}{3^n-3}<\dfrac{3^n-1}{3(3^{n-1}-1)}(n\geqslant 2)$，

加减放缩（糖水不等式）.

所以 $c_1\cdot c_2\cdot\cdots\cdot c_n<c_1\cdot c_2\cdot\dfrac{3^3-1}{3(3^2-1)}\cdot\dfrac{3^4-1}{3(3^3-1)}\cdot\cdots\cdot\dfrac{3^n-1}{3(3^{n-1}-1)}=$

裂项相消的乘法形式.

$\dfrac{3}{2}\times\dfrac{9}{8}\times\dfrac{3^n-1}{8\times 3^{n-2}}<\dfrac{3}{2}\times\dfrac{9}{8}\times\dfrac{3^n}{8\times 3^{n-2}}=\dfrac{243}{128}<2(n\geqslant 3)$，

又 $c_1=\dfrac{3}{2}<2$，$c_1\cdot c_2=\dfrac{3}{2}\times\dfrac{9}{8}=\dfrac{27}{16}<2$，

综上 $c_1\cdot c_2\cdot\cdots\cdot c_n<2$，于是原不等式得证.

答案 $(1) a_n = \dfrac{n \cdot 3^n}{3^n - 1}$；$(2)$见解析.

2. 等比放缩

头哥说：当通项中出现指数时，可能是裂项放缩，也有可能是等比放缩，如果一条路不通，尝试另一条路.

放缩的目标数列 $\{b_n\}$ 为一个等比数列.

【例5】 设数列 $\{a_n\}$ 满足：$a_1 = 1, a_{n+1} = 3a_n, n \in \mathbf{N}^*$，设 S_n 为数列 $\{b_n\}$ 的前 n 项和，已知 $b_1 \neq 0, 2b_n - b_1 = S_1 \cdot S_n, n \in \mathbf{N}^*$.

(1) 求数列 $\{a_n\}, \{b_n\}$ 的通项公式；

(2) 求证：对任意的 $n \in \mathbf{N}^*$ 且 $n \geqslant 2$，有 $\dfrac{1}{a_2 - b_2} + \dfrac{1}{a_3 - b_3} + \cdots + \dfrac{1}{a_n - b_n} < \dfrac{3}{2}$.

解析 (1) 由题得 $a_{n+1} = 3a_n$，可知 $\{a_n\}$ 为等比数列，公比为 3，所以 $a_n = a_1 \cdot 3^{n-1} = 3^{n-1}$.

当 $n = 1$ 时，由题得 $2b_1 - b_1 = S_1 \cdot S_1 = b_1^2$，由 $b_1 \neq 0$，解得 $b_1 = 1$，

于是有 $2b_n - 1 = S_n$，　①得 $2b_{n-1} - 1 = S_{n-1} (n \geqslant 2)$，　② → 退项作差

①－②得 $2b_n - 2b_{n-1} = S_n - S_{n-1} = b_n$，

即 $b_n = 2b_{n-1} (n \geqslant 2)$，所以 $\{b_n\}$ 是公比为 2 的等比数列，$b_n = b_1 \cdot 2^{n-1} = 2^{n-1}$.

(2) 由(1)题得 $\dfrac{1}{a_n - b_n} = \dfrac{1}{3^{n-1} - 2^{n-1}} = \dfrac{1}{3^{n-1}\left[1 - \left(\frac{2}{3}\right)^{n-1}\right]} \leqslant \dfrac{1}{3^{n-1}\left[1 - \left(\frac{2}{3}\right)^{1}\right]} = \dfrac{1}{3^{n-2}} (n \geqslant 2)$，

所以 $\dfrac{1}{a_2 - b_2} + \dfrac{1}{a_3 - b_3} + \cdots + \dfrac{1}{a_n - b_n} \leqslant 1 + \dfrac{1}{3} + \cdots + \dfrac{1}{3^{n-2}}$ → 首项放缩，放缩为等比数列

$= \dfrac{1 \times \left[1 - \left(\frac{1}{3}\right)^{n-1}\right]}{1 - \frac{1}{3}} = \dfrac{3}{2}\left[1 - \left(\dfrac{1}{3}\right)^{n-1}\right] < \dfrac{3}{2}$，证毕.

答案 $(1) a_n = 3^{n-1}, b_n = 2^{n-1}$；$(2)$见解析.

【例6】 已知数列 $\{a_n\}$ 满足 $a_1 = \dfrac{1}{4}, a_n = \dfrac{a_{n-1}}{(-1)^n a_{n-1} - 2} (n \geqslant 2, n \in \mathbf{N}^*)$.

(1) 试判断数列 $\left\{\dfrac{1}{a_n} + (-1)^n\right\}$ 是否为等比数列，并说明理由；

(2) 设 $b_n = a_n \sin \dfrac{(2n-1)\pi}{2}$，数列 $\{b_n\}$ 的前 n 项和为 T_n，求证：对任意的 $n \in \mathbf{N}^*, T_n < \dfrac{4}{7}$.

解析 (1) 由题得 $\dfrac{1}{a_n} = (-1)^n - \dfrac{2}{a_{n-1}}$，即 $\dfrac{1}{a_n} + (-1)^n = (-2) \cdot \left[\dfrac{1}{a_{n-1}} + (-1)^{n-1}\right]$，

→ 辅助数列为等比数列.

于是 $\left\{\dfrac{1}{a_n} + (-1)^n\right\}$ 为公比是 -2 的等比数列.

(2) 由(1)题得 $\dfrac{1}{a_n} + (-1)^n = \left[\dfrac{1}{a_1} + (-1)^1\right] \cdot (-2)^{n-1} = 3 \times (-2)^{n-1}$，

可得 $a_n = \dfrac{1}{3 \times (-2)^{n-1} - (-1)^n}$，于是 $b_n = \dfrac{(-1)^{n-1}}{3 \times (-2)^{n-1} - (-1)^n} = \dfrac{1}{3 \times 2^{n-1} + 1}$，

可知 $b_n = \dfrac{1}{3 \times 2^{n-1} + 1} < \dfrac{1}{3 \times 2^{n-1}}$，→ 加减放缩，放缩为等比数列

所以 $T_n = b_1 + b_2 + \cdots + b_n < (b_1 + b_2) + \dfrac{1}{3 \times 2^2} + \dfrac{1}{3 \times 2^3} + \cdots + \dfrac{1}{3 \times 2^{n-1}} (n \geqslant 3)$

$$=\frac{1}{4}+\frac{1}{7}+\frac{\frac{1}{12}\left[1-\left(\frac{1}{2}\right)^{n-2}\right]}{1-\frac{1}{2}}<\frac{1}{4}+\frac{1}{7}+\frac{1}{6}=\frac{47}{84}<\frac{4}{7}.$$

因为 $\{b_n\}$ 为正项数列，所以 $T_1<T_2<T_3<\dfrac{4}{7}$.

于是对任意的 $n\in\mathbf{N}^*$，$T_n<\dfrac{4}{7}$，证毕.

答案 见解析.

3. 递推放缩

> *头哥说：递推放缩是把求通项范围的问题转化为求和或求积的问题，本质依然为求和不等式或求积不等式的证明.*

对于只知道递推公式，而不知道通项公式的情况，需要从递推公式进行放缩.

一般来讲，需要把递推公式放缩成可累加 $\left[\text{例如：}a_n-a_{n-1}<f(n)\right]$ 或可累乘 $\Big[\text{例如：}\dfrac{a_n}{a_{n-1}}<f(n),a_n>0\Big]$ 的情况，然后利用累加法或累乘法得到通项公式的放缩范围 $\left[\text{例如：}a_n<a_1+f(2)+f(3)+\cdots+f(n)\text{ 或 }a_n<a_1\cdot f(2)\cdot f(3)\cdot\cdots\cdot f(n)\right]$.

【例 7】 已知数列 $\{b_n\}$ 中，$b_1=4$，$b_{n+1}=4+\dfrac{1}{b_n}$，求证：$|b_{2n}-b_n|\leqslant\dfrac{1}{64}\times\dfrac{1}{17^{n-2}}$.

解析 由题易知 $b_n>0$，且 $b_n-4=\dfrac{1}{b_{n-1}}>0$，所以 $b_n>4(n\geqslant2)$，

$$|b_{n+1}-b_n|=\left|4+\frac{1}{b_n}-4-\frac{1}{b_{n-1}}\right|=\left|\frac{b_n-b_{n-1}}{b_nb_{n-1}}\right|.$$

→ 先根据递推公式得到每一项的大概范围.

又 $b_nb_{n+1}=4b_n+1\geqslant17$，所以 $|b_{n+1}-b_n|=\left|\dfrac{b_n-b_{n-1}}{b_nb_{n-1}}\right|\leqslant\dfrac{1}{17}|b_n-b_{n-1}|$，

于是 $|b_{n+1}-b_n|=|b_2-b_1|\cdot\dfrac{|b_3-b_2|}{|b_2-b_1|}\cdot\dfrac{|b_4-b_3|}{|b_3-b_2|}\cdots\dfrac{|b_{n+1}-b_n|}{|b_n-b_{n-1}|}\leqslant\dfrac{1}{4}\cdot\dfrac{1}{17^{n-1}}$，*→ 累乘法.*

所以 $|b_{2n}-b_n|\leqslant|b_{n+1}-b_n|+|b_{n+2}-b_{n+1}|+\cdots+|b_{2n}-b_{2n-1}|$ *→ 累加法.*

$$\leqslant\frac{1}{4}\left(\frac{1}{17^{n-1}}+\frac{1}{17^n}+\cdots+\frac{1}{17^{2n-2}}\right)=\frac{1}{4}\times\frac{\frac{1}{17^{n-1}}\left(1-\frac{1}{17^n}\right)}{1-\frac{1}{17}}<\frac{1}{64}\times\frac{1}{17^{n-2}},\text{证毕.}$$ *→ 定号放缩.*

答案 见解析.

【例 8】 已知数列 $\{a_n\}$ 中，$a_1=1$，$a_{n+1}=\left(1+\dfrac{1}{n^2+n}\right)a_n+\dfrac{1}{2^n}$. 证明 $a_n<\mathrm{e}^2$.

解析 由题易知 $a_n>0$，于是 $a_{n+1}-a_n=\dfrac{1}{n^2+n}a_n+\dfrac{1}{2^n}>0$，所以 $a_n>a_1=1(n\geqslant2)$，

所以 $a_{n+1}<\left(1+\dfrac{1}{n^2+n}\right)a_n+\dfrac{1}{2^n}\cdot a_n=\left(1+\dfrac{1}{n^2+n}+\dfrac{1}{2^n}\right)a_n(n\geqslant2)$.

→ 先根据递推公式得到每一项的大概范围.

所以 $\ln a_{n+1}<\ln\left(1+\dfrac{1}{n^2+n}+\dfrac{1}{2^n}\right)+\ln a_n$，即 $\ln a_{n+1}-\ln a_n<\ln\left(1+\dfrac{1}{n^2+n}+\dfrac{1}{2^n}\right)$.

↓ 通过取对数可以把求积问题转化为求和问题.

先证 $\ln x<x-1(x>1)$，

设 $f(x)=\ln x-x+1$，$f'(x)=\dfrac{1-x}{x}<0(x>1)$，所以 $f(x)$ 在 $(1,+\infty)$ 单减.

于是 $f(x)<f(1)=0$，即 $\ln x<x-1(x>1)$，

所以 $\ln a_{n+1}-\ln a_n<\ln\left(1+\dfrac{1}{n^2+n}+\dfrac{1}{2^n}\right)<\dfrac{1}{n^2+n}+\dfrac{1}{2^n}=\dfrac{1}{n}-\dfrac{1}{n+1}+\dfrac{1}{2^n}$， ⟶ 裂项+等比

所以 $\ln a_n=\ln a_1+(\ln a_2-\ln a_1)+(\ln a_3-\ln a_2)+\cdots+(\ln a_n-\ln a_{n-1})$ ⟶ 累加法

$\leqslant 0+\left(1-\dfrac{1}{2}\right)+\left(\dfrac{1}{2}-\dfrac{1}{3}\right)+\cdots+\left(\dfrac{1}{n-1}-\dfrac{1}{n}\right)+\dfrac{\frac{1}{2}\left(1-\frac{1}{2^{n-1}}\right)}{1-\frac{1}{2}}=1-\dfrac{1}{n}+1-\dfrac{1}{2^{n-1}}<2$，有 $a_n<\mathrm{e}^2(n\geqslant 2)$.

⟶ 定号放缩

当 $n=1$ 时，$a_1<\mathrm{e}^2$. 综上，$a_n<\mathrm{e}^2$，证毕.

答案 见解析.

【例9】 已知数列 $\{a_n\}$ 中，$a_1=4$，$a_{n+1}=a_n^2-2na_n+1$.

(1) 求证：$a_n\geqslant 2n+2$；

(2) 求证：$\dfrac{1}{1+a_1}+\dfrac{1}{1+a_2}+\cdots+\dfrac{1}{1+a_n}<\dfrac{2}{5}$.

解析 (1) 下面用数学归纳法证明 $a_n\geqslant 2n+2$，

当 $n=1$ 时，$a_1=4\geqslant 2n+2$ 成立；

假设 $n=k(k\in\mathbf{N}^*)$ 时，$a_k\geqslant 2k+2$，则 $n=k+1$ 时，

$a_{k+1}=a_k(a_k-2k)+1\geqslant(2k+2)\times 2+1=4k+5>2(k+1)+2$，不等式成立，

所以 $\forall n\in\mathbf{N}^*$，$a_n\geqslant 2n+2$.

(2) 由 $a_n\geqslant 2n+2$，可知 $a_{n+1}=a_n(a_n-2n)+1\geqslant 2a_n+1$，

于是 $1+a_{n+1}\geqslant 2(1+a_n)$，即 $\dfrac{1+a_n}{1+a_{n+1}}\leqslant\dfrac{1}{2}$.

所以 $\dfrac{1}{1+a_n}=\dfrac{1}{1+a_1}\cdot\dfrac{1+a_1}{1+a_2}\cdot\dfrac{1+a_2}{1+a_3}\cdots\dfrac{1+a_{n-1}}{1+a_n}\leqslant\dfrac{1}{5}\left(\dfrac{1}{2}\right)^{n-1}$， ⟶ 累乘法

⟶ 由递推放缩得到通项的范围后，继续证明求和不等式，等比放缩.

于是 $\dfrac{1}{1+a_1}+\dfrac{1}{1+a_2}+\cdots+\dfrac{1}{1+a_n}\leqslant\dfrac{1}{5}\left(1+\dfrac{1}{2}+\dfrac{1}{4}+\cdots+\dfrac{1}{2^{n-1}}\right)=$

$\dfrac{1}{5}\cdot\dfrac{\left[1-\left(\frac{1}{2}\right)^n\right]}{1-\frac{1}{2}}=\dfrac{2}{5}\left[1-\left(\dfrac{1}{2}\right)^n\right]<\dfrac{2}{5}$，证毕. ⟶ 定号放缩

答案 见解析.

高考链接

【高1】（2022 北京 15,5 分）已知数列 $\{a_n\}$ 的各项均为正数，其前 n 项和 S_n 满足 $a_n\cdot S_n=9(n=1,2,\cdots)$. 给出下列四个结论：

① $\{a_n\}$ 的第 2 项小于 3；　　　　　② $\{a_n\}$ 为等比数列；

③ $\{a_n\}$ 为递减数列；　　　　　　　④ $\{a_n\}$ 中存在小于 $\dfrac{1}{100}$ 的项.

其中所有正确结论的序号是 _____.

答案与解析

第一章　集合、逻辑、复数

第1节　集合

【高1】 D.

【解析】 由题得 $B=\{1,3\}$，于是 $A\cup B=\{-1,1,2,3\}$，故 $\complement_U(A\cup B)=\{-2,0\}$.

【高2】 A.

【解析】 由题得 $M=\{2,4,5\}$，$2\in M$.

【高3】 B.

【解析】 由题得 $\complement_U B=\{1,5,6\}$，所以 $A\cap\complement_U B=\{1,6\}$.

【高4】 D.

【解析】 由题得 $M=\{x\mid 0\leqslant x<16\}$，$N=\left\{x\mid x\geqslant\dfrac{1}{3}\right\}$，故 $M\cap N=\left\{x\mid\dfrac{1}{3}\leqslant x<16\right\}$.

【高5】 B.

【解析】 由题得 $B=\{x\mid 0\leqslant x\leqslant 2\}$，故 $A\cap B=\{1,2\}$.

【高6】 D.

【解析】 由题得 $\complement_U A=(-3,-2]\cup(1,3)$.

【高7】 B.

【解析】 由题得 $M\cap N=\left\{x\mid\dfrac{1}{3}\leqslant x<4\right\}$.

【高8】 B.

【解析】 由题得 $A\cap B=\{2,3\}$.

【高9】 B.

【解析】 由题得 $A\cup B=(-1,2]$.

【高10】 B.

【解析】 由题得 $A=\{x\mid-2\leqslant x\leqslant 2\}$，$B=\left\{x\mid x\leqslant-\dfrac{a}{2}\right\}$，又 $A\cap B=\{x\mid-2\leqslant x\leqslant 1\}$，易得 $-\dfrac{a}{2}=1$，即 $a=-2$.

【高11】 C.

【解析】 由题得 $N=\{x\mid-2<x<3\}$，所以 $M\cap N=\{x\mid-2<x<2\}$.

【高12】 A.

【解析】 由题得 $B=\{x\mid-1\leqslant x\leqslant 1\}$，所以 $A\cap B=\{-1,0,1\}$.

【高13】 C.

【解析】 由题得 $t=4n+1=2\times(2n)+1$，于是 T 中的元素都在 S 中，即 $T\subseteq S$，所以 $S\cap T=T$.

【高14】 C.

【解析】 假设总人数为 100，设 A,B 分别表示喜爱足球、游泳的学生集合，

由题得 $\mathrm{card}(A)=60$，$\mathrm{card}(B)=82$，$\mathrm{card}(A\cup B)=96$，

则由容斥原理可得 $\mathrm{card}(A\cap B)=60+82-96=46$，

即所求比例为 46%.

【高15】 C.

【解析】 设 A,B 分别表示阅读过《西游记》《红楼梦》的学生集合，

由题得 $\mathrm{card}(B)=80$，$\mathrm{card}(A\cup B)=90$，$\mathrm{card}(A\cap B)=60$，则由容斥原理可得 $\mathrm{card}(A)=90+60-80=70$，

即所求比值为 $\dfrac{70}{100}=0.7$.

【高16】 B.

【解析】 设 A,B 分别表示用现金、非现金支付的人的集合，设群体总人数为 100，

由题得 $\mathrm{card}(A\cap\complement_U B)=45$，$\mathrm{card}(A\cap B)=15$，于是 $\mathrm{card}(A)=45+15=60$，$\mathrm{card}(\complement_U A)=100-60=40$，

即不用现金支付的概率为 $\dfrac{40}{100}=0.4$.

第2节　简易逻辑

【高1】 B.

【解析】 若 $a_1=-1$，$q=1>0$，则 $S_n=na_1=-n$，则 $\{S_n\}$ 是递减数列，不满足充分性；

若 $\{S_n\}$ 是递增数列，则 $S_{n+1}-S_n=a_{n+1}>0$，可知 $\{a_n\}$ 为正项数列，于是 $q>0$，满足必要性.

故甲是乙的必要条件，但不是充分条件.

【高2】 A.

【解析】 若 $f(x)$ 在 $[0,1]$ 上单调递增，则 $f_{\max}=f(1)$，满足充分性；

对于函数 $f(x)=\begin{cases}0,0\leqslant x<1\\1,x=1\end{cases}$，$f_{\max}=f(1)$，$f(x)$ 在 $[0,1]$ 上不是单调递增，不满足必要性.

"函数 $f(x)$ 在 $[0,1]$ 上单调递增"是"函数 $f(x)$ 在 $[0,1]$ 上的最大值为 $f(1)$"的充分而不必要条件.

第3节　复数

【高1】 C.

【解析】 由题得 $\dfrac{z}{z\bar{z}-1}=\dfrac{z}{|z|^2-1}=\dfrac{-1+\sqrt{3}\mathrm{i}}{4-1}=-\dfrac{1}{3}+\dfrac{\sqrt{3}}{3}\mathrm{i}$.

【高2】 A.

【解析】 由题得 $\bar{z}=1+2\mathrm{i}$，于是 $z+a\bar{z}+b=1-2\mathrm{i}+a(1+2\mathrm{i})+b=a+b+1+(2a-2)\mathrm{i}=0$，

可得 $\begin{cases} a+b+1=0 \\ 2a-2=0 \end{cases}$，解得 $\begin{cases} a=1 \\ b=-2 \end{cases}$.

【高3】 D.

【解析】 由题得 $z=1-\dfrac{1}{\mathrm{i}}=1+\mathrm{i}$，$\bar{z}=1-\mathrm{i}$，故 $z+\bar{z}=2$.

【高4】 D.

【解析】 由题得 $(2+2\mathrm{i})(1-2\mathrm{i})=2-2\mathrm{i}-4\mathrm{i}^2=6-2\mathrm{i}$.

【高5】 B.

【解析】 由题得 $z=\dfrac{3+2\mathrm{i}}{(1-\mathrm{i})^2}=\dfrac{3+2\mathrm{i}}{-2\mathrm{i}}=-1+\dfrac{3}{2}\mathrm{i}$.

【高6】 C.

【解析】 设 $z=a+b\mathrm{i}$，则 $\bar{z}=a-b\mathrm{i}$，

于是 $2(z+\bar{z})+3(z-\bar{z})=4a+6b\mathrm{i}=4+6\mathrm{i}$，

所以 $\begin{cases} 4a=4 \\ 6b=6 \end{cases}$，解得 $a=1,b=1$，即 $z=1+\mathrm{i}$.

【高7】 C.

【解析】 由题得 $\bar{z}=2+\mathrm{i}$，

于是 $z(\bar{z}+\mathrm{i})=(2-\mathrm{i})(2+2\mathrm{i})=4+2\mathrm{i}-2\mathrm{i}^2=6+2\mathrm{i}$.

【高8】 D.

【解析】 由题得 $z=\dfrac{2}{1-\mathrm{i}}=\dfrac{2+2\mathrm{i}}{2}=1+\mathrm{i}$.

【高9】 D.

【解析】 由题得 $\dfrac{1}{1-3\mathrm{i}}=\dfrac{1+3\mathrm{i}}{10}=\dfrac{1}{10}+\dfrac{3}{10}\mathrm{i}$，故虚部为 $\dfrac{3}{10}$.

【高10】 A.

【解析】 由题得 $\dfrac{2-\mathrm{i}}{1-3\mathrm{i}}=\dfrac{5+5\mathrm{i}}{10}=\dfrac{1}{2}+\dfrac{1}{2}\mathrm{i}$，故对应的点位于第一象限.

【高11】 B.

【解析】 由题得 $|\mathrm{i}|\,|z|=|3-4\mathrm{i}|$，于是 $|z|=5$.

【高12】 D.

【解析】 由题得 $|z^2-2z|=|z(z-2)|=|(1+\mathrm{i})(-1+\mathrm{i})|=|1+\mathrm{i}|\,|-1+\mathrm{i}|=\sqrt{2}\times\sqrt{2}=2$.

【高13】 C.

【解析】 由题得 $|z|=\dfrac{|3-\mathrm{i}|}{|1+2\mathrm{i}|}=\dfrac{\sqrt{10}}{\sqrt{5}}=\sqrt{2}$.

第二章　函数

第1节　函数及其表示

【高1】 $(-\infty,0)\cup(0,1]$.

【解析】 由题得 $\begin{cases} x\neq 0 \\ 1-x\geqslant 0 \end{cases}$，解得 $x\in(-\infty,0)\cup(0,1]$.

【高2】 D.

【解析】 由题得 $M_1+M_2\cdot\dfrac{(R+r)^2}{r^2}=M_1\cdot\dfrac{(R+r)^3}{R^3}$，

即 $M_1+M_2\left(\dfrac{1}{\alpha}+1\right)^2=M_1(1+\alpha)^3$，于是有 $\dfrac{M_2}{M_1}=\dfrac{\alpha^5+3\alpha^4+3\alpha^3}{(1+\alpha)^2}\approx 3\alpha^3$，所以 $\alpha=\dfrac{r}{R}\approx\sqrt[3]{\dfrac{M_2}{3M_1}}$，可得 $r\approx\sqrt[3]{\dfrac{M_2}{3M_1}}R$.

第2节　函数的性质

【高1】 D.

【解析】 由题得 $f(0)=0$，

$x=0$ 时，满足题意；

$x<0$ 时，可得 $f(x-1)\leqslant 0=-f(2)=f(-2)$，得 $0>x-1\geqslant-2$，有 $-1\leqslant x<0$；

$0<x<1$ 时，可得 $f(x-1)<0$，不满足题意；

$x=1$ 时，满足题意；

$x>1$ 时，可得 $f(x-1)\geqslant 0=f(2)$，得 $0<x-1\leqslant 2$，有 $1<x\leqslant 3$；

综上，$x\in[-1,0]\cup[1,3]$.

【高2】 D.

【解析】 由题得 $x\leqslant 0$ 时 $f(x)$ 单减，

所以可得 $\begin{cases} x+1>2x \\ 2x<0 \end{cases}$，解得 $x\in(-\infty,0)$.

【高3】 B.

【解析】 由题得 $f(x)$ 的对称中心为 $(-1,-1)$，

所以将函数 $f(x)$ 向右平移一个单位，向上平移一个单位，得到函数 $y=f(x-1)+1$，该函数的对称中心为 $(0,0)$，故函数 $y=f(x-1)+1$ 为奇函数.

【高4】 1.

【解析】 因为函数 $f(x)=x^3(a\cdot 2^x-2^{-x})$ 是偶函数，已知 $y=x^3$ 为奇函数，故 $g(x)=a\cdot 2^x-2^{-x}$ 为奇函数，所以 $g(0)=a-1=0$，可得 $a=1$.

【高5】 -3.

【解析】 由题得 $f(\ln 2)=-f(-\ln 2)=\mathrm{e}^{a\ln 2}=8$，

可得 $-a\ln 2=3\ln 2$，解得 $a=-3$.

【高6】 D.

【解析】 由题得 $x<0$ 时，$-x>0$，

可得 $f(-x)=\mathrm{e}^{-x}-1$，又 $f(-x)=-f(x)$，可得 $f(x)=-\mathrm{e}^{-x}+1$.

【高7】 -2.

【解析】 由题得 $f(x)-1=\ln(\sqrt{1+x^2}-x)$，记 $g(x)=f(x)-1$，于是 $g(-x)+g(x)=\ln(\sqrt{1+x^2}+x)+\ln(\sqrt{1+x^2}-x)=\ln(1+x^2-x^2)=0$，即 $g(-x)=-g(x)$，

可知 $g(x)$ 为奇函数,所以 $g(-a)=-g(a)=1-f(a)=-3$,即 $f(-a)-1=-3$,得 $f(-a)=-2$.

【高8】C.

【解析】由题得 $f(-x)=\dfrac{1}{1+2^{-x}}=\dfrac{2^x}{1+2^x}$,有 $f(-x)+f(x)=1$.

【高9】D.

【解析】由题得 $f(x)+g(2-x)=5$,　①

$g(2+x)-f(x-2)=7$. 　②

由 $y=g(x)$ 的图像关于直线 $x=2$ 对称,可知 $g(2-x)=g(2+x)$,

于是①－②可得 $f(x)+f(x-2)=-2$,进而 $f(x-2)+f(x-4)=-2$,

故 $f(x)=f(x-4)$,于是 $f(x)$ 周期为 4.

将 $x=0$ 代入①可得 $f(0)=5-g(2)=1$,将 $x=0$ 代入②可得 $f(-2)=g(2)-7=-3$;

将 $x=-1$ 代入①可得 $f(-1)=5-g(3)$,将 $x=1$ 代入②可得 $f(-1)=g(3)-7$.

于是 $2f(-1)=-2$,$f(-1)=-1$.

将 $x=1$ 代入①可得 $f(1)=5-g(1)$,将 $x=-1$ 代入②可得 $f(-3)=g(1)-7$,

于是 $f(1)+f(-3)=-2$,又 $f(1)=f(-3)$,故 $f(1)=f(-3)=-1$.

于是一个周期内的和为 $t=f(-3)+f(-2)+f(-1)+f(0)=-4$,

于是 $\displaystyle\sum_{k=1}^{22}f(k)=f(1)+f(2)+5t=f(-3)+f(-2)-20=-24$.

【高10】B,C.

【解析】由 $f\left(\dfrac{3}{2}-2x\right)$ 为偶函数,可知 $f\left(\dfrac{3}{2}+x\right)$ 为偶函数,对其求导,可知 $f'\left(\dfrac{3}{2}+x\right)=g\left(\dfrac{3}{2}+x\right)$ 为奇函数.

由 $g(2+x)$ 为偶函数,

可知 $g(x)$ 关于点 $\left(\dfrac{3}{2},0\right)$ 对称,关于 $x=2$ 对称,故 $g(x)$ 周期为 $\left(2-\dfrac{3}{2}\right)\times4=2$,

所以 $g\left(-\dfrac{1}{2}\right)=g\left(\dfrac{3}{2}\right)=0$,B 正确;$g(-1)=g(1)=-g(2)$,D 错误.

由 $f\left(\dfrac{3}{2}+x\right)$ 为偶函数,可知 $f(x)$ 关于 $x=\dfrac{3}{2}$ 对称,$f(-1)=f(4)$,C 正确.

无法确定 $f(0)$,A 错误.

【高11】A.

【解析】令 $y=1$,可得 $f(x+1)+f(x-1)=f(x)$,于是 $f(x+2)+f(x)=f(x+1)$,

两式作和可得 $f(x+2)=-f(x-1)$,于是 $f(x+3)=-f(x)$,即 $f(x+6)=f(x+3+3)=-f(x+3)=f(x)$,可得 $f(x)$ 周期为 6.

令 $x=1$,$y=0$ 可得 $2f(1)=f(1)f(0)$,得 $f(0)=2$,

令 $x=y=1$,可得 $f(2)+f(0)=1$,于是 $f(2)=-1$,

所以 $f(3)=-f(0)=-2$,$f(4)=-f(1)=-1$,$f(5)=-f(2)=1$,

于是一个周期内的和为 $t=\displaystyle\sum_{k=0}^{5}f(k)=0$,

所以 $\displaystyle\sum_{k=1}^{22}f(k)=f(1)+f(2)+f(3)+f(4)+3t=-3$.

【高12】D.

【解析】由题得 $f(x)$ 的对称中心为 $(1,0)$,对称轴为 $x=2$,于是 $f(x)$ 周期为 $T=(2-1)\times4=4$.

当 $x\in[1,2]$ 时,$f(x)=ax^2+b$,于是 $f(0)=-f(2)=-4a-b$,$f(3)=f(1)=a+b$.

又 $f(0)+f(3)=6$,可得 $-3a=6$,解得 $a=-2$.

又 $f(1)=a+b=0$,于是 $b=-a=2$,于是 $x\in[1,2]$ 时,$f(x)=-2x^2+2$,

所以 $f\left(\dfrac{9}{2}\right)=f\left(\dfrac{1}{2}\right)=-f\left(\dfrac{3}{2}\right)=-\left(-2\times\dfrac{9}{4}+2\right)=\dfrac{5}{2}$.

【高13】B.

【解析】由 $f(x+2)$ 是偶函数,可知 $f(x)$ 的对称轴为 $x=2$,

由 $f(2x+1)$ 是奇函数,可知 $f(x+1)$ 是奇函数,$f(x)$ 的对称中心为 $(1,0)$,

于是 $f(x)$ 的周期为 $T=(2-1)\times4=4$,

所以 $f(-1)=f(3)=f(1)=0$,B 正确.

而 A、C、D 不一定成立.

【高14】C.

【解析】由题得 $f(x)$ 的对称中心为 $(0,0)$,对称轴为 $x=1$,所以周期为 $(1-0)\times4=4$,

又 $f(2)=f(0)=0$,$f(3)=f(-1)=-f(1)=-2$,$f(4)=f(0)=0$,

于是一个周期内的和为 $t=f(1)+f(2)+f(3)+f(4)=0$,

所以 $f(1)+f(2)+f(3)+\cdots+f(50)=f(1)+f(2)+12t=2$.

【高15】B.

【解析】由题设所求函数为 $y=\ln(a-x)$,

由两函数图像关于 $x=1$ 对称可得 $1=\dfrac{a-0}{2}$，解得 $a=2$，

于是所求函数为 $y=\ln(2-x)$.

第4节 指数函数与对数函数

【高1】 D.

【解析】 当 $T=220$，$P=1026$ 时，$\lg P\approx 3$，二氧化碳处于固态，A 错误；

当 $T=270$，$P=128$ 时，$\lg P\approx 2$，二氧化碳处于液态，B 错误；

当 $T=300$，$P=9987$ 时，$\lg P\approx 4$，二氧化碳处于固态，C 错误；

当 $T=360$，$P=729$ 时，$2<\lg P<3$，二氧化碳处于超临界状态，D 正确.

【高2】 C.

【解析】 由题得 $L=4.9$，所以 $4.9=5+\lg V$，即 $\lg V=-0.1$，

得 $V=10^{-0.1}=\dfrac{1}{10^{0.1}}=\dfrac{1}{\sqrt[10]{10}}\approx\dfrac{1}{1.259}\approx 0.8$，

即某同学视力的小数记录法的数据约为 0.8.

【高3】 B.

【解析】 由题得 $r=\dfrac{R_0-1}{T}=0.38$，

所以 $I(t)=\mathrm{e}^{0.38t}$，由 $I(t)=\mathrm{e}^{0.38t}=2$，可得 $t=\dfrac{\ln 2}{0.38}\approx 1.8$，

累计感染病例数增加 1 倍需要的时间约为 1.8 天.

【高4】 B.

【解析】 由题得 $a=\log_{0.2}0.3>0$，$b=\log_2 0.3<0$，可知 $ab<0$，

又 $\dfrac{1}{a}+\dfrac{1}{b}=\dfrac{a+b}{ab}=\log_{0.3}0.2+\log_{0.3}2=\log_{0.3}0.4<\log_{0.3}0.3=1$，

且 $\dfrac{1}{a}+\dfrac{1}{b}=\dfrac{a+b}{ab}=\log_{0.3}0.4>0$，

可知 $ab<a+b<0$.

【高5】 -7.

【解析】 由题得 $f(3)=\log_2(9+a)=1$，可得 $9+a=2$，即 $a=-7$.

【高6】 C.

【解析】 由题得 $a=\log_5 2<\log_5\sqrt{5}=\dfrac{1}{2}=c$，$b=\log_8 3>\log_8 2\sqrt{2}=\dfrac{1}{2}=c$，故 $a<c<b$.

【高7】 A.

【解析】 由题得 $5\log_8 5<4$，得 $b=\log_8 5<\dfrac{4}{5}$，

且 $4<5\log_{13}8$，得 $c=\log_{13}8>\dfrac{4}{5}$，所以 $b<\dfrac{4}{5}<c$，

易知 $3^4<5^3$，得 $4\log_5 3<3$，有 $a=\log_5 3<\dfrac{3}{4}$，

易知 $5^4>8^3$，得 $4\log_8 5>3$，有 $b=\log_8 5>\dfrac{3}{4}$，所以 $a<\dfrac{3}{4}<b$，

综上 $a<b<c$.

第6节 函数与方程

【高1】 D.

【解析】 由题得 $f(-x)=\dfrac{\sin(-x)+(-x)}{\cos(-x)+(-x)^2}=-\dfrac{\sin x+x}{\cos x+x^2}=-f(x)$，于是 $f(x)$ 为奇函数，A 错误；

又 $f(\pi)=\dfrac{\pi}{\pi^2-1}\in(0,1)$，B，C 错误，故 D 正确.

【高2】 B.

【解析】 记 $f(x)=\dfrac{2x^3}{2^x+2^{-x}}$，

由题得 $f(-x)=\dfrac{2(-x)^3}{2^{-x}+2^x}=-\dfrac{2x^3}{2^x+2^{-x}}=-f(x)$，于是 $f(x)$ 为奇函数，C 错误；

又 $f(4)=\dfrac{128}{16+\frac{1}{16}}\approx 8$，且 $f(4)<8$，A，D 错误，故 B 正确.

【高3】 D.

【解析】 记 $f(x)=-x^4+x^2+2$，$f(1)=f(0)=2$，A，B，C 错误，故 D 正确.

【高4】 A.

【解析】 记 $f(x)=(3^x-3^{-x})\cos x$，

则 $f(-x)=(3^{-x}-3^x)\cos(-x)=-(3^x-3^{-x})\cos x=-f(x)$，所以 $f(x)$ 为奇函数，排除 B，D.

又 $x\to 0^+$ 时，$f(x)>0$，排除 C，故 A 正确.

专题1 双图问题

【高1】 C.

【解析】 由题得 $f(-x)=\sin|x|+|\sin x|=f(x)$，于是 $f(x)$ 为偶函数，①正确；

当 $x\geqslant 0$ 时，$f(x)=\sin x+|\sin x|=\begin{cases}2\sin x, & \sin x\geqslant 0\\ 0, & \sin x<0\end{cases}$，

由下图可知，$f(x)$ 在区间 $\left(\dfrac{\pi}{2},\pi\right)$ 单调递减，②错误；

$f(x)$ 在 $[-\pi,\pi]$ 有 3 个零点，③错误；

$f(x)$ 的最大值为 2，④正确.

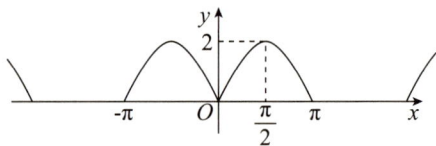

[高2] 0(答案可为[0,1]中任一值);1.

【解析】 由题得 $a<0$ 时,无最小值,如图 1 所示;

$0\leqslant a\leqslant 1$ 时,有最小值为 0,如图 2 所示;

$a>1$ 时,无最小值,如图 3 所示.

综上,$a\in[0,1]$,a 的最大值为 1.

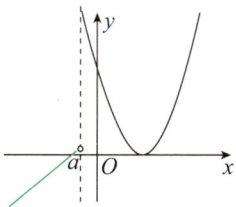

图 1

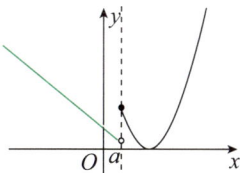

图 2

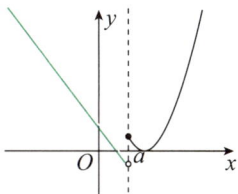

图 3

[高3] ①②④.

【解析】 由 $f(x)=0$ 得 $|\lg x|=kx+2$,画出 $y=|\lg x|$ 与 $y=kx+2$ 图像.

若 $k=0$,两图像有两个公共点,如图 1 所示,故 $f(x)$ 有两个零点,①正确;

$k<0$ 时,设直线 $y=kx+2$ 与函数 $g(x)=-\lg x$ 图像相切,$g'(x)=-\dfrac{1}{x\cdot\ln 10}$,

设切点 $(x_0,-\lg x_0)$,切线斜率为 $k=-\dfrac{1}{x_0\cdot\ln 10}$.

又 $k=\dfrac{-\lg x_0-2}{x_0-0}$,可得 $x_0=\dfrac{e}{100}$,于是得 $k=-\dfrac{100}{e}\lg e<0$,

所以 $\exists k<0$,两图像相切,有一个公共点,即 $f(x)$ 有一个零点,②正确;

$k<0$ 时,两图像最多有两个公共点,即 $f(x)$ 最多有两个零点,③错误;

$k>0$ 时,两图像最多有三个公共点,如图 2 所示,即 $f(x)$ 最多有三个零点,④正确.

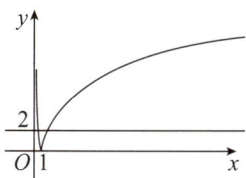

图 1

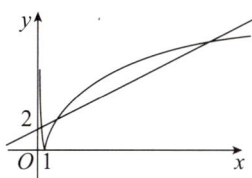

图 2

[高4] B.

【解析】 如图所示,当 $x\in(2,3]$ 时,$f(x)=4(x-2)(x-3)$,

由 $f(x)=4(x-2)(x-3)=-\dfrac{8}{9}$ 可得 $9x^2-45x+56=0$,

解得 $x=\dfrac{7}{3}$ 或 $x=\dfrac{8}{3}$(舍),所以 $m\in\left(-\infty,\dfrac{7}{3}\right]$.

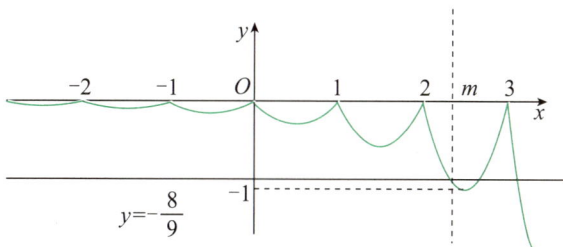

[高5] C.

【解析】 由 $g(x)=0$,得 $f(x)=-x-a$,

于是 $y=f(x)$ 与 $y=-x-a$ 有两个交点,

所以由下图得 $-a\leqslant 1$,得 $a\in[-1,+\infty)$.

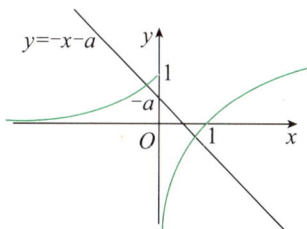

第三章 导数

第1节 导数的定义与运算

[高1] 1.

【解析】 由题得 $f'(x)=e^x\left(-\dfrac{1}{(x+a)^2}+\dfrac{1}{x+a}\right)=e^x\cdot\dfrac{x+a-1}{(x+a)^2}$,

$f'(1)=\dfrac{ae}{(1+a)^2}=\dfrac{e}{4}$,于是得 $a^2-2a+1=0$,解得 $a=1$.

第2节 导数的几何意义

[高1] $5x-y+2=0$.

【解析】 由题得 $y'=\dfrac{5}{(x+2)^2}$,所以 $y'|_{x=-1}=5$,即切线斜率为 5,所以切线方程为 $y-(-3)=5[x-(-1)]$,即 $5x-y+2=0$.

[高2] B.

【解析】 由题得 $f(1)=-1$,$f'(x)=4x^3-6x^2$,切线斜率 $k=f'(1)=-2$,

所以切线方程为 $y=-2(x-1)-1$ 即 $y=-2x+1$.

[高3] D.

【解析】 由题得 $y'=ae^x+\ln x+1$,切线斜率为 $k=y'|_{x=1}=ae+1$,

所以切线方程为 $y=(ae+1)(x-1)+ae$ 即 $y=(ae+1)x-1$,对比系数可得 $a=e^{-1}$,$b=-1$.

[高4] $(-\infty,-4)\bigcup(0,+\infty)$.

【解析】 由题得 $y'=(x+a+1)e^x$，设切点为 (x_0,y_0)，

于是切线斜率为 $k=y'|_{x=x_0}=(x_0+a+1)e^{x_0}$，切线方程为 $y=(x_0+a+1)e^{x_0}(x-x_0)+y_0$。

由切线过原点，可得 $0=(x_0+a+1)e^{x_0}(0-x_0)+y_0$，即 $y_0=x_0(x_0+a+1)e^{x_0}$，

又 $y_0=(x_0+a)e^{x_0}$，可得 $x_0^2+ax_0-a=0$。

由满足题意的切线有两条，可知方程 $x^2+ax-a=0$ 有两个不等实根，

即 $\Delta=a^2+4a>0$，解得 $a\in(-\infty,-4)\bigcup(0,+\infty)$。

[高5] $x-ey=0,x+ey=0$.

【解析】 由题得 $y'=\dfrac{1}{x}$，设切点为 (x_0,y_0)，

于是切线斜率为 $k=y'|_{x=x_0}=\dfrac{1}{x_0}$，切线方程为 $y=\dfrac{1}{x_0}(x-x_0)+y_0$。

由切线过原点，可得 $0=\dfrac{1}{x_0}(-x_0)+y_0$，得 $y_0=1$，$\ln|x_0|=1$，可得 $x_0=e$ 或 $x_0=-e$，

即切线方程为 $x-ey=0$ 与 $x+ey=0$。

[高6] D.

【解析】 画出如下图所示的函数图像。

要想能够作出两条切线，点 (a,b) 需要位于 x 轴与 $y=e^x$ 之间，即 $0<b<e^a$。

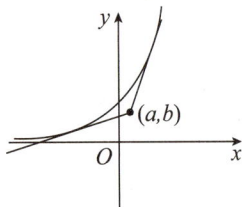

[高7] $(0,1)$.

【解析】 当 $x<0$ 时，$f(x)=1-e^x$，$f'(x)=-e^x$，

于是 $f(x)$ 在 A 点处的切线斜率为 $k_1=-e^{x_1}$，又 $y_1=1-e^{x_1}$，

所以切线 AM：$y=-e^{x_1}(x-x_1)+1-e^{x_1}$，令 $x=0$，可得 $M(0,x_1e^{x_1}+1-e^{x_1})$。

于是 $|AM|=\sqrt{(x_1)^2+(x_1e^{x_1})^2}=-x_1\sqrt{1+e^{2x_1}}$。

当 $x>0$ 时，$f(x)=e^x-1$，$f'(x)=e^x$，

于是 $f(x)$ 在 B 点处的切线斜率为 $k_2=e^{x_2}$，又 $y_2=e^{x_2}-1$，

所以切线 BN：$y=e^{x_2}(x-x_2)+e^{x_2}-1$。

令 $x=0$，可得 $N(0,-x_2e^{x_2}+e^{x_2}-1)$，

于是 $|BN|=\sqrt{(x_2)^2+(-x_2e^{x_2})^2}=x_2\sqrt{1+e^{2x_2}}$。

由 $f(x)$ 图像在 A,B 两点处的切线互相垂直可得 $k_1k_2=$

$-e^{x_1+x_2}=-1$。

于是有 $x_1+x_2=0,x_1<0,x_2>0$，

所以 $\dfrac{|AM|}{|BN|}=\dfrac{-x_1\sqrt{1+e^{2x_1}}}{x_2\sqrt{1+e^{2x_2}}}=\sqrt{\dfrac{1+e^{-2x_2}}{1+e^{2x_2}}}=\dfrac{1}{e^{x_2}}\in(0,1)$，

故 $\dfrac{|AM|}{|BN|}$ 的取值范围是 $(0,1)$。

[高8] $2x-y=0$.

【解析】 由题得 $y'=\dfrac{1}{x}+1$，设切点 $P(x_0,y_0)$，

可得切线斜率为 $\dfrac{1}{x_0}+1=2$，解得 $x_0=1$，故 $P(1,2)$。

所以切线方程为 $y-2=2(x-1)$，即 $2x-y=0$。

[高9] D.

【解析】 对于曲线 $y=\sqrt{x}$，$y'=\dfrac{1}{2\sqrt{x}}$，设 $y=\sqrt{x}$ 上切点坐标为 $P(m^2,m)(m>0)$，

所以切线斜率 $k=\dfrac{1}{2m}$，切线方程为 $y-m=\dfrac{1}{2m}(x-m^2)$，即 $x-2my+m^2=0$。

又知该圆的圆心为 $(0,0)$，半径为 $\dfrac{1}{\sqrt{5}}$，

于是切线与圆心距离为 $d=\dfrac{m^2}{\sqrt{1+4m^2}}=\dfrac{1}{\sqrt{5}}$，解得 $m=1$，$m=-1$（舍）。

所以切线方程为 $y=\dfrac{1}{2}x+\dfrac{1}{2}$。

第3节 导数的应用

[高1] A、C.

【解析】 由题得 $f'(x)=3x^2-1=3\left(x-\dfrac{\sqrt{3}}{3}\right)\left(x+\dfrac{\sqrt{3}}{3}\right)$，

当 $x\in\left(-\infty,-\dfrac{\sqrt{3}}{3}\right)$ 时，$f'(x)>0$，$f(x)$ 单增；当 $x\in\left(-\dfrac{\sqrt{3}}{3},\dfrac{\sqrt{3}}{3}\right)$ 时，$f'(x)<0$，$f(x)$ 单减；当 $x\in\left(\dfrac{\sqrt{3}}{3},+\infty\right)$ 时，$f'(x)>0$，$f(x)$ 单增，于是 $f(x)$ 有两个极值点，A 正确。

$f\left(-\dfrac{\sqrt{3}}{3}\right)=1+\dfrac{2\sqrt{3}}{9}>0$，$f\left(\dfrac{\sqrt{3}}{3}\right)=1-\dfrac{2\sqrt{3}}{9}>0$，可知 $f(x)$ 有一个零点，B 错误。

$f(x)+f(-x)=2$，故 $(0,1)$ 是 $y=f(x)$ 的对称中心，C 正确。

$y=f(x)$ 在点 (x_0,y_0) 处的切线斜率为 $f'(x_0)=3x_0^2-1$，由 $f'(x_0)=2$，可得 $x_0=\pm1$。

当 $x_0=1$ 时，切点为 $(1,1)$，切线为 $y=2x-1$；

当 $x_0=-1$ 时，切点为 $(-1,1)$，切线为 $y=2x+3$，D 错误。

[高2] 1.

【解析】 由题得定义域为 $(0,+\infty)$,

当 $0<x\leqslant\frac{1}{2}$ 时, $f(x)=-2x+1-2\ln x$, 易知 $f(x)$ 单减, 所以 $f(x)\geqslant f\left(\frac{1}{2}\right)=-2\times\frac{1}{2}+1-2\ln\frac{1}{2}=2\ln 2$.

当 $x>\frac{1}{2}$ 时, $f(x)=2x-1-2\ln x$, 则 $f'(x)=2-\frac{2}{x}=\frac{2(x-1)}{x}$.

当 $x\in\left(\frac{1}{2},1\right)$ 时, $f'(x)<0$, $f(x)$ 单减; 当 $x\in(1,+\infty)$ 时, $f'(x)>0$, $f(x)$ 单增.

所以 $f(x)\geqslant f(1)=2\times 1-1-2\ln 1=1$.

因为 $2\ln 2=\ln 4>\ln e=1$, 所以 $f(x)$ 的最小值为 1.

[高3] $-\frac{3\sqrt{3}}{2}$.

【解析】 由题得 $f'(x)=2\cos x+2\cos 2x=4\cos^2 x+2\cos x-2=2(\cos x+1)(2\cos x-1)$,

当 $x\in\left(-\frac{5\pi}{3}+2k\pi,-\frac{\pi}{3}+2k\pi\right)$ 时, $\cos x\in\left[-1,\frac{1}{2}\right)$, $f'(x)\leqslant 0$, $f(x)$ 单减, $k\in\mathbf{Z}$;

当 $x\in\left(-\frac{\pi}{3}+2k\pi,\frac{\pi}{3}+2k\pi\right)$ 时, $\cos x\in\left(\frac{1}{2},1\right]$, $f'(x)>0$, $f(x)$ 单增, $k\in\mathbf{Z}$,

当 $x=-\frac{\pi}{3}+2k\pi$ 时, 极小值即最小值, $f_{\min}=-\sqrt{3}-\frac{\sqrt{3}}{2}=-\frac{3\sqrt{3}}{2}$.

[高4] D.

【解析】 易知 $f(-x)=\ln|-2x+1|-\ln|-2x-1|=\ln|2x-1|-\ln|2x+1|=-f(x)$, 于是 $f(x)$ 为奇函数.

$f'(x)=\frac{2}{2x+1}-\frac{2}{2x-1}=\frac{-4}{(2x+1)(2x-1)}$.

当 $x\in\left(-\infty,-\frac{1}{2}\right)$ 时, $f'(x)<0$, $f(x)$ 单减, 于是 D 正确.

[高5] B.

【解析】 由题得 $x\in(0,+\infty)$, $f'(x)=\frac{a}{x}-\frac{b}{x^2}=\frac{ax-b}{x^2}$.

已知 -2 为极大值, 于是有 $f'(1)=a-b=0$, $f(1)=b=-2$,

可得 $a=b=-2$, 所以 $f'(2)=\frac{2a-b}{4}=-\frac{1}{2}$.

[高6] $\left(\frac{1}{e},1\right)$.

【解析】 由题得 $f'(x)=2a^x\ln a-2ex$, 记 $g(x)=2a^x\ln a-2ex$, $g'(x)=2a^x(\ln a)^2-2e$, 由题得存在 $x_0\in(x_1,x_2)$, 使

$g'(x)=0$,

得 $x_0=\frac{1}{\ln a}\cdot\ln\frac{e}{(\ln a)^2}$. 由题得 x_1,x_2 为 $g(x)$ 的两个零点,

且 $x<x_1$ 时, $g(x)<0$; $x_1<x<x_2$ 时, $g(x)>0$; $x>x_2$ 时, $g(x)<0$.

于是 $x<x_0$ 时, $g(x)$ 单增, $g'(x)>0$; $x>x_0$ 时, $g(x)$ 单减, $g'(x)<0$.

所以 $g'(x)$ 单减, 有 $0<a<1$, 且 $g(x_0)>0$,

即 $\frac{2e}{(\ln a)^2}\cdot\ln a-2e\cdot\frac{1}{\ln a}\cdot\ln\frac{e}{(\ln a)^2}>0$, 解得 $a\in\left(\frac{1}{e},1\right)$.

[高7] D.

【解析】 由题得 $f'(x)=a(x-a)(3x-a-2b)$, 其两个零点为 $a,\frac{a+2b}{3}$.

当 $a>0$ 时, 要使 $x=a$ 为极大值点, 有 $\frac{a+2b}{3}>a$, 即 $0<a<b$;

当 $a<0$ 时, 要使 $x=a$ 为极大值点, 有 $\frac{a+2b}{3}<a$, 即 $0>a>b$.

于是可得 $ab>a^2$.

[高8] (1) $y=x$; (2) $g(x)$ 在 $[0,+\infty)$ 上单增; (3) 见解析.

【解析】 (1) 由题得 $f'(x)=e^x\left[\ln(1+x)+\frac{1}{1+x}\right]$, 于是 $f'(0)=1$.

又知 $f(0)=0$, 故切线斜率为 1, 且过点 $(0,0)$, 于是切线方程为 $y=x$.

(2) $g(x)=f'(x)=e^x\left[\ln(1+x)+\frac{1}{1+x}\right]$, $x\in[0,+\infty)$,

于是 $g'(x)=e^x\left[\ln(1+x)+\frac{2}{1+x}-\frac{1}{(1+x)^2}\right]=e^x\left[\ln(1+x)+\frac{1+2x}{(1+x)^2}\right]>0$,

所以 $g(x)$ 在 $[0,+\infty)$ 上单增.

(3) 令 $h(x)=f(x+t)-f(x)=e^{x+t}\ln(1+x+t)-e^x\ln(1+x)$, $x\in[0,+\infty)$,

则 $h'(x)=g(x+t)-g(x)$, 由(2)题得当 $x>0$ 时 $g(x)$ 单增, 当 $h'(x)=g(x+t)-g(x)>0$, 所以 $h(x)$ 单增.

当 $x>0$ 时, $h(x)=f(x+t)-f(x)>h(0)=f(t)-f(0)=f(t)$, 即 $f(x+t)>f(x)+f(t)$.

令 $x=s$, 于是有 $s,t\in(0,+\infty)$, $f(s+t)>f(s)+f(t)$.

[高9] (1) 1; (2) 见解析.

【解析】 (1) 由题得 $f(x)$ 的定义域为 $(-\infty,a)$,

令 $h(x)=xf(x)$，则 $h(x)=x\ln(a-x)$，$x\in(-\infty,a)$，

于是 $h'(x)=\ln(a-x)+\dfrac{-x}{a-x}$，因为 $x=0$ 是函数 $y=xf(x)$ 的极值点，

有 $h'(0)=\ln a=0$，所以 $a=1$.

(2)由(1)题可知，$xf(x)=x\ln(1-x)$，要证 $\dfrac{x+f(x)}{xf(x)}<1$，即证 $\dfrac{x+\ln(1-x)}{x\ln(1-x)}<1$.

因为当 $x\in(-\infty,0)$ 时，$x\ln(1-x)<0$，当 $x\in(0,1)$ 时，$x\ln(1-x)<0$，

所以只须证明 $x+\ln(1-x)>x\ln(1-x)$，即证 $x+(1-x)\ln(1-x)>0$.

令 $u(x)=x+(1-x)\ln(1-x)$，$x\in(-\infty,0)\bigcup(0,1)$，

则 $u'(x)=-\ln(1-x)$.

当 $x\in(-\infty,0)$ 时，$u'(x)<0$，$u(x)$ 单减；当 $x\in(0,1)$ 时，$u'(x)>0$，$u(x)$ 单增.

所以 $u(x)>u(0)=0$，即 $x+(1-x)\ln(1-x)>0$.

于是 $\dfrac{x+f(x)}{xf(x)}<1$，证毕.

【高10】(1)$4x+y-5=0$；(2)在 $(-\infty,-1)$ 与 $(4,+\infty)$ 单增，在 $(-1,4)$ 单减，最大值为 1，最小值为 $-\dfrac{1}{4}$.

【解析】(1)当 $a=0$ 时，$f(x)=\dfrac{3-2x}{x^2}=\dfrac{3}{x^2}-\dfrac{2}{x}$，

$f'(x)=-\dfrac{6}{x^3}+\dfrac{2}{x^2}$，于是切线斜率为 $f'(1)=-4$，又 $f(1)=1$，

所以切线方程为 $y=-4(x-1)+1$，即 $4x+y-5=0$.

(2)由题得 $f'(x)=\dfrac{-2(x^2+a)-2x(3-2x)}{(x^2+a)^2}=\dfrac{2x^2-6x-2a}{(x^2+a)^2}$，

$f(x)$ 在 $x=-1$ 处得极值，可得 $f'(-1)=\dfrac{8-2a}{(1+a)^2}=0$，得 $a=4$.

于是 $f'(x)=\dfrac{2x^2-6x-8}{(x^2+4)^2}=\dfrac{2(x+1)(x-4)}{(x^2+4)^2}$，

当 $x\in(-\infty,-1)$ 时，$f'(x)>0$，$f(x)$ 单增；

当 $x\in(-1,4)$ 时，$f'(x)<0$，$f(x)$ 单减；

当 $x\in(4,+\infty)$ 时，$f'(x)>0$，$f(x)$ 单增.

即 $f(x)$ 在 $(-\infty,-1)$ 与 $(4,+\infty)$ 单增，在 $(-1,4)$ 单减.

又 $x\to\infty$ 时，$f(x)\to 0$，

所以 $f_{\max}=f(-1)=1$，$f_{\max}=f(4)=-\dfrac{1}{4}$.

专题2　恒成立与能成立问题

【高1】(1)单增区间为 $\left(0,\dfrac{2}{\ln 2}\right)$，单减区间为 $\left(\dfrac{2}{\ln 2},+\infty\right)$；(2)$(1,e)\bigcup(e,+\infty)$.

【解析】(1)$a=2$ 时，$f(x)=\dfrac{x^2}{2^x}$，$f'(x)=\dfrac{2x\cdot 2^x-x^2\cdot 2^x\ln 2}{(2^x)^2}=\dfrac{x\ln 2\cdot\left(\dfrac{2}{\ln 2}-x\right)}{2^x}$.

当 $x\in\left(0,\dfrac{2}{\ln 2}\right)$ 时，$f'(x)>0$，$f(x)$ 单增；当 $x\in\left(\dfrac{2}{\ln 2},+\infty\right)$ 时，$f'(x)<0$，$f(x)$ 单减.

所以单增区间为 $\left(0,\dfrac{2}{\ln 2}\right)$，单减区间为 $\left(\dfrac{2}{\ln 2},+\infty\right)$.

(2)由题知 $f(x)=1$ 在 $(0,+\infty)$ 有两个不等实根.

由 $f(x)=1$ 可得 $x^a=a^x$，即 $a\ln x=x\ln a$，即 $\dfrac{\ln x}{x}=\dfrac{\ln a}{a}$.

令 $g(x)=\dfrac{\ln x}{x}$，于是直线 $y=\dfrac{\ln a}{a}$ 与 $y=g(x)$ 图像有两个交点.

$g'(x)=\dfrac{1-\ln x}{x^2}$，当 $x\in(0,e)$ 时，$g'(x)>0$，$g(x)$ 单增.

当 $x\in(e,+\infty)$ 时，$g'(x)<0$，$g(x)$ 单减.

又 $x\to 0^+$ 时，$g(x)\to-\infty$；$x\to+\infty$ 时，$g(x)\to 0$，且 $g(e)=\dfrac{1}{e}$，于是可得 $0<\dfrac{\ln a}{a}<\dfrac{1}{e}$. 又知 $g(1)=0$，

所以 $a>1$ 且 $a\neq e$，即 $a\in(1,e)\bigcup(e,+\infty)$.

【高2】(1)$y=2x$；(2)$(-\infty,-1)$.

【解析】(1)由题得 $f(x)=\ln(1+x)+xe^{-x}$，$f'(x)=\dfrac{1}{1+x}+(1-x)e^{-x}$.

易知 $f(0)=0$，$f'(0)=2$，故切线斜率为 2，过点 $(0,0)$，于是切线方程为 $y=2x$.

(2)由题得 $f'(x)=\dfrac{1}{1+x}+a(1-x)e^{-x}=\dfrac{e^x+a(1-x^2)}{(1+x)e^x}$.

令 $g(x)=e^x+a(1-x^2)$，$g'(x)=e^x-2ax$.

1)当 $a>0$ 时，$x\in(-1,0)$ 时，$g(x)=e^x+a(1-x^2)>0$，$f'(x)>0$，$f(x)$ 单增，

故 $f(x)<f(0)=0$，故 $f(x)$ 在 $(-1,0)$ 无零点，不符合题意.

2)当 $-1\leqslant a\leqslant 0$ 时，$x\in(0,+\infty)$ 时，$g(x)=e^x-2ax>0$，$g(x)$ 单增，

$g(x)>g(0)=1+a\geqslant 0$，$f'(x)\geqslant 0$，$f(x)$ 单增，

故 $f(x)>f(0)=0$，故 $f(x)$ 在 $(0,+\infty)$ 无零点，不符合题意.

3)当 $a<-1$ 时，$x\in(0,+\infty)$ 时，$g(x)=e^x-2ax>0$，$g(x)$ 单增，

$g(0)=1+a<0$，$g(1)=e>0$，所以存在 $m\in(0,1)$，

$g(m)=0, f'(m)=0$.

当 $x \in (0, m)$ 时，$g(x) < 0$，$f'(x) < 0$，$f(x)$ 单减，$f(x) < f(0)=0$，$f(x)$ 无零点；

当 $x \in (m, +\infty)$ 时，$g(x) > 0$，$f'(x) > 0$，$f(x)$ 单增.

又 $f(m) < 0$,

$x \to +\infty$ 时，$f(x) \to +\infty$，所以 $f(x)$ 有唯一零点.

于是 $f(x)$ 在 $(0, +\infty)$ 有唯一零点.

$x \in (-1, 0)$ 时，令 $h(x)=g'(x)=e^x-2ax$，$h'(x)=e^x-2a > 0$，$g'(x)$ 单增，

$g'(-1)=\dfrac{1}{e}+2a < 0$，$g'(0)=1 > 0$，所以存在 $n \in (-1, 0)$，$g'(n)=0$.

当 $x \in (-1, n)$ 时，$g'(x) < 0$，$g(x)$ 单减；

当 $x \in (n, 0)$ 时，$g'(x) > 0$，$g(x)$ 单增，有 $g(x) < g(0)=1+a < 0$.

又 $g(-1)=\dfrac{1}{e}$，所以存在 $t \in (-1, n)$，$g(t)=0$，$f'(t)=0$.

当 $x \in (t, 0)$ 时，$g(x) < 0$，$f'(x) < 0$，$f(x)$ 单减，$f(x) > f(0)=0$，无零点；

当 $x \in (-1, t)$ 时，$g(x) > 0$，$f'(x) > 0$，$f(x)$ 单增.

又 $x \to -1^+$ 时，$f(x) \to -\infty$，所以 $f(x)$ 有唯一零点.

于是 $f(x)$ 在 $(-1, 0)$ 有唯一零点.

综上，$a \in (-\infty, -1)$ 时，$f(x)$ 在区间 $(-1, 0)$，$(0, +\infty)$ 各恰有一个零点.

【高3】(1) 见解析；(2) 见解析.

【解析】(1) 由题得 $f'(x)=xe^x-2ax=x(e^x-2a)$.

1) 当 $a \leqslant 0$ 时，令 $f'(x)=0$，得 $x_1=0$.

$x < 0$ 时，$f'(x) < 0$，$f(x)$ 单减；$x > 0$ 时，$f'(x) > 0$，$f(x)$ 单增. 故单增区间为 $(0, +\infty)$，单减区间为 $(-\infty, 0)$.

2) 当 $0 < a < \dfrac{1}{2}$ 时，令 $f'(x)=0$，得 $x_1=0$，$x_2=\ln 2a < 0$.

$x < \ln 2a$ 时，$f'(x) > 0$，$f(x)$ 单增；

$\ln 2a < x < 0$ 时，$f'(x) < 0$，$f(x)$ 单减；

$x > 0$ 时，$f'(x) > 0$，$f(x)$ 单增.

故单增区间为 $(-\infty, \ln 2a)$ 与 $(0, +\infty)$，单减区间为 $(\ln 2a, 0)$.

3) 当 $a=\dfrac{1}{2}$ 时，$f'(x)=x(e^x-1) \geqslant 0$，$f(x)$ 在 $\mathbf{R}$ 上单增.

4) 当 $a > \dfrac{1}{2}$ 时，令 $f'(x)=0$，得 $x_1=0$，$x_2=\ln 2a > 0$.

$x < 0$ 时，$f'(x) > 0$，$f(x)$ 单增；$0 < x < \ln 2a$ 时，$f'(x) < 0$，$f(x)$ 单减；$x > \ln 2a$ 时，$f'(x) > 0$，$f(x)$ 单增.

故单增区间为 $(-\infty, 0)$ 与 $(\ln 2a, +\infty)$，单减区间为

$(0, \ln 2a)$.

(2) 若选①，由(1)题知 $f(x)$ 在 $(-\infty, 0)$，$(\ln 2a, +\infty)$ 上单增，在 $(0, \ln 2a)$ 上单减.

注意到 $f\left(-\sqrt{\dfrac{b}{a}}\right)=\left(-\sqrt{\dfrac{b}{a}}-1\right)e^{-\sqrt{\frac{b}{a}}} < 0$，$f(0)=b-1 > 2a-1 > 0$,

所以 $f(x)$ 在 $(-\infty, 0)$ 上有且仅有一个零点.

$f(\ln 2a)=(\ln 2a-1) \cdot 2a-a \ln^2 2a+b > 2a \ln 2a-2a-a \ln^2 2a+2a=a \ln 2a(2-\ln 2a) \geqslant 0$,

即 $f(\ln 2a) > 0$，所以当 $x \geqslant 0$ 时，$f(x) \geqslant f(\ln 2a) > 0$.

所以 $f(x)$ 在 $[0, +\infty)$ 无零点.

综上，$f(x)$ 在 $\mathbf{R}$ 上有且仅有一个零点.

若选②，由(1)题知，$f(x)$ 在 $(-\infty, \ln 2a)$，$(0, +\infty)$ 上单增，在 $(\ln 2a, 0)$ 上单减.

$f(\ln 2a)=(\ln 2a-1) \cdot 2a-a \ln^2 2a+b \leqslant 2a \ln 2a-2a-a \ln^2 2a+2a=a \ln 2a(2-\ln 2a) < 0$,

即 $f(\ln 2a) < 0$，所以当 $x \leqslant 0$ 时，$f(x) \leqslant f(\ln 2a) < 0$.

所以 $f(x)$ 在 $(-\infty, 0]$ 无零点.

当 $x > 0$ 时，$f(x)$ 单增，注意到 $f(0)=b-1 \leqslant 2a-1 < 0$,

令 $g(x)=e^x-x-1$，$g'(x)=e^x-1 > 0$，$g(x)$ 单增，$g(x) > g(0)=0$，有 $e^x > x+1$；

于是当 $x > 1$ 时，$f(x) > (x-1)(x+1)-\dfrac{1}{2}x^2+b=\dfrac{1}{2}x^2+b-1$；

当 $x > \sqrt{2|b|+2}$ 时，$f(x) > \dfrac{1}{2}(2|b|+2)+b-1=|b|+b \geqslant 0$.

所以 $f(x)$ 在 $(0, +\infty)$ 上有且仅有一个零点,

综上，$f(x)$ 在 $\mathbf{R}$ 上有且仅有一个零点.

专题3　隐零点问题

【高1】(1) 1；(2) 见解析.

【解析】(1) 由题得 $f'(x)=e^x-a$，$g'(x)=\dfrac{ax-1}{x}$,

$a \leqslant 0$ 时，有 $f'(x)=e^x-a > 0$，$f(x)$ 单增，无最小值.

$a > 0$ 时，$x \in (-\infty, \ln a)$，$f'(x) < 0$，$f(x)$ 单减；$x \in (\ln a, +\infty)$，$f'(x) > 0$，$f(x)$ 单增.

$x \in \left(0, \dfrac{1}{a}\right)$，$g'(x) < 0$，$g(x)$ 单减；$x \in \left(\dfrac{1}{a}, +\infty\right)$，$g'(x) > 0$，$g(x)$ 单增.

于是 $f_{\min}=f(\ln a)=a-a \ln a$，$g_{\min}=g\left(\dfrac{1}{a}\right)=1+\ln a$,

由 $f_{\min}=g_{\min}$，可得 $\ln a-\dfrac{a-1}{a+1}=0$,

设 $h(x)=\ln x-\dfrac{x-1}{x+1}$,可得 $h'(x)=\dfrac{1}{x}-\dfrac{2}{(x+1)^2}=$

$\dfrac{x^2+1}{x(x+1)^2}>0$,$h(x)$ 单增.

又 $h(1)=0$,所以 $x=1$ 为方程 $h(x)=0$ 唯一解,于是解得 $a=1$.

(2)由(1)题知 $f(x)=e^x-x$,$g(x)=x-\ln x$.

设 $w(x)=f(x)-g(x)=e^x-2x+\ln x$,$w'(x)=e^x-2+\dfrac{1}{x}$.

当 $x\in(0,1)$ 时,$w'(x)>1-2+1=0$,$w(x)$ 单增.

由 $w(1)=e-2>0$,$w\left(\dfrac{1}{e^3}\right)=e^{e^{-3}}-\dfrac{2}{e^3}-3<0$,故必存

在唯一 $x_0\in(0,1)$,$w(x_0)=0$,

于是 $f(x_0)=g(x_0)$,可取 $b=f(x_0)=g(x_0)$,由 $f_{\min}=$

$g_{\min}=1$ 易知 $b>0$.

由 $f(x)$ 与 $g(x)$ 的单调性可知 $y=b$ 与两个图像最多有四个交点.

又 (x_0,b) 为 $f(x)$ 与 $g(x)$ 的交点,故 $y=b$ 与两个图像最多有三个交点,

则 $b=f(x_0)=e^{x_0}-x_0$,可得 $x_0=\ln(x_0+b)$,有 $x_0+b-\ln(x_0+b)=b=g(x_0)=g(x_0+b)$.

又 $b=g(x_0)=x_0-\ln x_0$,可得 $x_0=e^{x_0-b}$,有 $e^{x_0-b}-(x_0-b)=b=f(x_0)=f(x_0-b)$,

于是 $y=b$ 与 $y=f(x)$ 和 $y=g(x)$ 共有三个不同的交点 (x_0-b,b),(x_0,b),(x_0+b,b),且横坐标 x_0-b,x_0,x_0+b 成等差数列.

专题 4　极值点偏移问题

【高 1】(1)在 $(0,1)$ 单增,在 $(1,+\infty)$ 单减;(2)见解析.

【解析】(1)由题得 $f'(x)=1-\ln x-1=-\ln x$.

当 $x\in(0,1)$ 时,$f'(x)>0$,$f(x)$ 单增;当 $x\in(1,+\infty)$ 时,$f'(x)<0$,$f(x)$ 单减.

所以 $f(x)$ 在 $(0,1)$ 单增,在 $(1,+\infty)$ 单减.

(2)由 $b\ln a-a\ln b=a-b$,得 $-\dfrac{1}{a}\ln\dfrac{1}{a}+\dfrac{1}{b}\ln\dfrac{1}{b}=$

$\dfrac{1}{b}-\dfrac{1}{a}$,即 $\dfrac{1}{a}\left(1-\ln\dfrac{1}{a}\right)=\dfrac{1}{b}\left(1-\ln\dfrac{1}{b}\right)$,

由(1)题知 $f(x)$ 在 $(0,1)$ 单增,在 $(1,+\infty)$ 单减,

且 $f\left(\dfrac{1}{a}\right)=\dfrac{1}{a}\left(1-\ln\dfrac{1}{a}\right)$,$f\left(\dfrac{1}{b}\right)=\dfrac{1}{b}\left(1-\ln\dfrac{1}{b}\right)$,

$f\left(\dfrac{1}{a}\right)=f\left(\dfrac{1}{b}\right)$,

记 $x_1=\dfrac{1}{a}$,$x_2=\dfrac{1}{b}$,于是 $f(x_1)=f(x_2)$,不妨令 $0<x_1<1<x_2$,

①要证 $x_1+x_2>2$,即证 $x_2>2-x_1$,又 $2-x_1>1$,

即证 $f(x_2)<f(2-x_1)$,即证 $f(x_1)<f(2-x_1)$.

令 $h(x)=f(x)-f(2-x)$,$x\in(0,1)$,$h(1)=0$,

则 $h'(x)=-\ln x-\ln(2-x)=-\ln[x(2-x)]\geqslant$

$-\ln\left(\dfrac{x+2-x}{2}\right)^2=0$,

故函数 $h(x)$ 单增,所以 $h(x)<h(1)=0$,

于是 $f(x_1)<f(2-x_1)$,所以 $x_1+x_2>2$;

②要证 $x_1+x_2<e$,即证 $x_2<e-x_1$.又 $e-x_1>1$,

即证 $f(x_2)>f(e-x_1)$,即证 $f(x_1)>f(e-x_1)$.

令 $\varphi(x)=f(x)-f(e-x)$,$x\in(0,1)$,

则 $\varphi'(x)=-\ln x-\ln(e-x)=-\ln[x(e-x)]$.

易知 $y=x(e-x)$ 在 $(0,1)$ 单增,于是 $\varphi'(x)$ 在 $(0,1)$ 单减.

$\varphi'(1)=-\ln(e-1)<0$,$\varphi'\left(\dfrac{e}{8}\right)=-\ln\dfrac{7e^2}{64}>0$,故存在

唯一 $x_0\in(0,1)$,$\varphi'(x_0)=0$.

当 $x\in(0,x_0)$ 时,$\varphi'(x)>0$,$\varphi(x)$ 单增;当 $x\in(x_0,1)$ 时,$\varphi'(x)<0$,$\varphi(x)$ 单减.

因为 $f(e)=0$,所以 $x\to0^+$ 时,$\varphi(x)=f(x)\to0$.

又 $x=1$ 为 $f(x)$ 的极大值点,所以 $\varphi(1)=f(1)-f(e-1)>0$.

所以 $\varphi(x)>0$,于是 $f(x_1)>f(e-x_1)$,所以 $x_1+x_2<e$.

综上,$2<x_1+x_2<e$,即 $2<\dfrac{1}{a}+\dfrac{1}{b}<e$.

【高 2】(1)$(-\infty,e+1]$;(2)见解析.

【解析】(1)由题得 $x\in(0,+\infty)$.

由 $f(x)\geqslant0$,可得 $\dfrac{e^x}{x}-\ln x+x\geqslant a$.设 $g(x)=\dfrac{e^x}{x}-\ln x+x$.

有 $g'(x)=\dfrac{e^x(x-1)}{x^2}-\dfrac{1}{x}+1=\dfrac{(e^x+x)(x-1)}{x^2}$,

当 $x\in(0,1)$ 时,$g'(x)<0$,$g(x)$ 单减;当 $x\in(1,+\infty)$ 时,$g'(x)>0$,$g(x)$ 单增.

于是 $g(x)\geqslant g(1)=e+1$,所以 $a\in(-\infty,e+1]$.

(2)由 $f(x)=0$ 得 $g(x)=a$.不妨令 $x_1<x_2$,可知 $g(x_1)=g(x_2)$.

由(1)题知 $0<x_1<1<x_2$,要证 $x_1x_2<1$,即证 $x_1<\dfrac{1}{x_2}$.

又 $0<\dfrac{1}{x_2}<1$,即证 $g(x_1)>g\left(\dfrac{1}{x_2}\right)$,即证 $g(x_2)>g\left(\dfrac{1}{x_2}\right)$.

令 $h(x)=g(x)-g\left(\dfrac{1}{x}\right)=\dfrac{e^x}{x}-xe^{\frac{1}{x}}-2\ln x+x-\dfrac{1}{x}$,

$x\in(1,+\infty)$,$h(1)=0$,

则 $h'(x) = \dfrac{(x-1)(e^x - xe^{\frac{1}{x}} + x - 1)}{x^2}$.

设 $w(x) = e^x - ex, x \in (1, +\infty)$，则 $w'(x) = e^x - e > 0$，

于是 $w(x)$ 单增，有 $w(x) > w(1) = 0$，即 $e^x > ex$，

所以 $h'(x) > \dfrac{(x-1)(ex - xe^{\frac{1}{x}} + x - 1)}{x^2} =$

$\dfrac{(x-1)(x(e - e^{\frac{1}{x}}) + x - 1)}{x^2} > 0$，

于是 $h(x)$ 在 $(1, +\infty)$ 单增，所以 $h(x) > h(1) = 0$.

于是 $g(x_2) > g\left(\dfrac{1}{x_2}\right)$，即 $x_1 x_2 < 1$，证毕.

专题 5　切线放缩问题

【高1】A.

【解析】易知 a, b, c 均为正数，由题得 $\dfrac{c}{b} = 4\tan\dfrac{1}{4} = \dfrac{\tan\dfrac{1}{4}}{\dfrac{1}{4}}$，容易证明 $x \in (0,1)$ 时，$\tan x > x$，

故 $\dfrac{c}{b} = \dfrac{\tan\dfrac{1}{4}}{\dfrac{1}{4}} > 1$，即 $c > b$.

又 $a = 1 - \dfrac{1}{32} = 1 - \dfrac{1}{2}\left(\dfrac{1}{4}\right)^2$，构造函数 $f(x) = \cos x - \left(1 - \dfrac{1}{2}x^2\right)$，

则 $f'(x) = x - \sin x$，容易证明 $x \in (0,1)$ 时，$x > \sin x$，故 $f'(x) > 0$，

所以 $f(x)$ 在 $(0,1)$ 单增，$f\left(\dfrac{1}{4}\right) > f(0) = 0$，故 $\cos\dfrac{1}{4} > 1 - \dfrac{1}{2}\left(\dfrac{1}{4}\right)^2$，即 $b > a$.

综上，$c > b > a$.

【高2】C.

【解析】易知 a, b, c 均为正数，$c = -\ln 0.9 = \ln\dfrac{10}{9}$.

容易证明 $x \ne 1$ 时，$1 - \dfrac{1}{x} < \ln x < x - 1$，故 $c = \ln\dfrac{10}{9} < \dfrac{10}{9} - 1 = b$，即 $c < b$.

且 $e^{1-\frac{1}{x}} < x$，有 $a = 0.1e^{0.1} < 0.1 \times \dfrac{10}{9} = b$，即 $a < b$.

$a = 0.1e^{0.1}, c = -\ln 0.9 = -\ln(1 - 0.1)$，构造函数 $f(x) = xe^x + \ln(1-x)$，

则 $f'(x) = (x+1)e^x + \dfrac{1}{x-1} = e^x \cdot \dfrac{(x^2-1) + e^{-x}}{x-1}$.

令 $g(x) = (x^2-1) + e^{-x}, g'(x) = 2x - e^{-x}$，易知 $g'(x)$ 单增.

又 $g'(0.1) = 0.2 - e^{-0.1} = \dfrac{1}{5} - \dfrac{1}{e^{0.1}} < 0$，故 $x \in (0, 0.1]$

时，$g'(x) < 0, g(x)$ 单减，故 $g(x) < g(0) = 0$，所以 $f'(x) > 0$.

于是 $f(x)$ 在 $(0, 0.1]$ 单增，$f(0.1) > f(0) = 0$，即 $0.1e^{0.1} + \ln 0.9 > 0$，即 $a > c$.

综上，$c < a < b$.

【高3】B.

【解析】$a = 2\ln 1.01 = \ln 1.0201 > \ln 1.02 = b$，即 $a > b$.

令 $f(x) = 2\ln(1+x) - (\sqrt{1+4x} - 1), f'(x) = \dfrac{2}{1+x} - \dfrac{2}{\sqrt{1+4x}} = \dfrac{2\sqrt{1+4x} - 2 - 2x}{(1+x)\sqrt{1+4x}}$.

令 $g(x) = 2\sqrt{1+4x} - 2 - 2x, g'(x) = \dfrac{4}{\sqrt{1+4x}} - 2$.

当 $x \in \left(0, \dfrac{1}{2}\right)$ 时，$g'(x) > 0, g(x)$ 单增，于是 $g(x) > g(0) = 0$.

所以 $f'(x) > 0, f(x)$ 单增，于是 $f(x) > f(0) = 0$，故 $f(0.01) > 0$，即 $a > c$.

令 $h(x) = \ln(1+x) - (\sqrt{1+2x} - 1), h'(x) = \dfrac{1}{1+x} - \dfrac{1}{\sqrt{1+2x}} = \dfrac{\sqrt{1+2x} - 1 - x}{(1+x)\sqrt{1+2x}}$.

令 $w(x) = \sqrt{1+2x} - 1 - x, w'(x) = \dfrac{1}{\sqrt{1+2x}} - 1$.

当 $x \in \left(0, \dfrac{1}{2}\right)$ 时，$w'(x) < 0, w(x)$ 单减，于是 $w(x) < w(0) = 0$，

所以 $h'(x) < 0, h(x)$ 单减，于是 $h(x) < h(0) = 0$.

故 $h(0.02) < 0$，即 $b < c$.

综上，$b < c < a$.

专题 6　求和不等式问题

【高1】(1) 在 $(-\infty, 0)$ 单减，在 $(0, +\infty)$ 单增；

(2) $\left(-\infty, \dfrac{1}{2}\right]$；(3) 见解析.

【解析】(1) 当 $a = 1$ 时，由题得 $f(x) = xe^x - e^x, f'(x) = xe^x$.

当 $x \in (-\infty, 0)$ 时，$f'(x) < 0, f(x)$ 单减；

当 $x \in (0, +\infty)$ 时，$f'(x) > 0, f(x)$ 单增.

所以 $f(x)$ 在 $(-\infty, 0)$ 单减，在 $(0, +\infty)$ 单增.

(2) 由(1)题得 $a = 1$ 时，$f(x) = xe^x - e^x \geqslant f(0) = -1$.

1) 当 $a \geqslant 1$ 时，$f(x) = xe^{ax} - e^x \geqslant xe^x - e^x \geqslant -1$，不满足题意.

2) 当 $a < 1$ 时，由 $f(x) < -1$ 可得 $x - \dfrac{e^x - 1}{e^{ax}} < 0$，

令 $g(x) = x - \dfrac{e^x - 1}{e^{ax}}$，

于是 $g'(x)=\dfrac{e^{ax}+(a-1)e^x-a}{e^{ax}}$，令 $h(x)=e^{ax}+(a-1)\cdot$ e^x-a，于是 $h'(x)=ae^{ax}+(a-1)\cdot e^x$.

①当 $a\leqslant 0$ 时，$h'(x)<0$，于是 $h(x)$ 单减，$h(x)<h(0)=0$，即 $g'(x)<0$，于是 $g(x)$ 单减，

所以 $g(x)<g(0)=0$，满足题意.

②当 $0<a<1$ 时，$h'(x)=e^x(ae^{(a-1)x}+a-1)$，

令 $w(x)=ae^{(a-1)x}+a-1$，于是 $w'(x)=a(a-1)e^{(a-1)x}<0$，$w(x)$ 单减，

所以 $w(x)<w(0)=2a-1$.

当 $0<a\leqslant\dfrac{1}{2}$ 时，$w(x)<0$，即 $h'(x)<0$，于是 $h(x)$ 单减，$h(x)<h(0)=0$，即 $g'(x)<0$.

于是 $g(x)$ 单减，所以 $g(x)<g(0)=0$，满足题意.

当 $\dfrac{1}{2}<a<1$ 时，$w(0)=2a-1>0$，所以必存在区间 $(0,m)$，$w(x)>0$，即 $h'(x)>0$.

于是 $h(x)$ 单增，$h(x)>h(0)=0$，即 $g'(x)>0$，于是 $g(x)$ 单增，所以 $g(x)>g(0)=0$，不满足题意.

综上，$a\in\left(-\infty,\dfrac{1}{2}\right]$.

(3) 当 $a=\dfrac{1}{2}$ 时，由 (2) 题可得 $xe^{\frac{1}{2}x}-e^x<-1$. 令 $t=e^{\frac{1}{2}x}$，即 $x=2\ln t,t>1$，

于是有 $t^2-2t\ln t>1$，有 $t-\dfrac{1}{t}>2\ln t$，令 $t=\sqrt{\dfrac{n+1}{n}}$，

可得 $\dfrac{\sqrt{n+1}}{\sqrt{n}}-\dfrac{\sqrt{n}}{\sqrt{n+1}}=\dfrac{1}{\sqrt{n^2+n}}>\ln\dfrac{n+1}{n}$，

于是有 $\dfrac{1}{\sqrt{1^2+1}}+\dfrac{1}{\sqrt{2^2+2}}+\cdots+\dfrac{1}{\sqrt{n^2+n}}>\ln\dfrac{2}{1}+$

$\ln\dfrac{3}{2}+\cdots+\ln\dfrac{n+1}{n}=\ln\left(\dfrac{2}{1}\times\dfrac{3}{2}\times\cdots\times\dfrac{n+1}{n}\right)=\ln(n+1)$.

证毕.

第四章 三角函数

第1节 三角函数的概念

【高1】$\dfrac{5\pi}{12}$ $\left(满足 \theta=\dfrac{5\pi}{12}+k\pi,k\in\mathbf{Z} 即可\right)$.

【解析】由题得 $\cos\left(\theta+\dfrac{\pi}{6}\right)=-\cos\theta$，$\sin\left(\theta+\dfrac{\pi}{6}\right)=$

$\sin\theta$，可得 $\theta+\dfrac{\pi}{6}=\pi-\theta+2k\pi$，即 $\theta=\dfrac{5\pi}{12}+k\pi,k\in\mathbf{Z}$.

第2节 三角函数计算

【高1】A.

【解析】由题得 $\dfrac{\sin 2\alpha}{\cos 2\alpha}=\dfrac{\cos\alpha}{2-\sin\alpha}$，即 $\dfrac{2\sin\alpha\cos\alpha}{1-2\sin^2\alpha}=\dfrac{\cos\alpha}{2-\sin\alpha}$，

于是 $2\sin\alpha(2-\sin\alpha)=1-2\sin^2\alpha$，解得 $\sin\alpha=\dfrac{1}{4}$.

又 $\alpha\in\left(0,\dfrac{\pi}{2}\right)$，$\cos\alpha>0$，$\cos\alpha=\dfrac{\sqrt{15}}{4}$，所以 $\tan\alpha$ $=\dfrac{\sqrt{15}}{15}$.

【高2】$\dfrac{1}{9}$.

【解析】由题得 $\cos 2x=1-2\sin^2 x=1-2\times\dfrac{4}{9}=\dfrac{1}{9}$.

【高3】C.

【解析】由题得 $\sin\alpha\cos\beta+\cos\alpha\sin\beta+\cos\alpha\cos\beta-\sin\alpha\sin\beta=2\sqrt{2}\left(\dfrac{\sqrt{2}}{2}\cos\alpha-\dfrac{\sqrt{2}}{2}\sin\alpha\right)\sin\beta$，

于是 $\sin\alpha\cos\beta-\cos\alpha\sin\beta+\cos\alpha\cos\beta+\sin\alpha\sin\beta=0$，

即 $\sin(\alpha-\beta)+\cos(\alpha-\beta)=0$，且 $\cos(\alpha-\beta)\neq 0$，

于是 $\tan(\alpha-\beta)+1=0$，$\tan(\alpha-\beta)=-1$.

【高4】D

【解析】由题得 $2\tan\theta-\dfrac{\tan\theta+\tan\dfrac{\pi}{4}}{1-\tan\theta\cdot\tan\dfrac{\pi}{4}}=7$，

即 $2\tan\theta-\dfrac{\tan\theta+1}{1-\tan\theta}=7$，

得 $\tan^2\theta-4\tan\theta+4=0$，解得 $\tan\theta=2$.

【高5】D.

【解析】$\tan 255°=\tan(75°+180°)=\tan 75°=\tan(45°+30°)=\dfrac{\tan 45°+\tan 30°}{1-\tan 45°\cdot\tan 30°}=\dfrac{1+\dfrac{\sqrt{3}}{3}}{1-1\cdot\dfrac{\sqrt{3}}{3}}=2+\sqrt{3}$.

【高6】B.

【解析】由题得 $\cos 2\alpha=\dfrac{\cos^2\alpha-\sin^2\alpha}{\cos^2\alpha+\sin^2\alpha}=\dfrac{1-\tan^2\alpha}{1+\tan^2\alpha}=\dfrac{2}{3}$，

解得 $\tan^2\alpha=\dfrac{1}{5}$.

又 $\tan^2\alpha=\left(\dfrac{a-b}{1-2}\right)^2=(a-b)^2=\dfrac{1}{5}$，于是 $|a-b|=\dfrac{\sqrt{5}}{5}$.

【高7】B.

【解析】由题得 $4\sin\alpha\cdot\cos\alpha=2\cos^2\alpha$. 又 $\alpha\in\left(0,\dfrac{\pi}{2}\right)$，

$\sin\alpha>0$，$\cos\alpha>0$，

可得 $\tan\alpha=\dfrac{1}{2}$，进而 $\sin\alpha=\dfrac{\sqrt{5}}{5}$.

【高8】B.

【解析】由题得 $\sin\left(\theta+\dfrac{\pi}{6}-\dfrac{\pi}{6}\right)+\sin\left(\theta+\dfrac{\pi}{6}+\dfrac{\pi}{6}\right)=$

$\frac{\sqrt{3}}{2}\sin\left(\theta+\frac{\pi}{6}\right)-\frac{1}{2}\cos\left(\theta+\frac{\pi}{6}\right)+\frac{\sqrt{3}}{2}\sin\left(\theta+\frac{\pi}{6}\right)+\frac{1}{2}\cos\left(\theta+\frac{\pi}{6}\right)=\sqrt{3}\sin\left(\theta+\frac{\pi}{6}\right)=1$,

于是 $\sin\left(\theta+\frac{\pi}{6}\right)=\frac{\sqrt{3}}{3}$.

【高9】 $-\frac{1}{2}$.

【解析】 由题得 $(\sin\alpha+\cos\beta)^2=\sin^2\alpha+\cos^2\beta+2\sin\alpha\cos\beta=1,(\cos\alpha+\sin\beta)^2=\cos^2\alpha+\sin^2\beta+2\cos\alpha\sin\beta=0$,

两式相加得 $2+2\sin(\alpha+\beta)=1$, 得 $\sin(\alpha+\beta)=-\frac{1}{2}$.

第3节 三角函数的图像与性质

【高1】 C.

【解析】 易知 $\omega\neq0$.

当 $\omega>0$ 时, 由 $0<x<\pi$, 可得 $\frac{\pi}{3}<\omega x+\frac{\pi}{3}<\omega\pi+\frac{\pi}{3}$,

于是有 $\frac{5\pi}{2}<\omega\pi+\frac{\pi}{3}\leqslant3\pi$, 解得 $\frac{13}{6}<\omega\leqslant\frac{8}{3}$.

当 $\omega<0$ 时, $f(x)=-\sin\left(-\omega x-\frac{\pi}{3}\right)$, 由 $0<x<\pi$, 可得 $-\frac{\pi}{3}<-\omega x-\frac{\pi}{3}<-\omega\pi-\frac{\pi}{3}$,

此时 $f(x)$ 不可能有三个极值点、两个零点.

综上, $\omega\in\left(\frac{13}{6},\frac{8}{3}\right]$.

【高2】 3.

【解析】 易知 $T=\frac{2\pi}{\omega}$, 于是 $f(T)=\cos(2\pi+\varphi)=\cos\varphi=\frac{\sqrt{3}}{2}$.

又 $0<\varphi<\pi$, 可知 $\varphi=\frac{\pi}{6}$.

由 $x=\frac{\pi}{9}$ 为 $f(x)$ 的零点, 可得 $\omega\cdot\frac{\pi}{9}+\frac{\pi}{6}=\frac{\pi}{2}+k\pi$, 即 $\omega=3+9k,k\in\mathbf{Z}$,

于是 $k=0$ 时, ω 的最小值为 3.

【高3】 A.

【解析】 易知 $T=\frac{2\pi}{\omega}$, 于是 $\frac{2\pi}{3}<\frac{2\pi}{\omega}<\pi$, 可得 $2<\omega<3$.

由 $y=f(x)$ 图像关于点 $\left(\frac{3\pi}{2},2\right)$ 中心对称, 可知 $b=2$,

$\omega\cdot\frac{3\pi}{2}+\frac{\pi}{4}=k\pi$, 得 $\omega=\frac{2}{3}k-\frac{1}{6},k\in\mathbf{Z}$.

于是 $2<\frac{2}{3}k-\frac{1}{6}<3$, 可得 $\frac{13}{4}<k<\frac{19}{4},k\in\mathbf{Z}$, 所以 $k=4$,

于是 $\omega=\frac{5}{2}$, 所以 $f(x)=\sin\left(\frac{5}{2}x+\frac{\pi}{4}\right)+2$, $f\left(\frac{\pi}{2}\right)=\sin\frac{3\pi}{2}+2=1$.

【高4】 A, D.

【解析】 由题得 $2\times\frac{2\pi}{3}+\varphi=k\pi$, 得 $\varphi=k\pi-\frac{4\pi}{3},k\in\mathbf{Z}$.

又 $0<\varphi<\pi$, 可知 $k=2$, $\varphi=\frac{2\pi}{3}$, 于是 $f(x)=\sin\left(2x+\frac{2\pi}{3}\right)$.

$x\in\left(0,\frac{5\pi}{12}\right)$ 时, $2x+\frac{2\pi}{3}\in\left(\frac{2\pi}{3},\frac{3\pi}{2}\right)$, $f(x)$ 单减, A 正确.

$x\in\left(-\frac{\pi}{12},\frac{11\pi}{12}\right)$ 时, $2x+\frac{2\pi}{3}\in\left(\frac{\pi}{2},\frac{5\pi}{2}\right)$, $f(x)$ 只有一个极值点, B 错误.

$x=\frac{7\pi}{6}$ 时, $2x+\frac{2\pi}{3}=3\pi$, 不是对称轴, C 错误.

观察易得直线 $y=\frac{\sqrt{3}}{2}-x$ 与 $y=f(x)$ 均过点 $\left(0,\frac{\sqrt{3}}{2}\right)$,

$f'(x)=2\cos\left(2x+\frac{2\pi}{3}\right)$, $f'(0)=-1$.

于是 $y=f(x)$ 在点 $\left(0,\frac{\sqrt{3}}{2}\right)$ 处的切线方程为 $y=-x+\frac{\sqrt{3}}{2}$, D 正确.

【高5】 C.

【解析】 由题得 $f(x)=\cos^2x-\sin^2x=\cos2x$, 周期 $T=\pi$,

$x\in\left(-\frac{\pi}{2},-\frac{\pi}{6}\right)$ 时, $2x\in\left(-\pi,-\frac{\pi}{3}\right)$, $f(x)$ 单增, A 错误.

$x\in\left(-\frac{\pi}{4},\frac{\pi}{12}\right)$ 时, $2x\in\left(-\frac{\pi}{2},\frac{\pi}{6}\right)$, $f(x)$ 不单调, B 错误.

$x\in\left(0,\frac{\pi}{3}\right)$ 时, $2x\in\left(0,\frac{2\pi}{3}\right)$, $f(x)$ 单减, C 正确.

$x\in\left(\frac{\pi}{4},\frac{7\pi}{12}\right)$ 时, $2x\in\left(\frac{\pi}{2},\frac{7\pi}{6}\right)$, $f(x)$ 不单调, D 错误.

【高6】 1; $-\sqrt{2}$.

【解析】 由题得 $f\left(\frac{\pi}{3}\right)=A\sin\frac{\pi}{3}-\sqrt{3}\cos\frac{\pi}{3}=\frac{\sqrt{3}}{2}A-\frac{\sqrt{3}}{2}=0$, 得 $A=1$;

于是 $f(x)=\sin x-\sqrt{3}\cos x=2\sin\left(x-\frac{\pi}{3}\right)$, $f\left(\frac{\pi}{12}\right)=2\sin\left(\frac{\pi}{12}-\frac{\pi}{3}\right)=2\sin\left(-\frac{\pi}{4}\right)=-\sqrt{2}$.

【高7】 A.

【解析】 当 $x\in\left(0,\frac{\pi}{2}\right)$ 时, $x-\frac{\pi}{6}\in\left(-\frac{\pi}{6},\frac{\pi}{3}\right)$, $f(x)$ 单增, A 正确;

当 $x\in\left(\dfrac{\pi}{2},\pi\right)$ 时，$x-\dfrac{\pi}{6}\in\left(\dfrac{\pi}{3},\dfrac{5\pi}{6}\right)$，$f(x)$ 不单调，B 错误；

当 $x\in\left(\pi,\dfrac{3\pi}{2}\right)$ 时，$x-\dfrac{\pi}{6}\in\left(\dfrac{5\pi}{6},\dfrac{4\pi}{3}\right)$，$f(x)$ 单减，C 错误；

当 $x\in\left(\dfrac{3\pi}{2},2\pi\right)$ 时，$x-\dfrac{\pi}{6}\in\left(\dfrac{4\pi}{3},\dfrac{11\pi}{6}\right)$，$f(x)$ 不单调，D 错误.

【高8】A.

【解析】由题得 $f(x)=-\sqrt{2}\sin\left(x-\dfrac{\pi}{4}\right)$，由 $x\in[-a,a]$，得 $x-\dfrac{\pi}{4}\in\left[-a-\dfrac{\pi}{4},a-\dfrac{\pi}{4}\right]$，

又由题得 $a>0$，于是有 $-a-\dfrac{\pi}{4}\geqslant-\dfrac{\pi}{2}$，得 $a\leqslant\dfrac{\pi}{4}$，于是 a 的最大值为 $\dfrac{\pi}{4}$.

【高9】3.

【解析】由 $x\in[0,\pi]$，得 $3x+\dfrac{\pi}{6}\in\left[\dfrac{\pi}{6},3\pi+\dfrac{\pi}{6}\right]$.

由余弦图像可得零点对应 $3x+\dfrac{\pi}{6}$ 的值为 $\dfrac{\pi}{2},\dfrac{3\pi}{2},\dfrac{5\pi}{2}$，故有 3 个零点.

【高10】D.

【解析】由题得 $f(x)=\cos x-(2\cos^2 x-1)=-2\cos^2 x+\cos x+1$，

$f(-x)=-2\cos^2(-x)+\cos(-x)+1=-2\cos^2 x+\cos x+1=f(x)$，故该函数为偶函数.

令 $t=\cos x$，则 $f(x)=g(t)=-2t^2+t+1,t\in[-1,1]$，对称轴为 $t=\dfrac{1}{4}$，于是最大值为 $f_{\max}=g\left(\dfrac{1}{4}\right)=\dfrac{9}{8}$.

【高11】C.

【解析】由题知函数的周期为 π.

又 $f(0)=0$，$f\left(\dfrac{\pi}{2}\right)$ 不存在，所以 $\dfrac{\pi}{2}$ 不是周期，于是最小正周期为 π.

【高12】A.

【解析】由题得 $3(2\cos^2\alpha-1)-8\cos\alpha=5$ 即 $3\cos^2\alpha-4\cos\alpha-4=0$，

解得 $\cos\alpha=-\dfrac{2}{3}$ 或 $\cos\alpha=2$(舍). 又 $\alpha\in(0,\pi)$，

可知 $\sin\alpha=\dfrac{\sqrt{5}}{3}$.

【高13】-4.

【解析】由题得 $f(x)=-\cos 2x-3\cos x=-2\cos^2 x-$

$3\cos x+1$，

令 $t=\cos x,t\in[-1,1]$，则 $f(x)=g(t)=-2t^2-3t+1$，对称轴为 $t=-\dfrac{3}{4}$，

所以 $f_{\min}=g(1)=-2-3+1=-4$，即最小值为 -4.

【高14】2.

【解析】由题图可知 $\dfrac{3}{4}T=\dfrac{13\pi}{12}-\dfrac{\pi}{3}=\dfrac{3\pi}{4}$，得 $T=\pi$，

于是 $\left(f(x)-f\left(-\dfrac{7\pi}{4}\right)\right)\left(f(x)-f\left(\dfrac{4\pi}{3}\right)\right)=\left(f(x)-f\left(\dfrac{\pi}{4}\right)\right)\left(f(x)-f\left(\dfrac{\pi}{3}\right)\right)>0$，解得 $f(x)>f\left(\dfrac{\pi}{4}\right)$ 或 $f(x)<0$.

由 $\dfrac{\pi}{4}<1<\dfrac{\pi}{3}$，由题图得 $f(1)<f\left(\dfrac{\pi}{4}\right)$，$f(1)>0$，$x=1$ 不满足题意.

由 $\dfrac{\pi}{3}<2<\dfrac{5\pi}{6}$，得 $f(2)<f\left(\dfrac{5\pi}{6}\right)$，$f(2)<0$，$x=2$ 满足题意，

故最小正整数 $x=2$.

【高15】A.

【解析】由题得 $\dfrac{T}{2}=\dfrac{3\pi}{4}-\dfrac{\pi}{4}=\dfrac{\pi}{2}$，得 $T=\pi$，

所以 $\omega=\dfrac{2\pi}{T}=2$.

【高16】C

【解析】由题得 $f(x)=\cos\left(\omega x+\dfrac{2\pi}{3}-\dfrac{1}{2}\pi\right)=\sin\left(\omega x+\dfrac{2\pi}{3}\right)$，

所以 $\dfrac{2\pi}{3}=-\dfrac{4\pi}{9}\cdot(-\omega)$，

解得 $\omega=\dfrac{3}{2}$，所以 $T=\dfrac{2\pi}{\omega}=\dfrac{4\pi}{3}$.

【高17】B、C.

【解析】由题得 $\dfrac{T}{2}=\dfrac{2\pi}{3}-\dfrac{\pi}{6}=\dfrac{\pi}{2}$，

所以 $T=\pi$，$\omega=\dfrac{2\pi}{T}=2$，

可取 $\varphi=\dfrac{2\pi}{3}\times(-2)=-\dfrac{4\pi}{3}$，

于是 $y=\sin\left(2x-\dfrac{4\pi}{3}\right)=-\sin\left(2x-\dfrac{\pi}{3}\right)$.

$\sin\left(x+\dfrac{\pi}{3}\right)\neq-\sin\left(2x-\dfrac{\pi}{3}\right)$，A 错误；

$\sin\left(\dfrac{\pi}{3}-2x\right)=-\sin\left(2x-\dfrac{\pi}{3}\right)$，B 正确；

$\cos\left(2x+\dfrac{\pi}{6}\right)=\sin\left(\dfrac{\pi}{3}-2x\right)=-\sin\left(2x-\dfrac{\pi}{3}\right)$，C

正确;

$\cos\left(\dfrac{5\pi}{6}-2x\right)=\sin\left(2x-\dfrac{\pi}{3}\right)\neq-\sin\left(2x-\dfrac{\pi}{3}\right)$，D

错误.

第五章　解三角形

第1节　正弦定理与余弦定理

【高1】A.

【解析】由余弦定理可得 $AB^2=AC^2+BC^2-2AC\cdot BC\cdot$

$\cos C=16+9-2\times4\times3\times\dfrac{2}{3}=9$，

于是 $AB=3=BC$，所以 $A=C$，

于是 $\cos B=-\cos(A+C)=-\cos 2C=1-2\cos^2 C=\dfrac{1}{9}$.

【高2】A.

【解析】由题得 $\cos C=2\cos^2\dfrac{C}{2}-1=-\dfrac{3}{5}$，

由余弦定理可得 $AB^2=AC^2+BC^2-2AC\cdot BC\cdot\cos C=$

$25+1-2\times5\times1\times\left(-\dfrac{3}{5}\right)=32$，

于是 $AB=4\sqrt{2}$，$AB=-4\sqrt{2}$（舍）.

【高3】$2\sqrt{2}$.

【解析】由题得 $S_{\triangle ABC}=\dfrac{1}{2}ac\sin B=\dfrac{\sqrt{3}}{4}ac=\sqrt{3}$，可得

$ac=4$，于是 $a^2+c^2=3ac=12$.

由余弦定理可得 $b^2=a^2+c^2-2ac\cos B=12-2\times4\times\dfrac{1}{2}=8$，

于是 $b=2\sqrt{2}$，$b=-2\sqrt{2}$（舍）.

【高4】$6\sqrt{3}$.

【解析】由余弦定理得 $b^2=a^2+c^2-2ac\cos B$，

即 $36=4c^2+c^2-4c^2\cdot\dfrac{1}{2}$，又 $c>0$，

解得 $c=2\sqrt{3}$，于是 $a=4\sqrt{3}$.

所以 $S_{\triangle ABC}=\dfrac{1}{2}ac\sin B=\dfrac{1}{2}\times4\sqrt{3}\times2\sqrt{3}\times\dfrac{\sqrt{3}}{2}=6\sqrt{3}$.

【高5】C.

【解析】由题得 $S_{\triangle ABC}=\dfrac{1}{2}ab\sin C=\dfrac{a^2+b^2-c^2}{4}$，

得 $\sin C=\dfrac{a^2+b^2-c^2}{2ab}$.

于是 $\cos C=\dfrac{a^2+b^2-c^2}{2ab}=\sin C$，得 $\tan C=1$，故 $C=\dfrac{\pi}{4}$.

【高6】(1)$\dfrac{\pi}{6}$；(2)$6\sqrt{3}+6$.

【解析】(1)由题得 $\sin 2C=2\sin C\cos C=\sqrt{3}\sin C$.

又 $\sin C\neq0$，有 $\cos C=\dfrac{\sqrt{3}}{2}$，

且 $0<C<\pi$，所以 $C=\dfrac{\pi}{6}$.

(2)由题得 $S_{\triangle ABC}=\dfrac{1}{2}ab\sin C=\dfrac{1}{2}a\times6\times\sin\dfrac{\pi}{6}=\dfrac{3}{2}a=$

$6\sqrt{3}$，有 $a=4\sqrt{3}$，

由余弦定理可得 $c^2=a^2+b^2-2ab\cos C=48+36-2\times$

$4\sqrt{3}\times6\times\dfrac{\sqrt{3}}{2}=12$，$c>0$，

故 $c=2\sqrt{3}$，于是 $\triangle ABC$ 的周长为 $a+b+c=6\sqrt{3}+6$.

【高7】(1)$\dfrac{15\sqrt{7}}{4}$；(2)2.

【解析】(1)因为 $2\sin C=3\sin A$，由正弦定理可得

$2c=3a$.

又 $c=a+2$，可得 $2(a+2)=3a$，解得 $a=4$，故 $c=6$，$b=a$

$+1=5$，

由余弦定理可得 $\cos C=\dfrac{a^2+b^2-c^2}{2ab}=\dfrac{16+25-36}{2\times4\times5}=$

$\dfrac{1}{8}$，于是 $\sin C=\dfrac{3\sqrt{7}}{8}$，

所以 $S_{\triangle ABC}=\dfrac{1}{2}ab\sin C=\dfrac{1}{2}\times4\times5\times\dfrac{3\sqrt{7}}{8}=\dfrac{15\sqrt{7}}{4}$.

(2)显然 $c>b>a$，要使 $\triangle ABC$ 为钝角三角形，则只须 C

为钝角.

由余弦定理可得 $\cos C=\dfrac{a^2+(a+1)^2-(a+2)^2}{2a(a+1)}<0$，可

得 $a^2-2a-3<0$. 又 $a>0$，解得 $0<a<3$. 又 $a+b>c$，即 $a+$

$a+1>a+2$，可得 $a>1$.

综上，$1<a<3$，又 $a\in\mathbf{N}^*$，有 $a=2$，

即存在正整数 $a=2$ 满足题意.

【高8】(1)$\sqrt{3}$；(2)$15°$.

【解析】(1)由余弦定理得 $b^2=a^2+c^2-2ac\cos B$，

即 $28=3c^2+c^2-2\times\sqrt{3}c^2\times\cos 150°$，即 $c^2=4$，又 $c>0$，

可得 $c=2$，从而 $a=2\sqrt{3}$，

所以面积 $S_{\triangle ABC}=\dfrac{1}{2}ac\sin B=\dfrac{1}{2}\times2\sqrt{3}\times2\times\sin 150°=\sqrt{3}$.

(2)在 $\triangle ABC$ 中，$A=180°-B-C=30°-C$，

所以 $\sin A+\sqrt{3}\sin C=\sin(30°-C)+\sqrt{3}\sin C=\dfrac{1}{2}\cos C-$

$\dfrac{\sqrt{3}}{2}\sin C+\sqrt{3}\sin C=\dfrac{\sqrt{3}}{2}\sin C+\dfrac{1}{2}\cos C=\sin(C+30°)=\dfrac{\sqrt{2}}{2}$，

又 $0°<C<30°$，所以 $30°+C=45°$，故 $C=15°$.

第2节　边角混合问题

【高1】$\dfrac{2\sqrt{3}}{3}$.

[解析] 由正弦定理得 $\sin B\sin C+\sin C\sin B=$ $4\sin A\sin B\sin C$，得 $\sin A=\dfrac{1}{2}$.

由余弦定理得 $\cos A=\dfrac{b^2+c^2-a^2}{2bc}=\dfrac{4}{bc}>0$，可知 A 为锐角，于是 $A=\dfrac{\pi}{6}$.

所以 $\cos A=\dfrac{4}{bc}=\dfrac{\sqrt{3}}{2}$，得 $bc=\dfrac{8\sqrt{3}}{3}$.

所以 $S_{\triangle ABC}=\dfrac{1}{2}bc\sin A=\dfrac{2\sqrt{3}}{3}$.

[高2] A.

[解析] 由正弦定理得 $a^2-b^2=4c^2$，得 $a^2=b^2+4c^2$，

由余弦定理得 $\cos A=\dfrac{b^2+c^2-a^2}{2bc}=\dfrac{-3c^2}{2bc}=-\dfrac{1}{4}$，可得 $\dfrac{b}{c}=6$.

[高3] (1)$\dfrac{\pi}{6}$；(2)$4\sqrt{2}-5$.

[解析] (1)由题得 $\dfrac{\cos A}{1+\sin A}=\dfrac{2\sin B\cos B}{2\cos^2 B}$，

即 $\sin B=\cos A\cos B-\sin A\sin B=\cos(A+B)=-\cos C=$ $-\cos\dfrac{2\pi}{3}=\dfrac{1}{2}$，

又知 B 为锐角，所以 $B=\dfrac{\pi}{6}$.

(2)由(1)题得 $\sin B=-\cos C=\sin\left(C-\dfrac{\pi}{2}\right)>0$，易知 C 为钝角，B 为锐角，且 $B=C-\dfrac{\pi}{2}$，又 $A+B+C=\pi$，

可得 $C=B+\dfrac{\pi}{2}$，$A=\dfrac{\pi}{2}-2B$.

由正弦定理可得 $\dfrac{a^2+b^2}{c^2}=\dfrac{\sin^2 A+\sin^2 B}{\sin^2 C}=\dfrac{\cos^2 2B+\sin^2 B}{\cos^2 B}=$

$\dfrac{(2\cos^2 B-1)^2+(1-\cos^2 B)}{\cos^2 B}=4\cos^2 B+\dfrac{2}{\cos^2 B}-5$，

于是 $\dfrac{a^2+b^2}{c^2}\geqslant 2\sqrt{4\cos^2 B\cdot\dfrac{2}{\cos^2 B}}-5=4\sqrt{2}-5$.

当且仅当 $\cos^2 B=\dfrac{\sqrt{2}}{2}$ 时，取等号，故 $\dfrac{a^2+b^2}{c^2}$ 的最小值为 $4\sqrt{2}-5$.

[高4] (1)见解析；(2)14.

[解析] (1)由题得 $\sin C(\sin A\cos B-\cos A\sin B)=$ $\sin B(\sin C\cos A-\cos C\sin A)$，

即 $\sin A(\sin B\cos C+\cos B\sin C)=2\cos A\sin B\sin C$，

即 $\sin A\sin(B+C)=2\cos A\sin B\sin C$，即 $\sin^2 A=$ $2\cos A\sin B\sin C$.

由正弦定理可得 $a^2=2bc\cos A$，再由余弦定理可得 $a^2=$

$2bc\cdot\dfrac{b^2+c^2-a^2}{2bc}$，

于是有 $2a^2=b^2+c^2$，得证.

(2)由 $a=5$ 及(1)题得 $b^2+c^2=2a^2=50$.

由余弦定理 $a^2=b^2+c^2-2bc\cos A$，即 $25=50-2bc\cdot$ $\dfrac{25}{31}$，可得 $bc=\dfrac{31}{2}$.

于是 $(b+c)^2=b^2+c^2+2bc=81$，知 $b+c=9$，

于是 $\triangle ABC$ 的周长为 $a+b+c=14$.

[高5] (1)$\dfrac{2\pi}{3}$；(2)$3+2\sqrt{3}$.

[解析] (1)由正弦定理得 $BC^2-AC^2-AB^2=AC\cdot AB$，

由余弦定理得 $\cos A=\dfrac{AC^2+AB^2-BC^2}{2AC\cdot AB}=\dfrac{-AC\cdot AB}{2AC\cdot AB}=$ $-\dfrac{1}{2}$，又 $0<A<\pi$，所以 $A=\dfrac{2\pi}{3}$.

(2)由正弦定理及(1)题得 $\dfrac{AC}{\sin B}=\dfrac{AB}{\sin C}=\dfrac{BC}{\sin A}=\dfrac{3}{\dfrac{\sqrt{3}}{2}}=$

$2\sqrt{3}$，从而 $AC=2\sqrt{3}\sin B$，$AB=2\sqrt{3}\sin C=2\sqrt{3}\sin(A+B)=$ $3\cos B-\sqrt{3}\sin B$，

故周长为：$BC+AC+AB=3+\sqrt{3}\sin B+3\cos B=3+$ $2\sqrt{3}\sin\left(B+\dfrac{\pi}{3}\right)$.

又 $0<B<\dfrac{\pi}{3}$，所以当 $B=\dfrac{\pi}{6}$ 时，$\triangle ABC$ 周长取得最大值：$3+2\sqrt{3}$.

[高6] (1)$\dfrac{\sqrt{2}}{8}$；(2)$\dfrac{1}{2}$.

[解析] (1)由题得 $S_1=\dfrac{\sqrt{3}}{4}a^2$，$S_2=\dfrac{\sqrt{3}}{4}b^2$，$S_3=\dfrac{\sqrt{3}}{4}c^2$，

由 $S_1-S_2+S_3=\dfrac{\sqrt{3}}{2}$，可得 $a^2-b^2+c^2=2$，

由余弦定理得 $\cos B=\dfrac{a^2-b^2+c^2}{2ac}=\dfrac{1}{ac}$，易知 $\cos B>0$.

又 $\sin B=\dfrac{1}{3}$，可得 $\cos B=\dfrac{2\sqrt{2}}{3}$，于是 $ac=\dfrac{1}{\cos B}=\dfrac{3\sqrt{2}}{4}$，

所以 $S_{\triangle ABC}=\dfrac{1}{2}ac\sin B=\dfrac{1}{2}\times\dfrac{3\sqrt{2}}{4}\times\dfrac{1}{3}=\dfrac{\sqrt{2}}{8}$.

(2)由正弦定理记 $\dfrac{a}{\sin A}=\dfrac{b}{\sin B}=\dfrac{c}{\sin C}=m>0$，

由(1)题得 $ac=m^2\sin A\sin C=\dfrac{\sqrt{2}}{3}m^2=\dfrac{3\sqrt{2}}{4}$，可得 $m=\dfrac{3}{2}$，

于是 $b=m\sin B=\dfrac{3}{2}\times\dfrac{1}{3}=\dfrac{1}{2}$.

第3节 解三角形应用

【高1】B.

【解析】如图所示,过 C 作 $CH \perp BB'$ 于 H,过 B 作 $BM \perp AA'$ 于 M,于是 $BH=100$,

$\angle BCH=15°$,$\angle ABM=45°$,

在直角 $\triangle BCH$ 中,$CH=\dfrac{BH}{\tan 15°}=100(2+\sqrt{3})$,

于是 $B'C'=CH=100(2+\sqrt{3})$.

在 $\triangle A'B'C'$ 中,由正弦定理得 $\dfrac{A'B'}{\sin 45°}=\dfrac{B'C'}{\sin(180°-45°-60°)}$,

可得 $A'B'=100(\sqrt{3}+1)$,于是 $BM=A'B'=100(\sqrt{3}+1)$,

在直角 $\triangle ABM$ 中,$AM=BM \cdot \tan 45°=100(\sqrt{3}+1)$,

所以 $AA'-CC'=AM+BH=100(\sqrt{3}+1)+100 \approx 373$.

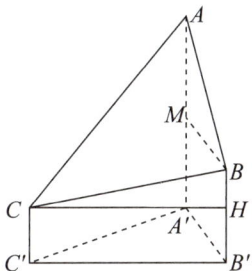

【高2】A.

【解析】连接 FD 并延长交 AB 于 M,易知 $FM \perp AB$,

所以 $DM=\dfrac{BM}{\tan \angle MDB}$,$FM=\dfrac{BM}{\tan \angle MFB}$.

于是 $EG=DF=FM-DM=\dfrac{BM}{\tan \angle MFB}-\dfrac{BM}{\tan \angle MDB}$.

又 $\tan \angle MDB=\tan \angle EHD=\dfrac{DE}{EH}$,

$\tan \angle MFB=\tan \angle GCF=\dfrac{FG}{GC}$,

所以 $EG=\dfrac{BM \cdot GC}{FG}-\dfrac{BM \cdot EH}{DE}=\dfrac{BM \cdot (GC-EH)}{DE}$.

可得 $BM=\dfrac{EG \cdot DE}{GC-EH}$,$AB=BM+MA=\dfrac{EG \cdot DE}{GC-EH}+DE$,

即 $AB=\dfrac{表高 \times 表距}{表目距的差}+表高$.

【高3】$-\dfrac{1}{4}$.

【解析】由题得 $AE=AD=\sqrt{3}$.

由余弦定理得 $CE^2=AC^2+AE^2-2AC \cdot AE \cdot \cos \angle CAE=1+3-2 \times 1 \times \sqrt{3} \times \dfrac{\sqrt{3}}{2}=1$,

得 $CE=1$,所以 $CF=CE=1$.

又知 $FB=BD=\sqrt{AB^2+AD^2}=\sqrt{6}$,

$BC=\sqrt{AC^2+AB^2}=2$,

由余弦定理得 $\cos \angle FCB=\dfrac{BC^2+CF^2-FB^2}{2 \cdot BC \cdot CF}=\dfrac{4+1-6}{2 \cdot 2 \cdot 1}=-\dfrac{1}{4}$.

【高4】$\dfrac{5\pi}{2}+4$.

【解析】如图所示,由题得 A 到 DG 的距离为 $7-DE=5$(cm),

A 到 FG 的距离为 $EF-7=5$,于是 $\angle AGD=45°$,从而 $\angle AOH=45°$.

设 $OM \perp DG$ 于 M,设 $OM=3m$,$DM=5m$,弧 AB 所对半径为 r,

于是有 $r\cos 45°+5m=7$,$r\sin 45°+3m=5$,

解得 $\begin{cases} m=1 \\ r=2\sqrt{2} \end{cases}$.

于是所求面积为

$S=\pi r^2 \times \dfrac{135°}{360°}+\dfrac{1}{2}r^2-\dfrac{\pi \times 1^2}{2}=\dfrac{5\pi}{2}+4$(cm²).

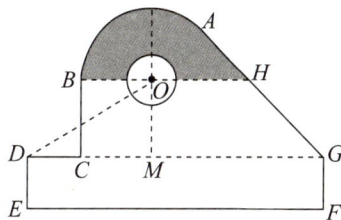

【高5】$\sqrt{3}-1$.

【解析】如图所示,设 $CD=2BD=2x$,$x>0$,在 $\triangle ABD$ 中,由余弦定理得

$AB^2=AD^2+BD^2-2AD \cdot BD \cdot \cos \angle ADB=x^2+2x+4$,

在 $\triangle ACD$ 中,由余弦定理得

$AC^2=AD^2+CD^2-2AD \cdot CD \cdot \cos \angle ADC=4x^2-4x+4$,

于是 $\dfrac{AC^2}{AB^2}=\dfrac{4x^2-4x+4}{x^2+2x+4}=4-\dfrac{12(x+1)}{x^2+2x+4}$,令 $t=x+1$,

则 $\dfrac{AC^2}{AB^2}=4-\dfrac{12t}{t^2+3}=4-\dfrac{12}{t+\dfrac{3}{t}} \geqslant 4-\dfrac{12}{2\sqrt{t \cdot \dfrac{3}{t}}}=4-2\sqrt{3}$.

当且仅当 $t=\sqrt{3}$,即 $x=\sqrt{3}-1$ 时,取等号,此时 $\dfrac{AC}{AB}$ 取得最小值,$BD=x=\sqrt{3}-1$.

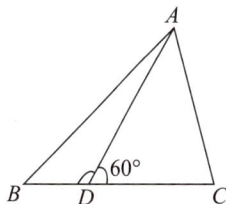

【高6】(1)见解析;(2)$\dfrac{7}{12}$.

【解析】(1)由正弦定理得 $\dfrac{b}{\sin\angle ABC}=\dfrac{c}{\sin\angle ACB}$,

又 $b^2=ac$,

于是有 $b\sin\angle ABC=a\sin\angle ACB$,

即 $b\sin\angle ABC=a\sin C$.

又 $BD\sin\angle ABC=a\sin C$,

可得 $BD\sin\angle ABC=b\sin\angle ABC$,即 $BD=b$.

(2)由(1)题知 $BD=b$,又 $AD=2DC$,

所以 $AD=\dfrac{2}{3}b$,$DC=\dfrac{1}{3}b$.

在 $\triangle ABD$ 中,由余弦定理得

$$\cos\angle BDA=\dfrac{BD^2+AD^2-AB^2}{2BD\cdot AD}=\dfrac{b^2+\left(\dfrac{2}{3}b\right)^2-c^2}{2b\cdot\dfrac{2}{3}b}=\dfrac{13b^2-9c^2}{12b^2}.$$

在 $\triangle CBD$ 中,由余弦定理得

$$\cos\angle BDC=\dfrac{BD^2+CD^2-BC^2}{2BD\cdot CD}=\dfrac{b^2+\left(\dfrac{1}{3}b\right)^2-a^2}{2b\cdot\dfrac{1}{3}b}=\dfrac{10b^2-9a^2}{6b^2},$$

因为 $\angle BDA+\angle BDC=\pi$,

所以 $\cos\angle BDA+\cos\angle BDC=0$,

即 $\dfrac{13b^2-9c^2}{12b^2}+\dfrac{10b^2-9a^2}{6b^2}=0$,可得 $11b^2=3c^2+6a^2$.

又因为 $b^2=ac$,所以 $3c^2-11ac+6a^2=0$,

可得 $c=3a$ 或 $c=\dfrac{2}{3}a$.

在 $\triangle ABC$ 中,由余弦定理得

$$\cos\angle ABC=\dfrac{a^2+c^2-b^2}{2ac}=\dfrac{a^2+c^2-ac}{2ac},$$

当 $c=3a$ 时,$\cos\angle ABC=\dfrac{7}{6}>1$(舍);

当 $c=\dfrac{2}{3}a$ 时,$\cos\angle ABC=\dfrac{7}{12}$.

于是 $\cos\angle ABC=\dfrac{7}{12}$.

第六章　平面向量

第1节　平面向量的概念与线性运算

【高1】B.

【解析】由题得 $\overrightarrow{CD}=\dfrac{2}{3}\overrightarrow{CA}+\dfrac{1}{3}\overrightarrow{CB}$,即 $\boldsymbol{n}=\dfrac{2}{3}\boldsymbol{m}+\dfrac{1}{3}\overrightarrow{CB}$,可得 $\overrightarrow{CB}=-2\boldsymbol{m}+3\boldsymbol{n}$.

【高2】A.

【解析】由题得 $\overrightarrow{EB}=\overrightarrow{EA}+\overrightarrow{AB}=-\dfrac{1}{2}\overrightarrow{AD}+\overrightarrow{AB}=$

$-\dfrac{1}{2}\left(\dfrac{1}{2}\overrightarrow{AB}+\dfrac{1}{2}\overrightarrow{AC}\right)+\overrightarrow{AB}=\dfrac{3}{4}\overrightarrow{AB}-\dfrac{1}{4}\overrightarrow{AC}$.

第2节　平面向量的数量积

【高1】11.

【解析】由题得 $\boldsymbol{a}\boldsymbol{b}=|\boldsymbol{a}||\boldsymbol{b}|\cdot\cos\langle\boldsymbol{a},\boldsymbol{b}\rangle=1\times3\times\dfrac{1}{3}=1$,

所以 $(2\boldsymbol{a}+\boldsymbol{b})\cdot\boldsymbol{b}=2\boldsymbol{a}\cdot\boldsymbol{b}+\boldsymbol{b}^2=2+9=11$.

【高2】D.

【解析】由题得 $\boldsymbol{a}\cdot(\boldsymbol{a}+\boldsymbol{b})=\boldsymbol{a}^2+\boldsymbol{a}\cdot\boldsymbol{b}=25-6=19$.

又 $(\boldsymbol{a}+\boldsymbol{b})^2=\boldsymbol{a}^2+2\boldsymbol{a}\cdot\boldsymbol{b}+\boldsymbol{b}^2=25-12+36=49$,

得 $|\boldsymbol{a}+\boldsymbol{b}|=7$.

所以 $\cos\langle\boldsymbol{a},\boldsymbol{a}+\boldsymbol{b}\rangle=\dfrac{\boldsymbol{a}\cdot(\boldsymbol{a}+\boldsymbol{b})}{|\boldsymbol{a}||\boldsymbol{a}+\boldsymbol{b}|}=\dfrac{19}{5\times7}=\dfrac{19}{35}$.

【高3】B.

【解析】由题得 $\boldsymbol{a}\cdot(2\boldsymbol{a}-\boldsymbol{b})=2\boldsymbol{a}^2-\boldsymbol{a}\cdot\boldsymbol{b}=2-(-1)=3$.

【高4】A.

【解析】如下图所示,作 $FM\perp$ 直线 AB 于 M,$CN\perp$ 直线 AB 于 N.

设 $\overrightarrow{AP}$ 在 $\overrightarrow{AB}$ 上的投影向量为 $\overrightarrow{AH}$,

所以当 P 与 F 重合时,$(\overrightarrow{AP}\cdot\overrightarrow{AB})_{\min}=-|\overrightarrow{AM}||\overrightarrow{AB}|=-1\times2=-2$,最小值取不到.

当 P 与 C 重合时,$(\overrightarrow{AP}\cdot\overrightarrow{AB})_{\max}=|\overrightarrow{AN}||\overrightarrow{AB}|=3\times2=6$,最大值取不到.

所以 $\overrightarrow{AP}\cdot\overrightarrow{AB}\in(-2,6)$.

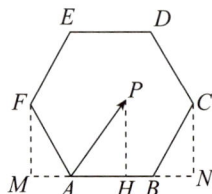

【高5】D.

【解析】由题得 $AB=\sqrt{AC^2+BC^2}=5$.

设 AB 中点为 D,由极化恒等式可得 $\overrightarrow{PA}\cdot\overrightarrow{PB}=PD^2-AD^2=PD^2-\dfrac{25}{4}$.

又知 P 在以 C 为圆心,1 为半径的圆上,

于是 PD 的最大值为 $CD+1=\dfrac{5}{2}+1=\dfrac{7}{2}$,

最小值为 $CD-1=\dfrac{5}{2}-1=\dfrac{3}{2}$.

所以 $\overrightarrow{PA}\cdot\overrightarrow{PB}=PD^2-\dfrac{25}{4}\in[-4,6]$.

【高6】B.

【解析】由题得 $(\boldsymbol{a}-\boldsymbol{b})\cdot\boldsymbol{b}=\boldsymbol{a}\cdot\boldsymbol{b}-\boldsymbol{b}^2=0$,得 $\boldsymbol{a}\cdot\boldsymbol{b}=\boldsymbol{b}^2$,

所以 $\cos\langle\boldsymbol{a},\boldsymbol{b}\rangle=\dfrac{\boldsymbol{a}\cdot\boldsymbol{b}}{|\boldsymbol{a}||\boldsymbol{b}|}=\dfrac{\boldsymbol{b}^2}{2\boldsymbol{b}^2}=\dfrac{1}{2}$,得 $\langle\boldsymbol{a},\boldsymbol{b}\rangle=\dfrac{\pi}{3}$.

【高7】C.

【解析】由题得 $|a-2b|^2=a^2-4a\cdot b+4b^2=1-4a\cdot b+12=9$，

可得 $a\cdot b=1$.

【高8】 $-\dfrac{9}{2}$.

【解析】由题得 $(a+b+c)^2=a^2+b^2+c^2+2(a\cdot b+b\cdot c+c\cdot a)=0$.

又 $a^2=|a|^2=1$，$b^2=|b|^2=4$，$c^2=|c|^2=4$，

所以 $a\cdot b+b\cdot c+c\cdot a=-\dfrac{a^2+b^2+c^2}{2}=-\dfrac{9}{2}$.

【高9】 $\sqrt{3}$.

【解析】由题得 $|a|=|b|=1$，$(a+b)^2=a^2+2a\cdot b+b^2=1+2a\cdot b+1=1$，得 $a\cdot b=-\dfrac{1}{2}$，

所以 $(a-b)^2=a^2-2a\cdot b+b^2=1+1+1=3$，于是 $|a-b|=\sqrt{3}$.

第3节 平面向量的坐标运算

【高1】 $-\dfrac{10}{3}$.

【解析】由题得 $c=a+kb=(3+k,1)$，

于是 $a\cdot c=9+3k+1=0$，解得 $k=-\dfrac{10}{3}$.

【高2】 $\dfrac{3}{5}$.

【解析】由题得 $a-\lambda b=(1-3\lambda,3-4\lambda)$，

所以 $(a-\lambda b)\cdot b=3(1-3\lambda)+4(3-4\lambda)=15-25\lambda=0$，

解得 $\lambda=\dfrac{3}{5}$.

【高3】 5.

【解析】由题得 $a\cdot b=m+1-2m+4=0$，解得 $m=5$.

【高4】 $\dfrac{1}{2}$.

【解析】由题得 $2a+b=(4,2)$，由 $c\parallel(2a+b)$ 可得 $4\lambda=2$，解得 $\lambda=\dfrac{1}{2}$.

【高5】 C.

【解析】由题得 $c=(3+t,4)$，于是 $\cos\langle a,c\rangle=\dfrac{a\cdot c}{|a||c|}=\dfrac{25+3t}{5|c|}$，$\cos\langle b,c\rangle=\dfrac{b\cdot c}{|b||c|}=\dfrac{3+t}{|c|}$，

由 $\cos\langle a,c\rangle=\cos\langle b,c\rangle$ 可得 $25+3t=15+5t$，解得 $t=5$.

【高6】 A、C.

【解析】由题得 $\overrightarrow{OP_1}=(\cos\alpha,\sin\alpha)$，$\overrightarrow{OP_2}=(\cos\beta,-\sin\beta)$，

则 $|\overrightarrow{OP_1}|=\sqrt{\cos^2\alpha+\sin^2\alpha}=1$，$|\overrightarrow{OP_2}|=\sqrt{\cos^2\beta+(-\sin\beta)^2}=1$，$|\overrightarrow{OP_1}|=|\overrightarrow{OP_2}|$，A正确；

$\overrightarrow{AP_1}=(\cos\alpha-1,\sin\alpha)$，$\overrightarrow{AP_2}=(\cos\beta-1,-\sin\beta)$，

则 $|\overrightarrow{AP_1}|=\sqrt{(\cos\alpha-1)^2+\sin^2\alpha}=\sqrt{\cos^2\alpha+\sin^2\alpha-2\cos\alpha+1}=\sqrt{2-2\cos\alpha}$，

$|\overrightarrow{AP_2}|=\sqrt{(\cos\beta-1)^2+(-\sin\beta)^2}=\sqrt{\cos^2\beta+\sin^2\beta-2\cos\beta+1}=\sqrt{2-2\cos\beta}$，B错误；

$\overrightarrow{OP_3}=(\cos(\alpha+\beta),\sin(\alpha+\beta))$，$\overrightarrow{OA}=(1,0)$，

则 $\overrightarrow{OA}\cdot\overrightarrow{OP_3}=\cos(\alpha+\beta)$，$\overrightarrow{OP_1}\cdot\overrightarrow{OP_2}=\cos\alpha\cos\beta-\sin\alpha\sin\beta=\cos(\alpha+\beta)$，

所以 $\overrightarrow{OA}\cdot\overrightarrow{OP_3}=\overrightarrow{OP_1}\cdot\overrightarrow{OP_2}$，C正确；

$\overrightarrow{OA}\cdot\overrightarrow{OP_1}=\cos\alpha$，$\overrightarrow{OP_2}\cdot\overrightarrow{OP_3}=\cos\beta\cos(\alpha+\beta)-\sin\beta\cdot\sin(\alpha+\beta)=\cos(\beta+(\alpha+\beta))=\cos(\alpha+2\beta)$，D错误.

【高7】 0；3.

【解析】由题得 $a+b=(4,0)$，所以 $(a+b)\cdot c=4\times0+0\times1=0$，$a\cdot b=2\times2+1\times(-1)=3$.

【高8】 $\dfrac{2}{3}$.

【解析】由题得 $a\perp b$，于是以 a,b 方向为 x,y 轴建立直角坐标系，

则 $c=(2,-\sqrt{5})$，$a=(1,0)$，所以 $\cos\langle a,c\rangle=\dfrac{a\cdot c}{|a||c|}=\dfrac{2}{1\times\sqrt{4+5}}=\dfrac{2}{3}$.

【高9】 A.

【解析】以 AB 的中点为原点建系，A,B 在 x 轴上.

设 $A(a,0)$，$B(-a,0)$，$C(x,y)$，

则 $\overrightarrow{AC}=(x-a,y)$，$\overrightarrow{BC}=(x+a,y)$，

所以 $\overrightarrow{AC}\cdot\overrightarrow{BC}=x^2-a^2+y^2=1$，即 $x^2+y^2=a^2+1$，故点 C 的轨迹为圆.

第七章 数列

第1节 等差数列

【高1】 C.

【解析】易知每一项越小，则可使得 n 越大，最小的情况为等差数列 $3,4,5,\cdots$

此时 $a_1=3$，$d=1$，$a_1+a_2+\cdots+a_n=3n+\dfrac{n(n-1)}{2}=\dfrac{n(n+5)}{2}$，

当 $n=12$ 时，$a_1+a_2+\cdots+a_{12}=\dfrac{12\times17}{2}=102>100$，

当 $n=11$ 时，$a_1+a_2+\cdots+a_{11}=\dfrac{11\times16}{2}=88<100$，

于是可取数列 $3,4,5,\cdots,12,25$，

此时 $a_1+a_2+\cdots+a_{11}=a_1+a_2+\cdots+a_{10}+a_{11}=\dfrac{10\times15}{2}+25=100$,满足题意,

所以 n 的最大值为 11.

【高2】 $3n^2-2n$.

【解析】 由题得 $\{2n-1\}$ 为 $1,3,5,7,9,\cdots$,$\{3n-2\}$ 为 $1,4,7,10,\cdots$,

观察易得公共项为 $1,7,13,\cdots$,为等差数列,首项 $a_1=1,d=6$,

所以 $S_n=n+\dfrac{n(n-1)}{2}\times6=3n^2-2n$.

【高3】 D.

【解析】 设 $OD_1=DC=CB_1=BA_1=1$,则 $DD_1=0.5$,$CC_1=k_1$,$BB_1=k_2$,$AA_1=k_3$,由题得 $k_{OA}=\dfrac{DD_1+CC_1+BB_1+AA_1}{OD_1+DC_1+CB_1+BA_1}=\dfrac{0.5+k_1+k_2+k_3}{4}=0.725$,

可得 $k_1+k_2+k_3=3k_2=2.4$,

于是 $k_2=0.8,k_3=k_2+0.1=0.9$.

【高4】 B.

【解析】 由题得 $a_1+a_5=2a_3=288+96=384$,可得 $a_3=192$.

又 $\dfrac{a_1}{b_1}=\dfrac{a_3}{b_3}$,即 $\dfrac{288}{192}=\dfrac{192}{b_3}$,可得 $b_3=128$.

【高5】 4.

【解析】 由题得 $a_2=a_1+d=3a_1$,得 $d=2a_1$,

所以 $\dfrac{S_{10}}{S_5}=\dfrac{10a_{5.5}}{5a_3}=\dfrac{2(a_1+4.5d)}{a_1+2d}=\dfrac{2\times10a_1}{5a_1}=4$.

【高6】 C.

【解析】 若 $\{a_n\}$ 为递增数列,对应一次函数单增,

则存在正整数 N_0,当 $n>N_0$ 时,$a_n>0$,故为充分条件;

若存在正整数 N_0,当 $n>N_0$ 时,$a_n>0$,

则对应函数一定单增,$\{a_n\}$ 为递增数列,故为必要条件.

综上,为充分必要条件.

【高7】 C.

【解析】 设第 n 环有石板 a_n 块,每层环数为 m,易知 $\{a_n\}$ 为等差数列,公差 $d=9$,

由题得 $(S_{3m}-S_{2m})-(S_{2m}-S_m)=729=m^2=9m^2$,可得 $m=9$.

又知 $a_1=9$,于是有 $S_{3m}=S_{27}=27a_1+\dfrac{27\times26}{2}\times d=27\times9+\dfrac{27\times26}{2}\times9=3402$.

【高8】 (1)$b_1=2,b_2=5,b_n=3n-1$;(2)300.

【解析】 (1)由题得 $a_2=a_1+1=2,a_3=a_2+2=4,a_4=a_3+1=5$,

所以 $b_1=a_2=2,b_2=a_4=5$.

$b_n-b_{n-1}=a_{2n}-a_{2n-2}=a_{2n}-a_{2n-1}+a_{2n-1}-a_{2n-2}=1+2=3$,

所以数列 $\{b_n\}$ 是以 $b_1=2$ 为首项,以 3 为公差的等差数列,所以 $b_n=2+3(n-1)=3n-1$.

(2)由(1)题可得 $a_{2n}=3n-1,n\in\mathbf{N}^*$,

则 $a_{2n-1}=a_{2n-2}+2=3(n-1)-1+2=3n-2,n\geqslant2$.

当 $n=1$ 时,$a_1=1$ 也满足上式,所以 $a_{2n-1}=3n-2,n\in\mathbf{N}^*$,

所以数列 $\{a_n\}$ 的奇数项和偶数项分别为等差数列,

则 $\{a_n\}$ 的前 20 项和为 $a_1+a_2+\cdots+a_{20}=(a_1+a_3+\cdots+a_{19})+(a_2+a_4+\cdots+a_{20})=10\times1+\dfrac{10\times9}{2}\times3+10\times2+\dfrac{10\times9}{2}\times3=300$.

【高9】 (1)$a_n=2n-6$;(2)7.

【解析】 (1)设 $\{a_n\}$ 公差为 d,

由题得 $a_1+2d=5a_1+\dfrac{5\times4}{2}d$,可得 $a_1=-2d$.

又 $(a_1+d)(a_1+3d)=4a_1+\dfrac{4\times3}{2}d$,

于是可得 $d^2-2d=0$.

因为 $d\neq0$,所以解得 $d=2$,于是 $a_1=-4$.

所以 $a_n=-4+2(n-1)=2n-6$.

(2)由(1)题得 $S_n=-4n+\dfrac{n(n-1)}{2}\times2=n^2-5n$,

由 $S_n>a_n$ 可得 $n^2-5n>2n-6$,即 $(n-1)(n-6)>0$.

又 $n\in\mathbf{N}^*$,所以 $n>6$,n 的最小值为 7.

【高10】 (1)$a_n=2n-9$;(2)$S_n=n^2-8n$,-16.

【解析】 (1)设 $\{a_n\}$ 的公差为 d.

由题得 $3a_1+3d=-15$,即 $-21+3d=-15$,解得 $d=2$.

所以 $\{a_n\}$ 的通项公式为 $a_n=a_1+(n-1)d=2n-9$.

(2)由(1)题得 $S_n=na_1+\dfrac{n(n-1)}{2}d=n^2-8n=(n-4)^2-16$,

所以当 $n=4$ 时,S_n 取得最小值,最小值为 -16.

第2节　等比数列

【高1】 D.

【解析】 设等比数列公比为 q,易知 $q\neq1$.

由题得 $a_1+a_2+a_3=a_1(1+q+q^2)=168$,　①

$a_2-a_5=a_1(q-q^4)=42$,　②

①÷②可得 $4q^2-4q+1=0$,

解得 $q=\dfrac{1}{2}$,于是 $a_1=96$,

所以 $a_6=a_1q^5=3$.

【高2】 D.

【解析】由题得 $a_2+a_3+a_4=(a_1+a_2+a_3)q$，可得 $q=2$，

所以 $a_6+a_7+a_8=(a_1+a_2+a_3)q^5=32$.

【高3】C.

【解析】令 $m=1$，可得 $a_{n+1}=a_1 \cdot a_n=2a_n$，易知 $\{a_n\}$ 为等比数列，公比 $q=2$，

于是 $a_{k+1}=a_1 \cdot 2^k=2^{k+1}$.

所以 $a_{k+1}+a_{k+2}+\cdots+a_{k+10}=\dfrac{2^{k+1}\times(1-2^{10})}{1-2}=2^{k+11}-$

$2^{k+1}=2^{15}-2^5$，易得 $k=4$.

【高4】$\dfrac{121}{3}$.

【解析】由题得 $(a_1q^3)^2=a_1q^5$，即 $\left(\dfrac{1}{3}q^3\right)^2=\dfrac{1}{3}q^5$，

解得 $q=3$，

所以 $S_5=\dfrac{a_1(1-q^5)}{1-q}=\dfrac{\dfrac{1}{3}\times(1-3^5)}{1-3}=\dfrac{121}{3}$.

【高5】(1)见解析；(2)9.

【解析】(1)设 $\{a_n\}$ 的公差为 d，

由题得 $a_1+d-2b_1=a_1+2d-4b_1=8b_1-a_1-3d$，

可解得 $2a_1=2b_1=d$，于是有 $a_1=b_1$.

(2)由(1)题可知 $a_n=a_1+(n-1)d=a_1(2n-1)$，

$b_n=2^{n-1}b_1=2^{n-1}a_1$.

由 $b_k=a_m+a_1$，可得 $2^{k-1}a_1=a_1(2m-1)+a_1$.

易知 $a_1=b_1\neq 0$，

于是有 $m=2^{k-2}$，由 $1\leqslant m=2^{k-2}\leqslant 500$，

可得 $k=2,3,4,\cdots,10$，

于是原集合中有 9 个元素.

第3节 数列求和

【高1】5；$240\left(3-\dfrac{n+3}{2^n}\right)$.

【解析】折 4 次有 20 dm$\times\dfrac{3}{4}$dm，10 dm$\times\dfrac{3}{2}$dm，5 dm$\times$

3 dm，$\dfrac{5}{2}$dm$\times 6$ dm，$\dfrac{5}{4}$dm$\times 12$ dm 共 5 种规格.

可知对折 k 次共有 $k+1$ 种规格，且每种规格面积均为

$\dfrac{240}{2^k}$，故 $S_k=\dfrac{240(k+1)}{2^k}$，

则 $\displaystyle\sum_{k=1}^{n}S_k=240\sum_{k=1}^{n}\dfrac{k+1}{2^k}$，记 $T_n=\displaystyle\sum_{k=1}^{n}\dfrac{k+1}{2^k}=\dfrac{2}{2}+$

$\dfrac{3}{2^2}+\dfrac{4}{2^3}+\cdots+\dfrac{n+1}{2^n}$，　①

则 $\dfrac{1}{2}T_n=\dfrac{2}{2^2}+\dfrac{3}{2^3}+\dfrac{4}{2^4}+\cdots+\dfrac{n+1}{2^{n+1}}$，　②

①－②得 $\dfrac{1}{2}T_n=1+\left(\dfrac{1}{2^2}+\dfrac{1}{2^3}+\cdots+\dfrac{1}{2^n}\right)-\dfrac{n+1}{2^{n+1}}=1+$

$\left(\dfrac{1}{2}-\dfrac{1}{2^n}\right)-\dfrac{n+1}{2^{n+1}}=\dfrac{3}{2}-\dfrac{n+3}{2^{n+1}}$，

所以 $T_n=3-\dfrac{n+3}{2^n}$.

于是 $\displaystyle\sum_{k=1}^{n}S_k=240T_n=240\left(3-\dfrac{n+3}{2^n}\right)$.

【高2】(1)$a_n=2^n$；(2)480.

【解析】(1)设公比为 q，由题得 $a_1q+a_1q^3=20$，$a_1q^2=8$，

得 $2q^2-5q+2=0$，又 $q>1$，解得 $q=2$，于是 $a_1=2$，

所以通项公式为 $a_n=a_1q^{n-1}=2^n$.

(2)由题及(1)题知 $b_1=0$，

且当 $2^n\leqslant m<2^{n+1}$ 时，$b_m=n$，

所以 $S_{100}=b_1+(b_2+b_3)+(b_4+b_5+b_6+b_7)+\cdots+$

$(b_{64}+b_{65}+\cdots+b_{100})=0+1\times 2+2\times 2^2+3\times 2^3+4\times 2^4+$

$5\times 2^5+6\times(100-63)=480$.

【高3】(1)-2；(2)$\dfrac{1}{9}-\left(\dfrac{1+3n}{9}\right)(-2)^n$.

【解析】(1)设公比为 q，由题得 $2a_1=a_2+a_3$，即 $2a_1=$

$a_1q+a_1q^2$，

得 $q^2+q-2=0$，又 $q\neq 1$，解得 $q=-2$.

(2)由题得 $a_n=a_1q^{n-1}=(-2)^{n-1}$，于是 $na_n=n(-2)^{n-1}$，

记 $\{na_n\}$ 的前 n 项和为 S_n，

则 $S_n=1+2(-2)^1+3(-2)^2+\cdots+n(-2)^{n-1}$，　①

$-2S_n=-2+2(-2)^2+3(-2)^3+\cdots+n(-2)^n$，　②

①－②得 $3S_n=1+(-2)^1+(-2)^2+\cdots+(-2)^{n-1}-$

$n(-2)^n=1+\dfrac{(-2)^1[1-(-2)^{n-1}]}{1-(-2)}-n(-2)^n$.

化简得 $S_n=\dfrac{1}{9}-\left(\dfrac{1+3n}{9}\right)(-2)^n$.

第4节 数列递推

【高1】7.

【解析】由题得 n 为奇数时，$a_{n+2}-a_n=3n-1$，

于是 $a_3-a_1=2$，$a_5-a_3=8$，$\cdots$，$a_n-a_{n-2}=3n-7$，

$a_n=a_1+(a_3-a_1)+(a_5-a_3)+\cdots+(a_n-a_{n-2})=a_1+$

$\dfrac{(2+3n-7)\cdot\dfrac{n-1}{2}}{2}=a_1+\dfrac{(n-1)(3n-5)}{4}$，

所以 $a_1+a_3+a_5+\cdots+a_{15}=8a_1+2+10+24+44+$

$70+102+140=8a_1+392$；

n 为偶数时，$a_{n+2}+a_n=3n-1$，

于是 $a_4+a_2=5$，$a_8+a_6=17$，$a_{12}+a_{10}=29$，$a_{16}+a_{14}=41$，

所以 $a_2+a_4+a_6+\cdots+a_{16}=5+17+29+41=92$，

综上，$S_{16}=8a_1+392+92=540$，解得 $a_1=7$.

【高2】-63.

[解析] 由题得 $n\geqslant 2$ 时，$S_n=2(S_n-S_{n-1})+1$，

得 $S_n=2S_{n-1}-1$，即 $S_n-1=2(S_{n-1}-1)$，于是 $\{S_n-1\}$ 为等比数列，公比为 2.

又 $n=1$ 时，$S_1=2a_1+1=2S_1+1$，得 $S_1=-1$，

所以 $S_6-1=(S_1-1)\cdot 2^5=-64$，得 $S_6=-63$.

[高3] (1) 见解析；(2) -78.

[解析] (1) 由题得 $2S_n=2na_n-n^2+n$， ①

当 $n\geqslant 2$ 时，$2S_{n-1}=2(n-1)a_{n-1}-(n-1)^2+n-1$， ②

①-②得 $2a_n=2na_n-2(n-1)a_{n-1}-2(n-1)$，即 $a_n-a_{n-1}=1$，

即 $\{a_n\}$ 是公差为 1 的等差数列.

(2) 由(1)题可知 $\{a_n\}$ 公差 $d=1$，由题得 $a_7^2=a_4a_9$，

即 $(a_1+6)^2=(a_1+3)(a_1+8)$，可得 $a_1=-12$.

于是 $S_n=na_1+\dfrac{n(n-1)}{2}d=\dfrac{n^2-25n}{2}$，对应二次函数对

称轴为 $x=\dfrac{25}{2},n\in \mathbf{N}^*$，

故 $n=12$ 或 $n=13$ 时，S_n 取得最小值 $\dfrac{12^2-25\times 12}{2}=-78$.

[高4] (1) $a_n=\dfrac{n(n+1)}{2}$；(2) 见解析.

[解析] (1) 由题得 $\dfrac{S_1}{a_1}=1$，

于是 $\dfrac{S_n}{a_n}=\dfrac{S_1}{a_1}+(n-1)\times\dfrac{1}{3}=\dfrac{n+2}{3}$，

可得 $S_n=\dfrac{n+2}{3}a_n$. ①

当 $n\geqslant 2$ 时，$S_{n-1}=\dfrac{n+1}{3}a_{n-1}$. ②

①-②得 $S_n-S_{n-1}=a_n=\dfrac{n+2}{3}a_n-\dfrac{n+1}{3}a_{n-1}$，

化简得 $\dfrac{a_n}{a_{n-1}}=\dfrac{n+1}{n-1}$，

于是 $a_n=a_1\cdot\dfrac{a_2}{a_1}\cdot\dfrac{a_3}{a_2}\cdot\cdots\cdot\dfrac{a_n}{a_{n-1}}=1\times\dfrac{3}{1}\times\dfrac{4}{2}\times\dfrac{5}{3}\times\cdots\times\dfrac{n+1}{n-1}=\dfrac{n(n+1)}{2}$.

当 $n=1$ 时，上式依然成立，

于是 $a_n=\dfrac{n(n+1)}{2}$.

(2) 由(1)题可知 $\dfrac{1}{a_n}=\dfrac{2}{n(n+1)}=2\left(\dfrac{1}{n}-\dfrac{1}{n+1}\right)$，

于是 $\dfrac{1}{a_1}+\dfrac{1}{a_2}+\cdots+\dfrac{1}{a_n}=2\left(1-\dfrac{1}{2}+\dfrac{1}{2}-\dfrac{1}{3}+\cdots+\dfrac{1}{n}-\dfrac{1}{n+1}\right)=2\left(1-\dfrac{1}{n+1}\right)<2$.

[高5] (1) 见解析；(2) $\begin{cases}\dfrac{3}{2}, & n=1 \\ -\dfrac{1}{n(n+1)}, & n\geqslant 2\end{cases}$.

[解析] (1) 当 $n=1$ 时，$b_1=S_1$，

于是 $\dfrac{2}{b_1}+\dfrac{1}{b_1}=2$，解得 $b_1=\dfrac{3}{2}$.

当 $n\geqslant 2$ 时，$\dfrac{b_n}{b_{n-1}}=\dfrac{S_1\cdot S_2\cdot\cdots\cdot S_n}{S_1\cdot S_2\cdot\cdots\cdot S_{n-1}}=S_n$，代入 $\dfrac{2}{S_n}+\dfrac{1}{b_n}=2$，

可得 $\dfrac{2b_{n-1}}{b_n}+\dfrac{1}{b_n}=2$，所以 $b_n-b_{n-1}=\dfrac{1}{2}$.

所以 $\{b_n\}$ 是以 $\dfrac{3}{2}$ 为首项，$\dfrac{1}{2}$ 为公差的等差数列.

(2) 由(1)题得 $a_1=S_1=b_1=\dfrac{3}{2}$，

且 $b_n=\dfrac{3}{2}+(n-1)\times\dfrac{1}{2}=\dfrac{n+2}{2}$.

由 $\dfrac{2}{S_n}+\dfrac{1}{b_n}=2$，可得 $S_n=\dfrac{n+2}{n+1}$，

当 $n\geqslant 2$ 时，$a_n=S_n-S_{n-1}=\dfrac{n+2}{n+1}-\dfrac{n+1}{n}=-\dfrac{1}{n(n+1)}$，

显然 $n=1$ 时，a_1 不满足该式，

所以 $a_n=\begin{cases}\dfrac{3}{2}, & n=1 \\ -\dfrac{1}{n(n+1)}, & n\geqslant 2\end{cases}$.

专题 7 数列放缩

[高1] ①③④.

[解析] 令 $n=1$，得 $a_1\cdot S_1=a_1^2=9$，故 $a_1=3$ 或 $a_1=-3$(舍).

因为 $a_1\cdot S_1=a_2\cdot S_2=9,S_2>S_1>0$，所以 $a_2<a_1=3$，①正确.

因为 $\{a_n\}$ 各项均为正数，所以 $0<S_1<S_2<S_3<\cdots$，

由于 $a_1\cdot S_1=a_2\cdot S_2=a_3\cdot S_3=\cdots$，于是 $a_1>a_2>a_3>\cdots$，③正确.

若 $\{a_n\}$ 为等比数列，设 $a_n=a_1q^{n-1}$，

则 $a_n\cdot S_n=a_1q^{n-1}\cdot a_1(1+q+\cdots+q^{n-1})=a_1^2(q^{n-1}+q^n+\cdots+q^{2n-2})=9$，

于是 $q^{n-1}+q^n+\cdots+q^{2n-2}=\dfrac{9}{a_1^2}=1$，易知此式不可能恒成立，故②错误.

若 $a_n\geqslant\dfrac{1}{100}(n=1,2,\cdots)$，则 $S_n\geqslant\dfrac{n}{100},a_n\cdot S_n\geqslant\dfrac{n}{10000}$，

当 $n=10^5$ 时，$a_n\cdot S_n\geqslant 10$，与已知矛盾，于是 $\{a_n\}$ 中存在小于 $\dfrac{1}{100}$ 的项，④正确.

第八章　不等式

第1节　不等关系与不等式

【高1】D.

【解析】由题得 $b_2=1+\dfrac{1}{a_1+\dfrac{1}{a_2}}<1+\dfrac{1}{a_1}=b_1$，

$b_3=1+\dfrac{1}{a_1+\dfrac{1}{a_2+\dfrac{1}{a_3}}}>1+\dfrac{1}{a_1+\dfrac{1}{a_2}}=b_2$，

$b_3=1+\dfrac{1}{a_1+\dfrac{1}{a_2+\dfrac{1}{a_3}}}<1+\dfrac{1}{a_1}=b_1$，

$b_4=1+\dfrac{1}{a_1+\dfrac{1}{a_2+\dfrac{1}{a_3+\dfrac{1}{a_4}}}}<1+\dfrac{1}{a_1+\dfrac{1}{a_2+\dfrac{1}{a_3}}}=b_3$，

$b_4=1+\dfrac{1}{a_1+\dfrac{1}{a_2+\dfrac{1}{a_3+\dfrac{1}{a_4}}}}>1+\dfrac{1}{a_1+\dfrac{1}{a_2}}=b_2$，

观察规律可知，数列 $\{b_n\}$ 为摆动数列，且摆动幅度越来越小，

故 $b_1>b_5$，$b_3>b_6>b_2$，$b_4<b_7$，D 正确.

【高2】C.

【解析】由题得 $a-b>0$，无法得到 $\ln(a-b)>0$，A 错误；

由 $a>b$，得 $3^a>3^b$，B 错误；

由 $a>b$，得 $a^3>b^3$，有 $a^3-b^3>0$，C 正确；

由 $a>b$，无法得到 $|a|>|b|$，D 错误.

第3节　基本不等式

【高1】A、B、D.

【解析】由题得 $a^2+b^2\geqslant\dfrac{(a+b)^2}{2}=\dfrac{1}{2}$，A 正确；

易知 $0<a<1$，$0<b<1$，于是 $a-b>-1$，

所以 $2^{a-b}>2^{-1}=\dfrac{1}{2}$，B 正确；

$\log_2 a+\log_2 b=\log_2 ab\leqslant\log_2\left(\dfrac{a+b}{2}\right)^2=-2$，C 错误；

$\sqrt{a}+\sqrt{b}\leqslant 2\times\sqrt{\dfrac{a+b}{2}}=\sqrt{2}$，D 正确.

【高2】B、C.

【解析】由题得 $1=x^2+y^2-xy\geqslant x^2+y^2-\dfrac{x^2+y^2}{2}$，

可得 $x^2+y^2\leqslant 2$，C 正确，D 错误；

$1=x^2+y^2-xy=(x+y)^2-3xy\geqslant(x+y)^2-\dfrac{3(x+y)^2}{4}$，

可得 $(x+y)^2\leqslant 4$，$-2\leqslant x+y\leqslant 2$，B 正确，A 错误.

第九章　立体几何

第1节　空间几何体的表面积与体积

【高1】B.

【解析】由题得底面周长为 $2\sqrt{2}\pi$，设母线长为 l，

因为侧面展开图为半圆，于是有 $\pi\cdot l=2\sqrt{2}\pi$，解得 $l=2\sqrt{2}$.

【高2】C.

【解析】设两个圆锥母线均为 l，侧面展开图的圆心角分别为 $\theta_甲,\theta_乙$，

于是 $\dfrac{S_甲}{S_乙}=\dfrac{\theta_甲}{\theta_乙}=2$，又 $\theta_甲+\theta_乙=2\pi$，可知 $\theta_甲=\dfrac{4\pi}{3}$，$\theta_乙=\dfrac{2\pi}{3}$，

设两个圆锥底面半径分别为 $r_甲,r_乙$，高分别为 $h_甲,h_乙$，

于是有 $2\pi\cdot r_甲=\dfrac{4\pi}{3}\cdot l$，得 $r_甲=\dfrac{2l}{3}$，同理 $r_乙=\dfrac{l}{3}$，

于是 $h_甲=\sqrt{l^2-r_甲^2}=\dfrac{\sqrt{5}}{3}l$，$h_乙=\sqrt{l^2-r_乙^2}=\dfrac{2\sqrt{2}}{3}l$，

所以 $\dfrac{V_甲}{V_乙}=\dfrac{\dfrac{1}{3}\pi r_甲^2\cdot h_甲}{\dfrac{1}{3}\pi r_乙^2\cdot h_乙}=\sqrt{10}$.

【高3】C.

【解析】由题得棱台的高为 $h=157.5-148.5=9(\text{m})$，

下底面积为 $S_下=180\times10^6(\text{m}^2)$，

上底面积为 $S_上=140\times10^6(\text{m}^2)$，

所以棱台体积为 $V=\dfrac{1}{3}(S_上+S_下+\sqrt{S_上\cdot S_下})\cdot h=\dfrac{1}{3}(140+180+\sqrt{140\times180})\times10^6\times9\approx1.4\times10^9(\text{m}^3)$.

【高4】D.

【解析】由题得棱台上底面对角线长为 $l_1=2\sqrt{2}$，面积为 $S_上=2^2=4$，

下底面的对角线长为 $l_2=4\sqrt{2}$，面积为 $S_下=4^2=16$. 因为侧棱长 $l=2$，

于是棱台的高为 $h=\sqrt{l^2-\left(\dfrac{l_2-l_1}{2}\right)^2}=\sqrt{2}$，所以棱台的体积为 $V=\dfrac{1}{3}(S_上+S_下+\sqrt{S_上\cdot S_下})\cdot h=\dfrac{28\sqrt{2}}{3}$.

【高5】B.

【解析】由题得容器圆锥底面半径为 $r_1=\dfrac{200}{2}=100(\text{mm})$，设平地上积水厚度为 h_1，

则平地上积水体积为 $V_1=\pi r_1^2\cdot h_1$，

易知雨水部分圆锥的底面半径为 $r_2=\dfrac{150}{300}\cdot r_1=50(\text{mm})$，雨水部分圆锥的高为 $h_2=150(\text{mm})$，

则雨水部分圆锥的体积为 $V_2=\dfrac{1}{3}\pi r_2^2\cdot h_2$，又 $V_1=V_2$，

于是有 $h_1=\dfrac{1}{3}\cdot\dfrac{r_2^2}{r_1^2}\cdot h_2=\dfrac{1}{3}\times\dfrac{50^2}{100^2}\times150=$

$12.5(\text{mm})$，

由 $10<12.5<25$，易知为中雨.

【高6】8π.

【解析】设母线长为 l，则 $S_{\triangle SAB}=\dfrac{1}{2}l^2=8$，可得 $l=4$，

所以底面半径为 $r=l\cos30°=2\sqrt{3}$，高为 $h=l\sin30°=2$，

则体积为 $V=\dfrac{1}{3}\pi r^2\cdot h=8\pi$.

【高7】118.8g.

【解析】由题得长方体体积为 $V_1=6\times6\times4=144(\text{cm}^3)$.

四棱锥底面积为 $S=\dfrac{1}{2}\times4\times6=12(\text{cm}^2)$，

体积为 $V_2=\dfrac{1}{3}\times S\times3=12(\text{cm}^3)$.

所以所求模型体积为 $V=V_1-V_2=132(\text{cm}^3)$，

质量为 $m=\rho V=0.9\times132=118.8(\text{g})$.

第2节　空间平行与垂直

【高1】B.

【解析】如图所示，将图形放入长方体内，易知 MN 为 $\triangle EBD$ 的中位线，

因此 $MN/\!/BE$，所以 BM,EN 是相交直线.

又知 $BD=\sqrt{2}CD=\sqrt{2}ED$，所以 $BM\neq EN$，故 B 正确.

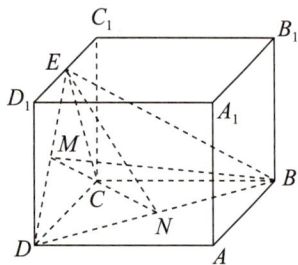

第3节　空间距离与空间角

【高1】C、D.

【解析】如图所示，连接 DB，延长 EF 与 DB 交于点 G，连接 GC,GA，

由 $ED=2FB$ 且 $ED/\!/FB$，易知 $EF=FG$，

所以 $V_3=V_{F-ACE}=V_{E-ACF}=V_{G-ACF}=V_{F-ACG}$.

设 $FB=h$，$S_{\triangle ACD}=S$，易知 $S_{\triangle ABC}=S$，$S_{\triangle ACG}=3S$，

于是 $V_1=V_{E-ACD}=\dfrac{1}{3}S\cdot2h=\dfrac{2}{3}Sh$，$V_2=V_{F-ABC}=\dfrac{1}{3}S\cdot$

$h=\dfrac{1}{3}Sh$，$V_3=V_{F-ACG}=\dfrac{1}{3}\times3Sh=Sh$，

于是有 $V_3=3V_2$，A 错误；$2V_3=3V_1$，B 错误，D 正确；

$V_3=V_1+V_2$，C 正确.

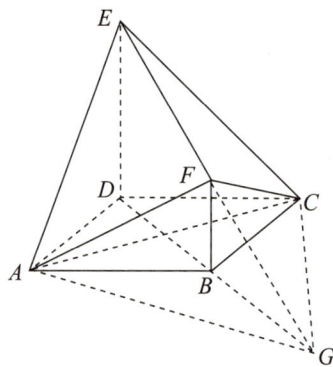

【高2】A、B、D.

【解析】如图所示，BC_1 与 DA_1 所成的角与 BC_1 与 CB_1 所成的角相等，易知为 $90°$，A 正确；

由对称性易知 $CA_1\perp$ 平面 BDC_1，于是 $CA_1\perp BC_1$，B 正确；

设 B_1D_1 中点为 M，易知 $\angle C_1BM$ 为 BC_1 与平面 BB_1D_1D 所成的角，

$\sin\angle C_1BM=\dfrac{1}{2}$，$\angle C_1BM=30°$，C 错误；

$\angle C_1BC$ 为 BC_1 与平面 $ABCD$ 所成的角，易知 $\angle C_1BC=45°$，D 正确.

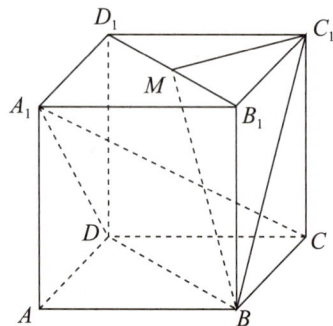

【高3】D.

【解析】因为 $AD_1/\!/BC_1$，所以 $\angle PBC_1$ 即为直线 PB 与 AD_1 所成的角，

设正方体 $ABCD-A_1B_1C_1D_1$ 的棱长为 2，易知面对角线长为 $2\sqrt{2}$，

则 $PB_1=PC_1=\dfrac{1}{2}B_1D_1=\sqrt{2}$，$BC_1=2\sqrt{2}$，$PB=$

$\sqrt{B_1B^2+PB_1^2}=\sqrt{6}$.

由余弦定理可得 $\cos\angle PBC_1=\dfrac{PB^2+BC_1^2-PC_1^2}{2\cdot PB\cdot BC_1}=$

$\dfrac{6+8-2}{2\times\sqrt{6}\times2\sqrt{2}}=\dfrac{\sqrt{3}}{2}$.

又 $\angle PBC_1$ 为锐角，所以 $\angle PBC_1=\dfrac{\pi}{6}$，

即直线 PB 与 AD_1 所成的角为 $\dfrac{\pi}{6}$.

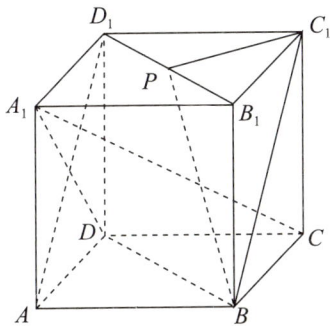

[高4] (1)见解析;(2)24.

[解析] (1)因为 M,N 分别为 BC,B_1C_1 的中点,所以 $MN \parallel CC_1$.

由三棱柱可得 $AA_1 \parallel CC_1$,所以 $AA_1 \parallel MN$.

因为 $\triangle A_1B_1C_1$ 是正三角形,所以 $B_1C_1 \perp A_1N$.

又 $B_1C_1 \perp MN$,$A_1N \cap MN = N$,故 $B_1C_1 \perp$ 平面 A_1AMN.

因为 $B_1C_1 \subset$ 平面 EB_1C_1F,所以平面 $A_1AMN \perp$ 平面 EB_1C_1F.

(2) $AO \parallel$ 平面 EB_1C_1F,$AO \subset$ 平面 A_1AMN,平面 $A_1AMN \cap$ 平面 $EB_1C_1F = PN$,故 $AO \parallel PN$.

又 $AP \parallel ON$,故四边形 $APNO$ 是平行四边形.

所以 $PN = AO = 6$,$AP = ON = \dfrac{1}{3}AM = \sqrt{3}$,

$PM = \dfrac{2}{3}AM = 2\sqrt{3}$,$EF = \dfrac{1}{3}BC = 2$,

因为 $BC \parallel$ 平面 EB_1C_1F,

所以 B 到底面 EB_1C_1F 的距离等于 M 到底面 EB_1C_1F 的距离.

作 $MT \perp PN$ 于 T,则由(1)题知,$MT \perp$ 平面 EB_1C_1F,且 $MT = PM\sin\angle MPN = 3$.

又知底面 EB_1C_1F 的面积为 $S = \dfrac{1}{2}(B_1C_1 + EF) \cdot PN = 24$,

所以四棱锥 $B-EB_1C_1F$ 的体积为 $V = \dfrac{1}{3} \cdot S \cdot MT = 24$.

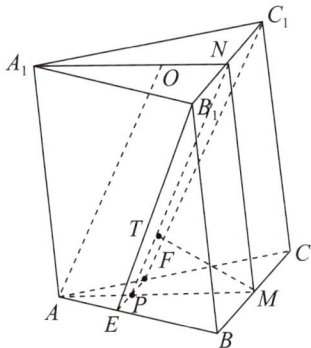

第4节 空间向量

[高1] B、D.

[解析] 取 AC 中点 D,A_1C_1 中点 E,建系如图所示,

当 $\lambda = 1$ 时,$\overrightarrow{BP} = \overrightarrow{BC} + \mu\overrightarrow{BB_1}$,易知 P 点在线段 CC_1 上,

于是 $\triangle AB_1P$ 的周长为 $AB_1 + AP + PB_1$,$AB_1 = \sqrt{2}$.

当点 P 为 CC_1 的中点时,$AP = PB_1 = \dfrac{\sqrt{5}}{2}$,$AB_1 + AP + PB_1 = \sqrt{5} + \sqrt{2}$.

当点 P 在点 C_1 处时,$AP = \sqrt{2}$,$PB_1 = 1$,$AB_1 + AP + PB_1 = 2\sqrt{2} + 1$.

故 $AB_1 + AP + PB_1$ 不为定值,A错误.

当 $\mu = 1$ 时,$\overrightarrow{BP} = \lambda\overrightarrow{BC} + \overrightarrow{BB_1}$,易知 P 点在线段 B_1C_1 上.

易知 $B_1C_1 \parallel$ 平面 A_1BC,所以直线 B_1C_1 上的点到平面 A_1BC 的距离相等.

又 $\triangle A_1BC$ 的面积为定值,所以三棱锥 $P-A_1BC$ 的体积为定值,B正确.

当 $\lambda = \dfrac{1}{2}$ 时,$B\left(0,\dfrac{\sqrt{3}}{2},0\right)$,$C\left(-\dfrac{1}{2},0,0\right)$,$B_1\left(0,\dfrac{\sqrt{3}}{2},1\right)$,$A\left(\dfrac{1}{2},0,0\right)$,$A_1\left(\dfrac{1}{2},0,1\right)$,

$\overrightarrow{BC} = \left(-\dfrac{1}{2},-\dfrac{\sqrt{3}}{2},0\right)$,$\overrightarrow{BB_1} = (0,0,1)$,由 $\overrightarrow{BP} = \dfrac{1}{2}\overrightarrow{BC} + \mu\overrightarrow{BB_1} = \left(-\dfrac{1}{4},-\dfrac{\sqrt{3}}{4},\mu\right)$,可得 $P\left(-\dfrac{1}{4},\dfrac{\sqrt{3}}{4},\mu\right)$,

于是 $\overrightarrow{A_1P} = \left(-\dfrac{3}{4},\dfrac{\sqrt{3}}{4},\mu-1\right)$.

由 $A_1P \perp BP$,知 $\overrightarrow{A_1P} \cdot \overrightarrow{BP} = \dfrac{3}{16} - \dfrac{3}{16} + \mu(\mu-1) = 0$,解得 $\mu = 0$ 或 $\mu = 1$,

于是有两个点 P 满足条件,C错误.

$\mu = \dfrac{1}{2}$ 时,$\overrightarrow{BP} = \lambda\overrightarrow{BC} + \dfrac{1}{2}\overrightarrow{BB_1} = \left(-\dfrac{1}{2}\lambda,-\dfrac{\sqrt{3}}{2}\lambda,\dfrac{1}{2}\right)$,可得 $P\left(-\dfrac{1}{2}\lambda,\dfrac{\sqrt{3}}{2}-\dfrac{\sqrt{3}}{2}\lambda,\dfrac{1}{2}\right)$,

于是 $\overrightarrow{A_1B} = \left(-\dfrac{1}{2},\dfrac{\sqrt{3}}{2},-1\right)$,$\overrightarrow{AB_1} = \left(-\dfrac{1}{2},\dfrac{\sqrt{3}}{2},1\right)$,$\overrightarrow{B_1P} = \left(-\dfrac{1}{2}\lambda,-\dfrac{\sqrt{3}}{2}\lambda,-\dfrac{1}{2}\right)$.

因为 $A_1B \perp$ 平面 AB_1P,所以有 $A_1B \perp AB_1$,即 $\overrightarrow{A_1B} \cdot \overrightarrow{AB_1} = \dfrac{1}{4} + \dfrac{3}{4} - 1 = 0$,

有 $A_1B \perp B_1P$,即 $\overrightarrow{A_1B} \cdot \overrightarrow{B_1P} = \dfrac{1}{4}\lambda - \dfrac{3}{4}\lambda + \dfrac{1}{2} = 0$,解得 $\lambda = 1$,

于是只有一个点 P 满足条件,D正确.

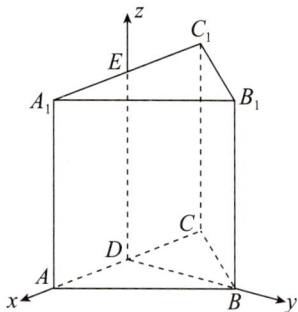

【高2】 B，C．

【解析】 建系如图所示，设正方体棱长为2，则 $O(1,1,0)$，

对于A选项，$M(2,0,2),N(0,2,2),P(0,2,1)$，

则 $\overrightarrow{MN}=(-2,2,0),\overrightarrow{OP}=(-1,1,1)$，于是 $\overrightarrow{MN}\cdot\overrightarrow{OP}=2+2=4\neq0$，

可知 MN 与 OP 不垂直，A错误．

对于B选项，$M(0,0,2),N(2,0,0),P(2,0,1)$，

则 $\overrightarrow{MN}=(2,0,-2),\overrightarrow{OP}=(1,-1,1)$，于是 $\overrightarrow{MN}\cdot\overrightarrow{OP}=2-2=0$，

即 $MN\perp OP$，B正确．

对于C选项，$M(2,2,2),N(0,2,0),P(0,0,1)$，

则 $\overrightarrow{MN}=(-2,0,-2),\overrightarrow{OP}=(-1,-1,1)$，于是 $\overrightarrow{MN}\cdot\overrightarrow{OP}=2-2=0$，

即 $MN\perp OP$，C正确．

对于D选项，$M(0,2,2),N(0,0,0),P(2,1,2)$，

则 $\overrightarrow{MN}=(0,-2,-2),\overrightarrow{OP}=(1,0,2)$，于是 $\overrightarrow{MN}\cdot\overrightarrow{OP}=-4\neq0$，

可知 MN 与 OP 不垂直，D错误．

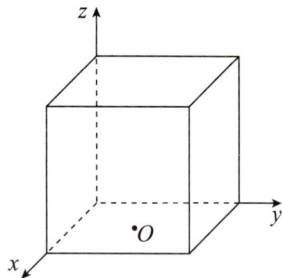

【高3】 (1)见解析；(2)$\dfrac{\sqrt5}{5}$．

【解析】 (1)因为 $PD\perp$ 底面 $ABCD$，$BD\subset$ 平面 $ABCD$，所以 $PD\perp BD$．

取 AB 中点 M，连接 DM，由题得 $DC\parallel BM,DC=BM$，

故四边形 $BCDM$ 为平行四边形，

于是 $DM=CB=1=\dfrac12 AB$，于是 $BD\perp AD$．

又 $AD\cap PD=D$，

可得 $BD\perp$ 平面 PAD，$PA\subset$ 平面 PAD，所以 $BD\perp PA$．

(2)建系如图所示，易知 $D(0,0,0),P(0,0,\sqrt3)$，$A(1,0,0),B(0,\sqrt3,0)$，

于是 $\overrightarrow{DP}=(0,0,\sqrt3),\overrightarrow{AP}=(-1,0,\sqrt3),\overrightarrow{AB}=(-1,\sqrt3,0)$．

设平面 PAB 的法向量为 $\boldsymbol n=(x,y,1)$，

由 $\begin{cases}\overrightarrow{AP}\cdot\boldsymbol n=-x+\sqrt3=0\\\overrightarrow{AB}\cdot\boldsymbol n=-x+\sqrt3 y=0\end{cases}$，可得 $\boldsymbol n=(\sqrt3,1,1)$．

设所求角为 θ，于是有

$$\sin\theta=\frac{|\overrightarrow{DP}\cdot\boldsymbol n|}{|\overrightarrow{DP}||\boldsymbol n|}=\frac{\sqrt3}{\sqrt3\cdot\sqrt{3+1+1}}=\frac{\sqrt5}{5}.$$

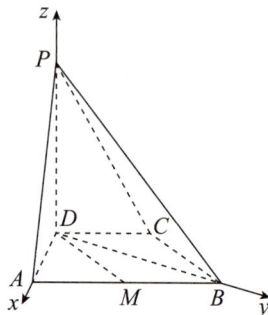

【高4】 (1)见解析；(2)$\dfrac{4\sqrt3}{7}$．

【解析】 (1)因为 $AD=CD,AE=EC$，所以 $AC\perp DE$．

因为 $\angle ADB=\angle BDC,AD=CD$，

可知 $\triangle ADB\cong\triangle CDB$，

于是 $AB=BC$，又 $AE=EC$，所以 $AC\perp BE$．

又因为 $BE\cap DE=E$，所以 $AC\perp$ 平面 BED．

又 $AC\subset$ 平面 ACD，所以平面 $BED\perp$ 平面 ACD．

(2)由题得 $\triangle ABC$ 为正三角形，$\triangle ACD$ 为等腰直角三角形，

于是有 $AB=BC=AC=2,AD=DC=\sqrt2,DE=1,BE=\sqrt3$．

又 $BE^2+DE^2=BD^2$，可知 $BE\perp DE$，

连接 EF，由 $AC\perp$ 平面 BED，且 $EF\subset$ 平面 BED，知 $AC\perp EF$，所以 $BD\perp EF$ 时 $\triangle AFC$ 的面积最小．

建系如图所示，易知 $E(0,0,0),A(1,0,0),B(0,\sqrt3,0)$，$D(0,0,1),C(-1,0,0),\overrightarrow{BD}=(0,-\sqrt3,1)$．

设 $\overrightarrow{BF}=\lambda\overrightarrow{BD}$，可得 $\overrightarrow{BF}=(0,-\sqrt3\lambda,\lambda)$，

于是 $F(0,\sqrt3-\sqrt3\lambda,\lambda)$，

$\overrightarrow{EF}=(0,\sqrt3-\sqrt3\lambda,\lambda)$，由 $\overrightarrow{EF}\cdot\overrightarrow{BD}=-3+3\lambda+\lambda=0$，得 $\lambda=\dfrac34,F\left(0,\dfrac{\sqrt3}{4},\dfrac34\right)$．

于是 $\overrightarrow{AB}=(-1,\sqrt3,0),\overrightarrow{AD}=(-1,0,1),\overrightarrow{CF}=\left(1,\dfrac{\sqrt3}{4},\dfrac34\right)$．

设平面 ABD 的法向量为 $\boldsymbol{n}=(x,1,z)$,

由 $\begin{cases} \overrightarrow{AB}\cdot\boldsymbol{n}=-x+\sqrt{3}=0 \\ \overrightarrow{AD}\cdot\boldsymbol{n}=-x+z=0 \end{cases}$,可得 $\boldsymbol{n}=(\sqrt{3},1,\sqrt{3})$.

设所求角为 θ,于是有

$$\sin\theta=\frac{|\overrightarrow{CF}\cdot\boldsymbol{n}|}{|\overrightarrow{CF}||\boldsymbol{n}|}=\frac{2\sqrt{3}}{\sqrt{1+\frac{3}{16}+\frac{9}{16}}\times\sqrt{3+1+3}}=\frac{4\sqrt{3}}{7}.$$

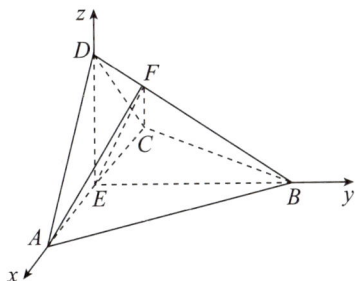

【高5】(1)$\sqrt{2}$;(2)$\dfrac{\sqrt{3}}{2}$.

【解析】(1)由题得 $V_{A-A_1BC}=V_{A_1-ABC}=\dfrac{1}{3}V_{ABC-A_1B_1C_1}=\dfrac{4}{3}$.设 A 到平面 A_1BC 的距离为 h.

又 $V_{A-A_1BC}=\dfrac{1}{3}S_{\triangle A_1BC}\cdot h$,可得 $h=\dfrac{4}{S_{\triangle A_1BC}}=\dfrac{4}{2\sqrt{2}}=\sqrt{2}$.

即 A 到平面 A_1BC 的距离为 $\sqrt{2}$.

(2)连接 AB_1,由题得四边形 ABB_1A_1 为正方形,于是 $AB_1\perp A_1B$.

因为平面 $A_1BC\perp$ 平面 ABB_1A_1,交线为 A_1B,所以 $AB_1\perp$ 平面 A_1BC.

又因为 $BC\subset$ 平面 A_1BC,所以 $AB_1\perp BC$.

由直三棱柱可知 $BB_1\perp BC$,又 $AB_1\cap BB_1=B_1$,所以 $BC\perp$ 平面 ABB_1A_1,于是 $BC\perp AB$,$BC\perp A_1B$.

设 $AA_1=AB=a$,于是 $A_1B=\sqrt{2}a$,$S_{\triangle A_1BC}=\dfrac{1}{2}\cdot A_1B\cdot BC=2\sqrt{2}$,有 $BC=\dfrac{4}{a}$.

所以 $V_{ABC-A_1B_1C_1}=\dfrac{1}{2}\cdot AB\cdot BC\cdot AA_1=2a=4$,得 $a=2$.

建系如图所示,易知 $A(0,2,0)$,$B(0,0,0)$,$C(2,0,0)$,$A_1(0,2,2)$,$D(1,1,1)$.

于是 $\overrightarrow{BA}=(0,2,0)$,$\overrightarrow{BC}=(2,0,0)$,$\overrightarrow{BD}=(1,1,1)$.

设平面 ABD 的法向量为 $\boldsymbol{n}_1=(x_1,y_1,1)$,

由 $\begin{cases} \overrightarrow{BA}\cdot\boldsymbol{n}_1=2y_1=0 \\ \overrightarrow{BD}\cdot\boldsymbol{n}_1=x_1+y_1+1=0 \end{cases}$,可得 $\boldsymbol{n}_1=(-1,0,1)$.

设平面 CBD 的法向量为 $\boldsymbol{n}_2=(x_2,y_2,1)$,

由 $\begin{cases} \overrightarrow{BC}\cdot\boldsymbol{n}_2=2x_2=0 \\ \overrightarrow{BD}\cdot\boldsymbol{n}_2=x_2+y_2+1=0 \end{cases}$,可得 $\boldsymbol{n}_2=(0,-1,1)$.

设所求角为 θ,于是有

$$|\cos\theta|=\frac{|\boldsymbol{n}_1\cdot\boldsymbol{n}_2|}{|\boldsymbol{n}_1||\boldsymbol{n}_2|}=\frac{1}{\sqrt{1+1}\cdot\sqrt{1+1}}=\frac{1}{2},$$

$$\sin\theta=\sqrt{1-\cos^2\theta}=\frac{\sqrt{3}}{2}.$$

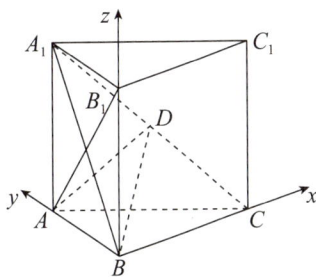

【高6】(1)见解析;(2)$\dfrac{11}{13}$.

【解析】(1)取 AB 中点 M,连接 OA,OM,EM.

因为 $PO\perp$ 平面 ABC,$PA=PB$,所以 $\triangle POA\cong\triangle POB$,于是 $OA=OB$.

因为 $MA=MB$,所以 $OM\perp AB$.又因为 $AC\perp AB$,所以 $OM\parallel AC$.

因为 $MA=MB$,$EP=EB$,所以 $EM\parallel AP$.

又因为 $OM\cap EM=M$,所以平面 $OEM\parallel$ 平面 PAC.

因为 $OE\subset$ 平面 OEM,所以 $OE\parallel$ 平面 PAC.

(2)由(1)题可得 $OB=\sqrt{PB^2-PO^2}=4$,

故 $OM=OB\sin30°=2$,$BM=OB\cos30°=2\sqrt{3}$,

于是 $AB=2BM=4\sqrt{3}$,$AC=AB\tan60°=12$.

过 A 点作 z 轴平行于 PO,建系如图所示,

易知 $A(0,0,0)$,$B(4\sqrt{3},0,0)$,$C(0,12,0)$,$P(2\sqrt{3},2,3)$,$E\left(3\sqrt{3},1,\dfrac{3}{2}\right)$,

于是 $\overrightarrow{AC}=(0,12,0)$,$\overrightarrow{AE}=\left(3\sqrt{3},1,\dfrac{3}{2}\right)$,$\overrightarrow{AB}=(4\sqrt{3},0,0)$.

设平面 ACE 的法向量为 $\boldsymbol{n}_1=(1,y_1,z_1)$,

由 $\begin{cases} \overrightarrow{AC}\cdot\boldsymbol{n}_1=12y_1=0 \\ \overrightarrow{AE}\cdot\boldsymbol{n}_1=3\sqrt{3}+y_1+\dfrac{3}{2}z_1=0 \end{cases}$,可得 $\boldsymbol{n}_1=(1,0,-2\sqrt{3})$.

设平面 ABE 的法向量为 $\boldsymbol{n}_2=(x_2,y_2,2)$,

由 $\begin{cases} \overrightarrow{AB}\cdot\boldsymbol{n}_2=4\sqrt{3}x_2=0 \\ \overrightarrow{AE}\cdot\boldsymbol{n}_2=3\sqrt{3}x_2+y_2+3=0 \end{cases}$,可得 $\boldsymbol{n}_2=(0,-3,2)$.

设所求角为 θ,于是有 $|\cos\theta|=\dfrac{|\boldsymbol{n}_1\cdot\boldsymbol{n}_2|}{|\boldsymbol{n}_1||\boldsymbol{n}_2|}=$

$\dfrac{4\sqrt{3}}{\sqrt{1+12}\cdot\sqrt{9+4}}=\dfrac{4\sqrt{3}}{13}$,$\sin\theta=\sqrt{1-\cos^2\theta}=\dfrac{11}{13}$.

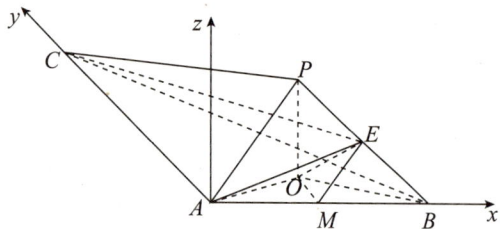

所以当 $m=\dfrac{1}{2}$ 时，$|\cos\theta|$ 最大，此时 $\sin\theta=\sqrt{1-\cos^2\theta}$ 最小.

故当 $B_1D=\dfrac{1}{2}$ 时，平面 BB_1C_1C 与平面 DFE 所成的二面角的正弦值最小.

【高7】(1)见解析；(2)$\dfrac{1}{2}$.

【解析】(1)由题得 $CC_1=AB=2$，$CF=\dfrac{1}{2}CC_1=1$，$BF=\sqrt{BC^2+CF^2}=\sqrt{5}$.

因为 $BF\perp A_1B_1$，$AB\ /\!/\ A_1B_1$，所以 $BF\perp AB$.

又因为 $BB_1\perp AB$，$BB_1\cap BF=B$，

所以 $AB\perp$ 平面 BCC_1B_1，于是有 $AB\perp BC$，

所以 $AC=\sqrt{AB^2+BC^2}=2\sqrt{2}$，$AE=CE=\dfrac{1}{2}AC=\sqrt{2}$.

连接 BE，A_1E，A_1B，于是 $\tan\angle A_1EA=\dfrac{AA_1}{AE}=\sqrt{2}$，

$\tan\angle FEC=\dfrac{CF}{CE}=\dfrac{\sqrt{2}}{2}$.

因为 $\tan\angle A_1EA\cdot\tan\angle FEC=1$，

所以 $\angle A_1EA+\angle FEC=90°$，于是 $A_1E\perp EF$.

又 $A_1E=\sqrt{A_1A^2+AE^2}=\sqrt{6}$，$BE=\dfrac{1}{2}AC=\sqrt{2}$，$A_1B=\sqrt{2}AB=2\sqrt{2}$.

因为 $A_1B^2=A_1E^2+BE^2$，所以 $A_1E\perp BE$.

又 $BE\cap EF=E$，

所以 $A_1E\perp$ 平面 BEF，于是 $A_1E\perp BF$.

又因为 $BF\perp A_1B_1$，$A_1E\cap A_1B_1=A_1$，

所以 $BF\perp$ 平面 A_1B_1E.

又因为 $DE\subset$ 平面 A_1B_1E，所以 $BF\perp DE$.

(2)建系如图所示，易知 $A(2,0,0)$，$B(0,0,0)$，$C(0,2,0)$，$E(1,1,0)$，$F(0,2,1)$，

设 $B_1D=m$，则 $D(m,0,2)$，于是 $\overrightarrow{DE}=(1-m,1,-2)$，$\overrightarrow{EF}=(-1,1,1)$，

易知平面 BB_1C_1C 的法向量为 $\boldsymbol{n}_1=(1,0,0)$.

设平面 DFE 的法向量为 $\boldsymbol{n}_2=(3,y,z)$，

则 $\begin{cases}\overrightarrow{DE}\cdot\boldsymbol{n}_2=3-3m+y-2z=0\\\overrightarrow{EF}\cdot\boldsymbol{n}_2=-3+y+z=0\end{cases}$，

可得 $\boldsymbol{n}_2=(3,m+1,2-m)$.

设所求二面角为 θ，于是有 $|\cos\theta|=\dfrac{|\boldsymbol{n}_1\cdot\boldsymbol{n}_2|}{|\boldsymbol{n}_1||\boldsymbol{n}_2|}=\dfrac{3}{1\times\sqrt{9+(m+1)^2+(2-m)^2}}=\dfrac{3}{\sqrt{2\left(m-\dfrac{1}{2}\right)^2+\dfrac{27}{2}}}$，

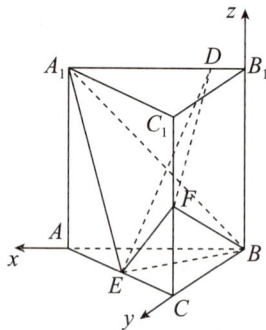

【高8】(1)$\sqrt{2}$；(2)$\dfrac{\sqrt{70}}{14}$.

【解析】(1)连接 BD，因为 $PD\perp$ 底面 $ABCD$，且 $AM\subset$ 平面 $ABCD$，所以 $AM\perp PD$.

又 $AM\perp PB$，$PB\cap PD=P$，

所以 $AM\perp$ 平面 PBD.

又 $BD\subset$ 平面 PBD，所以 $AM\perp BD$.

设 $BC=m$，则 $\tan\angle ABD=\dfrac{AD}{AB}=m$，

$\tan\angle BAM=\dfrac{BM}{AB}=\dfrac{m}{2}$，

于是有 $\tan\angle ABD\cdot\tan\angle BAM=\dfrac{m^2}{2}=1$，又 $m>0$，解得 $m=\sqrt{2}$，即 $BC=\sqrt{2}$.

(2)建系如图所示，易知 $A(\sqrt{2},0,0)$，$B(\sqrt{2},1,0)$，$M\left(\dfrac{\sqrt{2}}{2},1,0\right)$，$P(0,0,1)$，

所以 $\overrightarrow{AP}=(-\sqrt{2},0,1)$，$\overrightarrow{AM}=\left(-\dfrac{\sqrt{2}}{2},1,0\right)$，

$\overrightarrow{BM}=\left(-\dfrac{\sqrt{2}}{2},0,0\right)$，$\overrightarrow{BP}=(-\sqrt{2},-1,1)$.

设平面 AMP 的法向量为 $\boldsymbol{n}_1=(x_1,1,z_1)$，

则有 $\begin{cases}\overrightarrow{AP}\cdot\boldsymbol{n}_1=-\sqrt{2}x_1+z_1=0\\\overrightarrow{AM}\cdot\boldsymbol{n}_1=-\dfrac{\sqrt{2}}{2}x_1+1=0\end{cases}$，解得 $\boldsymbol{n}_1=(\sqrt{2},1,2)$.

设平面 BMP 的法向量为 $\boldsymbol{n}_2=(x_2,1,z_2)$，

则有 $\begin{cases}\overrightarrow{BM}\cdot\boldsymbol{n}_2=-\dfrac{\sqrt{2}}{2}x_2=0\\\overrightarrow{BP}\cdot\boldsymbol{n}_2=-\sqrt{2}x_2-1+z_2=0\end{cases}$，解得 $\boldsymbol{n}_2=(0,1,1)$.

设所求二面角为 θ，则 $|\cos\theta|=\dfrac{|\boldsymbol{n}_1\cdot\boldsymbol{n}_2|}{|\boldsymbol{n}_1||\boldsymbol{n}_2|}=$

$$\frac{3}{\sqrt{2+1+4}\times\sqrt{1+1}}=\frac{3}{\sqrt{14}},$$

于是 $\sin\theta=\sqrt{1-\cos^2\theta}=\frac{\sqrt{70}}{14}$，即所求二面角的正弦值

为 $\frac{\sqrt{70}}{14}$.

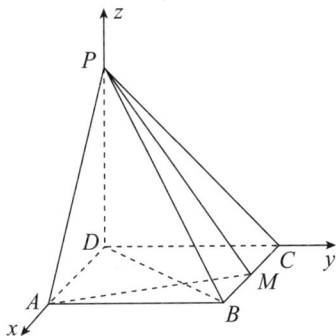

【高9】 (1)见解析；(2) $\frac{\sqrt{3}}{6}$.

【解析】 (1)因为 $AB=AD$，O 为 BD 的中点，

所以 $OA\perp BD$.

又平面 $ABD\perp$ 平面 BCD，平面 $ABD\cap$ 平面 $BCD=BD$，

所以 $OA\perp$ 平面 BCD.

又 $CD\subset$ 平面 BCD，所以 $OA\perp CD$.

(2)取 OD 的中点 F，连接 CF，因为 $\triangle OCD$ 为正三角形，

所以 $CF\perp OD$.

过 O 作 $OM\parallel CF$ 与 BC 交于点 M，则 $OM\perp OD$，易知

$OF=\frac{1}{2}$，$CF=\frac{\sqrt{3}}{2}$，设 $OA=t(t>0)$.

建系如图所示，易知 $B(0,-1,0)$，$C\left(\frac{\sqrt{3}}{2},\frac{1}{2},0\right)$，

$D(0,1,0)$，$A(0,0,t)$，$E\left(0,\frac{1}{3},\frac{2t}{3}\right)$，

易知平面 BCD 的一个法向量为 $\boldsymbol{n}_1=(0,0,1)$，

$\overrightarrow{BC}=\left(\frac{\sqrt{3}}{2},\frac{3}{2},0\right)$，$\overrightarrow{BE}=\left(0,\frac{4}{3},\frac{2t}{3}\right)$，设平面 BCE 的法

向量为 $\boldsymbol{n}_2=(x,y,2)$，

所以 $\begin{cases}\overrightarrow{BC}\cdot\boldsymbol{n}_2=\frac{\sqrt{3}}{2}x+\frac{3}{2}y=0\\ \overrightarrow{BE}\cdot\boldsymbol{n}_2=\frac{4}{3}y+\frac{4t}{3}=0\end{cases}$，解得 $\boldsymbol{n}_2=(\sqrt{3}t,-t,2)$.

因为二面角 $E-BC-D$ 的大小为 $45°$，

所以 $|\cos45°|=\frac{|\boldsymbol{n}_1\cdot\boldsymbol{n}_2|}{|\boldsymbol{n}_1||\boldsymbol{n}_2|}=\frac{2}{1\times\sqrt{3t^2+t^2+4}}=\frac{\sqrt{2}}{2}$.

又 $t>0$，解得 $t=1$，即 $OA=1$.

又 $S_{\triangle BCD}=2S_{\triangle OCD}=2\times\frac{\sqrt{3}}{4}=\frac{\sqrt{3}}{2}$，所以 $V_{A-BCD}=$

$\frac{1}{3}S_{\triangle BCD}\cdot OA=\frac{1}{3}\times\frac{\sqrt{3}}{2}\times1=\frac{\sqrt{3}}{6}$.

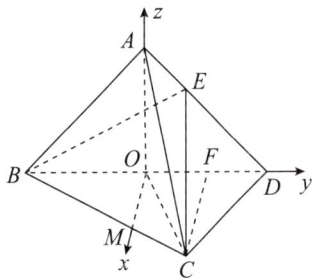

【高10】 (1)见解析；(2) $\frac{2}{3}$.

【解析】 (1)取 AD 的中点 E，连接 QE，因为 $QD=QA$，所以 $QE\perp AD$.

由 $AD=2$，可知 $DE=1$，$QE=\sqrt{QD^2-DE^2}=2$，$CE=$ $\sqrt{CD^2+DE^2}=\sqrt{5}$.

因为 $QE^2+CE^2=QC^2=9$，所以 $QE\perp CE$.

又 $AD\cap CE=E$，所以 $QE\perp$ 平面 $ABCD$.

又 $QE\subset$ 平面 QAD，所以平面 $QAD\perp$ 平面 $ABCD$.

(2)取 BC 中点 F，连接 EF，建系如图所示，

易知 $B(2,-1,0)$，$Q(0,0,2)$，$D(0,1,0)$，$A(0,-1,0)$，

易知平面 QAD 的一个法向量为 $\boldsymbol{n}_1=(1,0,0)$，

$\overrightarrow{BQ}=(-2,1,2)$，$\overrightarrow{QD}=(0,1,-2)$，设平面 QBD 的法向

量为 $\boldsymbol{n}_2=(x,y,1)$，

所以 $\begin{cases}\overrightarrow{BQ}\cdot\boldsymbol{n}_2=-2x+y+2=0\\ \overrightarrow{QD}\cdot\boldsymbol{n}_2=y-2=0\end{cases}$，解得 $\boldsymbol{n}_2=(2,2,1)$.

设所求二面角为 θ，

则 $\cos\theta=\frac{\boldsymbol{n}_1\cdot\boldsymbol{n}_2}{|\boldsymbol{n}_1||\boldsymbol{n}_2|}=\frac{2}{1\times\sqrt{4+4+1}}=\frac{2}{3}$.

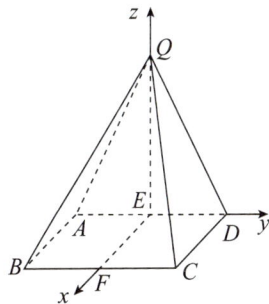

【高11】 (1)见解析；(2) $\frac{1}{2}$.

【解析】 (1)连接 DE，由题得平面 $ABCD\parallel$ 平面 $A_1B_1C_1D_1$.

又平面 $CDE\cap$ 平面 $ABCD=CD$，平面 $CDE\cap$ 平面 $A_1B_1C_1D_1=EF$，

所以 $CD\parallel EF$，于是 $C_1D_1\parallel EF$.

又 E 为 A_1D_1 中点，所以 F 为 B_1C_1 的中点.

(2)建系如图所示，设正方体棱长为 $2a$，$\frac{A_1M}{A_1B_1}=\lambda$，易知

$0 \leqslant \lambda \leqslant 1$,

易知 $M(2a, 2a\lambda, 2a), C(0, 2a, 0), F(a, 2a, 2a), E(a, 0, 2a)$,

$\overrightarrow{FM} = (a, 2a(\lambda-1), 0), \overrightarrow{CF} = (a, 0, 2a), \overrightarrow{EF} = (0, 2a, 0)$.

设平面 MCF 的法向量为 $\boldsymbol{n}_1 = (x_1, 1, z_1)$,

所以 $\begin{cases} \overrightarrow{FM} \cdot \boldsymbol{n}_1 = ax_1 + 2a(\lambda-1) = 0 \\ \overrightarrow{CF} \cdot \boldsymbol{n}_1 = ax_1 + 2az_1 = 0 \end{cases}$,

解得 $\boldsymbol{n}_1 = (2-2\lambda, 1, \lambda-1)$.

设平面 ECF 的法向量为 $\boldsymbol{n}_2 = (x_2, y_2, 1)$,

所以 $\begin{cases} \overrightarrow{CF} \cdot \boldsymbol{n}_2 = ax_2 + 2a = 0 \\ \overrightarrow{EF} \cdot \boldsymbol{n}_2 = 2ay_2 = 0 \end{cases}$,解得 $\boldsymbol{n}_2 = (-2, 0, 1)$.

设二面角 $M-CF-E$ 为 θ,则 $|\cos\theta| = \dfrac{|\boldsymbol{n}_1 \cdot \boldsymbol{n}_2|}{|\boldsymbol{n}_1||\boldsymbol{n}_2|} = $

$\dfrac{5-5\lambda}{\sqrt{4(1-\lambda)^2+1+(1-\lambda)^2} \times \sqrt{4+1}} = \dfrac{\sqrt{5}}{3}$,

可得 $(1-\lambda)^2 = \dfrac{1}{4}$,解得 $\lambda = \dfrac{1}{2}$ 或 $\lambda = \dfrac{3}{2}$(舍去),即 $\dfrac{A_1M}{A_1B_1}$

$= \dfrac{1}{2}$.

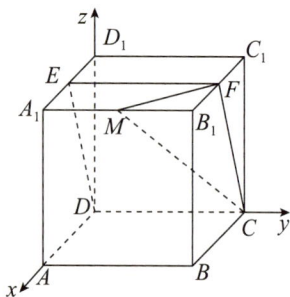

专题 8 球的切接

【高 1】C.

【解析】记四棱锥为 $O-ABCD$,底面外接圆圆心为 H,画出如图所示的透视图.

由题知 $OA = 1$,设高 $OH = h$,

由勾股定理 $AH = \sqrt{1-h^2}$,

于是底面边长为 $AB = \sqrt{2} \cdot \sqrt{1-h^2}$,

四棱锥体积为 $V_{O-ABCD} = \dfrac{1}{3} \cdot AB^2 \cdot h = \dfrac{2}{3}h(1-h^2)$,易知 $0 < h < 1$,

记 $f(x) = x(1-x^2) = -x^3 + x, 0 < x < 1, f'(x) = -3x^2 +$

$1 = -3\left(x + \dfrac{\sqrt{3}}{3}\right)\left(x - \dfrac{\sqrt{3}}{3}\right)$,

当 $0 < x < \dfrac{\sqrt{3}}{3}$ 时,$f'(x) > 0$,$f(x)$ 单增;当 $\dfrac{\sqrt{3}}{3} < x < 1$ 时,

$f'(x) < 0$,$f(x)$ 单减.

故当 $x = \dfrac{\sqrt{3}}{3}$ 时,$f(x)$ 取最大值,即 $h = \dfrac{\sqrt{3}}{3}$ 时,V_{O-ABCD} 取

最大值.

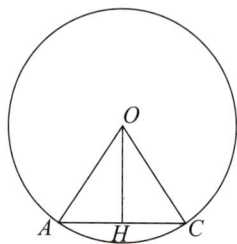

【高 2】A.

【解析】画出三棱台上下底面的外接圆,易知半径分别

为 $\dfrac{3\sqrt{3}}{\sqrt{3}} = 3, \dfrac{4\sqrt{3}}{\sqrt{3}} = 4$.

由上下底面外接圆形成圆台,则三棱台的外接球与圆台

的外接球相同.

画出如下图所示的透视图,设 AB, CD 分别为上下底面

外接圆直径,F, E 分别为上下底面外接圆圆心,

O 为外接球球心,于是 $EF = 1, AF = 3, CE = 4$.

设外接球半径为 R.如图 1 所示,则 $EF = \sqrt{R^2-3^2} - $

$\sqrt{R^2-4^2} = 1$,解得 $R = 5$;如图 2 所示,$EF = \sqrt{R^2-3^2} + $

$\sqrt{R^2-4^2} = 1$,无解.

于是外接球表面积为 $S = 4\pi R^2 = 100\pi$.

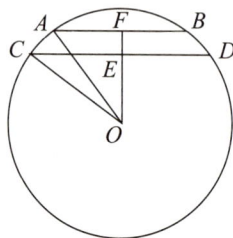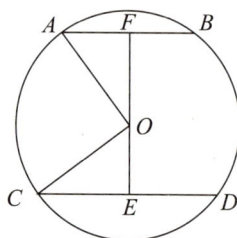

图 1   图 2

【高 3】B.

【解析】画出如下图所示的透视图,设 MN 为底面外接

圆的直径,H 为 P 在底面的投影,$PG = 5$,

于是 $HN = \dfrac{6}{\sqrt{3}} = 2\sqrt{3}, PN = 6$,

$PH = \sqrt{PN^2 - HN^2} = \sqrt{36-12} = 2\sqrt{6}$,

所以 $GH = \sqrt{PG^2 - PH^2} = \sqrt{25-24} = 1$,

于是集合 T 表示以 GH 为半径的圆面,面积为 $\pi \times 1^2$

$= \pi$.

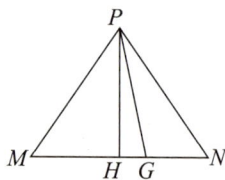

【高 4】A.

【解析】因为 $AC \perp BC, AC = BC = 1$,所以底面 ABC 为

等腰直角三角形,

所以△ABC所在的截面圆的圆心H为斜边AB的中点.

所以OH⊥平面ABC.画出如下图所示的透视图.

在直角三角形ABC中,$AB=\sqrt{AC^2+BC^2}=\sqrt{2}$,$AH=\dfrac{\sqrt{2}}{2}$.

在直角三角形AOH中,$OH=\sqrt{OA^2-AH^2}=\dfrac{\sqrt{2}}{2}$.

故三棱锥$O-ABC$的体积为$V=\dfrac{1}{3}\cdot S_{\triangle ABC}\cdot OH=$

$\dfrac{1}{3}\times\dfrac{1}{2}\times1\times1\times\dfrac{\sqrt{2}}{2}=\dfrac{\sqrt{2}}{12}$.

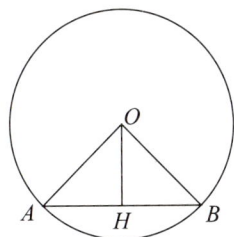

【高5】 C.

【解析】 由题得轨道高度$h=36000$ km,地球半径$r=$
6400 km,

由如下图所示的透视图可得$\cos\alpha=\dfrac{r}{r+h}$,

所以S占地球表面积的百分比为$\dfrac{2\pi r^2(1-\cos\alpha)}{4\pi r^2}=$

$\dfrac{1-\cos\alpha}{2}=\dfrac{h}{2(r+h)}\approx42\%$.

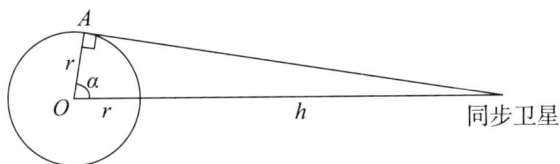

【高6】 C.

【解析】 记正四棱锥为$P-ABCD$,底面中心为H,AB
与CD的中点分别为E,F,

设底面正方形边长为a,即$EF=AB=a$,侧面三角形底
边上的高为b,即$PE=b$.

画出如下图所示的透视图,可得

$PH^2=PE^2-EH^2=b^2-\left(\dfrac{a}{2}\right)^2=b^2-\dfrac{a^2}{4}$.

又由题知$PH^2=S_{\triangle PAB}=\dfrac{1}{2}ab$,可得

$4\left(\dfrac{b}{a}\right)^2-2\left(\dfrac{b}{a}\right)-1=0$,

解得$\dfrac{b}{a}=\dfrac{1+\sqrt{5}}{4}$或$\dfrac{b}{a}=\dfrac{1-\sqrt{5}}{4}$(舍).

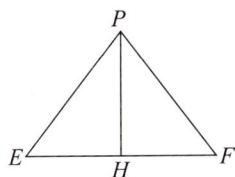

【高7】 $\dfrac{\sqrt{2}}{2}\pi$.

【解析】 设B_1C_1中点为E,易知$D_1E\perp B_1C_1$,

于是D_1与平面BCC_1B_1的距离为$D_1E=C_1D_1\sin60°=\sqrt{3}$.

记以D_1为球心,以$\sqrt{5}$为半径的球面与平面BCC_1B_1交
线圆的直径为MN,

画出如图1所示的透视图,可得$ME=\sqrt{D_1M^2-D_1E^2}$
$=\sqrt{5-3}=\sqrt{2}$,

由几何关系易得,所求交线为以E为圆心,$\sqrt{2}$为半径的
四分之一圆弧FG,如图2所示,

于是交线长为$l=\dfrac{\pi}{2}\times\sqrt{2}=\dfrac{\sqrt{2}}{2}\pi$.

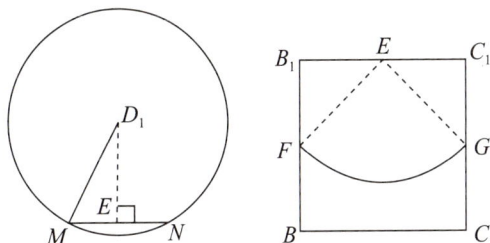

图1　　　　　图2

【高8】 26;$\sqrt{2}-1$.

【解析】 由图易得总面数为$8+8+8+2=26$.

设所求棱长为a,由如下图所示的透视图可得$\dfrac{a}{\sqrt{2}}+a+$

$\dfrac{a}{\sqrt{2}}=1$,解得$a=\sqrt{2}-1$.

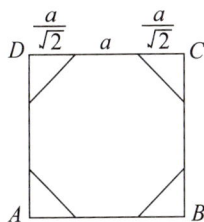

【高9】 $\dfrac{\sqrt{2}}{3}\pi$.

【解析】 记底面半径为$r=1$,母线为$l=3$,高为$h=$
$\sqrt{l^2-r^2}=2\sqrt{2}$.

又知母线与底面夹角余弦值为$\cos\theta=\dfrac{r}{l}=\dfrac{1}{3}$,所以圆

锥表面积为$S=\pi r^2+\dfrac{\pi r^2}{\cos\theta}=4\pi$.

设内切圆半径为R,于是$R=\dfrac{\pi r^2}{S}\cdot h=\dfrac{h}{4}=\dfrac{\sqrt{2}}{2}$,于是内

切球体积为$V=\dfrac{4}{3}\pi R^3=\dfrac{\sqrt{2}}{3}\pi$,

即该圆锥内半径最大的球的体积为$\dfrac{\sqrt{2}}{3}\pi$.

【高10】C.

【解析】设外接球半径为R,由题得球的体积$V=\frac{4}{3}\pi R^3=36\pi$,可得$R=3$.

设正四棱锥高为h,于是外接球直径$2R=\frac{l^2}{h}=6$,得$l^2=6h$,

于是底面外接圆半径为$R_0=\sqrt{l^2-h^2}$,故底面正方形边长为$\sqrt{2}R_0=\sqrt{2}\cdot\sqrt{l^2-h^2}$,

所以正四棱锥体积为$V=\frac{1}{3}\cdot 2R_0^2\cdot h=\frac{2}{3}h(l^2-h^2)=\frac{2}{3}(-h^3+6h^2)$.

又由$3\leqslant l\leqslant 3\sqrt{3}$,可知$h=\frac{l^2}{6}\in\left[\frac{3}{2},\frac{9}{2}\right]$.

设函数$f(x)=\frac{2}{3}(-x^3+6x^2)$,$x\in\left[\frac{3}{2},\frac{9}{2}\right]$,

则$f'(x)=-2x(x-4)$,

当$x\in\left(\frac{3}{2},4\right)$时,$f'(x)>0$,$f(x)$单增;当$x\in\left(4,\frac{9}{2}\right)$时,$f'(x)<0$,$f(x)$单减.

于是$f_{max}=f(4)=\frac{64}{3}$,由$f\left(\frac{3}{2}\right)=\frac{27}{4}$,$f\left(\frac{9}{2}\right)=\frac{81}{4}$,知$f_{min}=\frac{27}{4}$,

于是$f(x)\in\left[\frac{27}{4},\frac{64}{3}\right]$,即正四棱锥体积的取值范围为$\left[\frac{27}{4},\frac{64}{3}\right]$.

第十章　直线与圆

第2节　圆

【高1】$x^2+y^2-4x-6y=0$ 或 $x^2+y^2-4x-2y=0$ 或 $x^2+y^2-\frac{8}{3}x-\frac{14}{3}y=0$ 或 $x^2+y^2-\frac{16}{5}x-2y-\frac{16}{5}=0$.

【解析】设圆的方程 $x^2+y^2+Dx+Ey+F=0$,若选取$(0,0)$,$(4,0)$,$(-1,1)$三点,

有$\begin{cases}F=0\\16+4D+F=0\\1+1-D+E+F=0\end{cases}$,解得$\begin{cases}D=-4\\E=-6\\F=0\end{cases}$,

所以圆的方程 $x^2+y^2-4x-6y=0$.

若选择其他三点,同理可算得圆的方程为 $x^2+y^2-4x-2y=0$,$x^2+y^2-\frac{8}{3}x-\frac{14}{3}y=0$,$x^2+y^2-\frac{16}{5}x-2y-\frac{16}{5}=0$.

【高2】B.

【解析】由题知圆心在第一象限,设圆心为(m,m),于是半径为m,

则圆的方程为$(x-m)^2+(y-m)^2=m^2$,

于是有$(2-m)^2+(1-m)^2=m^2$,即$m^2-6m+5=0$,解得$m=1$或$m=5$.

当$m=1$,即圆心为$(1,1)$时,

所求距离为$d=\frac{|2-1-3|}{\sqrt{4+1}}=\frac{2\sqrt{5}}{5}$.

当$m=5$即圆心为$(5,5)$时,

所求距离为$d=\frac{|10-5-3|}{\sqrt{4+1}}=\frac{2\sqrt{5}}{5}$.

综上,所求距离为$\frac{2\sqrt{5}}{5}$.

【高3】$\frac{\sqrt{3}}{3}$.

【解析】由题得圆的标准方程为 $x^2+(y-2)^2=1$,圆心$(0,2)$,半径为1,

双曲线渐近线为$y=\pm\frac{x}{m}$,不妨取渐近线$x+my=0$,

于是圆心到渐近线的距离为$d=\frac{|2m|}{\sqrt{1+m^2}}=1$,解得$m=\frac{\sqrt{3}}{3}$或$m=-\frac{\sqrt{3}}{3}$(舍).

【高4】$\left[\frac{1}{3},\frac{3}{2}\right]$.

【解析】圆$(x+3)^2+(y+2)^2=1$关于y轴对称的圆为C:$(x-3)^2+(y+2)^2=1$,

由对称性可知直线AB与圆C有公共点.

设AB:$y=k(x+2)+3$,圆C的圆心$C(3,-2)$,半径为1,

于是圆心C到直线AB的距离为$d=\frac{|5k+5|}{\sqrt{1+k^2}}\leqslant 1$,化简可得$24k^2+50k+24\leqslant 0$,

解得$-\frac{4}{3}\leqslant k\leqslant-\frac{3}{4}$,于是直线$AB$在$y$轴的截距为$a=2k+3$,所以$a\in\left[\frac{1}{3},\frac{3}{2}\right]$.

【高5】A.

【解析】由题得圆心为$(a,0)$,且直线过圆心,

于是有$2a+0-1=0$,解得$a=\frac{1}{2}$.

【高6】A、C、D.

【解析】由题得直线AB:$\frac{x}{4}+\frac{y}{2}=1$,即$x+2y-4=0$,

圆$(x-5)^2+(y-5)^2=16$的圆心为$(5,5)$,半径为4,

圆心到直线AB的距离$d=\frac{|5+10-4|}{\sqrt{1^2+2^2}}=\frac{11}{\sqrt{5}}=\frac{11\sqrt{5}}{5}>4$,

所以点P到直线AB的距离的范围为:$\left[\frac{11\sqrt{5}}{5}-4,\frac{11\sqrt{5}}{5}+4\right]$.

因为 $\frac{11\sqrt{5}}{5}<5$，可知 $\frac{11\sqrt{5}}{5}-4<1$，且 $\frac{11\sqrt{5}}{5}+4<10$，

所以点 P 到直线 AB 的距离小于 10，但不一定大于 2，A 正确，B 错误.

如图所示，当过 B 的直线与圆相切时，

满足 $\angle PBA$ 最小或最大（P 点位于 P_1 时，$\angle PBA$ 最小，P 点位于 P_2 时，$\angle PBA$ 最大）.

由切线长公式，此时 $|PB|=\sqrt{(0-5)^2+(2-5)^2-16}=3\sqrt{2}$，C 正确，D 正确.

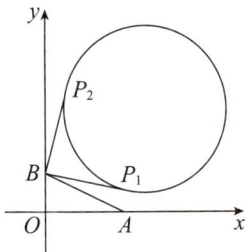

【高7】A、B、D.

【解析】由题得圆心 $C(0,0)$ 到直线 l 的距离

$$d=\frac{r^2}{\sqrt{a^2+b^2}}.$$

若点 A 在圆 C 上，有 $a^2+b^2=r^2$，于是 $d=\frac{r^2}{\sqrt{a^2+b^2}}=r$，

此时直线 l 与圆 C 相切，A 正确；

若点 A 在圆 C 内，有 $a^2+b^2<r^2$，于是 $d=\frac{r^2}{\sqrt{a^2+b^2}}>r$，

此时直线 l 与圆 C 相离，B 正确；

若点 A 在圆 C 外，有 $a^2+b^2>r^2$，于是 $d=\frac{r^2}{\sqrt{a^2+b^2}}<r$，

此时直线 l 与圆 C 相交，C 错误；

若点 A 在直线 l 上，有 $a^2+b^2-r^2=0$，于是 $d=\frac{r^2}{\sqrt{a^2+b^2}}=r$，直线 l 与圆 C 相切，D 正确.

【高8】B.

【解析】易知直线过定点 $(-1,0)$，

所求距离的最大值为点 $(0,-1)$ 与 $(-1,0)$ 的距离，

即 $d=\sqrt{1+1}=\sqrt{2}$.

【高9】A.

【解析】由题得圆心为 $(2,0)$，半径为 $r=\sqrt{2}$，$A(-2,0)$，$B(0,-2)$，

所以圆心到直线距离为 $d=\frac{|2+0+2|}{\sqrt{1+1}}=2\sqrt{2}$，

且由两点间距离公式得 $|AB|=2\sqrt{2}$.

又知点 P 到 AB 距离 $d_P\in[d-r,d+r]$，

即 $d_P\in[\sqrt{2},3\sqrt{2}]$，

所以 $S_{\triangle ABP}=\frac{1}{2}|AB|\cdot d_P\in[2,6]$.

【高10】B.

【解析】如图所示，连接 OC，易知 $OC\perp AB$，$\triangle OAB$ 为正三角形，

由题得 $|OA|=2$，$|AC|=1$，

故 $|OC|=\sqrt{|OA|^2-|AC|^2}=\sqrt{3}$，于是 $|CD|=2-\sqrt{3}$，

所以 $s=|AB|+\frac{|CD|^2}{|OA|}=2+\frac{(2-\sqrt{3})^2}{2}=\frac{11-4\sqrt{3}}{2}$.

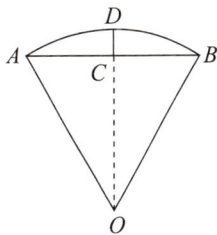

【高11】C.

【解析】由题得圆心 $C(0,0)$ 到直线 l 的距离 $d=\frac{|m|}{\sqrt{k^2+1}}$，记弦长为 h，圆的半径为 $r=2$，

由 $d^2+\left(\frac{h}{2}\right)^2=r^2$，可得 $\frac{m^2}{k^2+1}+\frac{h^2}{4}=4$，

即 $h=\sqrt{16-\frac{4m^2}{k^2+1}}$，

易知当 $k^2=0$ 时，h 取得最小值 2，即 $2=\sqrt{16-4m^2}$，解得 $m=\pm\sqrt{3}$.

【高12】B.

【解析】由题得圆的标准方程为 $(x-3)^2+y^2=9$，圆心 $(3,0)$，半径为 $r=3$.

易知当圆心与点 $(1,2)$ 连线垂直于弦时，弦长最短.

又圆心与点 $(1,2)$ 距离为 $d=\sqrt{(3-1)^2+2^2}=2\sqrt{2}$，记弦长为 l，

由 $d^2+\left(\frac{l}{2}\right)^2=r^2$ 得 $8+\left(\frac{l}{2}\right)^2=9$，解得弦长 $l=2$.

【高13】$2\sqrt{2}$.

【解析】由题得圆的标准方程为 $x^2+(y+1)^2=4$，圆心 $(0,-1)$，半径 $r=2$.

又圆心与直线距离为 $d=\frac{2}{\sqrt{1+1}}=\sqrt{2}$.记弦长为 l.

由 $d^2+\left(\frac{l}{2}\right)^2=r^2$，得 $2+\left(\frac{l}{2}\right)^2=4$，解得弦长 $l=2\sqrt{2}$，即 $|AB|=2\sqrt{2}$.

第十一章　圆锥曲线

第1节　椭　圆

【高1】C.

【解析】由题得 $B(0,b)$，设 $P(x_0,y_0)$，

则 $|PB|=\sqrt{x_0^2+(y_0-b)^2}$. 又 $\dfrac{x_0^2}{a^2}+\dfrac{y_0^2}{b^2}=1$，

于是 $|PB|=\sqrt{-\dfrac{c^2}{b^2}y_0^2-2by_0+a^2+b^2}\leqslant 2b$，

可得 $c^2y_0^2+2b^3y_0+b^2(3b^2-a^2)\geqslant 0$，$y_0\in[-b,b]$.

令函数 $f(t)=c^2t^2+2b^3t+b^2(3b^2-a^2)$，

易知 $f(-b)=0$，

于是有对称轴 $t=-\dfrac{b^3}{c^2}\leqslant -b$，可得 $b^2\geqslant c^2$.

令 $a=1$，得 $c^2\leqslant\dfrac{1}{2}$，$0<c\leqslant\dfrac{\sqrt{2}}{2}$，即离心率 $e\in\left(0,\dfrac{\sqrt{2}}{2}\right]$.

【高2】D.

【解析】由题得 $|PF_2|=|F_1F_2|=2c$，作 PH 垂直于 x 轴于 H，

易知 $\angle HF_2P=60°$，于是 $|HF_2|=|PF_2|\cos 60°=c$，$|PH|=|PF_2|\sin 60°=\sqrt{3}c$，所以 $P(2c,\sqrt{3}c)$.

又 $A(-a,0)$，于是 $k_{PA}=\dfrac{\sqrt{3}c}{2c+a}=\dfrac{\sqrt{3}}{6}$.

令 $a=1$，可得 $c=\dfrac{1}{4}$，即 $e=\dfrac{1}{4}$.

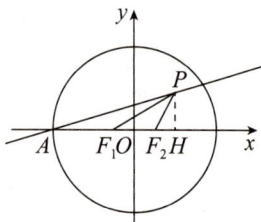

【高3】8.

【解析】因为 P,Q 为 C 上关于坐标原点对称的两点，且 $|PQ|=|F_1F_2|$，

所以四边形 PF_1QF_2 为矩形，于是 $\angle F_1PF_2=90°$，

于是 $S_{\triangle F_1PF_2}=b^2\tan 45°=4\times 1=4$，故 $S_{PF_1QF_2}=2S_{\triangle F_1PF_2}=8$.

【高4】C.

【解析】由题得 $|MF_1|+|MF_2|=6$，

所以 $|MF_1||MF_2|\leqslant\left(\dfrac{|MF_1|+|MF_2|}{2}\right)^2=9$，当且仅当 $|MF_1|=|MF_2|=3$ 时，取等号，

所以 $|MF_1||MF_2|$ 的最大值为9.

【高5】D.

【解析】由题得焦点三角形为直角三角形，且三边比值

为 $1:\sqrt{3}:2$，

于是 $e=\dfrac{2}{\sqrt{3}+1}=\sqrt{3}-1$.

【高6】$(3,\sqrt{15})$.

【解析】不妨令 F_1,F_2 分别为左、右焦点，由题得 $a=6$，$c=\sqrt{36-20}=4$，设 $M(x_0,y_0)$，

设椭圆上顶点为 N，$|NF_2|=a=6$，于是可知 $|MF_2|<|NF_2|=6$，

所以知等腰三角形中 $|MF_1|=|F_1F_2|=2c=8$，

此时 $|MF_2|=2a-|MF_1|=4$，

易知 $S_{\triangle MF_1F_2}=\dfrac{1}{2}\times 4\times\sqrt{8^2-2^2}=4\sqrt{15}$.

又 $S_{\triangle MF_1F_2}=\dfrac{1}{2}\times 2c\times y_0=4y_0$，

可得 $y_0=\sqrt{15}$. 又 M 在第一象限，则 $M(3,\sqrt{15})$.

【高7】B.

【解析】设 $|AF_2|=2|F_2B|=2m$，

于是 $|AB|=|BF_1|=3m$，

根据椭圆定义 $|BF_1|+|F_2B|=4m=2a$，可知 $m=\dfrac{a}{2}$，$|AF_2|=a$，即 A 为短轴端点.

设直线 AB 的倾斜角为 θ，根据差和余公式得

$e=\dfrac{c}{a}=\dfrac{2-1}{(2+1)|\cos\theta|}$.

又 $|\cos\theta|=\dfrac{c}{a}$，于是解得 $\dfrac{c}{a}=\dfrac{1}{\sqrt{3}}$，

又知 $c=1$，$a^2-b^2=c^2$，可得 $a^2=3$，$b^2=2$，

故椭圆方程为 $\dfrac{x^2}{3}+\dfrac{y^2}{2}=1$.

第2节　双曲线

【高1】-3.

【解析】由题得双曲线为 $y^2-\dfrac{x^2}{-m}=1$，

渐近线为 $y=\pm\dfrac{1}{\sqrt{-m}}x$，

于是 $\dfrac{1}{\sqrt{-m}}=\dfrac{\sqrt{3}}{3}$，可得 $m=-3$.

【高2】4.

【解析】由题得双曲线的渐近线为 $y=\pm\dfrac{1}{\sqrt{m}}x$，

于是题中渐近线斜率为 $-\dfrac{\sqrt{3}}{m}=-\dfrac{1}{\sqrt{m}}$，解得 $m=3$，

则双曲线的方程为 $\dfrac{x^2}{3}-y^2=1$，$c=\sqrt{3+1}=2$，焦距 $2c=4$.

【高3】$y=\pm\sqrt{3}x$.

【解析】由题得 $e=\dfrac{c}{a}=2$，即 $c=2a$，于是 $b=\sqrt{c^2-a^2}=\sqrt{3}\,a$，

故双曲线 C 的渐近线方程为 $y=\pm\dfrac{b}{a}x=\pm\sqrt{3}\,x$.

【高 4】A.

【解析】由题得 $e=\dfrac{c}{a}=2$，即 $c=2a$，可得 $b=\sqrt{c^2-a^2}=\sqrt{3}\,a$，

且满足 $\dfrac{2}{a^2}-\dfrac{3}{b^2}=\dfrac{2}{a^2}-\dfrac{3}{3a^2}=1$，解得 $a^2=1$，于是 $b^2=3$，

故双曲线的方程为 $x^2-\dfrac{y^2}{3}=1$.

【高 5】A，C，D.

【解析】若 $m>n>0$，则 $C:\dfrac{y^2}{\frac{1}{n}}+\dfrac{x^2}{\frac{1}{m}}=1$，$C$ 是椭圆，其焦点在 y 轴上，A 正确；

若 $m=n>0$，则 $C:x^2+y^2=\dfrac{1}{n}$，C 是圆，其半径为 $\dfrac{1}{\sqrt{n}}$，B 错误；

若 $mn<0$，则 $C:\dfrac{x^2}{\frac{1}{m}}+\dfrac{y^2}{\frac{1}{n}}=1$，$C$ 是双曲线，其渐近线方程为 $y=\pm\sqrt{-\dfrac{m}{n}}\,x$，C 正确；

若 $m=0,n>0$，则 $C:y=\pm\dfrac{1}{\sqrt{n}}$，$C$ 是两条直线，D 正确.

【高 6】C.

【解析】设下图中切点为 A，连接 OA，作 $F_2B\perp MN$ 于 B，易知 $OA\perp MN$，

于是 OA 为 $\triangle F_1F_2B$ 的中位线.

又 $|OA|=a$，故 $|F_2B|=2a$.

在直角三角形 F_2BN 中，$\cos\angle BNF_2=\dfrac{3}{5}$，于是有 $|F_2N|=\dfrac{5a}{2}$，$|BN|=\dfrac{3a}{2}$.

在直角 $\triangle F_1OA$ 中，$|OA|=a$，$|OF_1|=c$，故 $|AF_1|=b$，于是 $|BF_1|=2b$.

根据双曲线定义，$|NF_1|-|F_2N|=|BN|+|BF_1|-|F_2N|=\dfrac{3a}{2}+2b-\dfrac{5a}{2}=2a$，

令 $a=1$，解得 $b=\dfrac{3}{2}$，于是 $c=\sqrt{a^2+b^2}=\dfrac{\sqrt{13}}{2}$，$e=\dfrac{\sqrt{13}}{2}$.

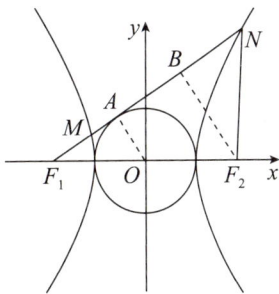

【高 7】2.

【解析】由题得 $A(a,0),B\left(c,\dfrac{b^2}{a}\right)$，

所以 $k_{AB}=\dfrac{\frac{b^2}{a}}{c-a}=3$. 又 $b^2=c^2-a^2$，令 $a=1$，

可得 $c^2-3c+2=0$，解得 $c=2$ 或 $c=1$（舍），即 $e=2$.

【高 8】A.

【解析】如下图所示，由题得 PQ 为直径，所以 $P\left(\dfrac{c}{2},\dfrac{c}{2}\right)$，

代入圆 $x^2+y^2=a^2$，可得 $\dfrac{c^2}{4}+\dfrac{c^2}{4}=a^2$，令 $a=1$，

于是有 $c=\sqrt{2}$，即 $e=\sqrt{2}$.

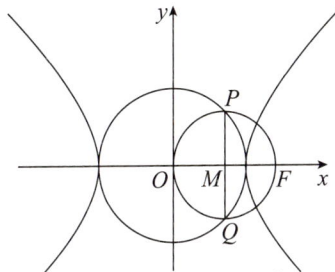

【高 9】D.

【解析】由题得 $e=\sqrt{1+\dfrac{b^2}{a^2}}=\sqrt{2}$，可得 $\dfrac{b}{a}=1$，

所以渐近线方程为 $y=\pm\dfrac{b}{a}x=\pm x$，不妨取 $y=x$，

则点 $(4,0)$ 到渐近线距离为 $d=\dfrac{|4|}{\sqrt{1+1}}=2\sqrt{2}$.

【高 10】A.

【解析】设 $|PF_1|=3m$，$|PF_2|=m$，

由余弦定理得 $|F_1F_2|^2=9m^2+m^2-2\times 3m\times m\times\cos 60°=7m^2$，得 $|F_1F_2|=\sqrt{7}\,m$，

所以离心率 $e=\dfrac{\sqrt{7}\,m}{3m-m}=\dfrac{\sqrt{7}}{2}$.

【高 11】B.

【解析】由题得 $c=\sqrt{1+3}=2$，所以 $|OP|=|OF_1|=|OF_2|=2$，

所以 $\angle F_1PF_2=90°$，故 $S_{\triangle PF_1F_2}=b^2\cot\dfrac{90°}{2}=3\times1=3$.

【高12】A.

【解析】由题得 $S_{\triangle PF_1F_2}=b^2\cot\dfrac{90°}{2}=b^2=4$，

于是离心率 $e=\dfrac{c}{a}=\sqrt{1+\dfrac{b^2}{a^2}}=\sqrt{1+\dfrac{4}{a^2}}=\sqrt5$,

解得 $a=1$.

第3节　抛物线

【高1】B.

【解析】由题得抛物线焦准距 $p=2$，$F(1,0)$，故 $|BF|=2$，设 $A(x_0,y_0)$，

于是 $|AF|=x_0+\dfrac{p}{2}=x_0+1=2$，$x_0=1$，不妨取 $A(1,2)$，

有 $|AB|=\sqrt{(3-1)^2+(0-2)^2}=2\sqrt2$.

【高2】$x=-\dfrac{3}{2}$.

【解析】不妨设 P 在第一象限，则易知 $P\left(\dfrac{p}{2},p\right)$，

$\overrightarrow{OP}=\left(\dfrac{p}{2},p\right)$，

设 $Q=(m,0)$，则 $\overrightarrow{PQ}=\left(m-\dfrac{p}{2},-p\right)$，

由 $PQ\perp OP$ 可得 $\overrightarrow{PQ}\cdot\overrightarrow{OP}=\dfrac{p}{2}\left(m-\dfrac{p}{2}\right)-p^2=0$，可得 $m=\dfrac{5p}{2}$，

于是 $Q\left(\dfrac{5p}{2},0\right)$，又 $F\left(\dfrac{p}{2},0\right)$，所以 $|FQ|=2p=6$，得 $p=3$，

所以抛物线的准线方程为 $x=-\dfrac{3}{2}$.

【高3】5；$4\sqrt5$.

【解析】由题得抛物线焦准距为 $p=2$，设 $M(x_0,y_0)$，

则 $|FM|=x_0+\dfrac{p}{2}=x_0+1=6$，得 $x_0=5$.

不妨设 M 在第一象限，于是 $M(5,2\sqrt5)$，$N(5,0)$，

所以 $|FN|=5-\dfrac{p}{2}=4$，$|MN|=2\sqrt5$.

所以 $S_{\triangle FMN}=\dfrac{1}{2}|FN||MN|=\dfrac{1}{2}\times4\times2\sqrt5=4\sqrt5$.

【高4】C.

【解析】由题得 A 点的横坐标为 $x_A=9$，

于是 A 到焦点的距离为 $x_A+\dfrac{p}{2}=9+\dfrac{p}{2}=12$，

解得 $p=6$.

【高5】A、C、D.

【解析】由题得 A 点横坐标为 $\dfrac{3p}{4}$，于是 $A\left(\dfrac{3p}{4},\dfrac{\sqrt6}{2}p\right)$，又

$F\left(\dfrac{p}{2},0\right)$，于是 $k_{AB}=\dfrac{\frac{\sqrt6}{2}p-0}{\frac{3p}{4}-\frac{p}{2}}=2\sqrt6$，A 正确；

记 AF 的偏角为 θ，易知 $\tan(\pi-\theta)=k_{AB}=2\sqrt6$，

可得 $\cos(\pi-\theta)=\dfrac{1}{5}$，

$|BF|=\dfrac{p}{1+\cos(\pi-\theta)}=\dfrac{5p}{6}$，又 $|BF|=x_B+\dfrac{p}{2}$，

可得 $x_B=\dfrac{p}{3}$，于是 $B\left(\dfrac{p}{3},-\dfrac{\sqrt6}{3}p\right)$，

所以 $|OB|=\sqrt{\left(\dfrac{p}{3}\right)^2+\left(-\dfrac{\sqrt6}{3}p\right)^2}=\dfrac{\sqrt7}{3}p\neq|OF|=\dfrac{p}{2}$，B 错误；

$|AB|=\dfrac{2p}{\sin^2\theta}=\dfrac{25p}{12}>4|OF|=2p$，C 正确；

$\overrightarrow{AO}=\left(-\dfrac{3p}{4},-\dfrac{\sqrt6}{2}p\right)$，$\overrightarrow{AM}=\left(\dfrac{p}{4},-\dfrac{\sqrt6}{2}p\right)$，

$\overrightarrow{BO}=\left(-\dfrac{p}{3},\dfrac{\sqrt6}{3}p\right)$，$\overrightarrow{BM}=\left(\dfrac{2p}{3},\dfrac{\sqrt6}{3}p\right)$，

$\overrightarrow{AO}\cdot\overrightarrow{AM}=\dfrac{21p^2}{16}>0$，$\overrightarrow{BO}\cdot\overrightarrow{BM}=\dfrac{4p^2}{9}>0$，

可知 $\angle OAM<90°$，$\angle OBM<90°$，$\angle OAM+\angle OBM<180°$，D 正确.

【高6】$\dfrac{16}{3}$.

【解析】由题得抛物线焦准距为 $p=2$，记抛物线焦点为 F，$F(1,0)$. 设 FA 的偏角为 θ，

于是 $|\tan\theta|=\sqrt3$，$|\sin\theta|=\dfrac{\sqrt3}{2}$，所以 $|AB|=\dfrac{2p}{\sin^2\theta}=\dfrac{4}{\frac{3}{4}}=\dfrac{16}{3}$.

第4节　直线与圆锥曲线的位置关系

【高1】B、C、D.

【解析】由题得 $1=2p\times1$，解得 $p=\dfrac{1}{2}$，准线为 $y=-\dfrac{1}{4}$，A 错误；

抛物线对应二次函数 $y=x^2$，求导可得 $y'=2x$，$y'|_{x=1}=2$，切点 $A(1,1)$，

于是在 A 处的切线方程为 $y=2x-1$，易知过 B 点，即直线 AB 与 C 相切，B 正确；

设直线 PQ：$y=kx-1$，联立 $\begin{cases}y=kx-1\\x^2=2py\end{cases}$，可得 $x^2-kx+1=0$，

设 $P(x_1,y_1)$，$Q(x_2,y_2)$，有 $x_1+x_2=k$，$x_1x_2=1$，

$|OP||OQ|=\sqrt{x_1^2+y_1^2}\cdot\sqrt{x_2^2+y_2^2}=$

$\sqrt{(x_1x_2)^4+(x_1x_2)^2[(x_1+x_2)^2-2x_1x_2+1]}=|k|$，

由 AB 与 C 相切可知 $|k|>2$，又易知 $|OA|^2=1+1=2$，

故 $|OP||OQ|>|OA|^2$，C 正确；

$\overrightarrow{BP}=(x_1,y_1+1)$，$\overrightarrow{BQ}=(x_2,y_2+1)$，

于是 $|BP||BQ|=\overrightarrow{BP}\cdot\overrightarrow{BQ}=x_1x_2+(y_1+1)(y_2+1)=$

$(x_1+x_2)^2+(x_1x_2)^2-x_1x_2+1=k^2+1>5$，

又易知 $|BA|^2=(0-1)^2+(-1-1)^2=5$，

故 $|BP||BQ|>|BA|^2$，D 正确.

【高 2】13.

【解析】由题得 $e=\dfrac{c}{a}=\dfrac{1}{2}$，又 $a^2=b^2+c^2$，

可得 $a=2c$，$b=\sqrt{3}c$，所以 $C:\dfrac{x^2}{4c^2}+\dfrac{y^2}{3c^2}=1$.

于是 $A(0,\sqrt{3}c)$，不妨令 $F_1(-c,0)$，$F_2(c,0)$，

有 $k_{AF_2}=-\dfrac{\sqrt{3}c}{c}=-\sqrt{3}$，

故 $k_{DE}=\dfrac{\sqrt{3}}{3}$，于是直线 $DE:y=\dfrac{\sqrt{3}}{3}(x+c)$，联立

$\begin{cases}y=\dfrac{\sqrt{3}}{3}(x+c)\\[2mm]\dfrac{x^2}{4c^2}+\dfrac{y^2}{3c^2}=1\end{cases}$，可得 $13x^2+8cx-32c^2=0$，

$\sqrt{\Delta}=\sqrt{64c^2+4\times13\times32c^2}=24\sqrt{3}c$.

设 $D(x_1,y_1)$，$E(x_2,y_2)$，

解得 $x_1=\dfrac{-8c+\sqrt{\Delta}}{26}=\dfrac{-4+12\sqrt{3}}{13}c$，$x_2=\dfrac{-8c-\sqrt{\Delta}}{26}=$

$\dfrac{-4-12\sqrt{3}}{13}c$，

$y_1=\dfrac{\sqrt{3}}{3}(x_1+c)=\dfrac{12+3\sqrt{3}}{13}c$，$y_2=\dfrac{\sqrt{3}}{3}(x_2+c)=$

$\dfrac{-12+3\sqrt{3}}{13}c$，

$|DE|=\sqrt{1+\dfrac{1}{3}}\cdot\dfrac{\sqrt{\Delta}}{13}=\dfrac{48c}{13}=6$，得 $c=\dfrac{13}{8}$，

$|AD|=\sqrt{x_1^2+(y_1-\sqrt{3}c)^2}=\dfrac{14-3\sqrt{3}}{4}$，$|AE|=$

$\sqrt{x_2^2+(y_2-\sqrt{3}c)^2}=\dfrac{14+3\sqrt{3}}{4}$，

于是 $\triangle ADE$ 的周长为 $|AD|+|AE|+|DE|=7+$

$6=13$.

【高 3】A.

【解析】设椭圆右顶点为 B，由对称性易知 AQ 与 BP 的

斜率互为相反数，

于是 $k_{AP}\cdot k_{AQ}=-k_{AP}\cdot k_{BP}=\dfrac{1}{4}$，由斜率积性质，

$k_{AP}\cdot k_{BP}=e^2-1=-\dfrac{1}{4}$，解得 $e=\dfrac{\sqrt{3}}{2}$.

【高 4】$x+\sqrt{2}y-2\sqrt{2}=0$.

【解析】设 AB 中点为 D，由 $|MA|=|NB|$ 可知 $|MD|=$ $|ND|$.

设 $D(x_0,y_0)$，知 $M(2x_0,0)$，$N(0,2y_0)$，有 $k_l=-\dfrac{y_0}{x_0}$，

易知椭圆离心率为 $e=\sqrt{1-\dfrac{3}{6}}=\dfrac{\sqrt{2}}{2}$.

由斜率积性质，$k_l\cdot k_{OD}=-\dfrac{y_0^2}{x_0^2}=e^2-1=-\dfrac{1}{2}$，得 $x_0^2=$

$2y_0^2$，$|MN|=\sqrt{4x_0^2+4y_0^2}=2\sqrt{3}$.

又 D 在第一象限，可解得 $x_0=\sqrt{2}$，$y_0=1$，$k_l=-\dfrac{1}{\sqrt{2}}$.

于是 $l:y=-\dfrac{1}{\sqrt{2}}(x-\sqrt{2})+1$，即 $l:x+\sqrt{2}y-2\sqrt{2}=0$.

【高 5】$3x+4y-5=0$ 或 $x=-1$ 或 $7x-24y-25=0$.

【解析】由题得过圆 $x^2+y^2=1$ 上一点 (x_0,y_0) 的切线方程为 $x_0x+y_0y-1=0$.

圆 $(x-3)^2+(y-4)^2=16$ 的圆心为 $(3,4)$，半径为 4，

故圆心到切线的距离为 $d=\dfrac{|3x_0+4y_0-1|}{\sqrt{x_0^2+y_0^2}}=4$，又 x_0^2+

$y_0^2=1$，

可解得 $\begin{cases}x_0=\dfrac{3}{5}\\[2mm]y_0=\dfrac{4}{5}\end{cases}$ 或 $\begin{cases}x_0=-1\\y_0=0\end{cases}$ 或 $\begin{cases}x_0=\dfrac{7}{25}\\[2mm]y_0=-\dfrac{24}{25}\end{cases}$，

于是切线方程为 $3x+4y-5=0$ 或 $x=-1$ 或 $7x-24y-$

$25=0$.

【高 6】D.

【解析】由题得 $\odot M:(x-1)^2+(y-1)^2=4$，圆心为

$M(1,1)$，半径为 $|MA|=2$.

由题易知 $|PM||AB|=4S_{\triangle PMA}=2|PA||MA|=$

$4|PA|$. 设 $P(m,-2m-2)$，

由切线长公式得 $|PA|=\sqrt{(m-1)^2+(-2m-2-1)^2-4}$

$=\sqrt{5m^2+10m+6}=\sqrt{5(m+1)^2+1}$，

易知当 $m=-1$ 时，$|PA|$ 最小，即 $|PM||AB|$ 最小，

此时 $P(-1,0)$，由切点弦方程可得直线 AB：

$(-1-1)(x-1)+(0-1)(y-1)=4$，

即 $AB:2x+y+1=0$.

专题 9　联立模型

【高 1】(1) $y^2=4x$；(2) $x-\sqrt{2}y-4=0$.

【解析】(1) 当 $MD\perp x$ 轴时，M 点横坐标为 p，

此时 $|MF|=p+\dfrac{p}{2}=3$，可得 $p=2$，于是 $C:y^2=4x$.

（2）设 $MN:x=my+1$，由 $\begin{cases}y^2=4x\\x=my+1\end{cases}$，可得 $y^2-4my-4=0$.

设 $M(x_1,y_1)$，$N(x_2,y_2)$，有 $y_1y_2=-4$，又记 $y_1=2t(t\ne 0)$，可知 $M(t^2,2t)$，$N\left(\dfrac{1}{t^2},-\dfrac{2}{t}\right)$.

又 $D(2,0)$，于是 $MD:x=\dfrac{t^2-2}{2t}y+2$，与抛物线联立可得

$y^2-\dfrac{2(t^2-2)}{t}y-8=0$，

设 $A(x_3,y_3)$，有 $y_1y_3=-8$，于是 $y_3=-\dfrac{4}{t}$，可知 $A\left(\dfrac{4}{t^2},-\dfrac{4}{t}\right)$，同理可知 $B(4t^2,4t)$，

当 $\alpha=90°$ 时，由对称性易知 $\beta=90°$，$\alpha-\beta=0°$；

当 $\alpha\ne 90°$ 时，$k_{MN}=\tan\alpha=\dfrac{2t+\dfrac{2}{t}}{t^2-\dfrac{1}{t^2}}=\dfrac{2t}{t^2-1}$，$k_{AB}=\tan\beta=$

$\dfrac{4t+\dfrac{4}{t}}{4t^2-\dfrac{4}{t^2}}=\dfrac{t}{t^2-1}$，

记 $k=\dfrac{t}{t^2-1}$，于是 $\tan\alpha=2k$，$\tan\beta=k$，$\tan(\alpha-\beta)=$

$\dfrac{\tan\alpha-\tan\beta}{1+\tan\alpha\cdot\tan\beta}=\dfrac{2k-k}{1+2k^2}=\dfrac{1}{2k+\dfrac{1}{k}}$，

要 $\alpha-\beta$ 取得最大，须有 $k>0$，于是 $\tan(\alpha-\beta)=\dfrac{1}{2k+\dfrac{1}{k}}\leqslant$

$\dfrac{1}{2\sqrt{2k\cdot\dfrac{1}{k}}}=\dfrac{\sqrt{2}}{4}$，

当且仅当 $k=\dfrac{\sqrt{2}}{2}$ 时，取等号，此时 $k_{AB}=k=\dfrac{\sqrt{2}}{2}$，$\dfrac{t}{t^2-1}=$

$\dfrac{\sqrt{2}}{2}$，有 $t^2=\sqrt{2}t+1$，

所以 $AB:y=\dfrac{\sqrt{2}}{2}(x-4t^2)+4t=\dfrac{\sqrt{2}}{2}x+4t-2\sqrt{2}(\sqrt{2}t+$

$1)=\dfrac{\sqrt{2}}{2}x-2\sqrt{2}$，

即 $AB:x-\sqrt{2}y-4=0$.

[高 2] （1）-1；（2）$\dfrac{16\sqrt{2}}{9}$.

【解析】（1）由题得 $\dfrac{4}{a^2}-\dfrac{1}{a^2-1}=1$，解得 $a^2=2$，

于是 $C:\dfrac{x^2}{2}-y^2=1$，

设 $k_{AP}=k$，则有 $k_{AQ}=-k$，

设直线 $AP:y=k(x-2)+1$，由 $\begin{cases}y=k(x-2)+1\\\dfrac{x^2}{2}-y^2=1\end{cases}$，可得

$(2k^2-1)x^2+(4k-8k^2)x+8k^2-8k+4=0$，

易知 $k^2\ne\dfrac{1}{2}$，设 $P(x_1,y_1)$，由韦达定理 $2x_1=$

$\dfrac{8k^2-8k+4}{2k^2-1}$，$x_1=\dfrac{4k^2-4k+2}{2k^2-1}$，

于是 $y_1=k(x_1-2)+1=\dfrac{-2k^2+4k-1}{2k^2-1}$.

设 $Q(x_2,y_2)$，同理可得 $x_2=\dfrac{4k^2+4k+2}{2k^2-1}$，

$y_2=\dfrac{-2k^2-4k-1}{2k^2-1}$，

于是 $k_l=k_{PQ}=\dfrac{y_2-y_1}{x_2-x_1}=\dfrac{\dfrac{-8k}{2k^2-1}}{\dfrac{8k}{2k^2-1}}=-1$，即直线 l 的斜率

为 -1.

（2）记 $\angle PAQ=\theta$，易知 θ 为锐角，于是有 $\tan 2\theta=$

$\dfrac{2\tan\theta}{1-\tan^2\theta}=2\sqrt{2}$，

解得 $\tan\theta=\dfrac{\sqrt{2}}{2}$ 或 $\tan\theta=-\sqrt{2}$（舍）. 由（1）题知 $k^2\ne\dfrac{1}{2}$，

于是 $|k|=\tan\left(\dfrac{\pi}{2}-\theta\right)=\sqrt{2}$，

不妨令 $k_{AP}=k=\sqrt{2}$，$k_{AQ}=-\sqrt{2}$，

由（1）题得 $x_1=\dfrac{4k^2-4k+2}{2k^2-1}=\dfrac{10-4\sqrt{2}}{3}$，

$y_1=\dfrac{-2k^2+4k-1}{2k^2-1}=\dfrac{-5+4\sqrt{2}}{3}$，

$x_2=\dfrac{4k^2+4k+2}{2k^2-1}=\dfrac{10+4\sqrt{2}}{3}$，

$y_2=\dfrac{-2k^2-4k-1}{2k^2-1}=\dfrac{-5-4\sqrt{2}}{3}$，

即 $P\left(\dfrac{10-4\sqrt{2}}{3},\dfrac{-5+4\sqrt{2}}{3}\right)$，$Q\left(\dfrac{10+4\sqrt{2}}{3},\dfrac{-5-4\sqrt{2}}{3}\right)$，

于是 $\overrightarrow{AP}=\left(\dfrac{4-4\sqrt{2}}{3},\dfrac{-8+4\sqrt{2}}{3}\right)$，$\overrightarrow{AQ}=$

$\left(\dfrac{4+4\sqrt{2}}{3},\dfrac{-8-4\sqrt{2}}{3}\right)$，

有 $\overrightarrow{AP}\cdot\overrightarrow{AQ}=|\overrightarrow{AP}||\overrightarrow{AQ}|\cdot\cos\angle PAQ=\dfrac{16-32}{9}+$

$\dfrac{64-32}{9}=\dfrac{16}{9}$，

所以 $S_{\triangle PAQ}=\dfrac{1}{2}|\overrightarrow{AP}||\overrightarrow{AQ}|\cdot\sin\angle PAQ=\dfrac{1}{2}\overrightarrow{AP}\overrightarrow{AQ}\cdot$

$\tan\angle PAQ=\dfrac{1}{2}\times\dfrac{16}{9}\times 2\sqrt{2}=\dfrac{16\sqrt{2}}{9}$.

【高3】 (1) $\dfrac{x^2}{4}+y^2=1$;(2) -4.

【解析】 (1) 由题得 $b=1,2c=2\sqrt{3}$. 又 $a^2=b^2+c^2$,

解得 $a=2$,所以 $E:\dfrac{x^2}{4}+y^2=1$.

(2) 设直线 $BC:y=k(x+2)+1$,由 $\begin{cases}y=k(x+2)+1\\\dfrac{x^2}{4}+y^2=1\end{cases}$,可

得 $(4k^2+1)x^2+(16k^2+8k)x+16k^2+16k=0$,

$\Delta=(16k^2+8k)^2-4(4k^2+1)(16k^2+16k)=-64k>0$,

知 $k<0$.

设 $B(x_1,y_1),C(x_2,y_2)$,有 $x_1+x_2=\dfrac{-16k^2-8k}{4k^2+1}$,

$x_1x_2=\dfrac{16k^2+16k}{4k^2+1}$.

易知直线 $AB:(y_1-1)x-x_1y+x_1=0$,

于是有 $M\left(\dfrac{x_1}{1-y_1},0\right)$,同理可得 $N\left(\dfrac{x_2}{1-y_2},0\right)$,

于是 $|MN|=\left|\dfrac{x_2}{1-y_2}-\dfrac{x_1}{1-y_1}\right|=\dfrac{2|x_1-x_2|}{|k[x_1x_2+2(x_1+x_2)+4]|}$.

又 $|x_1-x_2|=\dfrac{\sqrt{\Delta}}{4k^2+1}=\dfrac{8\sqrt{-k}}{4k^2+1}$,

所以 $|MN|=\dfrac{\dfrac{16\sqrt{-k}}{4k^2+1}}{\left|k\left(\dfrac{16k^2+16k}{4k^2+1}+\dfrac{-32k^2-16k}{4k^2+1}+4\right)\right|}=$

$\dfrac{4}{\sqrt{-k}}=2$,解得 $k=-4$.

【高4】 (1) $\dfrac{x^2}{5}+\dfrac{y^2}{4}=1$;(2) $[-3,-1)\cup(1,3]$.

【解析】 (1) 由题得 $b=2$,且四个顶点围成的四边形面积

为 $2ab=4\sqrt{5}$,得 $a=\sqrt{5}$,

于是椭圆的方程为 $E:\dfrac{x^2}{5}+\dfrac{y^2}{4}=1$.

(2) 设直线 $BC:y=kx-3$,由 $\begin{cases}y=kx-3\\\dfrac{x^2}{5}+\dfrac{y^2}{4}=1\end{cases}$,可得

$(5k^2+4)x^2-30kx+25=0$,

$\Delta=900k^2-100(5k^2+4)=400(k^2-1)>0$,解得 $|k|>1$.

设 $B(x_1,y_1),C(x_2,y_2)$,

有 $x_1+x_2=\dfrac{30k}{5k^2+4}$,$x_1x_2=\dfrac{25}{5k^2+4}$.

又 $A(0,-2)$,知直线 $AB:(y_1+2)x-x_1y-2x_1=0$,

令 $y=-3$,可得 $M\left(-\dfrac{x_1}{y_1+2},-3\right)$.

同理 $N\left(-\dfrac{x_2}{y_2+2},-3\right)$. 又 $P(0,-3)$,

且 $\left(-\dfrac{x_1}{y_1+2}\right)\left(-\dfrac{x_2}{y_2+2}\right)=\dfrac{x_1x_2}{(y_1+2)(y_2+2)}>0$,

于是 $|PM|+|PN|=\left|-\dfrac{x_1}{y_1+2}-\dfrac{x_2}{y_2+2}\right|$

$=\left|\dfrac{x_1(y_2+2)+x_2(y_1+2)}{(y_1+2)(y_2+2)}\right|=\left|\dfrac{2kx_1x_2-(x_1+x_2)}{k^2x_1x_2-k(x_1+x_2)+1}\right|$

$=\left|\dfrac{\dfrac{50k}{5k^2+4}-\dfrac{30k}{5k^2+4}}{\dfrac{25k^2}{5k^2+4}-\dfrac{30k^2}{5k^2+4}+1}\right|=5|k|\leqslant15$,可得 $|k|\leqslant3$,

综上 $1<|k|\leqslant3$,解得 $k\in[-3,-1)\cup(1,3]$.

【高5】 (1) 2;(2) $20\sqrt{5}$.

【解析】 (1) 由题得 $F\left(0,\dfrac{p}{2}\right),M(0,-4)$,圆的半径

为 1,

易知 F 到圆 M 上的点的距离的最小值为 $|FM|-1=$

$\dfrac{p}{2}+4-1=4$,解得 $p=2$.

(2) 由(1)题知抛物线的方程为 $x^2=4y$,即 $y=\dfrac{1}{4}x^2$,

则 $y'=\dfrac{1}{2}x$.

设切点 $A(x_1,y_1),B(x_2,y_2)$,于是直线 PA 的斜率为

$y'|_{x=x_1}=\dfrac{1}{2}x_1$,

则易得直线 $PA:y=\dfrac{x_1}{2}(x-x_1)+y_1$. 又 $x_1^2=4y_1$,可得

$PA:x_1x-2y-2y_1=0$.

同理可得直线 $PB:x_2x-2y-2y_2=0$,

设 $P(x_0,y_0)$,于是有 $x_1x_0-2y_0-2y_1=0,x_2x_0-2y_0-2y_2=0$,

所以直线 $AB:x_0x-2y-2y_0=0$.

由 $\begin{cases}x_0x-2y-2y_0=0\\y=\dfrac{1}{4}x^2\end{cases}$,可得 $x^2-2x_0x+4y_0=0$,

$\Delta=4x_0^2-16y_0$,

所以 $|AB|=\sqrt{1+\dfrac{x_0^2}{4}}\cdot\sqrt{\Delta}=\sqrt{(x_0^2+4)(x_0^2-4y_0)}$,

P 到直线 AB 的距离为 $d=\dfrac{|x_0^2-4y_0|}{\sqrt{x_0^2+4}}$,

所以 $S_{\triangle PAB}=\dfrac{1}{2}\cdot|AB|\cdot d=\dfrac{1}{2}\sqrt{(x_0^2-4y_0)^3}$.

又因为 $x_0^2+(y_0+4)^2=1$,

所以 $S_{\triangle PAB}=\dfrac{1}{2}\sqrt{[21-(y_0+6)^2]^3}$.

易知 $y_0\in[-5,-3]$,

于是 $y_0=-5$ 时,面积的最大值为

$S_{\max}=\dfrac{1}{2}\sqrt{[21-(-5+6)^2]^3}=20\sqrt{5}$.

【高6】 (1) $x^2-\dfrac{y^2}{16}=1(x>0)$;(2) 0.

【解析】(1)由双曲线的定义可知，M 的轨迹 C 是双曲线的右支.

设双曲线方程为 $\dfrac{x^2}{a^2}-\dfrac{y^2}{b^2}=1(a>0,b>0)$，

由题得 $c=\sqrt{17}$，$a=1$，于是 $b=\sqrt{c^2-a^2}=4$，

所以双曲线方程为 $x^2-\dfrac{y^2}{16}=1$，于是 $C:x^2-\dfrac{y^2}{16}=1(x>0)$.

(2)设 $T\left(\dfrac{1}{2},t\right)$，直线 AB 的方程为 $y=k_1\left(x-\dfrac{1}{2}\right)+t$，

由 $\begin{cases}y=k_1\left(x-\dfrac{1}{2}\right)+t\\x^2-\dfrac{y^2}{16}=1(x>0)\end{cases}$，可得 $(16-k_1^2)x^2+(k_1^2-2k_1t)x-$

$\dfrac{1}{4}k_1^2+k_1t-t^2-16=0$.

设 $A(x_1,y_1)$，$B(x_2,y_2)$，有 $x_1+x_2=\dfrac{k_1^2-2k_1t}{k_1^2-16}$，

$x_1x_2=\dfrac{\frac{1}{4}k_1^2-k_1t+t^2+16}{k_1^2-16}$，

易知 $x_1>\dfrac{1}{2}$，于是 $|TA|=\sqrt{1+k_1^2}\left|x_1-\dfrac{1}{2}\right|=$

$\sqrt{1+k_1^2}\left(x_1-\dfrac{1}{2}\right)$，同理 $|TB|=\sqrt{1+k_1^2}\left(x_2-\dfrac{1}{2}\right)$，

所以 $|TA||TB|=(1+k_1^2)\left[x_1x_2-\dfrac{1}{2}(x_1+x_2)+\dfrac{1}{4}\right]=$

$\dfrac{(1+k_1^2)(t^2+12)}{k_1^2-16}$.

设直线 PQ 的方程为 $y=k_2\left(x-\dfrac{1}{2}\right)+t$，

同理可得 $|TP||TQ|=\dfrac{(1+k_2^2)(t^2+12)}{k_2^2-16}$，

又 $|TA||TB|=|TP||TQ|$，

有 $\dfrac{1+k_1^2}{k_1^2-16}=\dfrac{1+k_2^2}{k_2^2-16}$，化简可得 $k_1^2=k_2^2$.

又显然 $k_1\neq k_2$，则 $k_1=-k_2$，即 $k_1+k_2=0$，即直线 AB 的斜率与直线 PQ 的斜率之和为 0.

【高7】(1)$\dfrac{x^2}{3}+y^2=1$；(2)见解析.

【解析】(1)由题得 $c=\sqrt{2}$，$e=\dfrac{c}{a}=\dfrac{\sqrt{6}}{3}$，且 $a^2=b^2+c^2$，

解得 $a=\sqrt{3}$，$b=1$，于是椭圆 C 的方程为 $\dfrac{x^2}{3}+y^2=1$.

(2)由题得曲线为半圆，方程为 $x^2+y^2=1(x>0)$，圆心为 $O(0,0)$，半径为 1，且易知直线不垂直于 y 轴.

若 M，N，F 三点共线，

设直线 MN 的方程为 $x=my+\sqrt{2}$.

由直线与半圆相切，可得圆心到 MN 的距离

$d=\dfrac{\sqrt{2}}{\sqrt{m^2+1}}=1$，即 $m^2=1$，

由 $\begin{cases}x=my+\sqrt{2}\\x^2+3y^2=3\end{cases}$，可得 $(m^2+3)y^2+2\sqrt{2}my-1=0$，

即 $4y^2+2\sqrt{2}my-1=0$，

$\Delta=8m^2+16=24$，于是 $|MN|=\sqrt{1+m^2}\cdot\dfrac{\sqrt{\Delta}}{4}=\sqrt{2}\times$

$\dfrac{\sqrt{24}}{4}=\sqrt{3}$，必要性成立.

当 $|MN|=\sqrt{3}$ 时，设直线 MN 的方程为 $x=my+n$.

由直线与半圆相切，可得圆心到 MN 的距离 $d=$

$\dfrac{|n|}{\sqrt{m^2+1}}=1$，即 $n^2-m^2=1$，

由 $\begin{cases}x=my+n\\x^2+3y^2=3\end{cases}$，可得 $(m^2+3)y^2+2mny+n^2-3=0$，

$\Delta=4m^2n^2-4(m^2+3)(n^2-3)=12(m^2-n^2+3)=24$，

于是 $|MN|=\sqrt{1+m^2}\cdot\dfrac{\sqrt{\Delta}}{m^2+3}=\sqrt{3}$，即 $m^4-2m^2+1=0$，得 $m^2=1$，有 $n^2=2$，

由 MN 与曲线 $x^2+y^2=1(x>0)$ 相切易知 $n>0$，故 $n=\sqrt{2}$，所以直线 MN 的方程为 $x=my+\sqrt{2}$，恒过点 $F(\sqrt{2},0)$，即 M，N，F 三点共线，充分性成立.

综上，M，N，F 三点共线的充要条件是 $|MN|=\sqrt{3}$.

专题 10　不联立模型

【高1】(1)$C:y^2=x$，$\odot M:(x-2)^2+y^2=1$；(2)相切.

【解析】(1)因为 $x=1$ 与抛物线有两个不同的交点，故可设抛物线 C 的方程为：$y^2=2px(p>0)$，

令 $x=1$，则 $y=\pm\sqrt{2p}$，

不妨令 $P(1,\sqrt{2p})$，$Q(1,-\sqrt{2p})$，

$\overrightarrow{OP}=(1,\sqrt{2p})$，$\overrightarrow{OQ}=(1,-\sqrt{2p})$.

因为 $OP\perp OQ$，故 $\overrightarrow{OP}\cdot\overrightarrow{OQ}=1-2p=0$，解得 $p=\dfrac{1}{2}$.

所以 $C:y^2=x$.

因为 $\odot M$ 与 l 相切，故其半径为 1，

故 $\odot M:(x-2)^2+y^2=1$.

(2)设 $A_1(y_1^2,y_1)$，$A_2(y_2^2,y_2)$，$A_3(y_3^2,y_3)$，

易知直线 $A_1A_2:x-(y_1+y_2)y+y_1y_2=0$.

由 A_1A_2 与 $\odot M$ 相切可得圆心 M 到直线 A_1A_2 的距离等于半径 1，

即 $\dfrac{|2+y_1y_2|}{\sqrt{1+(y_1+y_2)^2}}=1$，

即 $(y_1^2-1)y_2^2+2y_1y_2+3-y_1^2=0$.

同理可得 $(y_1^2-1)y_3^2+2y_1y_3+3-y_1^2=0$，

所以 y_2，y_3 是方程 $(y_1^2-1)t^2+2y_1t+3-y_1^2=0$ 的两根.

由韦达定理可知 $y_2+y_3=\dfrac{2y_1}{1-y_1^2}$，$y_2y_3=\dfrac{y_1^2-3}{1-y_1^2}$．

又知直线 A_2A_3 的方程为 $x-(y_2+y_3)y+y_2y_3=0$，

记 M 到直线 A_2A_3 的距离为 d，

则有 $d=\dfrac{|2+y_2y_3|}{\sqrt{1+(y_2+y_3)^2}}=\dfrac{\left|2+\dfrac{y_1^2-3}{1-y_1^2}\right|}{\sqrt{1+\left(\dfrac{2y_1}{1-y_1^2}\right)^2}}$

$=\dfrac{1+y_1^2}{\sqrt{(1-y_1^2)^2+4y_1^2}}=1$，

所以直线 A_2A_3 与 $\odot M$ 相切．

专题 11　先试后证

【高1】(1) $\dfrac{y^2}{4}+\dfrac{x^2}{3}=1$；(2) 见解析．

【解析】(1) 设椭圆方程为 $mx^2+ny^2=1$，

由题得 $\begin{cases}4n=1\\ \dfrac{9}{4}m+n=1\end{cases}$，解得 $\begin{cases}m=\dfrac{1}{3}\\ n=\dfrac{1}{4}\end{cases}$，

于是 E 的方程为 $\dfrac{y^2}{4}+\dfrac{x^2}{3}=1$．

(2) 由题易得 $AB:y=\dfrac{2}{3}x-2$，T 为 MH 中点，

当直线 MN 的斜率不存在时，$MN:x=1$，

易知 $M\left(1,-\dfrac{2\sqrt{6}}{3}\right)$，$N\left(1,\dfrac{2\sqrt{6}}{3}\right)$，

可得 $T\left(3-\sqrt{6},-\dfrac{2\sqrt{6}}{3}\right)$，$H\left(5-2\sqrt{6},-\dfrac{2\sqrt{6}}{3}\right)$，

于是 $HN:y=\dfrac{6+2\sqrt{6}}{3}x-2$，过 $(0,-2)$ 点．

当直线 MN 的斜率存在时，设 $MN:y=k(x-1)-2$，

与椭圆联立可得 $(3k^2+4)x^2-(6k^2+12k)x+3k^2+12k=0$．

设 $M(x_1,y_1)$，$N(x_2,y_2)$，

有 $x_1+x_2=\dfrac{6k^2+12k}{3k^2+4}$，$x_1x_2=\dfrac{3k^2+12k}{3k^2+4}$．

又知 $T\left(\dfrac{3y_1+6}{2},y_1\right)$，$H(3y_1+6-x_1,y_1)$，

所以直线 $HN:(y_1-y_2)x-(3y_1+6-x_1-x_2)y+$

$3y_1y_2+6y_2-x_1y_2-x_2y_1=0$．

又知 $y_1+y_2=k(x_1+x_2-2)=\dfrac{-8k-16}{3k^2+4}$，

$y_1y_2=k^2x_1x_2-(k^2+2k)(x_1+x_2)+k^2+4k$

$4=\dfrac{-8k^2+16k+16}{3k^2+4}$，

$x_1y_2+x_2y_1=2kx_1x_2-(k+2)(x_1+x_2)=\dfrac{-24k}{3k^2+4}$．

将点 $(0,-2)$ 代入 HN 方程，

可得 $6(y_1+y_2)+3y_1y_2-2(x_1+x_2)-x_1y_2-x_2y_1+12$

$=\dfrac{-48k-96}{3k^2+4}+\dfrac{-24k^2+48k+48}{3k^2+4}-\dfrac{12k^2+24k}{3k^2+4}-$

$\dfrac{-24k}{3k^2+4}+12=0$，于是点 $(0,-2)$ 在直线 HN 上．

综上，直线 HN 过定点 $(0,-2)$．

第十二章　计数原理

第1节　排列组合

【高1】C．

【解析】原位大三和弦有 5 种，原位小三和弦有 5 种，

所以原位大三和弦与原位小三和弦的个数之和为

$N=5+5=10$．

【高2】B．

【解析】先把丙和丁捆绑，A_2^2 种；

然后排甲（不在两端），A_2^1 种；

然后排剩余人，A_3^3 种．

所以种类数为 $N=A_2^2\cdot A_2^1\cdot A_3^3=24$．

【高3】C．

【解析】4 个 1 和 2 个 0 随机排成一行，共有 $\dfrac{A_6^6}{A_4^4A_2^2}=15$ 种；

2 个 0 不相邻，先排 4 个 1，有 1 种，再把两个 0 插空，有 $\dfrac{A_5^2}{A_2^2}=10$ 种；

故 2 个 0 不相邻的概率为 $\dfrac{10}{15}=\dfrac{2}{3}$．

【高4】16．

【解析】总的种类数为 C_6^3 种，没有女生入选的种类数为 C_4^3 种，

所以所求种类数为 $N=C_6^3-C_4^3=16$．

【高5】C．

【解析】题目相当于把 5 个球放入 4 个盒中，每盒至少一个球，

分堆方式仅有"2111"，有 C_5^2 种，

所以所求种类数为 $N=C_5^2\cdot A_4^4=240$．

【高6】C．

【解析】题目相当于把 6 个球放入 3 个盒中，甲盒放 1 球，乙盒放 2 球，丙盒放 3 球，

分堆方式仅有"123"一种，"123"分堆有 $C_6^1\cdot C_5^2\cdot C_3^3$ 种，

所以种类数为 $N=C_6^1\cdot C_5^2\cdot C_3^3\cdot 1=60$．

【高7】36．

【解析】题目相当于把 4 个球放入 3 个盒中，每盒至少 1 球，

分堆方式仅有"211"一种，"211"分堆有 C_4^2 种，

所以种类数为 $N=C_4^2\cdot A_3^3=36$．

第2节　二项式定理

【高1】 -28.

【解析】 对于 $(x+y)^8$，相当于 8 个球放入 "x""y"两个盒.

①当第一个括号选 "1" 时，"x" 盒放 2 个球，"y" 盒放 6 个球，可以凑出 x^2y^6；

②当第一个括号选 "$-\dfrac{y}{x}$" 时，"x" 盒放 3 个球，"y" 盒放 5 个球，可以凑出 x^2y^6.

于是 $1 \cdot C_8^2 \cdot (x)^2 \cdot (y)^6 - \dfrac{y}{x} \cdot C_8^3 \cdot (x)^3 \cdot (y)^5 = -28x^2y^6$，所以 x^2y^6 的系数是 -28.

【高2】 -4.

【解析】 题目相当于 4 个球放入 "x^3""$-\dfrac{1}{x}$"两个盒，

于是 "x^3" 盒放 1 个球，"$-\dfrac{1}{x}$" 盒放 3 个球，可以凑出常数项，

即 $C_4^1 \cdot (x^3)^1 \cdot \left(-\dfrac{1}{x}\right)^3 = -4$，即常数项为 -4.

【高3】 C.

【解析】 对于 $(x+y)^5$，相当于 5 个球放入 "x""y"两个盒.

①当第一个括号选 "x" 时，"x" 盒放 2 个球，"y" 盒放 3 个球，可以凑出 x^3y^3；

②当第一个括号选 "$\dfrac{y^2}{x}$" 时，"x" 盒放 4 个球，"y" 盒放 1 个球，可以凑出 x^3y^3.

于是 $x \cdot C_5^2 \cdot (x)^2 \cdot (y)^3 + \dfrac{y^2}{x} \cdot C_5^4 \cdot (x)^4 \cdot (y)^1 = 15x^3y^3$，所以 x^3y^3 的系数是 15.

【高4】 240.

【解析】 题目相当于 6 个球放入 "x^2""$\dfrac{2}{x}$"两个盒，

于是 "x^2" 盒放 2 个球，"$\dfrac{2}{x}$" 盒放 4 个球，可以凑出常数项.

于是 $C_6^2 \cdot (x^2)^2 \cdot \left(\dfrac{2}{x}\right)^4 = 240$.

【高5】 A.

【解析】 对于 $(1+x)^4$，相当于 4 个球放入 "1""x"两个盒.

①当第一个括号选 "1" 时，"1" 盒放 1 个球，"x" 盒放 3 个球，可以凑出 x^3；

②当第一个括号选 "$2x^2$" 时，"1" 盒放 3 个球，"x" 盒放 1 个球，可以凑出 x^3.

于是 $1 \cdot C_4^1 \cdot (1)^1 \cdot (x)^3 + 2x^2 \cdot C_4^3 \cdot (1)^3 \cdot (x)^1 = 12x^3$，所以 x^3 的系数是 12.

【高6】 B.

【解析】 令 $x=1$，可得 $a_0+a_1+a_2+a_3+a_4=1$；　　①

令 $x=-1$，可得 $a_0-a_1+a_2-a_3+a_4=81$.　　②

①+②得 $2(a_0+a_2+a_4)=82$，$a_0+a_2+a_4=41$.

第十三章　概率与统计

第1节　随机事件及概率

【高1】 B.

【解析】 由题得第二天的新订单不超过 1600 份的概率为 $1-0.05=0.95$，

于是相应的新增配货任务为 $500+1600-1200=900$，需要志愿者人数为 $\dfrac{900}{50}=18$，

于是为使第二天完成积压订单及当日订单的配货的概率不小于 0.95，

至少需要志愿者 18 名.

【高2】 $\dfrac{6}{35}$.

【解析】 记 "这 4 个点在同一个平面" 为事件 A，

易知 4 个点共面的情况有表面 6 种，对角面 6 种，

于是 $P(A)=\dfrac{6+6}{C_8^4}=\dfrac{6}{35}$.

【高3】 $\dfrac{3}{10}$.

【解析】 记 "甲、乙都入选" 为事件 A，

则 $P(A)=\dfrac{C_2^2 \cdot C_3^1}{C_5^3}=\dfrac{3}{10}$.

【高4】 D.

【解析】 记 "这 2 个数互质" 为事件 A，

两个数互质的情况有 "2,3""2,5""2,7""3,4""3,5""3,7""3,8""4,5""4,7""5,6""5,7""5,8""6,7""7,8"共 14 种，

于是 $P(A)=\dfrac{14}{C_7^2}=\dfrac{2}{3}$.

【高5】 A.

【解析】 记 "该重卦恰有 3 个阳爻" 为事件 A，

由题得 $n(\Omega)=2^6=64$，$n(A)=C_6^3=20$，

所以 $P(A)=\dfrac{n(A)}{n(\Omega)}=\dfrac{5}{16}$.

【高6】 D.

【解析】 记 "两位女同学相邻" 为事件 A，

由题得 $n(\Omega)=A_4^4=24$，$n(A)=A_2^2 \cdot A_3^3=12$，

所以 $P(A)=\dfrac{n(A)}{n(\Omega)}=\dfrac{1}{2}$.

【高7】 C.

【解析】 记 "随机选取两个不同的数，其和等于 30" 为事件 A，

不超过 30 的素数为 2,3,5,7,11,13,17,19,23,29，

和为 30 的组合为 (7,23),(11,19),(13,17),

因此 $n(\Omega)=C_{10}^2=45, n(A)=3$,

所以 $P(A)=\dfrac{n(A)}{n(\Omega)}=\dfrac{1}{15}$.

【高8】 D.

【解析】 设该棋手第一、二、三盘比赛获胜概率分别为 p_a, p_b, p_c,

则连胜两盘的概率为 $p=p_a p_b+(1-p_a)p_b p_c=p_b(p_a+p_c-p_a p_c)$,

可知一、三两盘互换顺序不影响概率.

若第二盘与甲比赛,概率为 $p_甲=p_1(p_2+p_3-p_2 p_3)$;

若第二盘与乙比赛,记概率为 $p_乙=p_2(p_1+p_3-p_1 p_3)$;

若第二盘与丙比赛,记概率为 $p_丙=p_3(p_1+p_2-p_1 p_2)$.

$p_甲-p_乙=(p_1-p_2)p_3<0, p_乙-p_丙=(p_2-p_3)p_1<0$,

故 $p_甲<p_乙<p_丙$.

于是第二盘与丙比赛,p 最大.

【高9】 B.

【解析】 记甲、乙、丙、丁分别为 A, B, C, D,

由题得两次数字和为 8 的所有可能为: $(2,6)(3,5)$ $(4,4)(5,3)(6,2)$,

两次数字和为 7 的所有可能为: $(1,6)(2,5)(3,4)(4,3)$ $(5,2)(6,1)$,

于是 $P(A)=\dfrac{1}{6}, P(B)=\dfrac{1}{6}, P(C)=\dfrac{5}{6\times6}=\dfrac{5}{36}$,

$P(D)=\dfrac{6}{6\times6}=\dfrac{1}{6}$,

$P(AC)=0\neq P(A)P(C)$, A 错误;

$P(AD)=\dfrac{1}{36}=P(A)P(D)$, B 正确;

$P(BC)=\dfrac{1}{36}\neq P(B)P(C)$, C 错误;

$P(CD)=0\neq P(C)P(D)$, D 错误.

第2节 随机变量

【高1】 0.14.

【解析】 由题得 $P(2<X\leqslant 2.5)+P(X>2.5)=0.5$,

于是 $P(X>2.5)=0.5-P(2<X\leqslant 2.5)=0.14$.

【高2】 D.

【解析】 σ 越小,正态曲线越"瘦高",在 $(9.9,10.1)$ 区间下面积越大,概率越大,A 正确;

由对称性可知:

正态曲线在大于 10 区间下的面积为 0.5,概率为 0.5,B 正确;

正态曲线在大于 10.01 与小于 9.99 区间下的面积相等,概率相等,C 正确;

正态曲线在 $(9.9,10.2)$ 区间下与 $(10,10.3)$ 区间下的面积不相等,概率不相等,D 错误.

【高3】 (1)0.6;(2)分布列见解析,13.

【解析】 (1)记"甲学校获得冠军"为事件 A,

则 $P(A)=0.5\times0.4\times0.8+(1-0.5)\times0.4\times0.8+0.5\times(1-0.4)\times0.8+0.5\times0.4\times(1-0.8)=0.6$,

即甲学校获得冠军的概率为 0.6;

(2)由题得 X 的取值为 0,10,20,30,

$P(X=30)=(1-0.5)\times(1-0.4)\times(1-0.8)=0.06$,

$P(X=20)=0.5\times(1-0.4)\times(1-0.8)+(1-0.5)\times0.4\times(1-0.8)+(1-0.5)\times(1-0.4)\times0.8=0.34$,

$P(X=10)=0.5\times0.4\times(1-0.8)+0.5\times(1-0.4)\times0.8+(1-0.5)\times0.4\times0.8=0.44$,

$P(X=0)=0.5\times0.4\times0.8=0.16$,

所以 X 的分布列为

X	0	10	20	30
P	0.16	0.44	0.34	0.06

期望为 $E(X)=0\times0.16+10\times0.44+20\times0.34+30\times0.06=13$.

【高4】 (1)0.4;(2)1.4;(3)丙.

【解析】 (1)记"甲在校运动会铅球比赛中获得优秀奖"为事件 A,

在甲的 10 次成绩中,有 4 次达到优秀,

于是 $P(A)=\dfrac{4}{10}=0.4$,即甲在校运动会铅球比赛中获得优秀奖的概率为 0.4;

(2)记"乙、丙在校运动会铅球比赛中获得优秀奖"分别为事件 B, C,

易知 $P(B)=\dfrac{3}{6}=0.5, P(C)=\dfrac{2}{4}=0.5$,

由题得 X 的取值为 0,1,2,3,

$P(X=0)=(1-0.4)\times(1-0.5)\times(1-0.5)=0.15$,

$P(X=1)=0.4\times(1-0.5)\times(1-0.5)+(1-0.4)\times0.5\times(1-0.5)+(1-0.4)\times(1-0.5)\times0.5=0.4$,

$P(X=2)=0.4\times0.5\times(1-0.5)+0.4\times(1-0.5)\times0.5+(1-0.4)\times0.5\times0.5=0.35$,

$P(X=3)=0.4\times0.5\times0.5=0.1$,

于是 X 的期望为 $E(X)=0\times0.15+1\times0.4+2\times0.35+3\times0.1=1.4$;

(3)丙.

【高5】 (1)见解析;(2)应选择先回答 B 类问题.

【解析】(1)由题得 X 的所有可能取值为 $0,20,100$,

则 $P(X=0)=1-0.8=0.2$,

$P(X=20)=0.8\times(1-0.6)=0.32$,

$P(X=100)=0.8\times0.6=0.48$,

所以 X 的分布列为

X	0	20	100
P	0.2	0.32	0.48

(2)由(1)题可知小明先回答 A 类问题累计得分的期望为

$E(X)=0\times0.2+20\times0.32+100\times0.48=54.4$,

若小明先回答 B 类问题,记 Y 为小明的累计得分,Y 的所有可能取值为 $0,80,100$,

则 $P(Y=0)=1-0.6=0.4$,$P(Y=80)=0.6\times(1-0.8)=0.12$,

$P(Y=100)=0.6\times0.8=0.48$,

则 $E(Y)=0\times0.4+80\times0.12+100\times0.48=57.6$,

因为 $E(Y)>E(X)$,

所以为使累计得分的期望最大,小明应选择先回答 B 类问题.

【高6】(1)1;(2)见解析;(3)见解析.

【解析】(1)$E(X)=0\times0.4+1\times0.3+2\times0.2+3\times0.1=1$.

(2)由题得方程为 $p_0+p_1x+p_2x^2+p_3x^3-x=0,x>0$,

令 $f(x)=p_0+p_1x+p_2x^2+p_3x^3-x$,则 $f'(x)=p_1+2p_2x+3p_3x^2-1$,

令 $g(x)=p_1+2p_2x+3p_3x^2-1$,$g'(x)=2p_2+6p_3x>0$,

于是 $g(x)$ 单增,即 $f'(x)$ 单增.

①当 $E(X)=p_1+2p_2+3p_3\leq1$ 时,$x\in(0,1)$ 时,

$f'(x)<f'(1)=p_1+2p_2+3p_3-1\leq0$,

所以 $f(x)$ 在 $(0,1)$ 上单减,注意到 $f(1)=0$,所以最小正实根为 $x=1$,即 $p=1$.

②当 $E(X)=p_1+2p_2+3p_3>1$ 时,易知 $p_1<1$,注意到 $f'(0)=p_1-1<0$,$f'(1)=p_1+2p_2+3p_3-1>0$,

所以存在唯一的 $x_0\in(0,1)$ 使 $f'(x_0)=0$.

当 $0<x<x_0$ 时,$f'(x)<0$,$f(x)$ 单减;当 $x_0<x<1$ 时,$f'(x)>0$,$f(x)$ 单增.

注意到 $f(0)=p_0>0$,$f(1)=0$,所以 $f(x_0)<f(1)=0$,

所以 $f(x)$ 在 $(0,x_0)$ 上有唯一零点 x_1,于是 $p=x_1<1$.

综上,当 $E(X)\leq1$ 时,$p=1$;当 $E(X)>1$ 时,$p<1$.

(3)当一种微生物每个个体繁殖下一代的个数期望小于等于 1 时,这种微生物经过多代繁殖后,趋向灭绝;

当一种微生物每个个体繁殖下一代的个数期望大于

1 时,

这种微生物经过多代繁殖后,还有继续繁殖的可能.

【高7】(1)①20 次,②分布列见解析,$E(X)=\dfrac{320}{11}$;

(2)见解析.

【解析】(1)①对每组进行检测,有 10 次;

再对结果为阳性的组每人进行检测,有 10 次,故总检测次数为 $10+10=20$.

②由题得 X 的所有取值为 $20,30$,

$P(X=20)=\dfrac{1}{11}$,$P(X=30)=1-\dfrac{1}{11}=\dfrac{10}{11}$,

所以 X 的分布列为

X	20	30
P	$\dfrac{1}{11}$	$\dfrac{10}{11}$

所以 $E(X)=20\times\dfrac{1}{11}+30\times\dfrac{10}{11}=\dfrac{320}{11}$.

(2)设两名感染患者在同一组的概率为 p,

则 $P(Y=25)=p$,$P(Y=30)=1-p$,

$E(Y)=25p+30(1-p)=30-5p$.

当 $p<\dfrac{2}{11}$ 时,$E(X)<E(Y)$;当 $p=\dfrac{2}{11}$ 时,$E(X)=E(Y)$;

当 $p>\dfrac{2}{11}$ 时,$E(X)>E(Y)$.

第3节 统计与统计案例

【高1】B.

【解析】由题图得讲座前答题的正确率的中位数为

$\dfrac{70+75}{2}\%=72.5\%$,A 错误;

由题图得讲座后答题的正确率的平均数为

$\dfrac{80+85\times4+90\times2+95+100\times2}{10}\%=89.5\%$,B 正确;

由题图得讲座前答题的正确率的数据波动幅度大于讲座后,故讲座前答题的正确率的标准差大于讲座后,C 错误;

由题图得讲座前答题的正确率的极差为 $95\%-60\%=35\%$,讲座后答题的正确率的极差为 $100\%-80\%=20\%$,D 错误.

【高2】C、D.

【解析】对于平均数,$\bar{y}=\bar{x}+c\neq\bar{x}$,A 错误;

对于中位数,$y_{中}=x_{中}+c\neq x_{中}$,B 错误;

对于方差,$s_y^2=s_x^2$,$s_y=s_x$,C 正确;

对于极差,$y_{max}-y_{min}=(x_{max}+c)-(x_{min}+c)=x_{max}-x_{min}$,D 正确.

【高3】A、C.

【解析】数据的离散程度可由极差、标准差、方差来度量.

【高4】B.

【解析】由题得 $p_1 = p_4 = 0.4$，$p_2 = p_3 = 0.1$ 时，样本数据波动性最大，标准差最大.

【高5】C.

【解析】由题得 $s_{10x}^2 = 100 s_x^2 = 100 \times 0.01 = 1$.

【高6】A.

【解析】将成绩按从小到大排列，

去掉 1 个最高分、1 个最低分之后，位于中间的数据不变，即中位数不变.

【高7】C.

【解析】年收入低于 4.5 万元的农户比率为 $(0.02 + 0.04) \times 1 = 6\%$，A 正确；

年收入不低于 10.5 万元的农户比率为 $(0.04 + 0.02 \times 3) \times 1 = 10\%$，B 正确；

6.5 右侧数据明显多于左侧数据，因此估计年收入的平均值大于 6.5 万元，C 错误；

年收入介于 4.5 万元至 8.5 万元之间的频率为 $(0.1 + 0.14 + 0.2 + 0.2) \times 1 = 0.64 > 0.5$，D 正确.

【高8】(1)10.0，10.3，0.036，0.04；(2)新设备生产产品的该项指标的均值较旧设备有显著提高.

【解析】(1)由题中的数据可得

$\bar{x} = \dfrac{1}{10} \times (9.8 + 10.3 + 10.0 + 10.2 + 9.9 + 10.0 + 10.1 + 10.2 + 9.7) = 10.0$，

$\bar{y} = \dfrac{1}{10} \times (10.1 + 10.4 + 10.1 + 10.0 + 10.1 + 10.3 + 10.6 + 10.5 + 10.4 + 10.5) = 10.3$，

$s_1^2 = \dfrac{1}{10} \times [(9.8-10.0)^2 + (10.3-10.0)^2 + (10.0-10.0)^2 + (10.2-10.0)^2 + (9.9-10.0)^2 + (10.0-10.0)^2 + (10.1-10.0)^2 + (10.2-10.0)^2 + (9.7-10.0)^2] = 0.036$；

$s_2^2 = \dfrac{1}{10} \times [(10.1-10.3)^2 + (10.4-10.3)^2 + (10.1-10.3)^2 + (10.0-10.3)^2 + (10.1-10.3)^2 + (10.3-10.3)^2 + (10.6-10.3)^2 + (10.5-10.3)^2 + (10.4-10.3)^2 + (10.5-10.3)^2] = 0.04$.

(2) $\bar{y} - \bar{x} = 10.3 - 10.0 = 0.3$，

$2\sqrt{\dfrac{s_1^2 + s_2^2}{10}} = 2\sqrt{\dfrac{0.036 + 0.04}{10}} = 2\sqrt{0.0076}$，

$(\bar{y} - \bar{x})^2 = 0.09$，$\left(2\sqrt{\dfrac{s_1^2 + s_2^2}{10}}\right)^2 = 0.0304$，

因为 $(\bar{y} - \bar{x})^2 > \left(2\sqrt{\dfrac{s_1^2 + s_2^2}{10}}\right)^2$，所以 $\bar{y} - \bar{x} > 2\sqrt{\dfrac{s_1^2 + s_2^2}{10}}$，

故新设备生产产品的该项指标的均值较旧设备有显著提高.

【高9】(1) $a = 0.35$，$b = 0.10$；(2)4.05，6.00.

【解析】(1)由题得 $P(C) = 0.70 = (a + 0.20 + 0.15) \times 1$，解得 $a = 0.35$.

又 $(0.05 + b + 0.15 + 0.35 + 0.20 + 0.15) \times 1 = 1$，

解得 $b = 0.10$.

(2)甲离子残留百分比的平均值的估计值为

$(2 \times 0.15 + 3 \times 0.20 + 4 \times 0.30 + 5 \times 0.20 + 6 \times 0.10 + 7 \times 0.05) \times 1 = 4.05$，

乙离子残留百分比的平均值的估计值为

$(3 \times 0.05 + 4 \times 0.10 + 5 \times 0.15 + 6 \times 0.35 + 7 \times 0.20 + 8 \times 0.15) \times 1 = 6.00$.

【高10】(1)0.06 m²，0.39 m³；(2)0.97；(3)1209 m³.

【解析】(1)由题得 $\bar{x} = \dfrac{1}{10}\sum\limits_{i=1}^{10} x_i = \dfrac{0.6}{10} = 0.06$(m²)，

$\bar{y} = \dfrac{1}{10}\sum\limits_{i=1}^{10} y_i = \dfrac{3.9}{10} = 0.39$(m³)，

故根部横截面积平均值为 0.06 m²，材积量平均值为 0.39 m³.

(2)由题得

$$r = \dfrac{\sum\limits_{i=1}^{10} x_i y_i - 10\bar{x} \cdot \bar{y}}{\sqrt{\left(\sum\limits_{i=1}^{10} x_i^2 - 10\bar{x}^2\right)\left(\sum\limits_{i=1}^{10} y_i^2 - 10\bar{y}^2\right)}}$$

$$= \dfrac{0.2474 - 10 \times 0.06 \times 0.39}{\sqrt{(0.038 - 10 \times 0.06^2)(1.6158 - 10 \times 0.39^2)}}$$

$$\approx 0.97,$$

故根部横截面积与材积量的样本相关系数为 0.97.

(3)由题得总材积量的估计值为 $\dfrac{\bar{y}}{\bar{x}} \times 186 = \dfrac{0.39}{0.06} \times 186 = 1209$(m³)，

故总材积量的估计值为 1209 m³.

【高11】(1)12000；(2)0.94；(3)分层抽样，理由见解析.

【解析】(1)由已知得样本平均数 $\bar{y} = \dfrac{1}{20}\sum\limits_{i=1}^{20} y_i = 60$，

从而该地区这种野生动物数量的估计值为

$60 \times 200 = 12000$.

(2)所求相关系数为 $r = \dfrac{\sum\limits_{i=1}^{20}(x_i - \bar{x})(y_i - \bar{y})}{\sqrt{\sum\limits_{i=1}^{20}(x_i - \bar{x})^2 \sum\limits_{i=1}^{20}(y_i - \bar{y})^2}}$

$= \dfrac{800}{\sqrt{80 \times 9000}} = \dfrac{2\sqrt{2}}{3} \approx 0.94$.

(3)分层抽样：根据植物覆盖面积的大小对地块分层，再对 200 个地块进行分层抽样.

理由如下：由(2)题知各样区的这种野生动物数量与植

物覆盖面积有很强的正相关;

由于各地块间植物覆盖面积差异很大,从而各地块间这种野生动物数量差异也很大;

采用分层抽样的方法较好地保持了样本结构与总体结构的一致性;

提高了样本的代表性,从而可以获得该地区这种野生动物数量更准确的估计.

【高12】(1)有99%的把握认为患该疾病群体与未患该疾病群体的卫生习惯有差异;(2)(ⅰ)见解析,(ⅱ)$\frac{2}{5}$,$\frac{1}{10}$,6.

【解析】(1)由题得 $\chi^2 = \frac{200 \times (40 \times 90 - 10 \times 60)^2}{50 \times 150 \times 100 \times 100} = 24$,

因为 $24 > 6.635$,所以有99%的把握认为患该疾病群体与未患该疾病群体的卫生习惯有差异.

(2)(ⅰ)由题得 $R = \frac{P(B|A)}{P(\bar{B}|A)} \cdot \frac{P(\bar{B}|\bar{A})}{P(B|\bar{A})} = \frac{\frac{P(AB)}{P(A)}}{\frac{P(A\bar{B})}{P(A)}} \cdot$

$\frac{\frac{P(\bar{A}\bar{B})}{P(\bar{A})}}{\frac{P(\bar{A}B)}{P(\bar{A})}} = \frac{P(AB)}{P(A\bar{B})} \cdot \frac{P(\bar{A}\bar{B})}{P(\bar{A}B)}$.

又 $\frac{P(A|B)}{P(\bar{A}|B)} \cdot \frac{P(\bar{A}|\bar{B})}{P(A|\bar{B})} = \frac{\frac{P(AB)}{P(B)}}{\frac{P(\bar{A}B)}{P(B)}} \cdot \frac{\frac{P(\bar{A}\bar{B})}{P(\bar{B})}}{\frac{P(A\bar{B})}{P(\bar{B})}} =$

$\frac{P(AB)}{P(\bar{A}B)} \cdot \frac{P(\bar{A}\bar{B})}{P(A\bar{B})}$,

即 $R = \frac{P(A|B)}{P(\bar{A}|B)} \cdot \frac{P(\bar{A}|\bar{B})}{P(A|\bar{B})}$.

(ⅱ)由数据可得 $P(A|B) = \frac{40}{40+60} = \frac{2}{5}$,$P(A|\bar{B}) = \frac{10}{10+90} = \frac{1}{10}$,

于是 $R = \frac{P(A|B)}{P(\bar{A}|B)} \cdot \frac{P(\bar{A}|\bar{B})}{P(A|\bar{B})} = \frac{\frac{2}{5}}{1-\frac{2}{5}} \cdot \frac{1-\frac{1}{10}}{\frac{1}{10}} = 6$.

【高13】(1)$\frac{3}{4}$,$\frac{3}{5}$;(2)有99%的把握认为甲机床的产品质量与乙机床的产品质量有差异.

【解析】(1)由题得甲机床、乙机床生产总数均为200件,

因为甲的一级品的频数为150,所以甲的一级品的频率为 $\frac{150}{200} = \frac{3}{4}$;

因为乙的一级品的频数为120,所以乙的一级品的频率为 $\frac{120}{200} = \frac{3}{5}$.

(2)根据 2×2 列联表,可得

$\chi^2 = \frac{400 \times (150 \times 80 - 50 \times 120)^2}{270 \times 130 \times 200 \times 200} \approx 10.26 > 6.635$,

所以有99%的把握认为甲机床的产品质量与乙机床的产品质量有差异.

【高14】(1)0.43,0.27,0.21,0.09;(2)350;(3)见解析.

【解析】(1)由题得空气质量等级为1的概率估计为 $\frac{2+16+25}{100} = 0.43$,

空气质量等级为2的概率估计为 $\frac{5+10+12}{100} = 0.27$,

空气质量等级为3的概率估计为 $\frac{6+7+8}{100} = 0.21$,

空气质量等级为4的概率估计为 $\frac{7+2+0}{100} = 0.09$.

(2)一天中到该公园锻炼的平均人次的估计值为

$\frac{100 \times (2+5+6+7) + 300 \times (16+10+7+2) + 500 \times (25+12+8+0)}{100}$

$= 350$.

(3)根据所给数据,可得 2×2 列联表如下.

	人次≤400	人次>400
空气质量好	33	37
空气质量不好	22	8

根据列联表得 $\chi^2 = \frac{100 \times (33 \times 8 - 22 \times 37)^2}{55 \times 45 \times 30 \times 70} \approx 5.82$,由于 $5.82 > 3.841$,

故有95%的把握认为一天中到该公园锻炼的人次与该市当天的空气质量有关.

【高15】(1)0.64;(2)见解析;(3)有99%的把握认为该市一天空气中PM2.5浓度与 SO_2 浓度有关.

【解析】(1)根据抽查数据,该市100天的空气中PM2.5浓度不超过75,且 SO_2 浓度不超过150的天数为 $32+18+6+8=64$,

所以所求概率的估计值为 $\frac{64}{100} = 0.64$.

(2)根据抽查数据,可得 2×2 列联表如下.

PM 2.5 \ SO₂	[0,150]	(150,475]
[0,75]	64	16
(75,115]	10	10

(3)根据(2)题的列联表得 $\chi^2 = \frac{100 \times (64 \times 10 - 16 \times 10)^2}{74 \times 26 \times 80 \times 20} \approx 7.48$,由于 $7.48 > 6.635$,

故有99%的把握认为该市一天空气中PM2.5浓度与 SO_2 浓度有关.

醍醐笔记高考数学秘籍(下)

郑 鹏 编著

电子工业出版社

Publishing House of Electronics Industry

北京·BEIJING

内容提要

数学是最依赖于刷题的学科，没有一定的题量积累，不可能取得好成绩，但盲目的题海战术的"性价比"实在太低。提高数学成绩最高效的做法就是，在科学的方法指导下，适量地刷题并学会总结。本书是"头哥"十几年一线高考数学教学经验与智慧的结晶：把高中数学总结出 149 个知识点，441 个次级知识点，47 个二级结论，89 个次级二级结论；做到"考什么，讲什么"，精炼出 193 个高考必考点，配以 558 个经典例题讲解，以精选的高考真题为习题（"答案与解析"单独成册）；在知识点与考点的讲解中，加入了彩色的手写体"醍醐笔记"，在关键处进行深入分析与点拨，让人有"醍醐灌顶"之感，是帮助学生快速打破"考法壁垒"的神器。

本书适用于高考一轮、二轮复习，也适用于高一、高二学生拓宽视野。

图书在版编目（CIP）数据

醍醐笔记：高考数学秘籍：上、下 / 郑鹏编著.
— 北京：电子工业出版社，2023.2

ISBN 978-7-121-45110-2

Ⅰ．①醒… Ⅱ．①郑… Ⅲ．①中学数学课－高中－升学参考资料 Ⅳ．①G634.603

中国国家版本馆 CIP 数据核字（2023）第 028892 号

责任编辑：崔汝泉　　文字编辑：张毅
印　　刷：三河市良远印务有限公司
装　　订：三河市良远印务有限公司
出版发行：电子工业出版社
　　　　　北京市海淀区万寿路 173 信箱　邮编：100036
开　　本：880×1230　1/16　印张：23.5　字数：756 千字　插页：24
版　　次：2023 年 2 月第 1 版
印　　次：2023 年 2 月第 1 次印刷
定　　价：118.00 元（含上册、下册）

Preface

经常有学生来问我:"头哥,我数学知识点都会,但就是做不出题,这是为什么呢?""头哥,为什么题老师一讲我就懂,一到自己做就不会了呢?""头哥,我平时感觉良好,一到考试就翻车,这是怎么回事?"其实这些问题都可以归结为一个问题,那就是"为什么不会做题"。而弄明白这个问题的关键所在,就首先要知道什么是题,题的本质是什么。

下图中的方框及其内部就是一道题的构成要素,内部的"球棍模型"代表题目中涉及的知识点以及知识点之间的关联,外部的方框形成了一个壁垒,头哥给它起名为"考法壁垒"。当你站在题目之外,无法看到题目内部的知识点,不会做题就是必然的。因此,"会做题"的前提条件是打破"考法壁垒"。

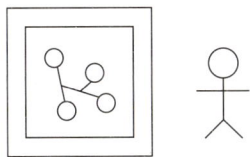

所以,开头几个问题的答案也就显而易见了。

为什么数学知识点都会,但就是做不出题?因为你没有打破"考法壁垒",看不到题目里面考查的是哪些知识点,自然就做不出题。

为什么题经老师一讲我就懂,一到自己做就不会了呢?因为老师帮你打破了"考法壁垒",让你看到了里面的知识点,而自己做题的时候,没有人帮你打破"考法壁垒"了。

为什么平时感觉良好,一到考试就翻车?因为平时没有时间压力,可以慢慢磨,一点点打破"考法壁垒",但是考试时有时间压力,在有限的时间内,自己无法及时打破"考法壁垒"。

本书的一个核心任务,就是教会同学们如何高效打破"考法壁垒"。实战中,在题目里"考法壁垒"的厚度不是均匀的,总有些地方存在薄弱点,如下图所示。如果能够快速找到这些薄弱点,就能够快速打破"考法壁垒",从而快速做出题目。在对本书学习中,同学们会发现很多实用、好用、高效的解题方法与技巧,这些都是帮助大家快速打破"考法壁垒"的神器。

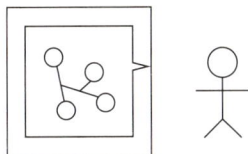

明白这个原理之后,大家便可以站在一个更高的维度重新审视题目。完成一道道题目的本质就是在打破一道道壁垒。"工欲善其事,必先利其器。"本书是头哥在十几年的一线教学工作中一点点打磨出来的神器库,头哥会毫无保留地把这些神器悉心传授给大家。

努力不一定能成功,但不努力必定会失败,用数学语言来描述,"努力"是"成功"的必要不充分条件。真正的英雄主义,或许不是为了一个成功的结果而全力以赴,而是拼尽全力,只为博取一个成功的可能。

加油啊,同学们!努力打拼出自己美好的未来!

编著者

现在就扫,认识清华头哥
拿 1000 字手写提分心得

Contents

第八章　不等式

第1节　不等关系与不等式

头哥说：不等式的涉及范围很广，与函数、导数、数列、解析几何等内容有紧密的结合.

知识梳理

基础知识

1. 等式的性质

(1)对称性：$a=b\Leftrightarrow b=a$；

(2)传递性：$a=b,b=c\Rightarrow a=c$；

(3)可加性：$a=b\Leftrightarrow a+c=b+c$；

(4)可乘性：$a=b\Rightarrow ac=bc$.

2. 不等式的性质

(1)对称性：$a>b\Leftrightarrow b<a$；

(2)传递性：$a>b,b>c\Rightarrow a>c$；

(3)可加性：$a>b\Leftrightarrow a+c>b+c$，——不等号两边加上同一个数，不等号方向不变.

(4)可乘性：$\left.\begin{array}{l}a>b\\c>0\end{array}\right\}\Rightarrow ac>bc$，$\left.\begin{array}{l}a>b\\c<0\end{array}\right\}\Rightarrow ac<bc$；——不等号两边乘同一个正数，不等号方向不变；乘同一个负数，不等号方向改变.

(5)同向可加性：$\left.\begin{array}{l}a>b\\c>d\end{array}\right\}\Rightarrow a+c>b+d$；——大加大＞小加小.

(6)同向可乘性：$\left.\begin{array}{l}a>b>0\\c>d>0\end{array}\right\}\Rightarrow ac>bd$，$\left.\begin{array}{l}a<b<0\\c<d<0\end{array}\right\}\Rightarrow ac>bd$；——对于正数，大乘大＞小乘小；对于负数，小乘小＞大乘大.

(7)正数乘方性：$a>b>0\Rightarrow a^n>b^n(n\in\mathbf{N},n\geqslant2)$；

(8)正数开方性：$a>b>0\Rightarrow\sqrt[n]{a}>\sqrt[n]{b}(n\in\mathbf{N},n\geqslant2)$.

二级结论

1. 糖水原理

头哥说：糖水原理的本质是：一个正分数，分子、分母都加上同一个正数后，分数更加接近于1.

(1)真分数：$\dfrac{b}{a}<\dfrac{b+c}{a+c}<1(a>b>0,c>0)$；

(2)假分数:$\dfrac{b}{a}>\dfrac{b+c}{a+c}>1(b>a>0,c>0)$.

2.倒数性质

(1)同号:$a>b>0\Leftrightarrow 0<\dfrac{1}{a}<\dfrac{1}{b}$,$a<b<0\Leftrightarrow 0>\dfrac{1}{a}>\dfrac{1}{b}$; —→ *同号取倒数则变号.*

(2)异号:$a>0>b\Leftrightarrow \dfrac{1}{a}>0>\dfrac{1}{b}$. —→ *异号取倒数则不变号.*

考点剖析

1.利用性质比较大小 —→ *头哥说:不等式性质比较多,需要通过大量练习来熟练掌握.*

需要对不等式的性质足够熟练,会根据性质判断式子的大小关系.

【例1】 若 $abcd<0$,且 $a>0$,$b>c$,$d<0$,则 （　　）

A.$b<0$,$c<0$

B.$b>0$,$c>0$

C.$b>0$,$c<0$

D.$0<c<b$ 或 $c<b<0$

解析 由 $ad<0$ 与 $abcd<0$,得 $bc>0$, —→ *可乘性.*

又 $b>c$,于是 $0<c<b$ 或 $c<b<0$.

答案 D.

【例2】 已知 $a,b,c,d\in\mathbf{R}$,则下列命题中必成立的是 （　　）

A.若 $a>b$,$c>b$,则 $a>c$

B.若 $a>-b$,则 $c-a<c+b$

C.若 $a>b$,$c<d$,则 $\dfrac{a}{c}>\dfrac{b}{d}$

D.若 $a^2>b^2$,则 $-a<-b$

解析 由 $a>-b$,得 $-a<b$,得 $c-a<c+b$. —→ *可乘性,可加性.*

答案 B.

【例3】 $a<b<0$,则 $\dfrac{b}{a}$ ＿＿＿＿ $\dfrac{a}{b}$.（填"<"或">"）

解析 由题得 $0>\dfrac{1}{a}>\dfrac{1}{b}$,又 $0>b>a$,所以 $\dfrac{b}{a}<\dfrac{a}{b}$. —→ *倒数性质,同向可乘性.*

答案 <.

【例4】 已知 $a>b>0$,$c<d<0$,$e<0$,则 $\dfrac{e}{a-c}$ ＿＿＿＿ $\dfrac{e}{b-d}$.（填"<"或">"）

解析 由题得 $-c>-d>0$,所以 $a-c>b-d>0$. —→ *可乘性,同向可加性.*

于是 $\dfrac{1}{a-c}<\dfrac{1}{b-d}$,又因为 $e<0$,所以 $\dfrac{e}{a-c}>\dfrac{e}{b-d}$. —→ *倒数性质,可乘性.*

答案 >.

2. 作差法比较大小 —→ 头哥说：作差法是比较大小的最基础、最重要的方法.

要比较 A 与 B 两式的大小关系,可对二者作差得到 $A-B$,若 $A-B<0$(或 $A-B\leqslant0$),则 $A<B$(或 $A\leqslant B$);若 $A-B>0$(或 $A-B\geqslant0$),则 $A>B$(或 $A\geqslant B$).

当要比较的两式 A 与 B 作差后可进一步化简时,考虑用作差法比较大小.

【例 5】已知 $0<|a|<1$,则 $\dfrac{1}{1+a}$ 与 $1-a$ 的大小关系为_____.

解析 由题得 $\dfrac{1}{1+a}-(1-a)=\dfrac{a^2}{1+a}$. 因为 $0<|a|<1$,所以 $-1<a<1$(且 $a\neq0$),所以 $1+a>0$,所以 $\dfrac{1}{1+a}-(1-a)>0$,所以 $\dfrac{1}{1+a}>1-a$.

—→ 作差后可进一步化简.

答案 $\dfrac{1}{1+a}>1-a$.

【例 6】已知 a,b 为正数,且 $a\neq b$,则 a^3+b^3 _____ a^2b+ab^2. (填"<"或">")

解析 由题得 $(a^3+b^3)-(a^2b+ab^2)=a^2(a-b)-b^2(a-b)=(a-b)^2(a+b)>0$,

—→ 作差后可进一步化简.

所以 $a^3+b^3>a^2b+ab^2$.

答案 >.

【例 7】比较大小:$a^2+b^2+c^2$ _____ $2(a+b+c)-4$. (填"<"或">")

解析 由题得 $(a^2+b^2+c^2)-[2(a+b+c)-4]=(a-1)^2+(b-1)^2+(c-1)^2+1>0$,

—→ 作差后可进一步化简.

所以 $a^2+b^2+c^2>2(a+b+c)-4$.

答案 >.

3. 函数法比较大小 —→ 头哥说：函数法的关键在于"同构",即两个表达式具有相同构造,口诀"同构可定函",该思想不仅用于大小比较,在导数问题中也有所应用.

如果要比较大小的两式 A 与 B 是"同构"的,即 $A=f(a)$,$B=f(b)$,则可构造函数 $y=f(x)$,通过判断函数 $y=f(x)$ 的单调性来比较大小.

当 $y=f(x)$ 单增(即单调递增,全书同)时,若 $a<b$(或 $a>b$),则 $A<B$(或 $A>B$);当 $y=f(x)$ 单减(即单调递减,全书同)时,若 $a<b$(或 $a>b$),则 $A>B$(或 $A<B$);当 $y=f(x)$ 不单调时,可通过画出函数图像来进行判断.

【例 8】若 $a=\dfrac{\ln 3}{3}$,$b=\dfrac{\ln 4}{4}$,$c=\dfrac{\ln 5}{5}$,则 (　　)

A. $a<b<c$　　　　B. $c<b<a$　　　　C. $c<a<b$　　　　D. $b<a<c$

解析 设 $f(x)=\dfrac{\ln x}{x}$,则 $f'(x)=\dfrac{1-\ln x}{x^2}$, —→ 同构可定函.

易知 $x\in(0,e)$ 时,$f'(x)>0$,$f(x)$ 单增;$x\in(e,+\infty)$ 时,$f'(x)<0$,$f(x)$ 单减.

又 $e<3<4<5$,于是 $f(5)<f(4)<f(3)$,即 $c<b<a$.

答案 B.

【例9】 已知函数 $f(x)=\log_2(x+1)$，且 $a>b>c>0$，则 $\dfrac{f(a)}{a}$，$\dfrac{f(b)}{b}$，$\dfrac{f(c)}{c}$ 的大小关系是 （　　）

A. $\dfrac{f(a)}{a}>\dfrac{f(b)}{b}>\dfrac{f(c)}{c}$

B. $\dfrac{f(c)}{c}>\dfrac{f(b)}{b}>\dfrac{f(a)}{a}$

C. $\dfrac{f(b)}{b}>\dfrac{f(a)}{a}>\dfrac{f(c)}{c}$

D. $\dfrac{f(a)}{a}>\dfrac{f(c)}{c}>\dfrac{f(b)}{b}$

解析 设 $g(x)=\dfrac{f(x)}{x}=\dfrac{\log_2(x+1)}{x}$，则 $g'(x)=\dfrac{x-(x+1)\ln(x+1)}{x^2(x+1)\ln 2}$， ⟶ *同构可克函.*

设 $h(x)=x-(x+1)\ln(x+1)$，则 $h'(x)=1-[\ln(x+1)+1]=-\ln(x+1)<0\ (x>0)$.

故 $h(x)$ 在 $(0,+\infty)$ 单减，$h(x)<h(0)=0$，于是 $g'(x)<0$.

故 $g(x)$ 在 $(0,+\infty)$ 单减，$g(a)<g(b)<g(c)$，⟶

即 $\dfrac{f(c)}{c}>\dfrac{f(b)}{b}>\dfrac{f(a)}{a}$.

头哥说：此题更好的做法是把 $\dfrac{f(a)}{a}$ 看成是点 $(a,f(a))$ 与原点连线的斜率，画图像一目了然，避免了烦琐的求导分析过程。

答案 B.

4. 特值法比较大小 ⟶ *头哥说：实际做题过程中，往往首先考虑特值法，快捷有效。*

对于含有变量的式子的大小比较，最便捷的方法应该是特值法，选择满足题意并且简单的特值代入（例如：$0,1,e$ 等），即可判断式子的大小关系.

应用特值法要注意"可排除，不确定". 对于某不等式，代入特值，如果不满足该不等式，则该不等式一定是错的，可将其排除；如果满足该不等式，则无法确定该不等式是否正确. 因此，特值法经常用于选择题排除错误选项.

【例10】 设 $a>b>0$，$a+b=1$，且 $x=\left(\dfrac{1}{a}\right)^b$，$y=\log_{\left(\frac{1}{a}+\frac{1}{b}\right)}(ab)$，$z=\log_{\frac{1}{b}}a$，则 x,y,z 的大小关系是 （　　）

A. $y<x<z$

B. $z<y<x$

C. $y<z<x$

D. $x<y<z$

解析 由题令 $a=\dfrac{3}{4}$，$b=\dfrac{1}{4}$，则 $x=\left(\dfrac{4}{3}\right)^{\frac{1}{4}}>0$，$y=\log_{\frac{16}{3}}\dfrac{3}{16}=-1$，

$0>z=\log_4\dfrac{3}{4}>\log_4\dfrac{1}{4}=-1$，所以 $y<z<x$.

答案 C.

【例11】 已知 $\dfrac{1}{b}<\dfrac{1}{a}<0$，则下列结论正确的是 （　　）

A. $a>b$

B. $\dfrac{1}{a+b}<\dfrac{1}{ab}$

C. $|a|+b<0$

D. $b-\dfrac{1}{b}<a-\dfrac{1}{a}$

解析 由题令 $a=-2,b=-1$，则 $a<b$，A 错误；

$|a|+b=1>0$，C 错误；$0=b-\dfrac{1}{b}>a-\dfrac{1}{a}=-\dfrac{3}{2}$，D 错误；

故 B 正确.

答案 B.

【例 12】已知实数 a,b,c 满足 $a>b>1,0<c<1$，则下列结论正确的是　　　（　　）

A. $(a-c)^c<(b-c)^c$ 　　　　　　　B. $\log_a(c+1)>\log_b(c+1)$

C. $\log_a c+\log_c a\geqslant 2$ 　　　　　　D. $a^2c^2>b^2c^2>c^4$

解析 由题令 $a=4,b=2,c=\dfrac{1}{2}$，则 $\sqrt{\dfrac{7}{2}}=(a-c)^c>(b-c)^c=\sqrt{\dfrac{3}{2}}$，A 错误；

$\log_4\dfrac{3}{2}=\log_a(c+1)<\log_b(c+1)=\log_2\dfrac{3}{2}$，B 错误；

$\log_a c+\log_c a=\log_4\dfrac{1}{2}+\log_{\frac{1}{2}}4<2$，C 错误；

故 D 正确.

答案 D.

高考链接

【高 1】（2022 全国乙理 4，5 分）嫦娥二号卫星在完成探月任务后，继续进行深空探测，成为我国第一颗环绕太阳飞行的人造行星，为研究嫦娥二号绕日周期与地球绕日周期的比值，用到数列 $\{b_n\}$：$b_1=1+\dfrac{1}{a_1}$，$b_2=1+\dfrac{1}{a_1+\dfrac{1}{a_2}}$，$b_3=1+\dfrac{1}{a_1+\dfrac{1}{a_2+\dfrac{1}{a_3}}}$，…，依此类推，其中 $a_k\in\mathbf{N}^*$（$k=$

$1,2,\cdots$），则　　　　　　　　　　　　　　　　　　　　　　　　　　（　　）

A. $b_1<b_5$ 　　　　　　　　　　　B. $b_3<b_8$

C. $b_6<b_2$ 　　　　　　　　　　　D. $b_4<b_7$

【高 2】（2019 全国 2 理 6，5 分）若 $a>b$，则　　　　　　　　　　　（　　）

A. $\ln(a-b)>0$ 　　　　　　　　　B. $3^a<3^b$

C. $a^3-b^3>0$ 　　　　　　　　　D. $|a|>|b|$

第2节　解不等式

头哥说:解不等式与解方程一样,是高中数学的基本技能.

知识梳理

基础知识

1.一元二次不等式 —→ 头哥说:对于一元二次不等式,结合对应一元二次函数的图像进行求解.

设 $a>0$,对于一元二次不等式 $ax^2+bx+c<0$ 或 $ax^2+bx+c>0$:

(1)$\Delta=b^2-4ac>0$ 时,设 x_1,x_2 为方程的两实根($x_1<x_2$): —→ 先把二次项系数化为正数.

$ax^2+bx+c<0$ 的解集为 $\{x|x_1<x<x_2\}$,　　小于0,两根之间;

$ax^2+bx+c>0$ 的解集为 $\{x|x<x_1$ 或 $x>x_2\}$;　　大于0,两根之外.

(2)$\Delta=b^2-4ac=0$ 时,设 x_0 为方程的重根:

$ax^2+bx+c<0$ 的解集为 $\varnothing$,

$ax^2+bx+c>0$ 的解集为 $\{x|x\neq x_0\}$;

(3)$\Delta=b^2-4ac<0$ 时:

$ax^2+bx+c<0$ 的解集为 $\varnothing$,

$ax^2+bx+c>0$ 的解集为 **R**.

2.绝对值不等式

(1)$|f(x)|<c\Leftrightarrow -c<f(x)<c$;　　小于号,正负之间;

(2)$|f(x)|>c\Leftrightarrow f(x)>c$ 或 $f(x)<-c$.　　大于号,正负之外.

头哥说:此处无论 c 是正数、负数,还是0,该等价关系均满足,无须分类讨论.

二级结论

1.穿针引线法

头哥说:一元二次(一元一次)不等式是高次不等式的特殊情况,也可用穿针引线法求解.

对于高次不等式[例如:$(x-1)(x-3)^2(x-5)^3\leqslant 0$]与分式不等式$\left[例如:\dfrac{(x-1)(x-3)^2}{(x-5)^3}\geqslant 0\right]$,

可用穿针引线法进行求解.

(1)确保因式分解后每个一次因式中未知数的系数为正; —→ 每个括号里 x 的系数为正.

(2)在数轴上标出各因式的根(如果是分式不等式,也包括分母因式的根);

(3)如下图所示,自右上角开始穿线,遇偶次重根不穿透,遇奇次重根要穿透;

"奇穿偶不穿"

(4)数轴上方曲线对应区域使">"成立,下方曲线对应区域使"<"成立.

(5)如果原不等式含"=",则需要排除分母各因式的根.

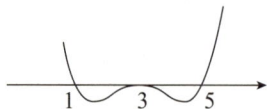

不等式 $(x-1)(x-3)^2(x-5)^3\leqslant 0$ 的解集为:$\{x|1\leqslant x\leqslant 5\}$;

不等式 $\dfrac{(x-1)(x-3)^2}{(x-5)^3}\geqslant 0$ 的解集为:$\{x|x\leqslant 1$ 或 $x>5$ 或 $x=3\}$.

2. 连不等式 → 头哥说：用头哥的方法，连不等式不需要拆成两个不等式，可直接进行求解。注意，亮点在三边取倒数的方法。

连不等式 $a<f(x)<b$ 的求解.

可加性：三边同时加一个数，不等号方向不变，即 $a+c<f(x)+c<b+c$.

可乘性：三边同时乘一个正数，不等号方向不变，即 $ac<cf(x)<bc(c>0)$；三边同时乘一个负数，不等号方向改变，即 $ac>cf(x)>bc(c<0)$.

取倒数：三边同时取倒数，不等号方向改变，即 $\dfrac{1}{a}>\dfrac{1}{f(x)}>\dfrac{1}{b}$（※）.画重点了，此处与 a,b 的符号有关：若 a,b 同号，（※）式成立$\left(\text{例如：}2<\dfrac{1}{x}<3\text{ 可得 }\dfrac{1}{2}>x>\dfrac{1}{3},-3<\dfrac{1}{x}<-2\text{ 可得}\right.$ $\left.-\dfrac{1}{3}>x>-\dfrac{1}{2}\right)$；若 a,b 异号，只需把（※）式中的"且"改成"或"即可$\left(\text{例如：}-2<\dfrac{1}{x}<3\text{ 可得}\right.$ $\left.-\dfrac{1}{2}>x\text{ 或 }x>\dfrac{1}{3}\right)$.

实际上，此时可以进行拓展，认为"0"与"∞"互为倒数，于是 $-2<\dfrac{1}{x}<3\Leftrightarrow-2<\dfrac{1}{x}<0$ 或 $0<\dfrac{1}{x}<3$，取倒数可得 $-\dfrac{1}{2}>x>-\infty$ 或 $+\infty>x>\dfrac{1}{3}$，即 $-\dfrac{1}{2}>x$ 或 $x>\dfrac{1}{3}$.

进一步，对于单不等式，例如：$\dfrac{1}{x}<3$，可看成 $-\infty<\dfrac{1}{x}<3$，取倒数可得 $0>x$ 或 $x>\dfrac{1}{3}$；$\dfrac{1}{x}>-2$，可看成 $+\infty>\dfrac{1}{x}>-2$，取倒数可得 $0<x$ 或 $x<-\dfrac{1}{2}$. → 头哥说：此处两边异号，需要把"且"改成"或"。

考点剖析

1. 一元二次不等式→ 头哥说：二次项系数为正，小于 0 两根之间，大于 0 两根之外。

对于一元二次不等式，首先把二次项系数化为正数，然后结合二次函数图像进行求解即可.

【例 1】集合 $A=\{x\mid -x^2+2x+3\geqslant 0\}$，$B=\{x\mid 2x^2+x-3>0\}$，则 $A\cap B=$ _____.

解析 由 $-x^2+2x+3\geqslant 0$，得 $(x-3)(x+1)\leqslant 0$，

解得 $-1\leqslant x\leqslant 3$，故 $A=[-1,3]$；

由 $2x^2+x-3>0$，得 $(x-1)(2x+3)>0$，

解得 $x<-\dfrac{3}{2}$ 或 $x>1$，故 $B=\left(-\infty,-\dfrac{3}{2}\right)\cup(1,+\infty)$，于是 $A\cap B=(1,3]$.

答案 $(1,3]$.

【例 2】已知关于 x 的不等式 $x^2+ax+b<0$ 的解集为 $\{x\mid 1<x<2\}$，则关于 x 的不等式 $bx^2+ax+1>0$ 的解集为 _____. → 由解集可得到一元二次不等式。

解析 由题得原不等式为 $(x-1)(x-2)<0$ 即 $x^2-3x+2<0$，

对比可知 $a=-3,b=2$，于是所求不等式为 $2x^2-3x+1>0$，

即 $(2x-1)(x-1)>0$，解得 $x\in\left(-\infty,\dfrac{1}{2}\right)\cup(1,+\infty)$.

答案 $\left(-\infty,\dfrac{1}{2}\right)\cup(1,+\infty)$.

【例3】 关于 x 的不等式 $ax^2-(a-1)x-1<0(a>0)$ 的解集为_____.

解析 由题得原不等式为 $(ax+1)(x-1)<0$, →含参的情况依然可以考虑十字相乘.

由 $a>0$ 知 $-\dfrac{1}{a}<1$, 所以解集为 $x\in\left(-\dfrac{1}{a},1\right)$.

答案 $\left(-\dfrac{1}{a},1\right)$.

头哥说：当不等式不含"="时，分式不等式与对应高次不等式解集相同；当不等式含"="时，注意要把高次不等式或分式不等式的分子中因式的根加上.

2. 高次不等式与分式不等式

对于高次不等式, 不等号右侧化为零, 左侧进行因式分解, 再应用"穿针引线法"进行求解.

对于分式不等式, 在分母符号不定的情况下, 千万不要用去分母的方式变形不等式(涉及不等号方向是否改变), 通常是通过移项、通分, 转化为 $\dfrac{f(x)}{g(x)}<0$ 或 $\dfrac{f(x)}{g(x)}>0$ 的形式, 再应用穿针引线法进行求解.

【例4】 不等式 $x(1-x)(2-x)^2(x-5)^2\geqslant0$ 的解集为_____.

解析 原不等式转化为 $x(x-1)(x-2)^2(x-5)^2\leqslant0$, 穿针引线如图所示.

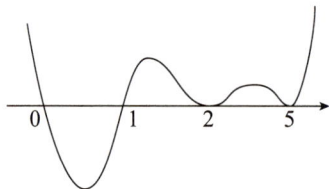

可得解集为 $[0,1]\cup\{2\}\cup\{5\}$. →不要忘记加上等于0的孤立点.

答案 $[0,1]\cup\{2\}\cup\{5\}$.

【例5】 不等式 $\dfrac{2x-1}{3-4x}>1$ 的解集为_____.

解析 原不等式可化为 $\dfrac{3x-2}{4x-3}<0$, 穿针引线如图所示.

要通过通分进行化简←

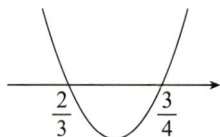

可得解集为 $\left(\dfrac{2}{3},\dfrac{3}{4}\right)$.

答案 $\left(\dfrac{2}{3},\dfrac{3}{4}\right)$.

【例6】 不等式 $x+\dfrac{2}{x+1}\geqslant2$ 的解集为_____.

解析 原不等式可化为 $\dfrac{x(x-1)}{x+1}\geqslant0$, 穿针引线如图所示.

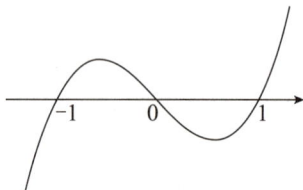

可得解集为 $(-1,0]\cup[1,+\infty)$. →剔除分母为零的点.

答案 $(-1,0]\cup[1,+\infty)$.

3. 绝对值不等式 —— 头哥说:处理绝对值问题的关键路径是想方设法去掉绝对值号.

绝对值不等式的处理方式一般有两种,一是通过对绝对值内部符号进行分类讨论(根据本节方法,单绝对值号情况无须分类讨论),二是通过平方去掉绝对值号.

【例7】 已知集合 $M=\{x\mid |x-1|<2\}$,$N=\{x\mid |x^2-x|\leqslant 3x\}$,则 $M\cap N=$ _____.

解析 由 $|x-1|<2$,得 $-2<x-1<2$,解得 $-1<x<3$,故 $M=(-1,3)$;

由 $|x^2-x|\leqslant 3x$,得 $-3x\leqslant x^2-x\leqslant 3x$,即 $\begin{cases} x^2+2x\geqslant 0 \\ x^2-4x\leqslant 0 \end{cases}$, —— 无须讨论 $3x$ 的正负,直接去绝对值.

解得 $0\leqslant x\leqslant 4$,故 $N=[0,4]$;于是 $M\cap N=[0,3)$.

答案 $[0,3)$.

【例8】 已知 $f(x)=|mx|-|x-n|(0<n<1+m)$,若关于 x 的不等式 $f(x)<0$ 的解集中的整数恰有 3 个,则实数 m 的取值范围是 ( )

A. $3<m<6$ B. $1<m<3$ C. $0<m<1$ D. $-1<m<0$

解析 由 $f(x)<0$,得 $|mx|<|x-n|$,得 $m^2x^2<(x-n)^2$, —— 不等号两边都有绝对值号,可直接平方.

即 $[(m-1)x+n][(m+1)x-n]<0$.

因为解集只包含 3 个整数解,因此必为封闭区间,所以 $m^2-1=(m+1)(m-1)>0$.

由 $m+1>0$,故 $m-1>0$,即 $m>1$,不等式解为 $\dfrac{n}{1-m}<x<\dfrac{n}{m+1}$;

由 $0<\dfrac{n}{m+1}<1$,可知 3 个整数解集为 $\{0,-1,-2\}$.

于是有 $-3\leqslant\dfrac{n}{1-m}<-2$,即 $2(m-1)<n\leqslant 3(m-1)$,又 $0<n<1+m$,

只需两个区间有交集即可,所以 $2(m-1)<1+m$,解得 $m<3$.

于是 $1<m<3$.

答案 B.

【例9】 已知集合 $A=\{x\mid |x-1|+|x+1|\leqslant 3\}$,$B=\{x\mid x^2-(2m+1)x+m^2+m<0\}$,若 $A\cap B\neq\varnothing$,则实数 m 的取值范围为 _____.

解析 不等式 $|x-1|+|x+1|\leqslant 3$ 中,$|x-1|+|x+1|$ 表示数轴上 x 到 -1 与 1 的距离和,

于是易得解为 $-\dfrac{3}{2}\leqslant x\leqslant\dfrac{3}{2}$,所以 $A=\left[-\dfrac{3}{2},\dfrac{3}{2}\right]$. 对于形如 $|x-a|\pm|x-b|<c$(或 $>c$)的不等式,可利用数轴上绝对值的几何意义进行求解.

不等式 $x^2-(2m+1)x+m^2+m<0$,可得 $[x-(m+1)](x-m)<0$,

解得 $m<x<m+1$,所以 $B=(m,m+1)$,由 $A\cap B\neq\varnothing$,

可得 $m+1>-\dfrac{3}{2}$ 且 $m<\dfrac{3}{2}$,解得 $m\in\left(-\dfrac{5}{2},\dfrac{3}{2}\right)$.

答案 $\left(-\dfrac{5}{2},\dfrac{3}{2}\right)$.

第 3 节　基本不等式

尖哥说：对于有一个变量的情况，可借助于函数进行处理；对于有两个变量或多个变量的情况，只能考虑基本不等式.

知识梳理

基础知识

1. 基本不等式

尖哥说：实际上，基本不等式可拓展到 $a, b \geq 0$ 的情况依然成立，基本不等式的变形中，对 a, b 的取值范围相应进行了拓展.

(1)基本不等式：$\sqrt{ab} \leqslant \dfrac{a+b}{2}(a, b \geqslant 0)$，当且仅当 $a=b$ 时取等号；

(2)变形 1：$a+b \geqslant 2\sqrt{ab}(a, b \geqslant 0)$，当且仅当 $a=b$ 时，取等号；

变形 2：$ab \leqslant \left(\dfrac{a+b}{2}\right)^2 (a, b \in \mathbf{R})$，当且仅当 $a=b$ 时，取等号；

变形 3：$a^2+b^2 \geqslant 2ab(a, b \in \mathbf{R})$，当且仅当 $a=b$ 时，取等号.

2. 基本不等式求最值的原则

(1)一非负：使用基本不等式所涉及的项必须为非负数，如果有负数则考虑变形为非负数或使用其他方法；

(2)二定：使用基本不等式后的一侧须为定值，例如：当 $x>0$ 时，$y=x^2+\dfrac{3}{x} \geqslant 2\sqrt{3x}$，右侧依然含有 x(不为定值)，则无法找到最值；

(3)三相等：若要求得最值，则须保证等号可以成立，特别的，当多次使用基本不等式时，须保证每次基本不等式的等号能够同时成立. $\longrightarrow$ *仅对于求最值时，需验证等号可取得性，而对于不等式证明问题，无须验证等号可取得性.*

二级结论

1. 均值不等式

$H_n \leqslant G_n \leqslant A_n \leqslant Q_n$，当且仅当 $a_1=a_2=\cdots=a_n$ 时，等号成立. 其中

(1)调和平均数：$H_n = \dfrac{n}{\dfrac{1}{a_1}+\dfrac{1}{a_2}+\cdots+\dfrac{1}{a_n}}$；

(2)几何平均数：$G_n = \sqrt[n]{a_1 a_2 \cdot \cdots \cdot a_n}$；

(3)代数平均数：$A_n = \dfrac{a_1+a_2+\cdots+a_n}{n}$；(代数平均数又称算术平均数)

(4)平方平均数：$Q_n = \sqrt{\dfrac{a_1^2+a_2^2+\cdots+a_n^2}{n}}$.

考点剖析

1. 和化积 —→ 大哥说："看见求和想来积".

对于两项求和的情形,或原式中的一部分为两项求和,考虑使用 $a+b\geq 2\sqrt{ab}\,(a,b\geq 0)$,使用之前,先考察两项的乘积(即 ab)是否为定值.

【例1】 设 $x>-1$,则函数 $y=\dfrac{(x+5)(x+2)}{x+1}$ 的最小值为_____.

解析 设 $t=x+1,t>0$,则 $y=\dfrac{(t+4)(t+1)}{t}=t+\dfrac{4}{t}+5\geq 2\sqrt{t\cdot \dfrac{4}{t}}+5=9$.

—→ 换元可使得式子更加清晰.

当且仅当 $t=2$ 时,取等号,所以最小值为9.

答案 9.

【例2】 已知 a,b 都是负实数,则 $\dfrac{a}{a+2b}+\dfrac{b}{a+b}$ 的最小值是 ( )

A. $\dfrac{5}{6}$ B. $2(\sqrt{2}-1)$ C. $2\sqrt{2}-1$ D. $2(\sqrt{2}+1)$

解析 $\dfrac{a}{a+2b}+\dfrac{b}{a+b}=\dfrac{a^2+2ab+2b^2}{a^2+3ab+2b^2}=1-\dfrac{ab}{a^2+3ab+2b^2}=1-\dfrac{1}{\dfrac{a}{b}+\dfrac{2b}{a}+3}$,

—→ 齐次式可通过分子、分母同除以一个数转化为比值.

因为 $a,b<0$,所以 $\dfrac{a}{b},\dfrac{b}{a}$ 是正实数,于是 $\dfrac{a}{b}+\dfrac{2b}{a}\geq 2\sqrt{\dfrac{a}{b}\cdot \dfrac{2b}{a}}=2\sqrt{2}$,

所以 $\dfrac{a}{a+2b}+\dfrac{b}{a+b}\geq 1-\dfrac{1}{2\sqrt{2}+3}=2(\sqrt{2}-1)$.

当且仅当 $\dfrac{a}{b}=\dfrac{2b}{a}$,即 $a=\sqrt{2}b$ 时取等号,所以最小值为 $2(\sqrt{2}-1)$.

答案 B.

2. 积化和 —→ 大哥说："看见来积想求和".

对于两项乘积的情形,或原式中的一部分为两项乘积,考虑使用 $ab\leq \left(\dfrac{a+b}{2}\right)^2\,(a,b\in \mathbf{R})$,使用之前,先考察两项的和(即 $a+b$)是否为定值.

【例3】 已知 $x>0,y>0$,且 $2x+3y=6$,则 xy 的最大值为_____.

解析 由题得 $xy=\dfrac{1}{6}\times 2x\times 3y\leq \dfrac{1}{6}\cdot \left(\dfrac{2x+3y}{2}\right)^2=\dfrac{3}{2}$, —→ 求积的问题可以方便地凑系数.

当且仅当 $\begin{cases} 2x=3y \\ 2x+3y=6, \end{cases}$ 即 $2x=3y=3$ 时,取等号,所以最大值为 $\dfrac{3}{2}$.

答案 $\dfrac{3}{2}$.

【例4】已知 $2a > b > 0$，则 $a^2 + \dfrac{4}{b(2a-b)}$ 的最小值为 _____．

解析 由题得 $b(2a-b) \leqslant \left[\dfrac{b+(2a-b)}{2}\right]^2 = a^2$，$\longrightarrow$ 先用一次基本不等式，可消掉 b．

当且仅当 $b = 2a - b$，即 $a = b$ 时，取等号．

又 $b > 0, 2a - b > 0$，所以 $a^2 + \dfrac{4}{b(2a-b)} \geqslant a^2 + \dfrac{4}{a^2} \geqslant 2\sqrt{a^2 \cdot \dfrac{4}{a^2}} = 4$，$\longrightarrow$ 使用两次基本不等式，等号需能够同时取得．

当且仅当 $a = b = \sqrt{2}$ 时，两个等号同时取得，所以最小值为 4．

答案 4．

$\longrightarrow$ 头哥说：不一定是严格的两项和与其倒数和，每项的系数是可以改变的，而且可通过加减某个常数配凑分母．

3. "1" 代换

对于涉及两项和（例如：$a + 2b$）与两项倒数和 $\left(\text{例如：} \dfrac{2}{a} + \dfrac{1}{b}\right)$ 的问题（注意此处为"广义"的倒数，系数可变），无论是已知两项和，求倒数和的最值，还是已知倒数和，求两项和的最值，均需使用"1"代换方法．

例如：已知 $a + 2b = 1(a, b > 0)$，则 $\dfrac{2}{a} + \dfrac{1}{b} = \left(\dfrac{2}{a} + \dfrac{1}{b}\right) \times 1 = \left(\dfrac{2}{a} + \dfrac{1}{b}\right)(a + 2b) = 4 + \dfrac{a}{b} + \dfrac{4b}{a} \geqslant 4 + 2\sqrt{\dfrac{a}{b} \cdot \dfrac{4b}{a}} = 8$；已知 $\dfrac{2}{a} + \dfrac{1}{b} = 1(a, b > 0)$，则 $a + 2b = (a + 2b) \times 1 = (a + 2b)\left(\dfrac{2}{a} + \dfrac{1}{b}\right) = 4 + \dfrac{a}{b} + \dfrac{4b}{a} \geqslant 4 + 2\sqrt{\dfrac{a}{b} \cdot \dfrac{4b}{a}} = 8$．

【例5】已知 $a > 0, b > 0, a + b = 2$，则 $y = \dfrac{1}{a} + \dfrac{4}{b}$ 的最小值是 （ ）

A. $\dfrac{7}{2}$ B. 4 C. $\dfrac{9}{2}$ D. 5

解析 由题得 $\dfrac{a+b}{2} = 1$，$\longrightarrow$ 已知两项和不为 1 时，通过除法化为 1．

于是 $y = \left(\dfrac{1}{a} + \dfrac{4}{b}\right)\left(\dfrac{a+b}{2}\right) = \dfrac{2a}{b} + \dfrac{b}{2a} + \dfrac{5}{2} \geqslant 2\sqrt{\dfrac{2a}{b} \cdot \dfrac{b}{2a}} + \dfrac{5}{2} = \dfrac{9}{2}$，

当且仅当 $b = 2a = \dfrac{4}{3}$ 时，取等号，所以最小值为 $\dfrac{9}{2}$．

答案 C．

【例6】已知 $x + y = 1, y > 0, x \neq 0$，则 $\dfrac{1}{2|x|} + \dfrac{|x|}{y+1}$ 的最小值是 _____．

解析 因为 $x + y = 1$，所以 $x + (y+1) = 2$，$\dfrac{x+(y+1)}{2} = 1$，$\longrightarrow$ 根据原式的形式，凑出来 1．

则 $\dfrac{1}{2|x|} = \dfrac{1}{2|x|} \cdot \dfrac{x+(y+1)}{2} = \dfrac{x}{4|x|} + \dfrac{y+1}{4|x|}$，$\longrightarrow$ 原式第一项为倒数，只对第一项进行"1"代换．

所以原式 $=\dfrac{x}{4|x|}+\dfrac{y+1}{4|x|}+\dfrac{|x|}{y+1}\geqslant\dfrac{x}{4|x|}+2\sqrt{\dfrac{y+1}{4|x|}\cdot\dfrac{|x|}{y+1}}=\dfrac{x}{4|x|}+1$.

当且仅当 $(y+1)^2=4|x|^2$，$y+1=2|x|$，即 $y=2|x|-1$ 时，取等号. 又 $x<0$ 时，$\left(\dfrac{x}{4|x|}\right)_{\min}=-\dfrac{1}{4}$，

所以 $\dfrac{1}{2|x|}+\dfrac{|x|}{y+1}$ 最小值为 $\dfrac{3}{4}$.

答案 $\dfrac{3}{4}$.

【例7】 已知实数 m,n，若 $m\geqslant 0,n\geqslant 0$，且 $m+n=1$，则 $\dfrac{m^2}{m+2}+\dfrac{n^2}{n+1}$ 的最小值为　　　　（　　　）

A. $\dfrac{1}{4}$　　　　　　B. $\dfrac{4}{15}$　　　　　　C. $\dfrac{1}{8}$　　　　　　D. $\dfrac{1}{3}$

解析 由题得 $\dfrac{m^2}{m+2}+\dfrac{n^2}{n+1}=\dfrac{m^2-4+4}{m+2}+\dfrac{n^2-1+1}{n+1}=m-2+\dfrac{4}{m+2}+n-1+\dfrac{1}{n+1}=$

$(m+n)-3+\dfrac{4}{m+2}+\dfrac{1}{n+1}=\dfrac{4}{m+2}+\dfrac{1}{n+1}-2$，　*→ 将原式化为倒数和的形式.*

因为 $m+n=1$，所以 $(m+2)+(n+1)=4$，$\dfrac{(m+2)+(n+1)}{4}=1$，　*→ 根据倒数和的形式，凑出来1.*

于是 $\dfrac{4}{m+2}+\dfrac{1}{n+1}=\left(\dfrac{4}{m+2}+\dfrac{1}{n+1}\right)\cdot\dfrac{(m+2)+(n+1)}{4}=\dfrac{1}{4}\left(5+\dfrac{4(n+1)}{m+2}+\dfrac{m+2}{n+1}\right)\geqslant$

$\dfrac{1}{4}\left(5+2\sqrt{\dfrac{4(n+1)}{m+2}\cdot\dfrac{m+2}{n+1}}\right)=\dfrac{9}{4}$. 当且仅当 $4(n+1)^2=(m+2)^2$，即 $m=2n=\dfrac{2}{3}$ 时，取等号，

所以 $\dfrac{4}{m+2}+\dfrac{1}{n+1}$ 最小值为 $\dfrac{9}{4}$，原式最小值为 $\dfrac{9}{4}-2=\dfrac{1}{4}$.

答案 A.

→ 夫哥说：不等式构造问题的识别关键点在于已知等式的复杂程度，当已知等式较复杂时，一般要用不等式构造来解决.

4. 不等式构造

对于已知的等式较为复杂 [例如：已知 $a+b+ab=1(a,b>0)$]，而所求最值的式子较为简单（例如：求 ab 的最值）时，需要利用基本不等式，把已知等式变为不等式，然后再对该不等式进行求解（例如：$1=a+b+ab\geqslant 2\sqrt{ab}+ab$，此为关于 $\sqrt{ab}$ 的一元二次不等式，可求出 ab 最值）.

【例8】 已知正实数 x,y 满足 $xy+4x+y=5$，则 xy 的最大值为　　　　　　.

解析 由题得 $5=xy+4x+y\geqslant xy+2\sqrt{4x\cdot y}$，即 $xy+4\sqrt{xy}-5\leqslant 0$，

→ 求 xy 的最值，于是和化积.

即 $(\sqrt{xy}-1)(\sqrt{xy}+5)\leqslant 0$，解得 $-5\leqslant\sqrt{xy}\leqslant 1$.

又 x,y 为正实数，故 $0<\sqrt{xy}\leqslant 1,0<xy\leqslant 1$.

$xy \leqslant 1$，当且仅当 $\begin{cases} 4x = y \\ xy = 1 \end{cases}$，即 $\begin{cases} x = \dfrac{1}{2} \\ y = 2 \end{cases}$ 时，取等号，所以 xy 最大值为 1．

答案 1．

【例9】 已知 $x > 0, y > 0$，且 $x + y + \dfrac{1}{x} + \dfrac{1}{y} = 5$，则 $x + y$ 的最大值是 _____．

解析 $x + y + \dfrac{1}{x} + \dfrac{1}{y} = x + y + \dfrac{x+y}{xy} \geqslant x + y + \dfrac{x+y}{\left(\dfrac{x+y}{2}\right)^2} = x + y + \dfrac{4}{x+y}$，*求和的最值，于是视化和．*

于是 $(x + y) + \dfrac{4}{(x+y)} \leqslant 5$，即 $(x+y)^2 - 5(x+y) + 4 \leqslant 0$，解得 $1 \leqslant x + y \leqslant 4$．

$xy \leqslant 4$，当且仅当 $\begin{cases} x = y \\ x + y = 4 \end{cases}$，即 $x = y = 2$ 时，取等号，所以 $x + y$ 最大值为 4．

答案 4．

【例10】 若实数 x, y 满足 $4x^2 + y^2 + xy = 1$，则 $2x + y$ 的最大值是 _____．

解析 $4x^2 + y^2 + xy = (2x+y)^2 - 3xy = (2x+y)^2 - \dfrac{3}{2} \times 2x \cdot y \geqslant$ *求和的最值，于是视化和．*

$(2x+y)^2 - \dfrac{3}{2} \cdot \left(\dfrac{2x+y}{2}\right)^2 = \dfrac{5}{8}(2x+y)^2$，

得 $\dfrac{5}{8}(2x+y)^2 \leqslant 1$，解得 $-\dfrac{2\sqrt{10}}{5} \leqslant 2x + y \leqslant \dfrac{2\sqrt{10}}{5}$，

$2x + y \leqslant \dfrac{2\sqrt{10}}{5}$，当且仅当 $\begin{cases} 2x = y \\ 2x + y = \dfrac{2\sqrt{10}}{5} \end{cases}$，即 $\begin{cases} x = \dfrac{\sqrt{10}}{10} \\ y = \dfrac{\sqrt{10}}{5} \end{cases}$ 时，取等号，所以 $2x + y$ 最大值为 $\dfrac{2\sqrt{10}}{5}$．

答案 $\dfrac{2\sqrt{10}}{5}$．

高考链接

【高1】（2020 新高考一 11 多选，5分）已知 $a > 0, b > 0$，且 $a + b = 1$，则 （　　）

A. $a^2 + b^2 \geqslant \dfrac{1}{2}$　　　　　　　　　　B. $2^{a-b} > \dfrac{1}{2}$

C. $\log_2 a + \log_2 b \geqslant -2$　　　　　　　D. $\sqrt{a} + \sqrt{b} \leqslant \sqrt{2}$

【高2】（2022 新高考二 12 多选，5分）若实数 x, y 满足 $x^2 + y^2 - xy = 1$，则 （　　）

A. $x + y < 1$　　　　　　　　　　　　B. $x + y \geqslant -2$

C. $x^2 + y^2 \leqslant 2$　　　　　　　　　　D. $x^2 + y^2 \geqslant 1$

第九章　立体几何

第1节　空间几何体的表面积与体积

头哥说：空间基本体有柱体（圆柱与棱柱）、锥体（圆锥与棱锥）、台体（圆台与棱台）、球四类，求表面积或者体积均按照这四类进行分析.

知识梳理

基础知识

1. 空间几何体的表面积

(1) 柱体（圆柱与棱柱）：$S = S_{侧} + 2S_{底}$；→ 侧面积+底面积×2.

(2) 锥体（圆锥与棱锥）：$S = S_{侧} + S_{底}$；→ 侧面积+底面积.

(3) 台体（圆台与棱台）：$S = S_{侧} + S_{上} + S_{下}$；→ 侧面积+上底面积+下底面积.

(4) 球：$S = 4\pi R^2$（R 为球的半径）.

2. 空间几何体的体积

(1) 柱体（圆柱与棱柱）：$V = S_{底} \cdot h$；→ 底面积×高.

(2) 锥体（圆锥与棱锥）：$V = \dfrac{1}{3}S_{底} \cdot h$；→ 底面积×高÷3.

(3) 台体（圆台与棱台）：$V = \dfrac{1}{3}(S_{上} + S_{下} + \sqrt{S_{上} \cdot S_{下}}) \cdot h$ 或 $V = V_{大锥} - V_{小锥}$；

→ $S_{上} + S_{下} + S_{上}$ 与 $S_{下}$ 的几何平均值.

→ 补全为大的锥体，大锥体的体积减去截去的小锥体的体积.

(4) 球：$V = \dfrac{4}{3}\pi R^3$（R 为球的半径）.

二级结论

1. 直柱侧面积公式

→ 因为侧棱或母线垂直于底面.

直棱柱与圆柱统称直柱，其侧面积可由"周长公式"求得，即 $S_{侧} = l_{底} \cdot h$. → 底面周长乘直柱的高.

2.锥体、台体侧面积公式

锥体、台体侧面积可由"投影公式"求得，即 $S_{侧}=\dfrac{S_{影}}{\cos\theta}$ → 侧面在底面的投影面积除以 $\cos\theta$.，对于棱锥与棱台，θ 表示侧面与底面的锐夹角(如果不同侧面与底面锐夹角不同，则每个侧面积需要分别计算；如果不同侧面与底面锐夹角相同，则可以所有侧面积一起计算)，对于圆锥与圆台，θ 表示母线与底面夹角.

3.三棱锥体积　→ 夫哥说：恰如平面多边形可以拆分为若干三角形的组合，空间多面体可以拆分为若干三棱锥的组合，因此三棱锥体积是所有多面体体积的基础.

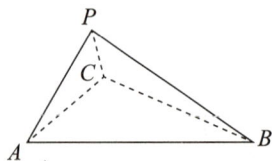

三棱锥每个面均可以当作底面，因此有：$V_{P-ABC}=V_{A-PBC}=V_{B-APC}=V_{C-ABP}$. 可以利用该公式转化底面，找到底面积与高均容易求得的情形，然后利用 $V=\dfrac{1}{3}S_{底}\cdot h$ 算得三棱锥体积，此方法称为"等体积法".　→ 恰如求平面三角形面积的等面积法.

考点剖析

1.基本体的表面积　→ 夫哥说：侧面是直的(垂直于底面)，可用"周长公式"；侧面是斜的(不垂直于底面)，则用"投影公式".

柱体、锥体、台体、球称为空间基本体，表面积即为各个面的面积之和，需要注意的是：算侧面积时，对于直柱(直棱柱与圆柱)，有 $S_{侧}=l_{底}\cdot h$，对于锥体与台体，有 $S_{侧}=\dfrac{S_{影}}{\cos\theta}$.

【例1】 如下图1所示，已知正方体的棱长为 a，沿阴影面将它切成两块，拼成如图2所示的几何体，则此几何体的表面积为　　　　　　　　　　　　（　　）

　A.$(1+2\sqrt{2})a^2$　　B.$(2+\sqrt{2})a^2$　　C.$(3+2\sqrt{2})a^2$　　D.$(4+2\sqrt{2})a^2$

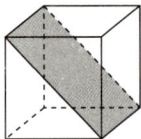　　　　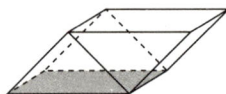 → 放"倒"的直四棱柱.

图1　　　　　　图2

解析 易知图2为直四棱柱，底面为前后两个平行四边形，

平行四边形相邻两边为 $a,\sqrt{2}a$，高为 $\dfrac{a}{\sqrt{2}}$，四棱柱的高为 a，

于是 $S_{底}=\sqrt{2}a\cdot\dfrac{a}{\sqrt{2}}=a^2$，$S_{侧}=2(a+\sqrt{2}a)\cdot a=(2+2\sqrt{2})a^2$，　→ "周长公式"

所以表面积为 $S=2S_{底}+S_{侧}=(4+2\sqrt{2})a^2$.

答案 D.

【例2】 在一个圆柱内挖去一个圆锥,圆锥的底面与圆柱的上底面重合,顶点是圆柱下底面的中心.若圆柱的轴截面是边长为 2 的正方形,则圆锥的侧面展开图面积为_____.

解析 易知圆锥底面半径为 $r=1$,设圆锥母线与底面夹角为 θ,

易得 $\tan\theta=\dfrac{2}{r}=2$,$\cos\theta=\dfrac{1}{\sqrt{5}}$,所以 $S_{侧}=\dfrac{\pi r^2}{\cos\theta}=\sqrt{5}\,\pi$. $\longrightarrow$ *"投影公式"*

答案 $\sqrt{5}\,\pi$.

【例3】 正三棱锥底面边长为 a,高为 $\dfrac{\sqrt{6}}{6}a$,则此正三棱锥的侧面积为 （　　）

A. $\dfrac{3}{4}a^2$ B. $\dfrac{3}{2}a^2$ C. $\dfrac{3\sqrt{3}}{4}a^2$ D. $\dfrac{3\sqrt{3}}{2}a^2$

解析 易得底面内切圆半径为 $r=\dfrac{a}{2\sqrt{3}}$,设侧面与底面锐夹角为 θ,

易得 $\tan\theta=\dfrac{\dfrac{\sqrt{6}}{6}a}{\dfrac{a}{2\sqrt{3}}}=\sqrt{2}$,$\cos\theta=\dfrac{1}{\sqrt{3}}$,所以 $S_{侧}=\dfrac{\dfrac{\sqrt{3}}{4}a^2}{\cos\theta}=\dfrac{3}{4}a^2$. $\longrightarrow$ *"投影公式"*

答案 A.

头哥说:对于台体,体积公式较为复杂,可补全为大锥,用大锥的体积减去截去小锥的体积进行计算.

2. 基本体的体积

柱体、锥体、台体、球称为空间基本体,牢记基本体体积公式,特别地,求三棱锥体积时,要熟练使用"等体积法".

【例4】 如果轴截面为正方形的圆柱的侧面积是 4π,那么圆柱的体积等于 （　　）

A. π B. 2π C. 4π D. 8π

解析 设圆柱底面半径为 r,易知高为 $2r$,

于是侧面积为 $S_{侧}=2\pi\times r\times 2r=4\pi$,解得 $r=1$,

因此圆柱体积为 $V=\pi r^2\times 2r=2\pi$. $\longrightarrow$ *柱体体积*

答案 B.

【例5】 半径为 2 的半圆卷成一个圆锥,则它的体积为_____.

解析 设底面半径为 r,由题得 $2\pi r=\pi\times 2$,于是 $r=1$.

$\longrightarrow$ *半圆弧长=圆锥底面周长*

易知母线为 2,故高为 $h=\sqrt{2^2-r^2}=\sqrt{3}$,

所以体积为 $V=\dfrac{1}{3}\times\pi r^2\times h=\dfrac{\sqrt{3}}{3}\pi$. $\longrightarrow$ *锥体体积*

答案 $\dfrac{\sqrt{3}}{3}\pi$.

【例6】 如图所示,三棱锥 $P-ABC$ 的三条侧棱两两垂直,且 $PB=2$,$PA=2$,$PC=3$,则其

体积为_____.

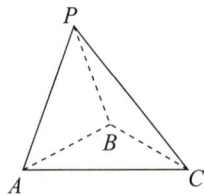

解析 由题易得 $V_{P-ABC}=V_{C-PAB}=\dfrac{1}{3}\times\dfrac{1}{2}\times2\times2\times3=2.$ ——→ "等体积法".

答案 2.

夹导说：不要死记公式，而要明白原理，在实际操作过程中，结合表面积的定义，即所有面的面积之和，不一定要硬套公式求解.

3. 组合体与切割体的表面积

对于组合体（空间基本体组合而成的几何体），图1所示的是长方体与圆锥的组合体，表面积为 $S_0=S_1+S_2-2S_J$，其中 S_1，S_2 表示两个基本体的表面积，S_J 表示两个基本体的接触面积（阴影部分）.

对于切割体（空间基本体切去一个基本体后剩余的几何体），图2所示的是长方体切去一个圆锥后的切割体，表面积为 $S_2=S_0-S_1+2S_J$，其中 S_0 表示切割前基本体的表面积，S_1 表示切去的基本体的表面积，S_J 表示切去基本体与原基本体的接触面积（阴影部分）.

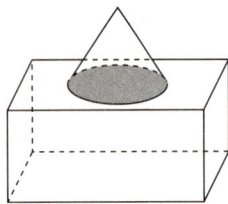
图1

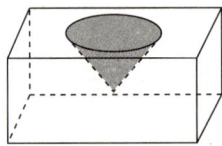
图2

【例7】下图是某建筑的大致形状，它可看作是一个半球与两个长方体拼接而成，若半球的半径为 3 m，$AB=50$ m，$BC=10$ m，$CD=15$ m，$GF=4$ m，$EF=30$ m，由于年久失修，需要用涂料刷满其外表面（不计大长方体下底面），则_____ m² 需要刷涂料.

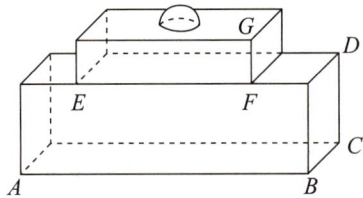

大长方体的表面积＋小长方体的四个侧面的面积－大长方体的下底面面积.

解析 设两个长方体拼接体的粉刷表面积为 S_1，半球的表面积为 S_2，
于是 $S_1=2\times(50\times10+50\times15+15\times10)+2\times(30\times4+10\times4)-50\times10=2620(\text{m}^2)$，

$S_2=\dfrac{1}{2}\times4\pi\times3^2+\pi\times3^2=27\pi(\text{m}^2)$，接触面积为 $S_J=\pi\times3^2=9\pi(\text{m}^2)$，

所求粉刷面积为 $S_0=S_1+S_2-2S_J=2620+27\pi-18\pi=2620+9\pi(\text{m}^2)$. ——→组合体表面积公式.

答案 $2620+9\pi$.

【例8】"层层叠"是一款经典的木制益智积木玩具，它的设计理念源于我国汉朝的黄肠题凑

木模. 玩法是先将木块三根为一层, 交错叠高成塔(或者其他叠法), 然后轮流抽取任意一层中的一根木块, 在抽取的过程中木塔倒塌则算输. 如图所示, 现用 9 根尺寸为 $1 \times 1 \times 3$ 的木条, 叠成一个正方体, 并编号 $1 \sim 9$. 某同学将 5 号、8 号木条抽走, 则剩余几何体的表面积为_____.

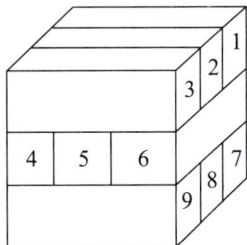

解析 由题得正方体的表面积为 $S_0 = 3 \times 3 \times 6 = 54$,

5 号、8 号木条表面积均为 $S = 2 \times (1 \times 1 + 1 \times 3 + 1 \times 3) = 14$,

5 号、8 号木条整体的表面积为 $S_1 = 2S - 2 \times 1 \times 1 = 26$, → *5号、8号木条先构成组合体.*

5 号、8 号木条与正方体的接触面积为 $S_J = 5 \times 1 \times 3 + 4 \times 1 \times 1 = 19$,

所求表面积为 $S_2 = S_0 - S_1 + 2S_J = 54 - 26 + 38 = 66$. → *切割体表面积公式.*

答案 66.

4. 组合体与切割体的体积

头哥说: 对于组合体与切割体, 计算体积比计算表面积方便很多, 无须考虑接触面的问题.

对于组合体(空间基本体组合而成的几何体), 如图 1(长方体与圆锥的组合体), 体积为 $V_0 = V_1 + V_2$, 其中 V_1, V_2 表示两个基本体的体积. 对于多个基本体的组合体, 体积为 $V_0 = V_1 + V_2 + V_3 + \cdots$, 其中 V_1, V_2, V_3, $\cdots$ 表示每个基本体的体积.

对于切割体(空间基本体切去一个基本体后剩余的几何体), 如图 2(长方体切去一个圆锥后的切割体), 体积为 $V_2 = V_0 - V_1$, 其中 V_0 表示切割前基本体的体积, V_1 表示切去的基本体的体积. 对于切去多个基本体的切割体, 体积为 $V_n = V_0 - V_1 - V_2 - \cdots$, 其中 V_1, V_2, $\cdots$ 表示切去的每个基本体的体积.

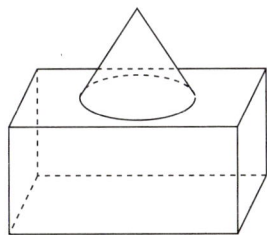

图 1

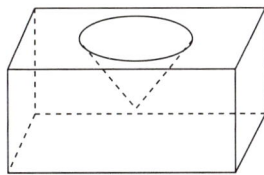

图 2

【例 9】唐朝著名的凤鸟花卉纹浮雕银杯如图 1 所示, 它的盛酒部分可以近似地看作是半球与圆柱的组合体(如图 2 所示). 若酒杯容积为 $\dfrac{5}{3}\pi$, 且圆柱部分与半球部分等高, 则杯口内直径为_____.

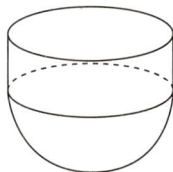

图1   图2

解析 设半球半径为 R，记半球的容积为 V_1，圆柱的容积为 V_2，

于是 $V_1 = \frac{1}{2} \times \frac{4}{3} \times \pi R^3 = \frac{2}{3}\pi R^3$，$V_2 = \pi R^2 \times R = \pi R^3$，

易知容积为 $V = V_1 + V_2 = \frac{5}{3}\pi R^3 = \frac{5}{3}\pi$，解得 $R = 1$，故杯口内直径为 2.

组合体体积公式.

答案 2.

【例10】已知正方体 $ABCD-A_1B_1C_1D_1$，E，F 是线段 AC_1 上的点，且 $AE = EF = FC_1$，分别过点 E，F 作与直线 AC_1 垂直的平面 α，β，则正方体夹在平面 α 与 β 之间的部分占整个正方体体积的 （　　）

A. $\frac{1}{3}$　　　　　B. $\frac{1}{2}$　　　　　C. $\frac{2}{3}$　　　　　D. $\frac{3}{4}$

解析 由题得 α，β 即为平面 A_1BD，B_1CD_1，设正方体边长为 a，

则正方体体积为 $V_0 = a^3$，切去三棱锥体积为 $V_{A_1-ABD} = V_{C-B_1C_1D_1} = \frac{1}{3} \times \frac{1}{2} \times a \times a \times a = \frac{1}{6}a^3$，

所以中间部分体积为 $V_2 = V_0 - V_{A_1-ABD} - V_{C-B_1C_1D_1} = \frac{2}{3}a^3$，所以 $\frac{V_2}{V_0} = \frac{2}{3}$.

切割体体积公式.

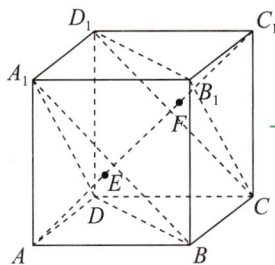

头哥说：此处有一个关于正方体的重要结论，平面 A_1BD 与平面 B_1CD_1 垂直并三等分体对角线 AC_1.

答案 C.

高考链接

【高1】(2021 新高考一 3,5 分) 已知圆锥的底面半径为 $\sqrt{2}$，其侧面展开图为一个半圆，则该圆锥的母线长为 （　　）

A. 2　　　　　B. $2\sqrt{2}$　　　　　C. 4　　　　　D. $4\sqrt{2}$

【高2】(2022 全国甲理 9,5 分) 甲、乙两个圆锥的母线长相等，侧面展开图的圆心角之和为 2π，侧面积分别为 $S_甲$ 和 $S_乙$，体积分别为 $V_甲$ 和 $V_乙$．若 $\frac{S_甲}{S_乙} = 2$，则 $\frac{V_甲}{V_乙} =$ （　　）

A. $\sqrt{5}$ B. $2\sqrt{2}$ C. $\sqrt{10}$ D. $\dfrac{5\sqrt{10}}{4}$

【高3】(2022 新高考一 4,5 分)南水北调工程缓解了北方一些地区水资源短缺问题,其中一部分水蓄入某水库.已知该水库水位为海拔 148.5 m 时,相应水面的面积为 140.0 km²;水位为海拔 157.5 m 时,相应水面的面积为 180.0 km²,将该水库在这两个水位间的形状看作一个棱台,则该水库水位从海拔 148.5 m 上升到 157.5 m 时,增加的水量约为($\sqrt{7}\approx2.65$) ( )

A. 1.0×10^9 m³   B. 1.2×10^9 m³   C. 1.4×10^9 m³   D. 1.6×10^9 m³

【高4】(2021 新高考二 5,5 分)正四棱台的上、下底面的边长为 2,4,侧棱长为 2,则四棱台的体积为 ( )

A. $20+12\sqrt{3}$ B. $28\sqrt{2}$ C. $\dfrac{56}{3}$ D. $\dfrac{28\sqrt{2}}{3}$

【高5】(2021 北京 8,4 分)定义:24 小时内降水在平地上积水厚度(mm)来判断降雨程度.其中小雨(<10 mm),中雨(10~25 mm),大雨(25~50 mm),暴雨(50~100 mm),小明用一个圆锥形容器接了 24 小时的雨水,如图所示,则这天降雨属于哪个等级 ( )

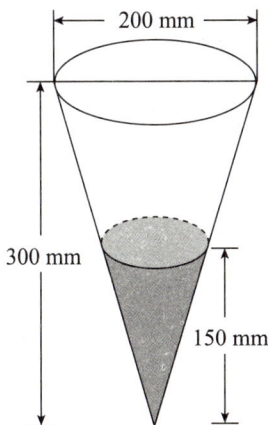

A. 小雨   B. 中雨   C. 大雨   D. 暴雨

【高6】(2018 全国 2 文 16,5 分)已知圆锥的顶点为 S,母线 SA,SB 互相垂直,SA 与圆锥底面所成角为 30°,若△SAB 的面积为 8,则该圆锥的体积为_____.

【高7】(2019 全国 3 理 16/文 16,5 分)学生到工厂劳动实践,利用 3D 打印技术制作如图所示的模型.该模型为长方体 $ABCD-A_1B_1C_1D_1$ 挖去四棱锥 $O-EFGH$ 后所得几何体,其中 O 为长方体的中心,E,F,G,H 分别为所在棱的中点,$AB=BC=6$ cm,$AA_1=4$ cm,3D 打印所用原料密度为 0.9 g/cm³,不考虑打印损耗,制作该模型所需原料的质量为_____.

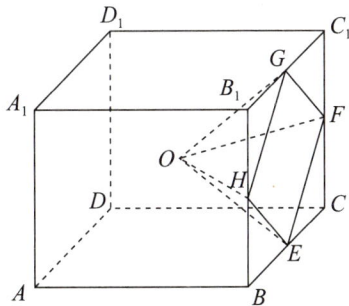

第 2 节　空间平行与垂直

知识梳理

基础知识

1. 线面平行

(1)判定：平面外一条直线与此平面内的一条直线平行，则该直线与此平面平行. 记为：

$$\left. \begin{array}{l} l // a \\ a \subset \alpha \\ l \not\subset \alpha \end{array} \right\} \Rightarrow l // \alpha,$$ 如图 1 所示.　——▶ 头哥说：线线平行则线面平行.

(2)性质：一条直线与一个平面平行，则过这条直线的任一平面与此平面的交线与该直线平行. 记为：

$$\left. \begin{array}{l} a // \alpha \\ a \subset \beta \\ \alpha \cap \beta = b \end{array} \right\} \Rightarrow a // b,$$ 如图 2 所示.　——▶ 头哥说：线面平行则平行交线.

图1

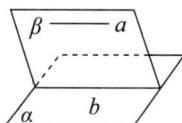
图2

2. 面面平行

(1)判定：平面内的两条相交直线与另一个平面平行，则这两个平面平行. 记为：

$$\left. \begin{array}{l} a \subset \alpha, b \subset \alpha \\ a \cap b = A \\ a // \beta, b // \beta \end{array} \right\} \Rightarrow \alpha // \beta,$$ 如图 1 所示.　——▶ 头哥说：线面平行则面面平行.

(2)性质：如果两个平行平面同时和第三个平面相交，那么它们的交线平行. 记为：

$$\left. \begin{array}{l} \alpha // \beta \\ \gamma \cap \alpha = a \\ \gamma \cap \beta = b \end{array} \right\} \Rightarrow a // b,$$ 如图 2 所示.　——▶ 头哥说：面面平行则交线平行.

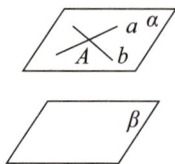
图1

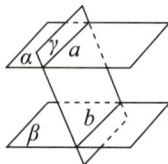
图2

3. 线面垂直

(1)判定：一条直线与一个平面内的两条相交直线都垂直，则该直线与此平面垂直. 记为：

$$\left.\begin{array}{l} a\subset\alpha,b\subset\alpha \\ a\cap b=A \\ l\perp a,l\perp b \end{array}\right\}\Rightarrow l\perp\alpha,\text{如图 1 所示.}$$ ⟶ 头哥说：线线垂直则线面垂直.

(2)性质：垂直于同一个平面的两条直线平行. 记为：$\left.\begin{array}{l} a\perp\alpha \\ b\perp\alpha \end{array}\right\}\Rightarrow a/\!/b,$ 如图 2 所示. ⟶ 头哥说：线面垂直则线线平行.

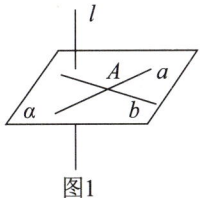
图1

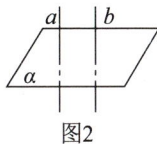
图2

4. 面面垂直

头哥说：线面垂直则面面垂直. ⟵

(1)判定：一个平面过另一个平面的垂线,则这两个平面垂直. 记为：$\left.\begin{array}{l} a\perp\beta \\ a\subset\alpha \end{array}\right\}\Rightarrow\alpha\perp\beta,$ 如图 1 所示.

(2)性质：两个平面垂直,则一个平面内垂直于交线的直线与另一个平面垂直. 记为：

$$\left.\begin{array}{l} \alpha\perp\beta,\alpha\cap\beta=l \\ a\subset\alpha,a\perp l \end{array}\right\}\Rightarrow a\perp\beta,\text{如图 2 所示.}$$ ⟶ 头哥说：面面垂直则线面垂直.

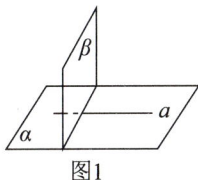
图1

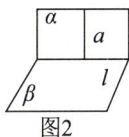
图2

考点剖析

1. 利用长方体判位置关系

头哥说：长方体包含了空间三个方向延伸的线与面,所有的线面关系均包含在内,借助于长方体判定位置关系方便快捷. ⟶

对于判定线面位置关系的题目,可以先画一个长方体(或正方体),在长方体(或正方体)中找到满足题设要求的线或面,进而判定其位置关系.

【例1】已知 m,n 表示两条不同直线,α 表示平面,下列说法正确的是 (   )

A. 若 $m/\!/\alpha,n/\!/\alpha$,则 $m/\!/n$ B. 若 $m\perp\alpha,n\subset\alpha$,则 $m\perp n$

C. 若 $m\perp\alpha,m\perp n$,则 $n/\!/\alpha$ D. 若 $m/\!/\alpha,m\perp n$,则 $n\perp\alpha$

解析 由图 1 知 A 错误;由图 2 知 B 正确;由图 3 知 C 错误;由图 4 知 D 错误.

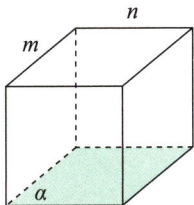
图1

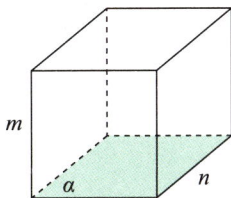
图2

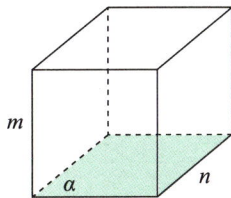
图3

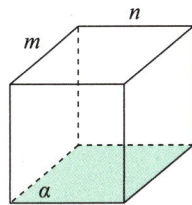
图4

⟶ 在长方体(或正方体)中找位置关系.

答案 B.

【例2】α,β 是两个平面,m,n 是两条直线,有下列四个命题：

①如果 $m\perp n,m\perp\alpha,n/\!/\beta$,那么 $\alpha\perp\beta$.

②如果 $m\perp\alpha,n/\!/\alpha$,那么 $m\perp n$.

③如果 $\alpha/\!/\beta,m\subset\alpha$,那么 $m/\!/\beta$.

④如果 $m/\!/n,\alpha/\!/\beta$,那么 m 与 α 所成的角和 n 与 β 所成的角相等.

其中正确的命题有_____.(填写所有正确命题的序号)

解析 由图 1 知①错误;由图 2 知②正确;由图 3 知③正确;由图 4 知④正确.

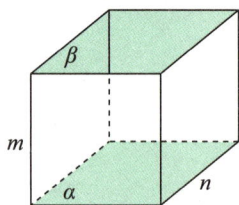
图1

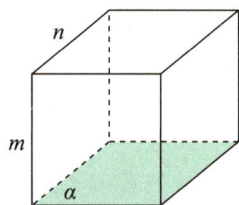
图2

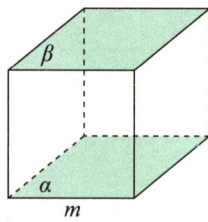
图3

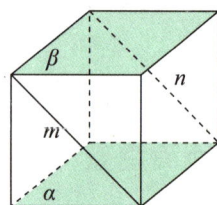
图4

→ *在长方体(或正方体)中找位置关系.*

答案 ②③④.

2. 平行四边形法证平行 → *头导说:平行问题的核心是证明线面平行,基础是证明线线平行.*

对于线面平行的证明,可以先拿直尺与直线重合,然后往平面内平移,平移至过平面内各个点.在平移过程中,如果能平移至与平面内的现有直线重合,则该直线为目标直线,如图 1 所示(AC 为目标直线);如果无法平移至与平面内现有直线重合,则需作辅助线,辅助线多数情况下为某边的中线,即当平移至过平面内某点时,直尺与平面内某边的交点恰为该边中点,连接辅助线,即为目标直线,如图 2 所示(AD 为目标直线).

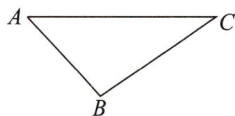
图1

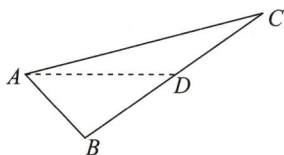
图2

若目测原线段的长度与目标线段的长度相等,则连接原线段与目标线段的四个端点形成四边形,证明该四边形为平行四边形,如图 3、图 4 所示,从而得到原直线与目标直线平行,进而得到线面平行. → *头导说:证明平行四边形往往通过证明另一对边平行且相等,即图 3 中证明 MA 与 NC 平行且相等,图 4 中证明 MA 与 ND 平行且相等.*

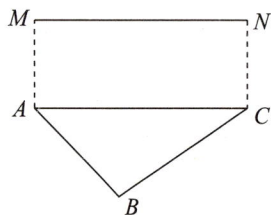
图3

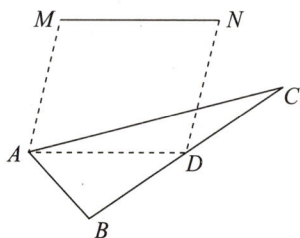
图4

对于面面平行的证明,需要证明一个平面内的两条相交直线平行于另一个平面,即转化为两次线面平行的证明.

【例3】如图所示,在几何体 $ABCDE$ 中,四边形 $ABCD$ 是矩形,G,F 分别是线段 BE,DC 的中点.求证:$GF/\!/$ 平面 ADE.

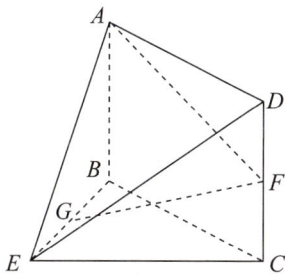

解析 取 AE 中点 H,连接 HD,HG.

由题得中位线 $HG/\!/AB,HG=\dfrac{1}{2}AB$. 又 F 为中点,得 $DF/\!/AB,DF=\dfrac{1}{2}AB$.

于是 $DF/\!/HG,DF=HG$,可得四边形 $HGFD$ 为平行四边形,

所以 $GF/\!/HD$. 又 $HD\subset$ 平面 $ADE,GF\not\subset$ 平面 ADE,

所以 $GF/\!/$ 平面 ADE.

原线段与目标线段平行且相等,可证明四边形为平行四边形.

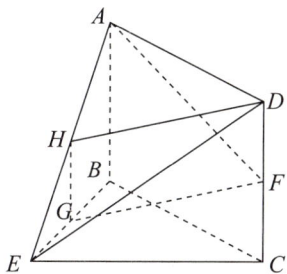

【例4】如图所示,在正三棱柱 $ABC-A_1B_1C_1$ 中,E,F 分别为 AB,B_1C_1 的中点.求证:$B_1E/\!/$ 平面 ACF.

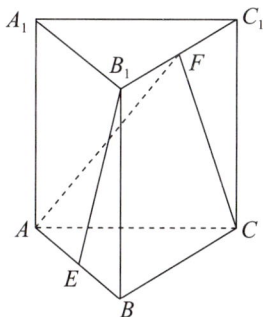

解析 取 AC 中点 D,连接 DE,DF.

由题得中位线 $DE/\!/BC,DE=\dfrac{1}{2}BC$. 又 F 为中点,得 $B_1F/\!/BC,B_1F=\dfrac{1}{2}BC$,

于是 $B_1F/\!/DE,B_1F=DE$,可得四边形 DEB_1F 为平行四边形,

所以 $B_1E/\!/DF$. 又 $DF\subset$ 平面 $ACF,B_1E\not\subset$ 平面 ACF,

所以 $B_1E/\!/$ 平面 ACF.

原线段与目标线段平行且相等,可证明四边形为平行四边形.

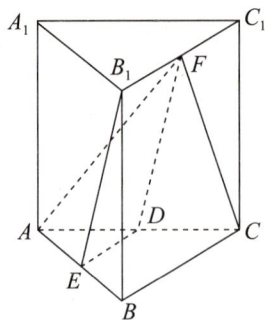

3. 三角形法证平行 —→ 头哥说：平行问题的核心是证明线面平行，基础是证明线线平行.

对于线面平行的证明，目标直线的寻找同"平行四边形法证平行"部分.

若目测原线段的长度与目标线段的长度差别较大，绝大多数情况下为二倍关系. 连接原线段与目标线段的端点并延长相交，形成三角形，证明原线段为三角形中位线（目标线段为原线段两倍时，如图 1 所示），或目标线段为三角形中位线（原线段为目标线段两倍时，如图 2 所示），从而得到原直线与目标直线平行，进而得到线面平行.

头哥说：证明中位线只需说明两个中点即可，即图 1 中说明 M 是 AE 中点，N 是 DE 中点；图 2 中说明 A 是 ME 中点，D 是 NE 中点.

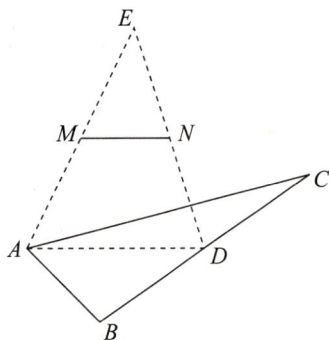

图 1

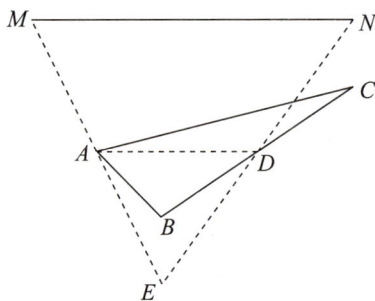

图 2

对于面面平行的证明，需要证明一个平面内的两条相交直线平行于另一个平面，即转化为两次线面平行的证明.

【例 5】在三棱柱 $ABC-A_1B_1C_1$ 中，D 为 A_1B_1 的中点. 证明：$A_1C /\!/$ 平面 BC_1D.

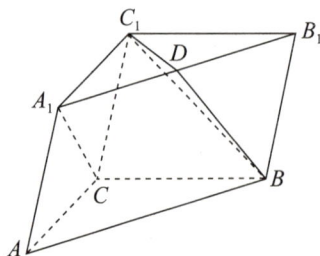

解析 连接 B_1C，交 BC_1 于 E，连接 DE.

由三棱柱，可得 $B_1E=EC$. 又 D 为中点，

可知中位线 $DE /\!/ A_1C$. 又 $DE \subset$ 平面 BC_1D，$A_1C \not\subset$ 平面 BC_1D，

所以 $A_1C /\!/$ 平面 BC_1D.

原线段长度是目标线段的二倍，证明中位线.

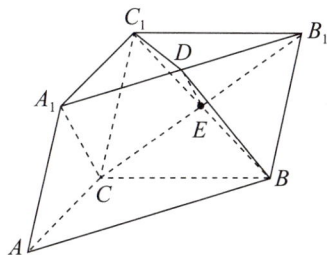

【例6】如图,在四棱锥 $P-ABCD$ 中,底面 $ABCD$ 为平行四边形,G,H 分别为 PB,AC 的中点,求证 $GH\parallel$ 平面 PAD.

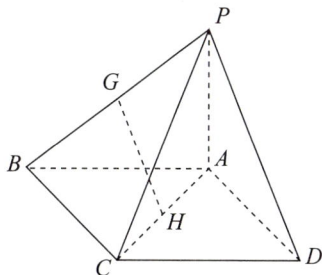

解析 因为 $ABCD$ 为平行四边形,连接 BD,

可知 BD 过 H 点,因为 G,H 为中点,

可知中位线 $GH\parallel PD$,又 $PD\subset$ 平面 PAD,$GH\not\subset$ 平面 PAD,

所以 $GH\parallel$ 平面 PAD.

原线段长度是目标线段长度的一半,证明中位线.

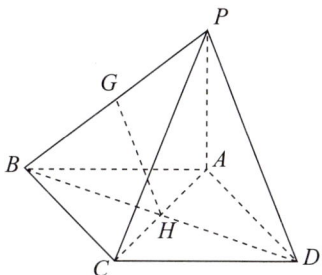

【例7】如图,底面 $ABCD$ 为菱形,点 H 为 DC 的中点,现以线段 AH 为折痕将 $\triangle DAH$ 折起使得点 D 到达点 P 的位置,点 E,F 分别为 AB,AP 的中点.求证:平面 $PBC\parallel$ 平面 EFH.

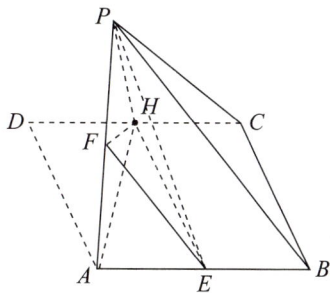

解析 在菱形 $ABCD$ 中,E,H 分别为 AB,CD 的中点,

于是 $BE\parallel CH$ 且 $BE=CH$,可得四边形 $BCHE$ 为平行四边形,

所以 $BC\parallel EH$.又 $BC\subset$ 平面 PBC,$EH\not\subset$ 平面 PBC,所以 $EH\parallel$ 平面 PBC.

因为点 E,F 分别为 AB,AP 的中点,所以 $EF/\!/BP$. ────→ BC 与 EH 平行且相等,证明平行四边形;BP 长度是 EF 的两倍,证明中位线.

又 $BP\subset$ 平面 $PBC,EF\not\subset$ 平面 PBC,所以 $EF/\!/$ 平面 PBC,

又 $EF\cap EH=E$,所以平面 $PBC/\!/$ 平面 EFH.

4. 反客为主法证垂直 ──→ 头哥说:垂直问题的核心是证明线面垂直,基础是证明线线垂直.

对于线面垂直的证明,需要在平面内找到两条相交直线(目标直线,如图 1 中 AB 与 BC),证明二者均垂直于原直线.往往通过"反客为主"的思路,即证明(或题目直接给出)目标直线垂直于过原直线的一个平面(如图 2 中 $AB\perp$ 平面 AMN),从而证得原直线与目标直线垂直,进而证明线面垂直.

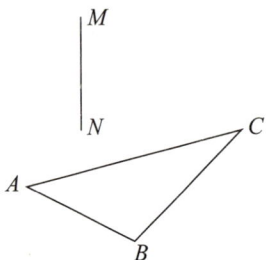

图 1

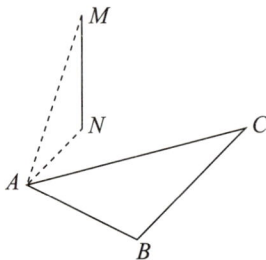

图 2

对于面面垂直的证明,需要证明一个平面内的一条直线垂直于另外一个平面,即转化为线面垂直的证明.

【例 8】如图所示,在四棱锥 $P-ABCD$ 中,平面 $PAD\perp$ 平面 $ABCD$,$PA\perp PD$,$AB\perp AD$. 求证:$PD\perp$ 平面 PAB.

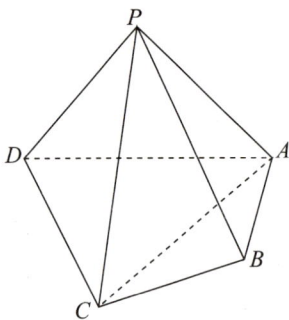

解析 由平面 $PAD\perp$ 平面 $ABCD$,$AB\perp AD$,

且平面 $PAD\cap$ 平面 $ABCD=AD$,$AB\subset$ 平面 $ABCD$, ──→ 反客为主,证明 $AB\perp$ 平面 PAD.

得 $AB\perp$ 平面 PAD,又 $PD\subset$ 平面 PAD,所以 $AB\perp PD$.

又 $PA\perp PD$,且 $PA\cap AB=A$,所以 $PD\perp$ 平面 PAB.

【例 9】如图所示,在四棱锥 $P-ABCD$ 中,底面 $ABCD$ 为正方形,侧棱 $PD\perp$ 底面 $ABCD$,$PD=DC$,E 是 PC 的中点,作 $EF\perp PB$ 于 F. 求证:$PB\perp$ 平面 EFD.

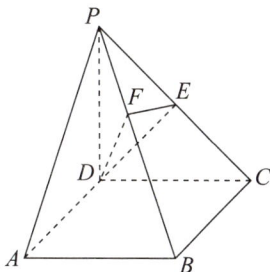

解析 由 $PD \perp$ 底面 $ABCD$，可知 $PD \perp BC$.

又由正方形 $ABCD$，可知 $BC \perp CD$，

且 $PD \cap CD = D$，所以 $BC \perp$ 平面 PCD.

又 $DE \subset$ 平面 PCD，所以 $BC \perp DE$，

由 $PD = DC, PE = EC$，三线合一，知 $PC \perp DE$.

又 $PC \cap BC = C$，所以 $DE \perp$ 平面 PCB.

两次反客为主，第一次证明 $BC \perp$ 平面 PCD，第二次证明 $DE \perp$ 平面 PCB.

又 $PB \subset$ 平面 PCB，所以 $PB \perp DE$.

又知 $PB \perp EF$，且 $EF \cap DE = E$，所以 $PB \perp$ 平面 EFD.

5. 平面几何法证垂直

夹哥说：三国有"一吕二赵三典韦，四关王马六张飞"，夹哥有"一勾二等三直径，四菱五矩六梯形"，哈哈哈……

对于线面垂直的证明，需要在平面内找到两条相交直线，证明二者均垂直于原直线. 若平面内存在与原直线相交的直线(或者简单平移后与原直线相交的直线)，因为相交，所以可用平面几何的知识证明线线垂直. 常见的平面几何垂直有"一勾二等三直径，四菱五矩六梯形".

一勾：若三角形三边满足勾股定理，则两条直角边垂直，如图 1 所示($AC \perp BC$).

二等：对于等腰三角形，底边三线合一，中线或角平分线垂直于底边，如图 2 所示($AD \perp BC$).

三直径：圆的直径所对圆周角为直角，如图 3 所示($AC \perp AB$).

四菱：菱形的对角线互相垂直，如图 4 所示($AC \perp BD$).

五矩：矩形内垂直，即矩形内部两斜线的垂直关系，如图 5 所示，可通过证明 $\tan \alpha \cdot \tan \beta = 1$，得 α 与 β 互余，于是得到两条直线垂直($AF \perp BE$).

六梯形：梯形内垂直，即梯形内部两斜线的垂直关系，如图 6 所示，可通过证明 $\tan \alpha \cdot \tan \beta = 1$，得 α 与 β 互余，于是得到两条直线垂直($AC \perp BD$).

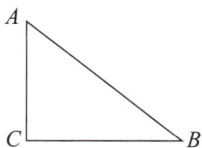

图 1

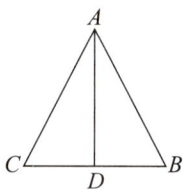

图 2

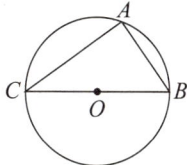

图 3

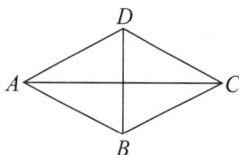

图 4

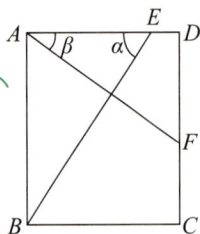

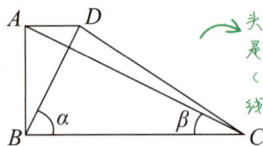

图 5 图 6

对于面面垂直的证明,需要证明一个平面内的一条直线垂直于另外一个平面,即转化为线面垂直的证明.

【例 10】如图所示,在四棱锥 $P-ABCD$ 中,$PD\perp$平面 $ABCD$,$AB/\!/DC$,$BD=2AD=8$,$AB=4\sqrt{5}$,M 为 PC 上一点.证明:平面 $MBD\perp$平面 PAD.

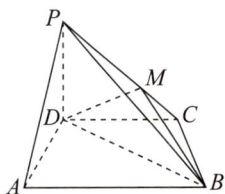

解析 由 $PD\perp$平面 $ABCD$,$BD\subset$平面 $ABCD$,可知 $PD\perp BD$. $\longrightarrow$ 反客为主.

又 $AD^2+BD^2=4^2+8^2=80=AB^2$,所以 $AD\perp BD$. $\longrightarrow$ 勾股定理.

又 $PD\cap AD=D$,所以 $BD\perp$平面 PAD. 又 $BD\subset$平面 MBD,

所以平面 $MBD\perp$平面 PAD.

【例 11】在如图所示的几何体中,$DE/\!/AC$,$AC\perp$平面 BCD,$CB=2$,$CD=1$,$\angle BCD=60°$.证明:$BD\perp$平面 $ACDE$.

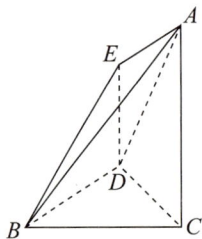

解析 由 $AC\perp$平面 BCD,$BD\subset$平面 BCD,可知 $AC\perp BD$. $\longrightarrow$ 反客为主.

在 $\triangle BCD$ 中,$BD^2=CB^2+CD^2-2CB\cdot CD\cdot\cos\angle BCD=2^2+1^2-2\times2\times1\times\cos60°=3$,

于是 $CD^2+BD^2=CB^2$,所以 $CD\perp BD$. $\longrightarrow$ 勾股定理.

又 $CD\cap AC=C$,所以 $BD\perp$平面 $ACDE$.

【例 12】在直三棱柱 $ABC-A_1B_1C_1$ 中,$AB=AC=AA_1=3$,$BC=2$,D 是 BC 的中点,F 是 CC_1 上一点,$CF=2$.证明:$B_1F\perp$平面 ADF.

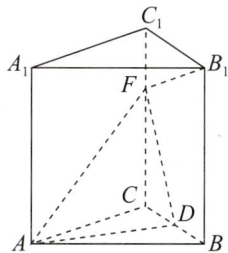

解析 连接 DB_1,由 $AB=AC,BD=DC$,得 $AD \perp BC$. ——→ 等腰三角形三线合一.

由直三棱柱可知平面 $ABC \perp$ 平面 BCC_1B_1.

又因为平面 $ABC \cap$ 平面 $BCC_1B_1=BC,AD \subset$ 平面 ABC,

于是有 $AD \perp$ 平面 $BCC_1B_1,B_1F \subset$ 平面 BCC_1B_1,得 $AD \perp B_1F$. ——→ 反客为主.

在平面 BCC_1B_1 中,易知 $\tan \angle C_1FB_1 = \dfrac{B_1C_1}{C_1F} = \dfrac{2}{3-2} = 2,\tan \angle CFD = \dfrac{CD}{CF} = \dfrac{1}{2}$,

则 $\tan \angle C_1FB_1 \cdot \tan \angle CFD = 1$,所以 $\angle C_1FB_1 + \angle CFD = 90°$,所以 $FD \perp B_1F$.

——→ 矩形内垂直.

又 $FD \cap AD = D$,所以 $B_1F \perp$ 平面 ADF.

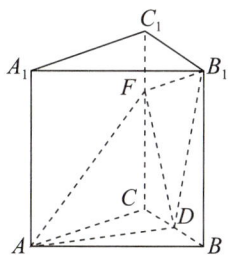

——→ 平行与垂直证明相关的解答题见"第九章第4节".

高考链接

【高1】(2019 全国 3 理 8/文 8,5 分)如图所示,点 N 为正方形 $ABCD$ 的中心,$\triangle ECD$ 为正三角形,平面 $ECD \perp$ 平面 $ABCD$,M 是线段 ED 的中点,则 ( )

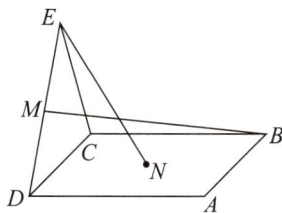

A. $BM=EN$,且直线 BM,EN 是相交直线

B. $BM \neq EN$,且直线 BM,EN 是相交直线

C. $BM=EN$,且直线 BM,EN 是异面直线

D. $BM \neq EN$,且直线 BM,EN 是异面直线

第3节　空间距离与空间角

知识梳理

基础知识

1. 空间距离——→ 头哥说:空间距离的关键是"作垂直".

(1)两点间的距离:连接空间两点的线段的长度,称为两点间的距离,如图1所示.

(2)点到直线的距离:过点作直线的垂线,则该点与垂足之间的距离称为点到直线的距离,如图2所示.

(3)点到平面的距离:过点作平面的垂线,则该点与垂足之间的距离称为点到平面的距离,如图3所示;若直线与平面平行,则直线上任一点到平面的距离称为直线到平面的距离;若两平面平行,则一个平面内任一点到另一个平面的距离称为两平面间的距离.

(4)异面直线间的距离:对于两异面直线的公垂线,两垂足之间的距离称为异面直线间的距离,如图4所示.——→ 异面直线间的距离本质上为两个平行平面间的距离.

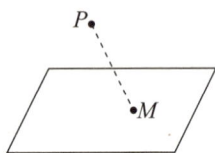 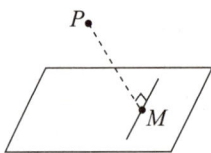 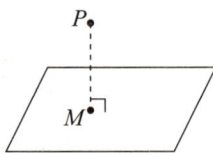 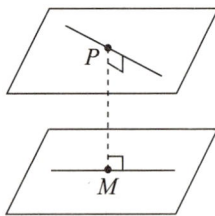

图1　　　　　图2　　　　　图3　　　　　图4

2. 空间角

(1)异面直线夹角:将两异面直线平移至相交,则两相交直线所成的锐角或直角即为原异面直线的夹角,如图5所示;异面直线夹角的范围为 $\left(0,\dfrac{\pi}{2}\right]$. ——→ 异面直线夹角不能为0,因为夹角为0时两直线平行;异面直线夹角为 $\dfrac{\pi}{2}$ 时,异面直线垂直.

(2)线面角:直线在平面上的射影与原直线之间的夹角称为直线与平面的夹角或线面角,如图6所示;线面角的范围为 $\left[0,\dfrac{\pi}{2}\right]$. ——→ 线面角为0时,直线与平面平行或直线在平面内;线面角为 $\dfrac{\pi}{2}$ 时,直线与平面垂直.

(3)二面角:从一条直线(棱)出发的两个半平面所组成的图形为二面角,从二面角的棱上某点出发在两个半平面内作两条垂直于棱的射线,两射线的夹角为二面角的平面角,如图7所示;二面角的平面角的范围为 $[0,\pi]$. ——→ 二面角为0时,两个半平面重合;二面角为 π 时,两个半平面展为一个完整平面,二面角为 $\dfrac{\pi}{2}$ 时,两个半平面垂直.

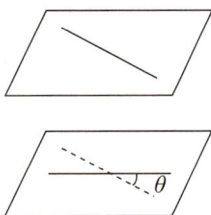 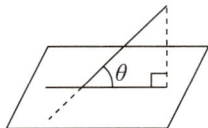 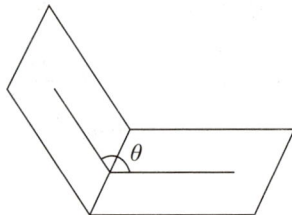

图5　　　　　图6　　　　　图7

考点剖析

1. 等体积法

头哥说：等体积法的关键在于三棱锥转化后的底面选择，尽量让底面为水平面或铅锤面（垂直于水平面），这样比较容易求得点到平面的距离.

对于求点到平面距离的问题(或者求直线到平面、两平面间距离的问题)，若过点作平面的垂线不易作出，则可连接该点与平面内三点形成三棱锥，借助于"等体积法"进行求解.

如图所示，若要求 A 点到平面 BCD 的距离，直接作垂直不易作出，可由 $V_{A-BCD}=V_{D-ABC}$，得 $\dfrac{1}{3} \cdot S_{\triangle BCD} \cdot d_{A-BCD}=\dfrac{1}{3} \cdot S_{\triangle ABC} \cdot d_{D-ABC}$，即 $d_{A-BCD}=\dfrac{S_{\triangle ABC} \cdot d_{D-ABC}}{S_{\triangle BCD}}$，其中 $S_{\triangle BCD}$ 与 $S_{\triangle ABC}$ 分别表示 $\triangle BCD$ 与 $\triangle ABC$ 的面积，d_{A-BCD} 与 d_{D-ABC} 分别表示点 A 到平面 BCD 与点 D 到平面 ABC 的距离.

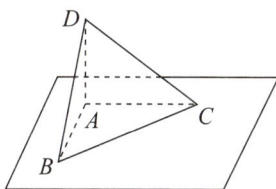

【例1】《九章算术·商功》："斜解立方，得两堑堵，斜解堑堵，其一为阳马，一为鳖臑. 阳马居二，鳖臑居一，不易之率也. 合两鳖臑三而一，验之以基，其形露矣."文中"阳马"是底面为长方形且有一条侧棱与底面垂直的四棱锥. 在阳马 $P-ABCD$ 中，侧棱 $PA \perp$ 底面 $ABCD$，且 $PA=1,AB=AD=2$，则点 A 到平面 PBD 的距离为　　　　（　　）

A. $\dfrac{\sqrt{2}}{3}$　　　　B. $\dfrac{\sqrt{6}}{3}$　　　　C. $\dfrac{\sqrt{6}}{2}$　　　　D. $\dfrac{\sqrt{3}}{3}$

解析 设点 A 到平面 PBD 的距离为 h，

A 到平面 PBD 的垂线不易作出，可用"等体积法"，把底面转化为 ABD，平面 ABD 为水平面.

则三棱锥 $A-PBD$ 的体积为 $\dfrac{1}{3} \cdot S_{\triangle ABD} \cdot PA=\dfrac{1}{3} \cdot S_{\triangle PBD} \cdot h$.

又 $S_{\triangle ABD}=\dfrac{1}{2} \times 2 \times 2=2,PD=PB=\sqrt{PA^2+AB^2}=\sqrt{5},BD=\sqrt{AB^2+AD^2}=2\sqrt{2}$，

于是 $S_{\triangle PBD}=\dfrac{1}{2} \times BD \times \sqrt{PB^2-\left(\dfrac{BD}{2}\right)^2}=\sqrt{6}$，所以 $h=\dfrac{S_{\triangle ABD} \cdot PA}{S_{\triangle PBD}}=\dfrac{2 \times 1}{\sqrt{6}}=\dfrac{\sqrt{6}}{3}$.

答案 B.

【例2】如图所示，直三棱柱 $ABC-A_1B_1C_1$ 中，D 是 BC 的中点，且 $AD \perp BC$，四边形 ABB_1A_1 为正方形. 若 $\angle BAC=60°,BC=4$，求点 A_1 到平面 AB_1D 的距离.

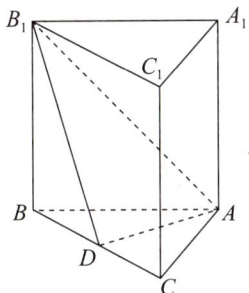

A_1 到平面 AB_1D 的垂线不易作出，可用"等体积法"，把底面转化为 AA_1B_1，平面 AA_1B_1 为铅锤面.

解析 作 $DM \perp AB$ 于 M,由直三棱柱可知平面 $ABB_1A_1 \perp$ 平面 ABC,

所以 $DM \perp$ 平面 ABB_1A_1. 由 $AD \perp BC, BD = DC, \angle BAC = 60°$,

可知 $\triangle ABC$ 为等边三角形,所以 $DM = BD \cdot \sin 60° = \sqrt{3}$.

又由直三棱柱可知平面 $CBB_1C_1 \perp$ 平面 ABC,

所以 $AD \perp$ 平面 CBB_1C_1,于是 $AD \perp B_1D$,所以 $\triangle AB_1D$ 为直角三角形.

又知 $AD = AB \cdot \sin 60° = 2\sqrt{3}, DB_1 = \sqrt{B_1B^2 + BD^2} = 2\sqrt{5}$,

所以 $S_{\triangle AB_1D} = \frac{1}{2} \cdot AD \cdot DB_1 = 2\sqrt{15}$,且 $S_{\triangle AA_1B_1} = \frac{1}{2} \cdot AA_1 \cdot A_1B_1 = 8$.

设所求距离为 h,由 $V_{A_1 - AB_1D} = V_{D - AA_1B_1}$,得 $\frac{1}{3} \cdot S_{\triangle AB_1D} \cdot h = \frac{1}{3} \cdot S_{\triangle AA_1B_1} \cdot DM$,

即 $2\sqrt{15} \cdot h = 8\sqrt{3}$,解得 $h = \frac{4\sqrt{5}}{5}$,即所求距离为 $\frac{4\sqrt{5}}{5}$.

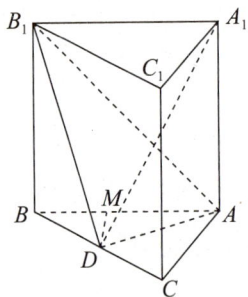

答案 $\frac{4\sqrt{5}}{5}$.

2. 平行转移 ➔ 头哥说:平行转移往往后续结合"等体积法".

对于求点到平面距离的问题,若过点作平面的垂线不易作出,且存在过该点平行于平面的直线,则可将该点转移至直线上的另一点,求另一点到平面的距离(若线面平行,则直线上任一点到平面的距离相等),如图 1 所示.

如图 2 所示,实际操作时,往往连接该点与平面内三点形成三棱锥($Q-ABC$),在对该点平行转移的过程中(Q 点到 P 点),三棱锥随之变化,当三棱锥的某个面变为水平或铅锤时(平面 PAB 为铅锤面),往往意味着转移结束.此时可以直接过平行转移后的点(P 点)向平面作垂线,或者继续结合"等体积法"计算点到平面的距离.

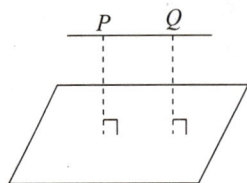

图1

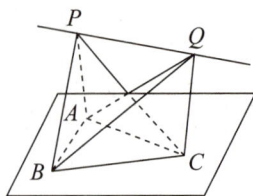

图2

【例 3】如图所示,在直三棱柱 $ABC - A_1B_1C_1$ 中,底面 ABC 是等边三角形,D 是 AC 的中点.若 $AA_1 = 2AB = 4$,求点 B_1 到平面 BC_1D 的距离.

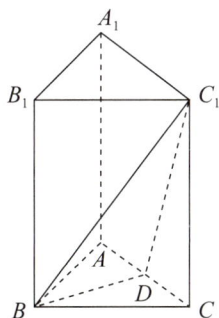

解析 连接 B_1C 与 BC_1 并交于点 E,连接 DE,AB_1.

由直棱柱可知,四边形 BCC_1B_1 是矩形,则 E 为 B_1C 的中点.

因为 D 是 AC 的中点,所以 $DE/\!/AB_1$,因为 $AB_1\not\subset$ 平面 BC_1D,$DE\subset$ 平面 BC_1D,

所以 $AB_1/\!/$ 平面 BC_1D,于是所求距离等于 A 到平面 BC_1D 的距离.

因为底面 ABC 是等边三角形,D 是 AC 的中点,所以 $BD\perp AC$.

因为 $AB=2$,所以 $AD=1,BD=\sqrt{3}$,于是 $S_{\triangle ABD}=\dfrac{1}{2}\times 1\times\sqrt{3}=\dfrac{\sqrt{3}}{2}$.

由直棱柱可知,平面 $ABC\perp$ 平面 ACC_1A_1,则 $BD\perp$ 平面 ACC_1A_1.

因为 $C_1D\subset$ 平面 ACC_1A_1,所以 $BD\perp C_1D$. 又 $C_1D=\sqrt{CC_1^2+CD^2}=\sqrt{17}$,

于是 $S_{\triangle BC_1D}=\dfrac{1}{2}\times\sqrt{3}\times\sqrt{17}=\dfrac{\sqrt{51}}{2}$. 设点 A 到平面 BC_1D 的距离为 h,

由 $V_{A-BC_1D}=V_{C_1-ABD}$,得 $\dfrac{1}{3}\cdot S_{\triangle BC_1D}\cdot h=\dfrac{1}{3}\cdot S_{\triangle ABD}\cdot CC_1$,$\longrightarrow$ 结合"等体积法"

则 $\dfrac{\sqrt{51}}{2}h=\dfrac{\sqrt{3}}{2}\times 4$,解得 $h=\dfrac{4\sqrt{17}}{17}$,

故点 B_1 到平面 BC_1D 的距离为 $\dfrac{4\sqrt{17}}{17}$.

平面 ABD 为水平面,将 B_1 点平行转移到 A 点.

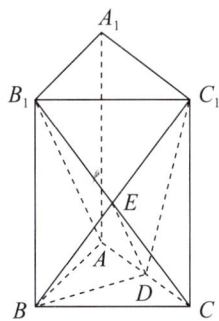

答案 $\dfrac{4\sqrt{17}}{17}$.

【例 4】在如图所示的五面体 $ABCDEF$ 中,四边形 $ABCD$ 为菱形,且 $\angle DAB=60°$,$EA=ED=AB=2EF=2$,$EF/\!/AB$,M 为 BC 中点.若平面 $ADE\perp$ 平面 $ABCD$,求 F 到平面 BDE 的距离.

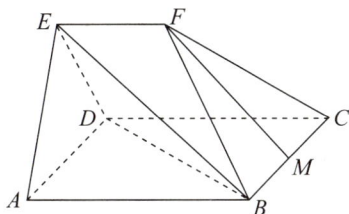

解析 取 BD 中点 G,连接 GM,GE,取 AD 中点 H,连接 EH,BH,

于是 GM//CD,$GM=\frac{1}{2}CD$,又 EF//CD,$EF=\frac{1}{2}CD$,

所以 GM//EF,$GM=EF$,于是四边形 $GMFE$ 为平行四边形,

所以 FM//EG,所以 FM//平面 BDE,于是所求距离等于 M 到平面 BDE 的距离.

由题知 $\triangle BCD$ 为正三角形,所以 $S_{\triangle BDM}=\frac{1}{2}\times\frac{\sqrt{3}}{4}\times 2^{2}=\frac{\sqrt{3}}{2}$. → 平面 BDM 为水平面,将 F 点平行转移到 M 点.

又平面 $ADE\perp$ 平面 $ABCD$,且 $\triangle EAD$ 为正三角形,$EH\perp AD$,平面 $ADE\cap$ 平面 $ABCD=AD$,

可知 $EH\perp$ 平面 $ABCD$,且 $EH=BH=\sqrt{3}$,

所以 $EB=\sqrt{EH^{2}+BH^{2}}=\sqrt{6}$,在 $\triangle BDE$ 中,$BD=DE=2$,$EB=\sqrt{6}$,

所以 $S_{\triangle BDE}=\frac{1}{2}\cdot EB\cdot\sqrt{BD^{2}-\left(\frac{EB}{2}\right)^{2}}=\frac{\sqrt{15}}{2}$.

设点 M 到平面 BDE 的距离为 h,由 $V_{M-BDE}=V_{E-BDM}$,得 $\frac{1}{3}\cdot S_{\triangle BDE}\cdot h=\frac{1}{3}\cdot S_{\triangle BDM}\cdot EH$, → 结合"等体积法".

解得 $h=\frac{\sqrt{15}}{5}$,即所求距离为 $\frac{\sqrt{15}}{5}$.

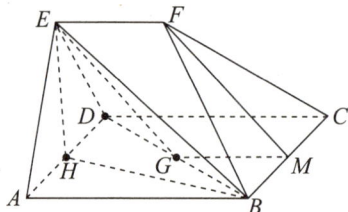

答案 $\frac{\sqrt{15}}{5}$.

3. 连线转移 → 头哥说:连线转移往往后续结合"等体积法".

如图所示,对于求点到平面距离的问题,若过点(P 点)作平面的垂线不易作出,且存在过该点与平面内一点(M 点)的直线,则可将该点转移至直线上的另一点(Q_1 或 Q_2 点),求另一点(Q_1 或 Q_2 点)到平面的距离,直线上的点到平面的距离与到直线与平面的交点(M 点)的距离成正比(比值为线面角的正弦值),即 $d_P:d_{Q_1}:d_{Q_2}=|PM|:|Q_1M|:|Q_2M|$,其中 d_P,d_{Q_1},d_{Q_2} 分别表示点 P,Q_1,Q_2 到平面的距离.特别是当 M 为 PQ_2 中点时,$d_P=d_{Q_2}$.

该种情况应用最多.←

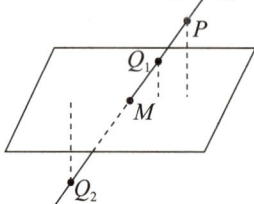

连线转移的结束标志与平行转移相同,当三棱锥的某个面变为水平或铅锤时,往往意味着转移结束.此时可以直接过连线转移后的点向平面作垂线,或者继续结合"等体积法"计算点到

平面的距离.

【例5】正六棱锥 $P-ABCDEF$ 中,G 为 PB 中点,则三棱锥 $D-GAC$ 与三棱锥 $P-GAC$ 的体积之比为 （　　）

A. $1:1$　　　　　B. $1:2$　　　　　C. $2:1$　　　　　D. $3:2$

解析 因为 G 为 PB 中点,

所以 P 点到平面 GAC 的距离等于 B 点到平面 GAC 的距离,

平面 ABC 为水平面,将 P 点 沿线转译至 B 点.

因此 $V_{P-GAC}=V_{B-GAC}=V_{G-ABC}$. 又 $V_{D-GAC}=V_{G-ADC}$,易知 $S_{\triangle ABC}=\dfrac{1}{2}S_{\triangle ADC}$,

结合"等体积法".

所以 $\dfrac{V_{D-GAC}}{V_{P-GAC}}=\dfrac{V_{G-ADC}}{V_{G-ABC}}=\dfrac{S_{\triangle ADC}}{S_{\triangle ABC}}=2:1$.

答案 C.

【例6】如图所示,正四棱锥 $P-ABCD$ 的底面边长为 2,侧棱 $PA=2$. 若 E 为 PA 中点,求点 P 到平面 BCE 的距离.

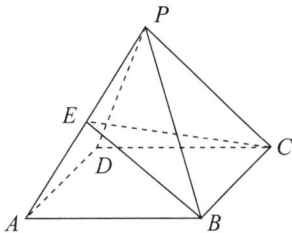

解析 连接 AC,BD 交于点 H,连接 PH,因为 E 为 PA 中点,

所以 P 点到平面 BCE 的距离等于 A 点到平面 BCE 的距离.

平面 ABC 为水平面,将 P 点沿线转译至 A 点.

易知 $S_{\triangle ABC}=\dfrac{1}{2}\cdot AB^2=2$,由正四棱锥易知 $PH\perp$ 平面 $ABCD$.

因为 $PA=PC=2$,$AC=\sqrt{AB^2+BC^2}=2\sqrt{2}$,

易知 $\triangle PAC$ 为等腰直角三角形,所以 $PH=\sqrt{2}$. 因为 E 为 PA 中点,

所以 P 点到平面 $ABCD$ 的距离等于 E 点到平面 $ABCD$ 的距离的 2 倍,记为 $d_{E-ABCD}=\dfrac{\sqrt{2}}{2}$.

在等腰直角三角形 PAC 中,易知 $CE=\sqrt{PE^2+PC^2}=\sqrt{5}$,

在等边三角形 PAB 中,$BE=\sqrt{AB^2-AE^2}=\sqrt{3}$,

于是在 $\triangle BCE$ 中,由余弦定理得 $\cos\angle CBE=\dfrac{BC^2+BE^2-CE^2}{2BC\cdot BE}=\dfrac{4+3-5}{2\times 2\times\sqrt{3}}=\dfrac{\sqrt{3}}{6}$,

所以 $\sin\angle CBE=\dfrac{\sqrt{33}}{6}$,于是 $S_{\triangle BCE}=\dfrac{1}{2}\cdot BC\cdot BE\cdot\sin\angle CBE=\dfrac{1}{2}\times 2\times\sqrt{3}\times\dfrac{\sqrt{33}}{6}=\dfrac{\sqrt{11}}{2}$.

设点 A 到平面 BCE 的距离为 h,由 $V_{A-BCE}=V_{E-ABC}$,得 $\dfrac{1}{3}\cdot S_{\triangle BCE}\cdot h=\dfrac{1}{3}\cdot S_{\triangle ABC}\cdot d_{E-ABCD}$,

结合"等体积法".

即 $\dfrac{\sqrt{11}}{2}\cdot h=2\times\dfrac{\sqrt{2}}{2}$,解得 $h=\dfrac{2\sqrt{22}}{11}$,于是所求距离为 $\dfrac{2\sqrt{22}}{11}$.

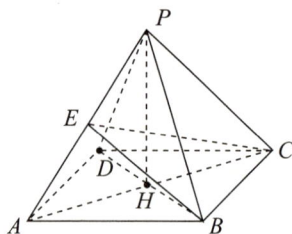

答案 $\dfrac{2\sqrt{22}}{11}$.

4.平移法求异面直线夹角 → 头导说：异面直线夹角不超过90°.

对于求异面直线夹角的问题,可以考虑将两条直线平移至相交,相交直线确定一个平面,在该平面内利用平面几何的方法求解夹角.

→ "a 追 b" 与 "b 追 a" 本质上一样.

平移有两种模式,"a 追 b"(如图 1 所示)或"b 追 a"(如图 2 所示)、"双向趋赴"(如图 3 所示).

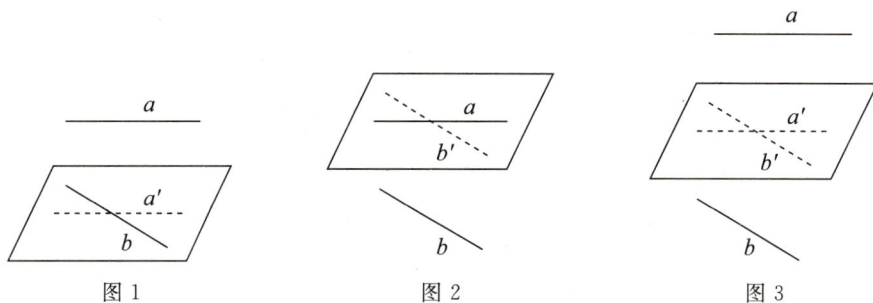

图 1   图 2   图 3

[例 7] 在正方体 $ABCD-A_1B_1C_1D_1$ 中,E 为 C_1D_1 的中点,则异面直线 AE 与 A_1B_1 所成角的余弦值为_____.

→ "a 追 b".

解析 如图所示,因为 $A_1B_1 \parallel D_1C_1$,所以所求角即为 $\angle AED_1$,设 $AB=2a$,

于是 $D_1A=2\sqrt{2}a$,$D_1E=a$,$AE=\sqrt{D_1E^2+D_1A^2}=3a$,

于是 $\cos\angle AED_1=\dfrac{a}{3a}=\dfrac{1}{3}$.

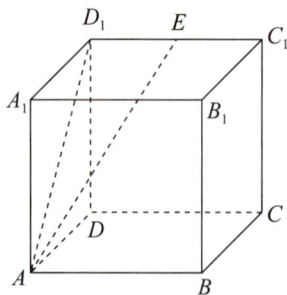

答案 $\dfrac{1}{3}$.

[例 8] 如图所示,在正四棱柱 $ABCD-A_1B_1C_1D_1$ 中,$AA_1=2AB$,则异面直线 A_1B 与 AD_1 所成角的余弦值为_____.

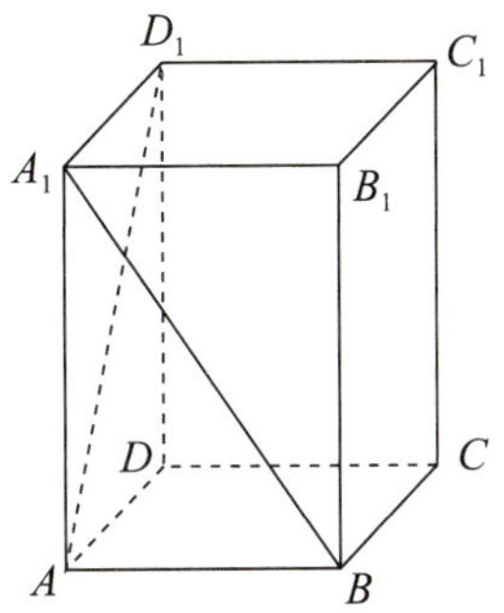

解析连接 AC，D_1C. 因为 $A_1B /\!/ D_1C$，所以所求角即为 $\angle AD_1C$，“a 追 b”.

设 $AB=a$，$AA_1=2a$，于是 $D_1A=\sqrt{AD^2+DD_1^2}=\sqrt{5}a$，$D_1C=\sqrt{5}a$，$AC=\sqrt{AD^2+DC^2}=\sqrt{2}a$，

于是 $\cos\angle AD_1C=\dfrac{D_1A^2+D_1C^2-AC^2}{2\cdot D_1A\cdot D_1C}=\dfrac{4}{5}$.

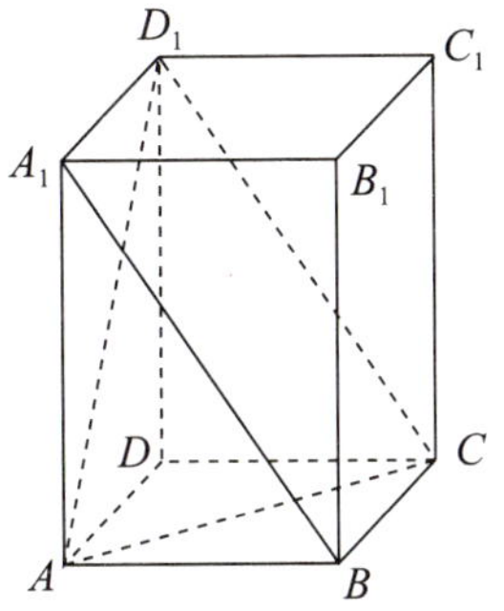

答案 $\dfrac{4}{5}$.

【例 9】如图所示，在空间四边形 $ABCD$ 中，$AD=BC=2$，E，F 分别是 AB，CD 的中点，若 $EF=\sqrt{3}$，则异面直线 AD，BC 所成的角为________.

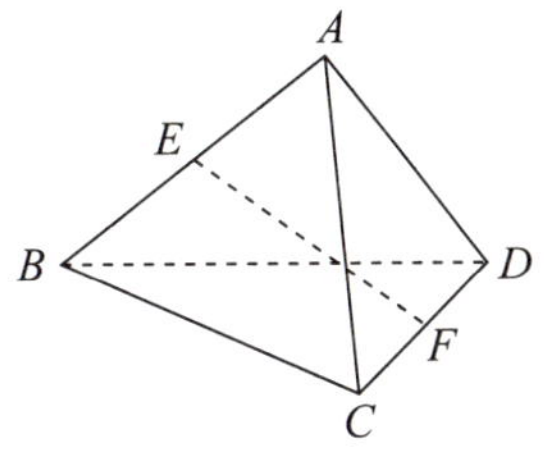

解析取 BD 中点 M，连接 EM，FM，易知 EM 与 FM 分别为 $\triangle ABD$ 与 $\triangle BCD$ 的中位线，

于是有 $EM /\!/ AD$，$FM /\!/ BC$，于是 EM 与 FM 所成锐角或直角即为所求，

且 $EM=FM=1$，又 $EF=\sqrt{3}$，“双向趋赴”.

于是 $\cos\angle EMF=\dfrac{EM^2+FM^2-EF^2}{2\cdot EM\cdot FM}=-\dfrac{1}{2}$，可得 $\angle EMF=120°$，

所以异面直线 AD，BC 所成的角为 $60°$.

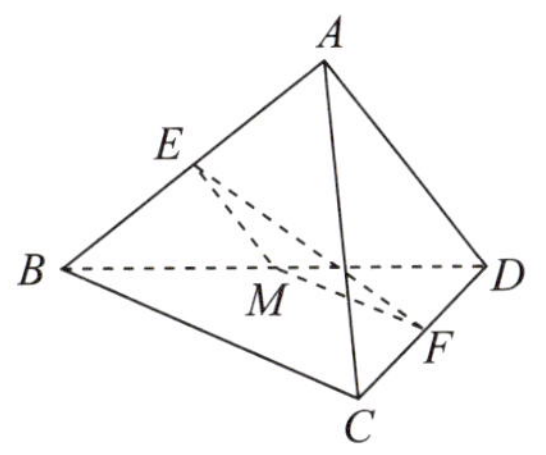

答案 60°.

头哥说:异面直线可以连接线段端点形成三棱锥,只要知道该三棱锥六条棱的长度,就可直接代入空间余弦定理求异面直线夹角.

5. 空间余弦定理

如图所示,设异面直线 AB 与 CD 所成角为 θ,构造向量 $\overrightarrow{AB}$ 与 $\overrightarrow{DC}$,则

$$\overrightarrow{AB} \cdot \overrightarrow{DC} = \overrightarrow{AB} \cdot (\overrightarrow{DA} + \overrightarrow{AC}) = -\overrightarrow{AB} \cdot \overrightarrow{AD} + \overrightarrow{AB} \cdot \overrightarrow{AC}$$

$$= -|\overrightarrow{AB}||\overrightarrow{AD}| \cdot \cos\angle BAD + |\overrightarrow{AB}||\overrightarrow{AC}| \cdot \cos\angle BAC$$

$$= -|\overrightarrow{AB}||\overrightarrow{AD}| \cdot \frac{AB^2 + AD^2 - BD^2}{2AB \cdot AD} + |\overrightarrow{AB}||\overrightarrow{AC}| \cdot \frac{AB^2 + AC^2 - BC^2}{2AB \cdot AC}$$

$$= \frac{AC^2 + BD^2 - BC^2 - AD^2}{2}.$$

又 $\overrightarrow{AB} \cdot \overrightarrow{DC} = |\overrightarrow{AB}||\overrightarrow{DC}| \cdot \cos\langle \overrightarrow{AB}, \overrightarrow{DC}\rangle$,

于是有: $\cos\theta = |\cos\langle\overrightarrow{AB}, \overrightarrow{DC}\rangle| = \dfrac{|AC^2 + BD^2 - BC^2 - AD^2|}{2AB \cdot CD}$,此公式被称为空间余弦定理(因其形式上与余弦定理非常相似).

头哥说:分母两条边为所求异面直线,分子为一对对边的平方和与另一对对边平方和之差的绝对值.

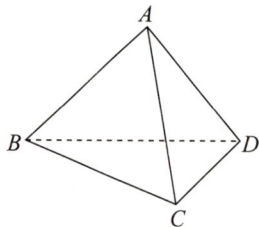

【**例 10**】已知直三棱柱 $ABC-A_1B_1C_1$ 中,$\angle ABC = 120°$,$AB = 2$,$BC = CC_1 = 1$,则异面直线 AB_1 与 BC_1 所成角的余弦值为 ( )

A. $\dfrac{\sqrt{3}}{2}$　　　　B. $\dfrac{\sqrt{15}}{5}$　　　　C. $\dfrac{\sqrt{10}}{5}$　　　　D. $\dfrac{\sqrt{3}}{3}$

解析 由题得 $AB = 2$,$BB_1 = 1$,$B_1C_1 = 1$,$AB_1 = \sqrt{AB^2 + BB_1^2} = \sqrt{5}$,$BC_1 = \sqrt{BC^2 + CC_1^2} = \sqrt{2}$,

由余弦定理 $AC = \sqrt{AB^2 + BC^2 - 2AB \cdot BC \cdot \cos 120°} = \sqrt{7}$,$AC_1 = \sqrt{AC^2 + CC_1^2} = 2\sqrt{2}$,

设所求角为 θ,则 $\cos\theta = \dfrac{|AC_1^2 + BB_1^2 - AB^2 - B_1C_1^2|}{2AB_1 \cdot BC_1} = \dfrac{|8 + 1 - 4 - 1|}{2\sqrt{5} \times \sqrt{2}} = \dfrac{\sqrt{10}}{5}$.

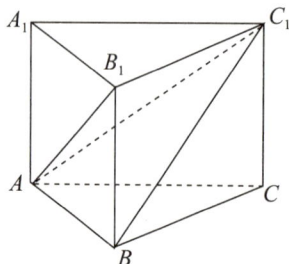

三棱锥六条边可求,用空间余弦定理.

答案 C.

【**例 11**】如图所示,三棱锥 $A-BCD$ 中,$AB = AC = BD = CD = 3$,$AD = BC = 2$,点 M,N 分别是 AD,BC 的中点,则异面直线 AN 与 CM 所成角的余弦值为_____.

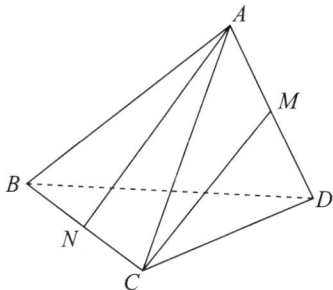

解析 由题得 $AM=CN=1,AC=3$.

在等腰三角形 ABC 与等腰三角形 ACD 中,易得 $AN=CM=\sqrt{AC^2-AM^2}=2\sqrt{2}$.

又在等腰三角形 AND 中,易得 $MN=\sqrt{AN^2-AM^2}=\sqrt{7}$,

三棱锥六条边可求,用空间余弦定理.

设所求角为 θ,则 $\cos\theta=\dfrac{|AC^2+MN^2-AM^2-CN^2|}{2AN\cdot CM}=\dfrac{|9+7-1-1|}{2\times2\sqrt{2}\times2\sqrt{2}}=\dfrac{7}{8}$.

答案 $\dfrac{7}{8}$.

【例 12】如图所示,四边形 $ABCD$ 中,$AB=BD=DA=2,BC=CD=\sqrt{2}$,现将 $\triangle ABD$ 沿 BD 折起,

当二面角 $A-BD-C$ 处于 $\left[\dfrac{\pi}{6},\dfrac{5\pi}{6}\right]$ 过程中,直线 AB 与 CD 所成角的余弦值取值范围是 （　　）

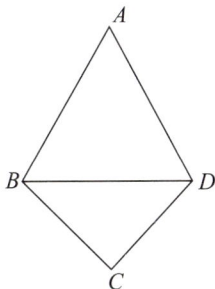

A. $\left[-\dfrac{5\sqrt{2}}{8},\dfrac{\sqrt{2}}{8}\right]$

B. $\left[\dfrac{\sqrt{2}}{8},\dfrac{5\sqrt{2}}{8}\right]$

C. $\left[0,\dfrac{\sqrt{2}}{8}\right]$

D. $\left[0,\dfrac{5\sqrt{2}}{8}\right]$

解析 由题得 $BC=CD=\sqrt{2},AB=BD=DA=2$.

取 BD 中点 E,易知 $\angle AEC$ 即为二面角,$AE=\sqrt{3},EC=1$.

由余弦定理 $AC^2=AE^2+EC^2-2AE\cdot EC\cdot\cos\angle AEC=4-2\sqrt{3}\cos\angle AEC$.

三棱锥六条边可知,用空间余弦定理.

由 $\angle AEC\in\left[\dfrac{\pi}{6},\dfrac{5\pi}{6}\right]$,得 $\cos\angle AEC\in\left[-\dfrac{\sqrt{3}}{2},\dfrac{\sqrt{3}}{2}\right]$,所以 $AC^2\in[1,7]$.

设所求角为 θ,则 $\cos\theta=\dfrac{|AC^2+BD^2-BC^2-AD^2|}{2AB\cdot CD}=\dfrac{|AC^2+4-2-4|}{2\times2\times\sqrt{2}}=$

$\dfrac{|AC^2-2|}{4\sqrt{2}}\in\left[0,\dfrac{5\sqrt{2}}{8}\right]$.

答案 D.

高考链接

【高1】(2022 新高考一 11 多选,5 分)如图所示,四边形 $ABCD$ 为正方形,$ED\perp$ 平面 $ABCD$,$FB/\!/ED$,$AB=ED=2FB$,记三棱锥 $E-ACD$,$F-ABC$,$F-ACE$ 的体积分别为 V_1,V_2,V_3,则 （ ）

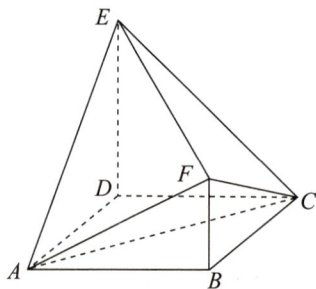

 A.$V_3=2V_2$ B.$V_3=V_1$ C.$V_3=V_1+V_2$ D.$2V_3=3V_1$

【高2】(2022 新高考一 9 多选,5 分)已知正方体 $ABCD-A_1B_1C_1D_1$,则 （ ）

A. 直线 BC_1 与 DA_1 所成的角为 $90°$

B. 直线 BC_1 与 CA_1 所成的角为 $90°$

C. 直线 BC_1 与平面 BB_1D_1D 所成的角为 $45°$

D. 直线 BC_1 与平面 $ABCD$ 所成的角为 $45°$

【高3】(2021 全国乙理 5,5 分)在正方体 $ABCD-A_1B_1C_1D_1$ 中,P 为 B_1D_1 的中点,则直线 PB 与 AD_1 所成的角为 （ ）

 A.$\dfrac{\pi}{2}$ B.$\dfrac{\pi}{3}$ C.$\dfrac{\pi}{4}$ D.$\dfrac{\pi}{6}$

【高4】(2020 全国 2 文 20,12 分)如图所示,已知三棱柱 $ABC-A_1B_1C_1$ 的底面是正三角形,侧面 BB_1C_1C 是矩形,M,N 分别为 BC,B_1C_1 的中点,P 为 AM 上一点,过 B_1C_1 和 P 的平面交 AB 于 E,交 AC 于 F.

(1)证明:$AA_1/\!/MN$,且平面 $A_1AMN\perp$ 平面 EB_1C_1F;

(2)设 O 为 $\triangle A_1B_1C_1$ 的中心,若 $AO=AB=6$,$AO/\!/$ 平面 EB_1C_1F,且 $\angle MPN=\dfrac{\pi}{3}$,求四棱锥 $B-EB_1C_1F$ 的体积.

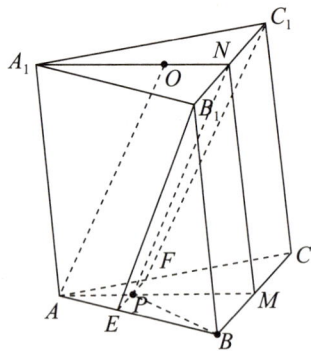

第4节 空间向量

头哥说：空间向量是计算空间距离与空间角的万用法，纯几何方法无法解决的问题，基本都可使用空间向量求解.

知识梳理

基础知识

1. 空间直角坐标系

头哥说：必须建"右手系"，即右手拇指竖起指向 z 轴的正方向，四指自然弯曲由 x 轴正方向弯向 y 轴正方向.

(1)空间直角坐标系:从空间某一定点引三条两两垂直,且有相同单位长度的坐标轴:x,y,z轴,这样就建立了一个空间直角坐标系 $O\text{-}xyz$;

(2)距离公式:设 $P_1(x_1,y_1,z_1)$,$P_2(x_2,y_2,z_2)$,则 $P_1P_2=\sqrt{(x_1-x_2)^2+(y_1-y_2)^2+(z_1-z_2)^2}$;

(3)中点公式:设 $P_1(x_1,y_1,z_1)$,$P_2(x_2,y_2,z_2)$,则 P_1P_2 中点 $M\left(\dfrac{x_1+x_2}{2},\dfrac{y_1+y_2}{2},\dfrac{z_1+z_2}{2}\right)$.

2. 空间向量的直角坐标

(1)向量的正交分解:把一个向量分解为三个互相垂直的向量,叫作把向量作正交分解;

(2)空间向量的坐标表示:分别取与 x,y,z 轴方向相同的三个单位向量 $\boldsymbol{i}$,$\boldsymbol{j}$,$\boldsymbol{k}$ 作为基底,对于空间中的一个向量 $\boldsymbol{a}$,有且只有一组实数"x,y,z",使得 $\boldsymbol{a}=x\boldsymbol{i}+y\boldsymbol{j}+z\boldsymbol{k}$,则有序数组 (x,y,z) 叫作向量 $\boldsymbol{a}$ 的坐标,$\boldsymbol{a}=(x,y,z)$ 叫作向量 $\boldsymbol{a}$ 的坐标表示;

(3)坐标求法1:某个向量的坐标等于起点平移到原点后终点的坐标;

(4)坐标求法2:终点坐标减去起点坐标,即 $\overrightarrow{AB}=(x_B-x_A,y_B-y_A,z_B-z_A)$.

3. 坐标运算

头哥说：空间向量的直角坐标与平面向量的直角坐标相比只是多了一个"竖坐标"，各种运算完全相同.

设 $\boldsymbol{a}=(x_1,y_1,z_1)$,$\boldsymbol{b}=(x_2,y_2,z_2)$.

(1)加减运算:$\boldsymbol{a}\pm\boldsymbol{b}=(x_1\pm x_2,y_1\pm y_2,z_1\pm z_2)$;

(2)数乘运算:$\lambda\boldsymbol{a}=(\lambda x_1,\lambda y_1,\lambda z_1)$;

(3)数量积:$\boldsymbol{a}\cdot\boldsymbol{b}=x_1x_2+y_1y_2+z_1z_2$;

(4)模:$|\boldsymbol{a}|=\sqrt{x_1^2+y_1^2+z_1^2}$;

(5)夹角:$\cos\langle\boldsymbol{a},\boldsymbol{b}\rangle=\dfrac{\boldsymbol{a}\cdot\boldsymbol{b}}{|\boldsymbol{a}||\boldsymbol{b}|}=\dfrac{x_1x_2+y_1y_2+z_1z_2}{\sqrt{x_1^2+y_1^2+z_1^2}\cdot\sqrt{x_2^2+y_2^2+z_2^2}}$.

4. 方向向量与法向量

(1)方向向量:与直线共线的向量叫作直线的方向向量,可在直线上取两点作为方向向量的起点与终点;

(2)法向量:与平面垂直的向量叫作平面的法向量;

一个平面的法向量有无穷多个，所有的法向量是共线的.

(3)法向量求法:在平面内取两个不共线向量 $\boldsymbol{a}=(x_1,y_1,z_1)$,$\boldsymbol{b}=(x_2,y_2,z_2)$

设法向量 $\boldsymbol{n}=(x,y,z)$.

由 $\begin{cases} \boldsymbol{n} \cdot \boldsymbol{a} = x_1 x + y_1 y + z_1 z = 0 \\ \boldsymbol{n} \cdot \boldsymbol{b} = x_2 x + y_2 y + z_2 z = 0 \end{cases}$,再令 $x=1$ 或 $y=1$ 或 $z=1$,解得法向量.

两个方程无法解出三个未知数(因为一个平面的法向量有无穷多个),因此必须令 $x=1$ 或 $y=1$ 或 $z=1$(将法向量某个坐标"固定",从而法向量"固定").

二级结论

1. 建系 → *头哥说:两两垂直墙角系,面面垂直墙根系,面内垂直旗杆系.*

常见的建系模式有三种:墙角系、墙根系、旗杆系.

如果空间几何体出现具有公共点的三条棱两两垂直,则可以以公共点为原点,三条棱为 x,y,z 轴,建立墙角系,如图 1 所示. → *三条棱的公共点为墙角.*

→ *两个面的交线为墙根.*

如果空间几何体出现两个面垂直,则可以在两面交线上找一个点为原点,过该点在两个面内作垂直于交线的两条线,交线与这两条线为 x,y,z 轴,建立墙根系,如图 2 所示.

如果空间几何体的底面内有两条线垂直,则可以以两垂直直线的交点为原点,在原点处作一条直线垂直于底面,底面内两条垂直直线与该直线为 x,y,z 轴,建立旗杆系,如图 3 所示.

→ *垂直于底面的直线为旗杆.*

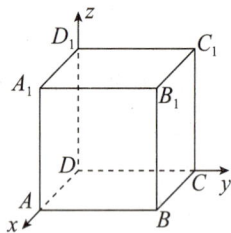
图 1

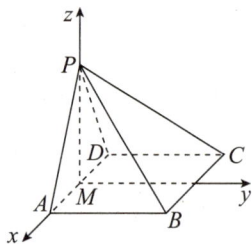
图 2

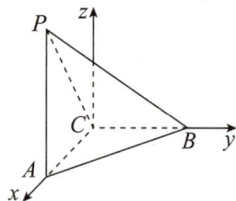
图 3

2. 动点 → *头哥说:对于平面直线上的动点,可以利用直线的方程来设动点坐标.在空间中,高中阶段不涉及空间直线方程,因此只能用向量的方法设动点坐标.*

对于空间中直线上的动点,可借助于共线向量定理设出坐标.如图所示,可知 $\overrightarrow{AP} = \lambda \overrightarrow{AB}$,称点 A 为起点,点 B 为终点,向量 $\overrightarrow{AB}$ 为方向向量,(A),(P) 代表 A,P 点的坐标,则有:$(P) = (A) + \lambda \overrightarrow{AB}$,即"动点坐标 = 起点坐标 + λ 方向向量".

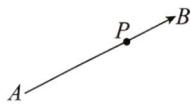

当 P 在线段 AB 上时,$0 \leqslant \lambda \leqslant 1$;当 P 在 AB 延长线上时,$\lambda > 1$;当 P 在 BA 延长线上时,$\lambda < 0$.

3. 法向量口诀 → *头哥说:对于解答题,还是需要补全必要的法向量求解步骤.*

(1)"截距取倒数":已知平面在 x,y,z 三个坐标轴上的截距分别为 a,b,c,则该平面的法向量为 $\boldsymbol{n} = \left(\dfrac{1}{a}, \dfrac{1}{b}, \dfrac{1}{c} \right)$,如图 1 所示. → *为便于后续计算,可将三个坐标扩大相同倍数,消去分母.例如:对于法向量 $\left(\dfrac{1}{2}, \dfrac{1}{3}, \dfrac{1}{6} \right)$,可扩大倍数变为法向量 $(3,2,1)$.*

特别的,如果平面与某个轴(例如:y 轴)平行,可认为在该轴的截距为 ∞,取倒数后变为 0 $\left[$法向量为 $\boldsymbol{n} = \left(\dfrac{1}{a}, 0, \dfrac{1}{c} \right) \right]$,如图 2 所示.

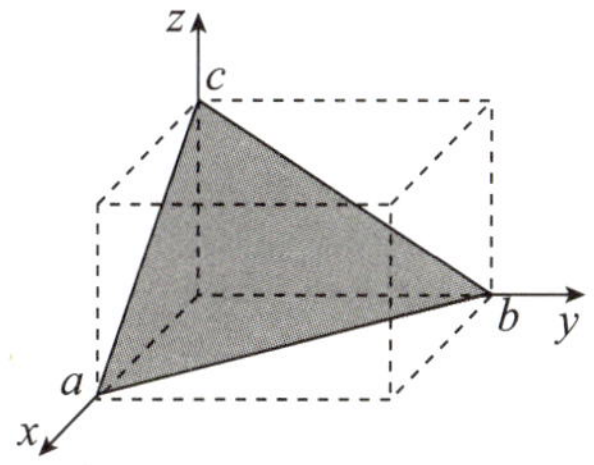

图1

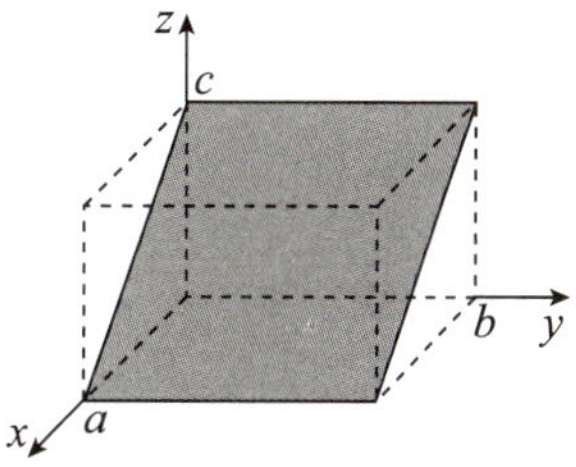

图2

（2）"向量并排写两遍，掐头去尾留中间，交叉相乘再作减"：对于一般的求法向量的情况，若平面内两个不共线向量为 $a=(x_1,y_1,z_1)$，$b=(x_2,y_2,z_2)$，可利用该口诀快速求出.

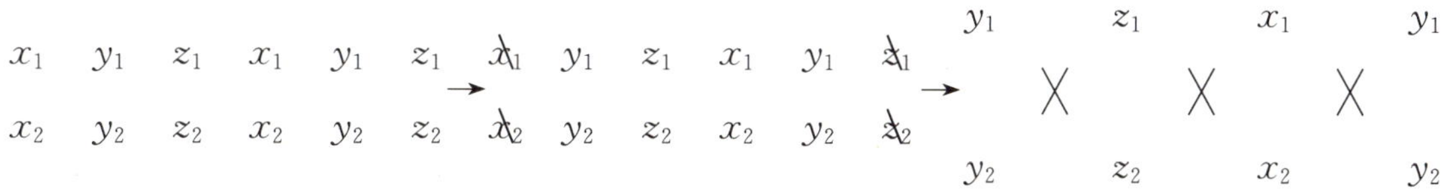

$$\begin{array}{cccccccccc} x_1 & y_1 & z_1 & x_1 & y_1 & z_1 & \cancel{x_1} & y_1 & z_1 & x_1 & y_1 & \cancel{x_1} \\ x_2 & y_2 & z_2 & x_2 & y_2 & z_2 & \cancel{x_2} & y_2 & z_2 & x_2 & y_2 & \cancel{x_2} \end{array}$$

$$\begin{array}{ccc} y_1 \ \times \ z_1 & z_1 \ \times \ x_1 & x_1 \ \times \ y_1 \\ y_2 \quad z_2 & z_2 \quad x_2 & x_2 \quad y_2 \end{array}$$

向量并排写两遍 → 掐头去尾留中间 → 交叉相乘再作减

得到法向量为 $n=(y_1z_2-y_2z_1,\ z_1x_2-z_2x_1,\ x_1y_2-x_2y_1)$.

考点剖析

头哥说：一般来讲，对于平行与垂直的证明，几何方法比向量方法要简洁，但是对于动点问题，往往向量方法会有优势.

1. 利用向量证明平行与垂直

准备工作：对于直线，求出方向向量；对于平面，求出法向量.

（1）线线平行：两直线的方向向量平行；

（2）线线垂直：两直线的方向向量垂直；

（3）线面平行：直线的方向向量与平面的法向量垂直；

（4）线面垂直：直线的方向向量与平面的法向量平行；

（5）面面平行：两平面的法向量平行；

（6）面面垂直：两平面的法向量垂直.

头哥说：对于同类要素（直线与直线，平面与平面），几何关系与向量关系一致（例如：面面平行，向量关系也是平行）；而对于异类要素（直线与平面），几何关系与向量关系相异（例如：线面垂直，直线的方向向量与平面的法向量的关系是平行）.

记两向量为 a,b，其中 $a\neq 0$，则

（1）$a/\!/b\Leftrightarrow b=\lambda a$；

（2）$a\perp b\Leftrightarrow a\cdot b=0$.

【例1】如图所示，正三棱柱 $ABC-A_1B_1C_1$ 的所有棱长都为 2，D 为 CC_1 的中点. 求证：$AB_1\perp$ 平面 A_1BD.

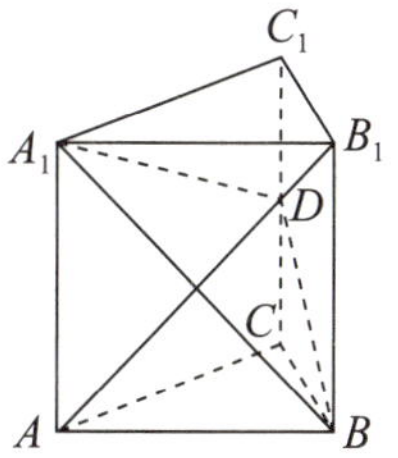

解析 取 AC 中点 E，A_1C_1 中点 E_1，连接 EB，EE_1.

由正三棱柱可知 $EE_1\perp$ 平面 ABC，$BE\perp AC$，建系如图所示，

$A(1,0,0),B_1(0,\sqrt{3},2),A_1(1,0,2),B(0,\sqrt{3},0),D(-1,0,1).$

$\overrightarrow{AB_1}=(-1,\sqrt{3},2),\overrightarrow{A_1D}=(-2,0,-1),\overrightarrow{A_1B}=(-1,\sqrt{3},-2).$

由 $\overrightarrow{AB_1}\cdot\overrightarrow{A_1D}=0$，知 $AB_1\perp A_1D.$ 由 $\overrightarrow{AB_1}\cdot\overrightarrow{A_1B}=0$，知 $AB_1\perp A_1B.$ → 证线面垂直时无须求出平面法向量.

于是 $AB_1\perp$ 平面 A_1BD.

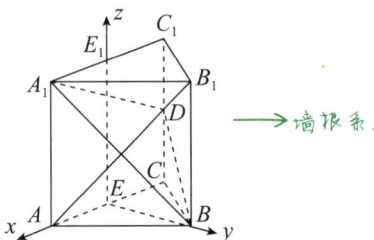

→ 墙根系.

【例 2】如图所示，在四棱锥 $P-ABCD$ 中，平面 $PAD\perp$ 平面 $ABCD$，$PA\perp PD$，$PA=PD$，$AB\perp AD$，$AB=1$，$AD=2$，$AC=CD=\sqrt{5}$. 在棱 PA 上是否存在点 M，使得 $BM/\!/$ 平面 PCD，若存在，求 $\dfrac{AM}{AP}$ 的值，若不存在，说明理由.

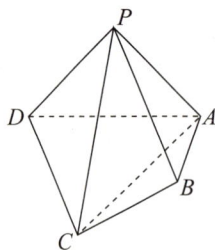

解析 取 AD 中点 E，连接 EP,EC，因为 $PA=PD$，所以 $PE\perp AD$.

又平面 $PAD\perp$ 平面 $ABCD$，所以 $PE\perp$ 平面 $ABCD$.

又 $AC=CD$，所以 $EC\perp AD$，建系如图所示，则

$B(1,1,0),A(0,1,0),P(0,0,1),D(0,-1,0).$

又 $CE=\sqrt{AC^2-AE^2}=2$，$C(2,0,0)$，

$\overrightarrow{AP}=(0,-1,1),\overrightarrow{PC}=(2,0,-1),\overrightarrow{PD}=(0,-1,-1).$

假设存在 M 点，设 $\overrightarrow{AM}=\lambda\overrightarrow{AP}$，可得 $M(0,1-\lambda,\lambda)$，所以 $\overrightarrow{BM}=(-1,-\lambda,\lambda).$ → 设动点.

设平面 PCD 的法向量为 $\boldsymbol{n}=(1,y,z)$，

由 $\begin{cases}\overrightarrow{PC}\cdot\boldsymbol{n}=2-z=0\\\overrightarrow{PD}\cdot\boldsymbol{n}=-y-z=0\end{cases}$，可解得 $\boldsymbol{n}=(1,-2,2).$

由 $BM/\!/$ 平面 PCD 可知 $\overrightarrow{BM}\perp\boldsymbol{n}$，→ 线面平行，则直线方向向量与平面法向量垂直.

由 $\overrightarrow{BM}\cdot\boldsymbol{n}=-1+2\lambda+2\lambda=0$，解得 $\lambda=\dfrac{1}{4}$，

所以存在 M 点，$\dfrac{AM}{AP}=\dfrac{1}{4}$.

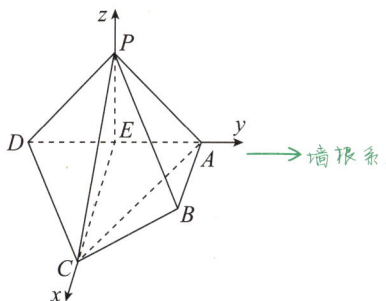

答案 存在，$\dfrac{AM}{AP}=\dfrac{1}{4}$.

2.利用向量求距离——→ 头哥说：距离问题的核心是点到平面的距离.

(1)点面距：设点为 P，平面的法向量为 $\boldsymbol{n}$，取平面内一点 A，则向量 $\overrightarrow{PA}$ 在法向量 $\boldsymbol{n}$ 上的投影向量的模即为点到平面的距离，即 $d=\dfrac{|\overrightarrow{PA}\cdot\boldsymbol{n}|}{|\boldsymbol{n}|}$，如图 1 所示；

(2)异面距：将异面直线平移为相交，则可确定一个平面，其法向量为 $\boldsymbol{n}$，异面直线上各取一点 A,B，则向量 $\overrightarrow{AB}$ 在法向量 $\boldsymbol{n}$ 上投影向量的模即为异面直线间距离，即 $d=\dfrac{|\overrightarrow{AB}\cdot\boldsymbol{n}|}{|\boldsymbol{n}|}$，如图 2.

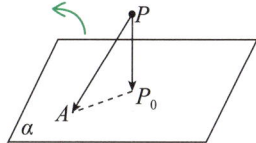

头哥说：线面距与面面距本质也是点面距.

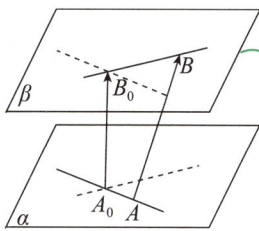

头哥说：异面距的本质为两个平面间的距离.

图 1　　　　图 2

【例 3】已知平面 α 的一个法向量为 $\boldsymbol{n}=(-2,-2,1)$，点 $A(-1,3,0)$ 在平面 α 内，则点 $P(-2,1,4)$ 到平面 α 的距离为 （　　）

A. 10　　　　B. 3　　　　C. $\dfrac{8}{3}$　　　　D. $\dfrac{10}{3}$

解析 由题得 $\overrightarrow{PA}=(1,2,-4)$，所以距离 $d=\dfrac{|\overrightarrow{PA}\cdot\boldsymbol{n}|}{|\boldsymbol{n}|}=\dfrac{10}{\sqrt{9}}=\dfrac{10}{3}$.

答案 D.

【例 4】在边长为 1 的正方体 $ABCD-A_1B_1C_1D_1$ 中，M,N,E,F 分别是棱 A_1B_1,A_1D_1，B_1C_1,C_1D_1 的中点，求平面 AMN 与平面 $EFDB$ 的距离.

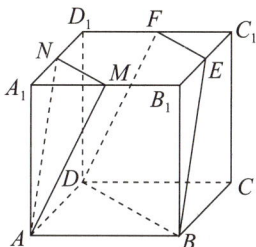

解析 建系如图所示，$D(0,0,0),B(1,1,0),F\left(0,\dfrac{1}{2},1\right),A(1,0,0)$，

$\overrightarrow{DB} = (1,1,0)$，$\overrightarrow{DF} = \left(0,\dfrac{1}{2},1\right)$，$\overrightarrow{DA} = (1,0,0)$．

设平面 $EFDB$ 的法向量为 $\boldsymbol{n} = (x,y,1)$，

由 $\begin{cases} \overrightarrow{DB} \cdot \boldsymbol{n} = x+y = 0 \\ \overrightarrow{DF} \cdot \boldsymbol{n} = \dfrac{1}{2}y+1 = 0 \end{cases}$，可解得 $\boldsymbol{n} = (2,-2,1)$，

所以所求距离为 $d = \dfrac{|\overrightarrow{DA} \cdot \boldsymbol{n}|}{|\boldsymbol{n}|} = \dfrac{2}{\sqrt{9}} = \dfrac{2}{3}$．$\longrightarrow$ 面面距．

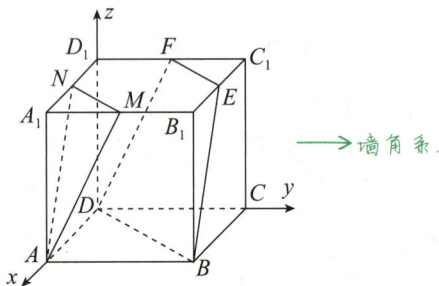

答案 $\dfrac{2}{3}$．

【例5】如图所示，$ABCD$ 是正方形，$SB \perp$ 平面 $ABCD$，且 SA 与平面 $ABCD$ 所成角为 $45°$，点 S 到平面 $ABCD$ 的距离为 1，求 AC 与 SD 的距离．

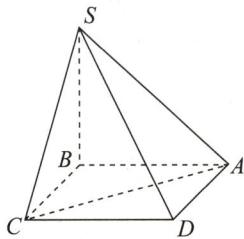

解析 由题得 $\angle SAB = 45°$，于是 $SB = AB = 1$，建系如下图所示，

$A(0,1,0)$，$C(1,0,0)$，$D(1,1,0)$，$S(0,0,1)$，

$\overrightarrow{SD} = (1,1,-1)$，$\overrightarrow{AC} = (1,-1,0)$，$\overrightarrow{AD} = (1,0,0)$．

设向量 $\boldsymbol{n} = (1,y,z)$ 同时垂直于 SD，AC．

由 $\begin{cases} \overrightarrow{SD} \cdot \boldsymbol{n} = 1+y-z = 0 \\ \overrightarrow{AC} \cdot \boldsymbol{n} = 1-y = 0 \end{cases}$，解得 $\boldsymbol{n} = (1,1,2)$，

所以所求距离为 $d = \dfrac{|\overrightarrow{AD} \cdot \boldsymbol{n}|}{|\boldsymbol{n}|} = \dfrac{1}{\sqrt{6}} = \dfrac{\sqrt{6}}{6}$．

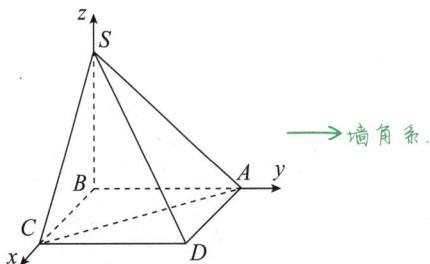

答案 $\dfrac{\sqrt{6}}{6}$.

3. 利用向量求角

> 头哥说：一般来讲，解答题中求角的问题更多采用向量方法，选择、填空题中求角的问题更多采用几何方法.

(1)异面直线夹角：设两直线的方向向量为 a,b，两直线夹角为 θ，则 $\cos\theta=\dfrac{|a\cdot b|}{|a||b|}$，其中 $\theta\in\left(0,\dfrac{\pi}{2}\right]$.

(2)线面角：设直线的方向向量为 a，平面的法向量为 n，线面角为 θ，则 $\sin\theta=\dfrac{|a\cdot n|}{|a||n|}$，其中 $\theta\in\left[0,\dfrac{\pi}{2}\right]$.

(3)二面角：设两平面的法向量为 n_1,n_2，二面角为 θ，则 $\cos\theta=\pm\dfrac{n_1\cdot n_2}{|n_1||n_2|}$，其中 $\theta\in[0,\pi]$. 关于正负号，如果两个法向量同内（均指向二面角内部）或同外（均指向二面角外部），则取负号；如果两个法向量一内一外（一个指向二面角内部，另一个指向二面角外部），则取正号.

> 头哥说：也可根据"按需分配"原则，首先肉眼观察二面角是锐角还是钝角，如果是锐角，则 $\cos\theta$ 为正值，据此判断是否加负号；如果是钝角，则 $\cos\theta$ 为负值，据此判断是否加负号.

【例6】 如图所示，在平行六面体 $ABCD-A_1B_1C_1D_1$ 中，平面 $ABCD$ 与平面 D_1C_1CD 垂直，且 $\angle D_1DC=\dfrac{\pi}{3}$，$DC=DD_1=2$，$DA=\sqrt{3}$，$\angle ADC=\dfrac{\pi}{2}$，求异面直线 A_1C 与 AD_1 所成角的余弦值.

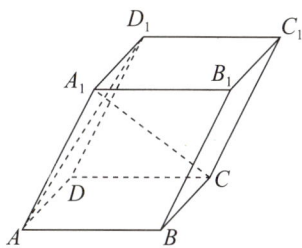

解析 取 CD 中点 E，AB 中点 F，连接 D_1E,EF.

由题得 $\triangle DD_1C$ 为正三角形，因此 $D_1E\perp DC$. 又平面 $ABCD$ 与平面 D_1C_1CD 垂直，所以 $D_1E\perp$ 平面 $ABCD$，建系如下图所示，

$A(\sqrt{3},-1,0)$，$D_1(0,0,\sqrt{3})$，$C(0,1,0)$，$A_1(\sqrt{3},0,\sqrt{3})$，

$\overrightarrow{A_1C}=(-\sqrt{3},1,-\sqrt{3})$，$\overrightarrow{AD_1}=(-\sqrt{3},1,\sqrt{3})$.

设所求角为 θ，所以 $\cos\theta=\dfrac{|\overrightarrow{A_1C}\cdot\overrightarrow{AD_1}|}{|\overrightarrow{A_1C}||\overrightarrow{AD_1}|}=\dfrac{1}{\sqrt{3+1+3}\times\sqrt{3+1+3}}=\dfrac{1}{7}$， → 异面直线夹角

即所求角的余弦值为 $\dfrac{1}{7}$.

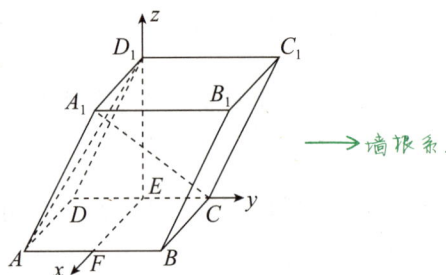
→ 墙根系

答案 $\dfrac{1}{7}$.

【例 7】 如图所示,平面 $ABDE \perp$ 平面 ABC,$\triangle ABC$ 是等腰直角三角形,$AC = BC = 4$,四边形 $ABDE$ 是直角梯形,$BD /\!/ AE$,$BD \perp BA$,$BD = \dfrac{1}{2}AE = 2$,O,M 分别为 CE,AB 的中点. 求直线 CD 与平面 ODM 所成角的正弦值.

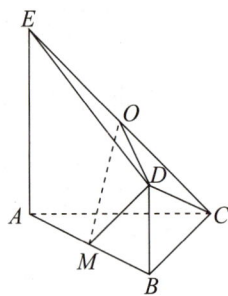

解析 因为 $BD \perp BA$,平面 $ABDE \perp$ 平面 ABC,且平面 $ABDE \cap$ 平面 $ABC = AB$,所以 $BD \perp$ 平面 ABC. 又 $BD /\!/ AE$,从而 $AE \perp$ 平面 ABC.

令 AE 与 z 轴平行,建系如下图所示,

$C(0,0,0)$,$D(0,4,2)$,$A(4,0,0)$,$B(0,4,0)$,$E(4,0,4)$,

中点 $M(2,2,0)$,中点 $O(2,0,2)$,

$\overrightarrow{OD} = (-2,4,0)$,$\overrightarrow{OM} = (0,2,-2)$,$\overrightarrow{CD} = (0,4,2)$.

设平面 ODM 的法向量为 $\boldsymbol{n} = (x,y,1)$,

由 $\begin{cases} \overrightarrow{OD} \cdot \boldsymbol{n} = -2x + 4y = 0 \\ \overrightarrow{OM} \cdot \boldsymbol{n} = 2y - 2 = 0 \end{cases}$,可解得 $\boldsymbol{n} = (2,1,1)$.

设所求角为 θ,所以 $\sin\theta = \dfrac{|\overrightarrow{CD} \cdot \boldsymbol{n}|}{|\overrightarrow{CD}||\boldsymbol{n}|} = \dfrac{6}{\sqrt{16+4} \times \sqrt{4+1+1}} = \dfrac{\sqrt{30}}{10}$, → 线面角

即所求角的正弦值为 $\dfrac{\sqrt{30}}{10}$.

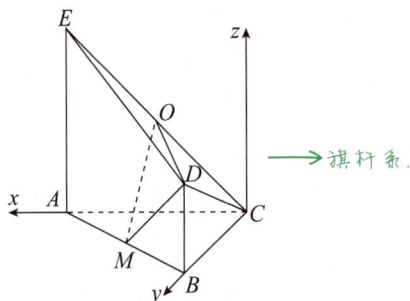
→ 搭杆系

答案 $\dfrac{\sqrt{30}}{10}$.

【例8】 如图所示,四边形 $ABCD$ 为直角梯形,$AB\parallel CD$,$AB\perp BC$,$\triangle ABE$ 为等边三角形,且平面 $ABCD\perp$ 平面 ABE,$AB=2CD=2BC=2$.求平面 ADE 与平面 BCE 所成锐二面角的余弦值.

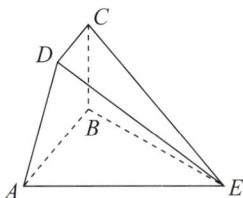

解析 取 AB 中点 F,连接 EF,DF,

于是 CD 平行且等于 BF,所以 $FBCD$ 为平行四边形,$DF\parallel BC$.又因为 $AB\perp BC$,

所以 $DF\perp AB$.又平面 $ABCD\perp$ 平面 ABE,且平面 $ABCD\cap$ 平面 $ABE=AB$,得 $DF\perp$ 平面 ABE.

在正三角形 ABE 中,易知 $AF\perp EF$,建系如下图所示,

$A(1,0,0),D(0,0,1),E(0,\sqrt{3},0),B(-1,0,0),C(-1,0,1)$,

$\overrightarrow{AD}=(-1,0,1),\overrightarrow{AE}=(-1,\sqrt{3},0),\overrightarrow{BE}=(1,\sqrt{3},0),\overrightarrow{BC}=(0,0,1)$.

设平面 ADE 的法向量为 $\boldsymbol{n}_1=(x_1,1,z_1)$,

由 $\begin{cases}\overrightarrow{AD}\cdot\boldsymbol{n}_1=-x_1+z_1=0\\\overrightarrow{AE}\cdot\boldsymbol{n}_1=-x_1+\sqrt{3}=0\end{cases}$,可解得 $\boldsymbol{n}_1=(\sqrt{3},1,\sqrt{3})$.

设平面 BCE 的法向量为 $\boldsymbol{n}_2=(x_2,1,z_2)$,

由 $\begin{cases}\overrightarrow{BE}\cdot\boldsymbol{n}_2=x_2+\sqrt{3}=0\\\overrightarrow{BC}\cdot\boldsymbol{n}_2=z_2=0\end{cases}$,可解得 $\boldsymbol{n}_2=(-\sqrt{3},1,0)$.

设所求锐角为 θ,所以 $\cos\theta=\dfrac{|\boldsymbol{n}_1\cdot\boldsymbol{n}_2|}{|\boldsymbol{n}_1||\boldsymbol{n}_2|}=\dfrac{2}{\sqrt{3+1+3}\times\sqrt{3+1}}=\dfrac{\sqrt{7}}{7}$, → 二面角

即所求锐二面角的余弦值为 $\dfrac{\sqrt{7}}{7}$.

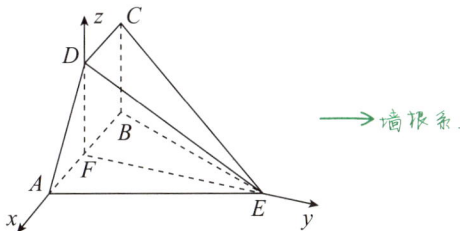

→ 墙根系.

答案 $\dfrac{\sqrt{7}}{7}$.

【高 1】(2021 新高考一 12 多选,5 分)在正三棱柱 $ABC-A_1B_1C_1$ 中,$AB=AA_1=1$,点 P 满足 $\overrightarrow{BP}=\lambda\overrightarrow{BC}+\mu\overrightarrow{BB_1}$,其中 $\lambda\in[0,1]$,$\mu\in[0,1]$,则（　　）

A. 当 $\lambda=1$ 时,$\triangle AB_1P$ 的周长为定值

B. 当 $\mu=1$ 时,三棱锥 $P-A_1BC$ 的体积为定值

C. 当 $\lambda=\dfrac{1}{2}$ 时,有且仅有一个点 P,使得 $A_1P\perp BP$

D. 当 $\mu=\dfrac{1}{2}$ 时,有且仅有一个点 P,使得 $A_1B\perp$ 平面 AB_1P

【高 2】(2021 新高考二 10 多选,5 分)下列各正方体中 O 为下底的中点,M 为顶点,P 为所在棱的中点,则满足 $MN\perp OP$ 的是（　　）

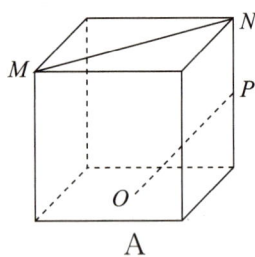

A

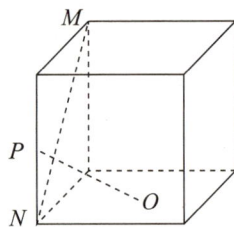

B

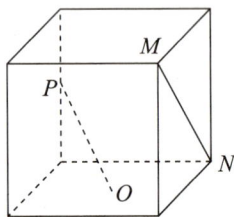

C

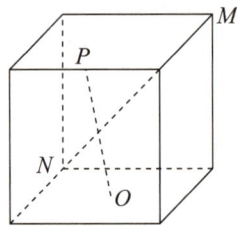

D

【高 3】(2022 全国甲理 18,12 分)如图所示,在四棱锥 $P-ABCD$ 中,$PD\perp$ 底面 $ABCD$,$CD\parallel AB$,$AD=DC=CB=1$,$AB=2$,$DP=\sqrt{3}$.

(1)证明:$BD\perp PA$;

(2)求 PD 与平面 PAB 所成的角的正弦值.

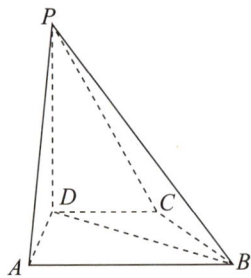

【高4】（2022 全国乙理 18,12 分）如图所示,四面体 $A-BCD$ 中,$AD\perp CD$,$AD=CD$,$\angle ADB=\angle BDC$,E 为 AC 的中点.

（1）证明:平面 $BED\perp$ 平面 ACD;

（2）设 $AB=BD=2$,$\angle ACB=60°$,点 F 在 BD 上,当 $\triangle AFC$ 的面积最小时,求 CF 与平面 ABD 所成的角的正弦值.

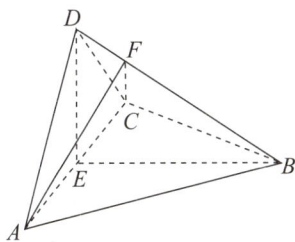

【高5】（2022 新高考一 19,12 分）如图所示,直三棱柱 $ABC-A_1B_1C_1$ 的体积为 4,$\triangle A_1BC$ 的面积为 $2\sqrt{2}$.

（1）求 A 到平面 A_1BC 的距离;

（2）设 D 为 A_1C 的中点,$AA_1=AB$,平面 $A_1BC\perp$ 平面 ABB_1A_1,求二面角 $A-BD-C$ 的正弦值.

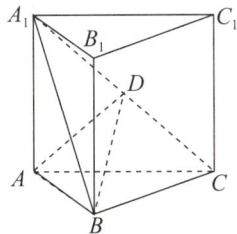

【高6】（2022 新高考二 20,12 分）如图所示,PO 是三棱锥 $P-ABC$ 的高,$PA=PB$,$AB\perp AC$,E 为 PB 的中点.

（1）证明:$OE\parallel$ 平面 PAC;

（2）若 $\angle ABO=\angle CBO=30°$,$PO=3$,$PA=5$,求二面角 $C-AE-B$ 的正弦值.

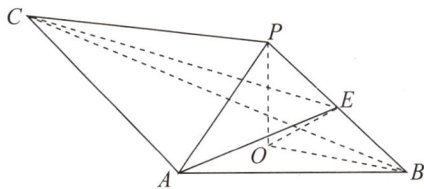

【高 7】(2021 全国甲理 19,12 分)如图所示,已知直三棱柱 $ABC-A_1B_1C_1$ 中,侧面 AA_1B_1B 为正方形,$AB=BC=2$,E,F 分别为 AC 和 CC_1 的中点,D 为棱 A_1B_1 上的点,$BF\perp A_1B_1$.

(1)证明:$BF\perp DE$;

(2)当 B_1D 为何值时,平面 BB_1C_1C 与平面 DFE 所成的二面角的正弦值最小?

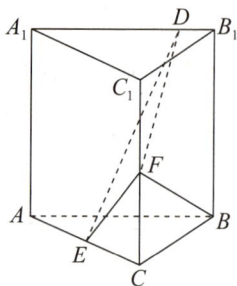

【高 8】(2021 全国乙理 18,12 分)如图所示,四棱锥 $P-ABCD$ 的底面是矩形,$PD\perp$ 底面 $ABCD$,$PD=DC=1$,M 为 BC 中点,且 $PB\perp AM$.

(1)求 BC 所示;

(2)求二面角 $A-PM-B$ 的正弦值.

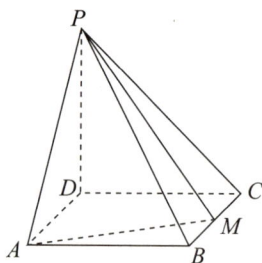

【高 9】(2021 新高考一 20,12 分)如图所示,在三棱锥 $A-BCD$ 中,平面 $ABD\perp$ 平面 BCD,$AB=AD$,O 为 BD 的中点.

(1)证明:$OA\perp CD$;

(2)若 $\triangle OCD$ 是边长为 1 的等边三角形,点 E 在棱 AD 上,$DE=2EA$,且二面角 $E-BC-D$ 的大小为 $45°$,求三棱锥 $A-BCD$ 的体积.

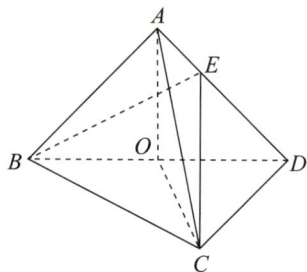

【高10】(2021 新高考二 19,12 分)如图所示,在四棱锥 $Q-ABCD$ 中,底面 $ABCD$ 是正方形,若 $AD=2$,$QD=QA=\sqrt{5}$,$QC=3$.

(1)求证:平面 $QAD\perp$ 平面 $ABCD$;

(2)求二面角 $B-QD-A$ 的平面角的余弦值.

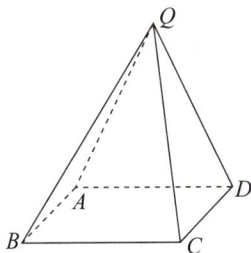

【高11】(2021 北京 17,14 分)如图所示,已知正方体 $ABCD-A_1B_1C_1D_1$,点 E 为 A_1D_1 中点,直线 B_1C_1 交平面 CDE 于点 F.

(1)证明:点 F 为 B_1C_1 的中点;

(2)若点 M 为棱 A_1B_1 上一点,且二面角 $M-CF-E$ 的余弦值为 $\dfrac{\sqrt{5}}{3}$,求 $\dfrac{A_1M}{A_1B_1}$ 的值.

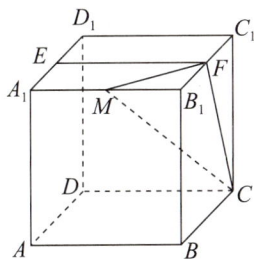

专题 8　球的切接

尖哥说：球的切接问题对空间想象能力要求较高，牢记模型是关键.

处理外接球与内切球问题的基本技能是画透视图.

透视图是指沿着某个方向对空间几何体观察过去,看到的几何体的平面图形的样子,并且包含了几何体的内部结构.观察方向称为透视方向.

画透视图的原则为"垂直不变,平行降维",即与透视方向垂直的线、面完全不变,与透视方向平行的线、面要降一个维度(一维的线变为零维的点,二维的面变为一维的线).例如:正方体的内切球(与面相切),如图1和图2所示;正方体的棱切球(与棱相切),如图3和图4所示;长方体的外接球,如图5和图6所示;正四面体的外接球,如图7和图8所示.

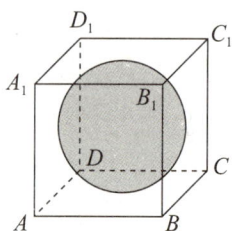

图 1

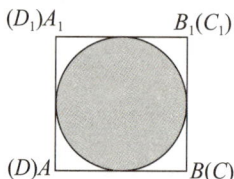

图 2

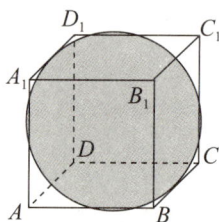

图 3

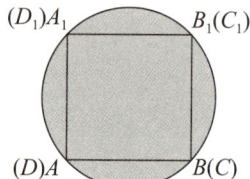

图 4

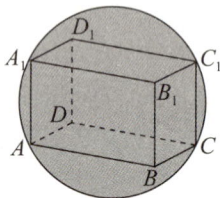

图 5

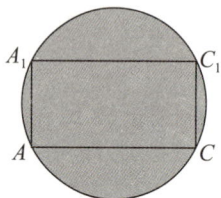

图 6

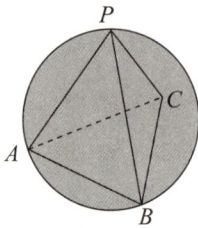

图 7

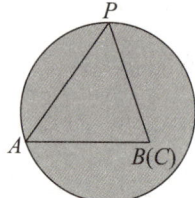

图 8

除了画透视图之外,牢记重要模型:锥体模型、直体模型、正体模型.这三个模型在后面详细介绍.

1.画透视图

尖哥说：球的透视图变成一个圆，其他几何体的透视图一般是若干多边形，所以透视图中主要是处理圆与多边形的位置关系.

对于内切球或外接球问题,立体图中很难通过手绘把球与其他几何体的位置关系表示清晰,而通过画透视图,转化为平面图形,则可以把位置关系表示清楚.

画透视图的关键在于透视方向的选择,要选择一个尽量能够体现出最多位置关系的方向.

【例1】如图1所示,在封闭的直三棱柱 $ABC-A_1B_1C_1$ 内有一个体积为 V 的球,若 $AB\perp BC$,$AB=6$,$BC=8$,$AA_1=3$,则 V 的最大值是 　　　　　　(　)

A. 4π　　　　B. $\dfrac{9\pi}{2}$　　　　C. 6π　　　　D. $\dfrac{32\pi}{3}$

解析 当球的体积最大时,假设球与三个侧面相切,

选择透视方向为垂直于平面 $A_1B_1C_1$ 的方向,画出如图2所示的透视图.

易知圆 D 为 $\triangle A_1B_1C_1$ 的内切圆,设其半径为 r,易知 $A_1C_1=\sqrt{A_1B_1^2+B_1C_1^2}=10$,

由等面积法得 $S_{\triangle A_1B_1C_1}=\dfrac{1}{2}\cdot A_1B_1\cdot B_1C_1=\dfrac{1}{2}(A_1B_1+B_1C_1+A_1C_1)\cdot r$，解得 $r=2$.

因为 $2r=4>AA_1$，可知球无法与三个侧面相切，于是球与上下底面相切，

此时球的半径为 $\dfrac{AA_1}{2}=\dfrac{3}{2}$，所以 $V=\dfrac{4\pi}{3}\left(\dfrac{3}{2}\right)^3=\dfrac{9\pi}{2}$.

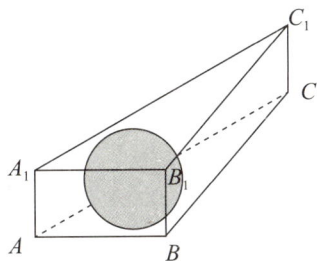

图 1

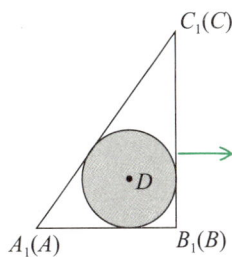

该透视方向能够得到的圆为内切圆.

图 2

答案 B.

【**例 2**】如图所示，有一个水平放置的透明无盖的正方体容器，容器高 8 cm，将一个球放在容器口，再向容器内注水，当球面恰好接触水面时测得水深为 6 cm，如果不计容器厚度，则球的体积为 （　　）

A. $\dfrac{500\pi}{3}$cm^3　　　　B. $\dfrac{866\pi}{3}$cm^3　　　　C. $\dfrac{1372\pi}{3}$cm^3　　　　D. $\dfrac{2048\pi}{3}$cm^3

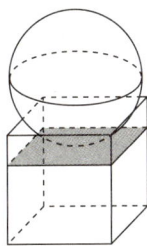

解析 选择透视方向为垂直于正方体容器前后两面的方向，画出如下图所示的透视图.

设球的半径为 r，由题知 $AB=4$(cm)，$BC=8-6=2$(cm)，$OB=r-2$(cm)，

在 $\triangle OAB$ 内，由勾股定理可得 $4^2+(r-2)^2=r^2$，解得 $r=5$(cm).

所以 $V=\dfrac{4}{3}\pi r^3=\dfrac{500\pi}{3}$(cm^3).

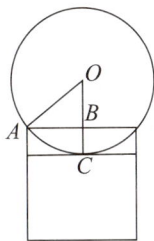

该透视方向能够得到圆过 A 点，并且与"水面"相切.

答案 A.

【**例 3**】已知 A,B 是球 O 的球面上两点，$\angle AOB=90°$，C 为该球面上的动点，若三棱锥 $O-ABC$ 体积的最大值为 36，则球 O 的表面积为 （　　）

A. 36π　　　　　　B. 64π　　　　　　C. 144π　　　　　　D. 256π

解析 选择透视方向为正对着 OB 的方向，画出如下图所示的透视图.

易知当 $OC\perp$ 平面 AOB 时三棱锥 $O-ABC$ 体积最大,设球 O 的半径为 R,

此时 $S_{\triangle AOB}=\dfrac{1}{2}\cdot OA\cdot OB=\dfrac{R^2}{2}$,$V_{O-ABC}=V_{C-AOB}=\dfrac{1}{3}\cdot S_{\triangle AOB}\cdot R=\dfrac{R^3}{6}=36$,解得 $R=6$,

所以 $S_{球O}=4\pi R^2=144\pi$.

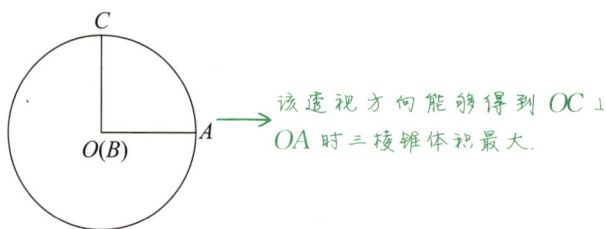

该透视方向能够得到 $OC\perp$ OA 时三棱锥体积最大.

答案 C.

【例4】 已知三棱柱 $ABC-A_1B_1C_1$ 的底面是正三角形,侧棱 $AA_1\perp$ 底面 ABC,若有一半径为 2 的球与三棱柱各条棱均相切,则 AA_1 的长度等于_____.

解析 首先选择透视方向为垂直于平面 $A_1B_1C_1$ 的方向,画出如图 1 所示的透视图,

由球的半径为 2 可知 $A_1B_1=2\sqrt{3}$.

作 $AD\perp BC$ 于 D,然后选择透视方向为平行于 BC 的方向,画出如图 2 所示的透视图,

易知 $AD=AB\cdot\sin 60°=3$,$ON=3-2=1$,

由勾股定理可知 $ND=\sqrt{OD^2-ON^2}=\sqrt{2^2-1^2}=\sqrt{3}$,

所以 $AA_1=2ND=2\sqrt{3}$.

该透视方向能够得到三棱柱底面边长.

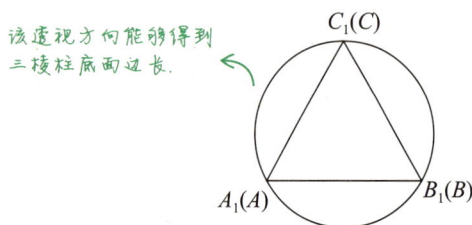

图 1

该透视方向能够得到三棱柱高相关位置关系.

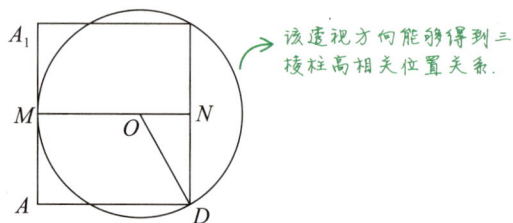

图 2

答案 $2\sqrt{3}$.

2.锥体模型

头导说:对于锥体的内切球问题,直接记住公式,只需算出底面积、表面积、高,即可求出内切球半径.

对于锥体的内切球问题,可以利用等体积法进行求解.

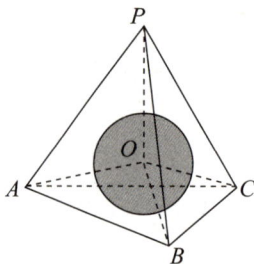

如图所示,设球 O 为三棱锥 $P-ABC$ 的内切球,则球 O 到三棱锥四个面的距离均为内切球半径,记为 r.设 P 点到底面 ABC 的距离为 h_P(三棱锥的高),由 $V_{P-ABC}=V_{O-ABC}+V_{O-PAB}+$

$V_{O-PAC}+V_{O-PBC}$，可得 $\dfrac{1}{3}\cdot S_{\triangle ABC}\cdot h_P=\dfrac{1}{3}\cdot(S_{\triangle ABC}+S_{\triangle PAB}+S_{\triangle PAC}+S_{\triangle PBC})\cdot r$，有 $r=$

$\dfrac{S_{\triangle ABC}}{S_{\triangle ABC}+S_{\triangle PAB}+S_{\triangle PAC}+S_{\triangle PBC}}\cdot h_P$，即 $r=\dfrac{S_{底}}{S_{表}}\cdot h$，其中 $S_{底}$ 为底面积，$S_{表}$ 为表面积，h 为底面

的高.

头哥说：该公式的含义为，内切球半径占高的比例等于底面积占表面积的比例.

公式 $r=\dfrac{S_{底}}{S_{表}}\cdot h\left(\text{或}\ \dfrac{r}{h}=\dfrac{S_{底}}{S_{表}}\right)$ 适用于所有锥体，包括棱锥与圆锥.

【例 5】 已知正四面体 $A-BCD$ 的棱长为 12，则其内切球的表面积为 _____.

解析 作 $AH\perp$ 底面 BCD 于 H，易知 H 为正三角形 BCD 的中心，

$HB=\dfrac{12}{\sqrt{3}}=4\sqrt{3}$，于是高 $AH=\sqrt{AB^2-HB^2}=\sqrt{12^2-(4\sqrt{3})^2}=4\sqrt{6}$.

设内切球的半径为 r，则 $r=\dfrac{S_{底}}{S_{表}}\cdot AH=\dfrac{S_{底}}{4S_{底}}\cdot AH=\sqrt{6}$， *无须画图，直接套公式.*

于是 $S=4\pi r^2=24\pi$.

答案 24π.

【例 6】 四棱锥 $P-ABCD$ 的底面 $ABCD$ 是边长为 6 的正方形，且 $PA=PB=PC=PD$，若一个半径为 1 的球与此四棱锥所有面都相切，则该四棱锥的高是 _____.

解析 易知四棱锥 $P-ABCD$ 为正四棱锥.

作 $PH\perp$ 底面 $ABCD$ 于 H，易知 H 为正方形 $ABCD$ 的中心，

于是 $AH=\dfrac{6}{\sqrt{2}}=3\sqrt{2}$.设高为 $PH=h$，则 $PA=\sqrt{PH^2+AH^2}=\sqrt{h^2+18}$.

在 $\triangle PAB$ 中，$PA=PB=\sqrt{h^2+18}$，$AB=6$，则高为 $\sqrt{PA^2-\left(\dfrac{AB}{2}\right)^2}=\sqrt{h^2+9}$，

于是 $S_{\triangle PAB}=\dfrac{1}{2}\cdot AB\cdot\sqrt{h^2+9}=3\sqrt{h^2+9}$，

内切球半径为 $r=1$，$S_{底}=6^2=36$，$S_{表}=S_{底}+4S_{\triangle PAB}=36+12\sqrt{h^2+9}$，

则 $\dfrac{r}{PH}=\dfrac{S_{底}}{S_{表}}$，即 $\dfrac{1}{h}=\dfrac{36}{36+12\sqrt{h^2+9}}$，解得 $h=\dfrac{9}{4}$. *代入公式建立方程，求高.*

答案 $\dfrac{9}{4}$.

【例 7】 将半径为 3，圆心角为 $\dfrac{2\pi}{3}$ 的扇形围成一个圆锥，则该圆锥的内切球的体积为

_____.

解析 设圆锥底面半径为 r_0，由扇形弧长为 $\dfrac{2\pi}{3}\times 3=2\pi$，可知 $2\pi r_0=2\pi$，解得 $r_0=1$，

于是圆锥的高为 $h=\sqrt{3^2-r_0^2}=2\sqrt{2}$，底面积为 $S_{底}=\pi r_0^2=\pi$，侧面积为 $S_{侧}=\dfrac{1}{2}\times\dfrac{2\pi}{3}\times 3^2=3\pi$.

设内切球半径为 r，则 $r=\dfrac{S_{底}}{S_{表}}\cdot h=\dfrac{S_{底}}{S_{底}+S_{侧}}\cdot h=\dfrac{\sqrt{2}}{2}$， *圆锥的内切球，也可直接代入公式求解.*

于是 $V=\dfrac{4}{3}\pi r^3=\dfrac{\sqrt{2}}{3}\pi$.

答案 $\frac{\sqrt{2}}{3}\pi$.

头哥说：正如三点（不共线）可以确定一个圆，四点（不共面）可以确定一个球，即三棱锥可以唯一确定一个球，所以"所有外接球问题都是三棱锥的外接球问题"，因此不管几何体有多少个顶点，只需四个顶点（不共面）即可确定外接球，其余点都是多余的.

3. 直体模型

有一条侧棱（或母线）垂直于底面的几何体称为"直体"，"直体"的外接球等价于一个圆柱的外接球，如图1所示.

图2为透视图（透视方向为垂直于圆柱轴截面的方向），设外接球半径为R，圆柱的高（几何体的高）为h，圆柱底面半径（几何体底面外接圆半径）为R_0，于是$2R=\sqrt{h^2+(2R_0)^2}$.

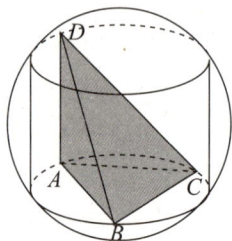 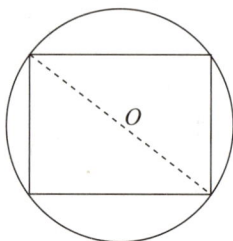

图1　　　　　　　　图2

对于"直体"的外接球问题，只需知道"直体"的高（垂直于底面的侧棱长度）、底面外接圆的直径，即可由勾股定理求得外接球的直径$2R$.

特别是对于底面内两边垂直的情况（图1中$AB\perp AC$），即几何体三条棱两两垂直，A点处形成一个"墙角"，则可以以AB，AC，AD为长、宽、高，把几何体补全为长方体，于是$2R=\sqrt{a^2+b^2+c^2}$，其中a,b,c表示长方体的长、宽、高. 若长方体为正方体，即$a=b=c$，则有$2R=\sqrt{3}a$.

【例8】 如图所示，在边长为2的正方形$ABCD$中，点E，F分别是边AB，BC的中点，$\triangle AED$，$\triangle EBF$，$\triangle FCD$分别沿DE，EF，FD折起，使A，B，C三点重合于点A'，若四面体$A'-EFD$的四个顶点在同一个球面上，则该球的半径为　　　　　　（　　）

A. $\sqrt{2}$　　　　B. $\frac{\sqrt{5}}{2}$　　　　C. $\frac{\sqrt{11}}{2}$　　　　D. $\frac{\sqrt{6}}{2}$

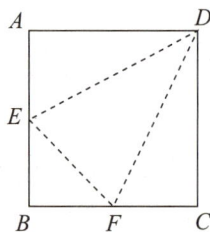 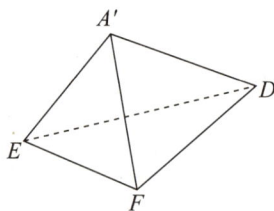

解析 由题得$A'E$，$A'F$，$A'D$两两垂直，

于是外接球直径为$2R=\sqrt{A'E^2+A'F^2+A'D^2}=\sqrt{1^2+1^2+2^2}=\sqrt{6}$，所以半径$R=\frac{\sqrt{6}}{2}$.

（箭头批注：直体模型—补全长方体）

答案 D.

【例9】 鲁班锁是中国传统的智力玩具，起源于中国古代建筑中首创的榫卯结构，它的外观是如图所示的十字立方体，其上下、左右、前后完全对称，六根等长的正四棱柱体分成三组，经$90°$榫卯起来. 若正四棱柱的高为5，底面正方形的边长为1，现将该鲁班锁放进一个球形容器

内,则该球形容器的表面积至少为_____.(容器壁的厚度忽略不计,结果保留 π)

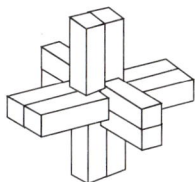

解析 由题得鲁班锁的外接球即为两个并列正四棱柱构成的长方体的外接球,

长方体长、宽、高分别为 5,2,1, →直体模型—长方体.

于是外接球直径为 $2R=\sqrt{5^2+2^2+1^2}=\sqrt{30}$,

所以外接球表面积为 $S=4\pi R^2=30\pi$.

答案 30π.

【例 10】 已知四面体 $A-BCD$,$AB\perp$ 平面 BCD,$AB=BC=CD=BD=1$,若该四面体的四个顶点都在球 O 的表面上,则球 O 的表面积为 ( )

A. $\dfrac{7\pi}{3}$ B. 7π C. $\dfrac{7\pi}{12}$ D. $\dfrac{7\pi}{9}$

解析 由题得底面为正三角形,外接圆直径为 $d=\dfrac{BC}{\sin 60°}=\dfrac{2}{\sqrt{3}}$,四面体高为 $h=1$,

所以球 O 直径为 $2R=\sqrt{d^2+h^2}=\sqrt{\dfrac{4}{3}+1}=\sqrt{\dfrac{7}{3}}$, →直体模型. →利用正弦定理求外接圆直径.

所以球 O 表面积为 $S=4\pi R^2=\dfrac{7\pi}{3}$.

答案 A.

【例 11】 直三棱柱 $ABC-A_1B_1C_1$ 的各顶点都在同一球面上,若 $AB=AC=AA_1=2$,$\angle BAC=120°$,则此球的表面积等于_____.

解析 在 $\triangle ABC$ 中,由余弦定理可得 $BC=\sqrt{AB^2+AC^2-2AB\cdot AC\cdot \cos\angle BAC}=2\sqrt{3}$,

于是底面外接圆直径为 $d=\dfrac{BC}{\sin 120°}=4$,直三棱柱高为 $h=AA_1=2$,

所以外接球直径为 $2R=\sqrt{d^2+h^2}=\sqrt{4^2+2^2}=2\sqrt{5}$, →直体模型.

所以外接球表面积为 $S=4\pi R^2=20\pi$.

答案 20π.

4. 正体模型 →夫哥说:正棱锥、圆锥均为"正体",其他顶点在底面投影为底面外接圆圆心的几何体均为正体.

有一个顶点(不在底面)在底面的投影为底面外接圆圆心的几何体称为"正体","正体"的外接球等价于一个圆锥的外接球,如图 1 所示.

如图 2 为透视图(透视方向为垂直于圆锥轴截面的方向),设外接球半径为 R,圆锥的高(几何体的高)为 h,圆锥母线(几何体的侧棱)为 l,圆锥底面半径(几何体底面外接圆半径)为 R_0,由勾股定理 $R^2=(h-R)^2+R_0^2$,又 $l^2=h^2+R_0^2$,可得 $2R=\dfrac{l^2}{h}$.

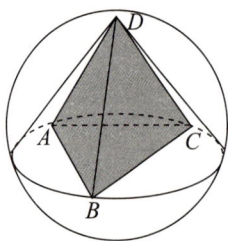
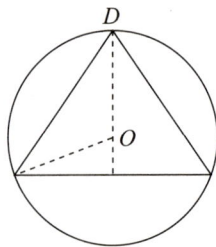

图1   图2

对于"正体"的外接球问题,只需知道"正体"的高、侧棱(圆锥的母线),即可由上述公式求得外接球直径 $2R$.

【例12】在三棱锥 $P-ABC$ 中,$PA=PB=PC=\sqrt{3}$,侧棱 PA 与底面 ABC 所成的角为 $60°$,则该三棱锥外接球的体积为   (   )

A. π B. $\dfrac{\pi}{3}$ C. 4π D. $\dfrac{4\pi}{3}$

解析 由题得三棱锥高为 $h=PA\cdot\sin 60°=\dfrac{3}{2}$,

所以外接球直径 $2R=\dfrac{PA^2}{h}=\dfrac{(\sqrt{3})^2}{\dfrac{3}{2}}=2$,$R=1$,   → 正体模型

所以外接球体积为 $V=\dfrac{4\pi}{3}R^3=\dfrac{4\pi}{3}$.

答案 D.

【例13】正四棱锥的顶点都在同一球面上,若该棱锥的高为4,底面边长为2,则该球的表面积为   (   )

A. $\dfrac{81\pi}{4}$ B. 16π C. 9π D. $\dfrac{27\pi}{4}$

解析 由题得底面外接圆半径为 $R_0=\dfrac{2}{\sqrt{2}}=\sqrt{2}$,四棱锥高为 $h=4$,

故侧棱为 $l=\sqrt{h^2+R_0^2}=3\sqrt{2}$,于是外接球直径 $2R=\dfrac{l^2}{h}=\dfrac{(3\sqrt{2})^2}{4}=\dfrac{9}{2}$,   → 正体模型

所以外接球表面积为 $S=4\pi R^2=\dfrac{81\pi}{4}$.

答案 A.

【例14】如图所示,$ABCD-A_1B_1C_1D_1$ 是边长为1的正方体,$S-ABCD$ 是高为1的正四棱锥,若点 S,A_1,B_1,C_1,D_1 在同一个球面上,则该球的表面积为   (   )

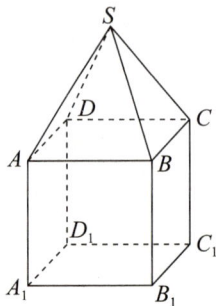

A. $\dfrac{9}{16}\pi$ B. $\dfrac{25}{16}\pi$ C. $\dfrac{49}{16}\pi$ D. $\dfrac{81}{16}\pi$

解析 由题得四棱锥 $S-A_1B_1C_1D_1$ 的高为 $h=1+1=2$,底面外接圆半径为 $R_0=\dfrac{1}{\sqrt{2}}$,

所以 $SA_1=\sqrt{h^2+R_0^2}=\dfrac{3}{\sqrt{2}}$,于是外接球直径 $2R=\dfrac{SA_1^2}{h}=\dfrac{\left(\dfrac{3}{\sqrt{2}}\right)^2}{2}=\dfrac{9}{4}$, →正体模型.

所以外接球表面积为 $S=4\pi R^2=\dfrac{81\pi}{16}$.

答案 D.

高考链接

【高1】(2022 全国乙理9,5分)已知球 O 的半径为1,四棱锥的顶点为 O,底面的四个顶点均在球 O 的球面上,则当该四棱锥的体积最大时,其高为   (　　)

A. $\dfrac{1}{3}$ B. $\dfrac{1}{2}$ C. $\dfrac{\sqrt{3}}{3}$ D. $\dfrac{\sqrt{2}}{2}$

【高2】(2022 新高考二7,5分)已知正三棱台的高为1,上下底面的边长分别为 $3\sqrt{3}$ 和 $4\sqrt{3}$,其顶点都在同一球面上,则该球的表面积为   (　　)

A. 100π B. 128π C. 144π D. 192π

【高3】(2022 北京9,4分)已知正三棱锥 $P-ABC$ 的六条棱长均为6,S 是 $\triangle ABC$ 及其内部的点构成的集合.设集合 $T=\{Q\in S\,|\,PQ\leqslant 5\}$,则 T 表示的区域的面积为   (　　)

A. $\dfrac{3\pi}{4}$ B. π C. 2π D. 3π

【高4】(2021 全国甲理11,5分)已知 A,B,C 是半径为1的球 O 的球面上的三个点,且 $AC\perp BC,AC=BC=1$,则三棱锥 $O-ABC$ 的体积为   (　　)

A. $\dfrac{\sqrt{2}}{12}$ B. $\dfrac{\sqrt{3}}{12}$ C. $\dfrac{\sqrt{2}}{4}$ D. $\dfrac{\sqrt{3}}{4}$

【高5】(2021 新高考二4,5分)卫星导航系统中,地球静止同步轨道卫星的轨道位于地球赤道所在平面,轨道高度为 36000 km(轨道高度指卫星到地球表面的最短距离),把地球看成一个球心为 O,半径为 6400 km 的球,其上点 A 的纬度是指 OA 与赤道所在平面所成角的度数,地球表面能直接观测到的一颗地球静止同步轨道卫星的点的纬度的最大值记为 α,该卫星信号覆盖的地球表面面积 $S=2\pi r^2(1-\cos\alpha)$,(单位:km^2),则 S 占地球表面积的百分比约为   (　　)

A. 26%   B. 34%   C. 42%   D. 50%

【高6】(2020 全国1理3/文3,5分)如图所示的埃及胡夫金字塔是古代世界建筑奇迹之一,它的形状可视为一个正四棱锥,以该四棱锥的高为边长的正方形的面积,等于该四棱锥一个侧面三角形的面积,则其侧面三角形底边上的高与底面正方形的边长的比值为（　　）

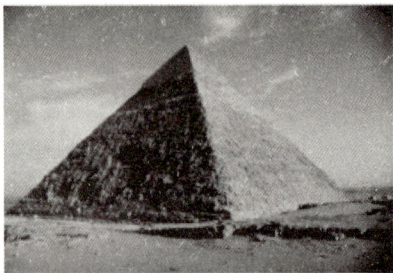

A. $\dfrac{\sqrt{5}-1}{4}$　　　　B. $\dfrac{\sqrt{5}-1}{2}$　　　　C. $\dfrac{\sqrt{5}+1}{4}$　　　　D. $\dfrac{\sqrt{5}+1}{2}$

【高7】(2020 新高考一 16,5 分)已知直四棱柱 $ABCD-A_1B_1C_1D_1$ 的棱长均为 2,$\angle BAD=60°$. 以 D_1 为球心,$\sqrt{5}$ 为半径的球面与侧面 BCC_1B_1 的交线长为_____.

【高8】(2019 全国 2 理 16/文 16,5 分)中国有悠久的金石文化,印信是金石文化的代表之一.印信的形状多为长方体、正方体或圆柱体,但南北朝时期的官员独孤信的印信形状是"半正多面体"(如图 1 所示).半正多面体是由两种或两种以上的正多边形围成的多面体.半正多面体体现了数学的对称美.图 2 是一个棱数为 48 的半正多面体,它的所有顶点都在同一个正方体的表面上,且此正方体的棱长为 1,则该半正多面体共有_____个面,其棱长为_____.(本题第一空 2 分,第二空 3 分)

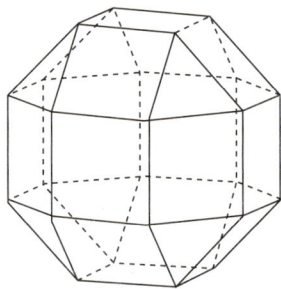

图1　　　　　　　　　图2

【高9】(2020 全国 3 理 15/文 16,5 分)已知圆锥的底面半径为 1,母线长为 3,则该圆锥内半径最大的球的体积为_____.

【高10】(2022 新高考一 8,5 分)已知正四棱锥的侧棱长为 l,其各顶点都在同一球面上.若该球的体积为 36π,且 $3\leqslant l\leqslant 3\sqrt{3}$,则该正四棱锥体积的取值范围是（　　）

A. $\left[18,\dfrac{81}{4}\right]$　　B. $\left[\dfrac{27}{4},\dfrac{81}{4}\right]$　　C. $\left[\dfrac{27}{4},\dfrac{64}{3}\right]$　　D. $[18,27]$

第十章 直线与圆

第1节 直 线

头哥说:一次函数的图像是一条直线,但是直线并不都代表一次函数,斜率存在且不为零的直线代表一次函数.

知识梳理

基础知识

1.倾斜角与斜率

(1)倾斜角:当直线不平行于 x 轴(也不重合)时,x 轴正方向与直线向上方向之间所成的角 α 为直线的倾斜角(如图所示);当直线平行于 x 轴(或重合)时,规定直线的倾斜角 α 为 $0°$. α 取值范围为 $0°\leqslant\alpha<180°$.

(2)斜率:当倾斜角 $\alpha\neq90°$ 时,倾斜角的正切值为直线的斜率,即 $k=\tan\alpha$;当倾斜角 $\alpha=90°$ 时,直线的斜率不存在.

(3)斜率公式:过两点 $A(x_1,y_1)$,$B(x_2,y_2)$ 的直线的斜率 $k=\dfrac{y_2-y_1}{x_2-x_1}(x_1\neq x_2)$.

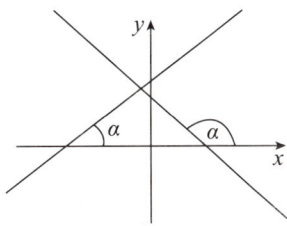

2.直线的方程

头哥说:只有斜截式与一般式可以作为直线的最终表示形式,点斜式、两点式、截距式均是过渡形式,即不能以这三种形式为最终答案.

(1)点斜式:过 (x_0,y_0) 点,斜率为 k 的直线点斜式方程为 $y-y_0=k(x-x_0)$,点斜式无法表示垂直于 x 轴的直线;

(2)斜截式:y 轴截距为 b,斜率为 k 的直线斜截式方程为 $y=kx+b$,斜截式无法表示垂直于 x 轴的直线;

(3)两点式:过两点 (x_1,y_1),(x_2,y_2) 的直线两点式方程为 $\dfrac{y-y_1}{y_2-y_1}=\dfrac{x-x_1}{x_2-x_1}(x_1\neq x_2,y_1\neq y_2)$,两点式无法表示垂直于坐标轴的直线;

(4)截距式:x 轴截距为 a,y 轴截距为 b 的直线截距式方程为 $\dfrac{x}{a}+\dfrac{y}{b}=1(ab\neq0)$,截距式无

法表示垂直于坐标轴和过原点的直线;

(5)一般式:直线的一般式方程为 $Ax+By+C=0$ ($A^2+B^2\neq0$),一般式可以表示所有直线.

3. 直线的平行与垂直

(1)直线平行:对于两条不重合的直线 $l_1,l_2,l_1/\!/l_2\Leftrightarrow k_1=k_2$,或 k_1,k_2 均不存在;

(2)直线垂直:对于两条直线 $l_1,l_2,l_1\perp l_2\Leftrightarrow k_1\cdot k_2=-1$,或一个斜率为 0,另一个斜率不存在.

4. 两条直线的交点

直线 $l_1:A_1x+B_1y+C_1=0,l_2:A_2x+B_2y+C_2=0$,则 l_1 与 l_2 的公共点坐标就是方程组

$$\begin{cases}A_1x+B_1y+C_1=0\\A_2x+B_2y+C_2=0\end{cases}$$ 的解.

(1)方程组有且仅有一组解 $\Leftrightarrow l_1$ 与 l_2 相交;

(2)方程组有无穷组解 $\Leftrightarrow l_1$ 与 l_2 重合;

(3)方程组无解 $\Leftrightarrow l_1$ 与 l_2 平行.

5. 中点公式与距离公式

(1)中点公式:设两点 $A(x_1,y_1),B(x_2,y_2)$,则 A,B 中点 M 坐标为 $\left(\dfrac{x_1+x_2}{2},\dfrac{y_1+y_2}{2}\right)$;

(2)两点距离:两点 $A(x_1,y_1),B(x_2,y_2)$ 之间的距离 $|AB|=\sqrt{(x_1-x_2)^2+(y_1-y_2)^2}$;

(3)点线距离:点 $P(x_0,y_0)$ 到直线 $Ax+By+C=0$ 的距离 $d=\dfrac{|Ax_0+By_0+C|}{\sqrt{A^2+B^2}}$;

(4)线线距离:两条平行线 $l_1:Ax+By+C_1=0,l_2:Ax+By+C_2=0$ 间的距离 $d=\dfrac{|C_1-C_2|}{\sqrt{A^2+B^2}}$.

→ *两直线的一般式中 x,y 前面的系数必须对应相同.*

二级结论

1. 含参直线的定点

对于含参直线,可以按参数重新整理,让参数前面的系数为零,如果可以解出对应的 x,y,则含参直线过定点,定点坐标即为解出的 (x,y).

例如:对于含参直线 $(m+n)x+(2m-n)y-m+2n=0$,重新整理得 $m(x+2y-1)+n(x-y+2)=0$,令参数前面系数为零得 $\begin{cases}x+2y-1=0\\x-y+2=0\end{cases}$,解出 $\begin{cases}x=-1\\y=1\end{cases}$,于是直线过定点 $(-1,1)$.

考点剖析

1. 直线的平行与垂直

→ *夫哥说:借助于法向量处理直线的平行与垂直问题比用斜率更加方便,因为不用单独讨论直线斜率不存在的情况.*

直线 $l:Ax+By+C=0$ 的法向量为 $\boldsymbol{n}=(A,B)$(直线一般式中 x,y 前面的系数分别为法向量的横、纵坐标),法向量 $\boldsymbol{n}$ 与直线 l 垂直.设直线 l_1,l_2(不重合)的法向量分别为 $\boldsymbol{n}_1=(A_1,B_1),\boldsymbol{n}_2=(A_2,B_2)$.

(1)直线平行：$l_1 /\!/ l_2 \Leftrightarrow \boldsymbol{n}_1 /\!/ \boldsymbol{n}_2 \Leftrightarrow A_1 B_2 = A_2 B_1$；　　　→ 对于两直线重合的情况要单独验证.

(2)直线垂直：$l_1 \perp l_2 \Leftrightarrow \boldsymbol{n}_1 \perp \boldsymbol{n}_2 \Leftrightarrow A_1 A_2 + B_1 B_2 = 0$.

【例1】已知直线 $l_1: ax + 2y + 6 = 0$ 和直线 $l_2: x + (a-1)y + a^2 - 1 = 0$. 若 l_1 与 l_2 平行，则 $a = $ _____.

→ 借助法向量分析直线平行.

解析 由题得 l_1 的法向量为 $\boldsymbol{n}_1 = (a, 2)$，$l_2$ 的法向量为 $\boldsymbol{n}_2 = (1, a-1)$，

由 $l_1 /\!/ l_2$ 可知 $\boldsymbol{n}_1 /\!/ \boldsymbol{n}_2$，即 $a(a-1) = 2$，即 $a^2 - a - 2 = 0$，解得 $a = 2$ 或 $a = -1$.

当 $a = 2$ 时，l_1 为 $x + y + 3 = 0$，l_2 为 $x + y + 3 = 0$，重合，不满足题意.　　→ 两直线重合时舍去.

当 $a = -1$ 时，l_1 为 $-x + 2y + 6 = 0$，l_2 为 $x - 2y = 0$，满足题意.

综上 $a = -1$.

答案 -1.

【例2】已知直线 $l_1: (a-1)x + ay + 3 = 0$，$l_2: x + (a-1)y + 4 = 0$，其中 $a \in \mathbf{R}$，若 $l_1 \perp l_2$，则 a 的值为　　　　　　　　（　　）

A.1　　　　　　B.-1　　　　　　C.1 或 -1　　　　　　D.0

解析 由题得 l_1 的法向量为 $\boldsymbol{n}_1 = (a-1, a)$，$l_2$ 的法向量为 $\boldsymbol{n}_2 = (1, a-1)$，　　→ 借助法向量分析直线垂直.

由 $l_1 \perp l_2$ 可知 $\boldsymbol{n}_1 \cdot \boldsymbol{n}_2 = a-1 + a(a-1) = 0$，即 $(a+1)(a-1) = 0$，解得 $a = 1$ 或 $a = -1$，均满足题意.

答案 C.

【例3】两平行线 $l_1: 3x + 4y - 2 = 0$ 与 $l_2: 2x + my - 1 = 0$ 的距离为 _____.

解析 由题得 l_1 的法向量为 $\boldsymbol{n}_1 = (3, 4)$，$l_2$ 的法向量为 $\boldsymbol{n}_2 = (2, m)$.

由 $l_1 /\!/ l_2$ 可知 $\boldsymbol{n}_1 /\!/ \boldsymbol{n}_2$，即 $3m = 8$，解得 $m = \dfrac{8}{3}$，　　→ 借助法向量分析直线平行.

→ 应用平行线间距离公式必须把直线方程的 x，y 前系数调整成对应相等.

于是两平行线为 $l_1: 6x + 8y - 4 = 0$ 与 $l_2: 6x + 8y - 3 = 0$，

所求距离为 $d = \dfrac{|-3 - (-4)|}{\sqrt{6^2 + 8^2}} = \dfrac{1}{10}$.

答案 $\dfrac{1}{10}$.

2. 对称问题　→ 头哥说：在解答题中对称点公式不能直接使用，需要补全必要的步骤，即两点连线与对称轴垂直、两点的中点在对称轴上.

设点 $P(x_0, y_0)$，直线 $l: Ax + By + C = 0$，则点 P 关于 l 的对称点为 $P'(x_0 - 2A d_{pure}, y_0 - 2B d_{pure})$，其中 $d_{pure} = \dfrac{Ax_0 + By_0 + C}{A^2 + B^2}$.

d_{pure} 形式上与点到直线的距离公式 $d = \dfrac{|Ax_0 + By_0 + C|}{\sqrt{A^2 + B^2}}$ 很像，把距离公式中的绝对值号与根号直接去掉之后，变得"纯粹"，因此头哥给它起名 d_{pure}.

特别是当直线的斜率为$\pm 1(A=\pm B)$时,可用更为简单的"互代公式"求对称点,即将P点横坐标x_0代入直线方程,求出的y值为对称点的纵坐标$(Ax_0+By'+C=0)$,将P点纵坐标y_0代入直线方程,求出的x值为对称点的横坐标$(Ax'+By_0+C=0)$,对称点为$P'(x',y')$.

【例4】 已知直线通过点$M(-3,4)$,被直线$l:x-y+3=0$反射,反射光线通过点$N(2,6)$,则反射光线所在直线的方程是_____.

解析 设M点关于l对称点为M',由$\begin{cases}-3-y'+3=0\\x'-4+3=0\end{cases}$,解得$\begin{cases}x'=1\\y'=0\end{cases}$,即$M'(1,0)$,

→ 对称轴斜率为1,互代公式

于是反射光线所在直线即为$M'N$,斜率$k_{M'N}=\dfrac{6-0}{2-1}=6$,

所以直线为$y=6(x-1)$,即$6x-y-6=0$.

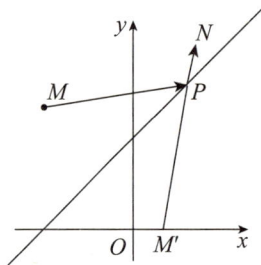

答案 $6x-y-6=0$.

【例5】 将一张画了直角坐标系(两坐标轴单位长度相同)的纸折叠一次,使点$(2,0)$与点$(-2,4)$重合,则与点$(5,8)$重合的点是 （　　）

A.$(6,7)$　　　　　B.$(7,6)$　　　　　C.$(-5,-4)$　　　　　D.$(-4,-5)$

解析 记$A(2,0)$,$B(-2,4)$,则AB中点为$M(0,2)$,

$k_{AB}=\dfrac{4-0}{-2-2}=-1$,于是对称轴的斜率为$k=1$,又对称轴过点$M(0,2)$,

所以对称轴为$y=x+2$,于是有$\begin{cases}y'=5+2\\8=x'+2\end{cases}$,解得$\begin{cases}x'=6\\y'=7\end{cases}$,即对称点为$(6,7)$.

→ 对称轴斜率为1,互代公式

答案 A.

【例6】 如图所示,已知$A(4,0)$,$B(0,4)$,从点$P(2,0)$射出的光线经直线AB反射后再射到直线OB上,最后经直线OB反射后又回到P点,则光线所经过的路程是 （　　）

A.$3\sqrt{3}$　　　　　B.6　　　　　C.$2\sqrt{10}$　　　　　D.$2\sqrt{5}$

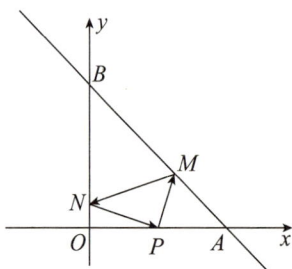

解析 设 P 点关于 AB 对称点为 P_1,关于 OB 对称点为 P_2,

易知 $|P_1P_2|$ 即为所求路程,易知 $P_2(-2,0)$,

对称轴 $AB: \dfrac{x}{4} + \dfrac{y}{4} = 1$,即 $AB: x + y = 4$, ⟶ *对称轴斜率为 -1,互代公式*

由 $\begin{cases} 2 + y' = 4 \\ x' + 0 = 4 \end{cases}$,解得 $\begin{cases} x' = 4 \\ y' = 2 \end{cases}$,即 $P_1(4,2)$,

所以 $|P_1P_2| = \sqrt{(-2-4)^2 + (0-2)^2} = 2\sqrt{10}$.

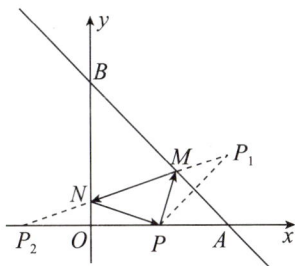

答案 C.

【例 7】在平面直角坐标系 xOy 中,点 $A(1,0)$,直线 $l: y = k(x-1) + 2$.设点 A 关于直线 l 的对称点为 B,则 $\overrightarrow{OA} \cdot \overrightarrow{OB}$ 的取值范围是_____.

解析 由题得 $l: k(x-1) - y + 2 = 0$,$d_{pure} = \dfrac{2}{\sqrt{k^2+1}}$,

所以对称点为 $B\left(1 - 2k \cdot \dfrac{2}{k^2+1},\ 0 + 2 \cdot \dfrac{2}{k^2+1}\right)$,即 $B\left(1 - \dfrac{4k}{k^2+1},\ \dfrac{4}{k^2+1}\right)$,

⟶ *对称轴斜率为 k,代入对称公式.*

于是 $\overrightarrow{OA} \cdot \overrightarrow{OB} = 1 - \dfrac{4k}{k^2+1}$,当 $k=0$ 时,$\overrightarrow{OA} \cdot \overrightarrow{OB} = 1$.

当 $k \neq 0$ 时,$\overrightarrow{OA} \cdot \overrightarrow{OB} = 1 - \dfrac{4}{k + \dfrac{1}{k}}$,由 $k + \dfrac{1}{k} \in (-\infty, -2] \cup [2, +\infty)$.

可知 $\overrightarrow{OA} \cdot \overrightarrow{OB} = 1 - \dfrac{4}{k + \dfrac{1}{k}} \in [-1, 1) \cup (1, 3]$,

综上 $\overrightarrow{OA} \cdot \overrightarrow{OB} \in [-1, 3]$.

答案 $[-1, 3]$.

第 2 节　圆

头哥说：直线与圆相关问题的处理方式更偏向于用几何方法（圆锥曲线部分主要偏向于代数方法）.

知识梳理

基础知识

1. 圆的定义与方程

(1)圆的定义：平面内到定点的距离等于定长(不为 0)的点的集合；

(2)圆的标准方程：$(x-a)^2+(y-b)^2=r^2$，圆心为(a,b)，半径为$r(r>0)$；

(3)圆的一般方程：$x^2+y^2+Dx+Ey+F=0$，其中 $D^2+E^2-4F>0$.

2. 点与圆的位置关系

头哥说："="代表一条曲线，"<"与">"各代表一个区域，"="是"<"与">"的分界处，相应的，曲线是两个区域的分界线.

对于圆$(x-a)^2+(y-b)^2=r^2$，对任意点 $P(x_0,y_0)$：

(1)点在圆上：$(x_0-a)^2+(y_0-b)^2=r^2$；

(2)点在圆内：$(x_0-a)^2+(y_0-b)^2<r^2$；

(3)点在圆外：$(x_0-a)^2+(y_0-b)^2>r^2$.

3. 直线与圆的位置关系头哥说：几何法更加重要.

(1)几何法：利用圆心到直线的距离 d 和圆半径 r 的大小关系进行判断.

$d>r$：相离，0 个公共点，如图 1 所示；

$d=r$：相切，1 个公共点，如图 2 所示；

$d<r$：相交，2 个公共点，如图 3 所示.

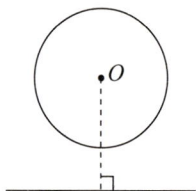　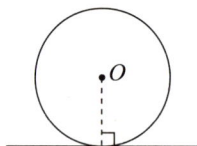　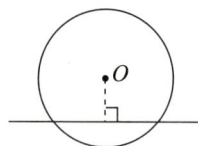

图1　　　　　图2　　　　　图3

(2)代数法：利用直线的方程与圆的方程联立后得到的一元二次方程的判别式进行判断.

$\Delta<0$：相离，0 个公共点；

$\Delta=0$：相切，1 个公共点；

$\Delta>0$：相交，2 个公共点.

4. 圆与圆的位置关系头哥说：几何法更加重要.

(1)几何法：利用两圆心之间距离 d 和两圆半径 r_1,r_2 的大小关系进行判断.

$d>r_1+r_2$：外离，0 个公共点，如图 1 所示；

$d=r_1+r_2$:外切,1个公共点,如图 2 所示;

$|r_1-r_2|<d<r_1+r_2$:相交,2个公共点,如图 3 所示;

$d=|r_1-r_2|(r_1\neq r_2)$:内切,1个公共点,如图 4 所示;

$d<|r_1-r_2|(r_1\neq r_2)$:内含,0个公共点,如图 5 所示(特别地,$d=0$ 时称为同心圆,如图 6 所示).

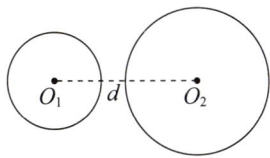 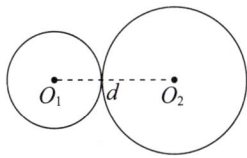 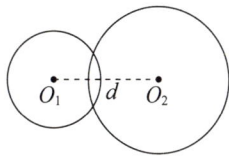

图 1   图 2   图 3

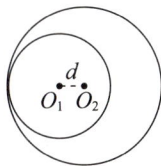 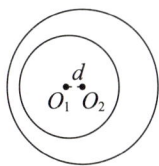 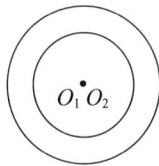

图 4   图 5   图 6

注意:当 $r_1=r_2$ 时,不存在内切与内含两种位置关系.

(2)代数法:利用两个圆的方程联立后得到的一元二次方程的判别式进行判断.

$\Delta<0$:外离或内含,0个公共点;

$\Delta=0$:外切或内切,1个公共点;

$\Delta>0$:相交,2个公共点.

二级结论

1.切线长公式　　头哥说:把圆的标准方程(或一般方程)右侧移项为 0,直接把点的坐标代入左侧表达式,再开根号,即为切线长.

过圆 $C:(x-a)^2+(y-b)^2=r^2$ 外一点 $P(x_0,y_0)$ 引圆的切线,切点为 Q,则 $|PQ|$ 称为切线长(如下图所示),有 $|PQ|=\sqrt{(x_0-a)^2+(y_0-b)^2-r^2}$.

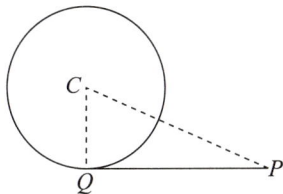

2.公共弦方程　　头哥说:不要记最后结论,要记求解过程,将两圆的标准方程(或一般方程)直接作差即得到公共弦所在直线方程.

若圆 $C_1:(x-a_1)^2+(y-b_1)^2=r_1^2$ 与圆 $C_2:(x-a_2)^2+(y-b_2)^2=r_2^2$ 相交,交点为 A,B,则线段 AB 称为两圆的公共弦,有 $AB:[(x-a_1)^2+(y-b_1)^2]-[(x-a_2)^2+(y-b_2)^2]=r_1^2-r_2^2$(公共弦所在直线方程),即 $AB:2(a_2-a_1)x+2(b_2-b_1)y+a_1^2-a_2^2+b_1^2-b_2^2-r_1^2+r_2^2=0$.

考点剖析

1. 求圆的方程 —— 头哥说：在题目的描述中，如果几何信息较多，则考虑设圆的标准方程；如果代数信息较多，则考虑设圆的一般方程.

圆的方程中有三个参数(标准方程中 a,b,r，一般方程中 D,E,F)，采用待定系数法，根据方程思想，由三个等量关系即可求解出三个未知参数，从而确定圆的方程.

【例 1】 已知 $A(3,4)$，$B(4,1)$，$C(2,-3)$，则 $\triangle ABC$ 的外接圆的方程为 _____.

解析 设外接圆方程 $x^2+y^2+Dx+Ey+F=0$， —— 三个点的连线并没有特殊的几何关系，考虑设圆的一般方程.

于是 $\begin{cases} 25+3D+4E+F=0 \\ 17+4D+E+F=0 \\ 13+2D-3E+F=0 \end{cases}$，解得 $\begin{cases} D=2 \\ E=-2 \\ F=-23 \end{cases}$，

所以外接圆方程 $x^2+y^2+2x-2y-23=0$.

答案 $x^2+y^2+2x-2y-23=0$.

【例 2】 已知 $A(2,2)$，$B(5,3)$，$C(3,-1)$，则 $\triangle ABC$ 的外接圆的方程为 _____.

解析 由 $k_{AB}=\dfrac{-1}{-3}=\dfrac{1}{3}$，$k_{AC}=\dfrac{3}{-1}=-3$，

由 $k_{AB}\cdot k_{AC}=-1$ 得 $AB\perp AC$，故 BC 为直径，—— 三个点构成直角三角形，考虑设圆的标准方程.

于是圆心为 BC 中点 $M(4,1)$，半径为 $r=|MB|=\sqrt{(5-4)^2+(3-1)^2}=\sqrt{5}$，

所以外接圆方程 $(x-4)^2+(y-1)^2=5$.

答案 $(x-4)^2+(y-1)^2=5$.

【例 3】 平面直角坐标系中有 $A(0,1)$，$B(2,1)$，$C(3,4)$ 三点，则经过该三点的圆的方程为 _____.

解析 易知 AB 的中垂线为 $x=1$，—— AB 平行于 x 轴，考虑设圆的标准方程.

AC 中点坐标 $D\left(\dfrac{3}{2},\dfrac{5}{2}\right)$，$k_{AC}=\dfrac{3}{3}=1$，故 AC 中垂线斜率为 $k=-1$，

所以 AC 中垂线为 $y-\dfrac{5}{2}=-\left(x-\dfrac{3}{2}\right)$，即 $y=4-x$.

由 $\begin{cases} y=4-x \\ x=1 \end{cases}$，得圆心坐标为 $M(1,3)$，半径为 $r=|MA|=\sqrt{(1-0)^2+(3-1)^2}=\sqrt{5}$，

所以外接圆方程为 $(x-1)^2+(y-3)^2=5$.

答案 $(x-1)^2+(y-3)^2=5$.

【例 4】 已知圆 C 的圆心在 x 轴的正半轴上，点 $M(0,\sqrt{5})$ 在圆 C 上，且圆心到直线 $2x-y=0$ 的距离为 $\dfrac{4\sqrt{5}}{5}$，则圆 C 的方程为 _____.

解析 设圆心为 $C(m,0)$，由题 $m > 0$.

题目描述中几何信息较多，考虑设圆的标准方程.

由题得圆心到直线距离 $d = \dfrac{|2m|}{\sqrt{4+1}} = \dfrac{4\sqrt{5}}{5}$，解得 $m=2$，即圆心坐标为 $C(2,0)$，

且半径 $r = |MC| = \sqrt{(2-0)^2 + (0-\sqrt{5})^2} = 3$，

所以圆的方程为 $(x-2)^2 + y^2 = 9$.

答案 $(x-2)^2 + y^2 = 9$.

2. 位置关系判断 —→ 头导说：首先考虑用几何法，实在解决不了再考虑用代数法进行联立操作.

对于直线与圆、圆与圆的位置关系定性判断问题，多数采用几何法进行判断.

对于直线与圆的位置关系，计算圆心到直线的距离 d，再与圆的半径 r 进行比较并判断；对于圆与圆的位置关系，计算圆心距 d，再与两个圆的半径 r_1，r_2 进行比较并判断.

【例 5】 圆 $x^2 + y^2 - 2x + 4y = 0$ 与直线 $tx - y - 2 - 2t = 0 (t \in \mathbf{R})$ 的位置关系为 （　　）

A. 相离　　　　　　B. 相切　　　　　　C. 相交　　　　　　D. 以上都有可能

解析 由题得圆的标准方程为 $(x-1)^2 + (y+2)^2 = 5$，得圆心为 $(1,-2)$，半径为 $r = \sqrt{5}$.

圆心到直线的距离为 $d = \dfrac{|t-(-2)-2-2t|}{\sqrt{t^2+1}} = \dfrac{|t|}{\sqrt{t^2+1}}$，

—→ 也可根据定点判断，易知直线过定点 $(2,-2)$，由 $2^2+(-2)^2-2\times2+4\times(-2)<0$，可知定点在圆内，所以直线与圆相交.

当 $t=0$ 时，$d=0<r$；当 $t\neq0$ 时，$d = \dfrac{1}{\sqrt{1+\frac{1}{t^2}}} < 1 < r$.

所以直线与圆相交.

答案 C.

【例 6】 过点 $A(4,-3)$ 作圆 $(x-3)^2 + (y-1)^2 = 1$ 的切线，则此切线的方程为 _____.

解析 由题得圆心为 $(3,1)$，半径为 $r=1$.

当直线斜率不存在时，直线为 $x=4$，易知与圆相切. —→ 设直线时，要单独考虑斜率不存在的情况.

当直线斜率存在时，设直线 $y = k(x-4) - 3$，

所以圆心到直线距离为 $d = \dfrac{|-k-4|}{\sqrt{k^2+1}} = r = 1$，解得 $k = -\dfrac{15}{8}$，

所以切线为 $y = -\dfrac{15}{8}(x-4) - 3$ 即 $15x + 8y - 36 = 0$.

综上，切线方程为 $15x + 8y - 36 = 0$ 或 $x = 4$.

答案 $15x + 8y - 36 = 0$ 或 $x = 4$.

【例 7】 圆 $C_1: x^2 + y^2 + 2x + 2y - 2 = 0$ 和圆 $C_2: x^2 + y^2 - 4x - 2y + 1 = 0$ 的公切线的条数为 （　　）

A. 1　　　　　　B. 2　　　　　　C. 3　　　　　　D. 4

解析 由题得 $C_1:(x+1)^2+(y+1)^2=4$，$C_2:(x-2)^2+(y-1)^2=4$，

圆心分别为 $C_1(-1,-1)$，$C_2(2,1)$，半径为 $r_1=r_2=2$，

圆心距为 $|C_1C_2|=\sqrt{(-1-2)^2+(-1-1)^2}=\sqrt{13}$，

由于 $0=|r_1-r_2|<|C_1C_2|<r_1+r_2=4$，所以两圆相交，公切线有 2 条.

公切线的条数取决于两圆的位置关系.

答案 B.

3. 弦长问题 —→ 头哥说：$\triangle OAM$ 为圆内的"黄金三角形"，三边为"距离半径半弦长".

若直线与圆 O 相交于两点 A，B，则线段 AB 称为圆 O 的弦. 如图所示，作 $OM\perp AB$ 于 M，根据垂径定理可得 M 为 AB 中点，记圆的半径为 $|OA|=r$，弦长 $|AB|=l$，圆心到直线的距离为 $|OM|=d$，则有 $d^2+\left(\dfrac{l}{2}\right)^2=r^2$. 根据勾股定理，处理圆的弦长相关问题.

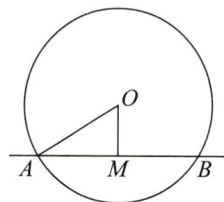

【例8】 直线 $x+2y-5+\sqrt{5}=0$ 被圆 $x^2+y^2-2x-4y=0$ 截得的弦长为 （ ）

A. 1　　　　　B. 2　　　　　C. 4　　　　　D. $4\sqrt{6}$

解析 由题得圆的标准方程为 $(x-1)^2+(y-2)^2=5$，

圆心为 $(1,2)$，半径为 $r=\sqrt{5}$，所以圆心到直线距离为 $d=\dfrac{|1+4-5+\sqrt{5}|}{\sqrt{1^2+2^2}}=1$.

由 $d^2+\left(\dfrac{l}{2}\right)^2=r^2$ 得 $1+\left(\dfrac{l}{2}\right)^2=5$，解得弦长 $l=4$. —→ *圆内"黄金三角形"*

答案 C.

【例9】 已知圆 $C:(x-a)^2+(y-2)^2=4(a>0)$ 及直线 $l:x-y+3=0$，当直线 l 被圆 C 截得的弦长为 $2\sqrt{3}$ 时，a 等于 （ ）

A. $\sqrt{2}$　　　　B. $2-\sqrt{2}$　　　　C. $\sqrt{2}-1$　　　　D. $\sqrt{2}+1$

解析 由题得圆心为 $(a,2)$，半径为 $r=2$，弦长为 $l=2\sqrt{3}$，

圆心到直线距离为 $d=\dfrac{|a-2+3|}{\sqrt{1^2+(-1)^2}}=\dfrac{|a+1|}{\sqrt{2}}$.

由 $d^2+\left(\dfrac{l}{2}\right)^2=r^2$ 得 $(a+1)^2=2$. 又 $a>0$，得 $a=\sqrt{2}-1$. —→ *圆内"黄金三角形"*

答案 C.

【例10】 以圆 $C_1:x^2+y^2+4x+1=0$ 与圆 $C_2:x^2+y^2+2x+2y+1=0$ 相交的公共弦为直径的圆的方程为 （ ）

A. $(x-1)^2+(y-1)^2=1$ B. $(x+1)^2+(y+1)^2=1$

C. $\left(x+\dfrac{3}{5}\right)^2+\left(y+\dfrac{6}{5}\right)^2=\dfrac{4}{5}$ D. $\left(x-\dfrac{3}{5}\right)^2+\left(y-\dfrac{6}{5}\right)^2=\dfrac{4}{5}$

解析 由题得圆的标准方程为 $C_1:(x+2)^2+y^2=3$，$C_2:(x+1)^2+(y+1)^2=1$，

公共弦方程为 $(x^2+y^2+4x+1)-(x^2+y^2+2x+2y+1)=0$，即 $y=x$. *（两圆直接作差可得公共弦方程）*

又圆心 $C_1(-2,0)$，$C_2(-1,-1)$，半径 $r_1=\sqrt{3}$，$k_{C_1C_2}=-1$，可得直线 $C_1C_2:y=-(x+2)$，

即 $y=-x-2$，

由 $\begin{cases} y=-x-2 \\ y=x \end{cases}$，解得 $\begin{cases} x=-1 \\ y=-1 \end{cases}$，即所求圆的圆心为 $(-1,-1)$，

圆心 C_1 到公共弦距离为 $d=\dfrac{|-2|}{\sqrt{1^2+(-1)^2}}=\sqrt{2}$.

由 $d^2+\left(\dfrac{l}{2}\right)^2=r_1^2$ 得 $l=2$，所以所求圆的半径为 $r=\dfrac{l}{2}=1$，*（圆内"黄金三角形"）*

于是所求圆为 $(x+1)^2+(y+1)^2=1$.

答案 B.

高考链接

【高1】（2022 全国乙理 14,5 分）过四点 $(0,0)$，$(4,0)$，$(-1,1)$，$(4,2)$ 中的三点的一个圆的方程为_____.

【高2】（2020 全国 2 理 5/文 8,5 分）过点 $(2,1)$ 的圆与两坐标轴都相切，则圆心到直线 $2x-y-3=0$ 的距离为 （　　）

A. $\dfrac{\sqrt{5}}{5}$ B. $\dfrac{2\sqrt{5}}{5}$ C. $\dfrac{3\sqrt{5}}{5}$ D. $\dfrac{4\sqrt{5}}{5}$

【高3】（2022 全国甲理 14,5 分）若双曲线 $y^2-\dfrac{x^2}{m^2}=1\,(m>0)$ 的渐近线与圆 $x^2+y^2-4y+3=0$ 相切，则 $m=$_____.

【高4】（2022 新高考二 15,5 分）设点 $A(-2,3)$，$B(0,a)$，若直线 AB 关于 $y=a$ 对称的直线与圆 $(x+3)^2+(y+2)^2=1$ 有公共点，则 a 的取值范围为_____.

【高5】（2022 北京 3,4 分）若直线 $2x+y-1=0$ 是圆 $(x-a)^2+y^2=1$ 的一条对称轴，则 $a=$ （　　）

A. $\dfrac{1}{2}$ B. $-\dfrac{1}{2}$ C. 1 D. -1

【高6】（2021 新高考一 11 多选,5 分）已知点 P 在圆 $(x-5)^2+(y-5)^2=16$ 上，点 $A(4,0)$，$B(0,2)$，则 （　　）

A. 点 P 到直线 AB 的距离小于 10 B. 点 P 到直线 AB 的距离大于 2

C. 当 $\angle PBA$ 最小时，$|PB|=3\sqrt{2}$ \qquad D. 当 $\angle PBA$ 最大时，$|PB|=3\sqrt{2}$

【高7】(2021 新高考二 11 多选,5 分)已知直线 $l:ax+by-r^2=0$ 与圆 $C:x^2+y^2=r^2$,点 $A(a,b)$,则下列说法正确的是 （　　）

A. 若点 A 在圆 C 上,则直线 l 与圆 C 相切

B. 若点 A 在圆 C 内,则直线 l 与圆 C 相离

C. 若点 A 在圆 C 外,则直线 l 与圆 C 相离

D. 若点 A 在直线 l 上,则直线 l 与圆 C 相切

【高8】(2020 全国 3 文 8,5 分)点 $(0,-1)$ 到直线 $y=k(x+1)$ 距离的最大值为 （　　）

A. 1 \qquad B. $\sqrt{2}$ \qquad C. $\sqrt{3}$ \qquad D. 2

【高9】(2018 全国 3 理 6/文 8,5 分)直线 $x+y+2=0$ 分别与 x 轴、y 轴交于 A,B 两点,点 P 在圆 $(x-2)^2+y^2=2$ 上,则 $\triangle ABP$ 的面积的取值范围是 （　　）

A. $[2,6]$ \qquad B. $[4,8]$ \qquad C. $[\sqrt{2},3\sqrt{2}]$ \qquad D. $[2\sqrt{2},3\sqrt{2}]$

【高10】(2022 全国甲理 8,5 分)沈括的《梦溪笔谈》是中国古代科技史上的杰作,其中收录了计算圆弧长度的"会圆术",如图所示,$\overset{\frown}{AB}$是以 O 为圆心,OA 为半径的圆弧,C 是 AB 的中点,D 在$\overset{\frown}{AB}$上,$CD\perp AB$."会圆术"给出$\overset{\frown}{AB}$的弧长的近似值 s 的计算公式:$s=|AB|+\dfrac{|CD|^2}{|OA|}$. 当 $|OA|=2$,$\angle AOB=60°$时,$s=$ （　　）

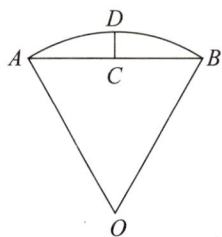

A. $\dfrac{11-3\sqrt{3}}{2}$ \qquad B. $\dfrac{11-4\sqrt{3}}{2}$ \qquad C. $\dfrac{9-3\sqrt{3}}{2}$ \qquad D. $\dfrac{9-4\sqrt{3}}{2}$

【高11】(2021 北京 9,4 分)已知圆 $C:x^2+y^2=4$,直线 $l:y=kx+m$,当 k 变化时,l 截得圆 C 弦长的最小值为 2,则 $m=$ （　　）

A. ± 2 \qquad B. $\pm\sqrt{2}$ \qquad C. $\pm\sqrt{3}$ \qquad D. $\pm\sqrt{5}$

【高12】(2020 全国 1 文 6,5 分)已知圆 $x^2+y^2-6x=0$,过点 $(1,2)$ 的直线被该圆所截得的弦的长度的最小值为 （　　）

A. 1 \qquad B. 2 \qquad C. 3 \qquad D. 4

【高13】(2018 全国 1 文 15,5 分)直线 $y=x+1$ 与圆 $x^2+y^2+2y-3=0$ 交于 A,B 两点,则 $|AB|=$ _____.

第十一章　圆锥曲线

第1节　椭　　圆

头哥说：把圆"压扁"就变成椭圆，一个圆心"压裂"为两个焦点。

知识梳理

基础知识

1. 椭圆的定义

平面内与两个定点 F_1，F_2 的距离的和等于常数（$2a$，$2a>|F_1F_2|$）的点的轨迹叫作椭圆. 这两个定点叫作椭圆的焦点，两焦点间的距离叫作椭圆的焦距.

若 $2a=|F_1F_2|$，轨迹为线段 F_1F_2；若 $2a<|F_1F_2|$，轨迹不存在.

2. 椭圆的标准方程

记焦距为 $2c$，到两个焦点的距离之和为 $2a$，$b^2=a^2-c^2$，则椭圆的标准方程为：

（1）焦点在 x 轴上：$\dfrac{x^2}{a^2}+\dfrac{y^2}{b^2}=1(a>b>0)$；

（2）焦点在 y 轴上：$\dfrac{y^2}{a^2}+\dfrac{x^2}{b^2}=1(a>b>0)$.

3. 点与椭圆的位置关系

椭圆 $\dfrac{x^2}{a^2}+\dfrac{y^2}{b^2}=1\left(\text{或}\dfrac{y^2}{a^2}+\dfrac{x^2}{b^2}=1\right)$，任意点 $P(x_0,y_0)$.

（1）点 P 在椭圆上：$\dfrac{x_0^2}{a^2}+\dfrac{y_0^2}{b^2}=1\left(\text{或}\dfrac{y_0^2}{a^2}+\dfrac{x_0^2}{b^2}=1\right)$；

（2）点 P 在椭圆内：$\dfrac{x_0^2}{a^2}+\dfrac{y_0^2}{b^2}<1\left(\text{或}\dfrac{y_0^2}{a^2}+\dfrac{x_0^2}{b^2}<1\right)$；

（3）点 P 在椭圆外：$\dfrac{x_0^2}{a^2}+\dfrac{y_0^2}{b^2}>1\left(\text{或}\dfrac{y_0^2}{a^2}+\dfrac{x_0^2}{b^2}>1\right)$.

与圆相似.

4. 椭圆的几何性质

标准方程	$\dfrac{x^2}{a^2}+\dfrac{y^2}{b^2}=1(a>b>0)$	$\dfrac{y^2}{a^2}+\dfrac{x^2}{b^2}=1(a>b>0)$
图形		

	顶点	$(\pm a,0),(0,\pm b)$	$(\pm b,0),(0,\pm a)$
性质	轴	长轴的长为 $2a$；短轴的长为 $2b$	
	焦距	$2c$	
	通径	过焦点且垂直于长轴的弦，长为 $\dfrac{2b^2}{a}$	
	离心率	$e=\dfrac{c}{a}(0<e<1)$ ⟶ "大扁小圆"：离心率越大，椭圆越"扁"；离心率越小，椭圆越"圆".	
	a,b,c 关系	$a^2=b^2+c^2$	

考点剖析

1. 求标准方程 ⟶ 关哥说："双条定方程".

椭圆中有三个参数 a,b,c，根据方程思想，需要三个等量关系才能求解出这三个参数，而任何时刻都有一个固定的等量关系 $a^2=b^2+c^2$，所以除此之外，题目只需要给出关于 a,b,c 中的两个条件，即可求解出 a,b,c，从而确定椭圆方程.

注意根据题目是否能确定焦点所在的坐标轴，如果无法确定，则椭圆的标准方程有两种可能，即 $\dfrac{x^2}{a^2}+\dfrac{y^2}{b^2}=1(a>b>0)$（焦点在 x 轴）或 $\dfrac{y^2}{a^2}+\dfrac{x^2}{b^2}=1(a>b>0)$（焦点在 y 轴）.

【例 1】 长轴的长度是短轴的 2 倍，焦距为 $2\sqrt{6}$ 的椭圆的标准方程为 _____.

解析 由题得 $\begin{cases} a=2b \\ c=\sqrt{6} \\ a^2=b^2+c^2 \end{cases}$，解得 $a=2\sqrt{2},b=\sqrt{2}$，⟶ "双条定方程"，分别出三个等量关系.

所以标准方程为 $\dfrac{x^2}{8}+\dfrac{y^2}{2}=1$ 或 $\dfrac{y^2}{8}+\dfrac{x^2}{2}=1$.

答案 $\dfrac{x^2}{8}+\dfrac{y^2}{2}=1$ 或 $\dfrac{y^2}{8}+\dfrac{x^2}{2}=1$.

【例 2】 已知三点 $P(5,2),F_1(-6,0),F_2(6,0)$，则以 F_1,F_2 为焦点且过点 P 的椭圆的标准方程为 _____.

解析 由题得 $|PF_1|=\sqrt{(-6-5)^2+(0-2)^2}=5\sqrt{5}$，$|PF_2|=\sqrt{(6-5)^2+(0-2)^2}=\sqrt{5}$，

于是 $\begin{cases} 2a=|PF_1|+|PF_2|=6\sqrt{5} \\ c=6 \\ a^2=b^2+c^2 \end{cases}$，解得 $a=3\sqrt{5},b=3$. ⟶ "双条定方程"，分别出三个等量关系.

又因为焦点在 x 轴上，所以椭圆的标准方程为 $\dfrac{x^2}{45}+\dfrac{y^2}{9}=1$.

答案 $\dfrac{x^2}{45}+\dfrac{y^2}{9}=1.$

【例3】 若椭圆经过点 $(2,-\sqrt{2})$，$\left(-1,\dfrac{\sqrt{14}}{2}\right)$，则该椭圆的标准方程为_____.

解析 设椭圆方程为 $mx^2+ny^2=1$，

对于已知过两点，求椭圆方程的问题，可将椭圆设为 $mx^2+ny^2=1$，这样的好处在于无须讨论焦点在哪个轴上。

由题得 $\begin{cases}4m+2n=1\\m+\dfrac{7}{2}n=1\end{cases}$，解得 $\begin{cases}m=\dfrac{1}{8}\\n=\dfrac{1}{4}\end{cases}$，

头哥说：该设法也可适用于双曲线，因此如果已知曲线过两点，甚至无须讨论曲线是椭圆还是双曲线，直接由两点即可确定曲线类型以及焦点位置。

所以标准方程 $\dfrac{x^2}{8}+\dfrac{y^2}{4}=1.$

答案 $\dfrac{x^2}{8}+\dfrac{y^2}{4}=1.$

2. 求离心率 头哥说："单参定离心".

椭圆中有三个参数 a,b,c，任何时刻都有一个固定的等量关系 $a^2=b^2+c^2$．根据方程思想，如果题目给出关于 a,b,c 的一个条件，虽然无法求解出 a,b,c，但是有可能求出 $\dfrac{c}{a}$，即离心率。需要注意的是，并不是题目给出任何一个条件都能求出 $\dfrac{c}{a}$，但是如果题目让求离心率，则给出的条件一定是能够求出 $\dfrac{c}{a}$ 的。

实际操作过程中，有一个特别好用的小技巧，即令 $a=1$，此时 $e=c$，于是，$b^2+c^2=a^2=1$，再结合题目给出的一个条件(此时只有两个未知量 b,c 和两个等量关系)，可解出 c，即为离心率。

【例4】 若一个椭圆长轴的长度、短轴的长度和焦距成等差数列，则该椭圆的离心率是（ ）

A. $\dfrac{4}{5}$ B. $\dfrac{3}{5}$ C. $\dfrac{2}{5}$ D. $\dfrac{1}{5}$

解析 由题得 $\begin{cases}2a+2c=2\times2b\\a^2=b^2+c^2\end{cases}$，令 $a=1$，有 $\begin{cases}1+c=2b\\1=b^2+c^2\end{cases}$，

"单参定离心"，共列出两个等量关系，令 $a=1$.

得 $1=\left(\dfrac{1+c}{2}\right)^2+c^2$，即 $5c^2+2c-3=0$，

解得 $c=\dfrac{3}{5}$ 或 $c=-1$(舍)，于是 $e=\dfrac{3}{5}.$

答案 B.

【例5】 设 F_1,F_2 是椭圆 $E:\dfrac{x^2}{a^2}+\dfrac{y^2}{b^2}=1(a>b>0)$ 的左、右焦点，P 为直线 $x=\dfrac{3a}{2}$ 上一点，

$\triangle F_2PF_1$ 是底角为 $30°$ 的等腰三角形,则椭圆 E 的离心率为 ( )

A. $\dfrac{1}{2}$ B. $\dfrac{2}{3}$ C. $\dfrac{3}{4}$ D. $\dfrac{4}{5}$

解析 记 $H\left(\dfrac{3a}{2},0\right)$,易知 $\angle PF_2H=60°$. 又 $|PF_2|=|F_1F_2|=2c$,$|F_2H|=\dfrac{3a}{2}-c$,

于是 $\cos 60°=\dfrac{|F_2H|}{|PF_2|}$,即 $\dfrac{1}{2}=\dfrac{\frac{3a}{2}-c}{2c}$,令 $a=1$,解得 $c=\dfrac{3}{4}$,于是 $e=\dfrac{3}{4}$. → "单条定离心",由于题目给出的一个条件只涉及 a 与 c,所以无须引入 $a^2=b^2+c^2$.

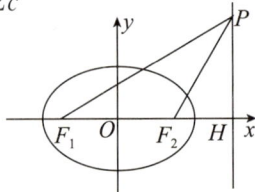

答案 C.

【**例 6**】已知 O 为坐标原点,F 是椭圆 $C:\dfrac{x^2}{a^2}+\dfrac{y^2}{b^2}=1(a>b>0)$ 的左焦点,A,B 分别为椭圆 C 的左、右顶点. P 为椭圆 C 上一点,且 $PF\perp x$ 轴. 过点 A 的直线 l 与线段 PF 交于点 M,与 y 轴交于点 E. 若直线 BM 经过 OE 的中点,则 C 的离心率为 ( )

A. $\dfrac{1}{3}$ B. $\dfrac{1}{2}$ C. $\dfrac{2}{3}$ D. $\dfrac{3}{4}$

解析 令 $a=1$,于是 $A(-1,0)$,设 $AE:y=k(x+1)$,于是 $E(0,k)$,$M(-c,k-kc)$,

有 OE 中点 $N\left(0,\dfrac{k}{2}\right)$. 又因为 $B(1,0)$,所以 $\overrightarrow{BN}=\left(-1,\dfrac{k}{2}\right)$,$\overrightarrow{NM}=\left(-c,\dfrac{k}{2}-kc\right)$.

由 B,N,M 共线,知 $\overrightarrow{BN},\overrightarrow{NM}$ 共线,有 $-\left(\dfrac{k}{2}-kc\right)=-\dfrac{kc}{2}$, → "单条定离心",由于题目给出的一个条件只涉及 a 与 c,所以无须引入 $a^2=b^2+c^2$. 需要注意的是,题目中有一个未知量 k,但是由于在等量关系中,k 恰好被消掉,因此可以不用考虑 k 的影响.

解得 $c=\dfrac{1}{3}$,于是 $e=\dfrac{1}{3}$.

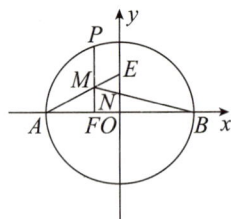

答案 A.

3. 焦点三角形 → 头哥说:看到焦点三角形,立刻想到面积与离心率两个量.

连接椭圆上一点与两个焦点的三角形称为焦点三角形,如图所示.

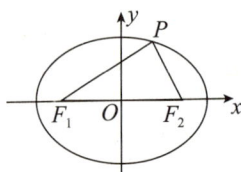

（1）焦点三角形面积公式：设椭圆半短轴为 b，焦点三角形顶角 $\angle F_1PF_2=\theta$，则焦点三角形面积为 $S_{\triangle PF_1F_2}=b^2\tan\dfrac{\theta}{2}$．该公式不仅可用于直接求面积的问题，还经常用于等面积法求解椭圆问题．

（2）焦点三角形离心率公式：在焦点三角形 $\triangle PF_1F_2$ 中，$|PF_1|+|PF_2|=2a$，$|F_1F_2|=2c$，所以离心率 $e=\dfrac{c}{a}=\dfrac{2c}{2a}=\dfrac{|F_1F_2|}{|PF_1|+|PF_2|}$，即 $e=\dfrac{\text{第三边}}{\text{两边之和}}$．

注意：对于此公式，不需要知道焦点三角形三边具体数值，只需知道三边的比例关系即可求出离心率，例如：三边比例为 $2:3:4$，则离心率为 $e=\dfrac{4}{2+3}=\dfrac{4}{5}$．

【例7】已知椭圆 $\dfrac{x^2}{a^2}+y^2=1(a>1)$ 的两个焦点为 F_1,F_2，P 为椭圆上一点，且 $\angle F_1PF_2=60°$，则 $|PF_1||PF_2|$ 的值为 （　　）

A. 1　　　　　B. $\dfrac{1}{3}$　　　　　C. $\dfrac{4}{3}$　　　　　D. $\dfrac{2}{3}$

解析 由题得 $b=1$，$S_{\triangle F_1PF_2}=b^2\tan\dfrac{60°}{2}=\dfrac{\sqrt{3}}{3}$．

又 $S_{\triangle F_1PF_2}=\dfrac{1}{2}|PF_1||PF_2|\cdot\sin60°=\dfrac{\sqrt{3}}{4}|PF_1||PF_2|$，于是 $|PF_1||PF_2|=\dfrac{4}{3}$．

答案 C.

【例8】已知椭圆 $\dfrac{x^2}{16}+\dfrac{y^2}{9}=1$ 的左、右焦点分别是 F_1,F_2，点 P 在椭圆上．若 P,F_1,F_2 是一个直角三角形的三个顶点，则点 P 到 x 轴的距离为 （　　）

A. $\dfrac{9}{5}$　　　　B. $\dfrac{9\sqrt{7}}{7}$　　　　C. $\dfrac{9}{4}$　　　　D. $\dfrac{9}{4}$ 或 $\dfrac{9\sqrt{7}}{7}$

解析 由题得 $b=3$，$c=\sqrt{16-9}=\sqrt{7}$．设 $P(x_0,y_0)$，

当 P 不是直角顶点时，可得 $x_0=\pm\sqrt{7}$，于是解得 $|y_0|=\dfrac{9}{4}$．

当 P 是直角顶点时，由题得 $S_{\triangle F_1PF_2}=b^2\tan\dfrac{90°}{2}=9$．

又 $S_{\triangle F_1PF_2}=\dfrac{1}{2}\times2c\times|y_0|=\sqrt{7}|y_0|$，解得 $|y_0|=\dfrac{9\sqrt{7}}{7}$，但是 $\dfrac{9\sqrt{7}}{7}>b=3$，不满足题意，

综上 $|y_0|=\dfrac{9}{4}$．

答案 C.

【例9】已知椭圆 $\dfrac{x^2}{a^2}+\dfrac{y^2}{b^2}=1(a>b>0)$，$F_1,F_2$ 是椭圆左右两个焦点，以 F_1F_2 为边作正三角形，若椭圆恰好平分正三角形的两边，则椭圆离心率为 _____．

解析 如图所示，$\triangle PF_1F_2$ 为正三角形，由题得焦点三角形 $\triangle MF_1F_2$ 为直角三角形，

$\angle MF_1F_2=60°$,于是 $|MF_1|:|MF_2|:|F_1F_2|=1:\sqrt{3}:2$, → 知道焦点三角形三个角,
即知道三边比例.

所以 $e=\dfrac{2}{1+\sqrt{3}}=\sqrt{3}-1.$

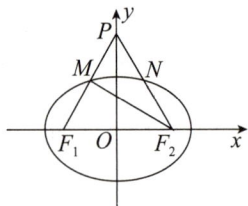

答案 $\sqrt{3}-1.$

【例 10】 已知椭圆 $\dfrac{x^2}{a^2}+\dfrac{y^2}{b^2}=1(a>b>0)$ 的左、右焦点分别为 F_1,F_2,过 F_2 的直线与椭圆交于 A,B 两点,若 $\triangle F_1AB$ 是以 A 为直角顶点的等腰直角三角形,则椭圆的离心率为 （　　）

A. $\dfrac{\sqrt{2}}{2}$ 　　　　 B. $2-\sqrt{3}$ 　　　　 C. $\sqrt{5}-2$ 　　　　 D. $\sqrt{6}-\sqrt{3}$

解析 设 $|AF_2|=r$,则 $|AF_1|=2a-r$,由 $\triangle F_1AB$ 为等腰直角三角形,

可知 $|BF_2|=2a-2r$,于是 $|BF_1|=2r$,由 $|BF_1|=\sqrt{2}|AF_1|$,

得 $2r=\sqrt{2}(2a-r)$,解得 $r=2(\sqrt{2}-1)a$.

于是在焦点三角形 $\triangle AF_1F_2$ 中,$|AF_2|=r=2(\sqrt{2}-1)a$,$|AF_1|=2a-r=2\sqrt{2}(\sqrt{2}-1)a$,

$|AF_1|:|AF_2|=\sqrt{2}:1$,由勾股定理可知 $|AF_1|:|AF_2|:|F_1F_2|=\sqrt{2}:1:\sqrt{3}$.

所以 $e=\dfrac{\sqrt{3}}{\sqrt{2}+1}=\sqrt{6}-\sqrt{3}.$ 　↓
只需算三边比例即可,无须计算三边具体长度值.

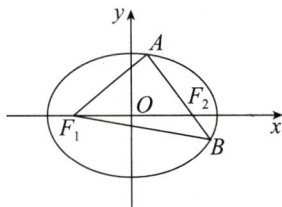

答案 D.

4. 差和余公式 → 头哥说:"叉和鱼"公式,该公式适用于椭圆、双曲线、抛物线.

若椭圆的一条弦 AB 过椭圆的一个焦点,则称 AB 为椭圆的焦点弦.如图所示,若焦点弦所在直线的倾斜角为 θ,焦点将焦点弦分为两部分的比例为 $m:n$,则椭圆离心率为 $e=\dfrac{|m-n|}{(m+n)|\cos\theta|}$,头哥给它起名"差和余"公式,分子为"差"(两部分的差的绝对值),分母为"和"(两部分的和)与"余"(倾斜角余弦的绝对值).

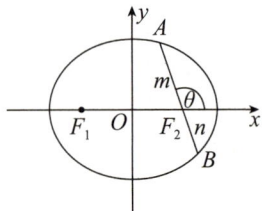

注意：当椭圆焦点在 y 轴时，θ 表示焦点弦所在直线与 y 轴的夹角.

【例11】椭圆 $\dfrac{x^2}{a^2}+\dfrac{y^2}{b^2}=1(a>b>0)$ 过左焦点 F_1 且倾斜角为 $60°$ 的直线 l 交椭圆于 A，B 两点，若 $|F_1A|=2|BF_1|$，则椭圆离心率是_____．

解析 由题得 $|F_1A|:|BF_1|=2:1$，根据差和余公式得 $e=\dfrac{2-1}{(2+1)\cos 60°}=\dfrac{2}{3}$．

答案 $\dfrac{2}{3}$．

【例12】已知椭圆 $C:\dfrac{x^2}{a^2}+\dfrac{y^2}{b^2}=1(a>b>0)$ 的离心率为 $\dfrac{\sqrt{3}}{2}$，过右焦点 F 且斜率为 $k(k>0)$ 的直线与椭圆 C 相交于 A，B 两点，若 $\overrightarrow{AF}=3\overrightarrow{FB}$，则 $k=$_____．

解析 由题得 $|AF|:|FB|=3:1$，设直线 AB 倾斜角为 θ，有 $0°<\theta<90°$，

根据差和余公式 $e=\dfrac{3-1}{(3+1)\cos\theta}=\dfrac{\sqrt{3}}{2}$，解得 $\cos\theta=\dfrac{1}{\sqrt{3}}$，所以 $k=\tan\theta=\sqrt{2}$．

答案 $\sqrt{2}$．

【例13】如图所示，椭圆 $\dfrac{x^2}{a^2}+\dfrac{y^2}{b^2}=1(a>b>0)$ 的左、右焦点分别为 F_1，F_2，点 A 是椭圆上一点，线段 AF_1 的垂直平分线与椭圆的一个交点为 B，若 $\overrightarrow{AB}=3\overrightarrow{F_2B}$，则椭圆的离心率为

（　　）

A. $\dfrac{1}{3}$　　　　B. $\dfrac{\sqrt{3}}{3}$　　　　C. $\dfrac{2}{3}$　　　　D. $\dfrac{\sqrt{6}}{3}$

解析 设 $|F_2B|=m$，则 $|F_2A|=2m$，于是 $|F_1B|=|AB|=3m$，$|F_1B|+|F_2B|=2a=4m$，所以 $|F_1A|=2a-|F_2A|=2m$，于是 $|F_1A|=|F_2A|$，可知 A 为短轴端点.

设直线 AB 的倾斜角为 θ，于是 $|\cos\theta|=\dfrac{|OF_2|}{|F_2A|}=\dfrac{c}{a}=e$，

根据差和余公式 $e=\dfrac{2-1}{(2+1)|\cos\theta|}=\dfrac{1}{3e}$，解得 $e=\dfrac{\sqrt{3}}{3}$．————→ 根据差和余公式建立方程，求解离心率.

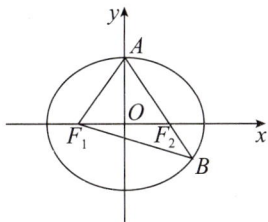

答案 B.

【高1】(2021 全国乙理 11,5 分)设 B 是椭圆 $C:\dfrac{x^2}{a^2}+\dfrac{y^2}{b^2}=1(a>b>0)$ 的上顶点,若 C 上的任意一点 P 都满足 $|PB|\leqslant 2b$,则 C 的离心率的取值范围是 （ ）

A. $\left[\dfrac{\sqrt{2}}{2},1\right)$ B. $\left[\dfrac{1}{2},1\right)$ C. $\left(0,\dfrac{\sqrt{2}}{2}\right]$ D. $\left(0,\dfrac{1}{2}\right]$

【高2】(2018 全国 2 理 12,5 分)已知 F_1,F_2 是椭圆 $C:\dfrac{x^2}{a^2}+\dfrac{y^2}{b^2}=1(a>b>0)$ 的左、右焦点,A 是 C 的左顶点,点 P 在过 A 且斜率为 $\dfrac{\sqrt{3}}{6}$ 的直线上,$\triangle PF_1F_2$ 为等腰三角形,$\angle F_1F_2P=120°$,则 C 的离心率为 （ ）

A. $\dfrac{2}{3}$ B. $\dfrac{1}{2}$ C. $\dfrac{1}{3}$ D. $\dfrac{1}{4}$

【高3】(2021 全国甲理 15,5 分)已知 F_1,F_2 为椭圆 $C:\dfrac{x^2}{16}+\dfrac{y^2}{4}=1$ 的两个焦点,P,Q 为 C 上关于坐标原点对称的两点,且 $|PQ|=|F_1F_2|$,则四边形 PF_1QF_2 的面积为 _____.

【高4】(2021 新高考一 5,5 分)已知 F_1,F_2 是椭圆 $C:\dfrac{x^2}{9}+\dfrac{y^2}{4}=1$ 的两个焦点,点 M 在 C 上,则 $|MF_1|\,|MF_2|$ 的最大值为 （ ）

A. 13   B. 12   C. 9   D. 6

【高5】(2018 全国 2 文 11,5 分)已知 F_1,F_2 是椭圆 C 的两个焦点,P 是 C 上一点,若 $PF_1\perp PF_2$,且 $\angle PF_2F_1=60°$,则 C 的离心率为 （ ）

A. $1-\dfrac{\sqrt{3}}{2}$ B. $2-\sqrt{3}$ C. $\dfrac{\sqrt{3}-1}{2}$ D. $\sqrt{3}-1$

【高6】(2019 全国 3 理 15/文 15,5 分)设 F_1,F_2 为椭圆 $C:\dfrac{x^2}{36}+\dfrac{y^2}{20}=1$ 的两个焦点,M 为 C 上一点且在第一象限.若 $\triangle MF_1F_2$ 为等腰三角形,则 M 的坐标为 _____.

【高7】(2019 全国 1 理 10/文 12,5 分)已知椭圆 C 的焦点为 $F_1(-1,0)$,$F_2(1,0)$,过 F_2 的直线与 C 交于 A,B 两点.若 $|AF_2|=2|F_2B|$,$|AB|=|BF_1|$,则 C 的方程为 （ ）

A. $\dfrac{x^2}{2}+y^2=1$ B. $\dfrac{x^2}{3}+\dfrac{y^2}{2}=1$

C. $\dfrac{x^2}{4}+\dfrac{y^2}{3}=1$ D. $\dfrac{x^2}{5}+\dfrac{y^2}{4}=1$

第2节 双曲线

知识梳理

基础知识

1.双曲线的定义

平面内与两个定点 F_1，F_2 的距离的差的绝对值等于常数（$2a$，$0<2a<|F_1F_2|$）的点的轨迹叫作双曲线.这两个定点叫作双曲线的焦点,两焦点间的距离叫作双曲线的焦距.

注意:如果没有"绝对值",则轨迹为双曲线的一支.

2.双曲线的标准方程

记焦距为 $2c$,双曲线上任一点到两个焦点的距离差的绝对值为 $2a$,$b^2=c^2-a^2$,则双曲线的标准方程为:

（1）焦点在 x 轴上: $\dfrac{x^2}{a^2}-\dfrac{y^2}{b^2}=1(a>0,b>0)$;

（2）焦点在 y 轴上: $\dfrac{y^2}{a^2}-\dfrac{x^2}{b^2}=1(a>0,b>0)$.

3.双曲线的几何性质

标准方程	$\dfrac{x^2}{a^2}-\dfrac{y^2}{b^2}=1(a>0,b>0)$	$\dfrac{y^2}{a^2}-\dfrac{x^2}{b^2}=1(a>0,b>0)$
图形		
性质 顶点	$(\pm a,0)$	$(0,\pm a)$
轴	实轴的长为 $2a$;虚轴的长为 $2b$ 当实轴与虚轴等长时,称为等轴双曲线	
焦距	$2c$	
通径	过焦点且垂直于实轴的弦,长为 $\dfrac{2b^2}{a}$	
渐近线	$y=\pm\dfrac{b}{a}x$	$y=\pm\dfrac{a}{b}x$
离心率	$e=\dfrac{c}{a}(e>1)$	"大高小矮"：离心率越大，双曲线越"高"（开口越大）；离心率越小，双曲线越"矮"（开口越小）。
a,b,c 关系	$c^2=a^2+b^2$	

1. 共渐双曲线

把具有相同渐近线的双曲线称为共渐双曲线,如图所示.

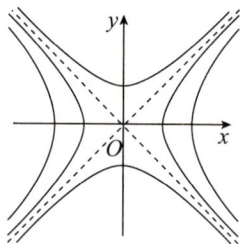

> 尖哥说:把双曲线方程等号右边的"1"换成"0"即可得到两条渐近线方程.

设原双曲线为 $\dfrac{x^2}{a^2}-\dfrac{y^2}{b^2}=1(a>0,b>0)$,则其渐近线方程为 $\dfrac{x^2}{a^2}-\dfrac{y^2}{b^2}=0$,即 $y=\pm\dfrac{b}{a}x$. 原双曲线的共渐双曲线可设为 $\dfrac{x^2}{a^2}-\dfrac{y^2}{b^2}=\lambda(\lambda\neq0)$,$\lambda>0$ 时,该双曲线与原双曲线焦点在相同坐标轴上;$\lambda<0$ 时,该双曲线与原双曲线焦点在相异坐标轴上.

> 尖哥说:把双曲线方程等号右边的"1"换成"λ"即可设出共渐双曲线方程.

注意:焦点在相同坐标轴上的共渐双曲线,离心率相同.

考点剖析

1. 求标准方程 → 尖哥说:"双条定方程".

双曲线中有三个参数 a,b,c,根据方程思想,需要三个等量关系才能求解出这三个参数,而任何时刻都有一个固定的等量关系 $c^2=a^2+b^2$,所以除此之外,题目只需要给出关于 a,b,c 的两个条件,即可求解出 a,b,c,从而确定双曲线方程.

注意根据题目是否能确定焦点所在的坐标轴,如果无法确定,则双曲线的标准方程有两种可能,即 $\dfrac{x^2}{a^2}-\dfrac{y^2}{b^2}=1(a>0,b>0)$(焦点在 x 轴)或 $\dfrac{y^2}{a^2}-\dfrac{x^2}{b^2}=1(a>0,b>0)$(焦点在 y 轴).

对于共渐双曲线,可以直接将双曲线方程设为 $\dfrac{x^2}{a^2}-\dfrac{y^2}{b^2}=\lambda$ 的形式,求解 λ 即可.

【例1】已知与双曲线 $\dfrac{x^2}{16}-\dfrac{y^2}{9}=1$ 共焦点的双曲线过点 $P\left(-\dfrac{\sqrt{5}}{2},-\sqrt{6}\right)$,则该双曲线的标准方程为_____.

解析 由题得 $c=\sqrt{16+9}=5$,且焦点在 x 轴上,所以焦点为 $F_1(-5,0)$,$F_2(5,0)$,

于是 $|PF_1|=\sqrt{\left(-\dfrac{\sqrt{5}}{2}+5\right)^2+(-\sqrt{6}-0)^2}=\dfrac{5\sqrt{5}-2}{2}$,$|PF_2|=\sqrt{\left(-\dfrac{\sqrt{5}}{2}-5\right)^2+(-\sqrt{6}-0)^2}$

$=\dfrac{5\sqrt{5}+2}{2}$,

于是 $\begin{cases}2a=|PF_2|-|PF_1|=2 \\ c=5 \\ c^2=a^2+b^2\end{cases}$,解得 $a=1,b=2\sqrt{6}$,→ "双条定方程",共列出三个等量关系.

于是标准方程为 $x^2 - \dfrac{y^2}{24} = 1$.

答案 $x^2 - \dfrac{y^2}{24} = 1$.

【**例 2**】求经过两点 $P(8, 3\sqrt{3})$ 和 $Q(-4\sqrt{2}, 3)$ 的双曲线的标准方程为 _____.

解析 设双曲线方程为 $mx^2 + ny^2 = 1$, → 对于已知过两点，求双曲线方程的问题，可将双曲线设为 $mx^2 + ny^2 = 1$，这样的好处在于无须讨论焦点在哪个轴上（甚至无须讨论曲线是椭圆还是双曲线）。注意：无须设成 $mx^2 - ny^2 = 1$，因为负号可由 m 或 n 自带。

由题得 $\begin{cases} 64m + 27n = 1 \\ 32m + 9n = 1 \end{cases}$，解得 $\begin{cases} m = \dfrac{1}{16} \\ n = -\dfrac{1}{9} \end{cases}$,

所以标准方程 $\dfrac{x^2}{16} - \dfrac{y^2}{9} = 1$.

答案 $\dfrac{x^2}{16} - \dfrac{y^2}{9} = 1$.

【**例 3**】过点 $(2, -2)$ 且与双曲线 $\dfrac{x^2}{2} - y^2 = 1$ 有相同渐近线的双曲线的标准方程为 _____.

解析 设所求双曲线方程为 $\dfrac{x^2}{2} - y^2 = \lambda$，由题得 $\lambda = \dfrac{2^2}{2} - (-2)^2 = -2$,

所以标准方程为 $\dfrac{x^2}{2} - y^2 = -2$，即 $\dfrac{y^2}{2} - \dfrac{x^2}{4} = 1$. → 共渐双曲线.

答案 $\dfrac{y^2}{2} - \dfrac{x^2}{4} = 1$.

2. 求离心率 → 头哥说："单条定离心".

双曲线中有三个参数 a, b, c，任何时刻都有一个固定的等量关系 $c^2 = a^2 + b^2$，根据方程思想，如果题目给出关于 a, b, c 的一个条件，虽然无法求解出 a, b, c，但是有可能求出 $\dfrac{c}{a}$，即离心率. 需要注意的是，并不是题目给出任何一个条件都能求出 $\dfrac{c}{a}$，但是如果题目让求离心率，则给出的条件一定是能够求出 $\dfrac{c}{a}$ 的.

实际操作过程中，有一个特别好用的小技巧，即令 $a = 1$，此时 $e = c$，于是 $c^2 - b^2 = a^2 = 1$，再结合题目给出的一个条件（此时只有两个未知量 b, c，两个等量关系），可解出 c，即为离心率.

【**例 4**】过双曲线 $\dfrac{x^2}{a^2} - \dfrac{y^2}{b^2} = 1 \ (a > 0, b > 0)$ 的左焦点且垂直于 x 轴的直线与双曲线相交于 M, N 两点，以 MN 为直径的圆恰好过双曲线的右顶点，则双曲线的离心率等于 _____.

解析 记双曲线左焦点为 F，右顶点为 B，由题得 $\triangle BMN$ 为等腰直角三角形.

又知 $|MF| = \dfrac{b^2}{a}$，$|BF| = a + c$，且 $|MF| = |BF|$,

于是 $\begin{cases} \dfrac{b^2}{a} = a + c \\ c^2 = a^2 + b^2 \end{cases}$，令 $a = 1$，即 $\begin{cases} b^2 = 1 + c \\ c^2 = 1 + b^2 \end{cases}$，可得 $c^2 - c - 2 = 0$,

→ "单条定离心"，另列出两个等量关系，令 $a = 1$.

解得 $c=2$ 或 $c=-1$(舍),于是 $e=2$.

答案 2.

【例5】 若双曲线 $C: \dfrac{x^2}{a^2}-\dfrac{y^2}{b^2}=1(a>0,b>0)$ 的一条渐近线被圆 $(x-2)^2+y^2=4$ 所截得的弦长为 2,则 C 的离心率为 ( )

A. 2 B. $\sqrt{3}$ C. $\sqrt{2}$ D. $\dfrac{2\sqrt{3}}{3}$

解析 可取渐近线 $bx-ay=0$,由题得圆心为 $(2,0)$,半径为 $r=2$,弦长为 $l=2$,

圆心到渐近线距离为 $d=\dfrac{2b}{\sqrt{a^2+b^2}}=\dfrac{2b}{c}$. 由 $d^2+\left(\dfrac{l}{2}\right)^2=r^2$,

可得 $\dfrac{4b^2}{c^2}+1=4$,令 $a=1$,$c^2=a^2+b^2=1+b^2$, $\longrightarrow$ *"单条定离心",若列出两个等量关系,令 $a=1$.*

解得 $c^2=4$,$c=2$,即 $e=2$.

答案 A.

【例6】 设双曲线 $\dfrac{x^2}{a^2}-\dfrac{y^2}{b^2}=1(b>a>0)$ 的半焦距为 c,直线 l 过 $(a,0)$,$(0,b)$ 两点,已知原点到直线 l 的距离为 $\dfrac{\sqrt{3}}{4}c$,则双曲线的离心率为 _____.

解析 令 $a=1$,由题得直线 $l: \dfrac{x}{a}+\dfrac{y}{b}=1$,即 $bx+y-b=0$,

于是原点到直线的距离为 $d=\dfrac{b}{\sqrt{1+b^2}}=\dfrac{\sqrt{3}}{4}c$,又 $c^2=a^2+b^2=1+b^2$, $\longrightarrow$ *"单条定离心",若列出两个等量关系,令 $a=1$.*

可得 $3c^4-16c^2+16=0$,解得 $c^2=4$ 或 $c^2=\dfrac{4}{3}$.

又 $b>a=1$,可知 $c^2=a^2+b^2>2$,于是 $c^2=4$,$c=2$,即 $e=2$.

答案 2.

3. 焦点三角形 $\longrightarrow$ *头哥说:看到焦点三角形,立刻想到面积与离心率两件事情.*

连接双曲线上一点与两个焦点的三角形称为焦点三角形,如图所示.

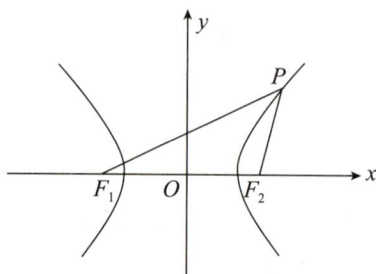

(1)焦点三角形面积公式:设双曲线半虚轴为 b,焦点三角形顶角 $\angle F_1PF_2=\theta$,则焦点三角形面积为 $S_{\triangle PF_1F_2}=b^2\cot\dfrac{\theta}{2}=\dfrac{b^2}{\tan\dfrac{\theta}{2}}$. 该公式不仅用于直接求面积的问题,还经常用于等面积法.

（2）焦点三角形离心率公式：在焦点三角形 $\triangle PF_1F_2$ 中，$||PF_1|-|PF_2||=2a$，$|F_1F_2|=2c$，所以离心率 $e=\dfrac{c}{a}=\dfrac{2c}{2a}=\dfrac{|F_1F_2|}{||PF_1|-|PF_2||}$，即 $e=\dfrac{\text{第三边的长}}{\text{两边之差的绝对值}}$.

注意：对于此公式，不需要知道焦点三角形三边具体数值，只需知道三边的比例关系即可求出离心率，例如：三边 $|PF_1|$，$|PF_2|$ 和 F_1F_2 的比例为 $2:4:3$，则离心率为 $e=\dfrac{3}{4-2}=\dfrac{3}{2}$.

【例 7】已知 F_1，F_2 为双曲线 $C:x^2-y^2=1$ 的左、右焦点，点 P 在 C 上，$\angle F_1PF_2=60°$，则 P 到 x 轴的距离为 　　　　（　　）

A. $\dfrac{\sqrt{3}}{2}$　　　　　　B. $\dfrac{\sqrt{6}}{2}$　　　　　　C. $\sqrt{3}$　　　　　　D. $\sqrt{6}$

解析 由题得 $b=1$，$c=\sqrt{1+1}=\sqrt{2}$，$S_{\triangle F_1PF_2}=b^2\cot\dfrac{60°}{2}=\sqrt{3}$.

设 $P(x_0,y_0)$，$S_{\triangle F_1PF_2}=\dfrac{1}{2}\times 2c\times|y_0|=\sqrt{2}\,|y_0|$，所以 $|y_0|=\dfrac{\sqrt{3}}{\sqrt{2}}=\dfrac{\sqrt{6}}{2}$. ⟶ 等面积法

答案 B.

【例 8】已知 $M(x_0,y_0)$ 是双曲线 $C:\dfrac{x^2}{2}-y^2=1$ 上的一点，F_1，F_2 是 C 的两个焦点，若 $\overrightarrow{MF_1}\cdot\overrightarrow{MF_2}<0$，则 y_0 的取值范围是 　　　　（　　）

A. $\left(-\dfrac{\sqrt{3}}{3},\dfrac{\sqrt{3}}{3}\right)$　　　　　　　　　　B. $\left(-\dfrac{\sqrt{3}}{6},\dfrac{\sqrt{3}}{6}\right)$

C. $\left(-\dfrac{2\sqrt{2}}{3},\dfrac{2\sqrt{2}}{3}\right)$　　　　　　　　　　D. $\left(-\dfrac{2\sqrt{3}}{3},\dfrac{2\sqrt{3}}{3}\right)$

解析 由题得 $b=1$，$c=\sqrt{3}$. 设 $\angle F_1MF_2=\theta$，则 $90°<\theta<180°$，$45°<\dfrac{\theta}{2}<90°$，所以 $S_{\triangle F_1MF_2}=b^2\cot\dfrac{\theta}{2}=\cot\dfrac{\theta}{2}<1$.

又 $S_{\triangle F_1MF_2}=\dfrac{1}{2}\times 2c\times|y_0|=\sqrt{3}\,|y_0|<1$，所以 $y_0\in\left(-\dfrac{\sqrt{3}}{3},\dfrac{\sqrt{3}}{3}\right)$. ⟶ 等面积法

答案 A.

【例 9】已知 F_1，F_2 是双曲线 $E:\dfrac{x^2}{a^2}-\dfrac{y^2}{b^2}=1(a>0,b>0)$ 的左、右焦点，点 M 在 E 上，MF_1 与 x 轴垂直，$\sin\angle MF_2F_1=\dfrac{1}{3}$，则 E 的离心率为 　　　　（　　）

A. $\sqrt{2}$　　　　　　B. $\dfrac{3}{2}$　　　　　　C. $\sqrt{3}$　　　　　　D. 2

解析 如图所示，$\triangle MF_1F_2$ 为直角三角形，$\sin\angle MF_2F_1=\dfrac{|MF_1|}{|MF_2|}=\dfrac{1}{3}$，

由勾股定理可得三边的比例为 $|MF_1|:|MF_2|:|F_1F_2|=1:3:2\sqrt{2}$， ⟶ 知道焦点三角形三个角，即知道三边比例.

所以 $e=\dfrac{2\sqrt{2}}{3-1}=\sqrt{2}$.

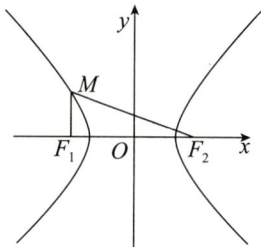

答案 A.

【例10】 设双曲线 $\dfrac{x^2}{a^2}-\dfrac{y^2}{b^2}=1(a>0,b>0)$ 的左、右焦点为 F_1,F_2，以线段 F_1F_2 为直径的圆与双曲线左支的一个交点为 P，若以 OF_1（O 为坐标原点）为直径的圆与 PF_2 相切，则双曲线的离心率是 _____.

解析 如图所示，由题得 $F_1(-c,0)$，$F_2(c,0)$，$M\left(-\dfrac{c}{2},0\right)$，

于是 $|F_2M|=\dfrac{3c}{2}$，$|QM|=|F_1M|=\dfrac{c}{2}$，所以 $\sin\angle PF_2F_1=\dfrac{|QM|}{|F_2M|}=\dfrac{1}{3}$.

又易知焦点三角形 $\triangle PF_1F_2$ 为直角三角形，$\sin\angle PF_2F_1=\dfrac{|PF_1|}{|F_1F_2|}=\dfrac{1}{3}$.

由勾股定理可得三边比例为 $|PF_1|:|PF_2|:|F_1F_2|=1:2\sqrt{2}:3$，→ *知道焦点三角形三个角，即知道三边比例.*

所以 $e=\dfrac{3}{2\sqrt{2}-1}=\dfrac{3+6\sqrt{2}}{7}$.

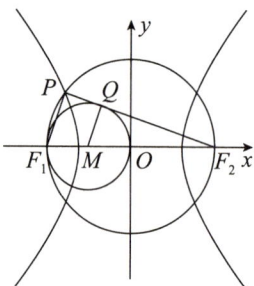

答案 $\dfrac{3+6\sqrt{2}}{7}$.

4. 差和余公式 → *头哥说："又和鱼"公式，该公式适用于椭圆、双曲线、抛物线.*

若双曲线的一条弦 AB 过双曲线的一个焦点，则 AB 称为双曲线的焦点弦. 若 A,B 在双曲线的同一支上，如图所示，设焦点弦所在直线的倾斜角为 θ，焦点将焦点弦分为两部分的比例为 $m:n$，则双曲线离心率为 $e=\dfrac{|m-n|}{(m+n)|\cos\theta|}$. 头哥给它起名"差和余"公式，分子为"差"（两部分的差的绝对值），分母为"和"（两部分的和）与"余"（倾斜角余弦的绝对值）.

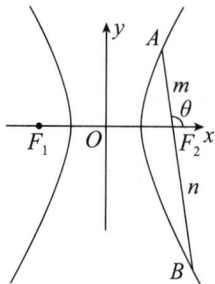

注意：当双曲线焦点在 y 轴时，θ 表示焦点弦所在直线与 y 轴的夹角.

【**例 11**】设 F_2 是双曲线 $C: \dfrac{x^2}{a^2} - \dfrac{y^2}{b^2} = 1 (a>0, b>0)$ 的右焦点，O 为坐标原点，过 F_2 的直线交双曲线的右支于点 P, N，若 $|NF_2| = 5|PF_2|$，且 $\angle OF_2P = 60°$，则双曲线 C 的离心率为 _____．

解析 由题得 $|NF_2| : |PF_2| = 5 : 1$，易知直线 PN 的倾斜角为 $60°$ 或 $120°$，记倾斜角为 θ，

于是 $|\cos \theta| = \cos 60° = \dfrac{1}{2}$，根据差和余公式 $e = \dfrac{5-1}{(5+1)|\cos \theta|} = \dfrac{4}{3}$．

答案 $\dfrac{4}{3}$．

【**例 12**】已知双曲线 $C: \dfrac{x^2}{a^2} - \dfrac{y^2}{b^2} = 1 (a>0, b>0)$ 的右焦点为 F，过 F 且斜率为 $\sqrt{3}$ 的直线交 C 于 A, B 两点，若 $\overrightarrow{AF} = 4\overrightarrow{FB}$，则双曲线 C 的离心率为 _____．

解析 由题得 $|AF| : |FB| = 4 : 1$，且直线 AB 倾斜角为 $60°$，

根据差和余公式 $e = \dfrac{4-1}{(4+1)\cos 60°} = \dfrac{6}{5}$．

答案 $\dfrac{6}{5}$．

【**例 13**】已知双曲线 $C: x^2 - y^2 = 2$，直线 l 过双曲线右焦点 F，交双曲线右支于 A, B 两点，若 $2|AF| = 3|BF|$，则直线 l 的方程为 _____．

解析 由题得双曲线标准方程为 $C: \dfrac{x^2}{2} - \dfrac{y^2}{2} = 1$，

于是 $c = \sqrt{2+2} = 2$，故 $F(2,0)$，且 $a = \sqrt{2}$，$e = \dfrac{c}{a} = \sqrt{2}$，$|AF| : |BF| = 3 : 2$，

设直线 l 倾斜角为 θ，根据差和余公式 $e = \dfrac{3-2}{(3+2)|\cos \theta|} = \sqrt{2}$，

可得 $|\cos \theta| = \dfrac{1}{5\sqrt{2}}$，所以直线斜率为 $k = \tan \theta = \pm 7$，

所以直线 $l: y = \pm 7(x-2)$，即 $l: 7x - y - 14 = 0$ 或 $l: 7x + y - 14 = 0$．

答案 $7x - y - 14 = 0$ 或 $7x + y - 14 = 0$．

5. 椭双共焦

夹哥说：椭双共焦，与边长相关时，考虑使用边长公式；与顶角相关时，考虑使用顶角公式．

若一个椭圆与一个双曲线具有相同的焦点，称为"椭双共焦"．如下图所示，椭圆与双曲线其中一个公共点为 P，两个焦点为 F_1, F_2．

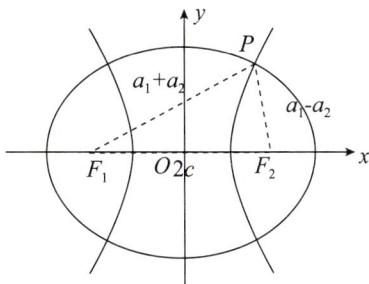

(1)椭双共焦边长公式：$\begin{cases}|PF_1|=a_1+a_2\\|PF_2|=a_1-a_2\end{cases}$，其中 a_1，a_2 分别代表椭圆的半长轴、双曲线的半实轴.

(2)椭双共焦顶角公式：$\dfrac{\sin^2\frac{\theta}{2}}{e_1^2}+\dfrac{\cos^2\frac{\theta}{2}}{e_2^2}=1$，其中 e_1，e_2 分别代表椭圆、双曲线的离心率，θ 代表顶角 $\angle F_1PF_2$ 的大小，特别地，当 $\angle F_1PF_2=90°$ 时，$\dfrac{1}{e_1^2}+\dfrac{1}{e_2^2}=2$.

【例 14】已知椭圆 $C_1:\dfrac{x^2}{a_1^2}+\dfrac{y^2}{b_1^2}=1(a_1>b_1>0)$ 与双曲线 $C_2:\dfrac{x^2}{a_2^2}-\dfrac{y^2}{b_2^2}=1(a_2>0,b_2>0)$ 有相同的左、右焦点 F_1，F_2，若点 P 是 C_1 与 C_2 在第一象限内的交点，且 $|F_1F_2|=2|PF_2|$. 设 C_1 与 C_2 的离心率分别为 e_1，e_2，则 e_1+e_2 的取值范围是 （ ）

A. $\left(\dfrac{1}{3},+\infty\right)$ 　　　　　　　B. $\left(\dfrac{3}{2},+\infty\right)$

C. $\left[\dfrac{3}{2},+\infty\right)$ 　　　　　　　D. 以上答案都不对

解析 由题得 $|PF_2|=a_1-a_2$，$|F_1F_2|=2c$，所以 $2c=2(a_1-a_2)$， ⟶ 与边长相关，用边长公式.

于是 $\dfrac{1}{e_1}-\dfrac{1}{e_2}=1$，化简得 $e_1=\dfrac{e_2}{e_2+1}$，所以 $e_1+e_2=\dfrac{e_2}{e_2+1}+e_2=e_2+1-\dfrac{1}{e_2+1}$， ⟶ 转化为关于 e_2 的函数.

由 $e_2>1$，知 $e_2+1>2$，所以 $e_1+e_2=e_2+1-\dfrac{1}{e_2+1}>2-\dfrac{1}{2}=\dfrac{3}{2}$.

答案 B.

【例 15】已知椭圆 C_1 与双曲线 C_2 有相同的焦点 F_1，F_2，点 P 是 C_1 与 C_2 的一个公共点，$\triangle PF_1F_2$ 是一个以 PF_1 为底的等腰三角形，C_1 的离心率是 $\dfrac{6}{7}$，则 C_2 的离心率是 （ ）

A. $\dfrac{6}{7}$ 　　　B. $\dfrac{7}{6}$ 　　　C. $\dfrac{6}{5}$ 　　　D. 3

解析 由题得 $|F_1F_2|=2c$，$|PF_2|=a_1-a_2$ 或 $|PF_2|=a_1+a_2$，由 $|PF_2|=|F_1F_2|$，可得 $2c=a_1-a_2$ 或 $2c=a_1+a_2$，于是 $\dfrac{1}{e_1}-\dfrac{1}{e_2}=2$ 或 $\dfrac{1}{e_1}+\dfrac{1}{e_2}=2$. ⟶ 与边长相关，用边长公式.

又 $e_1=\dfrac{6}{7}$，解得 $e_2=-\dfrac{6}{5}$（舍）或 $e_2=\dfrac{6}{5}$.

答案 C.

【例 16】已知 F_1，F_2 是椭圆与双曲线的公共焦点，P 是它们的一个公共点，且 $\angle F_1PF_2=\dfrac{2\pi}{3}$. 若椭圆的离心率为 e_1，双曲线的离心率为 e_2，则 $\dfrac{3}{e_1^2}+\dfrac{1}{e_2^2}=$ _____.

解析 由题得 $\dfrac{\sin^2\frac{\pi}{3}}{e_1^2}+\dfrac{\cos^2\frac{\pi}{3}}{e_2^2}=1$，于是 $\dfrac{3}{4e_1^2}+\dfrac{1}{4e_2^2}=1$，即 $\dfrac{3}{e_1^2}+\dfrac{1}{e_2^2}=4$. ⟶ 与顶角相关，用顶角公式.

答案 4.

【例 17】已知椭圆 $C_1:\dfrac{x^2}{a_1^2}+\dfrac{y^2}{b_1^2}=1(a_1>b_1>0)$ 与双曲线 $C_2:\dfrac{x^2}{a_2^2}-\dfrac{y^2}{b_2^2}=1(a_2>0,b_2>0)$ 有相

同的左、右焦点 F_1, F_2. 若点 P 是 C_1 与 C_2 的一个交点，且 $PF_1 \perp PF_2$，则 $4e_1^2 + e_2^2$ 的最小值为_____.

解析 由题得 $\dfrac{\sin^2 45°}{e_1^2} + \dfrac{\cos^2 45°}{e_2^2} = 1$，可得 $\dfrac{1}{e_1^2} + \dfrac{1}{e_2^2} = 2$，→与顶角相关，用顶角公式.

所以 $4e_1^2 + e_2^2 = \dfrac{1}{2}(4e_1^2 + e_2^2)\left(\dfrac{1}{e_1^2} + \dfrac{1}{e_2^2}\right) = \dfrac{1}{2}\left(5 + \dfrac{4e_1^2}{e_2^2} + \dfrac{e_2^2}{e_1^2}\right) \geqslant \dfrac{1}{2}\left(5 + 2\sqrt{\dfrac{4e_1^2}{e_2^2} \cdot \dfrac{e_2^2}{e_1^2}}\right) = \dfrac{9}{2}$，

→结合基本不等式，"1"代换.

当且仅当 $e_2 = \sqrt{2}e_1$ 时取得等号，故最小值为 $\dfrac{9}{2}$.

答案 $\dfrac{9}{2}$.

高考链接

【高1】（2022 北京 12,5 分）已知双曲线 $y^2 + \dfrac{x^2}{m} = 1$ 的渐近线方程为 $y = \pm\dfrac{\sqrt{3}}{3}x$，则 $m = $_____.

【高2】（2021 全国乙理 13,5 分）已知双曲线 $C: \dfrac{x^2}{m} - y^2 = 1(m > 0)$ 的一条渐近线为 $\sqrt{3}x + my = 0$，则 C 的焦距为_____.

【高3】（2021 新高考二 13,5 分）已知双曲线 $C: \dfrac{x^2}{a^2} - \dfrac{y^2}{b^2} = 1(a > 0, b > 0)$，离心率 $e = 2$，则双曲线 C 的渐近线方程为_____.

【高4】（2021 北京 5,4 分）双曲线 $C: \dfrac{x^2}{a^2} - \dfrac{y^2}{b^2} = 1$ 过点 $(\sqrt{2}, \sqrt{3})$，且离心率为 2，则该双曲线的标准方程为 （　　）

A. $x^2 - \dfrac{y^2}{3} = 1$

B. $\dfrac{x^2}{3} - y^2 = 1$

C. $x^2 - \dfrac{\sqrt{3}y^2}{3} = 1$

D. $\dfrac{\sqrt{3}x^2}{3} - y^2 = 1$

【高5】（2020 新高考一 9 多选,5 分）已知曲线 $C: mx^2 + ny^2 = 1$ （　　）

A. 若 $m > n > 0$，则 C 是椭圆，其焦点在 y 轴上

B. 若 $m = n > 0$，则 C 是圆，其半径为 $\sqrt{n}$

C. 若 $mn < 0$，则 C 是双曲线，其渐近线方程为 $y = \pm\sqrt{-\dfrac{m}{n}}x$

D. 若 $m = 0, n > 0$，则 C 是两条直线

【高6】（2022 全国乙理 11 改,5 分）如图所示，双曲线 C 的两个焦点为 F_1, F_2，以 C 的实轴为直径的圆记为圆 O，过 F_1 作圆 O 的切线与 C 交于 M, N 两点，且 $\cos\angle F_1NF_2 = \dfrac{3}{5}$，则 C 的离心率为 （　　）

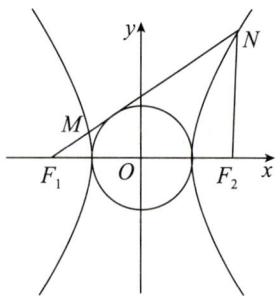

A. $\dfrac{\sqrt{5}}{2}$ B. $\dfrac{3}{2}$ C. $\dfrac{\sqrt{13}}{2}$ D. $\dfrac{\sqrt{17}}{2}$

【高7】(2020 全国 1 理 15,5 分)已知 F 为双曲线 $C:\dfrac{x^2}{a^2}-\dfrac{y^2}{b^2}=1(a>0,b>0)$ 的右焦点,A 为 C 的右顶点,B 为 C 上的点,且 BF 垂直于 x 轴.若 AB 的斜率为 3,则 C 的离心率为_____.

【高8】(2020 全国 2 理 11/文 12,5 分)设 F 为双曲线 $C:\dfrac{x^2}{a^2}-\dfrac{y^2}{b^2}=1(a>0,b>0)$ 的右焦点,O 为坐标原点,以 OF 为直径的圆与圆 $x^2+y^2=a^2$ 交于 P,Q 两点.若 $|PQ|=|OF|$,则 C 的离心率为 ( )

A. $\sqrt{2}$ B. $\sqrt{3}$ C. 2   D. $\sqrt{5}$

【高9】(2018 全国 3 文 10,5 分)已知双曲线 $C:\dfrac{x^2}{a^2}-\dfrac{y^2}{b^2}=1(a>0,b>0)$ 的离心率为 $\sqrt{2}$,则点 $(4,0)$ 到 C 的渐近线的距离为 ( )

A. $\sqrt{2}$ B. 2   C. $\dfrac{3\sqrt{2}}{2}$ D. $2\sqrt{2}$

【高10】(2021 全国甲理 5,5 分)已知 F_1,F_2 是双曲线 C 的两个焦点,P 为 C 上一点,且 $\angle F_1PF_2=60°,|PF_1|=3|PF_2|$,则 C 的离心率为 ( )

A. $\dfrac{\sqrt{7}}{2}$ B. $\dfrac{\sqrt{13}}{2}$ C. $\sqrt{7}$ D. $\sqrt{13}$

【高11】(2020 全国 1 文 11,5 分)设 F_1,F_2 是双曲线 $C:x^2-\dfrac{y^2}{3}=1$ 的两个焦点,O 为坐标原点,点 P 在 C 上且 $|OP|=2$,则 $\triangle PF_1F_2$ 的面积为 ( )

A. $\dfrac{7}{2}$ B. 3   C. $\dfrac{5}{2}$ D. 2

【高12】(2020 全国 3 理 11,5 分)设双曲线 $C:\dfrac{x^2}{a^2}-\dfrac{y^2}{b^2}=1(a>0,b>0)$ 的左、右焦点分别为 F_1,F_2,离心率为 $\sqrt{5}$.P 是 C 上一点,且 $F_1P\perp F_2P$.若 $\triangle PF_1F_2$ 的面积为 4,则 $a=$ ( )

A. 1   B. 2   C. 4   D. 8

第 3 节　抛物线

头哥说：二次函数的图像是抛物线，而在圆锥曲线部分，只关注"顶点在原点、焦点在坐标轴上"的抛物线.

知识梳理

基础知识

1. 抛物线的定义

平面内与一个定点 F 和一条定直线 l（l 不经过点 F）距离相等的点的轨迹叫作抛物线.点 F 叫作抛物线的焦点,直线 l 叫作抛物线的准线.　*若 l 经过点 F，轨迹为 l 的垂线（经过点 F）.*

2. 抛物线的标准方程

记焦点到准线的距离（焦准距）为 p,则抛物线的标准方程为:

(1)焦点在 x 轴正半轴上:$y^2 = 2px$（$p > 0$）;

(2)焦点在 x 轴负半轴上:$y^2 = -2px$（$p > 0$）;

(3)焦点在 y 轴正半轴上:$x^2 = 2py$（$p > 0$）;

(4)焦点在 y 轴负半轴上:$x^2 = -2py$（$p > 0$）.

3. 抛物线的几何性质

标准方程	$y^2 = 2px$（$p > 0$）	$y^2 = -2px$（$p > 0$）	$x^2 = 2py$（$p > 0$）	$x^2 = -2py$（$p > 0$）
图形				
顶点	$(0,0)$			
对称轴	$y = 0$		$x = 0$	
焦点	$\left(\dfrac{p}{2}, 0\right)$	$\left(-\dfrac{p}{2}, 0\right)$	$\left(0, \dfrac{p}{2}\right)$	$\left(0, -\dfrac{p}{2}\right)$
准线方程	$x = -\dfrac{p}{2}$	$x = \dfrac{p}{2}$	$y = -\dfrac{p}{2}$	$y = \dfrac{p}{2}$
通径	过焦点且垂直于对称轴的弦,长为 $2p$			
离心率	$e = 1$			

抛物线的离心率永远为 1，开口大小改变并不影响离心率，而是影响通径.

> 头哥说：在抛物线中，差和余公式依然成立，但是几乎用不到．因为能用差和余公式解决的问题都能够用焦半径角度公式（该公式将在本节后面介绍）解决．

1. 差和余公式

设抛物线（焦点在 x 轴）焦点弦所在直线的倾斜角为 θ，焦点将焦点弦分为两部分的比例为 $m:n$，则抛物线离心率为 $e=\dfrac{|m-n|}{(m+n)|\cos\theta|}$，又抛物线的离心率恒为 1，即 $\dfrac{|m-n|}{(m+n)|\cos\theta|}=1$．

注意：当抛物线焦点在 y 轴时，θ 表示焦点弦所在直线与 y 轴的夹角．

考点剖析

1. 焦准转化——→ 头哥说："见焦点连准线，见准线连焦点"．

根据抛物线的定义，抛物线上的点到焦点的距离等于到准线的距离，于是可以把到焦点的距离转化为到准线的距离，或者把到准线的距离转化为到焦点的距离，该转化过程称为焦准转化．

需要注意的是，抛物线上的点到准线的距离比到相应坐标轴（与准线平行）的距离大 $\dfrac{p}{2}$，所以已知到准线的距离即可知到相应坐标轴的距离，已知到相应坐标轴的距离即可知到准线的距离．

【例 1】 已知点 P 在抛物线 $y^2=4x$ 上，那么点 P 到点 $Q(2,-1)$ 的距离与点 P 到抛物线焦点距离之和的最小值为 _____．

解析 由题得准线 $x=-1$，Q 点横坐标 $x_Q=2$，记焦点为 F．

如图所示，设 P 到准线的距离为 $|PH|$，于是有 $|PF|=|PH|$，——→ 见焦点连准线．

所以 $|PQ|+|PF|=|PQ|+|PH|\geqslant x_Q+1=3$，当 Q,P,H 共线时取等号．——→ 三点共线时，距离和最短．

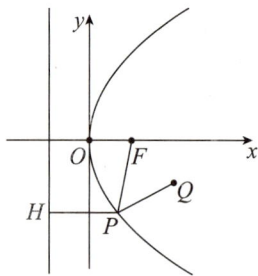

答案 3．

【例 2】 已知 P 是抛物线 $y^2=4x$ 上一动点，则点 P 到直线 $l:2x-y+3=0$ 和 y 轴的距离之和的最小值是 （　　）

A. $\sqrt{3}$　　　　B. $\sqrt{5}$　　　　C. 2　　　　D. $\sqrt{5}-1$

解析 由题得准线 $x=-1$，焦点 $F(1,0)$．

如图所示，设 P 到 l 的距离为 $|PM|$，P 到 y 轴的距离为 $|PH|$，

于是 P 到准线的距离为 $|PH|+1$，有 $|PF|=|PH|+1$，——→ 见准线（y 轴）连焦点．

设 d_{F-l} 表示焦点 F 到直线 l 的距离，

所以 $|PM|+|PH|=|PM|+|PF|-1\geqslant d_{F-l}-1=\dfrac{|2+3|}{\sqrt{5}}-1=\sqrt{5}-1$,

于是 $|PM|+|PH|\geqslant\sqrt{5}-1$,当 F,P,M 共线时取等号.

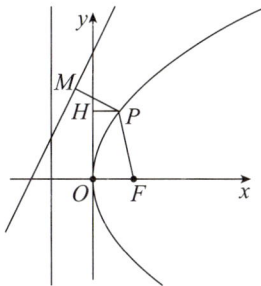

答案 D.

【**例 3**】已知抛物线 $y^2=2px(p>0)$ 的焦点 F 与双曲线 $\dfrac{x^2}{4}-\dfrac{y^2}{5}=1$ 的右焦点重合,抛物线

的准线与 x 轴的交点为 K,点 A 在抛物线上且 $|AK|=\sqrt{2}|AF|$,则 A 点的横坐标为　　（　　）

A.$2\sqrt{2}$　　　　　　B.3　　　　　　C.$2\sqrt{3}$　　　　　　D.4

解析 由题得双曲线中 $c=\sqrt{4+5}=3$,所以 $F(3,0)$,准线 $x=-3$,$K(-3,0)$.

如图所示,设 A 到准线的距离为 $|AH|$,于是有 $|AF|=|AH|$.　——> *见焦点连准线*

在 $\triangle AHK$ 中,$\cos\angle HAK=\dfrac{|AH|}{|AK|}=\dfrac{|AF|}{|AK|}=\dfrac{\sqrt{2}}{2}$,所以 $\angle HAK=45°$,

于是 $\triangle AHK$ 为等腰直角三角形.

不妨令点 A 在第一象限,设 $A(x_0,y_0)$,于是有 $y_0=|HK|=|AH|=x_0+3$.

又 A 在抛物线上,所以 $(x_0+3)^2=12x_0$,解得 $x_0=3$.

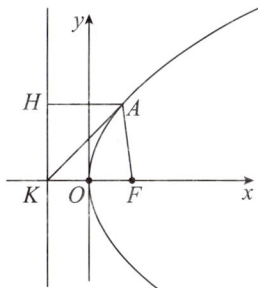

答案 B.

2. 焦半径　——> *尖哥说:与坐标相关用坐标公式,与角度相关用偏角公式.*

抛物线上的点与焦点的连线称为抛物线的焦半径.如图1、图2所示,记抛物线上点为 $P(x_0,y_0)$,焦点为 F,焦准距为 p,焦半径为 PF.设 $\angle PFO=\theta$,则 $\theta\in[0,\pi]$,称 θ 为偏角.

(1)焦半径坐标公式:$|PF|=|x_0|+\dfrac{p}{2}$(焦点在 x 轴上),$|PF|=|y_0|+\dfrac{p}{2}$(焦点在 y 轴上);

(2)焦半径偏角公式:$|PF|=\dfrac{p}{1+\cos\theta}$.

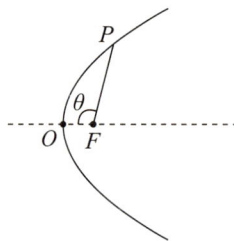
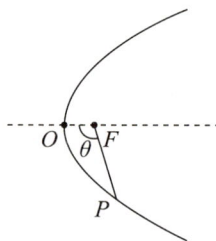

图1   图2

【例4】抛物线 $y^2=4x$ 上的两点 A,B 到焦点 F 的距离之和为 5,则线段 AB 的中点的横坐标是_____.

解析 设 A,B 横坐标分别为 x_A,x_B,由题得抛物线焦准距为 $p=2$,

于是 $|AF|+|BF|=x_A+\dfrac{p}{2}+x_B+\dfrac{p}{2}=x_A+x_B+2=5$,可得 $x_A+x_B=3$,

→ 与坐标相关用坐标公式

所以 AB 中点的横坐标为 $\dfrac{x_A+x_B}{2}=\dfrac{3}{2}$.

答案 $\dfrac{3}{2}$.

【例5】过抛物线 $x^2=2py(p>0)$ 的焦点 F 作倾斜角为 $30°$ 的直线,与抛物线分别交于 A,B 两点(点 A 在 y 轴左侧),则 $\dfrac{|AF|}{|FB|}=$ _____.

解析 由题得 AF,FB 的偏角分别为 $\theta_1=60°,\theta_2=120°$,

所以 $|AF|=\dfrac{p}{1+\cos\theta_1}=\dfrac{p}{1+\dfrac{1}{2}}=\dfrac{2p}{3}$,$|FB|=\dfrac{p}{1+\cos\theta_2}=\dfrac{p}{1-\dfrac{1}{2}}=2p$,所以 $\dfrac{|AF|}{|FB|}=\dfrac{1}{3}$.

→ 与角度相关用偏角公式

答案 $\dfrac{1}{3}$.

【例6】直线 $l:4x-3y-4=0$ 与抛物线 $y^2=4x$ 和圆 $(x-1)^2+y^2=1$ 从左到右的交点依次是 A,B,C,D,则 $\dfrac{|AB|}{|CD|}$ 的值为   (   )

A. $\dfrac{1}{16}$ B. $\dfrac{1}{8}$ C. $\dfrac{1}{4}$ D. $\dfrac{1}{2}$

解析 由题得抛物线焦点 $F(1,0)$ 与圆的圆心重合,且直线过焦点,焦准距 $p=2$,如下图所示.

直线斜率为 $k=\tan\theta=\dfrac{4}{3}$,得 $\cos\theta=\dfrac{3}{5}$,于是 AF,DF 的偏角分别为 $\theta_1=\theta,\theta_2=\pi-\theta$,

所以 $|AF|=\dfrac{p}{1+\cos\theta_1}=\dfrac{2}{1+\dfrac{3}{5}}=\dfrac{5}{4}$,$|DF|=\dfrac{p}{1+\cos\theta_2}=\dfrac{2}{1-\dfrac{3}{5}}=5$,又 $|BF|=|CF|=1$,

→ 与角度相关用偏角公式

于是 $\dfrac{|AB|}{|CD|}=\dfrac{|AF|-|BF|}{|DF|-|CF|}=\dfrac{\dfrac{5}{4}-1}{5-1}=\dfrac{1}{16}$.

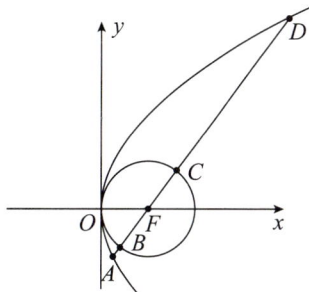

答案 A.

【例7】已知抛物线 $C:y^2=8x$ 的焦点为 F，准线为 l，P 是 l 上一点，Q 是直线 PF 与 C 的一个交点，若 $\overrightarrow{FP}=4\overrightarrow{FQ}$，则 $|QF|=$ （　　）

A. $\dfrac{7}{2}$　　　　B. $\dfrac{5}{2}$　　　　C. 3　　　　D. 2

解析 由题得焦准距 $p=4$，不妨设 Q 点在第一象限，如下图所示.

设 Q 到准线的距离为 $|QH|$，于是有 $|QF|=|QH|$，由 $\overrightarrow{FP}=4\overrightarrow{FQ}$，可知 $\dfrac{|QF|}{|FP|}=\dfrac{1}{4}$，于是 $\dfrac{|QF|}{|PQ|}=\dfrac{1}{3}$，

QF 的偏角为 $\theta=\angle QFO=\angle PQH$，有 $\cos\theta=\cos\angle PQH=\dfrac{|QH|}{|PQ|}=\dfrac{|QF|}{|PQ|}=\dfrac{1}{3}$，

所以 $|QF|=\dfrac{p}{1+\cos\theta}=\dfrac{4}{1+\dfrac{1}{3}}=3$. ——→ 与角度相关用偏角公式.

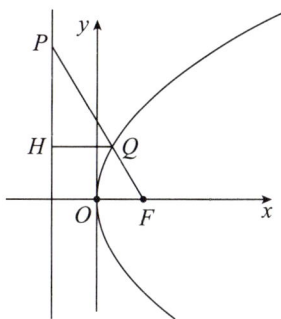

答案 C.

3. 焦点弦与焦点三角形

若抛物线的一条弦 PQ 过抛物线的焦点，则 PQ 称为抛物线的焦点弦，如图 1 所示. 把焦点弦的两个端点与抛物线的顶点连接起来，形成的三角形称为焦点三角形，如图 2 所示. 设抛物线焦准距为 p，焦点弦上任一焦半径的偏角为 θ（$\angle PFO$ 和 $\angle QFO$ 互补，正弦值相同，故都可设为 θ）.

(1)焦点弦长度公式：$|PQ|=\dfrac{2p}{\sin^2\theta}$； ——→ 头哥说：两公式结合在一起记忆，首先都"二"，即分子、分母都有"2"，然后由单位进行记忆，假设长度单位是米，即焦准距 p 的单位是米，焦点弦长度单位也是米，因此焦点弦长度公式分子为来 2，分母为平方；面积单位应该是平方米，因此面积公式分子为平方，分母为来 2.

(2)焦点三角形面积公式：$S_{\triangle OPQ}=\dfrac{p^2}{2\sin\theta}$.

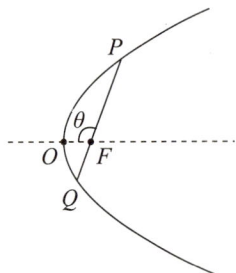
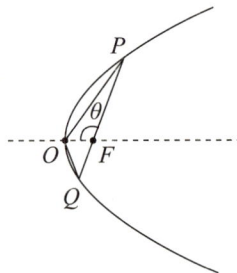

图 1　　　　　　　　　　图 2

【例 8】过抛物线 $y^2=2px(p>0)$ 的焦点 F 作倾斜角为 $45°$ 的直线交抛物线于 A,B 两点，若线段 AB 的长为 8，则 $p=$ _____．

解析 可取偏角 $\theta=45°$，由题得 $|AB|=\dfrac{2p}{\sin^2\theta}=4p=8$，解得 $p=2$．

　　　　　　　　　　　　　　　　　　→ 焦点弦长度公式．

答案 2．

【例 9】设抛物线 $C:y^2=4x$ 的焦点为 F，直线 l 过 F 且与 C 交于 A,B 两点，若 $|AF|=3|BF|$，则 $|AB|=$ _____．

解析 由题得焦准距 $p=2$，设 BF,AF 的偏角分别为 $\theta,\pi-\theta$，

由 $|AF|=3|BF|$，可得 $\dfrac{p}{1+\cos(\theta-\pi)}=3\cdot\dfrac{p}{1+\cos\theta}$，解得 $\cos\theta=\dfrac{1}{2}$，$\theta=\dfrac{\pi}{3}$，

　　　　　　　　　　　　　　　　　　　→ 偏角公式．

于是 $|AB|=\dfrac{2p}{\sin^2\theta}=\dfrac{16}{3}$．→ 焦点弦长度公式．　头哥说：该题也可由差和余公式求解偏角．

答案 $\dfrac{16}{3}$．

【例 10】已知 F 为抛物线 $C:y^2=4x$ 的焦点，过 F 作两条互相垂直的直线 l_1,l_2，直线 l_1 与 C 交于 A,B 两点，直线 l_2 与 C 交于 D,E 两点，则 $|AB|+|DE|$ 的最小值为 （　　）

　　A. 16　　　　　　　B. 14　　　　　　　C. 12　　　　　　　D. 10

解析 由题得焦准距 $p=2$，设 AF,DF 的偏角为 $\theta,\dfrac{\pi}{2}-\theta$，

$$|AB|+|DE|=\dfrac{2p}{\sin^2\theta}+\dfrac{2p}{\sin^2\left(\dfrac{\pi}{2}-\theta\right)}=\dfrac{4}{\sin^2\theta}+\dfrac{4}{\cos^2\theta}=\dfrac{4}{\sin^2\theta\cos^2\theta}=\dfrac{16}{\sin^2 2\theta},$$

　　　　　　　　　　　　　　　　　　　　　→ 焦点弦长度公式．

由 $0<\sin^2 2\theta\leqslant 1$，可知 $|AB|+|DE|=\dfrac{16}{\sin^2 2\theta}\geqslant 16$，当 $\theta=\dfrac{\pi}{4}$ 时取等号．

答案 A．

【例 11】过抛物线 $y^2=4x$ 的焦点 F 的直线交该抛物线于 A,B 两点，O 为坐标原点，若 $|AF|=3$，则 $\triangle AOB$ 的面积等于 _____．

解析 由题得焦准距 $p=2$，设 AF 的偏角为 θ，

则 $|AF| = \dfrac{p}{1+\cos\theta} = \dfrac{2}{1+\cos\theta} = 3$，解得 $\cos\theta = -\dfrac{1}{3}$，$\longrightarrow$ 偏角公式

可得 $\sin\theta = \dfrac{2\sqrt{2}}{3}$，所以 $S_{\triangle AOB} = \dfrac{p^2}{2\sin\theta} = \dfrac{4}{\frac{4\sqrt{2}}{3}} = \dfrac{3\sqrt{2}}{2}$．$\longrightarrow$ 焦点三角形面积公式

答案 $\dfrac{3\sqrt{2}}{2}$．

高考链接

【高1】（2022 全国乙理 5，5 分）设 F 为抛物线 $C:y^2=4x$ 的焦点，点 A 在 C 上，点 $B(3,0)$，若 $|AF|=|BF|$，则 $|AB|=$ 　　　　（　　）

A. 2   B. $2\sqrt{2}$ C. 3   D. $3\sqrt{2}$

【高2】（2021 新高考一 14，5 分）已知 O 为坐标原点，抛物线 $C:y^2=2px(p>0)$ 的焦点为 F，P 为 C 上一点，PF 与 x 轴垂直，Q 为 x 轴上一点，且 $PQ\perp OP$．若 $|FQ|=6$，则 C 的准线方程为_____．

【高3】（2021 北京 12，5 分）已知抛物线 $C:y^2=4x$，焦点为 F，点 M 为抛物线 C 上的点，且 $|FM|=6$，则 M 的横坐标是_____；作 $MN\perp x$ 轴于 N，则 $S_{\triangle FMN}=$_____．

【高4】（2020 全国 1 理 4，5 分）已知 A 为抛物线 $C:y^2=2px(p>0)$ 上一点，点 A 到 C 的焦点的距离为 12，到 y 轴的距离为 9，则 $p=$ 　　　　（　　）

A. 2   B. 3   C. 6   D. 9

【高5】（2022 新高考二 10 多选，5 分）已知 O 为坐标原点，过抛物线 $C:y^2=2px(p>0)$ 的焦点 F 的直线与 C 交于 A，B 两点，其中 A 在第一象限，点 $M(p,0)$，若 $|AF|=|AM|$，则

　　　　　　　　　　　　　　　　　　　　　　　　　　　　　（　　）

A. 直线 AB 的斜率为 $2\sqrt{6}$ B. $|OB|=|OF|$

C. $|AB|>4|OF|$ D. $\angle OAM+\angle OBM<180°$

【高6】（2020 新高考一 13，5 分）斜率为 $\sqrt{3}$ 的直线过抛物线 $C:y^2=4x$ 的焦点，且与 C 交于 A，B 两点，则 $|AB|=$_____．

头哥说：直线与
圆锥曲线的位
置关系是数形
结合的完美体
现，"数"主要
处理二次函数，
"形"主要处理
二次曲线。

第4节 直线与圆锥曲线的位置关系

知识梳理

基础知识

1. 直线与圆锥曲线的位置关系

将直线方程与圆锥曲线方程联立，消去一个变量得到关于 x（或 y）的一元方程：$Ax^2 + Bx + C = 0$（或 $Ay^2 + By + C = 0$）.

(1) $A \neq 0$ 时：⟶ 联立后为一元二次方程.

$\Delta = B^2 - 4AC > 0$，直线与圆锥曲线相交；

$\Delta = B^2 - 4AC = 0$，直线与圆锥曲线相切；

$\Delta = B^2 - 4AC < 0$，直线与圆锥曲线相离.

(2) $A = 0$，$B \neq 0$ 时：⟶ 联立后为一元一次方程.

若圆锥曲线为双曲线，则直线与双曲线的渐近线平行；

若圆锥曲线为抛物线，则直线与抛物线的对称轴平行或重合.

(3) $A = 0$，$B = 0$，$C \neq 0$ 时：

圆锥曲线只能为双曲线，且直线与双曲线的渐近线重合.

2. 弦长公式

设直线与圆锥曲线两个交点 $P(x_1, y_1)$，$Q(x_2, y_2)$.

(1) 弦长公式 x 版：设直线与圆锥曲线联立后的方程为 $Ax^2 + Bx + C = 0$，其中 $A \neq 0$，直线斜率为 k，则 $|PQ| = \sqrt{1+k^2}\,|x_1 - x_2| = \sqrt{1+k^2} \cdot \dfrac{\sqrt{\Delta}}{|A|}$，$\Delta = B^2 - 4AC$；

(2) 弦长公式 y 版：设直线与圆锥曲线联立后的方程为 $Ay^2 + By + C = 0$，其中 $A \neq 0$，直线倒斜率为 m，则 $|PQ| = \sqrt{1+m^2}\,|y_1 - y_2| = \sqrt{1+m^2} \cdot \dfrac{\sqrt{\Delta}}{|A|}$，$\Delta = B^2 - 4AC$.

倒斜率的定义：当直线不垂直于坐标轴时，倒斜率为斜率的倒数，即 $m = \dfrac{1}{k}$；当直线垂直于 x 轴时，倒斜率 $m = 0$；当直线垂直于 y 轴时，倒斜率不存在.

考点剖析

1. 设而不求 ⟶ 头哥说：设而不求是处理直线与圆锥曲线位置关系的核心思想。

设直线与圆锥曲线联立后的方程为 $Ax^2 + Bx + C = 0$（或 $Ay^2 + By + C = 0$），其中 $A \neq 0$，设两

个交点 $P(x_1,y_1),Q(x_2,y_2)$. 由韦达定理 $x_1+x_2=-\dfrac{B}{A}$, $x_1x_2=\dfrac{C}{A}$（或 $y_1+y_2=-\dfrac{B}{A}$, $y_1y_2=\dfrac{C}{A}$）.

将题目相关信息转化为 x_1+x_2 与 x_1x_2（或 y_1+y_2 与 y_1y_2），然后利用韦达定理（或弦长公式）进行整体代换.

该过程中设出 P 与 Q 的坐标,但是不直接求解出坐标,因此叫作设而不求.

在设而不求过程中,往往需要设出直线方程.如果直线不垂直于 x 轴,可优先考虑斜率设法,即设 $y=kx+t$（此时无须分类讨论）;如果直线不垂直于 y 轴,可优先考虑倒斜率设法,即设 $x=my+n$（此时无须分类讨论）;如果直线可垂直于 x 轴或 y 轴,斜率设法或倒斜率设法均可,即设 $y=kx+t$（此时需分类讨论,单独讨论垂直于 x 轴的情况）或 $x=my+n$（此时需分类讨论,单独讨论垂直于 y 轴的情况）.

【例1】椭圆 $\dfrac{x^2}{2}+y^2=1$ 的右焦点为 F,原点为 O,斜率为 k 的直线过点 F 并且与椭圆交于 A,B 两点,已知 $OA\perp OB$,则该直线方程为 _____.

解析 由题得 $c=\sqrt{2-1}=1$,于是 $F(1,0)$,设直线方程 $y=k(x-1)$,

> → 直线斜率存在,考虑斜率设法.

由 $\begin{cases} y=k(x-1) \\ \dfrac{x^2}{2}+y^2=1 \end{cases}$,可得 $(2k^2+1)x^2-4k^2x+2k^2-2=0$.

设 $A(x_1,y_1),B(x_2,y_2)$,由韦达定理知 $\begin{cases} x_1+x_2=\dfrac{4k^2}{2k^2+1} \\ x_1x_2=\dfrac{2k^2-2}{2k^2+1} \end{cases}$.

又由 $OA\perp OB$,可得 $\overrightarrow{OA}\cdot\overrightarrow{OB}=x_1x_2+y_1y_2=0$,

即 $x_1x_2+k(x_1-1)\cdot k(x_2-1)=(k^2+1)x_1x_2-k^2(x_1+x_2)+k^2=0$,

于是有 $(k^2+1)\cdot\dfrac{2k^2-2}{2k^2+1}-k^2\cdot\dfrac{4k^2}{2k^2+1}+k^2=0$,即 $k^2=2$,解得 $k=\pm\sqrt{2}$, → 设而不求,整体代换.

所以直线方程为 $\sqrt{2}x-y-\sqrt{2}=0$ 或 $\sqrt{2}x+y-\sqrt{2}=0$.

答案 $\sqrt{2}x-y-\sqrt{2}=0$ 或 $\sqrt{2}x+y-\sqrt{2}=0$.

【例2】已知 F 为抛物线 $y^2=x$ 的焦点,点 A,B 在该抛物线上且位于 x 轴的两侧,且点 A 在第一象限,$\overrightarrow{OA}\cdot\overrightarrow{OB}=2$,求 $\triangle ABO$ 与 $\triangle AFO$ 的面积之和的最小值.

解析 设 AB 与 x 轴交于 $M(n,0)$,易知 $n>0$,设直线 $AB:x=my+n$,

> → 直线不垂直于 y 轴,考虑倒斜率设法.

由 $\begin{cases} y^2=x \\ x=my+n \end{cases}$,可得 $y^2-my-n=0$.

设 $A(x_1,y_1)(y_1>0),B(x_2,y_2)$,由韦达定理知 $\begin{cases} y_1+y_2=m \\ y_1y_2=-n \end{cases}$,

于是 $\overrightarrow{OA}\cdot\overrightarrow{OB}=x_1x_2+y_1y_2=2$,即 $y_1^2y_2^2+y_1y_2=2$,

所以 $n^2-n-2=0$,解得 $n=2$ 或 $n=-1$（舍）. → 设而不求,整体代换.

$|OM|=2$, $|OF|=\dfrac{1}{4}$,所以 $S_{\triangle ABO}+S_{\triangle AFO}=\dfrac{1}{2}|OM|\cdot(y_1-y_2)+\dfrac{1}{2}|OF|\cdot y_1=\dfrac{9}{8}y_1-y_2$.

由 $y_1y_2=-2$ 可知 $y_2=-\dfrac{2}{y_1}$,

所以 $S_{\triangle ABO}+S_{\triangle AFO}=\dfrac{9}{8}y_1+\dfrac{2}{y_1}\geqslant 2\sqrt{\dfrac{9}{8}y_1\cdot\dfrac{2}{y_1}}=3$,当且仅当 $y_1=\dfrac{4}{3}$ 时,取等号,

所以 $S_{\triangle ABO}+S_{\triangle AFO}$ 的最小值为 3.

答案 3.

【例3】设 F_1,F_2 分别是椭圆 $E:\dfrac{x^2}{a^2}+\dfrac{y^2}{b^2}=1(a>b>0)$ 的左、右焦点,过 F_1 且斜率为 1 的直线 l 与 E 相交于 A,B 两点,且 $|AF_2|$,$|AB|$,$|BF_2|$ 成等差数列,求 E 的离心率.

解析 由题得 $F_1(-c,0)$,直线斜率 $k=1$,设直线方程 $y=x+c$,———→ 已知斜率,考虑斜率设法.

由 $\begin{cases} y=x+c \\ \dfrac{x^2}{a^2}+\dfrac{y^2}{b^2}=1 \end{cases}$,可得 $\left(1+\dfrac{b^2}{a^2}\right)x^2+2cx+c^2-b^2=0$.

设 $A(x_1,y_1)$,$B(x_2,y_2)$,$\Delta=4c^2-4\left(1+\dfrac{b^2}{a^2}\right)(c^2-b^2)=\dfrac{8b^4}{a^2}$,

于是 $|AB|=\sqrt{1+k^2}\,|x_1-x_2|=\sqrt{1+k^2}\cdot\dfrac{\sqrt{\dfrac{8b^4}{a^2}}}{\left|1+\dfrac{b^2}{a^2}\right|}=\sqrt{1+1}\cdot\dfrac{\dfrac{2\sqrt{2}b^2}{a}}{\dfrac{a^2+b^2}{a^2}}=\dfrac{4ab^2}{a^2+b^2}$.

又 $|AF_2|+|BF_2|=2a-|AF_1|+2a-|BF_1|=4a-|AB|$,

———→ 弦长公式,整体代换.

由等差数列可知 $|AF_2|+|BF_2|=2|AB|$,

于是 $|AB|=\dfrac{4ab^2}{a^2+b^2}=\dfrac{4a}{3}$,可得 $\dfrac{b^2}{a^2}=\dfrac{1}{2}$,

于是离心率 $e=\dfrac{c}{a}=\sqrt{1-\dfrac{b^2}{a^2}}=\dfrac{\sqrt{2}}{2}$.

答案 $\dfrac{\sqrt{2}}{2}$.

2. 点差法 ———→ 头哥说:对于解答题,需要掌握点差法步骤;对于选择、填空题,可以直接使用本节后面介绍的"斜率积性质".

设直线与圆锥曲线两个交点 $P(x_1,y_1)$,$Q(x_2,y_2)$,即 PQ 是圆锥曲线的一条弦,若题目涉及 PQ 的中点 $M(x_0,y_0)$,则称为中点弦问题. 中点弦问题可以不联立,而采用点差法来处理,计算量大大降低. 下面以椭圆为例,说明点差法的步骤.

如图所示,设椭圆方程为 $\dfrac{x^2}{a^2}+\dfrac{y^2}{b^2}=1(a>b>0)$.

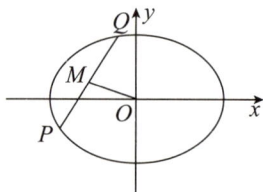

因为 P,Q 在椭圆上,有 $\dfrac{x_1^2}{a^2}+\dfrac{y_1^2}{b^2}=1$,$\dfrac{x_2^2}{a^2}+\dfrac{y_2^2}{b^2}=1$,

两式作差可得 $\dfrac{(x_1+x_2)(x_1-x_2)}{a^2}+\dfrac{(y_1+y_2)(y_1-y_2)}{b^2}=0$,

即 $\dfrac{x_1+x_2}{a^2}+\dfrac{y_1+y_2}{b^2}\cdot\dfrac{y_1-y_2}{x_1-x_2}=0$,又 $x_1+x_2=2x_0$,$y_1+y_2=2y_0$,直线斜率 $k_{PQ}=\dfrac{y_1-y_2}{x_1-x_2}$,

于是有 $\dfrac{x_0}{a^2}+\dfrac{y_0}{b^2}\cdot k_{PQ}=0$.

需要注意的是,点差法的过程无法保证直线与椭圆有两个交点,需要结合中点在椭圆内部,即 $\dfrac{x_0^2}{a^2}+\dfrac{y_0^2}{b^2}<1$(该式相当于直线与椭圆联立后的 $\Delta>0$),以保证直线与椭圆有两个交点.

对于"直线与双曲线"及"直线与抛物线"的中点弦问题,点差法与上述过程雷同,不予赘述.

【例4】已知椭圆 C:$9x^2+y^2=m^2(m>0)$,直线 l 不过原点 O 且不平行于坐标轴,l 与 C 有两个交点 A,B,线段 AB 的中点为 M.证明:直线 OM 的斜率与 l 的斜率的乘积为定值.

解析 设 $A(x_1,y_1)$,$B(x_2,y_2)$,$M(x_0,y_0)$,$\longrightarrow$ 中点弦问题,点差法.

由题得 $\begin{cases}9x_1^2+y_1^2=m^2\\9x_2^2+y_2^2=m^2\end{cases}$,作差得 $9(x_1^2-x_2^2)+y_1^2-y_2^2=0$,

所以 $9(x_1+x_2)+(y_1+y_2)\cdot\dfrac{y_1-y_2}{x_1-x_2}=0$.

又 $x_1+x_2=2x_0$,$y_1+y_2=2y_0$,直线 l 斜率 $k_l=\dfrac{y_1-y_2}{x_1-x_2}$,直线 OM 斜率 $k_{OM}=\dfrac{y_0}{x_0}$,

于是 $9\times2x_0+2y_0\cdot k_l=0$,有 $k_l\cdot\dfrac{y_0}{x_0}=k_l\cdot k_{OM}=-9$,

即直线 OM 的斜率与 l 的斜率的乘积为定值 -9.

【例5】如图所示,已知椭圆 $\dfrac{x^2}{2}+y^2=1$ 上两个不同的点 A,B 关于直线 $y=mx+\dfrac{1}{2}$ 对称.求实数 m 的取值范围.

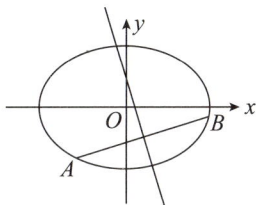

解析 由题得 $m=0$ 时显然不满足题意,因此 $m\neq0$.

$m=0$ 时,直线 AB 斜率不存在,所以先讨论 $m=0$ 时的情况.

设 $A(x_1,y_1)$,$B(x_2,y_2)$,AB 中点 $M(x_0,y_0)$,

由题得 $\begin{cases}\dfrac{x_1^2}{2}+y_1^2=1\\\dfrac{x_2^2}{2}+y_2^2=1\end{cases}$,作差得 $\dfrac{x_1^2-x_2^2}{2}+y_1^2-y_2^2=0$,$\longrightarrow$ 由对称可知,题目为中点弦问题,点差法.

所以 $\dfrac{(x_1+x_2)}{2}+(y_1+y_2)\cdot\dfrac{y_1-y_2}{x_1-x_2}=0$.

又 $x_1+x_2=2x_0$,$y_1+y_2=2y_0$,直线 AB 斜率 $k_{AB}=-\dfrac{1}{m}$,

于是 $\dfrac{2x_0}{2}+2y_0\cdot k_{AB}=0$ 即 $\dfrac{x_0}{2}-\dfrac{y_0}{m}=0$.

又 $y_0=mx_0+\dfrac{1}{2}$,可得 $x_0=-\dfrac{1}{m}$,$y_0=-\dfrac{1}{2}$,即 $M\left(-\dfrac{1}{m},-\dfrac{1}{2}\right)$.

由点 M 在椭圆内可知 $\dfrac{\left(-\dfrac{1}{m}\right)^2}{2}+\left(-\dfrac{1}{2}\right)^2<1$，解得 $m\in\left(-\infty,-\dfrac{\sqrt{6}}{3}\right)\cup\left(\dfrac{\sqrt{6}}{3},+\infty\right)$.

→ 由中点在椭圆内，构造不等式，求参数范围.

答案 $\left(-\infty,-\dfrac{\sqrt{6}}{3}\right)\cup\left(\dfrac{\sqrt{6}}{3},+\infty\right)$.

3.斜率积性质

→ 头哥说："斜率积性质"是点差法的等价结论，对于需要用点差法的选择、填空题，可以直接使用"斜率积性质"，能节省大量时间.

（1）中点弦问题：设直线与圆锥曲线两个交点 $P(x_1,y_1)$，$Q(x_2,y_2)$，PQ 的中点 $M(x_0,y_0)$.

在"点差法"部分，得到了椭圆的结论 $\dfrac{x_0}{a^2}+\dfrac{y_0}{b^2}\cdot k_{PQ}=0$.设原点为 O，则直线 OM 斜率 $k_{OM}=\dfrac{y_0}{x_0}$，

于是可得 $k_{PQ}\cdot k_{OM}=-\dfrac{b^2}{a^2}$，又椭圆离心率 $e=\dfrac{c}{a}=\sqrt{1-\dfrac{b^2}{a^2}}$，可得 $k_{PQ}\cdot k_{OM}=e^2-1$.

头哥说：有意思的是，圆的离心率可认为是 0，此时 $k_l k_{OM}=-1$，即 $l\perp OM$（垂径定理）.

由于该性质表示两个斜率的乘积为常数，所以称为斜率积性质.一般的，设直线 l 与圆锥曲线有两个交点，两交点的中点为 $M(x_0,y_0)$，原点为 O，k_l 表示直线 l 的斜率（m_l 表示直线 l 的倒斜率），k_{OM} 表示直线 OM 的斜率（m_{OM} 表示直线 OM 的倒斜率），e 表示圆锥曲线的离心率，p 表示抛物线的焦准距，则有下表所示性质.

圆锥曲线	焦点在 x 轴	焦点在 y 轴
椭圆	$k_l\cdot k_{OM}=e^2-1$	$m_l\cdot m_{OM}=e^2-1$
双曲线		
抛物线	$k_l\cdot y_0=\pm p$ ——→ 烤鱼（ky）	$m_l\cdot x_0=\pm p$ ——→ 米线（mx）

注：对于抛物线，焦点在相应坐标轴的正半轴取"$+$"，在负半轴取"$-$".

（2）相对点问题：设圆锥曲线上有两个点关于原点对称，记为 $A(x_1,y_1)$，$B(-x_1,-y_1)$，圆锥曲线上另有一点 $P(x_2,y_2)$，相应问题为相对点问题，相对点问题也可用点差法来处理，得到斜率积性质.下面以椭圆为例进行推导.

如图所示，设椭圆方程为 $\dfrac{x^2}{a^2}+\dfrac{y^2}{b^2}=1(a>b>0)$.因为 A，P 在椭圆上，有 $\dfrac{x_1^2}{a^2}+\dfrac{y_1^2}{b^2}=1$，$\dfrac{x_2^2}{a^2}+\dfrac{y_2^2}{b^2}=1$，

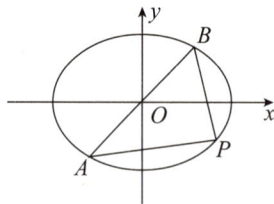

两式作差可得 $\dfrac{(x_1+x_2)(x_1-x_2)}{a^2}+\dfrac{(y_1+y_2)(y_1-y_2)}{b^2}=0$，

即 $\dfrac{1}{a^2}+\dfrac{1}{b^2}\cdot\dfrac{y_1+y_2}{x_1+x_2}\cdot\dfrac{y_1-y_2}{x_1-x_2}=0$.又 PA 斜率 $k_{PA}=\dfrac{y_1-y_2}{x_1-x_2}$，$PB$ 斜率 $k_{PB}=\dfrac{y_1+y_2}{x_1+x_2}$，

于是有 $k_{PA}\cdot k_{PB}=-\dfrac{b^2}{a^2}$，进而 $k_{PA}\cdot k_{PB}=e^2-1$（e 表示椭圆离心率）.

头哥说：有意思的是，圆的离心率可认为是 0，此时 $k_{PA}k_{PB}=-1$，即 $PA\perp PB$（直径所对圆周角为直角）.

此结论为相对点问题中的斜率积性质.一般的，设圆锥曲线上 A，B 两点关于原点对称，P

为曲线上另外一点，k_{PA}，k_{PB} 分别表示直线 PA，PB 的斜率，m_{PA}，m_{PB} 分别表示直线 PA，PB 的倒斜率，e 表示圆锥曲线的离心率，则有下表所示性质.

圆锥曲线	焦点在 x 轴	焦点在 y 轴
椭圆	$k_{PA} \cdot k_{PB} = e^2 - 1$	$m_{PA} \cdot m_{PB} = e^2 - 1$
双曲线		

注：抛物线上无法找到关于原点对称的两个点，因而抛物线无相对点问题.实际做题过程中，往往 A，B 为椭圆长轴或短轴的两个端点，或为双曲线实轴两个端点.

注意：斜率积性质适用于相应斜率（或倒斜率）均存在的情况.

【例 6】已知椭圆 $E: \dfrac{x^2}{a^2} + \dfrac{y^2}{b^2} = 1 (a > b > 0)$ 的右焦点为 $F(3,0)$，过点 F 的直线交椭圆 E 于 A，B 两点，若 AB 的中点坐标为 $(1,1)$，则椭圆 E 的方程为 （　　）

A. $\dfrac{x^2}{18} + \dfrac{y^2}{9} = 1$　　　　　　　　　　B. $\dfrac{x^2}{27} + \dfrac{y^2}{18} = 1$

C. $\dfrac{x^2}{36} + \dfrac{y^2}{27} = 1$　　　　　　　　　　D. $\dfrac{x^2}{45} + \dfrac{y^2}{36} = 1$

解析 记 AB 中点为 $M(1,1)$，则直线 AB 斜率为 $k_{AB} = k_{FM} = \dfrac{0-1}{3-1} = -\dfrac{1}{2}$.

又直线 OM 的斜率为 $k_{OM} = \dfrac{1}{1} = 1$，由斜率积性质 $e^2 - 1 = k_{AB} \cdot k_{OM} = -\dfrac{1}{2}$，

中点弦问题，斜率积性质.

解得 $e = \dfrac{c}{a} = \dfrac{\sqrt{2}}{2}$.又 $c = 3$，可得 $a = 3\sqrt{2}$，$b^2 = a^2 - c^2 = 9$，

所以椭圆 E 的方程为 $\dfrac{x^2}{18} + \dfrac{y^2}{9} = 1$.

答案 A.

【例 7】已知双曲线 $C: \dfrac{x^2}{a^2} - \dfrac{y^2}{b^2} = 1 (a > 0, b > 0)$，斜率为 1 的直线与 C 交于两点 A，B，若线段 AB 的中点为 $(4,1)$，则双曲线 C 的渐近线方程是 （　　）

A. $2x \pm y = 0$　　　　　　　　　　B. $x \pm 2y = 0$

C. $\sqrt{2} x \pm y = 0$　　　　　　　　　D. $x \pm \sqrt{2} y = 0$

解析 记 AB 中点为 $M(4,1)$，直线 AB 斜率为 $k_{AB} = 1$.

又直线 OM 的斜率为 $k_{OM} = \dfrac{1}{4}$，由斜率积性质 $e^2 - 1 = k_{AB} \cdot k_{OM} = \dfrac{1}{4}$，

中点弦问题，斜率积性质.

于是 $\dfrac{b^2}{a^2} = \dfrac{1}{4}$，所以渐近线为 $y = \pm \dfrac{b}{a} x = \pm \dfrac{1}{2} x$，即 $x \pm 2y = 0$.

答案 B.

【例 8】椭圆 $C: \dfrac{x^2}{4} + \dfrac{y^2}{3} = 1$ 的左、右顶点分别为 A_1，A_2，点 P 在 C 上且直线 PA_2 的斜率的取值范围是 $[-2, -1]$，那么直线 PA_1 斜率的取值范围是 （　　）

A. $\left[\dfrac{1}{2}, \dfrac{3}{4}\right]$　　　　　B. $\left[\dfrac{3}{8}, \dfrac{3}{4}\right]$　　　　　C. $\left[\dfrac{1}{2}, 1\right]$　　　　　D. $\left[\dfrac{3}{4}, 1\right]$

解析 由题得 $e^2-1=-\dfrac{b^2}{a^2}=-\dfrac{3}{4}$，由斜率积性质 $e^2-1=k_{PA_1}\cdot k_{PA_2}=-\dfrac{3}{4}$，

→ 相对点问题，斜率积性质.

又 $k_{PA_2}\in\left[-2,-1\right]$，所以 $k_{PA_1}\in\left[\dfrac{3}{8},\dfrac{3}{4}\right]$.

答案 B.

【例 9】 已知 A,B 分别为双曲线 E 的左、右顶点，点 M 在 E 上，$\triangle ABM$ 为等腰三角形，且顶角为 $120°$，则 E 的离心率为 （   ）

A. $\sqrt{5}$　　　　　　B. 2　　　　　　C. $\sqrt{3}$　　　　　　D. $\sqrt{2}$

解析 如图所示，不妨令 $\angle MBA=120°$，易得直线 MA,MB 的倾斜角分别为 $30°,60°$，

于是 $k_{MA}=\tan 30°=\dfrac{\sqrt{3}}{3}$，$k_{MB}=\tan 60°=\sqrt{3}$，

由斜率积性质 $e^2-1=k_{MA}\cdot k_{MB}=1$，所以 $e=\sqrt{2}$.

→ 相对点问题，斜率积性质.

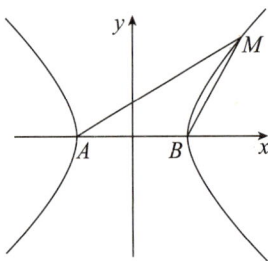

答案 D.

【例 10】 过点 $Q(4,1)$ 作抛物线 $y^2=8x$ 的弦 AB，若弦 AB 恰被 Q 平分，则 AB 所在的直线方程是 _____.

解析 由题得中点 Q 的纵坐标 $y_0=1$，抛物线焦准距 $p=4$.

设直线 AB 斜率为 $k_{AB}=k$，由斜率积性质 $k\cdot y_0=p$，可得 $k=4$，

→ 中点弦问题，斜率积性质.

所以直线方程为 $y-1=4(x-4)$，即 $4x-y-15=0$.

答案 $4x-y-15=0$.

【例 11】 直线 $y=kx-2$ 与抛物线 $y^2=8x$ 交于不同的两点 P,Q，若 PQ 的中点的横坐标为 2，则 $k=$ _____.

解析 由题得中点横坐标 $x_0=2$，纵坐标 $y_0=2k-2$，抛物线焦准距 $p=4$.

由斜率积性质 $k\cdot y_0=p$，即 $k^2-k-2=0$，解得 $k=2$ 或 $k=-1$.

→ 中点弦问题，斜率积性质.

又中点在抛物线内，所以 $y_0^2<8x_0$，得 $-1<k<3$，所以 $k=2$.

→ 出现多解时，考虑舍解，中点在抛物线内部.

答案 2.

4. 切线方程与切点弦方程 *→ 头哥说："切线变一半"*

曲线方程中变量最高次数是二次的曲线称为二次曲线，包括圆、椭圆、双曲线、抛物线.

过二次曲线外一点，作曲线的两条切线，称两个切点的连线为曲线的切点弦.

(1)切线方程：过二次曲线 $f(x,y)=0$ 上一点 $P(x_0,y_0)$ 的切线方程为 $f_\text{变}(x,y)=0$.

$f_\text{变}(x,y)=0$ 表示对 $f(x,y)=0$ 中的变量"变一半"，即 $x^2\to x_0x$，$y^2\to y_0y$，$(x-a)^2\to$

$(x_0-a)(x-a)$，$(y-b)^2\to(y_0-b)(y-b)$，$x\to\dfrac{x+x_0}{2}$，$y\to\dfrac{y+y_0}{2}$；

(2)切点弦方程:二次曲线 $f(x,y)=0$ 外一点 $P(x_0,y_0)$ 对应的切点弦方程为 $f_{\text{变}}(x,y)=0$.

例如:对于点 $P(x_0,y_0)$,圆方程 $(x-a)^2+(y-b)^2=r^2$,"变一半"后为 $(x_0-a)(x-a)+(y_0-b)(y-b)=r^2$;椭圆方程 $\dfrac{x^2}{a^2}+\dfrac{y^2}{b^2}=1$,"变一半"后为 $\dfrac{x_0x}{a^2}+\dfrac{y_0y}{b^2}=1$;双曲线方程 $\dfrac{x^2}{a^2}-\dfrac{y^2}{b^2}=1$,"变一半"后为 $\dfrac{x_0x}{a^2}-\dfrac{y_0y}{b^2}=1$;抛物线方程 $y^2=2px$,"变一半"后为 $y_0y=p(x_0+x)$.

【例 12】 已知圆 C 的圆心在直线 $x+y=0$ 上,且与直线 $y=2x$ 相切于点 $P(1,2)$,则圆 C 的圆心坐标为_____,半径为_____.

解析 设圆心 $(a,-a)$,于是设圆的方程 $(x-a)^2+(y+a)^2=r^2$.

切点为 $P(1,2)$,所以切线方程为 $(1-a)(x-a)+(2+a)(y+a)=r^2$, → "切线变一半"

即 $(1-a)x+(2+a)y+2a^2+a-r^2=0$,与 $y=2x$ 比对系数,

可得 $\begin{cases} 2a^2+a-r^2=0 \\ 1-a=-2(2+a) \end{cases}$,解得 $\begin{cases} a=-5 \\ r=3\sqrt{5} \end{cases}$,所以圆心坐标为 $(-5,5)$,半径为 $3\sqrt{5}$.

答案 $(-5,5)$;$3\sqrt{5}$.

【例 13】 动点 P 在直线 $y=x+2$ 上,过点 P 作抛物线 $C:y^2=x$ 的两条切线,切点分别为 A,B,则直线 AB 恒过点_____.

解析 设 $P(x_0,x_0+2)$,由题得 AB 方程为 $(x_0+2)\cdot y=\dfrac{x+x_0}{2}$, → "切线变一半"

即 $x_0(2y-1)+4y-x=0$,易知恒过点 $\left(2,\dfrac{1}{2}\right)$.

答案 $\left(2,\dfrac{1}{2}\right)$.

【例 14】 设椭圆 $\dfrac{x^2}{4}+y^2=1$ 在 $P(x_0,y_0)$ 处的切线为 l,直线 l 与两坐标轴交点为 A,B,则 $S_{\triangle AOB}$ 的最小值为_____,$|AB|$ 的最小值为_____.

解析 由题得切线方程为 $l:\dfrac{x_0x}{4}+y_0y=1$,于是有 $A\left(\dfrac{4}{x_0},0\right)$,$B\left(0,\dfrac{1}{y_0}\right)$. → "切线变一半"

又知 $\dfrac{x_0^2}{4}+y_0^2=1$,由 $\dfrac{x_0^2}{4}+y_0^2=1\geqslant 2\sqrt{\dfrac{x_0^2}{4}\cdot y_0^2}=|x_0||y_0|$,

$S_{\triangle AOB}=\dfrac{1}{2}|OA||OB|=\dfrac{1}{2}\cdot\dfrac{4}{|x_0|}\cdot\dfrac{1}{|y_0|}=\dfrac{2}{|x_0||y_0|}\geqslant 2$,当且仅当 $|x_0|=2|y_0|$ 时取等号.

又知 $|AB|=\sqrt{\dfrac{16}{x_0^2}+\dfrac{1}{y_0^2}}=\sqrt{\left(\dfrac{16}{x_0^2}+\dfrac{1}{y_0^2}\right)\left(\dfrac{x_0^2}{4}+y_0^2\right)}=\sqrt{5+\dfrac{16y_0^2}{x_0^2}+\dfrac{x_0^2}{4y_0^2}}\geqslant\sqrt{5+2\sqrt{\dfrac{16y_0^2}{x_0^2}\cdot\dfrac{x_0^2}{4y_0^2}}}=3$,

当且仅当 $|x_0|=2\sqrt{2}|y_0|$ 时取等号.

答案 2;3.

【例 15】 已知 P 是直线 $l:y=x+3$ 上一点,过点 P 作抛物线 $y^2=2x$ 的两条切线,切点分别为 A,B,则 $\triangle PAB$ 面积的最小值为_____.

→ "切线变一半"

解析 设 $P(y_0-3,y_0)$,由题得切点弦 AB 方程为 $y_0y=x+y_0-3$,即 $x-y_0y+y_0-3=0$,

由 $\begin{cases} x-y_0y+y_0-3=0 \\ y^2=2x \end{cases}$,得 $y^2-2y_0y+2y_0-6=0$,$\Delta=4y_0^2-4(2y_0-6)=4(y_0^2-2y_0+6)$.

由弦长公式 $|AB|=\sqrt{1+y_0^2}\,|y_1-y_2|=\sqrt{1+y_0^2}\cdot\sqrt{\Delta}=2\sqrt{1+y_0^2}\cdot\sqrt{y_0^2-2y_0+6}$.

又 P 到直线 AB 的距离为 $d=\dfrac{|y_0^2-2y_0+6|}{\sqrt{1+y_0^2}}=\dfrac{y_0^2-2y_0+6}{\sqrt{1+y_0^2}}$,

所以 $S_{\triangle PAB}=\dfrac{1}{2}\cdot|AB|\cdot d=\sqrt{(y_0^2-2y_0+6)^3}$.

又由 $y_0^2-2y_0+6=(y_0-1)^2+5\geqslant 5$,可得 $S_{\triangle PAB}=\sqrt{(y_0^2-2y_0+6)^3}\geqslant 5\sqrt{5}$,

当 $y_0=1$ 时取等号,所以最小面积为 $5\sqrt{5}$.

答案 $5\sqrt{5}$.

高考链接

【高1】(2022 新高考一 11 多选,5 分)已知 O 为坐标原点,点 $A(1,1)$ 在抛物线 $C:x^2=2py(p>0)$ 上,过点 $B(0,-1)$ 的直线交 C 于 P,Q 两点,则　　　　(　　)

A.C 的准线为 $y=-1$　　　　　　B. 直线 AB 与 C 相切

C.$|OP|\,|OQ|>|OA|^2$　　　　　　D. $|BP|\,|BQ|>|BA|^2$

【高2】(2022 新高考一 16,5 分)已知椭圆 $C:\dfrac{x^2}{a^2}+\dfrac{y^2}{b^2}=1(a>b>0)$,$C$ 的上顶点为 A,两个焦点为 F_1,F_2,离心率为 $\dfrac{1}{2}$.过 F_1 且垂直于 AF_2 的直线与 C 交于 D,E 两点,$|DE|=6$,则 $\triangle ADE$ 的周长是_____.

【高3】(2022 全国甲理 10,5 分)椭圆 $C:\dfrac{x^2}{a^2}+\dfrac{y^2}{b^2}=1(a>b>0)$ 的左顶点为 A,点 P,Q 均在 C 上,且关于 y 轴对称.若直线 AP,AQ 的斜率之积为 $\dfrac{1}{4}$,则 C 的离心率为　　　(　　)

A.$\dfrac{\sqrt{3}}{2}$　　　　　　B.$\dfrac{\sqrt{2}}{2}$　　　　　　C.$\dfrac{1}{2}$　　　　　　D.$\dfrac{1}{3}$

【高4】(2022 新高考二 16,5 分)已知直线 l 与椭圆 $\dfrac{x^2}{6}+\dfrac{y^2}{3}=1$ 在第一象限交于 A,B 两点,l 与 x 轴、y 轴分别相交于 M,N 两点,且 $|MA|=|NB|$,$|MN|=2\sqrt{3}$,则 l 的方程为_____.

【高5】(2022 新高考一 14,5 分)写出与圆 $x^2+y^2=1$ 和 $(x-3)^2+(y-4)^2=16$ 都相切的一条直线的方程_____.

【高6】(2020 全国 1 理 11,5 分)已知 $\odot M:x^2+y^2-2x-2y-2=0$,直线 $l:2x+y+2=0$,P 为 l 上的动点,过点 P 作 $\odot M$ 的切线 PA,PB,切点为 A,B,当 $|PM|\,|AB|$ 最小时,直线 AB 的方程为　　　　(　　)

A.$2x-y-1=0$　　　　　　　B.$2x+y-1=0$

C.$2x-y+1=0$　　　　　　　D.$2x+y+1=0$

专题9 联立模型

在圆锥曲线解答题的求解过程中,会出现很多变量,头哥将这些变量分为两类:一类叫作关键变量,简称关变;一类叫作酱油变量,简称酱变.关键变量是指从产生一直持续到题目最终,可以主动改变的变量,例如:直线的斜率 k;酱油变量是指在解题过程中临时用到的一些中间变

→顾名思义,"打酱油"的变量.

量,往往都是被动改变的量,例如:直线与圆锥曲线的交点坐标 $P(x_1, y_1), Q(x_2, y_2)$.

圆锥曲线解答题的核心思想,就是根据题目描述,建立等量关系,消去酱油变量,最终将问题转化为与关键变量相关的方程、不等式或函数.

圆锥曲线解答题的核心步骤为:

(1)设线联立:设出直线,与圆锥曲线进行联立,得到方程 $Ax^2 + Bx + C = 0$(或 $Ay^2 + By + C = 0$),$A \neq 0$,并且有 $\Delta = B^2 - 4AC > 0$;

(2)设点韦达:设出直线与圆锥曲线交点 $P(x_1, y_1), Q(x_2, y_2)$,根据韦达定理 $x_1 + x_2 = -\dfrac{B}{A}, x_1 x_2 = \dfrac{C}{A}$(或 $y_1 + y_2 = -\dfrac{B}{A}, y_1 y_2 = \dfrac{C}{A}, A \neq 0$);

→头哥说:"条件转化"是圆锥曲线解答题最难点,题目做不出来,往往就是卡在这里.

(3)条件转化:将题目所给条件转化为与关变和酱变相关的等量关系;

(4)关变表达:消去酱变,将所求问题转化为关变的方程、不等式或函数,再解答.

1.单一关变 →头哥说:在解题的过程中,可能需要引入很多临时变量(酱变),要时刻牢记方程思想,即引入一个变量的同时,要找到一个相应的等量关系来"消掉"该变量.

一般来讲,圆锥曲线解答题仅有一个关变,例如:对于过某点的直线,可设直线斜率 k(或倒斜率 m)为关变(注意要单独讨论斜率或倒斜率不存在的情况),对于斜率确定(或倒斜率确定)的直线,可设直线 y 轴截距 t(或 x 轴截距 n)为关变. →倒斜率的定义,见"本章第4节"

【例1】 在平面直角坐标系中,已知椭圆 $C: \dfrac{x^2}{2} + y^2 = 1$.若过点 $B(0,2)$ 的直线 l 与椭圆交于不同的两点 E, F,求 $\triangle OBE$ 与 $\triangle OBF$ 面积比值的范围.

解析 当直线斜率不存在时,易知无法构成三角形.

→设线联立.

当直线斜率存在时,设 $l: y = kx + 2$,由 $\begin{cases} y = kx + 2 \\ \dfrac{x^2}{2} + y^2 = 1 \end{cases}$,可得 $(1 + 2k^2)x^2 + 8kx + 6 = 0$,

→关变为 k.

由 $\Delta = (8k)^2 - 24(1 + 2k^2) = 16k^2 - 24 > 0$,可得 $k^2 > \dfrac{3}{2}$.

设 $E(x_1, y_1), F(x_2, y_2)$,

→设点韦达.

于是 $x_1 + x_2 = -\dfrac{8k}{1 + 2k^2}, x_1 x_2 = \dfrac{6}{1 + 2k^2} > 0$,可知 x_1, x_2 同号,

于是 $S_{\triangle OBE} = \dfrac{1}{2}|OB||x_1| = |x_1|, S_{\triangle OBF} = \dfrac{1}{2}|OB||x_2| = |x_2|$,

所以 $\dfrac{S_{\triangle OBE}}{S_{\triangle OBF}} = \dfrac{|x_1|}{|x_2|} = \dfrac{x_1}{x_2}$. 记 $\dfrac{x_1}{x_2} = t$, →条件转化

于是 $\dfrac{(x_1+x_2)^2}{x_1 x_2}=\dfrac{x_1}{x_2}+\dfrac{x_2}{x_1}+2=\dfrac{\left(-\dfrac{8k}{1+2k^2}\right)^2}{\dfrac{6}{1+2k^2}}=\dfrac{32k^2}{3(1+2k^2)}$，即 $t+\dfrac{1}{t}+2=\dfrac{32k^2}{3(1+2k^2)}$，

因为 $k^2>\dfrac{3}{2}$，所以 $\dfrac{32k^2}{3(1+2k^2)}=\dfrac{32}{3}\cdot\dfrac{1}{2+\dfrac{1}{k^2}}\in\left(4,\dfrac{16}{3}\right)$，

于是 $4<t+\dfrac{1}{t}+2<\dfrac{16}{3}$，解得 $t\in\left(\dfrac{1}{3},1\right)\cup(1,3)$，即 $\dfrac{S_{\triangle OBE}}{S_{\triangle OBF}}\in\left(\dfrac{1}{3},1\right)\cup(1,3)$.

答案 $\left(\dfrac{1}{3},1\right)\cup(1,3)$.

【例2】如图所示，已知过抛物线 $x^2=4y$ 的焦点 F 的直线 l 与抛物线相交于 A,B 两点，与椭圆 $\dfrac{3}{4}y^2+\dfrac{3}{2}x^2=1$ 的交点为 C,D，是否存在直线 l 使得 $|AF||CF|=|BF||DF|$？若存在，求出直线 l 的方程；若不存在，请说明理由.

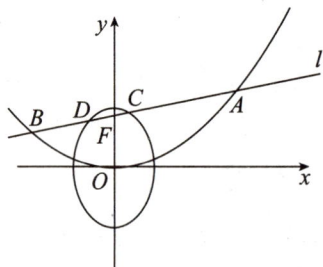

解析 由题得 $F(0,1)$. 假设存在直线 l，易知直线斜率存在，设 $l:y=kx+1$. → 关变为 k.

由 $\begin{cases}y=kx+1\\x^2=4y\end{cases}$，可得 $x^2-4kx-4=0$.

设 $A(x_1,y_1),B(x_2,y_2)$，有 $\begin{cases}x_1+x_2=4k\\x_1x_2=-4\end{cases}$.

由 $\begin{cases}y=kx+1\\\dfrac{3}{4}y^2+\dfrac{3}{2}x^2=1\end{cases}$，可得 $(3k^2+6)x^2+6kx-1=0$.

设 $C(x_3,y_3),D(x_4,y_4)$，有 $\begin{cases}x_3+x_4=-\dfrac{6k}{3k^2+6}\\x_3x_4=-\dfrac{1}{3k^2+6}\end{cases}$. → 设线联立+设点韦达.

由 $|AF||CF|=|BF||DF|$，可知 $\dfrac{|AF|}{|BF|}=\dfrac{|DF|}{|CF|}$，不妨设 $\dfrac{|AF|}{|BF|}=\dfrac{|DF|}{|CF|}=\lambda$，

于是 $\overrightarrow{AF}=\lambda\overrightarrow{FB},\overrightarrow{DF}=\lambda\overrightarrow{FC}$. → 条件转化.

又知 $\overrightarrow{AF}=(-x_1,1-y_1),\overrightarrow{FB}=(x_2,y_2-1),\overrightarrow{DF}=(-x_4,1-y_4),\overrightarrow{FC}=(x_3,y_3-1)$，

于是有 $-x_1=\lambda x_2,-x_4=\lambda x_3$，

由 $\begin{cases}x_1+x_2=(1-\lambda)x_2=4k\\x_1x_2=-\lambda x_2^2=-4\end{cases}$，可得 $\dfrac{(1-\lambda)^2}{-\lambda}=-4k^2$，

由 $\begin{cases} x_3+x_4=(1-\lambda)x_3=-\dfrac{6k}{3k^2+6} \\ x_3x_4=-\lambda x_3^2=-\dfrac{1}{3k^2+6} \end{cases}$，可得 $\dfrac{(1-\lambda)^2}{-\lambda}=-\dfrac{36k^2}{3k^2+6}$，→ 关变表达.

于是 $-4k^2=-\dfrac{36k^2}{3k^2+6}$，解得 $k=0$ 或 $k=\pm1$，

所以存在三条满足条件的直线，其方程为：$y=1$，$y=\pm x+1$.

答案 存在，$y=1$，$y=\pm x+1$.

【例3】在平面直角坐标系 xOy 中，已知抛物线 $x^2=2y$. 过点 $M(4,0)$ 作抛物线的切线 MA，切点为 A（异于点 O），直线 l 过点 M 与抛物线交于两点 P，Q，与直线 OA 交于点 N. 试问 $\dfrac{|MN|}{|MP|}+\dfrac{|MN|}{|MQ|}$ 的值是否为定值？若是，求出定值；若不是，请说明理由.

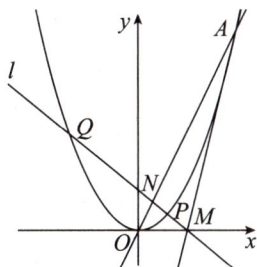

解析 设切点 $A(x_0,y_0)$，抛物线为 $y=\dfrac{1}{2}x^2$，于是 $y'=x$，→ 借助导数求抛物线切线.

所以切线斜率为 $k=x_0$，于是切线方程为 $y-y_0=x_0(x-x_0)$，

代入 $M(4,0)$ 及 $y_0=\dfrac{1}{2}x_0^2$，可得 $-\dfrac{1}{2}x_0^2=x_0(4-x_0)$，解得 $x_0=0$（舍）或 $x_0=8$，

于是 $A(8,32)$，所以 OA：$y=4x$，→ 倒斜率设法，条件转化更简单.

易知直线 l 斜率不为零，设 l：$x=my+4$，由 $\begin{cases} x=my+4 \\ x^2=2y \end{cases}$，可得 $m^2y^2+(8m-2)y+16=0$，

↓ 关变为 m. 设根联立.

设 $P(x_1,y_1)$，$Q(x_2,y_2)$，有 $\begin{cases} y_1+y_2=\dfrac{2-8m}{m^2} \\ y_1y_2=\dfrac{16}{m^2} \end{cases}$，→ 设点韦达.

设 $N(x_3,y_3)$，有 $\begin{cases} x_3=my_3+4 \\ y_3=4x_3 \end{cases}$，解得 $\begin{cases} x_3=\dfrac{4}{1-4m} \\ y_3=\dfrac{16}{1-4m} \end{cases}$.

→ 条件转化＋关变表达.

由题得 $\dfrac{|MN|}{|MP|}+\dfrac{|MN|}{|MQ|}=\dfrac{y_3}{y_1}+\dfrac{y_3}{y_2}=y_3\left(\dfrac{1}{y_1}+\dfrac{1}{y_2}\right)=y_3\cdot\dfrac{y_1+y_2}{y_1y_2}=\dfrac{16}{1-4m}\cdot\dfrac{\dfrac{2-8m}{m^2}}{\dfrac{16}{m^2}}=2$，

所以 $\dfrac{|MN|}{|MP|}+\dfrac{|MN|}{|MQ|}$ 为定值 2.

答案 是定值，2.

【例 4】 已知椭圆 $C_1: \dfrac{x^2}{4}+\dfrac{y^2}{2}=1$. 如图所示,以椭圆 C_1 的长轴为直径作圆 C_2,过直线 $x=-2\sqrt{2}$ 上的动点 T,作圆 C_2 的两条切线,设切点分别为 A,B,若直线 AB 与椭圆 C_1 交于不同的两点 C,D,求 $\dfrac{|AB|}{|CD|}$ 的取值范围.

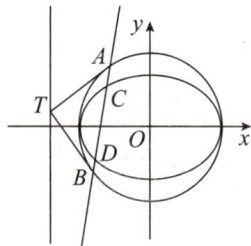

解析 由题得圆 $C_2: x^2+y^2=4$,设 $T(-2\sqrt{2},t)$,$A(x_1,y_1)$,$B(x_2,y_2)$, ← 关变为 t.

由圆的性质可得 $AT: x_1x+y_1y=4$,$BT: x_2x+y_2y=4$,

代入 $T(-2\sqrt{2},t)$ 可得 $\begin{cases} -2\sqrt{2}x_1+ty_1=4 \\ -2\sqrt{2}x_2+ty_2=4 \end{cases}$,所以 A,B 满足方程 $-2\sqrt{2}x+ty-4=0$,

→ 对于切点弦方程,解答题需要简单证明一下.

则 O 到 AB 的距离 $d_{O\text{-}AB}=\dfrac{4}{\sqrt{8+t^2}}$,所以 $|AB|=2\sqrt{r^2-d_{O\text{-}AB}^2}=4\sqrt{\dfrac{t^2+4}{t^2+8}}$,

由 $\begin{cases} -2\sqrt{2}x+ty-4=0 \\ \dfrac{x^2}{4}+\dfrac{y^2}{2}=1 \end{cases}$,可得 $(t^2+16)y^2-8ty-16=0$,

$\Delta=(-8t)^2+64(t^2+16)=128(t^2+8)$. 设 $C(x_3,y_3)$,$D(x_4,y_4)$,

所以 $|CD|=\sqrt{1+\dfrac{t^2}{8}}\,|y_1-y_2|=\sqrt{1+\dfrac{t^2}{8}}\cdot\dfrac{\sqrt{\Delta}}{t^2+16}=\dfrac{4(t^2+8)}{t^2+16}$, → 弦长公式(条件转化).

于是 $\dfrac{|AB|}{|CD|}=4\sqrt{\dfrac{t^2+4}{t^2+8}}\cdot\dfrac{t^2+16}{4(t^2+8)}=\sqrt{\dfrac{t^2+4}{t^2+8}\cdot\dfrac{t^2+16}{t^2+8}}$, → 关变表达.

设 $m=t^2+8(m\geqslant8)$,于是 $\dfrac{|AB|}{|CD|}=\sqrt{\dfrac{m^3+12m^2-256}{m^3}}=\sqrt{1+\dfrac{12}{m}-\dfrac{256}{m^3}}$.

设 $\dfrac{1}{m}=s\left(0<s\leqslant\dfrac{1}{8}\right)$,所以 $\dfrac{|AB|}{|CD|}=\sqrt{1+12s-256s^3}$.

设 $f(s)=1+12s-256s^3$,则 $f'(s)=12-768s^2\geqslant0$.

所以 $f(s)$ 在 $\left(0,\dfrac{1}{8}\right]$ 单调递增,于是 $f(s)\in(1,2)$,即 $\dfrac{|AB|}{|CD|}\in(1,\sqrt{2})$.

答案 $(1,\sqrt{2})$.

头哥说:对于"形二实一"的情况,往往用一个变量表示另一个变量形式较为复杂,因此在计算过程中往往使用两个变量,而到最后一步再利用等量关系消掉其中一个.

2. 形二实一

所谓"形二实一"是指形式上有两个关变,但是实际上只有一个关变. 例如:对于不过定点也未知斜率的直线,可以设为斜率形式 $y=kx+t$(注意要单独讨论斜率不存在的情况)或倒斜率形式 $x=my+n$(注意要单独讨论倒斜率不存在的情况),形式上有两个关变 k 与 t 或 m 与 n,但是一般题目都会对直线有一定的要求,从而得到关于两个变量的一个等量关系. 因此,实际上只有一个关变.

【例5】椭圆 $C: \dfrac{x^2}{2}+y^2=1$. 动直线 l 与椭圆 C 有且只有一个公共点,问:在 x 轴上是否存在两个定点,它们到直线 l 的距离之积等于1?若存在,求出这两个定点的坐标;若不存在,请说明理由.

解析 假设存在 x 轴上两定点 $M_1(\lambda_1,0)$,$M_2(\lambda_2,0)$,不妨令 $\lambda_1<\lambda_2$.

(1)当直线斜率存在时,设直线 $l: y=kx+t$,———→ 形二实一两变量 k,t.

由 $\begin{cases} y=kx+t \\ \dfrac{x^2}{2}+y^2=1 \end{cases}$,可得 $(2k^2+1)x^2+4ktx+2t^2-2=0$,———→ 设线联立.

于是 $\Delta=(4kt)^2-4(2k^2+1)(2t^2-2)=0$,即 $t^2=2k^2+1$,———→ 形二实一等量关系.

两点到直线 l 的距离分别为 $d_{M_1-l}=\dfrac{|k\lambda_1+t|}{\sqrt{k^2+1}}$,$d_{M_2-l}=\dfrac{|k\lambda_2+t|}{\sqrt{k^2+1}}$,———→ 条件转化.

所以 $d_{M_1-l}\cdot d_{M_2-l}=\dfrac{|k\lambda_1+t|}{\sqrt{k^2+1}}\cdot\dfrac{|k\lambda_2+t|}{\sqrt{k^2+1}}=\dfrac{|k^2\lambda_1\lambda_2+kt(\lambda_1+\lambda_2)+t^2|}{k^2+1}=1$,

将 $t^2=2k^2+1$ 代入可得 $|k^2\lambda_1\lambda_2+kt(\lambda_1+\lambda_2)+2k^2+1|=k^2+1$,———→ 关变表达.

当 $k^2\lambda_1\lambda_2+kt(\lambda_1+\lambda_2)+2k^2+1=k^2+1$ 时,

$k^2(\lambda_1\lambda_2+1)+kt(\lambda_1+\lambda_2)=0$ 恒成立,于是 $\begin{cases} \lambda_1\lambda_2=-1 \\ \lambda_1+\lambda_2=0 \\ \lambda_1<\lambda_2 \end{cases}$,可得 $\begin{cases} \lambda_1=-1 \\ \lambda_2=1 \end{cases}$.

当 $k^2\lambda_1\lambda_2+kt(\lambda_1+\lambda_2)+2k^2+1=-k^2-1$ 时,

$k^2(\lambda_1\lambda_2+3)+kt(\lambda_1+\lambda_2)+2=0$ 恒成立,易知无解,

所以 $\lambda_1=-1$,$\lambda_2=1$,于是 $M_1(-1,0)$,$M_2(1,0)$.

(2)当直线斜率不存在时,易知 $l: x=\pm\sqrt{2}$,下面验证 $M_1(-1,0)$,$M_2(1,0)$.

当 $l: x=\sqrt{2}$ 时,$d_{M_1-l}=\sqrt{2}+1$,$d_{M_2-l}=\sqrt{2}-1$,$d_{M_1-l}\cdot d_{M_2-l}=1$ 成立.

当 $l: x=-\sqrt{2}$ 时,$d_{M_1-l}=\sqrt{2}-1$,$d_{M_2-l}=\sqrt{2}+1$,$d_{M_1-l}\cdot d_{M_2-l}=1$ 成立.

综上,存在满足题意要求的两定点 $(-1,0)$,$(1,0)$.

答案 存在,$(-1,0)$,$(1,0)$.

【例6】已知椭圆 $C: \dfrac{x^2}{3}+\dfrac{y^2}{2}=1$,直线 l 与椭圆交于两不同点 P,Q. 若 $\overrightarrow{OP}+\overrightarrow{OQ}=\overrightarrow{ON}$,当 $\triangle OPQ$ 的面积为 $\dfrac{\sqrt{6}}{2}$ 时,求 $|\overrightarrow{ON}||\overrightarrow{PQ}|$ 的最大值.

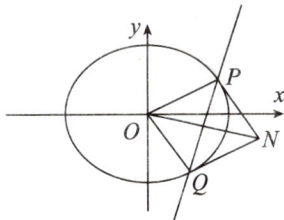

解析 (1)当直线 l 斜率不存在时,易知 P,Q 关于 x 轴对称.

设 $P(x_0,y_0)$,$Q(x_0,-y_0)$,$x_0,y_0>0$,所以 $S_{\triangle OPQ}=\dfrac{1}{2}|x_0||2y_0|=x_0y_0=\dfrac{\sqrt{6}}{2}$.

再由 $\dfrac{x_0^2}{3}+\dfrac{y_0^2}{2}=1$ 可解得 $\begin{cases} x_0=\dfrac{\sqrt{6}}{2} \\ y_0=1 \end{cases}$，于是 $\overrightarrow{ON}=(\sqrt{6},0)$，$\overrightarrow{PQ}=(0,-2)$，

所以 $|\overrightarrow{ON}|\,|\overrightarrow{PQ}|=2\sqrt{6}$.

(2) 当直线 l 斜率存在时，

设 $l:y=kx+t$，由 $\begin{cases} y=kx+t \\ \dfrac{x^2}{3}+\dfrac{y^2}{2}=1 \end{cases}$，可得 $(3k^2+2)x^2+6ktx+3t^2-6=0$，

$\Delta=(6kt)^2-4(3k^2+2)(3t^2-6)=24(3k^2+2-t^2)>0$，有 $t^2<3k^2+2$.

设 $P(x_1,y_1)$，$Q(x_2,y_2)$，于是 $N(x_1+x_2,y_1+y_2)$，

有 $x_1+x_2=-\dfrac{6kt}{3k^2+2}$，$x_1x_2=\dfrac{3t^2-6}{3k^2+2}$，

$y_1+y_2=k(x_1+x_2)+2t=k\cdot\left(-\dfrac{6kt}{3k^2+2}\right)+2t=\dfrac{4t}{3k^2+2}$，所以 $N\left(-\dfrac{6kt}{3k^2+2},\dfrac{4t}{3k^2+2}\right)$.

又 $|PQ|=\sqrt{1+k^2}\cdot|x_1-x_2|=\dfrac{2\sqrt{6}\cdot\sqrt{1+k^2}\cdot\sqrt{3k^2+2-t^2}}{3k^2+2}$，$d_{O-l}=\dfrac{|t|}{\sqrt{1+k^2}}$，

所以 $S_{\triangle OPQ}=\dfrac{1}{2}|PQ|\cdot d_{O-l}=\dfrac{1}{2}\cdot\dfrac{2\sqrt{6}\cdot\sqrt{1+k^2}\cdot\sqrt{3k^2+2-t^2}}{3k^2+2}\cdot\dfrac{|t|}{\sqrt{1+k^2}}=\dfrac{\sqrt{6}}{2}$，

于是 $2|t|\sqrt{3k^2+2-t^2}=3k^2+2$，可得 $4t^2(3k^2+2-t^2)=(3k^2+2)^2$，

即 $(3k^2+2)^2-4t^2(3k^2+2)+(2t^2)^2=0$，即 $(3k^2+2-2t^2)^2=0$，所以 $3k^2+2=2t^2$，

于是 $N\left(-\dfrac{3k}{t},\dfrac{2}{t}\right)$，所以 $|ON|^2=\dfrac{9k^2}{t^2}+\dfrac{4}{t^2}=\dfrac{6t^2-6}{t^2}+\dfrac{4}{t^2}=6-\dfrac{2}{t^2}$，

$|PQ|^2=\dfrac{24(1+k^2)(3k^2+2-t^2)}{(3k^2+2)^2}=24\cdot\dfrac{t^2\left(1+\dfrac{2t^2-2}{3}\right)}{4t^4}=4+\dfrac{2}{t^2}$.

所以 $|ON|^2\,|PQ|^2=\left(6-\dfrac{2}{t^2}\right)\left(4+\dfrac{2}{t^2}\right)\leqslant\left[\dfrac{\left(6-\dfrac{2}{t^2}\right)+\left(4+\dfrac{2}{t^2}\right)}{2}\right]^2=25$，$|\overrightarrow{ON}|\,|\overrightarrow{PQ}|\leqslant 5$，

当且仅当 $6-\dfrac{2}{t^2}=4+\dfrac{2}{t^2}$ 时取等号，即 $t=\pm\sqrt{2}$.

综上所述 $|\overrightarrow{ON}|\,|\overrightarrow{PQ}|$ 的最大值是 5.

答案 5.

【例 7】如图所示，在平面直角坐标系 xOy 中，椭圆 $C:\dfrac{x^2}{6}+\dfrac{y^2}{2}=1$，直线 l 与 x 轴交于点 E，与椭圆 C 交于 A，B 两点．是否存在点 E，使得 $\dfrac{1}{|EA|^2}+\dfrac{1}{|EB|^2}$ 为定值？若存在，请求出点 E 的坐标，并求出该定值；若不存在，请说明理由．

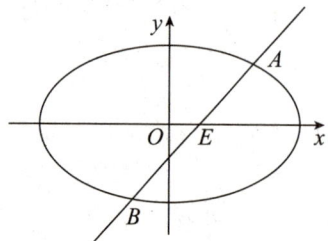

解析 设 $E(n,0)$，$l:x=my+n$. ——→ *形二实一，两变量 m，n．*

由 $\begin{cases} x=my+n \\ \dfrac{x^2}{6}+\dfrac{y^2}{2}=1 \end{cases}$，可得 $(m^2+3)y^2+2mny+n^2-6=0$．——→ *设线联立．*

设 $A(x_1,y_1)$，$B(x_2,y_2)$，则 $y_1+y_2=-\dfrac{2mn}{m^2+3}$，$y_1y_2=\dfrac{n^2-6}{m^2+3}$，——→ *设点韦达．*

所以 $\dfrac{1}{|EA|^2}=\dfrac{1}{(n-x_1)^2+y_1^2}=\dfrac{1}{m^2y_1^2+y_1^2}=\dfrac{1}{(m^2+1)y_1^2}$，同理 $\dfrac{1}{|EB|^2}=\dfrac{1}{(m^2+1)y_2^2}$，

所以 $\dfrac{1}{|EA|^2}+\dfrac{1}{|EB|^2}=\dfrac{1}{(m^2+1)y_1^2}+\dfrac{1}{(m^2+1)y_2^2}=\dfrac{y_1^2+y_2^2}{(m^2+1)y_1^2y_2^2}=\dfrac{(y_1+y_2)^2-2y_1y_2}{(m^2+1)y_1^2y_2^2}$，

——→ *条件转化．*

于是 $\dfrac{1}{|EA|^2}+\dfrac{1}{|EB|^2}=\dfrac{\left(-\dfrac{2mn}{m^2+3}\right)^2-2\cdot\left(\dfrac{n^2-6}{m^2+3}\right)}{(m^2+1)\left(\dfrac{n^2-6}{m^2+3}\right)^2}=\dfrac{4m^2n^2-2(n^2-6)(m^2+3)}{(n^2-6)^2(m^2+1)}=$

$\dfrac{2(n^2+6)\left(m^2+\dfrac{-3n^2+18}{n^2+6}\right)}{(n^2-6)^2(m^2+1)}$．——→ *关变表达+形二实一等量关系．*

若要上式对于任意 m 均为定值，则必须 $\dfrac{-3n^2+18}{n^2+6}=1$，

解得 $n=\pm\sqrt{3}$，此时 $\dfrac{1}{|EA|^2}+\dfrac{1}{|EB|^2}=2$，

所以存在点 $E(\pm\sqrt{3},0)$，使得 $\dfrac{1}{|EA|^2}+\dfrac{1}{|EB|^2}$ 为定值 2．

答案 存在，$E(\pm\sqrt{3},0)$；定值为 2．

【例 8】 在平面直角坐标系中，已知椭圆 $C:\dfrac{x^2}{24}+\dfrac{y^2}{12}=1$，设 $R(x_0,y_0)$ 为椭圆上任意一点．过原点作圆 $R:(x-x_0)^2+(y-y_0)^2=8$ 的两条切线，分别交椭圆于 P,Q．

(1)若直线 OP,OQ 斜率存在，并记为 k_1,k_2，求证：k_1k_2 是一个定值；

(2)试问 $|OP|^2+|OQ|^2$ 是否为定值？若是，求出该值；若不是，请说明理由．

解析 (1)设 $OP:y=k_1x$，$OQ:y=k_2x$．

因为 OP 与 $\odot R$ 相切，所以 $d_{R-OP}=\dfrac{|k_1x_0-y_0|}{\sqrt{1+k_1^2}}=2\sqrt{2}$，

可得 $(x_0^2-8)k_1^2-2x_0y_0k_1+y_0^2-8=0$．

对于 OQ，同理可得 $(x_0^2-8)k_2^2-2x_0y_0k_2+y_0^2-8=0$．

所以 k_1,k_2 为方程 $(x_0^2-8)k^2-2x_0y_0k+y_0^2-8=0$ 的两根，——→ *"同构"时，可构造一个方程．*

于是 $k_1k_2=\dfrac{y_0^2-8}{x_0^2-8}$．又 $\dfrac{x_0^2}{24}+\dfrac{y_0^2}{12}=1$，可得 $x_0^2=24-2y_0^2$．

所以 $k_1k_2 = \dfrac{y_0^2-8}{24-2y_0^2-8} = -\dfrac{1}{2}.$ → 形二实一两变量 k_1,k_2.

（2）当 P,Q 不在坐标轴上时，设 $OP: y=k_1x,$

→ 设线联立，可直接解出.

由 $\begin{cases} y=k_1x \\ \dfrac{x^2}{24}+\dfrac{y^2}{12}=1 \end{cases}$，得 $x^2+2k_1^2x^2=24.$ 设 $P(x_1,y_1)$，于是 $x_1^2=\dfrac{24}{2k_1^2+1},\ y_1^2=\dfrac{24k_1^2}{2k_1^2+1}.$

设 $OQ: y=k_2x,Q(x_2,y_2)$，同理可得 $x_2^2=\dfrac{24}{2k_2^2+1},\ y_2^2=\dfrac{24k_2^2}{2k_2^2+1}.$

所以 $|OP|^2+|OQ|^2=x_1^2+y_1^2+x_2^2+y_2^2$

→ 条件转化.

$=\dfrac{24}{2k_1^2+1}+\dfrac{24k_1^2}{2k_1^2+1}+\dfrac{24}{2k_2^2+1}+\dfrac{24k_2^2}{2k_2^2+1}=\dfrac{24(1+k_1^2)}{2k_1^2+1}+\dfrac{24(1+k_2^2)}{2k_2^2+1}$

$=24\cdot\dfrac{4k_1^2k_2^2+3k_1^2+3k_2^2+2}{4k_1^2k_2^2+2k_1^2+2k_2^2+1}=24\cdot\dfrac{4\left(-\dfrac{1}{2}\right)^2+3k_1^2+3k_2^2+2}{4\left(-\dfrac{1}{2}\right)^2+2k_1^2+2k_2^2+1}=36.$ → 关变表达.

若 P,Q 在坐标轴上（不妨设 P 在 x 轴上），则 $P(\pm2\sqrt{6},0);Q(0,\pm2\sqrt{3})$，

于是 $|OP|^2+|OQ|^2=36$，

综上所述，$|OP|^2+|OQ|^2$ 为定值 36.

答案（1）$k_1k_2=-\dfrac{1}{2}$；（2）是定值，36.

高考链接

【高1】（2022 全国甲理 20,12 分）设抛物线 $C:y^2=2px(p>0)$ 的焦点为 F，点 $D(p,0)$，过 F 的直线交 C 于 M,N 两点.当直线 MD 垂直于 x 轴时，$|MF|=3$.

（1）求 C 的方程；

（2）设直线 MD,ND 与 C 的另一个交点分别为 A,B，记直线 MN,AB 的倾斜角分别为 α,β.当 $\alpha-\beta$ 取得最大值时，求直线 AB 的方程.

【高2】(2022 新高考一 21,12 分)已知点 $A(2,1)$ 在双曲线 $C:\dfrac{x^2}{a^2}-\dfrac{y^2}{a^2-1}=1(a>1)$ 上,直线 l 交 C 于 P,Q 两点,直线 AP,AQ 的斜率之和为 0.

(1)求 l 的斜率;

(2)若 $\tan\angle PAQ=2\sqrt{2}$,求 $\triangle PAQ$ 的面积.

【高3】(2022 北京 19,15 分)已知椭圆 $E:\dfrac{x^2}{a^2}+\dfrac{y^2}{b^2}=1(a>b>0)$ 的一个顶点为 $A(0,1)$,焦距为 $2\sqrt{3}$.

(1)求椭圆 E 的方程;

(2)过点 $P(-2,1)$ 作斜率为 k 的直线与椭圆 E 交于不同的两点 B,C,直线 AB,AC 分别与 x 轴交于点 M,N,当 $|MN|=2$ 时,求 k 的值.

【高4】(2021 北京 20,15 分)已知椭圆 $E:\dfrac{x^2}{a^2}+\dfrac{y^2}{b^2}=1(a>b>0)$ 过点 $A(0,-2)$,四个顶点围成的四边形的面积为 $4\sqrt{5}$.

(1)求椭圆 E 的标准方程;

(2)过点 $P(0,-3)$ 的直线 l 斜率为 k,交椭圆 E 于不同的两点 B,C,直线 AB 交 $y=-3$ 于点 M,直线 AC 交 $y=-3$ 于点 N,若 $|PM|+|PN|\leqslant 15$,求 k 的取值范围.

【高5】（2021 全国乙理 21,12 分）已知抛物线 $C:x^2=2py(p>0)$ 的焦点为 F,且 F 与圆 $M:x^2+(y+4)^2=1$ 上点的距离的最小值为 4.

(1) 求 p;

(2) 若点 P 在 M 上,PA,PB 为 C 的两条切线,A,B 是切点,求 $\triangle PAB$ 面积的最大值.

【高6】（2021 新高考一 21,12 分）在平面直角坐标系 xOy 中,已知点 $F_1(-\sqrt{17},0)$,$F_2(\sqrt{17},0)$,点 M 满足 $|MF_1|-|MF_2|=2$.记 M 的轨迹为 C.

(1) 求 C 的方程;

(2) 设点 T 在直线 $x=\dfrac{1}{2}$ 上,过 T 的两条直线分别交 C 于 A,B 两点和 P,Q 两点,且 $|TA||TB|=|TP||TQ|$,求直线 AB 的斜率与直线 PQ 的斜率之和.

【高7】（2021 新高考二 20,12 分）已知椭圆 C 的方程为 $\dfrac{x^2}{a^2}+\dfrac{y^2}{b^2}=1(a>b>0)$,右焦点为 $F(\sqrt{2},0)$,且离心率为 $\dfrac{\sqrt{6}}{3}$.

(1) 求椭圆 C 的方程;

(2) 设 M,N 是椭圆 C 上的两点,直线 MN 与曲线 $x^2+y^2=b^2(x>0)$ 相切.证明:M,N,F 三点共线的充要条件是 $|MN|=\sqrt{3}$.

专题 10　不联立模型

> 头哥说：有些圆锥曲线解答题不需要联立即可求解.

　　并不是所有的圆锥曲线解答都需要联立求解的，有些情况下，联立会更复杂或无法求解，而不联立求解却更加简洁方便.

　　在不联立的情况下，一般设动点坐标为关变. 在求解过程中，无须"设线联立"与"设点韦达"两个步骤，但是"条件转化"与"关变表达"两步依然是需要的.

1. 单动点

> 头哥说：如果题目中只有一个主动点，即该点在运动过程中，可以确定其他所有位置关系，则为单动点情况.

　　若动点在某条直线上，引入一个关变即可，例如：直线 $x+y-1=0$ 上的动点，可设为 $P(m, 1-m)$；若动点在圆锥曲线上，形式上引入两个关变，实际上只有一个关变（形二实一），例如：椭圆 $\dfrac{x^2}{4}+\dfrac{y^2}{3}=1$ 上的动点，可设为 $P(x_0, y_0)$，有 $\dfrac{x_0^2}{4}+\dfrac{y_0^2}{3}=1$.

　　【例 1】 设 A，B 分别为椭圆 $\dfrac{x^2}{4}+\dfrac{y^2}{3}=1$ 的左、右顶点. 设 P 为直线 $x=4$ 上不同于点 $(4,0)$ 的任意一点，若直线 AP，BP 分别与椭圆相交于异于 A，B 的点 M，N，证明：点 B 在以 MN 为直径的圆内.

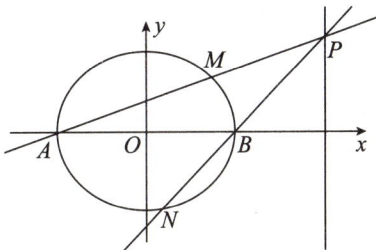

　　解析 由题得 $A(-2,0)$，$B(2,0)$，设点 $M(x_0, y_0)$，则 $\dfrac{x_0^2}{4}+\dfrac{y_0^2}{3}=1$，

> 关变为 M 点坐标 x_0，y_0，形二实一.

$AM: y=\dfrac{y_0}{x_0+2}\cdot(x+2)$，于是 $P\left(4, \dfrac{6y_0}{x_0+2}\right)$，

于是 $\overrightarrow{BP}=\left(2, \dfrac{6y_0}{x_0+2}\right)$，$\overrightarrow{BM}=(x_0-2, y_0)$，

所以 $\overrightarrow{BP}\cdot\overrightarrow{BM}=2(x_0-2)+\dfrac{6y_0^2}{x_0+2}$. 又 $\dfrac{x_0^2}{4}+\dfrac{y_0^2}{3}=1$，且 $x_0\in(-2,2)$，

> 条件转化

可知 $\overrightarrow{BP}\cdot\overrightarrow{BM}=2(x_0-2)+\dfrac{18-\frac{9}{2}x_0^2}{x_0+2}=\dfrac{5(4-x_0^2)}{2(x_0+2)}>0$，

> 关变表达

> 利用补角分析，无须求 N 点坐标.

所以 $\angle MBP$ 为锐角，于是 $\angle MBN$ 为钝角，即 B 在以 MN 为直径的圆内.

　　【例 2】 已知椭圆 $\dfrac{x^2}{3}+\dfrac{y^2}{2}=1$ 的左焦点为 F. 设动点 P 在椭圆上，若直线 FP 的斜率大于 $\sqrt{2}$，求直线 OP（O 为原点）斜率的取值范围.

解析 由题得 $F(-1,0)$，设 $P(x_0,y_0)$，则 $\dfrac{x_0^2}{3}+\dfrac{y_0^2}{2}=1$，→ 关变为 P 点坐标 x_0，y_0，形二实一.

FP 的斜率为 $k_1=\dfrac{y_0}{x_0+1}>\sqrt{2}$，所以 $k_1^2=\dfrac{y_0^2}{(x_0+1)^2}=\dfrac{6-2x_0^2}{3(x_0+1)^2}>2$，

可解得 $x_0\in\left(-\dfrac{3}{2},-1\right)\cup(-1,0)$，

OP 的斜率为 $k_2=\dfrac{y_0}{x_0}$，所以 $k_2^2=\dfrac{y_0^2}{x_0^2}=\dfrac{2}{x_0^2}-\dfrac{2}{3}$，→ 条件转化+关变表达.

当 $x_0\in\left(-\dfrac{3}{2},-1\right)$ 时，易知 $y_0<0$，故 $k_2=\dfrac{y_0}{x_0}>0$，→ 因为要开根号，所以要分析 k_2 的正负.

由 $k_2^2=\dfrac{2}{x_0^2}-\dfrac{2}{3}\in\left(\dfrac{2}{9},\dfrac{4}{3}\right)$，得 $k_2\in\left(\dfrac{\sqrt{2}}{3},\dfrac{2\sqrt{3}}{3}\right)$.

当 $x_0\in(-1,0)$ 时，易知 $y_0>0$，故 $k_2=\dfrac{y_0}{x_0}<0$.

由 $k_2^2=\dfrac{2}{x_0^2}-\dfrac{2}{3}\in\left(\dfrac{4}{3},+\infty\right)$，得 $k_2\in\left(-\infty,-\dfrac{2\sqrt{3}}{3}\right)$.

综上可得 $k_2\in\left(-\infty,-\dfrac{2\sqrt{3}}{3}\right)\cup\left(\dfrac{\sqrt{2}}{3},\dfrac{2\sqrt{3}}{3}\right)$.

答案 $\left(-\infty,-\dfrac{2\sqrt{3}}{3}\right)\cup\left(\dfrac{\sqrt{2}}{3},\dfrac{2\sqrt{3}}{3}\right)$.

【例3】 已知双曲线 $\dfrac{x^2}{9}-\dfrac{y^2}{16}=1$，实轴为 A_1A_2，右焦点为 F，P 为双曲线上一点（不同于 A_1，A_2），直线 A_1P，A_2P 分别与直线 $l:x=\dfrac{9}{5}$ 交于 M,N 两点.试判断 $\overrightarrow{FM}\cdot\overrightarrow{FN}$ 是否为定值，若为定值，求出该值；若不为定值，请说明理由.

解析 由题得 $A_1(-3,0)$，$A_2(3,0)$，$F(5,0)$，设 $P(x_0,y_0)$，$\dfrac{x_0^2}{9}-\dfrac{y_0^2}{16}=1$.

→ 关变为 P 点坐标 x_0，y_0，形二实一.

设 $A_1P:y=k_1(x+3)$，易得 $M\left(\dfrac{9}{5},\dfrac{24}{5}k_1\right)$，

设 $A_2P:y=k_2(x-3)$，易得 $N\left(\dfrac{9}{5},-\dfrac{6}{5}k_2\right)$，

所以 $\overrightarrow{FM}=\left(-\dfrac{16}{5},\dfrac{24k_1}{5}\right)$，$\overrightarrow{FN}=\left(-\dfrac{16}{5},-\dfrac{6k_2}{5}\right)$，有 $\overrightarrow{FM}\cdot\overrightarrow{FN}=\dfrac{256}{25}-\dfrac{144k_1k_2}{25}$.

→ 条件转化.

由 $k_1=\dfrac{y_0}{x_0+3}$，$k_2=\dfrac{y_0}{x_0-3}$，可得 $k_1k_2=\dfrac{y_0^2}{x_0^2-9}$.

又 $\dfrac{x_0^2}{9}-\dfrac{y_0^2}{16}=1$，可知 $y_0^2=\dfrac{16x_0^2}{9}-16=\dfrac{16}{9}(x_0^2-9)$，所以 $k_1k_2=\dfrac{y_0^2}{x_0^2-9}=\dfrac{16}{9}$.→ 关变表达.

于是 $\overrightarrow{FM}\cdot\overrightarrow{FN}=\dfrac{256}{25}-\dfrac{144}{25}\cdot\dfrac{16}{9}=0$，即 $\overrightarrow{FM}\cdot\overrightarrow{FN}$ 为定值.

答案 为定值,0.

【例4】已知椭圆 $\dfrac{x^2}{4}+\dfrac{y^2}{2}=1$. 若 C,D 分别是椭圆长轴的左、右端点,动点 M 满足 $MD\perp CD$,连接 CM,交椭圆于点 P.

(1)证明 $\overrightarrow{OM}\cdot\overrightarrow{OP}$ 是定值.

(2)试问 x 轴上是否存在异于点 C 的定点 Q,使得以 MP 为直径的圆恒过直线 DP,MQ 的交点.若存在,求出点 Q 的坐标;若不存在,请说明理由.

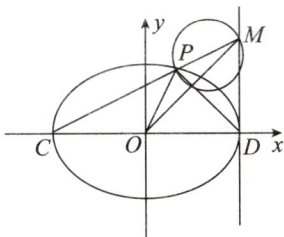

解析(1)由题得 $C(-2,0)$,$D(2,0)$,设 $P(x_0,y_0)$,则 $\dfrac{x_0^2}{4}+\dfrac{y_0^2}{2}=1$,

> 关变为 P 点坐标 x_0,y_0,形二实一.

于是 $CP:y=\dfrac{y_0}{x_0+2}(x+2)$,有 $M\left(2,\dfrac{4y_0}{x_0+2}\right)$,

所以 $\overrightarrow{OM}\cdot\overrightarrow{OP}=2x_0+\dfrac{4y_0^2}{x_0+2}=2x_0+\dfrac{8-2x_0^2}{x_0+2}=\dfrac{2x_0^2+4x_0+8-2x_0^2}{x_0+2}=4.$

> 条件转化+关变表达.

(2)假设存在 $Q(m,0)$,由题得 $DP\perp MQ$,即 $\overrightarrow{DP}\cdot\overrightarrow{MQ}=0$,

> 条件转化.

$\overrightarrow{DP}=(x_0-2,y_0)$,$\overrightarrow{MQ}=\left(m-2,-\dfrac{4y_0}{x_0+2}\right)$,

所以 $\overrightarrow{DP}\cdot\overrightarrow{MQ}=(x_0-2)(m-2)-\dfrac{4y_0^2}{x_0+2}$,又 $\dfrac{x_0^2}{4}+\dfrac{y_0^2}{2}=1$,

所以 $\overrightarrow{DP}\cdot\overrightarrow{MQ}=(x_0-2)(m-2)-\dfrac{8-2x_0^2}{x_0+2}=m(x_0-2)=0$ 恒成立,

> 关变表达.

所以 $m=0$,即存在定点 $Q(0,0)$.

答案(1)为定值 4;(2)存在,$Q(0,0)$.

2. 多动点 —→ 头导说:类似于"形二实一",此处为"形 n 实一".

如果题目中涉及多个主动点,则需要设出多个动点的坐标作为关变.需要注意的是,即便形式上有多个关变,但是一般来讲实际上只有一个关变,因此,若设出动点后的关变有 n 个,则应同时有关于这 n 个关变的 $n-1$ 个相应的等量关系.

【例5】如图所示,在平面直角坐标系 xOy 中,椭圆 $C:\dfrac{x^2}{4}+\dfrac{y^2}{2}=1$ 的左顶点为 A,过原点 O 的直线(与坐标轴不重合)与椭圆 C 交于 P,Q 两点,直线 PA,QA 分别与 y 轴交于 M,N 两点.试问以 MN 为直径的圆是否过定点(与 PQ 的斜率无关)?请证明你的结论.

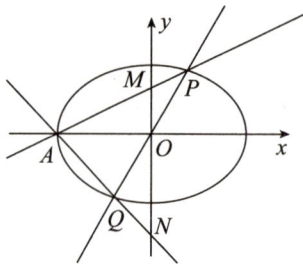

解析 由题得 $A(-2,0)$，设 $P(x_0,y_0)$，由对称性可知 $Q(-x_0,-y_0)$，则 $\dfrac{x_0^2}{4}+\dfrac{y_0^2}{2}=1$，

于是 $AP:y=\dfrac{y_0}{x_0+2}\cdot(x+2)$，可得 $M\left(0,\dfrac{2y_0}{x_0+2}\right)$，

关变为 P，Q 点坐标，由于 Q 点与 P 点关于原点对称，所以 Q 点坐标可直接由 P 点坐标表示。

且 $AQ:y=\dfrac{y_0}{x_0-2}\cdot(x+2)$，可得 $N\left(0,\dfrac{2y_0}{x_0-2}\right)$.

假设圆过定点 $D(x_1,y_1)$，$\overrightarrow{MD}=\left(x_1,y_1-\dfrac{2y_0}{x_0+2}\right)$，$\overrightarrow{ND}=\left(x_1,y_1-\dfrac{2y_0}{x_0-2}\right)$，

则有 $\overrightarrow{MD}\cdot\overrightarrow{ND}=0$，即 $x_1^2+y_1^2-\dfrac{4x_0y_0}{x_0^2-4}\cdot y_1+\dfrac{4y_0^2}{x_0^2-4}=0$. —→ *条件转化*

又 $\dfrac{x_0^2}{4}+\dfrac{y_0^2}{2}=1$，于是 $x_1^2+y_1^2-\dfrac{4x_0y_0}{x_0^2-4}\cdot y_1-2=0$. —→ *关变表达*

若使上式恒成立，则需 $y_1=0$，且 $x_1^2=2$，即 $x_1=\pm\sqrt{2}$，

所以以 MN 为直径的圆恒过定点 $(\pm\sqrt{2},0)$.

答案 过定点 $(\pm\sqrt{2},0)$.

【例6】 如图所示，F_1，F_2 分别为椭圆 $C:\dfrac{x^2}{9}+\dfrac{y^2}{5}=1$ 的左、右焦点，A，B 是椭圆 C 上位于 x 轴上方的两点，且直线 AF_1 与 BF_2 平行. 设 AF_2 与 BF_1 的交点为 P，求证：$|PF_1|+|PF_2|$ 为定值.

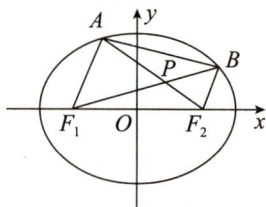

解析 由题得 $F_1(-2,0)$，$F_2(2,0)$，设 $A(x_1,y_1)$，$B(x_2,y_2)$，

所以 $\overrightarrow{F_1A}=(x_1+2,y_1)$，$\overrightarrow{F_2B}=(x_2-2,y_2)$，

关变为 A，B 点坐标，由 A，B 在椭圆上，且 AF_1 与 BF_2 平行，确立关变之间等量关系.

由 $\overrightarrow{F_1A}\parallel\overrightarrow{F_2B}$，有 $(x_1+2)y_2=(x_2-2)y_1$，于是 $(x_1+2)^2y_2^2=(x_2-2)^2y_1^2$.

又 $\dfrac{x_1^2}{9}+\dfrac{y_1^2}{5}=1$，$\dfrac{x_2^2}{9}+\dfrac{y_2^2}{5}=1$，化简可得 $(x_1+x_2)(13x_1-13x_2-4x_1x_2+36)=0$. ①

由 $AF_1\parallel BF_2$，可得 $\dfrac{|PF_1|}{|PB|}=\dfrac{|AF_1|}{|BF_2|}$，于是 $\dfrac{|PF_1|}{|PB|+|PF_1|}=\dfrac{|AF_1|}{|BF_2|+|AF_1|}$，即 $\dfrac{|PF_1|}{|BF_1|}$

$=\dfrac{|AF_1|}{|BF_2|+|AF_1|}$，

所以 $|PF_1|=\dfrac{|AF_1||BF_1|}{|BF_2|+|AF_1|}=\dfrac{|AF_1|(6-|BF_2|)}{|BF_2|+|AF_1|}$,

同理 $|PF_2|=\dfrac{|AF_2||BF_2|}{|BF_2|+|AF_1|}=\dfrac{|BF_2|(6-|AF_1|)}{|BF_2|+|AF_1|}$,

所以 $|PF_1|+|PF_2|=\dfrac{6(|AF_1|+|BF_2|)-2|AF_1||BF_2|}{|BF_2|+|AF_1|}=6-\dfrac{2|AF_1||BF_2|}{|BF_2|+|AF_1|}$.　　→ 条件转化

由 $\dfrac{x_1^2}{9}+\dfrac{y_1^2}{5}=1$,有 $|AF_1|=\sqrt{(x_1+2)^2+y_1^2}=\sqrt{\dfrac{4}{9}x_1^2+4x_1+9}=\sqrt{\left(\dfrac{2}{3}x_1+3\right)^2}=\dfrac{2}{3}x_1+3$.

同理 $|BF_2|=\sqrt{(x_2-2)^2+y_2^2}=\sqrt{\left(\dfrac{2}{3}x_2-3\right)^2}=3-\dfrac{2}{3}x_2$,

于是 $|AF_1||BF_2|=\left(\dfrac{2}{3}x_1+3\right)\left(3-\dfrac{2}{3}x_2\right)=2x_1-2x_2-\dfrac{4}{9}x_1x_2+9$,

$|AF_1|+|BF_2|=\dfrac{2}{3}x_1-\dfrac{2}{3}x_2+6$.　　→ 关变表达.

由①式,当 $x_1+x_2=0$ 时,易知 $x_1=-2$,$x_2=2$,$|AF_1||BF_2|=\dfrac{25}{9}$,$|AF_1|+|BF_2|=\dfrac{10}{3}$,

所以 $|PF_1|+|PF_2|=6-\dfrac{2\times\dfrac{25}{9}}{\dfrac{10}{3}}=\dfrac{13}{3}$.

当 $13x_1-13x_2-4x_1x_2+36=0$ 时,

$|AF_1||BF_2|=2x_1-2x_2-\dfrac{4}{9}\left(\dfrac{13}{4}x_1-\dfrac{13}{4}x_2+9\right)+9=\dfrac{5}{9}x_1-\dfrac{5}{9}x_2+5$,

所以 $|PF_1|+|PF_2|=6-\dfrac{2\times\left(\dfrac{5}{9}x_1-\dfrac{5}{9}x_2+5\right)}{\dfrac{2}{3}x_1-\dfrac{2}{3}x_2+6}=\dfrac{13}{3}$.

综上,$|PF_1|+|PF_2|$ 为定值 $\dfrac{13}{3}$.

答案 为定值 $\dfrac{13}{3}$.

【例7】如图所示,在平面直角坐标系 xOy 中,椭圆 $E:\dfrac{x^2}{4}+\dfrac{y^2}{3}=1$,过椭圆 E 内一点 $P(1,1)$ 的两条直线分别与椭圆交于 A,C 和 B,D,且满足 $\overrightarrow{AP}=\lambda\overrightarrow{PC}$,$\overrightarrow{BP}=\lambda\overrightarrow{PD}$,其中 λ 为常数且 $\lambda>0$. 当 λ 变化时,k_{AB} 是否为定值? 若是,请求出此定值;若不是,请说明理由.

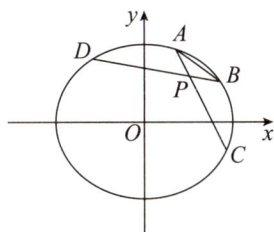

解析 设 $A(x_1,y_1)$, $B(x_2,y_2)$, $C(x_3,y_3)$, $D(x_4,y_4)$,

于是 $\overrightarrow{AP}=(1-x_1,1-y_1)$, $\overrightarrow{PC}=(x_3-1,y_3-1)$,

由 $\overrightarrow{AP}=\lambda\overrightarrow{PC}$, 可得 $\begin{cases} x_3=\dfrac{1-x_1}{\lambda}+1 \\ y_3=\dfrac{1-y_1}{\lambda}+1 \end{cases}$. 又 $\dfrac{x_3^2}{4}+\dfrac{y_3^2}{3}=1$,

可得 $3\left[(1-x_1)+\lambda\right]^2+4\left[(1-y_1)+\lambda\right]^2=12\lambda^2$,

即 $\left[3(1-x_1)^2+4(1-y_1)^2\right]+6\lambda(1-x_1)+8\lambda(1-y_1)=5\lambda^2$,

即 $3x_1^2+4y_1^2-2(3x_1+4y_1)+7+14\lambda-2\lambda(3x_1+4y_1)=5\lambda^2$.

又 $\dfrac{x_1^2}{4}+\dfrac{y_1^2}{3}=1$, 有 $3x_1^2+4y_1^2=12$,

所以 $3x_1+4y_1=\dfrac{19-5\lambda^2+14\lambda}{2+2\lambda}$,

同理可得 $3x_2+4y_2=\dfrac{19-5\lambda^2+14\lambda}{2+2\lambda}$,

于是 $3x_1+4y_1=3x_2+4y_2$, 所以 $3(x_1-x_2)=-4(y_1-y_2)$,

所以 $k_{AB}=\dfrac{y_1-y_2}{x_1-x_2}=-\dfrac{3}{4}$, 即 k_{AB} 为定值.

答案 为定值, $-\dfrac{3}{4}$.

高考链接

[高1] (2021 全国甲理 20,12 分) 抛物线 C 的顶点为坐标原点 O, 焦点在 x 轴上, 直线 l: $x=1$ 交 C 于 P, Q 两点, 且 $OP\perp OQ$. 已知点 $M(2,0)$, 且 $\odot M$ 与 l 相切.

(1) 求 C, $\odot M$ 的方程;

(2) 设 A_1, A_2, A_3 是 C 上的三个点, 直线 A_1A_2, A_1A_3 均与 $\odot M$ 相切. 判断直线 A_2A_3 与 $\odot M$ 的位置关系, 并说明理由.

专题 11　先试后证

头哥说：所有解题过程都是在寻找已知条件的充要条件的过程.

对于圆锥曲线解答题中的"定点问题""定值问题""存在性问题"等探索性题目,可以先尝试在特殊位置或特殊情况下,找到相应的"定点""定值""存在性"等,然后再证明"定点""定值""存在性"等在一般位置或一般情况下依然成立,此过程称为"先试后证".

"先试后证"的本质为先找到必要条件,然后再证明该条件的充分性,从而最终得到充分必要条件.

1. 必要性分析　头哥说：只提供思路,不提供步骤.

如果特殊位置或特殊情况可以合在一般位置或一般情况中,或者特殊位置或特殊情况仅是一种取不到的极限情形,则必要性分析过程可以不写入解答过程中.

【例 1】已知椭圆 $C: \dfrac{x^2}{4} + \dfrac{y^2}{2} = 1$,圆 $O: x^2 + y^2 = 2$. 点 A, B 分别是椭圆 C 的左、右顶点. 已知 P, Q 分别是椭圆和圆上的动点(P, Q 位于 y 轴的两侧),且直线 PQ 与 x 轴平行,直线 AP,BP 分别与 y 轴交于点 M, N,求证:$\angle MQN$ 为定值.

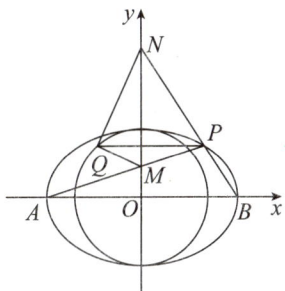

当 P 与 B 重合时,M 与原点重合,Q 为圆与 x 轴负半轴交点,N 在 y 轴正半轴无限远处,此时 $\angle MQN$ 应为直角. 该特殊情况为极限情况,帮助我们分析出该角应为直角,而因为是极限情况,所以无须将此部分写入解答过程中.

解析　由题设 $P(x_0, y_0), Q(x_1, y_0)$,

由 $\begin{cases} \dfrac{x_0^2}{4} + \dfrac{y_0^2}{2} = 1 \\ x_1^2 + y_0^2 = 2 \end{cases}$,可得 $\begin{cases} x_0^2 = 4 - 2y_0^2 \\ x_1^2 = 2 - y_0^2 \end{cases}$,　不联立模型.

由椭圆易知 $A(-2, 0), B(2, 0)$,

所以 $k_{AP} = \dfrac{y_0}{x_0 + 2}$,于是 $AP: y = \dfrac{y_0}{x_0 + 2} \cdot (x + 2)$,可得 $M\left(0, \dfrac{2y_0}{x_0 + 2}\right)$,

同理 $BP: y = \dfrac{y_0}{x_0 - 2} \cdot (x - 2)$,可得 $N\left(0, \dfrac{-2y_0}{x_0 - 2}\right)$,

所以 $\overrightarrow{QM} = \left(-x_1, -\dfrac{x_0 y_0}{x_0 + 2}\right), \overrightarrow{QN} = \left(-x_1, -\dfrac{x_0 y_0}{x_0 - 2}\right)$,

于是 $\overrightarrow{QM} \cdot \overrightarrow{QN} = x_1^2 + \dfrac{x_0^2 y_0^2}{x_0^2 - 4} = 2 - y_0^2 + \dfrac{(4 - 2y_0^2) y_0^2}{4 - 2y_0^2 - 4} = 2 - y_0^2 + (y_0^2 - 2) = 0$,

所以 $QM \perp QN$,即 $\angle MQN = \dfrac{\pi}{2}$ 为定值.

答案　$\angle MQN$ 为定值 $\dfrac{\pi}{2}$.

【例2】如图所示,已知椭圆 $C:\dfrac{x^2}{4}+\dfrac{y^2}{3}=1$. 过点 $Q(-4,0)$ 任作一动直线 l 交椭圆 C 于 M,N 两点,记 $\overrightarrow{MQ}=\lambda\overrightarrow{QN}$,若在线段 MN 上取一点 R 使得 $\overrightarrow{MR}=-\lambda\overrightarrow{RN}$,试判断当直线 l 运动时,点 R 是否在某一定直线上运动?若在,请求出该定直线;若不在,请说明理由.

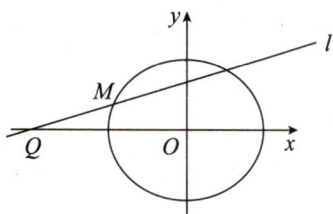

当直线 l 斜率为 0 时,可得 $\lambda=-\dfrac{1}{3}$,进而得到 $R(-1,0)$,而由于除了动直线 l 之外整个图形关于 x 轴对称,所以如果 R 在某条定直线上,该直线一定关于 x 轴对称,因此定直线为 $x=-1$. 此分析过程可以不写入解答过程中,因为 $k=0$ 时无须单独讨论,可以合在一般情况中.

解析 易知直线斜率一定存在,设 $MN:y=k(x+4)$,

由 $\begin{cases}y=k(x+4)\\\dfrac{x^2}{4}+\dfrac{y^2}{3}=1\end{cases}$,可得 $(3+4k^2)x^2+32k^2x+64k^2-12=0$.

设 $M(x_1,y_1)$,$N(x_2,y_2)$,有 $x_1+x_2=\dfrac{-32k^2}{3+4k^2}$,$x_1x_2=\dfrac{64k^2-12}{3+4k^2}$,

$\overrightarrow{MQ}=(-4-x_1,-y_1)$,$\overrightarrow{QN}=(x_2+4,y_2)$. → *联立模型*

由 $\overrightarrow{MQ}=\lambda\overrightarrow{QN}$ 可得 $-4-x_1=\lambda(x_2+4)$,得 $\lambda=-\dfrac{4+x_1}{x_2+4}$.

设 $R(x_0,y_0)$,则 $\overrightarrow{MR}=(x_0-x_1,y_0-y_1)$,$\overrightarrow{RN}=(x_2-x_0,y_2-y_0)$,

由 $\overrightarrow{MR}=-\lambda\overrightarrow{RN}$ 可得 $x_0-x_1=-\lambda(x_2-x_0)$,

所以 $x_0=\dfrac{x_1-\lambda x_2}{1-\lambda}=\dfrac{x_1+\dfrac{4+x_1}{x_2+4}\cdot x_2}{1+\dfrac{4+x_1}{x_2+4}}=\dfrac{2x_1x_2+4(x_1+x_2)}{x_1+x_2+8}$,

于是 $x_0=\dfrac{2\times\dfrac{64k^2-12}{3+4k^2}+4\times\dfrac{-32k^2}{3+4k^2}}{\dfrac{-32k^2}{3+4k^2}+8}=\dfrac{-24}{24}=-1$,

即 R 点在定直线 $x=-1$ 上.

答案 R 在定直线上运动,定直线为 $x=-1$.

2. 必要性计算 → *头哥说:既提供思路,又提供步骤.*

如果特殊位置或特殊情况无法合在一般情况中,也不是取不到的极限情形,则先写必要性分析的计算过程,再写充分性分析过程.

【例3】椭圆 $C_1:\dfrac{x^2}{a^2}+\dfrac{y^2}{b^2}=1(a>b>0)$ 的离心率 $e=\dfrac{1}{2}$,左、右焦点分别为 F_1,F_2,右顶点为 A,设双曲线 C_2 以椭圆 C_1 的焦点为顶点,顶点为焦点,B 是双曲线 C_2 在第一象限内任意一点,试问是否存在常数 $\lambda(\lambda>0)$,使得 $\angle BAF_1=\lambda\angle BF_1A$ 恒成立?若存在,求出 λ 的值;若不

存在,请说明理由.

解析 由题得 $a=2c$, $b=\sqrt{3}c$, 可知 $C_1:\dfrac{x^2}{4c^2}+\dfrac{y^2}{3c^2}=1$, $C_2:\dfrac{x^2}{c^2}-\dfrac{y^2}{3c^2}=1$,

于是 $A(2c,0)$, $F_1(-c,0)$, 设 $B(x_0,y_0)$, 知 $x_0>0$, $y_0>0$, $\longrightarrow$ 不联立模型.

(1)当 $AB\perp x$ 轴时, 易知 $x_0=2c$, $y_0=3c$,

所以 $\tan\angle BF_1A=\dfrac{3c}{3c}=1$, $\angle BF_1A=\dfrac{\pi}{4}$, 而 $\angle BAF_1=\dfrac{\pi}{2}$,

故 $\angle BAF_1=2\angle BF_1A$, 即 $\lambda=2$.

当 $AB\perp x$ 轴时, 可算出两个角度, 从而得到两个角度的关系, 得到 $\lambda=2$(必要性), 然后再证明 $\lambda=2$ 在一般情况下依然成立(充分性).

(2)当 AB 不垂直于 x 轴时,

$\tan\angle BAF_1=-k_{AB}=-\dfrac{y_0}{x_0-2c}$, $\tan\angle BF_1A=k_{BF_1}=\dfrac{y_0}{x_0+c}$,

所以 $\tan 2\angle BF_1A=\dfrac{2\tan\angle BF_1A}{1-\tan^2\angle BF_1A}=\dfrac{2\times\dfrac{y_0}{x_0+c}}{1-\left(\dfrac{y_0}{x_0+c}\right)^2}=\dfrac{2y_0(x_0+c)}{(x_0+c)^2-y_0^2}$,

又 $\dfrac{x_0^2}{c^2}-\dfrac{y_0^2}{3c^2}=1$, 可得 $y_0^2=3x_0^2-3c^2$,

所以 $\tan 2\angle BF_1A=\dfrac{2y_0(x_0+c)}{(x_0+c)^2-(3x_0^2-3c^2)}=\dfrac{y_0}{2c-x_0}=\tan\angle BAF_1$,

所以 $\angle BAF_1=2\angle BF_1A$.

综上, $\lambda=2$ 时, $\angle BAF_1=\lambda\angle BF_1A$ 恒成立.

答案 存在, $\lambda=2$.

【例 4】 已知椭圆 $\Gamma:\dfrac{x^2}{4}+y^2=1$. 是否存在圆心在原点的圆, 使得该圆的任意一条切线与椭圆 Γ 恒有两个交点 P, Q, 且 $OP\perp OQ$? 若存在, 求出该圆的方程; 若不存在, 请说明理由.

解析 假设满足条件的圆为 $x^2+y^2=r^2$, 易知 $0<r<1$,

(1)当 PQ 斜率不存在时, 易知切线 PQ 为 $x=\pm r$, $\longrightarrow$ 当 $PQ\perp x$ 轴时, 可得圆的半径(必要性), 然后再证明在一般情况下依然成立(充分性).

若 $PQ:x=r$, 则 $P\left(r,\sqrt{1-\dfrac{r^2}{4}}\right)$, $Q\left(r,-\sqrt{1-\dfrac{r^2}{4}}\right)$,

由 $\overrightarrow{OP}\cdot\overrightarrow{OQ}=0$, 可得 $r^2-\left(1-\dfrac{r^2}{4}\right)=0$, 解得 $r=\dfrac{2\sqrt{5}}{5}$,

若 $PQ:x=-r$, 同理可解得 $r=\dfrac{2\sqrt{5}}{5}$.

因此, 若该圆存在, 必有 $r=\dfrac{2\sqrt{5}}{5}$.

(2)当 PQ 斜率存在时, 设 $PQ:y=kx+m$,

由 $\begin{cases} y=kx+m \\ \dfrac{x^2}{4}+y^2=1 \end{cases}$, 可得 $(4k^2+1)x^2+8kmx+4m^2-4=0$, $\longrightarrow$ 联立模型.

设 $P(x_1,y_1)$，$Q(x_2,y_2)$，有 $x_1+x_2=-\dfrac{8km}{4k^2+1}$，$x_1x_2=\dfrac{4m^2-4}{4k^2+1}$，

由 PQ 与圆相切，得 $d_{O-PQ}=\dfrac{|m|}{\sqrt{k^2+1}}=\dfrac{2\sqrt5}{5}$，可得 $m^2=\dfrac45(k^2+1)$，

于是 $y_1y_2=(kx_1+m)(kx_2+m)=k^2x_1x_2+km(x_1+x_2)+m^2$，

所以 $x_1x_2+y_1y_2=(k^2+1)x_1x_2+km(x_1+x_2)+m^2$

$=(k^2+1)\cdot\dfrac{4m^2-4}{4k^2+1}+km\cdot\left(-\dfrac{8km}{4k^2+1}\right)+m^2=\dfrac{5m^2-4k^2-4}{4k^2+1}$.

由 $m^2=\dfrac45(k^2+1)$，可得 $x_1x_2+y_1y_2=\dfrac{4(k^2+1)-4k^2-4}{4k^2+1}=0$，

所以 $\overrightarrow{OP}\cdot\overrightarrow{OQ}=x_1x_2+y_1y_2=0$，于是 $OP\perp OQ$，

综上所述，存在圆的方程为 $x^2+y^2=\dfrac45$.

答案 存在，$x^2+y^2=\dfrac45$.

【例 5】椭圆 $E:\dfrac{x^2}4+\dfrac{y^2}2=1$，过点 $P(0,1)$ 的动直线 l 与椭圆相交于 A，B 两点. 在平面直角坐标系 xOy 中，是否存在与点 P 不同的定点 Q，使得对于任意直线 l，$\dfrac{|QA|}{|QB|}=\dfrac{|PA|}{|PB|}$ 恒成立？若存在，求出点 Q 的坐标；若不存在，请说明理由.

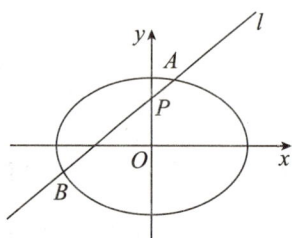

解析（1）当 l 与 x 轴平行时，由对称性可得 $|PA|=|PB|$，

所以 $\dfrac{|QA|}{|QB|}=\dfrac{|PA|}{|PB|}=1$，即 $|QA|=|QB|$，即 Q 位于 y 轴上. 设 $Q(0,y_0)$，

当 l 与 x 轴垂直时，不妨令 $A(0,\sqrt2)$，$B(0,-\sqrt2)$，

所以 $|PA|=\sqrt2-1$，$|PB|=\sqrt2+1$，于是 $|QA|=|y_0-\sqrt2|$，$|QB|=|y_0+\sqrt2|$，

由 $\dfrac{|QA|}{|QB|}=\dfrac{|PA|}{|PB|}$，可得 $\dfrac{|y_0-\sqrt2|}{|y_0+\sqrt2|}=\dfrac{\sqrt2-1}{\sqrt2+1}$，解得 $y_0=1$ 或 $y_0=2$.

又 P，Q 不重合，所以 $y_0=2$，$Q(0,2)$.

（2）若直线 l 不垂直于坐标轴，设 $l:y=kx+1$，

由 $\begin{cases}y=kx+1\\\dfrac{x^2}4+\dfrac{y^2}2=1\end{cases}$，可得 $(1+2k^2)x^2+4kx-2=0$.

当 $l\parallel x$ 轴与 $l\perp x$ 轴时，可得 Q 点坐标（必要性），然后再证明在一般情况下依然成立（充分性）.

设 $A(x_1,y_1),B(x_2,y_2)$,有 $x_1+x_2=-\dfrac{4k}{1+2k^2}$,$x_1x_2=-\dfrac{2}{1+2k^2}$,

由 $\dfrac{|QA|}{|QB|}=\dfrac{|PA|}{|PB|}$ 及角平分线定理,只需证明 QP 平分 $\angle BQA$,

只需证明 $k_{QA}=-k_{QB}$,即 $k_{QA}+k_{QB}=0$,

$k_{QA}+k_{QB}=\dfrac{y_1-2}{x_1}+\dfrac{y_2-2}{x_2}=\dfrac{x_2(y_1-2)+x_1(y_2-2)}{x_1x_2}=\dfrac{x_2y_1+x_1y_2-2(x_1+x_2)}{x_1x_2}$,

由 $\begin{cases}y_1=kx_1+1\\y_2=kx_2+1\end{cases}$,于是 $k_{QA}+k_{QB}=\dfrac{x_2(kx_1+1)+x_1(kx_2+1)-2(x_1+x_2)}{x_1x_2}=\dfrac{2kx_1x_2-(x_1+x_2)}{x_1x_2}$,

所以 $k_{QA}+k_{QB}=\dfrac{-2k\cdot\dfrac{2}{1+2k^2}+\dfrac{4k}{1+2k^2}}{-\dfrac{2}{1+2k^2}}=0$,于是 $\dfrac{|QA|}{|QB|}=\dfrac{|PA|}{|PB|}$ 成立.

综上 $Q(0,2)$,可使得 $\dfrac{|QA|}{|QB|}=\dfrac{|PA|}{|PB|}$ 恒成立.

答案 存在,$Q(0,2)$.

高考链接

【高 1】(2022 全国乙理 20,12 分)已知椭圆 E 的中心为坐标原点,对称轴为 x 轴、y 轴,且过 $A(0,-2),B\left(\dfrac{3}{2},-1\right)$ 两点.

(1)求 E 的方程;

(2)设过点 $P(1,-2)$ 的直线交 E 于 M,N 两点,过 M 且平行于 x 轴的直线与线段 AB 交于点 T,点 H 满足 $\overrightarrow{MT}=\overrightarrow{TH}$.证明:直线 HN 过定点.

第十二章　计数原理

第 1 节　排列组合

> 大哥说：考虑顺序为排列，不考虑顺序为组合.

知识梳理

基础知识

1. 分类加法原理与分步乘法原理

> → 每种方法可以独立完成这件事，类似并联电路

（1）分类加法原理：完成一件事，可以有 n 类办法，在第一类办法中有 m_1 种方法，在第二类办法中有 m_2 种方法，……，在第 n 类办法中有 m_n 种方法，那么完成这件事共有 $N=m_1+m_2+\cdots+m_n$ 种方法；

> → 各个步骤都完成才能完成这件事，类似串联电路

（2）分步乘法原理：完成一件事需要经过 n 个步骤，缺一不可，做第一步有 m_1 种方法，做第二步有 m_2 种方法，……，做第 n 步有 m_n 种方法，那么完成这件事共有 $N=m_1\cdot m_2\cdots\cdot m_n$ 种方法.

2. 排列与排列数

（1）排列：从 n 个不同元素中取出 $m(m\leqslant n)$ 个元素，按照一定的顺序排成一列，称为一个排列；

（2）阶乘：$n!=1\times 2\times 3\times\cdots\times n$，规定 $0!=1$；

（3）排列数：从 n 个不同元素中取出 $m(m\leqslant n)$ 个元素的所有不同排列的个数，称为排列数，有 $A_n^m=n\cdot(n-1)\cdot(n-2)\cdot\cdots\cdot(n-m+1)=\dfrac{n!}{(n-m)!}$，规定 $A_n^0=1$；

（4）全排列：n 个不同元素全部取出所形成的排列，排列数为 $A_n^n=n!$.

3. 组合与组合数

（1）组合：从 n 个不同元素中取出 $m(m\leqslant n)$ 个元素，合成一组（无顺序），称为一个组合；

（2）组合数：从 n 个不同元素中取出 $m(m\leqslant n)$ 个元素的所有不同组合的个数，称为组合数，有 $C_n^m=\dfrac{A_n^m}{A_m^m}=\dfrac{n!}{m!\cdot(n-m)!}$，规定 $C_n^0=1$；

（3）组合数的性质：$C_n^m=C_n^{n-m}$，$C_{n+1}^m=C_n^m+C_n^{m-1}$.

考点剖析

1. 串并联模型 ——→ 头哥说：对于分类的部分，画成并联；对于分步的部分，画成串联.

对于分类加法原理与分步乘法原理综合应用的问题,可画出完成整件事情的"串并联图",根据"并联相加,串联相乘"的原则,计算总的种类数.

例如:如下"串并联图",总的种类数为 $N = n_1 \cdot n_2 \cdot (n_3 + n_4 \cdot n_5)$.

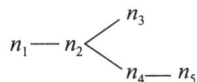

$$n_1 - n_2 \Big\langle \begin{array}{l} n_3 \\ n_4 - n_5 \end{array}$$

【例1】用 0,1,2,3,4 这五个数字组成无重复数字的五位数,其中恰有一个偶数数字夹在两个奇数数字之间的五位数的个数是 （ ）

A. 48　　　　　　B. 36　　　　　　C. 28　　　　　　D. 12

解析 第 1 步,两个奇数相对位置确定,2 种.

两个奇数可放在第一、第三位,第二、第四位,第三、第五位.

①若两奇数放在第一、第三位,第 2 步,三个偶数放在剩余三个位,$A_3^3 = 6$ 种;

②若两奇数放在第二、第四位,第 2 步,0 放在第三或第五位,2 种,第 3 步,2 与 4 放在剩 ——→ 注意0不能放在第一位. 余两个位,2 种;

③若两奇数放在第三、第五位,第 2 步,0 放在第二或第四位,2 种,第 3 步,2 与 4 放在剩余两个位,2 种.

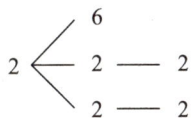

$$2 \Big\langle \begin{array}{l} 6 \\ 2 - 2 \\ 2 - 2 \end{array}$$

由串并联图可得,种类数 $N = 2 \times (6 + 2 \times 2 + 2 \times 2) = 28$.

答案 C.

【例2】用 0,1,2,…,9 十个数字,可以组成有重复数字的三位数的个数为 （ ）

A. 243　　　　　　B. 252　　　　　　C. 261　　　　　　D. 279

解析 第 1 步,第一位可放 1～9,9 种. ——→ 注意0不能放在第一位.

第 2 步,放第二位的数字,

①若第二位与第一位数字相同,1 种,第 3 步,第三位可放任一数字,10 种;

②若第二位与第一位数字不同,9 种,第 3 步,第三位与第一位相同或与第二位相同,2 种.

$$9 \Big\langle \begin{array}{l} 1 - 10 \\ 9 - 2 \end{array}$$

由串并联图可得,种类数 $N = 9 \times (1 \times 10 + 9 \times 2) = 252$.

答案 B.

【例3】将红、黄、绿、黑四种不同的颜色涂入如图所示的五个区域中.要求相邻的两个区域的颜色都不相同,则有_____种不同的涂色方法.

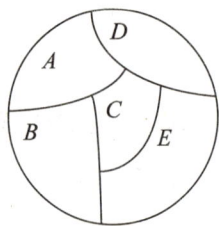

解析 第1步,涂C区域,4种;第2步,涂A区域,3种;

第3步,涂E区域. ⟶ 尽量对称着涂色.

①若E与A同色,1种;第4步,涂B区域,2种;第5步,涂D区域,2种.

②若E与A不同色,2种;第4步,涂B区域,1种;第5步,涂D区域,1种.

$$4—3 \left< \begin{array}{c} 1—2—2 \\ 2—1—1 \end{array}\right.$$

由串并联图可得,种类数$N=4×3×(1×2×2+2×1×1)=72$.

答案 72.

【例4】如图所示,用四种不同颜色给图中的A,B,C,D,E,F六个点涂色,要求每个点涂一种颜色,且图中每条线段的两个端点涂不同颜色,则不同的涂色方法有 　　　(　)

A.288 种 　　　　　B.264 种 　　　　　C.240 种 　　　　　D.168 种

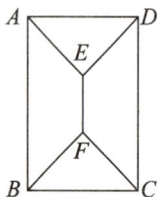

解析 第1步,涂E点,4种;第2步,涂F点,3种;

第3步,涂A点. ⟶ 尽量对称着涂色.

(1)若A与F同色,1种;第4步,涂C点.

①若C与E同色,1种(第4步);第5步,涂B点,2种;第6步,涂D点,2种.

②若C与E不同色,2种(第4步);第5步,涂B点,2种;第6步,涂D点,1种.

(2)若A与F不同色,2种;第4步,涂C点.

①若C与E同色,1种(第4步);第5步,涂B点,1种;第6步,涂D点,2种.

②若C与E不同色,

ⅰ.若C与A同色,1种(第4步);第5步,涂B点,2种;第6步,涂D点,2种.

ⅱ.若C与A不同色,1种(第4步);第5步,涂B点,1种;第6步,涂D点,1种.

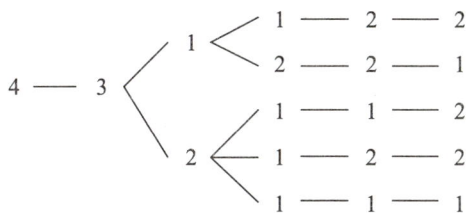

由串并联图可得,种类数 $N=4\times3\times[1\times(1\times2\times2+2\times2\times1)+2\times(1\times1\times2+1\times2\times2+1\times1\times1)]=264$.

答案 B.

2. 排队模型———→**头哥说:区分清楚属于哪类问题是关键.**

对于纯排列问题,可以想象为若干元素排成一队,称为排队模型.排队模型中,有如下几类问题:

(1)特殊元素/位置问题:如果排队模型中有特殊要求的元素,或者有特殊要求的位置,则先排特殊元素或特殊位置,后排一般元素或一般位置,即"先特殊,后一般"原则;

(2)相邻问题:如果排队模型中有若干元素必须相邻,则先将相邻元素进行"捆绑"(乘这些元素的全排列数),然后当成一个整体,与其他元素进行排列,即"先捆绑,后排列"原则;

(3)不相邻问题:如果排队模型中有若干元素不能相邻,则先排其他元素,然后将不能相邻的元素插入空中,即"先排列,后插空"原则;

(4)定序问题:如果排队模型中有若干元素的相对位置是固定的,则先进行排列,然后将固定相对位置的元素进行"去序"(除以这些元素的全排列数),即"先排列,后去序"原则.

【例5】由 $A,B,C,\cdots$ 等 7 人担任班级的 7 个班委,若正、副班长两职只能由 A,B,C 这三人中选两人担任,则有_____种不同分工方案.

解析 先从 A,B,C 三人中排两人担任正、副班长,A_3^2 种,———→"先特殊,后一般"

然后将剩余 5 人排在五个班委上,A_5^5 种,

所以种类数为 $N=A_3^2\cdot A_5^5=720$.

答案 720.

【例6】某一天的课程表要排入政治、语文、数学、物理、体育、美术共六节课,如果第一节不排体育,最后一节不排数学,那么共有_____种不同的排法.

解析 先排第一节:若排数学,A_1^1 种,则剩余 5 节课排在剩余 5 个位置即可,A_5^5 种;

若不排数学,A_4^1 种,再排最后一节,A_4^1 种,剩余 4 节课排在剩余 4 个位置,A_4^4 种,

所以种类数为 $N=A_1^1\cdot A_5^5+A_4^1\cdot A_4^1\cdot A_4^4=504$.———→"先特殊,后一般"

答案 504.

【例7】3 名男生,4 名女生,全体站成一排,男生必须排在一起,则有_____种不同的排队方案.

解析 先捆绑男生,A_3^3 种;再与 4 名女生一起排列,A_5^5 种.

所以种类数为 $N=A_3^3 \cdot A_5^5=720$. → *"先捆绑,后排列"*

答案 720.

【例 8】 计划在某画廊展出 10 幅不同的画,其中 1 幅水彩画、4 幅油画、5 幅国画,排成一行陈列,要求同一种类的画必须在一起,并且水彩画不放在两端,那么不同陈列方式的种数为 ( )

A. $A_4^4 \cdot A_5^5$ B. $A_3^3 \cdot A_4^4 \cdot A_5^5$ C. $A_3^1 \cdot A_4^4 \cdot A_5^5$ D. $A_2^2 \cdot A_4^4 \cdot A_5^5$

解析 捆绑 4 幅油画,A_4^4 种,捆绑 5 幅国画,A_5^5 种; → *"先捆绑,后排列"*

油画与国画排在两边,A_2^2 种,水彩画排在中间,A_1^1 种.

所以种类数为 $N=A_4^4 \cdot A_5^5 \cdot A_2^2 \cdot A_1^1=A_2^2 \cdot A_4^4 \cdot A_5^5$.

答案 D.

【例 9】 由 0,1,2,3,4,5 这六个数字组成的无重复数字的自然数中,有_____个含 2,3,但它们不相邻的五位数.

解析 先排 2,3 之外的三个数:

若第一个数不排 0,A_3^1 种;排剩余两个数,A_3^2 种;再把 2,3 插空,A_4^2 种.

若第一个数排 0,A_1^1 种;排剩余两个数,A_3^2 种;再把 2,3 插空.

0 之前必须插入一个数,A_2^1 种;排另一个数,A_3^1 种. → *"先排列,后插空"*

所以种类数为 $N=A_3^1 \cdot A_3^2 \cdot A_4^2+A_1^1 \cdot A_3^2 \cdot A_2^1 \cdot A_3^1=252$.

答案 252.

【例 10】 显示屏上的七个小孔排成一排,每个小孔可以显示红、黄、蓝三种颜色,或不显示.若每次由其中三个小孔显示一组红、黄、蓝三色信号,但相邻的两个小孔不同时显示,则该显示屏能够显示的不同信号数为_____.

解析 先排三色信号之外的四个不显示的小孔,由于不显示的小孔是无差别的,A_1^1 种;

然后将三色信号插空,A_5^3 种. → *"先排列,后插空"*

所以种类数为 $N=A_1^1 \cdot A_5^3=60$.

答案 60.

【例 11】 10 人身高各不相同,排成前后两排,每排 5 人,要求每排从左至右身高逐渐增加,则不同的排法共有_____种.

解析 先将 10 人进行全排列,A_{10}^{10} 种,

对前排 5 人进行去序,除以 A_5^5,对后排 5 人进行去序,除以 A_5^5, → *"先排列,后去序"*

所以种类数为 $N=\dfrac{A_{10}^{10}}{A_5^5 \cdot A_5^5}=252$.

答案 252.

【例12】若把英语单词"look"的字母顺序写错了,则可能出现的错误的种数为 （   ）

A. 24　　　　　　　　B. 10　　　　　　　　C. 9　　　　　　　　D. 11

解析 先将 4 个字母进行全排列,A_4^4 种;

由于两个字母"o"相同,可认为是定序的,所以去序,除以 A_2^2; →"先排列,后去序"

再减去 1 种正确的排列.

所以种类数为 $N = \dfrac{A_4^4}{A_2^2} - 1 = 11$.

答案 D.

3. 组队模型

→ 头哥说:"至少"与"至多"的反面可用不等式进行确定,例如:"至少2个"即"≥2",反面为"<2"即"至多1个"(个数为整数).

对于纯组合问题,可以想象为从若干元素中抽选一部分进行组队,称为组队模型.组队模型中,往往原始元素分为若干类别,注意进行分类.

需要注意的是,当题目中出现"至少""至多"或者表示否定相关的字眼时,可考虑使用间接法进行处理,用总的种类数减去题目所求反面的种类数,即"正难则反".例如:从 5 名男生,5 名女生中抽选出 5 人,至少包含一名女生,种类数为 $N = C_{10}^5 - C_5^5 = 251$.

【例13】从 5 名男医生、4 名女医生中选 3 名医生组成一个医疗小分队,要求其中男、女医生都有,则不同的组队方案共有 （   ）

A. 70 种　　　　　　B. 80 种　　　　　　C. 100 种　　　　　　D. 140 种

解析 第一类,选出 1 男 2 女,$C_5^1 \cdot C_4^2$ 种; → 注意分类

第二类,选出 2 男 1 女,$C_5^2 \cdot C_4^1$ 种.

所以种类数为 $N = C_5^1 \cdot C_4^2 + C_5^2 \cdot C_4^1 = 70$.

答案 A.

【例14】某车间有 11 名工人,其中有 5 名钳工、4 名车工,另外 2 名既能当车工又能当钳工.现要在这 11 名工人中选派 4 名钳工、4 名车工修理一台机床,有_____种选派方法.

解析 第一类,4 名钳工均为纯钳工,$C_5^4 \cdot C_6^4$ 种;

第二类,4 名钳工中有 3 名纯钳工,1 名多面手,$C_5^3 \cdot C_2^1 \cdot C_5^4$ 种; → 注意:同一个多面手充当钳工与充当车工是两种不同选派方法.

第三类,4 名钳工中有 2 名纯钳工,2 名多面手,$C_5^2 \cdot C_2^2 \cdot C_4^4$ 种.

所以种类数为 $N = C_5^4 \cdot C_6^4 + C_5^3 \cdot C_2^1 \cdot C_5^4 + C_5^2 \cdot C_2^2 \cdot C_4^4 = 185$.

答案 185.

【例15】从 10 名大学毕业生中选 3 人担任村主任助理,则甲、乙至少有 1 人入选,而丙没有入选的不同选法种数为 （   ）

A. 85　　　　　　　　B. 56　　　　　　　　C. 49　　　　　　　　D. 28

解析 丙没有入选的种类数为 C_9^3 种;

在丙没有入选的前提下,甲、乙均没入选的种类数为 C_7^3 种; → 有"至少",用间接法更简便.

所以种类数为 $N = C_9^3 - C_7^3 = 49$.

答案 C.

【例 16】 现有 16 张不同的卡片,其中红色、黄色、蓝色、绿色卡片各 4 张,从中任取 3 张,要求这 3 张卡片不能是同一种颜色,且红色卡片至多 1 张,则不同取法的种数为 _____.

解析 16 张卡片取 3 张的种类数为 C_{16}^3 种;

3 张卡片是同一种颜色的种类数为 $C_4^1 \cdot C_4^3$ 种, ⟶ 有"至多""不",用间接法更简单.

所以 3 张卡片不是同一种颜色的种类数为 $C_{16}^3 - C_4^1 \cdot C_4^3$ 种;

3 张卡片不是同一种颜色,且红色卡片有 2 张的种类数为 $C_4^2 \cdot C_{12}^1$ 种,

所以种类数为 $N = C_{16}^3 - C_4^1 \cdot C_4^3 - C_4^2 \cdot C_{12}^1 = 472$. ⟶ 在 3 张卡片不是同一种颜色的前提下,"红色卡片至多 1 张"的反面是"红色卡片有 2 张".

答案 472.

4. 球盒模型 ⟶ 头哥说:应用球盒模型时,要把题目中的要素准确对应为"球"与"盒".

对于排列与组合的综合问题,可以想象为把若干个不同球放入若干个不同盒中,同一个盒中的球是无顺序的(组合部分),不同盒之间是有顺序的(排列部分),此称为球盒模型.球盒模型要遵循"先分堆,后入盒,堆数相同要去序"的原则.

注意不能先把每个盒放一个球,然后再将剩余 2 个球放入盒中.因为对某个盒,先放 A 球再放 B 球与先放 B 球再放 A 球重复了.

例如:把 5 个不同的球放入 3 个盒中,要求每个盒中至少一个球.首先,把 5 个球分成三堆(堆与盒的区别在于,不同堆之间是不考虑顺序的,不同盒之间是考虑顺序的),有"221"与"311"两种分堆方式,"221"有 $\dfrac{C_5^2 \cdot C_3^2 \cdot C_1^1}{A_2^2}$ 种,其中有两堆都是 2 个球,球数一样,而由于堆与堆之间不考虑顺序,所以需要去序,除以 A_2^2,此即为"堆数相同要去序"(若有 m 堆球数是相同的,则除以 A_m^m),"311"有 $\dfrac{C_5^3 \cdot C_2^1 \cdot C_1^1}{A_2^2}$ 种,其中有两堆都是 1 个球,需要去序,除以 A_2^2.然后,再把 3 堆放到 3 个盒中,乘 A_3^3,故种类数为 $N = \left(\dfrac{C_5^2 \cdot C_3^2 \cdot C_1^1}{A_2^2} + \dfrac{C_5^3 \cdot C_2^1 \cdot C_1^1}{A_2^2} \right) \cdot A_3^3 = 150$.

特别地,如果某一堆的球数为 1,称为自然分堆,此时无须处理.例如:"311"分堆的种类数也可以写为 C_5^3,从 5 个球中选 3 个成一堆,剩余 2 个球自然分堆(无须处理).自然分堆的时候也不需要去序.

【例 17】 6 个人分乘两辆不同的汽车,每辆车最多坐 4 人,则不同的乘车方法有 ( )

A. 40 种   B. 50 种   C. 60 种   D. 70 种

解析 题目相当于把 6 个球放入 2 个盒中,每盒最多 4 球, ⟶ 人为"球",汽车为"盒".

分堆方式有"33"与"24"两种.

"33"分堆有 $\dfrac{C_6^3 \cdot C_3^3}{A_2^2}$ 种,"24"分堆有 $C_6^2 \cdot C_4^4$ 种,

所以种类数为 $N = \left(\dfrac{C_6^3 \cdot C_3^3}{A_2^2} + C_6^2 \cdot C_4^4 \right) \cdot A_2^2 = 50.$

答案 B.

【例18】在8张奖券中有一、二、三等奖各1张,其余5张无奖.将这8张奖券分配给4个人,每人2张,不同的获奖情况有_____种.

解析 题目相当于把3个球放入4个盒中(可空盒),每个盒中至多2个球,

分堆方式有"21"与"111"两种. ——→ 3张有奖的券为"球",人为"盒"

"21"分堆有 C_3^2 种,"111"分堆有1种(自然分堆),

所以种类数为 $N = C_3^2 \cdot A_4^2 + 1 \cdot A_4^3 = 60.$

答案 60.

【例19】某宾馆安排 A,B,C,D,E 五人入住3个房间,每个房间至少住1人,且 A,B 不能住同一房间,则不同的安排方法有(   )种.

A. 24   B. 48   C. 96   D. 114

解析 题目相当于把5个球放入3个盒中,

每个盒中至少一个球,且 A,B 不能在同一盒, ——→ 人为"球",房间为"盒"

分堆方式有"221"与"311"两种.

"221"分堆有 $\dfrac{C_5^2 \cdot C_3^2}{A_2^2}$ 种,"311"分堆有 C_5^3 种(自然分堆),

总种类数为 $\left(\dfrac{C_5^2 \cdot C_3^2}{A_2^2} + C_5^3 \right) \cdot A_3^3 = 150.$

A,B 在同一盒的分堆方式有"221"与"311"两种. ——→ 结合间接法.

"221"分堆有 C_3^2 种(此处 A,B 指定了在同一堆,也可以认为是自然分堆),"311"分堆有 C_3^1 种,

A,B 在同一盒的种类数为 $(C_3^2 + C_3^1) \cdot A_3^3 = 36.$

所以所求种类数为 $N = 150 - 36 = 114.$

答案 D.

【例20】三个人互相传球,由甲开始发球,并作为第一次传球,经过5次传球后,球仍回到甲手中,则不同的传球方式有_____种.

解析 题目相当于把5个球放入2个盒中,两个盒中球数之差为3的整数倍,

分堆方式仅有"41"一种,"41"分堆有 C_5^4 种, ——→ 5次传球对应5个球,2个盒为"顺时针传球"与"逆时针传球".

所以种类数为 $N = C_5^4 \cdot A_2^2 = 10.$

答案 10.

【例21】一个含有10项的数列 $\{a_n\}$ 满足: $a_1 = 0, a_{10} = 5, |a_{k+1} - a_k| = 1 (k = 1, 2, \cdots, 9)$,则符合这样条件的数列 $\{a_n\}$ 有

(   )

A. 30个   B. 35个   C. 36个   D. 40个

解析 由题得 $a_{k+1} = a_k \pm 1$,可视为在数轴上, a_k 向左或向右移动一个单位即可得到 a_{k+1},

则问题转化为从 $a_1=0$ 开始,向左或向右移动,总共移动9次达到 $a_{10}=5$, ~~9次移动对应9个球~~

相当于把9个球放入2个盒中,第一个盒比第二个盒球数多5. ~~2个盒为"向右移动"与"向左移动"~~

分堆方式仅有"72"一种,"72"分堆有 $C_9^7 \cdot C_2^2$ 种,

入盒时是定序的,所以种类数为 $N=C_9^7 \cdot C_2^2 \cdot 1=36$.

答案 C.

高考链接

【高1】(2020 全国2文3,5分)如图所示,将钢琴上的12个键依次记为 $a_1,a_2,\cdots,a_{12}$. 设 $1 \le i < j < k \le 12$. 若 $k-j=3$ 且 $j-i=4$,则称 a_i,a_j,a_k 为原位大三和弦;若 $k-j=4$ 且 $j-i=3$,则称 a_i,a_j,a_k 为原位小三和弦.用这12个键可以构成的原位大三和弦与原位小三和弦的个数之和为 ( )

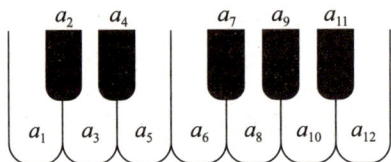

A. 5   B. 8   C. 10   D. 15

【高2】(2022 新高考二5,5分)甲、乙、丙、丁、戊 5名同学站成一排参加文艺汇演,若甲不站在两端,丙和丁相邻,则不同的排列方式共有 ( )

A. 12 种   B. 24 种   C. 36 种   D. 48 种

【高3】(2021 全国甲理10,5分)将4个1和2个0随机排成一行,则2个0不相邻的概率为 ( )

A. $\dfrac{1}{3}$ B. $\dfrac{2}{5}$ C. $\dfrac{2}{3}$ D. $\dfrac{4}{5}$

【高4】(2018 全国1理15,5分)从2位女生,4位男生中选3人参加科技比赛,且至少有1位女生入选,则不同的选法共有_____种.(用数字填写答案)

【高5】(2021 全国乙理6,5分)将5名北京冬奥会志愿者分配到花样滑冰、短道速滑、冰球和冰壶4个项目进行培训,每名志愿者只分配到1个项目,每个项目至少分配1名志愿者,则不同的分配方案共有 ( )

A. 60 种   B. 120 种   C. 240 种   D. 480 种

【高6】(2020 新高考一3,5分)6名同学到甲、乙、丙三个场馆做志愿者,每名同学只去1个场馆,甲场馆安排1名,乙场馆安排2名,丙场馆安排3名,则不同的安排方法共有 ( )

A. 120 种   B. 90 种   C. 60 种   D. 30 种

【高7】(2020 全国2理14,5分)4名同学到3个小区参加垃圾分类宣传活动,每名同学只去1个小区,每个小区至少安排1名同学,则不同的安排方法共有_____种.

第 2 节　二项式定理

> 头导说：二项式定理的本质是球盒模型.

知识梳理

基础知识

1. 二项式定理

(1) 二项式定理：$(a+b)^n = C_n^0 a^n + C_n^1 a^{n-1} b + \cdots + C_n^r a^{n-r} b^r + \cdots + C_n^n b^n (n \in \mathbf{N}^*)$；

(2) 二项式系数：二项式定理中，$C_n^r (r=0,1,2,\cdots,n)$ 称为二项式系数；

> 注意"系数"与"二项式系数"是不同的.

(3) 通项：二项展开式中第 $r+1$ 项为 $T_{r+1} = C_n^r a^{n-r} b^r$；

> 注意第 $r+1$ 项对应 C_n^r.

(4) 推论：$C_n^0 + C_n^1 + \cdots + C_n^n = 2^n$.

> 杨辉三角中每一行所有数的和.

考点剖析

1. 二项展开

> 球盒模型见"本章第 1 节"

对于 $(a+b)^n$，实际为 n 个 $(a+b)$ 相乘，对于 $a^{n-r} b^r$ 项的二项式系数，可认为是有 $n-r$ 个括号选出 a，r 个括号选出 b 总共的种类数. 实际上，相当于 n 个球（指数是球数），放到"a"与"b"两个盒中（括号中的两项为两个盒子名称），求"a"盒有 $n-r$ 个球，"b"盒有 r 个球的种类数，即为球盒模型，如图所示.

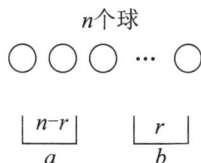

$$n\text{个球}$$
$$\bigcirc\;\bigcirc\;\bigcirc\;\cdots\;\bigcirc$$
$$\underbrace{}_{a}^{|n-r|}\quad\underbrace{}_{b}^{|r|}$$

对于二项式定理的球盒模型，因为指定了每个盒中的球数，所以无须分堆，直接入盒即可. 例如：$(a+b)^n$ 展开式中，$a^{n-r} b^r$ 项的系数为 C_n^r（n 个球选出 r 个放入"b"盒，剩余 $n-r$ 个放入"a"盒）.

【例 1】 $(2x + \sqrt{x})^5$ 的展开式中，x^3 的系数是 _____.（用数字填写答案）

解析 题目相当于 5 个球放入"$2x$""$\sqrt{x}$"两个盒，

于是"$2x$"盒放 1 个球，"$\sqrt{x}$"盒放 4 个球，可以凑出 x^3，

> 通过凑 x 的指数来确定每个盒中的球数.

即 $C_5^1 \cdot (2x)^1 \cdot (\sqrt{x})^4 = 10x^3$，所以 x^3 的系数是 10.

答案 10.

【例 2】 若 $\left(ax^2 + \dfrac{1}{\sqrt{x}}\right)^5$ 的展开式中 x^5 的系数为 -80，则实数 $a =$ _____.

解析 题目相当于 5 个球放入"ax^2""$\dfrac{1}{\sqrt{x}}$"两个盒,

于是"ax^2"盒放 3 个球,"$\dfrac{1}{\sqrt{x}}$"盒放 2 个球,可以凑出 x^5,

即 $C_5^3 \cdot (ax^2)^3 \cdot \left(\dfrac{1}{\sqrt{x}}\right)^2 = 10a^3x^5$,于是有 $10a^3 = -80$,解得 $a = -2$.

→ 熟练之后可以省掉 x,但是盒中的自带系数千万不能省.

答案 -2.

【例 3】 $(1+x+x^2)(1-x)^5$ 的展开式中,x^4 项的系数为 _____.

解析 对于 $(1-x)^5$,相当于 5 个球放入"1""$-x$"两个盒.

①当第一个括号选"1"时,"1"盒放 1 个球,"$-x$"盒放 4 个球,可以凑出 x^4;

②当第一个括号选"x"时,"1"盒放 2 个球,"$-x$"盒放 3 个球,可以凑出 x^4;

③当第一个括号选"x^2"时,"1"盒放 3 个球,"$-x$"盒放 2 个球,可以凑出 x^4.

于是 $1 \cdot C_5^1 \cdot (1)^1 \cdot (-x)^4 + x \cdot C_5^2 \cdot (1)^2 \cdot (-x)^3 + x^2 \cdot C_5^3 \cdot (1)^3 \cdot (-x)^2 = 5x^4$,所以 x^4 的系数是 5.

→ 两个括号相乘时,按其中一个括号分类.

答案 5.

【例 4】 $\left(1+\dfrac{1}{x^2}\right)(1+x)^6$ 展开式中 x^2 的系数为 （　　）

A. 15　　　　　　B. 20　　　　　　C. 30　　　　　　D. 35

解析 对于 $(1+x)^6$,相当于 6 个球放入"1""x"两个盒.

①当第一个括号选"1"时,"1"盒放 4 个球,"x"盒放 2 个球,可以凑出 x^2;

②当第一个括号选"$\dfrac{1}{x^2}$"时,"1"盒放 2 个球,"x"盒放 4 个球,可以凑出 x^2.

于是 $1 \cdot C_6^4 \cdot (1)^4 \cdot (x)^2 + \dfrac{1}{x^2} \cdot C_6^2 \cdot (1)^2 \cdot (x)^4 = 30x^2$,所以 x^2 的系数是 30.

答案 C.

【例 5】 $(1-\sqrt{x})^6(1+2\sqrt{x})^4$ 的展开式中 x 的系数是 _____.

解析 对于 $(1-\sqrt{x})^6$,相当于 6 个球放入"1""$-\sqrt{x}$"两个盒;

对于 $(1+2\sqrt{x})^4$,相当于 4 个球放入"1""$2\sqrt{x}$"两个盒.

①第一种情况:第一个括号中,"1"盒放 6 个球,"$-\sqrt{x}$"盒放 0 个球;

第二个括号中,"1"盒放 2 个球,"$2\sqrt{x}$"盒放 2 个球.

②第二种情况,第一个括号中,"1"盒放 5 个球,"$-\sqrt{x}$"盒放 1 个球;

第二个括号中,"1"盒放 3 个球,"$2\sqrt{x}$"盒放 1 个球.

③第三种情况,第一个括号中,"1"盒放 4 个球,"$-\sqrt{x}$"盒放 2 个球;

第二个括号中,"1"盒放 4 个球,"$2\sqrt{x}$"盒放 0 个球.

于是 $C_6^6 \cdot (1)^6 \cdot C_4^2 \cdot (1)^2 \cdot (2\sqrt{x})^2 + C_6^5 \cdot (1)^5 \cdot (-\sqrt{x})^1 \cdot C_4^3 \cdot (1)^3 \cdot (2\sqrt{x})^1 + C_6^4 \cdot (1)^4 \cdot (-\sqrt{x})^2 \cdot C_4^4 \cdot (1)^4 = -9x$，所以 x 的系数是 -9.

答案 -9.

→ 两个括号都是高次时，用两次球盒模型.

2. 多项展开 *→ 利用球盒模型理解二项式定理的好处在于，可以很容易拓展到多项展开的情况.*

对于多项展开的情况，只需要将盒数增加即可，几项展开就是几个盒. 例如：$(a+b+c)^n$ 的展开，可认为是 n 个球（指数是球数），放到"a""b""c"三个盒中（括号中的三项为三个盒子名称），如图所示.

n个球

$\bigcirc\ \bigcirc\ \bigcirc\ \cdots\ \bigcirc$

$\underbrace{\quad}_{a}\ \underbrace{\quad}_{b}\ \underbrace{\quad}_{c}$

【例6】 $(x^2+x+y)^5$ 的展开式中，x^5y^2 的系数为 （　　）

A. 10　　　　　B. 20　　　　　C. 30　　　　　D. 60

解析 题目相当于 5 个球放入"x^2""x""y"三个盒，

→ 先从 y 的指数确定"y"盒的球数，再凑另外两个盒的球数.

于是"x^2"盒放 2 个球，"x"盒放 1 个球，"y"盒放 2 个球，可以凑出 x^5y^2，

即 $C_5^2 \cdot (x^2)^2 \cdot C_3^1 \cdot (x)^1 \cdot (y)^2 = 30x^5y^2$，所以 x^5y^2 的系数是 30.

答案 C.

【例7】 在 $\left(1+x+\dfrac{1}{x^{1000}}\right)^{10}$ 的展开式中，x^2 项的系数为 _____.

解析 题目相当于 10 个球放入"1""x""$\dfrac{1}{x^{1000}}$"三个盒，

→ $\dfrac{1}{x^{1000}}$ 盒的球数只能为 0.

于是"1"盒放 8 个球，"x"盒放 2 个球，"$\dfrac{1}{x^{1000}}$"盒放 0 个球，可以凑出 x^2，

即 $C_{10}^8 \cdot (1)^8 \cdot C_2^2 \cdot (x)^2 = 45x^2$，所以 x^2 的系数是 45.

答案 45.

【例8】 $(x^2-x+1)^{10}$ 展开式中 x^3 项的系数为 （　　）

A. -210　　　　B. 210　　　　C. 30　　　　D. -30

解析 题目相当于 10 个球放入"x^2""$-x$""1"三个盒.

① "x^2"盒放 1 个球，"$-x$"盒放 1 个球，"1"盒放 8 个球，可以凑出 x^3；

② "x^2"盒放 0 个球，"$-x$"盒放 3 个球，"1"盒放 7 个球，可以凑出 x^3.

于是 $C_{10}^1 \cdot (x^2)^1 \cdot C_9^1 \cdot (-x)^1 \cdot (1)^8 + C_{10}^7 \cdot (-x)^3 \cdot (1)^7 = -210x^3$，所以 x^3 的系数是 -210.

答案 A.

3. 系数和 $\longrightarrow$ 在实际问题中，对 x 赋值根据具体题目调整，不一定总是赋值为 0，1，-1.

首先要注意区分"系数和"与"二项式系数和". 二项式系数是指单纯由组合数构成的系数，即 $C_n^r (r=0,1,2,\cdots,n)$，于是"二项式系数和"为 $C_n^0 + C_n^1 + \cdots + C_n^n = 2^n$；而系数既包含了组合数部分，又包含了展开之前每项的自带系数部分，"系数和"往往通过赋值法进行分析.

例如：对于 $(1+x)^n = a_0 + a_1 x + a_2 x^2 + \cdots + a_n x^n$.

令 $x=0$，可得 $a_0=1$，即赋值得常数项；

令 $x=1$，可得 $a_0 + a_1 + a_2 + \cdots + a_n = 2^n$，即赋值得系数和；

令 $x=-1$，可得 $a_0 - a_1 + a_2 - \cdots + (-1)^n a_n = 0$，与上式相加、相减分别可得奇数项与偶数项系数和.

【例 9】 若 $(x+3y)^n$ 展开式的系数和等于 $(7a+b)^{10}$ 展开式中的二项式系数之和，则 n 的值为 （　　）

A. 5　　　　　　B. 8　　　　　　C. 10　　　　　　D. 15

解析 令 $x=y=1$，可得 $(x+3y)^n$ 展开式的系数和为 4^n，

又 $(7a+b)^{10}$ 展开式的二项式系数和为 2^{10}，$\longrightarrow$ 注意系数和与二项式系数和的区别.

于是 $4^n = 2^{10}$，可得 $n=5$.

答案 A.

【例 10】 已知 $(x^2+1)(x-2)^9 = a_0 + a_1(x-1) + a_2(x-1)^2 + \cdots + a_{11}(x-1)^{11}$，则 $a_1 + a_2 + \cdots + a_{11}$ 的值为 （　　）

A. 0　　　　　　B. 2　　　　　　C. 255　　　　　　D. -2

解析 令 $x=2$，可得 $a_0 + a_1 + \cdots + a_{11} = 0$，$\longrightarrow$ 令 $x=2$ 得"系数和"，令 $x=1$ 得第一项系数.

令 $x=1$ 可得 $a_0 = -2$，所以 $a_1 + a_2 + \cdots + a_{11} = 2$.

答案 B.

【例 11】 设 $(2x+\sqrt{2})^4 = a_0 + a_1 x + a_2 x^2 + a_3 x^3 + a_4 x^4$，则 $(a_0+a_2+a_4)^2 - (a_1+a_3)^2$ 的值为 （　　）

A. 16　　　　　　B. -16　　　　　　C. 1　　　　　　D. -1

解析 $(a_0+a_2+a_4)^2 - (a_1+a_3)^2 = (a_0+a_1+a_2+a_3+a_4)(a_0-a_1+a_2-a_3+a_4)$.

$\longrightarrow$ 先平方差公式，更简洁.

令 $x=1$，可得 $a_0 + a_1 + a_2 + a_3 + a_4 = (2+\sqrt{2})^4$；

令 $x=-1$，可得 $a_0 - a_1 + a_2 - a_3 + a_4 = (2-\sqrt{2})^4$.

所以 $(a_0+a_2+a_4)^2 - (a_1+a_3)^2 = (2+\sqrt{2})^4 (2-\sqrt{2})^4 = 16$.

答案 A.

【例 12】 若 $(2-3x)^5 = a_0 + a_1 x + a_2 x^2 + a_3 x^3 + a_4 x^4 + a_5 x^5$，则 $|a_0| + |a_1| + |a_2| + |a_3| + |a_4| + |a_5|$ 等于 （　　）

A. 5^5 B. -1 C. 2^5 D. -2^5

解析 易知 $(2-3x)^5$ 与 $(2+3x)^5$ 展开式对应系数的绝对值相同,

且 $(2+3x)^5$ 展开式系数均为正数,

即 $(2+3x)^5=|a_0|+|a_1|x+|a_2|x^2+|a_3|x^3+|a_4|x^4+|a_5|x^5$,

令 $x=1$,可得 $|a_0|+|a_1|+|a_2|+|a_3|+|a_4|+|a_5|=5^5$.

→ 对于系数绝对值求和,可化负为正.

答案 A.

【例13】 若 $(2x-3)^5=a_0+a_1x+a_2x^2+a_3x^3+a_4x^4+a_5x^5$,则 $a_0+a_1+2a_2+3a_3+4a_4+5a_5$ 的值是   (　　)

A. 10   B. 20   C. 233   D. -233

解析 设 $f(x)=(2x-3)^5=a_0+a_1x+a_2x^2+a_3x^3+a_4x^4+a_5x^5$,

于是 $f'(x)=10(2x-3)^4=a_1+2a_2x+3a_3x^2+4a_4x^3+5a_5x^4$,

令 $x=1$,可得 $a_1+2a_2+3a_3+4a_4+5a_5=10$.

→ 对于系数的倍数求和,可求导处理.

在原式中令 $x=0$,可得 $a_0=-3^5=-243$,

所以 $a_0+a_1+2a_2+3a_3+4a_4+5a_5=-233$.

答案 D.

高考链接

【高1】 (2022 新高考一 13,5 分) $\left(1-\dfrac{y}{x}\right)(x+y)^8$ 的展开式中 x^2y^6 的系数为 _____(用数字作答).

【高2】 (2021 北京 11,5 分) $\left(x^3-\dfrac{1}{x}\right)^4$ 展开式中常数项为 _____.

【高3】 (2020 全国 1 理 8,5 分) $\left(x+\dfrac{y^2}{x}\right)(x+y)^5$ 的展开式中 x^3y^3 的系数为   (　　)

A. 5   B. 10   C. 15   D. 20

【高4】 (2020 全国 3 理 14,5 分) $\left(x^2+\dfrac{2}{x}\right)^6$ 的展开式中常数项是 _____.

【高5】 (2019 全国 3 理 4,5 分) $(1+2x^2)(1+x)^4$ 展开式中 x^3 的系数为   (　　)

A. 12   B. 18   C. 20   D. 24

【高6】 (2022 北京 8,4 分) 若 $(2x-1)^4=a_4x^4+a_3x^3+a_2x^2+a_1x+a_0$,则 $a_0+a_2+a_4=$ (　　)

A. 40   B. 41   C. -40 D. -41

第十三章　概率与统计

第1节　随机事件及概率

头导说：概率的本质是研究样本集（样本点构成的集合）.

知识梳理

基础知识

1.随机事件

(1)随机试验:对随机现象的实现以及对其观察称为随机试验;

(2)样本点:把随机试验的每个可能的基本结果称为样本点,一般用 ω 表示;

(3)样本空间:随机试验的全体样本点的集合称为样本空间,一般用 Ω 表示;

(4)随机事件:随机试验样本空间的子集称为随机事件,简称事件,一般用大写字母表示,例如: A, B, C;

(5)基本事件:只包含一个样本点的事件称为基本事件;

(6)不可能事件:一定不会发生的事件称为不可能事件;——→ 不可能事件即为空集 $\varnothing$.

(7)必然事件:一定会发生的事件称为必然事件.——→ 必然事件即为样本空间本身 Ω.

2.频率与概率

头导说：随着试验次数的增加，频率趋定于概率，但是在具体试验中，试验次数越多，频率与概率的差值不一定越小.

(1)频数: n 次试验中事件 A 出现的次数称为频数,记为 n_A;

(2)频率: n 次试验中事件 A 出现的次数与试验次数的比例称为频率,记为 $f_n(A)=\dfrac{n_A}{n}$; ——→ frequency.

(3)概率:对随机事件发生可能性大小的度量称为概率,事件 A 的概率记为 $P(A)$;

(4)关系:随着试验次数的增加,事件 A 发生的频率 $f_n(A)$ 稳定于概率 $P(A)$. ——→ probability.

3.互斥事件与对立事件

(1)和事件(并事件):事件 A 或事件 B 发生对应的事件为事件 A 与 B 的和事件,记为 $A\bigcup B$ 或 $A+B$,如图1所示;

(2)积事件(交事件):事件 A 且事件 B 发生对应的事件为事件 A 与 B 的积事件,记为 $A\bigcap B$ 或 AB,如图2所示;

(3)互斥事件:若事件 A 与事件 B 不可能同时发生,则 A, B 为互斥事件,即 $A\bigcap B=\varnothing$,如

图 3 所示.若 A 与 B 互斥,则满足 $P(A+B)=P(A)+P(B)$;

> 本质为补集,对立是互斥的特殊情况.

(4)对立事件:若事件 A 与事件 B 不可能同时发生,且必有其一发生,则 A,B 为对立事件,即 $A\cap B=\varnothing$ 且 $A\cup B=\Omega$,如图 4 所示.A 的对立事件可记为 $\bar{A}$,满足 $P(A)+P(\bar{A})=1$;

图1 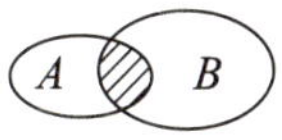   图2 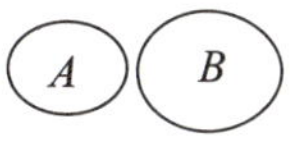   图3 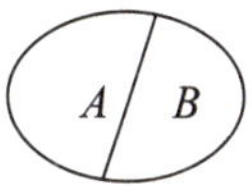   图4

(5)独立事件:若事件 A 的发生与否不影响事件 B 的发生概率,反之亦然,则 A,B 相互独立,此时有 $P(AB)=P(A)\cdot P(B)$.

4.古典概型

(1)古典概型:若样本点的个数是有限的(有限性),且每个样本点发生的可能性相等(等可能性),则对应的概率模型为古典概型;

(2)古典概型概率公式:对于古典概型,若样本空间为 Ω,Ω 包含样本点的个数记为 $n(\Omega)$,事件 A 包含样本点的个数记为 $n(A)$,则事件 A 发生的概率为 $P(A)=\dfrac{n(A)}{n(\Omega)}$,$P(A)\in[0,1]$.

5.条件概率

> 头哥说:不可能事件概率为 0,必然事件概率为 1,但是概率为 0 的事件不一定是不可能事件,概率为 1 的事件不一定是必然事件.

(1)条件概率:在 A 发生的条件下,B 发生的概率称为 A 发生时 B 发生的条件概率,记作 $P(B|A)$,有 $P(B|A)=\dfrac{P(AB)}{P(A)}$;

(2)全概率公式:若事件 $A_1,A_2,\cdots,A_n$ 两两互斥,且 $A_1\cup A_2\cup\cdots\cup A_n=\Omega$,则事件 B 发生的概率为 $P(B)=\sum\limits_{i=1}^{n}P(A_i)P(B\mid A_i)$.

> 某事件的概率等于每个条件的概率与该条件下的条件概率乘积再求和.

考点剖析

1.互斥事件与对立事件

> 头哥说:可把事件的概率想象成对应韦恩图中集合的面积,更直观.

借助于集合来判断事件关系,对于两事件 A,B,有 $P(A+B)=P(A)+P(B)-P(AB)$(容斥原理);若 A,B 为互斥事件,有 $P(A+B)=P(A)+P(B)$;若 A,B 为对立事件,有 $P(A)+P(B)=1$.

对于多个事件互斥的情况,依然满足概率加法公式,例如:$A_1,A_2,\cdots,A_n$ 两两互斥,有 $P(A_1+A_2+\cdots+A_n)=P(A_1)+P(A_2)+\cdots+P(A_n)$.

需要说明的是,若所求事件直接计算概率较为复杂,可考虑计算它的对立事件的概率,即"正难则反".

【例 1】某射手在一次射击中射中 10 环、9 环、8 环、7 环、7 环以下的概率分别为 0.24,0.28,0.19,0.16,0.13,则这个射手在一次射击中射中环数不足 8 环的概率为_____.

解析 记射中 10 环、9 环、8 环、7 环、7 环以下分别为事件 A,B,C,D,E,

易知 A,B,C,D,E 两两互斥,

于是所求事件概率为 $P(D+E)=P(D)+P(E)=0.16+0.13=0.29$.

答案 0.29.

【例2】 袋中有 12 个小球,分别为红球、黑球、黄球、绿球,从中任取一球,得到红球的概率是 $\dfrac{1}{3}$,得到黑球或黄球的概率是 $\dfrac{5}{12}$,得到黄球或绿球的概率也是 $\dfrac{5}{12}$,则得到黄球的概率为_____.

解析 记得到红球、黑球、黄球、绿球分别为事件 A,B,C,D,

易知 A,B,C,D 两两互斥,

由题得 $P(A)=\dfrac{1}{3},P(B+C)=P(B)+P(C)=\dfrac{5}{12},P(C+D)=P(C)+P(D)=\dfrac{5}{12}$.

又知 $P(A+B+C+D)=P(A)+P(B)+P(C)+P(D)=1$,

解得 $P(C)=\dfrac{1}{6}$,即得到黄球的概率为 $\dfrac{1}{6}$.

答案 $\dfrac{1}{6}$.

【例3】 从分别写有 $1,2,3,4,5$ 的 5 张卡片中随机抽取 1 张,放回后再随机抽取 1 张,则抽得的第一张卡片上的数大于第二张卡片上的数的概率为 ( )

A. $\dfrac{1}{10}$　　　　B. $\dfrac{1}{5}$　　　　C. $\dfrac{3}{10}$　　　　D. $\dfrac{2}{5}$

解析 记"第一张卡片上的数大于第二张卡片上的数"为事件 A,

"第一张卡片上的数小于第二张卡片上的数"为事件 B,

"第一张卡片上的数等于第二张卡片上的数"为事件 C,

易知 $P(A)=P(B),P(C)=\dfrac{5}{5^2}=\dfrac{1}{5}$,

且 $P(A+B+C)=P(A)+P(B)+P(C)=1$,

于是有 $P(A)=P(B)=\dfrac{2}{5}$,即所求概率为 $\dfrac{2}{5}$.

答案 D.

2. 古典概型

→ 头哥说:对于古典概型,关键在于"数数",即排列组合,所以排列组合是掌握古典概型的基础.

对于古典概型,利用 $P(A)=\dfrac{n(A)}{n(\Omega)}$ 计算事件 A 的概率,需要注意的是,计算分子 $n(A)$ 与分母 $n(\Omega)$ 种类数时,应用排列组合要保持一致,即如果分子是组合数(不考虑顺序),则分母也必须是组合数;如果分子是排列数(考虑顺序),则分母也必须是排列数.

【例4】 从分别标有 $1,2,\cdots,9$ 的 9 张卡片中不放回地随机抽取 2 次,每次抽取 1 张,则抽到的 2 张卡片上的数奇偶性不同的概率是 ( )

A. $\dfrac{5}{18}$　　　　B. $\dfrac{4}{9}$　　　　C. $\dfrac{5}{9}$　　　　D. $\dfrac{7}{9}$

解析 记"抽到 2 张卡片上的数奇偶性不同"为事件 A，

则 $n(\Omega)=A_9^2=72,n(A)=A_5^1\cdot A_4^1+A_4^1\cdot A_5^1=40$，→ 分子、分母都考虑顺序.

所以 $P(A)=\dfrac{n(A)}{n(\Omega)}=\dfrac{5}{9}$.

答案 C.

【例 5】已知甲袋装有 6 个球，1 个球标 0，2 个球标 1，3 个球标 2；乙袋装有 7 个球，4 个球标 0，1 个球标 1，2 个球标 2，现从甲袋中取一个球，乙袋中取两个球，则取出的三个球上标有的数乘积为 4 的概率是_____.

解析 记"取出的三个球上标有的数乘积为 4"为事件 A，

则 $n(\Omega)=C_6^1\cdot C_7^2=126,n(A)=C_2^1\cdot C_2^2+C_3^1\cdot C_1^1\cdot C_2^1=8$，→ 分子、分母都不考虑顺序.

→ 甲袋取 1，乙袋取两个 2；甲袋取一个 2，乙袋取一个 1、一个 2.

所以 $P(A)=\dfrac{n(A)}{n(\Omega)}=\dfrac{4}{63}$.

答案 $\dfrac{4}{63}$.

【例 6】4 位同学各自在周六、周日两天中任选一天参加公益活动，则周六、周日都有同学参加公益活动的概率　　　　（　　）

A. $\dfrac{1}{8}$　　　　B. $\dfrac{3}{8}$　　　　C. $\dfrac{5}{8}$　　　　D. $\dfrac{7}{8}$

解析 记"周六、周日都有同学参加公益活动"为事件 A，

则 $n(\Omega)=2^4=16,n(\bar A)=2$，→ 正难则反.

所以 $P(\bar A)=\dfrac{n(\bar A)}{n(\Omega)}=\dfrac{1}{8}$，于是 $P(A)=1-P(\bar A)=\dfrac{7}{8}$.

答案 D.

【例 7】袋子里有 3 颗白球，4 颗黑球，5 颗红球，由甲、乙、丙三人依次各抽取一个球，抽取后不放回，若每颗球被抽到的机会均等，则甲、乙、丙三人所得之球有相同颜色的概率是（　　）

A. $\dfrac{3}{4}$　　　　B. $\dfrac{2}{3}$　　　　C. $\dfrac{5}{7}$　　　　D. $\dfrac{8}{11}$

解析 记"甲、乙、丙三人所得之球有相同颜色"为事件 A，

则 $n(\Omega)=A_{12}^3=1320,n(\bar A)=C_3^1\cdot C_4^1\cdot C_5^1\cdot A_3^3=360$，→ 正难则反.

所以 $P(\bar A)=\dfrac{n(\bar A)}{n(\Omega)}=\dfrac{3}{11}$，于是 $P(A)=1-P(\bar A)=\dfrac{8}{11}$.

答案 D.

夹哥说：对于概率不为 0 的两事件，互斥（对立）则不独立，独立则不互斥（对立），因为互斥意味着两个事件不能同时发生，也即一个事件会影响另一个事件，则不独立，反之亦然.

3. 独立事件

若两事件 A,B 独立，则 A 与 $\bar B$，$\bar A$ 与 B，$\bar A$ 与 $\bar B$ 均相互独立，有 $P(AB)=P(A)\cdot P(B)$，$P(A\bar B)=P(A)\cdot P(\bar B),P(\bar AB)=P(\bar A)\cdot P(B),P(\bar A\bar B)=P(\bar A)\cdot P(\bar B)$.

对于多个事件独立的情况,依然满足概率乘法公式,例如:$A_1,A_2,\cdots,A_n$ 都相互独立,则有 $P(A_1A_2\cdots A_n)=P(A_1) \cdot P(A_2) \cdot \cdots \cdot P(A_n)$.

独立事件问题,一般题目都会给出基础概率.

【例8】某次知识竞赛规则如下:在主办方预设的 5 个问题中,选手若能连续正确回答出两个问题,即停止答题,晋级下一轮,假设某选手正确回答每个问题的概率都是 0.8,且每个问题的回答结果相互独立,则该选手恰好回答了 4 个问题就晋级下一轮的概率是_____.

解析 记"该选手答对第 i 道题"为事件 A_i,

"该选手恰好回答了 4 个问题就晋级下一轮"为事件 A,

则 $P(A)=P(\overline{A_2}A_3A_4)=(1-0.8)\times0.8\times0.8=0.128.$ —→ *独立事件,基础概率为 0.8.*

答案 0.128.

【例9】甲、乙、丙三人独立去译一个密码,译出的概率分别为 $\dfrac{1}{5},\dfrac{1}{3},\dfrac{1}{4}$,则此密码能译出的概率是 ( )

A. $\dfrac{1}{60}$　　　　B. $\dfrac{1}{5}$　　　　C. $\dfrac{3}{5}$　　　　D. $\dfrac{59}{60}$

解析 记"甲、乙、丙译出密码"分别为事件 A,B,C,

"密码能译出"为事件 D, —→ *独立事件,基础概率为 $\frac{1}{5},\frac{1}{3},\frac{1}{4}$.*

则 $P(D)=1-P(\overline{A}\overline{B}\overline{C})=1-\left(1-\dfrac{1}{5}\right)\left(1-\dfrac{1}{3}\right)\left(1-\dfrac{1}{4}\right)=\dfrac{3}{5}.$ —→ *正唯则反.*

答案 C.

【例10】甲、乙两人进行跳绳比赛,规定:若甲赢一局,比赛结束,甲胜出;若乙赢两局,比赛结束,乙胜出.已知每一局甲、乙两人获胜的概率分别为 $\dfrac{2}{5},\dfrac{3}{5}$,则甲胜出的概率为 ( )

A. $\dfrac{16}{25}$　　　　B. $\dfrac{18}{25}$　　　　C. $\dfrac{19}{25}$　　　　D. $\dfrac{21}{25}$

解析 记"甲赢第 i 局"为事件 A_i,则"乙赢第 i 局"为事件 $\overline{A_i}$,

"甲胜出"为事件 A, —→ *独立事件,基础概率为 $\frac{2}{5},\frac{3}{5}$.*

则 $P(A)=P(A_1+\overline{A_1}A_2)=\dfrac{2}{5}+\dfrac{3}{5}\times\dfrac{2}{5}=\dfrac{16}{25}.$

答案 A.

【例11】设事件 A 与 B 相互独立,两个事件中只有 A 发生的概率和只有 B 发生的概率都是 $\dfrac{1}{4}$,则事件 A 和事件 B 同时发生的概率为_____.

解析 由题得 $P(A) \cdot (1-P(B))=\dfrac{1}{4}$,且 $P(B) \cdot (1-P(A))=\dfrac{1}{4}$, —→ *独立事件,建立方程解出基础概率.*

解得 $P(A)=P(B)=\dfrac{1}{2}$，所以 $P(AB)=P(A)\cdot P(B)=\dfrac{1}{2}\times\dfrac{1}{2}=\dfrac{1}{4}$.

答案 $\dfrac{1}{4}$.

4. 条件概率

头哥说：对于条件概率公式的记忆，可认为分子、分母的 A "消掉"，变为竖线后面的"条件".

可利用条件概率公式 $P(B|A)=\dfrac{P(AB)}{P(A)}$ 求解条件概率，也可利用概率乘法公式 $P(AB)=P(A)\cdot P(B|A)$ 由条件概率求积事件概率.

若事件 $A_1,A_2,\cdots,A_n$ 两两互斥，且 $A_1\cup A_2\cup\cdots\cup A_n=\Omega$，则把 $A_1,A_2,\cdots,A_n$ 称为样本空间的一个划分，某个事件 B 的概率可由一个划分中的每部分条件下的条件概率求得，即

$$P(B)=\sum_{i=1}^{n}P(A_i)P(B|A_i).$$

特别地，若某个划分为对立事件(二分情况)，有 $P(B)=P(A)P(B|A)+P(\bar A)P(B|\bar A)$，该种情况最为常见.

【例12】有一批种子的发芽率为 0.9，出芽后的幼苗成活率为 0.8，在这批种子中，随机抽取一粒，则这粒种子能成长为幼苗的概率为_____.

解析 记"种子发芽"为事件 A，"幼苗成活"为事件 B，

易知 $P(A)=0.9,P(B|A)=0.8$，

所以 $P(B)=P(AB)=P(A)\cdot P(B|A)=0.72.$ ——→ 求积事件概率

答案 0.72.

【例13】一个家庭有两个小孩，假设生男、生女是等可能的，已知这个家庭有一个是女孩的条件下，这时另一个也是女孩的概率是 （ ）

A. $\dfrac{1}{4}$ B. $\dfrac{2}{3}$ C. $\dfrac{1}{2}$ D. $\dfrac{1}{3}$

解析 记"有一个是女孩"为事件 A，"另一个是女孩"为事件 B，

则 $P(A)=1-P(\bar A)=1-\left(\dfrac{1}{2}\right)^2=\dfrac{3}{4},P(AB)=\left(\dfrac{1}{2}\right)^2=\dfrac{1}{4}$，

则 $P(B|A)=\dfrac{P(AB)}{P(A)}=\dfrac{1}{3}.$ ——→ 求条件概率

答案 D.

【例14】利率变化是影响股票价格的重要因素. 经分析下周利率下调的概率为 0.6，利率不变的概率为 0.4. 根据经验，在利率下调的情况下，某只股票上涨的概率为 0.8，在利率不变的情况下，该股票上涨的概率为 0.4，则该股票下周上涨的概率为_____.

解析 记"股票下周上涨"为事件 A，"利率下调"为事件 B，

易知 $P(B)=0.6,P(\bar B)=0.4,P(A|B)=0.8,P(A|\bar B)=0.4$，

则 $P(A) = P(B) \cdot P(A|B) + P(\bar{B}) \cdot P(A|\bar{B}) = 0.6 \times 0.8 + 0.4 \times 0.4 = 0.64$.

→ 二分情况下的全概率公式.

答案 0.64.

【例 15】 甲、乙、丙三人同时向敌机进行射击,三人击中的概率分别为 $0.4, 0.5, 0.7$,飞机被一人击中后坠落的概率为 0.2,被两人击中后坠落的概率为 0.6,若被三人击中必坠落,则飞机被击落的概率为_____.

解析 记"飞机坠落"为事件 A,"飞机被 i 人击中"为事件 B_i,

则 $P(B_0) = (1-0.4)(1-0.5)(1-0.7) = 0.09$,

$P(B_1) = 0.4 \times (1-0.5)(1-0.7) + (1-0.4) \times 0.5 \times (1-0.7) + (1-0.4)(1-0.5) \times 0.7 = 0.36$,

$P(B_2) = 0.4 \times 0.5 \times (1-0.7) + (1-0.4) \times 0.5 \times 0.7 + 0.4 \times (1-0.5) \times 0.7 = 0.41$,

$P(B_3) = 0.4 \times 0.5 \times 0.7 = 0.14$,

且 $P(A|B_0) = 0, P(A|B_1) = 0.2, P(A|B_2) = 0.6, P(A|B_3) = 1$,

所以 $P(A) = P(B_0) \cdot P(A|B_0) + P(B_1) \cdot P(A|B_1) + P(B_2) \cdot P(A|B_2) + P(B_3) \cdot P(A|B_3) = 0.09 \times 0 + 0.36 \times 0.2 + 0.41 \times 0.6 + 0.14 \times 1 = 0.458$.

→ 全概率公式.

答案 0.458.

高考链接

【高 1】 (2020 全国 2 理 3/文 4,5 分)在新冠肺炎疫情防控期间,某超市开通网上销售业务,每天能完成 1200 份订单的配货,由于订单量大幅增加,导致订单积压.为解决困难,许多志愿者踊跃报名参加配货工作.已知该超市某日积压 500 份订单未配货,预计第二天的新订单超过 1600 份的概率为 0.05,志愿者每人每天能完成 50 份订单的配货,为使第二天完成积压订单及当日订单的配货的概率不小于 0.95,则至少需要志愿者 （　　）

A. 10 名　　　　　B. 18 名　　　　　C. 24 名　　　　　D. 32 名

【高 2】 (2022 全国甲理 15,5 分)从正方体的 8 个顶点中任选 4 个,则这 4 个点在同一个平面的概率为_____.

【高 3】 (2022 全国乙理 13,5 分)从甲、乙等 5 名同学中随机选 3 名参加社区服务工作,则甲、乙都入选的概率为_____.

【高 4】 (2022 新高考一 5,5 分)从 2 至 8 的 7 个整数中随机取 2 个不同的数,则这 2 个数互质的概率为 （　　）

A. $\dfrac{1}{6}$　　　　　B. $\dfrac{1}{3}$　　　　　C. $\dfrac{1}{2}$　　　　　D. $\dfrac{2}{3}$

【高 5】 (2019 全国 1 理 6,5 分)我国古代典籍《周易》用"卦"描述万物的变化.每一"重卦"由从下到上排列的 6 个爻组成,爻分为阳爻"——"和阴爻"— —",下图所示就是一重卦.在所

有重卦中随机取一重卦,则该重卦恰有 3 个阳爻的概率是 （　　）

A.$\dfrac{5}{16}$　　　　　　B.$\dfrac{11}{32}$　　　　　　C.$\dfrac{21}{32}$　　　　　　D.$\dfrac{11}{16}$

【高6】(2019 全国 3 文 3,5 分)两位男同学和两位女同学随机排成一列,则两位女同学相邻的概率是 （　　）

A.$\dfrac{1}{6}$　　　　　　B.$\dfrac{1}{4}$　　　　　　C.$\dfrac{1}{3}$　　　　　　D.$\dfrac{1}{2}$

【高7】(2018 全国 2 理 8,5 分)我国数学家陈景润在哥德巴赫猜想的研究中取得了世界领先的成果.哥德巴赫猜想是"每个大于 2 的偶数可以表示为两个素数的和",如 $30 = 7 + 23$.在不超过 30 的素数中,随机选取两个不同的数,其和等于 30 的概率是 （　　）

A.$\dfrac{1}{12}$　　　　　　B.$\dfrac{1}{14}$　　　　　　C.$\dfrac{1}{15}$　　　　　　D.$\dfrac{1}{18}$

【高8】(2022 全国乙理 10,5 分)某棋手与甲、乙、丙三位棋手各比赛一盘,各盘比赛结果相互独立.已知该棋手与甲、乙、丙比赛获胜的概率分别为 p_1,p_2,p_3,且 $p_3 > p_2 > p_1 > 0$.记该棋手连胜两盘的概率为 p,则 （　　）

A.p 与该棋手和甲、乙、丙的比赛次序无关

B.该棋手在第二盘与甲比赛,p 最大

C.该棋手在第二盘与乙比赛,p 最大

D.该棋手在第二盘与丙比赛,p 最大

【高9】(2021 新高考一 8,5 分)有 6 个相同的球,分别标有数字 1,2,3,4,5,6,从中有放回地随机取两次,每次取 1 个球.甲表示事件"第一次取出的球的数字是 1",乙表示事件"第二次取出的球的数字是 2",丙表示事件"两次取出的球的数字之和是 8",丁表示事件"两次取出的球的数字之和是 7",则 （　　）

A.甲与丙相互独立 　　　　　　B.甲与丁相互独立

C.乙与丙相互独立 　　　　　　D.丙与丁相互独立

第 2 节　随机变量

夫哥说:随机变量的引入把随机事件的结果进行了数字化,于是可以对随机事件结果进行后续的数学处理.

知识梳理

基础知识

1. 随机变量

(1)随机变量:把随机事件的结果进行数字化表示(每一个结果对应一个数)的变量称为随机变量,通常用大写字母如 X,Y 或希腊字母如 ξ,η 表示;

(2)离散型随机变量:取值可以一一列举出来的随机变量称为离散型随机变量;

(3)连续型随机变量:取值可以是某一区间中的一切值,不可以一一列举出来的随机变量称为连续型随机变量.

2. 离散型随机变量的分布列

(1)分布列:离散型随机变量的取值及其相应概率的对应关系称为分布列,若离散型随机变量 X 的取值为 $x_1,x_2,\cdots,x_n$,对应的概率分别为 $p_1,p_2,\cdots,p_n$,则分布列可由下表来表示;

X	x_1	x_2	$\cdots$	x_n
P	p_1	p_2	$\cdots$	p_n

→随机变量的取值.
→对应概率.

(2)分布列的性质: $p_i \geqslant 0(i=1,2,\cdots,n)$, $\sum\limits_{i=1}^{n} p_i = 1$;

(3)数学期望: $E(X)=\sum\limits_{i=1}^{n} x_i p_i$ 称为离散型随机变量 X 的数学期望,数学期望反映了随机变量取值的平均水平,又称期望、均值;

(4)方差: $D(X)=\sum\limits_{i=1}^{n}(x_i-E(X))^2 \cdot p_i$ 称为离散型随机变量 X 的方差,方差反映了随机变量取值的波动程度(相对于均值),方差越大,波动越大.

3. 超几何分布

(1)超几何分布: N 件产品中有 M 件不合格品,随机取出 n 件,其中有 X 件不合格品,满足 $P(X=k)=\dfrac{C_M^k \cdot C_{N-M}^{n-k}}{C_N^n}$, $\max\{0,n+M-N\}\leqslant k \leqslant \min\{M,n\}, k\in \mathbf{N}$,称随机变量 X 服从超几何分布,记为 $X \sim H(N,n,M)$;

→不放回式取球对应超几何分布.

(2)期望公式: $E(X)=\dfrac{nM}{N}$.

4. 二项分布 →夫哥说:对于任意试验,都可以对其全部结果进行二分,一部分结果称为"成功",剩余结果称为"不成功",则试验成为伯努利试验,进而可以构造出二项分布.

(1)伯努利试验:只包含"成功""不成功"两个结果的试验称为伯努利试验;

(2)n 重伯努利试验(n 次独立重复试验):独立、重复的 n 次伯努利试验称为 n 重伯努利试验;

(3)二项分布:在 n 重伯努利试验中,用 X 表示"成功"结果的次数,设每次试验中"成功"的概率为 p,满足 $P(X=k)=C_n^k p^k (1-p)^{n-k}$,$k=0,1,2,\cdots,n$,称随机变量 X 服从二项分布,记为 $X\sim B(n,p)$;

→ 放回式取球对应二项分布.

(4)两点分布:当 $n=1$ 时的二项分布为两点分布;

(5)期望与方差公式:$E(X)=np$,$D(X)=np(1-p)$.

5. 正态分布

→ 头哥说:相当于连续型随机变量的"分布列".

(1)分布密度曲线:描述连续型随机变量的概率密度与随机变量取值之间关系的曲线称为分布密度曲线,在分布密度曲线中,曲线与横轴围成的面积表示概率;

→ 连续型随机变量在单独某个取值处的概率为 0.

(2)正态曲线:$f(x)=\dfrac{1}{\sigma\sqrt{2\pi}}e^{-\frac{(x-\mu)^2}{2\sigma^2}}$ 的图像(如图所示)称为正态密度曲线,简称正态曲线;

(3)正态分布:若连续型随机变量 X 的分布密度曲线为正态曲线,称随机变量 X 服从正态分布,记为 $X\sim N(\mu,\sigma^2)$,当 $\mu=0$,$\sigma=1$ 时的正态分布为标准正态分布;

(4)期望与方差公式:$E(X)=\mu$,$D(X)=\sigma^2$.

→ 头哥说:这是最可爱的分布,因为它是"正太"(正态的谐音)分布.

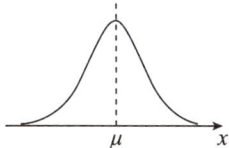

二级结论

1. 方差拓展公式

对于随机变量 X,方差的定义式为 $D(X)=E((X-E(X))^2)$,即方差为随机变量取值与其均值之差的平方的均值. 在此基础上,可推导出拓展公式 $D(X)=E(X^2)-(E(X))^2$,即方差为随机变量平方的均值与均值的平方之差.

→ "平方的平均"减"平均的平方".

2. 关联变量的期望与方差

对于随机变量 X,Y,若 $Y=aX+b$,则有:

(1)$E(Y)=aE(X)+b$;*→ 头哥说:求均值具有线性性质.*

(2)$D(Y)=a^2 D(X)$.*→ 头哥说:求方差具有倍数平方性质.*

考点剖析

1. 超几何分布与二项分布

→ 头哥说:对于两个分布,主要是记住期望与方差公式,而无须死记概率公式,要明白计算概率的原理,现算即可.

首先,对于超几何分布与二项分布的区分,不放回式抽取模式对应超几何分布,放回式抽取模式对应二项分布.

其次,对于超几何分布 $X\sim H(N,n,M)$,只需要记住期望公式 $E(X)=\dfrac{nM}{N}$ 即可;而对于二项分布 $X\sim B(n,p)$,则需要记住期望公式 $E(X)=np$ 与方差公式 $D(X)=np(1-p)$.

【例1】某导游团有外语导游 10 人,其中 6 人会说日语,现要随机选出 4 人去完成一项任务,这 4 人中有 2 人会说日语的概率为_____.

解析 设有 X 人会说日语,则 $P(X=2)=\dfrac{C_6^2 \cdot C_4^2}{C_{10}^4}=\dfrac{3}{7}$.

→ 超几何分布,计算概率,刊用古典概型计算即可.

答案 $\dfrac{3}{7}$.

【例2】布袋中有 5 个红球、4 个黑球,设从袋中取出一个红球得 3 分,取出一个黑球得 0 分,现从袋中随机取出 4 个球,则所得分数 X 的数学期望 $E(X)=$_____.

解析 设取出的红球个数为 Y,

由题得 $Y \sim H(9,4,5)$,所以 $E(Y)=\dfrac{4 \times 5}{9}=\dfrac{20}{9}$, → 超几何分布,求期望,用期望公式.

又 $X=3Y$,所以 $E(X)=E(3Y)=3E(Y)=\dfrac{20}{3}$.

答案 $\dfrac{20}{3}$.

【例3】同时抛掷两枚质地均匀的硬币,当至少有一枚硬币正面向上时,就说这次试验成功,则在 2 次试验中成功次数 X 的均值是_____.

解析 由题得每次成功概率为 $1-\left(\dfrac{1}{2}\right)^2=\dfrac{3}{4}$,

所以 $X \sim B\left(2,\dfrac{3}{4}\right)$,故 $E(X)=2 \times \dfrac{3}{4}=\dfrac{3}{2}$. → 二项分布,求期望,用期望公式.

答案 $\dfrac{3}{2}$.

【例4】一批产品的二等品率为 0.02,从这批产品中每次随机取一件,有放回地抽取 100 次,X 表示抽到的二等品件数,则 $D(X)=$_____.

解析 由题得 $X \sim B(100,0.02)$,故 $D(X)=100 \times 0.02 \times (1-0.02)=1.96$.

答案 1.96.

→ 二项分布,求方差,用方差公式.

2. 正态分布

→ 关导说:因为要保证正态曲线与 x 轴之间的面积始终为 1,所以曲线越"高",一定会越"瘦",曲线越"矮",一定会越"胖".

对于正态分布 $X \sim N(\mu,\sigma^2)$,期望公式为 $E(X)=\mu$,方差公式为 $D(X)=\sigma^2$.

对于计算概率的情况,主要是利用正态曲线的"对称性质"(关于直线 $x=\mu$ 对称)以及"和 1 性质"(曲线与 x 轴之间的面积为 1).曲线的位置由 μ 确定,曲线随着 μ 的变化而沿 x 轴平移;曲线的形状由 σ 确定,σ 越小,曲线越"瘦高",表示总体的分布越集中;σ 越大,曲线越"矮胖",表示总体的分布越分散.

$\mu-\sigma<X<\mu+\sigma$ 称为 1σ 区间,有 $P(\mu-\sigma<X<\mu+\sigma) \approx 0.68$; "6895997" 即 "六宝救救救救妻"

$\mu-2\sigma<X<\mu+2\sigma$ 称为 2σ 区间,有 $P(\mu-2\sigma<X<\mu+2\sigma) \approx 0.95$;

$\mu-3\sigma<X<\mu+3\sigma$ 称为 3σ 区间,有 $P(\mu-3\sigma<X<\mu+3\sigma) \approx 0.997$.

一般认为,3σ 区间之外的事件为小概率事件,不太可能发生.

【例 5】某厂生产的零件直径服从二项分布 $\xi \sim N(10, 0.2^2)$，今从该厂上、下午生产的零件中各随机取出一个，测得其外直径分别为 9.9 cm 和 9.3 cm，则可认为 （ ）

A. 上午生产情况正常，下午生产情况出现了异常

B. 上午生产情况出现了异常，下午生产情况正常

C. 上、下午生产情况均正常

D. 上、下午生产情况均出现了异常

解析 由题得 $\mu = 10, \sigma = 0.2, \mu - 3\sigma = 9.4, \mu + 3\sigma = 10.6$，

由 $\mu - 3\sigma < 9.9 < \mu + 3\sigma, 9.3 < \mu - 3\sigma, \longrightarrow 3\sigma$ 区间之外为小概率事件，可认为异常.

故上午生产情况正常，下午生产情况出现了异常.

答案 A.

【例 6】设 $X \sim N(\mu_1, \sigma_1^2), Y \sim N(\mu_2, \sigma_2^2)$，这两个正态分布密度曲线如下图所示. 下列结论中正确的是 （ ）

A. $P(Y \geqslant \mu_2) \geqslant P(Y \geqslant \mu_1)$

B. $P(X \leqslant \sigma_2) \leqslant P(X \leqslant \sigma_1)$

C. 对任意正数 $t, P(X \geqslant t) \geqslant P(Y \geqslant t)$

D. 对任意正数 $t, P(X \leqslant t) \geqslant P(Y \leqslant t)$

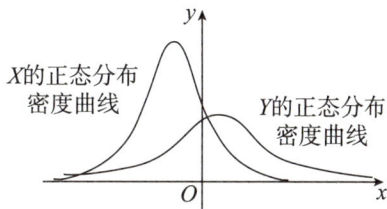

解析 由题得 $\mu_1 < \mu_2$，所以 $P(Y \geqslant \mu_2) < P(Y \geqslant \mu_1)$，A 错误；$\longrightarrow$ 利用曲线下的面积分析概率.

又知 $\sigma_1 < \sigma_2$，可得 $P(X \leqslant \sigma_2) > P(X \leqslant \sigma_1)$，B 错误；

对于任意正数 $t, P(X \geqslant t) < P(Y \geqslant t)$，C 错误.

$P(X \leqslant t) \geqslant P(Y \leqslant t)$，D 正确.

答案 D.

【例 7】已知某批零件的长度误差（单位：mm）服从正态分布 $N(0, 3^2)$，从中随机取一件，其长度误差落在区间 $(3, 6)$ 内的概率为 [附：若随机变量 ξ 服从正态分布 $N(\mu, \sigma^2)$，则 $P(\mu - \sigma < X < \mu + \sigma) = 68.26\%, P(\mu - 2\sigma < X < \mu + 2\sigma) = 95.44\%$] （ ）

A. 4.56%　　　　　B. 13.59%　　　　　C. 27.18%　　　　　D. 31.74%

解析 由题得 $\mu = 0, \sigma = 3$，于是有

$\longrightarrow$ 利用对称性计算概率

$$P(3 < X < 6) = \frac{P(\mu - 2\sigma < X < \mu + 2\sigma) - P(\mu - \sigma < X < \mu + \sigma)}{2} = 13.59\%.$$

答案 B.

【例 8】设在一次数学考试中，某班学生的分数服从二项分布 $X \sim N(105, 15^2)$，且知满分

为 150 分,这个班的学生共 50 人,则这个班在这次数学考试中及格(不低于 90 分)的人数约为_____.[注:若随机变量 ξ 服从正态分布 $N(\mu,\sigma^2)$,则 $P(\mu-\sigma<X<\mu+\sigma)=0.6826$,$P(\mu-2\sigma<X<\mu+2\sigma)=0.9544$]

解析 由题得 $\mu=105$,$\sigma=15$,所以 $P(X\geqslant90)=\dfrac{1}{2}+\dfrac{P(\mu-\sigma<X<\mu+\sigma)}{2}=0.8413$,

利用对称性计算概率.

于是及格人数约为 $0.8413\times50\approx42$.

答案 42.

3. 分布列与期望方差 → *头哥说:对于解答题,主要的难点在于概率计算,分布列部分很简单.*

离散型随机变量的分布列主要以表格形式体现.

首先,要注意"和 1 性质",即分布列中所有概率值的和为 1,对于含有未知量的分布列,可利用"和 1 性质"求出未知量.

其次,数学期望用 $E(X)=\displaystyle\sum_{i=1}^{n}x_ip_i$ 计算,方差用 $D(X)=\displaystyle\sum_{i=1}^{n}(x_i-E(X))^2\cdot p_i$ 计算.

【例 9】随机变量 ξ 的分布列如下表所示,且 $E(\xi)=1.1$,则 $D(2\xi+1)=$_____.

ξ	0	1	x
P	$\dfrac{1}{5}$	p	$\dfrac{3}{10}$

解析 由题得 $p=1-\dfrac{1}{5}-\dfrac{3}{10}=\dfrac{1}{2}$,

所以 $E(\xi)=0\times\dfrac{1}{5}+1\times\dfrac{1}{2}+x\cdot\dfrac{3}{10}=1.1$,解得 $x=2$, → *由"和 1 性质"计算 p,由已知的数学期望计算 x.*

于是 $D(\xi)=(0-1.1)^2\times\dfrac{1}{5}+(1-1.1)^2\times\dfrac{1}{2}+(2-1.1)^2\times\dfrac{3}{10}=0.49$,

故 $D(2\xi+1)=4D(\xi)=1.96$.

答案 1.96.

【例 10】已知甲盒内有大小相同的 1 个红球和 3 个黑球,乙盒内有大小相同的 3 个红球和 3 个黑球,现从甲、乙两个盒内各任取 2 个球.

(1)求取出的 4 个球中没有红球的概率;

(2)求取出的 4 个球中恰有 1 个红球的概率;

(3)设 ξ 为取出的 4 个球中红球的个数,求 ξ 的分布列和数学期望.

解析 (1)记"取出的 4 个球中没有红球"为事件 A,

则 $P(A)=\dfrac{C_3^2\cdot C_3^2}{C_4^2\cdot C_6^2}=\dfrac{1}{10}$,即取出的 4 个球中没有红球的概率为 $\dfrac{1}{10}$;

(2)记"取出的 4 个球中恰有 1 个红球"为事件 B,

则 $P(B)=\dfrac{C_1^1\cdot C_3^1\cdot C_3^2+C_3^2\cdot C_3^1\cdot C_3^1}{C_4^2\cdot C_6^2}=\dfrac{2}{5}$,即取出的 4 个球中恰有 1 个红球的概率为 $\dfrac{2}{5}$;

(3)由题得 ξ 可取 $0,1,2,3$, → *先列出 ξ 的所有可能取值,算概率时避免遗漏.*

所以 $P(\xi=0)=P(A)=\dfrac{1}{10}$，$P(\xi=1)=P(B)=\dfrac{2}{5}$，

$P(\xi=2)=\dfrac{C_3^2\cdot C_3^2+C_1^1\cdot C_3^1\cdot C_3^1\cdot C_3^1}{C_4^2\cdot C_6^2}=\dfrac{2}{5}$，$P(\xi=3)=\dfrac{C_1^1\cdot C_3^1\cdot C_3^2}{C_4^2\cdot C_6^2}=\dfrac{1}{10}$，

所以分布列为

ξ	0	1	2	3
P	$\dfrac{1}{10}$	$\dfrac{2}{5}$	$\dfrac{2}{5}$	$\dfrac{1}{10}$

数学期望为 $E(\xi)=0\times\dfrac{1}{10}+1\times\dfrac{2}{5}+2\times\dfrac{2}{5}+3\times\dfrac{1}{10}=\dfrac{3}{2}$.

答案（1）$\dfrac{1}{10}$；（2）$\dfrac{2}{5}$；（3）分布列见解析，$E(\xi)=\dfrac{3}{2}$.

【例11】某学校在一次运动会上，将要进行甲、乙两名同学的乒乓球冠亚军决赛，比赛实行三局两胜制（谁先胜两局则提前结束比赛）.已知每局比赛中，若甲先发球，其获胜的概率为 $\dfrac{2}{3}$，否则其获胜的概率为 $\dfrac{1}{2}$.

（1）若在第一局比赛中采用掷硬币的方式决定谁先发球，试求甲在此局获胜的概率；

（2）若第一局由乙先发球，以后每局由负方先发球.规定胜一局记 2 分，负一局记 0 分，记 ξ 为比赛结束时甲的得分，求随机变量 ξ 的分布列及数学期望 $E(\xi)$.

解析（1）记"甲在此局获胜"为事件 A，

则 $P(A)=\dfrac{1}{2}\times\dfrac{2}{3}+\dfrac{1}{2}\times\dfrac{1}{2}=\dfrac{7}{12}$，即甲在此局获胜的概率为 $\dfrac{7}{12}$；

（2）由题得 ξ 可取 $0,2,4$，

所以 $P(\xi=0)=\left(1-\dfrac{1}{2}\right)\left(1-\dfrac{2}{3}\right)=\dfrac{1}{6}$，→ 算概率时，注意比赛可能提前结束.

$P(\xi=2)=\dfrac{1}{2}\times\left(1-\dfrac{1}{2}\right)\left(1-\dfrac{2}{3}\right)+\left(1-\dfrac{1}{2}\right)\times\dfrac{2}{3}\times\left(1-\dfrac{1}{2}\right)=\dfrac{1}{4}$，

$P(\xi=4)=\left(1-\dfrac{1}{2}\right)\times\dfrac{2}{3}\times\dfrac{1}{2}+\dfrac{1}{2}\times\left(1-\dfrac{1}{2}\right)\times\dfrac{2}{3}+\dfrac{1}{2}\times\dfrac{1}{2}=\dfrac{7}{12}$，

所以分布列为

ξ	0	2	4
P	$\dfrac{1}{6}$	$\dfrac{1}{4}$	$\dfrac{7}{12}$

数学期望为 $E(\xi)=0\times\dfrac{1}{6}+2\times\dfrac{1}{4}+4\times\dfrac{7}{12}=\dfrac{17}{6}$.

答案（1）$\dfrac{7}{12}$；（2）分布列见解析，$E(\xi)=\dfrac{17}{6}$.

【例12】一个袋子中装有 6 个红球和 4 个白球，假设袋子中的每一个球被摸到可能性是相等的.

（1）从袋子中任意摸出 3 个球，求摸出的球均为白球的概率；

(2)一次从袋子中任意摸出 3 个球,若其中红球的个数多于白球的个数,则称"摸球成功"(每次操作完成后将球放回),某人连续摸了 3 次,记"摸球成功"的次数为 ξ,求 ξ 的分布列和数学期望.

解析 (1)记"摸出的球均为白球"为事件 A,

则 $P(A)=\dfrac{C_4^3}{C_{10}^3}=\dfrac{1}{30}$,即摸出的球均为白球的概率为 $\dfrac{1}{30}$;

(2)由题得每次"摸球成功"的概率为 $\dfrac{C_6^3+C_6^2\cdot C_4^1}{C_{10}^3}=\dfrac{2}{3}$,于是 $\xi\sim B\left(3,\dfrac{2}{3}\right)$,

所以 $P(\xi=0)=C_3^0\cdot\left(1-\dfrac{2}{3}\right)^3=\dfrac{1}{27}$,$P(\xi=1)=C_3^1\cdot\dfrac{2}{3}\cdot\left(1-\dfrac{2}{3}\right)^2=\dfrac{2}{9}$,

$P(\xi=2)=C_3^2\cdot\left(\dfrac{2}{3}\right)^2\cdot\left(1-\dfrac{2}{3}\right)=\dfrac{4}{9}$,$P(\xi=3)=C_3^3\cdot\left(\dfrac{2}{3}\right)^3=\dfrac{8}{27}$,

所以分布列为

ξ	0	1	2	3
P	$\dfrac{1}{27}$	$\dfrac{2}{9}$	$\dfrac{4}{9}$	$\dfrac{8}{27}$

数学期望为 $E(\xi)=3\times\dfrac{2}{3}=2$. → 二项分布,算数学期望可以直接用公式.

答案 (1)$\dfrac{1}{30}$;(2)分布列见解析,$E(\xi)=2$.

高考链接

【高1】(2022 新高考二 13,5 分)随机变量 X 服从正态分布 $N(2,\sigma^2)$,若 $P(2<X\leqslant2.5)=0.36$,则 $P(X>2.5)=$ _____.

【高2】(2021 新高考二 6,5 分)某物理量的测量结果服从正态分布 $N(10,\sigma^2)$,则下列结论中不正确的是 ( )

A.σ 越小,该物理量一次测量结果落在$(9.9,10.1)$内的概率越大

B.该物理量一次测量结果大于 10 的概率为 0.5

C.该物理量一次测量结果大于 10.01 的概率与小于 9.99 的概率相等

D.该物理量一次测量结果落在$(9.9,10.2)$内的概率与落在$(10,10.3)$内的概率相等

【高3】(2022 全国甲理 19,12 分)甲、乙两个学校进行体育比赛,比赛共设三个项目,每个项目胜方得 10 分,负方得 0 分,没有平局.三个项目比赛结束后,总得分高的学校获得冠军.已知甲学校在三个项目中获胜的概率分别为 0.5,0.4,0.8,各项目的比赛结果相互独立.

(1)求甲学校获得冠军的概率;

(2)用 X 表示乙学校的总得分,求 X 的分布列与期望.

【高4】(2022北京18,13分)在校运动会上,只有甲、乙、丙三名同学参加铅球比赛,比赛成绩达到9.50 m以上(含9.50 m)的同学将获得优秀奖.为预测获得优秀奖的人数及冠军得主,收集了甲、乙、丙以往的比赛成绩,并整理得到如下数据(单位:m):

甲:9.80,9.70,9.55,9.54,9.48,9.42,9.40,9.35,9.30,9.25;

乙:9.78,9.56,9.51,9.36,9.32,9.23;

丙:9.85,9.65,9.20,9.16.

假设用频率估计概率,且甲、乙、丙的比赛成绩相互独立.

(1)估计甲在校运动会铅球比赛中获得优秀奖的概率;

(2)设 X 是甲、乙、丙在校运动会铅球比赛中获得优秀奖的总人数,估计 X 的数学期望;

(3)在校运动会铅球比赛中,甲、乙、丙谁获得冠军的概率估计值最大?(结论不要求证明)

【高5】(2021新高考一18,12分)某学校组织"一带一路"知识竞赛,有 A,B 两类问题.每位参加比赛的同学先在两类问题中选择一类并从中随机抽取一个问题回答,若回答错误,则该同学比赛结束;若回答正确,则从另一类问题中再随机抽取一个问题回答,无论回答正确与否,该同学比赛结束. A 类问题中的每个问题回答正确得20分,否则得0分; B 类问题中的每个问题回答正确得80分,否则得0分.

已知小明能正确回答 A 类问题的概率为0.8,能正确回答 B 类问题的概率为0.6,且能正确回答问题的概率与回答次序无关.

(1)若小明先回答 A 类问题,记 X 为小明的累计得分,求 X 的分布列;

(2)为使累计得分的期望最大,小明应选择先回答哪类问题?并说明理由.

【高6】(2021 新高考二 21 改,12 分)一种微生物群体可以经过自身繁殖不断生存下来,设一个这种微生物为第 0 代,经过一次繁殖后为第 1 代,再经过一次繁殖后为第 2 代……,该微生物每代繁殖的个数是相互独立的且有相同的分布列,设 X 表示 1 个微生物个体繁殖下一代的个数,$P(X=i)=p_i(i=0,1,2,3)$,$p_i>0$.

(1)已知 $p_0=0.4$,$p_1=0.3$,$p_2=0.2$,$p_3=0.1$,求 $E(X)$.

(2)设 p 表示该种微生物经过多代繁殖后临近灭绝的概率,p 是关于 x 的方程:$p_0+p_1x+p_2x^2+p_3x^3=x$ 的一个最小正实根,求证:当 $E(X)\leqslant1$ 时,$p=1$;当 $E(X)>1$ 时,$p<1$.

(3)根据你的理解说明(2)问结论的实际含义.

【高7】(2021 北京 18,13 分)为加快新冠肺炎检测效率,某检测机构采取"k 合 1 检测法",即将 k 个人的拭子样本合并检测,若为阴性,则可以确定所有样本都是阴性的;若为阳性,则还需要对本组的每个人再做检测.现有 100 人,已知其中 2 人感染病毒.

(1)①若采用"10 合 1 检测法",且两名患者在同一组,求总检测次数;

②已知 10 人分成一组,分 10 组,两名感染患者在同一组的概率为 $\frac{1}{11}$,定义随机变量 X 为总检测次数,求检测次数 X 的分布列和数学期望 $E(X)$;

(2)若采用"5 合 1 检测法",检测次数 Y 的期望为 $E(Y)$,试比较 $E(X)$ 和 $E(Y)$ 的大小(直接写出结果).

第3节 统计与统计案例

知识梳理

基础知识

1. 随机抽样

> 头哥说:注意对调查对象的认定,例如:调查全班同学的身高,则调查对象是每个人的身高,而不是每个人.

（1）基本概念:调查对象的全体称为总体.每一个调查对象称为个体.把对全体进行调查称为全面调查或普查.把从总体中抽取部分对象进行调查称为抽样调查.把从总体中抽取的那部分个体称为样本.把样本中包含的个体数称为样本量.

> 简单随机抽样包括"有放回"式与"无放回"式.

（2）简单随机抽样:每个个体被抽到的概率相等的抽样方式称为简单随机抽样,常用方法有抽签法（总体个数较少）与随机数法（总体个数较多）.

> 当总体是由差异明显的几个部分组成时,往往选用分层抽样的方法.

（3）分层抽样:将总体分成互不交叉的层,然后按照一定的比例,从各层独立地进行简单随机抽样,抽取一定数量的个体,将各层取出的个体合在一起作为样本,这种抽样方式称为分层抽样.

2. 统计数据

（1）平均数:样本中所有数据的和除以样本量称为平均数,对于数据 $x_1, x_2, \cdots, x_n$,平均数为 $\bar{x} = \dfrac{1}{n}\sum\limits_{i=1}^{n} x_i$.

> 众数可能不止一个.

（2）众数:样本中出现次数最多的数称为众数.

> 如果样本量为偶数,则中位数为中间两个数的平均数.

（3）中位数:样本中所有数据按从小到大（或从大到小）顺序排列后,处于中间位置的数称为中位数.

> 中位数即为第50百分位数.

（4）百分位数:若样本中有 $p\%$ 的数据小于等于某值,有 $1-p\%$ 的数据大于等于该值,则把该值称为第 p 百分位数;第50百分位数又称为二分位数,第25,第50,第75百分位数又称为四分位数.

（5）方差:样本中所有数据与平均数之差的平方的平均数,称为方差,对于数据 $x_1, x_2, \cdots, x_n$,方差为 $s^2 = \dfrac{1}{n}\sum\limits_{i=1}^{n}(x_i - \bar{x})^2$,方差的非负平方根称为标准差,有 $s = \sqrt{\dfrac{1}{n}\sum\limits_{i=1}^{n}(x_i - \bar{x})^2}$.

> 方差（标准差）越大,离散程度（波动）越大;方差（标准差）越小,离散程度（波动）越小.

3. 频率分布直方图

对于数据 $x_1, x_2, \cdots, x_n$,画频率分布直方图的步骤如下:

（1）求极差:即求最大数据与最小数据之差,$x_{\max} - x_{\min}$;

（2）确定组距与组数:原则是能够更好地显示数据分布,可人为定组距计算组数,也可人为定组数计算组距,组距 $= \dfrac{极差}{组数}$;

（3）分组：按照组距进行分组，若组距总长度超过极差，则可左、右端点稍微扩大；

（4）作频率分布表：可用画正字方法进行统计，列出表格，如下表（某班同学的身高数据）所示；

分组	频数	频率
$[160,170)$	20	0.2
$[170,180)$	40	0.4
$[180,190)$	30	0.3
$[190,200]$	10	0.1
合计	100	1

（5）画频率分布直方图：将频率分布表画成更直观的条形图，如下图所示.

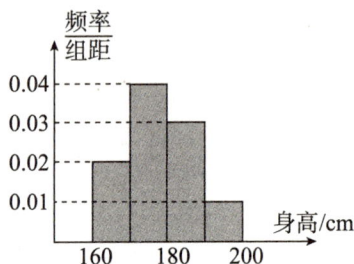

4. 线性回归

→函数关系是一种确定关系，相关关系是一种随机关系.

（1）相关关系：如果两个变量具有关系，其中一个变量的取值一定时，另一个变量的取值带有一定的随机性，则称两个变量具有相关关系，相关关系可由散点图来表示，例如：图1、图2.

（2）正相关与负相关：若随自变量的变大（或变小），因变量随之变大（或变小），则称为正相关，如图1所示；若随自变量的变大（或变小），因变量随之变小（或变大），则称为负相关，如图2所示.

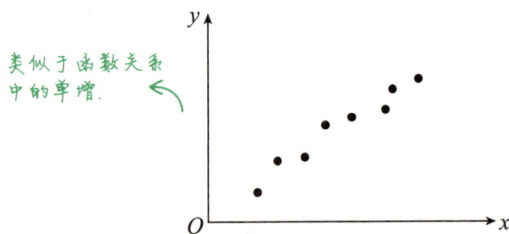

类似于函数关系中的单增.

图1

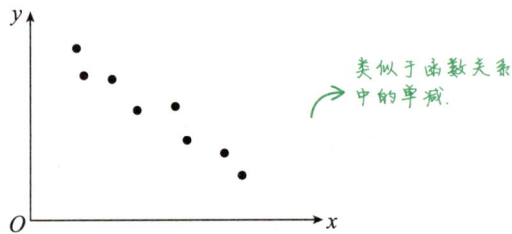

类似于函数关系中的单减.

图2

（3）回归直线：如果散点图中点的分布从整体上看大致在一条直线附近，就称这两个变量之间具有线性相关关系. 这条直线叫作回归直线，回归直线的方程称为回归方程，记为 $\hat{y}=\hat{a}+\hat{b}x$.

（4）线性回归公式：对于数据 $(x_1,y_1),(x_2,y_2),\cdots,(x_n,y_n)$，回归方程为 $\hat{y}=\hat{a}+\hat{b}x$，有：

$$\hat{b}=\frac{\sum\limits_{i=1}^{n}(x_i-\bar{x})(y_i-\bar{y})}{\sum\limits_{i=1}^{n}(x_i-\bar{x})^2}=\frac{\sum\limits_{i=1}^{n}x_iy_i-n\bar{x}\,\bar{y}}{\sum\limits_{i=1}^{n}x_i^2-n\bar{x}^2},\hat{a}=\bar{y}-\hat{b}\bar{x}.$$

（5）相关系数公式：对于数据 $(x_1,y_1),(x_2,y_2),\cdots,(x_n,y_n)$，有：

$$r = \frac{\sum\limits_{i=1}^{n}(x_i-\bar{x})(y_i-\bar{y})}{\sqrt{\sum\limits_{i=1}^{n}(x_i-\bar{x})^2 \cdot \sum\limits_{i=1}^{n}(y_i-\bar{y})^2}} = \frac{\sum\limits_{i=1}^{n}x_i y_i - n\bar{x}\bar{y}}{\sqrt{\left(\sum\limits_{i=1}^{n}x_i^2 - n\bar{x}^2\right)\left(\sum\limits_{i=1}^{n}y_i^2 - n\bar{y}^2\right)}}.$$

> $r>0$ 时，正相关，$r<0$ 时，负相关. $|r|$ 越接近 1，相关性越强；越接近 0，相关性越弱.

5.独立性检验

(1)**分类变量**:变量的不同"值"表示个体所属的不同类别,这样的变量被称为分类变量.

(2)**列联表**:列出两个分类变量的频数表,称为列联表,如下表所示.

	B	$\bar{B}$	总计
A	a	b	$a+b$
$\bar{A}$	c	d	$c+d$
总计	$a+c$	$b+d$	$n=a+b+c+d$

(3)**独立性检验公式**:$\chi^2 = \dfrac{n(ad-bc)^2}{(a+b)(c+d)(a+c)(b+d)}$.

二级结论

1.方差拓展公式

对于数据 $x_1,x_2,\cdots,x_n$,方差为 $s^2 = \dfrac{1}{n}\sum\limits_{i=1}^{n}x_i^2 - \bar{x}^2$,即方差为数据的平方的平均数与平均

> "平方的平均"减"平均的平方".

数的平方之差.

2.关联统计量的平均数与方差

对于统计数据 $x_i(i=1,2,\cdots,n)$,$y_i(i=1,2,\cdots,n)$,若 $y_i=ax_i+b(i=1,2,\cdots,n)$,则有:

(1)$\bar{y}=a\bar{x}+b$;——> 尖哥说:求平均数具有线性性质(与随机变量的均值性质相同).

(2)$s_y^2=a^2 s_x^2$.——> 尖哥说:求方差具有倍数平方性质(与随机变量的方差性质相同).

考点剖析

1.随机抽样

样本量与总体数量的比值称为抽样比,对于分层抽样,每一层的抽样比是相同的.

【例1】从一群做游戏的小孩中随机抽出 k 人,一人分一个苹果,让他们返回继续做游戏.过了一会儿,再从中任取 m 人,发现其中有 n 个小孩曾分过苹果,估计参加游戏的小孩的人数为 ( )

A.$\dfrac{kn}{m}$ 　　B.$k+m-n$ 　　C.$\dfrac{km}{n}$ 　　D.不能估计

解析 设参加游戏的小孩数为 N,则抽样比为 $\dfrac{k}{N}=\dfrac{n}{m}$,解得 $N=\dfrac{km}{n}$.——> 小孩混合匀后, $\dfrac{n}{m}$ 等于抽样比.

答案 C.

【例 2】某校高一年级有 900 名学生,其中女生 400 名.按男女比例用分层抽样的方法,从该年级学生中抽取一个容量为 45 的样本,则应抽取的男生人数为_____.

解析 由题得抽样比为 $\frac{45}{900}=\frac{1}{20}$,所以应抽取男生人数为 $(900-400)\times\frac{1}{20}=25$.

答案 25.

【例 3】某企业三月中旬生产 A,B,C 三种产品共 3000 件,根据分层抽样的结果,企业统计员制作了如下统计表.

产品类型	A	B	C
产品数量/件	■■■■	1300	■■■■
样本容量	■■■■	130	■■■■

由于不小心,表格中 A,C 两种产品的有关数据已被污染看不清楚了,统计员只记得 A 产品的样本容量比 C 产品的样本容量多 10,根据以上信息,可得 C 产品的数量是_____件.

解析 由题得抽样比为 $\frac{130}{1300}=\frac{1}{10}$,设 C 产品的数量为 x,

于是 C 产品样本容量为 $\frac{x}{10}$,A 产品样本容量为 $\frac{x}{10}+10$,

A 产品的数量为 $x+100$,所以 $x+100+1300+x=3000$,解得 $x=800$. → *建立方程,求 C 产品的数量.*

答案 800.

2. 统计数据 → *头哥说:此处介绍的两个计算小技巧可以大大降低计算量.*

牢记众数、中位数、百分位数的概念,会用公式求平均数与方差(标准差).

(1)"大数据"计算:若原始数据绝对值较大,在计算平均数与方差时可以利用关联统计量的平均数与方差性质,把原始数据都减去(或加上)一个相同的数 m,变成一组绝对值较小的新数据,计算新数据的平均数与方差,然后新数据的平均数再加上(或减去)m 即为原始数据的平均数,新数据的方差等于原始数据的方差. → *这里的大数据指的是较大的数据,不是 big data.*

例如:对于原始数据 99,100,101,104,可都减去 100,得到新数据 $-1,0,1,4$,新数据的平均数为 $\bar{x}=\frac{-1+0+1+4}{4}=1$,方差为 $s^2=\frac{(-1-1)^2+(0-1)^2+(1-1)^2+(4-1)^2}{4}=\frac{7}{2}$,故原始数据的平均数为 $1+100=101$,方差为 $\frac{7}{2}$.

(2)对称数据计算:若数据关于中位数对称(例如:数据 1,2,4,6,7 关于中位数 4 左右对称),则满足"均值归中,方差对等"."均值归中"即平均数等于中位数,"方差对等"是指计算方差时,只需计算中位数一侧的数据与平均数之差的平方和,再乘 2 即为所有数据与平均数之差的平方和,即 $s^2=\frac{1}{n}\sum_{i=1}^{n}(x_i-\bar{x})^2=\frac{2}{n}\sum_{i=1}^{\left[\frac{n}{2}\right]}(x_i-\bar{x})^2$(其中 $\left[\frac{n}{2}\right]$ 表示不超过 $\frac{n}{2}$ 的最大整数,假设 $x_1\leqslant x_2\leqslant\cdots\leqslant x_n$).

例如:对于数据 $1,2,4,6,7$,为对称数据,中位数为 4,故平均数为 $\bar{x}=4$,方差为 $s^2=$ $\dfrac{[(1-4)^2+(2-4)^2]\times 2}{5}=\dfrac{26}{5}$.

【例4】抽样统计甲、乙两位射击运动员的 5 次训练成绩(单位:环),结果如下表所示,则成绩较为稳定的那位运动员成绩的平均值为_____.

运动员	第1次	第2次	第3次	第4次	第5次
甲	87	92	90	89	94
乙	89	90	91	88	92

解析 观察易得乙数据波动较小,较稳定.

原始数据减去 90 可得数据 $-1,0,1,-2,2$, ⟶ 大数据计算.

所以均值为 $\bar{x}=90+\dfrac{-1+0+1-2+2}{5}=90$.

答案 90.

【例5】一组数据的方差为 s^2,平均数为 $\bar{x}$,将这组数据中的每一个数都乘 2,所得的一组新数据的方差和平均数为 （ ）

A. $\dfrac{1}{2}s^2,\dfrac{1}{2}\bar{x}$　　　B. $2s^2,2\bar{x}$　　　C. $4s^2,2\bar{x}$　　　D. $s^2,\bar{x}$

解析 由题得新数据为 $y_i=2x_i(i=1,2,\cdots,n)$, ⟶ 关联统计量.

所以 $\bar{y}=2\bar{x},s_y^2=4s_x^2=4s^2$.

答案 C.

【例6】样本中共有五个个体,其值分别为 $a,0,1,2,3$.若该样本的平均值为 1,则样本方差为_____.

解析 观察易知原数据为对称数据,$a=-1$, ⟶ 对称数据计算.

所以方差为 $s^2=\dfrac{[(-1-1)^2+(0-1)^2]\times 2}{5}=2$.

答案 2.

3. 频率分布直方图 ⟶ 夫哥说:频率分布直方图最关键的点在于:面积表示频率.

首先,要注意"和 1 性质",即所有小长方形面积之和始终为 1,对于含有未知量的频率分布直方图,可利用"和 1 性质"求出未知量.

其次,对于计算频率相关的问题,始终牢记小长方形的面积表示频率,当所求频率的区间为完整的分组区间时,频率为完整小长方形面积,当所求频率区间不为完整的分组区间时,频率为一部分小长方形的面积.

最后,利用频率分布直方图计算统计数据时,用每个小长方形对应区间中点的数值代表整个区间的所有数据.

【例7】某校高一某班共有 64 名学生,下图是该班某次数学考试成绩的频率分布直方图,根据该图可知,成绩在 $110\sim120$ 分之间的同学人数大约为 （ ）

A. 10　　　　　B. 11　　　　　C. 13　　　　　D. 16

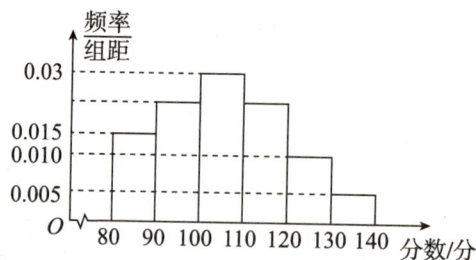

解析 设 90～100 以及 110～120 区间小长方形的高为 a.
根据所有小长方形面积之和为 1,可得 $(0.015+2a+0.03+0.010+0.005)\times10=1$,　→ *利用"和 1 性质"算未知量*
解得 $a=0.02$,于是 110～120 分之间人数为 $0.02\times10\times64=12.8\approx13$.

答案 C.

【例 8】 某校 100 名学生的数学测试成绩频率分布直方图如图所示,分数不低于 a 即为优秀,如果优秀的人数为 20 人,则 a 的估计值是 　　　　　　　　　( )

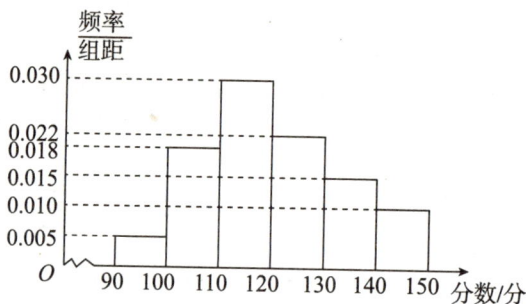

A. 130　　　　　　　B. 140　　　　　　　C. 133　　　　　　　D. 137

解析 由题得优秀人数的频率为 $\dfrac{20}{100}=0.2$.

由 140～150 分频率为 $0.010\times10=0.1$,130～150 分频率为 $(0.010+0.015)\times10=0.25$,
由 $0.1<0.2<0.25$,可初步判断 $a\in(130,140)$.　→ *先初步判断 a 在哪个区间,然后利用小长方形面积表示频率进行计算.*
于是有 $0.015\times(140-a)+0.010\times10=0.2$,解得 $a=140-\dfrac{20}{3}\approx133$.

答案 C.

【例 9】 我国是世界上严重缺水的国家之一,某市政府为了了解居民用水情况,通过抽样调查,获得了某年 100 位居民每人的月均用水量(单位:t),并将数据分成 9 组,制成了如图所示的频率分布直方图,由图可知 $a=$ _____.若该市政府希望使 85% 的居民月均用水量不超过标准 x(t),则 $x=$ _____.

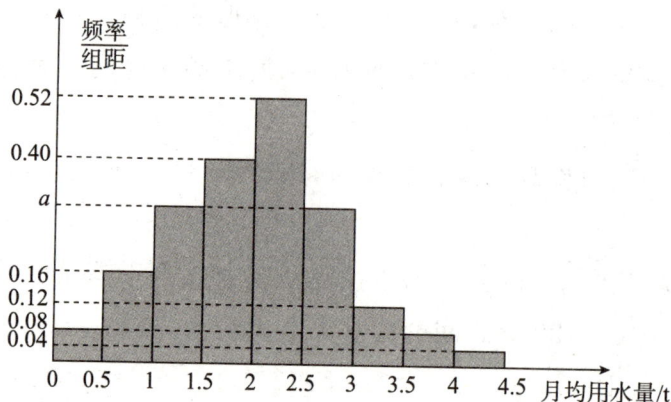

解析 由题得$(0.08+0.16+2a+0.40+0.52+0.12+0.08+0.04)\times0.5=1$,解得$a=0.30$.

由$(3,4.5)$区间对应频率为$(0.12+0.08+0.04)\times0.5=0.12$,

利用"和1性质"算未知量

$(2.5,4.5)$区间对应频率为$(0.30+0.12+0.08+0.04)\times0.5=0.27$,

由$0.12<1-0.85<0.27$,可初步判断$x\in(2.5,3)$,

先初步判断x在哪个区间,然后利用小长方形面积表示频率进行计算

于是有$0.30\times(3-x)+(0.12+0.08+0.04)\times0.5=1-0.85$,解得$x=2.9$.

答案 $0.30;2.9$.

【**例10**】某家庭记录了未使用节水龙头50天的日用水量数据(单位:m³)和使用了节水龙头50天的日用水量数据,得到频数分布表如下:

未使用节水龙头50天的日用水量频数分布表

日用水量	$[0,0.1)$	$[0.1,0.2)$	$[0.2,0.3)$	$[0.3,0.4)$	$[0.4,0.5)$	$[0.5,0.6)$	$[0.6,0.7)$
频数	1	3	2	4	9	26	5

使用了节水龙头50天的日用水量频数分布表

日用水量	$[0,0.1)$	$[0.1,0.2)$	$[0.2,0.3)$	$[0.3,0.4)$	$[0.4,0.5)$	$[0.5,0.6)$
频数	1	5	13	10	16	5

(1)在下图中作出使用了节水龙头50天的日用水量数据的频率分布直方图:

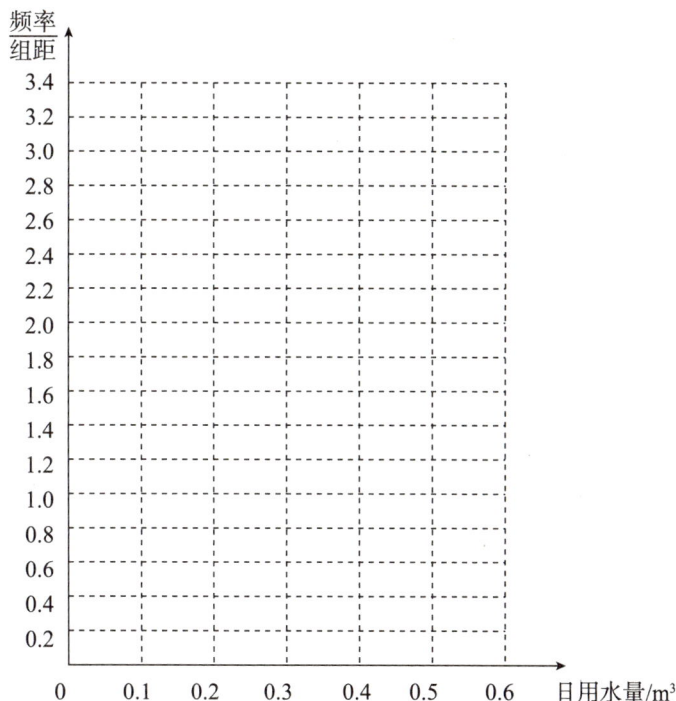

(2)估计该家庭使用节水龙头后,一年能节省多少水?(一年按365天计算,同一组中的数据以这组数据所在区间中点的值作代表)

解析 (1)如图所示:

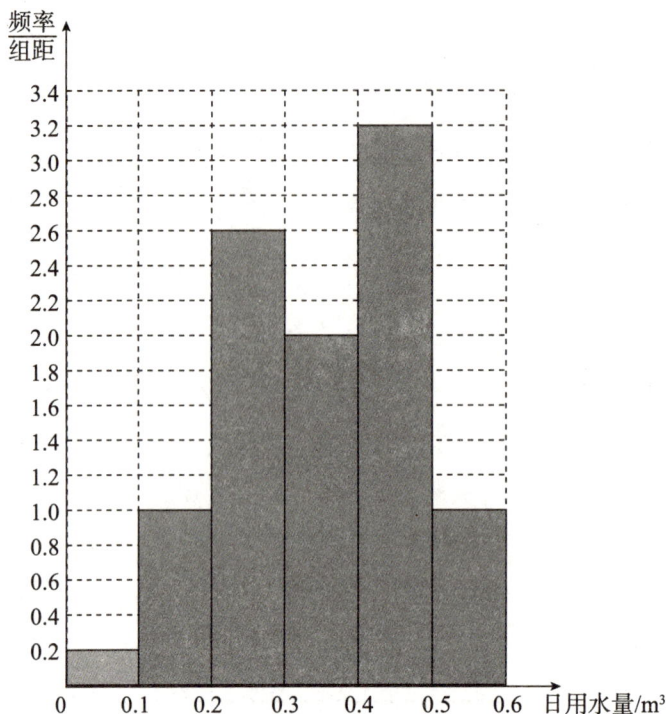

频率/组距 histogram with x-axis 日用水量/m³

（2）该家庭未使用节水龙头 50 天日用水量的平均数为

$$\overline{x_1}=\frac{0.05\times1+0.15\times3+0.25\times2+0.35\times4+0.45\times9+0.55\times26+0.65\times5}{50}=0.48.$$

→ 用区间中点的数值代表整个区间所有数据.

该家庭使用了节水龙头后 50 天日用水量的平均数为

$$\overline{x_2}=\frac{0.05\times1+0.15\times5+0.25\times13+0.35\times10+0.45\times16+0.55\times5}{50}=0.35,$$

估计使用节水龙头后，一年可节省水 $(0.48-0.35)\times365=47.45(\mathrm{m}^3)$.

答案 （1）见解析；（2）47.45 m³.

4. 线性回归

→ 夫哥说：计算 $\hat{b}$ 的公式与计算相关系数 r 的公式中有一部分是相同的，计算时可重复使用.

对于数据 $(x_1,y_1),(x_2,y_2),\cdots,(x_n,y_n)$，称 $(\overline{x},\overline{y})$ 为样本中心，其中 $\overline{x}=\frac{1}{n}\sum_{i=1}^{n}x_i,\overline{y}=\frac{1}{n}\sum_{i=1}^{n}y_i$，设回归方程为 $\hat{y}=\hat{a}+\hat{b}x$.

首先，样本中心必在回归直线上，称为不动点，即满足 $\overline{y}=\hat{a}+\hat{b}\overline{x}$，该结论需要记住.

其次，对于计算问题，公式无须背诵，题目一定会给出，会使用即可.

【例 11】 为了研究某班学生的脚长 x（单位：cm）和身高 y（单位：cm）的关系，从该班随机抽取 10 名学生，根据测量数据的散点图可以看出 y 与 x 之间有线性相关关系，设其回归直线方程为 $\hat{y}=\hat{b}x+\hat{a}$. 已知 $\sum_{i=1}^{10}x_i=225,\sum_{i=1}^{10}y_i=1600,\hat{b}=4$. 该班某学生的脚长为 24，据此估计其身高为 （　　）

A. 160　　　　　　B. 163　　　　　　C. 166　　　　　　D. 170

解析 由题得 $\bar{x}=\dfrac{1}{10}\displaystyle\sum_{i=1}^{10}x_i=22.5,\bar{y}=\dfrac{1}{10}\displaystyle\sum_{i=1}^{10}y_i=160$,

由 $\bar{y}=\widehat{b}x+\widehat{a}$,可得 $\widehat{a}=\bar{y}-\widehat{b}\bar{x}=70$,→不动点.

所以 $x=24$ 时, $\widehat{y}=4\times24+70=166$.

答案 C.

【例 12】 下图是我国 7 年间(由年份代码代表年份)的生活垃圾无害化处理量(单位:亿吨)的折线图.

(1)由折线图看出,可用线性回归模型拟合 y 与 t 的关系,请用相关系数加以说明;

(2)建立 y 关于 t 的回归方程(系数精确到 0.01),预测第 9 年(年份代码为 9)我国生活垃圾无害化处理量.

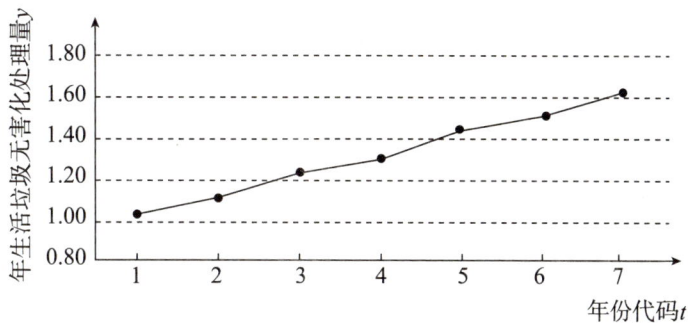

附注:

参考数据: $\displaystyle\sum_{i=1}^{7}y_i=9.32,\displaystyle\sum_{i=1}^{7}t_iy_i=40.17,\sqrt{\displaystyle\sum_{i=1}^{7}(y_i-\bar{y})^2}=0.55,\sqrt{7}\approx2.646$.

参考公式:相关系数 $r=\dfrac{\displaystyle\sum_{i=1}^{n}(t_i-\bar{t})(y_i-\bar{y})}{\sqrt{\displaystyle\sum_{i=1}^{n}(t_i-\bar{t})^2\cdot\displaystyle\sum_{i=1}^{n}(y_i-\bar{y})^2}}$;回归方程 $\widehat{y}=\widehat{a}+\widehat{b}t$ 中斜率和截

距的最小二乘估计公式分别为: $\widehat{b}=\dfrac{\displaystyle\sum_{i=1}^{n}(t_i-\bar{t})(y_i-\bar{y})}{\displaystyle\sum_{i=1}^{n}(t_i-\bar{t})^2},\widehat{a}=\bar{y}-\widehat{b}\bar{t}$.

尖哥说:中间计算结果尽量不要四舍五入,最后一步再统一四舍五入.

解析 (1)由题得 $\bar{t}=\dfrac{1+2+3+4+5+6+7}{7}=4,\bar{y}=\dfrac{1}{7}\displaystyle\sum_{i=1}^{7}y_i=\dfrac{9.32}{7}$,

$\displaystyle\sum_{i=1}^{7}(t_i-\bar{t})^2=(-3)^2+(-2)^2+(-1)^2+0^2+1^2+2^2+3^2=28$,

所以 $r=\dfrac{\displaystyle\sum_{i=1}^{7}t_iy_i-7\bar{t}\cdot\bar{y}}{\sqrt{\displaystyle\sum_{i=1}^{7}(t_i-\bar{t})^2\cdot\displaystyle\sum_{i=1}^{7}(y_i-\bar{y})^2}}=\dfrac{40.17-4\times9.32}{\sqrt{28}\times0.55}\approx0.99$,

相关系数非常接近 1,所以可以用线性回归模型拟合 y 与 t 的关系.

(2)由公式得 $\hat{b}=\dfrac{\sum\limits_{i=1}^{7}t_iy_i-7\bar{t}\cdot\bar{y}}{\sum\limits_{i=1}^{7}(t_i-\bar{t})^2}=\dfrac{40.17-4\times9.32}{28}\approx0.103$，

$\hat{a}=\bar{y}-\hat{b}\bar{t}\approx\dfrac{9.32}{7}-0.103\times4\approx0.92$，所以回归方程为 $\hat{y}=0.10t+0.92$，

所以第 9 年的处理量为 $\hat{y}=0.10\times9+0.92=1.82$（亿吨）.

答案 (1)$r\approx0.99$，可用线性回归模型；(2)$\hat{y}=0.10t+0.92$，1.82 亿吨.

【**例 13**】某公司为确定下一年度投入某种产品的宣传费，需了解年宣传费 x（单位：千元）对年销售量 y（单位：t）和年利润 z（单位：千元）的影响，对近 8 年的年宣传费 x_i 和年销售量 y_i（$i=1,2,\cdots,8$）数据作了初步处理，得到下面的散点图及一些统计量的值.

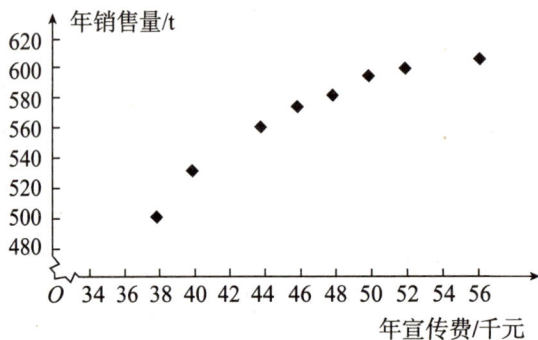

$\bar{x}$	$\bar{y}$	$\bar{w}$	$\sum\limits_{i=1}^{8}(x_i-\bar{x})^2$	$\sum\limits_{i=1}^{8}(w_i-\bar{w})^2$	$\sum\limits_{i=1}^{8}(x_i-\bar{x})(y_i-\bar{y})$	$\sum\limits_{i=1}^{8}(w_i-\bar{w})(y_i-\bar{y})$
46.6	563	6.8	289.8	1.6	1469	108.8

表中 $w_i=\sqrt{x_i}$，$\bar{w}=\dfrac{\sum\limits_{i=1}^{8}w_i}{8}$.

(1)根据散点图判断，$y=a+bx$ 与 $y=c+d\sqrt{x}$ 哪一个适宜作为年销售量 y 关于年宣传费 x 的回归方程类型？（给出判断即可，不必说明理由）

(2)根据(1)题的判断结果及表中数据，建立 y 关于 x 的回归方程.

(3)已知这种产品的年利润 z 与 x，y 的关系为 $z=0.2y-x$. 根据(2)题的结果回答下列问题：

①年宣传费 $x=49$ 时，年销售量及年利润的预报值是多少？

②年宣传费 x 为何值时，年利润的预报值最大？

附：对于一组数据 (u_1,v_1)，(u_2,v_2)，$\cdots$，(u_n,v_n)，其回归直线 $\hat{v}=\hat{\alpha}+\hat{\beta}u$ 的斜率和截距的最小二乘估计分别为：$\hat{\beta}=\dfrac{\sum\limits_{i=1}^{n}(u_i-\bar{u})(v_i-\bar{v})}{\sum\limits_{i=1}^{n}(u_i-\bar{u})^2}$，$\hat{\alpha}=\bar{v}-\hat{\beta}\bar{u}$.

解析 (1) $y=c+d\sqrt{x}$ 更适合. ——→ 对于非线性回归，可通过换元转化为线性回归.

(2) 由公式得 $\hat{d}=\dfrac{\sum\limits_{i=1}^{8}(w_i-\bar{w})(y_i-\bar{y})}{\sum\limits_{i=1}^{8}(w_i-\bar{w})^2}=\dfrac{108.8}{1.6}=68$，

$\hat{c}=\bar{y}-\hat{d}\cdot\bar{w}=563-68\times6.8=100.6$，

所以回归方程为 $\hat{y}=100.6+68w=100.6+68\sqrt{x}$.

(3) $\hat{z}=0.2\hat{y}-x=20.12+13.6\sqrt{x}-x$，

当 $x=49$ 时，$\hat{z}=20.12+13.6\sqrt{49}-49=66.32$，

$\hat{z}=20.12+13.6w-w^2$，对应二次函数对称轴为 $w=\dfrac{13.6}{2}=6.8$，

所以 $w=6.8$ 时，$\hat{z}$ 最大，

于是 $\sqrt{x}=6.8$，即 $x=46.24$ 时年利润的预报值最大.

答案 (1) $y=c+d\sqrt{x}$；(2) $\hat{y}=100.6+68\sqrt{x}$；(3) 66.32 千元，46.24 千元.

5. 独立性检验 ——→ 头哥说：对于任意随机变量都可以进行二分，分为两类取值，从而变为分类变量.

对于计算问题，公式无须背诵，题目一定会给出，会使用即可.

需要注意的是，χ^2 越大，把握越大，把握的数值与相应的概率之和为 1.

【例 14】 新冠病毒肆虐全球，尽快结束疫情是人类共同的期待，疫苗是终结新冠疫情的有力武器. 某研究所研发了某种型号的新冠疫苗，为了研究年龄与疫苗的不良反应的统计关系，现从受试者中采取分层抽样抽取 100 名，其中大龄受试者有 30 人，舒张压偏高或偏低的有 10 人，年轻受试者有 70 人，舒张压正常的有 60 人.

(1) 根据已知条件完成下面的 2×2 列联表，据此资料你是否能够以 99% 的把握认为受试者的年龄与舒张压偏高或偏低有关？

	大龄受试者	年轻受试者	合计
舒张压偏高或偏低			
舒张压正常			
合计			

(2) 在上述 100 人中，从舒张压偏高或偏低的所有受试者中采用分层抽样抽取 6 人，从抽出的 6 人中任取 3 人，设取出的大龄受试者人数为 X，求 X 的分布列和数学期望.

运算公式：$\chi^2=\dfrac{n(ad-bc)^2}{(a+b)(c+d)(a+c)(b+d)}$，对照表如下：

$P(\chi^2\geqslant k)$	0.100	0.050	0.010	0.001
k	2.706	3.841	6.635	10.828

解析 (1) 2×2 列联表如下：

	大龄受试者	年轻受试者	合计
舒张压偏高或偏低	10	10	20
舒张压正常	20	60	80
合计	30	70	100

$$\chi^2=\frac{100\times(10\times60-10\times20)^2}{30\times70\times20\times80}\approx4.762<6.635,$$ → χ^2 小于对应的值，则没有相应的把握.

所以，没有 99% 的把握认为受试者的年龄与舒张压偏高或偏低有关.

(2)由题意得，采用分层抽样抽取的 6 人中，大龄受试者有 3 人，年轻受试者有 3 人，

所以大龄受试者人数 X 的可能取值为 $0,1,2,3$，

于是 $P(X=0)=\dfrac{C_3^3}{C_6^3}=\dfrac{1}{20}$，$P(X=1)=\dfrac{C_3^2C_3^1}{C_6^3}=\dfrac{9}{20}$，

$P(X=2)=\dfrac{C_3^1C_3^2}{C_6^3}=\dfrac{9}{20}$，$P(X=3)=\dfrac{C_3^3}{C_6^3}=\dfrac{1}{20}$，

所以 X 的分布列为：

X	0	1	2	3
P	$\dfrac{1}{20}$	$\dfrac{9}{20}$	$\dfrac{9}{20}$	$\dfrac{1}{20}$

数学期望为 $E(X)=0\times\dfrac{1}{20}+1\times\dfrac{9}{20}+2\times\dfrac{9}{20}+3\times\dfrac{1}{20}=\dfrac{3}{2}$.

答案 (1)没有 99% 的把握认为受试者的年龄与舒张压偏高或偏低有关；(2)分布列见解析，$E(X)=\dfrac{3}{2}$.

【例 15】关于棉花质量，主要有以下几个指标：品级、长度、马克隆值、回潮率、含杂率、短纤维率、危害性杂物、棉结等. 为研究棉花质量，提高棉花品质，某研究机构在一批棉花中随机抽查了 200 份棉花样品中的马克隆值、回潮率，得下表：

马克隆值 y \ 回潮率 x	$y\leqslant3.4$	$3.5\leqslant y\leqslant3.6$	$3.7\leqslant y\leqslant4.2$	$4.3\leqslant y\leqslant4.9$
$7\%\leqslant x\leqslant8\%$	12	6	10	8
$8\%<x\leqslant9\%$	35	31	34	24
$9\%<x\leqslant10\%$	5	4	11	20

(1)估计事件"该批棉花马克隆值不超过 4.2，回潮率不超过 9%"的概率；

(2)根据所给数据，完成下面的 2×2 列联表：

马克隆值 y \ 回潮率 x	$y\leqslant4.2$	$4.3\leqslant y\leqslant4.9$
$7\%\leqslant x\leqslant9\%$		
$9\%<x\leqslant10\%$		

(3)根据(2)中的列联表,判断是否有 99.9% 的把握认为该批棉花马克隆值与回潮率有关?

附:$\chi^2 = \dfrac{n(ad-bc)^2}{(a+b)(c+d)(a+c)(b+d)}$.

$P(\chi^2 \geqslant k)$	0.050	0.010	0.001
k	3.841	6.635	10.828

解析 (1)记"马克隆值不超过 4.2,回潮率不超过 9%"为事件 A,

由题得,在抽查的 200 份棉花样品中事件 A 对应的数量共有 $12+35+6+31+10+34=$ 128 份,

于是 $P(A) = \dfrac{128}{200} = 0.64$,即"马克隆值不超过 4.2,回潮率不超过 9%"的概率为 0.64.

(2)由所给数据,所得的 2×2 列联表如下:

回潮率 x　マ马克隆值 y	$y \leqslant 4.2$	$4.3 \leqslant y \leqslant 4.9$
$7\% \leqslant x \leqslant 9\%$	128	32
$9\% < x \leqslant 10\%$	20	20

(3)由(2)题中列联表中的数据,

可得 $\chi^2 = \dfrac{200 \times (128 \times 20 - 32 \times 20)^2}{160 \times 40 \times 52 \times 148} \approx 14.969 > 10.828$, → *χ² 大于对应的值,则有相应的把握.*

因此,有 99.9% 的把握认为该批棉花马克隆值与回潮率有关.

答案 (1)0.64;(2)列联表见解析;(3)有 99.9% 的把握认为该批棉花马克隆值与回潮率有关.

高考链接

【高1】(2022 全国甲理 2,5 分)某社区通过公益讲座以普及社区居民的垃圾分类知识. 为了解讲座效果,随机抽取 10 位社区居民,让他们在讲座前和讲座后各回答一份垃圾分类知识问卷,这 10 位社区居民在讲座前和讲座后问卷答题的正确率如下图所示:

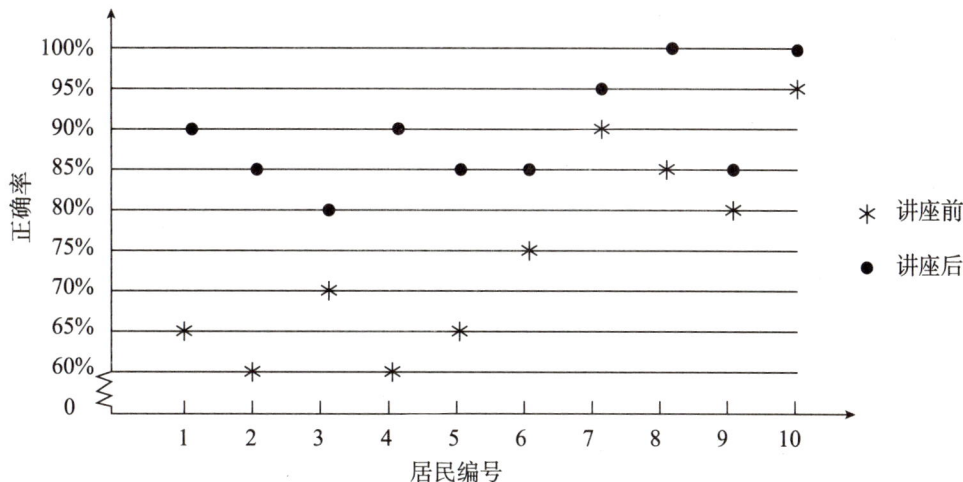

则 （　　）

　　A. 讲座前问卷答题的正确率的中位数小于 70%

　　B. 讲座后问卷答题的正确率的平均数大于 85%

　　C. 讲座前问卷答题的正确率的标准差小于讲座后正确率的标准差

　　D. 讲座后问卷答题的正确率的极差大于讲座前正确率的极差

　　【高 2】(2021 新高考一 9 多选,5 分)有一组样本数据 $x_1,x_2,\cdots,x_n$,由这组数据得到新样本数据 $y_1,y_2,\cdots,y_n$,其中 $y_i=x_i+c(i=1,2,\cdots,n)$,$c$ 为非零常数,则 （　　）

　　A. 两组样本数据的样本平均数相同　　　　B. 两组样本数据的样本中位数相同

　　C. 两组样本数据的样本标准差相同　　　　D. 两组样本数据的样本极差相同

　　【高 3】(2021 新高考二 9 多选,5 分)下列统计量中可用于度量样本 $x_1,x_2,\cdots,x_n$ 离散程度的有 （　　）

　　A. $x_1,x_2,\cdots,x_n$ 的标准差　　　　　　B. $x_1,x_2,\cdots,x_n$ 的中位数

　　C. $x_1,x_2,\cdots,x_n$ 的极差　　　　　　D. $x_1,x_2,\cdots,x_n$ 的平均数

　　【高 4】(2020 全国 3 理 3,5 分)在一组样本数据中,1,2,3,4 出现的频率分别为 p_1,p_2,p_3,p_4,且 $\sum\limits_{i=1}^{4}p_i=1$,则下面四种情形中,对应样本的标准差最大的一组是 （　　）

　　A. $p_1=p_4=0.1,p_2=p_3=0.4$　　　　B. $p_1=p_4=0.4,p_2=p_3=0.1$

　　C. $p_1=p_4=0.2,p_2=p_3=0.3$　　　　D. $p_1=p_4=0.3,p_2=p_3=0.2$

　　【高 5】(2020 全国 3 文 3,5 分)设一组样本数据 $x_1,x_2,\cdots,x_n$ 的方差为 0.01,则数据 $10x_1,10x_2,\cdots,10x_n$ 的方差为 （　　）

　　A. 0.01　　　　　　B. 0.1　　　　　　C. 1　　　　　　D. 10

　　【高 6】(2019 全国 2 理 5,5 分)演讲比赛共有 9 位评委分别给出某选手的原始评分,评定该选手的成绩时,从 9 个原始评分中去掉 1 个最高分、1 个最低分,得到 7 个有效评分.7 个有效评分与 9 个原始评分相比,不变的数字特征是 （　　）

　　A. 中位数　　　　B. 平均数　　　　C. 方差　　　　D. 极差

　　【高 7】(2021 全国甲理 2,5 分)为了解某地农村经济情况,对该地农户家庭年收入进行抽样调查,将农户家庭年收入的调查数据整理得到如下频率分布直方图:

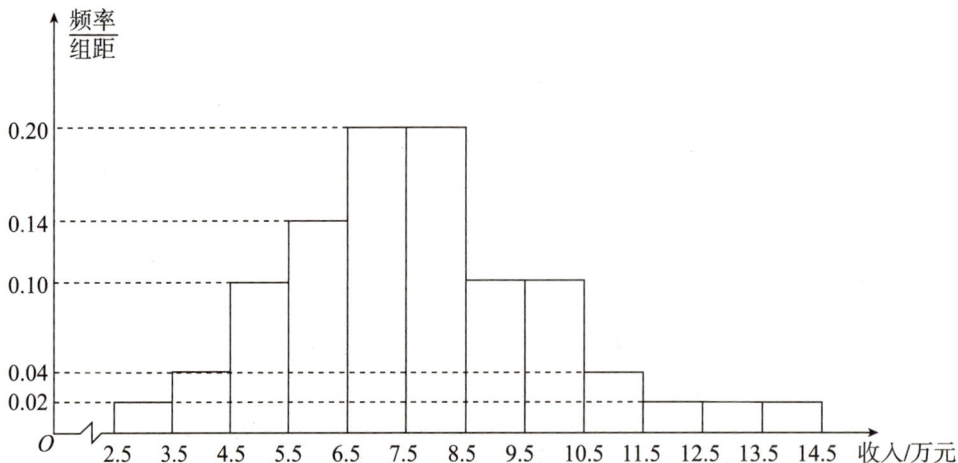

根据此频率分布直方图,下面结论中不正确的是 （　　）

A. 该地农户家庭年收入低于 4.5 万元的农户比率估计为 6%

B. 该地农户家庭年收入不低于 10.5 万元的农户比率估计为 10%

C. 估计该地农户家庭年收入的平均值不超过 6.5 万元

D. 估计该地有一半以上的农户,其家庭年收入介于 4.5 万元至 8.5 万元之间

【高8】(2021 全国乙理 17,12 分)某厂研制了一种生产高精产品的设备,为检验新设备生产产品的某项指标有无提高,用一台旧设备和一台新设备各生产了 10 件产品,得到各件产品该项指标数据如下表所示:

旧设备	9.8	10.3	10.0	10.2	9.9	9.8	10.0	10.1	10.2	9.7
新设备	10.1	10.4	10.1	10.0	10.1	10.3	10.6	10.5	10.4	10.5

旧设备和新设备生产产品的该项指标的样本平均数分别记为 $\bar{x}$ 和 $\bar{y}$,样本方差分别记为 s_1^2 和 s_2^2.

(1)求 $\bar{x}$,$\bar{y}$,s_1^2,s_2^2;

(2)判断新设备生产产品的该项指标的均值较旧设备是否有显著提高$\left(\text{如果 } \bar{y}-\bar{x}\geqslant 2\sqrt{\dfrac{s_1^2+s_2^2}{10}}\right.$,则认为新设备生产产品的该项指标的均值较旧设备有显著提高,否则不认为有显著提高$\Big)$.

【高9】(2019 全国 3 理 17/文 17,12 分)为了解甲、乙两种离子在小鼠体内的残留程度,进行如下试验:将 200 只小鼠随机分成 A,B 两组,每组 100 只,其中 A 组小鼠给服甲离子溶液,B 组小鼠给服乙离子溶液,每组小鼠给服的溶液体积相同、摩尔浓度相同.经过一段时间后用某种科学方法测算出残留在小鼠体内离子的百分比.根据试验数据分别得到如下直方图:

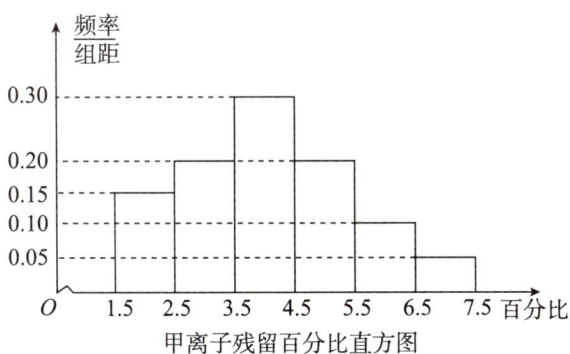

甲离子残留百分比直方图

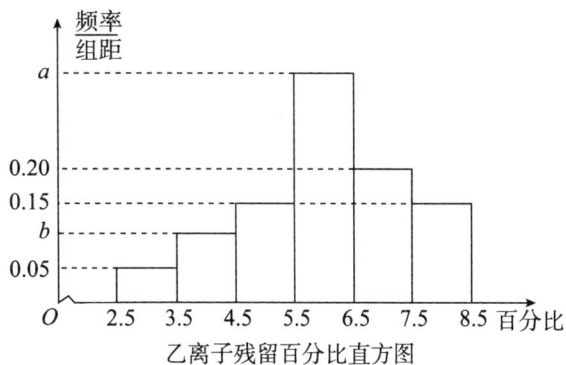

乙离子残留百分比直方图

记 C 为事件:"乙离子残留在体内的百分比不低于 5.5",根据直方图得到 $P(C)$ 的估计值为 0.70.

(1)求乙离子残留百分比直方图中 a,b 的值;

(2)分别估计甲、乙离子残留百分比的平均值(同一组中的数据用该组区间的中点值为代表).

【高 10】(2022 全国乙理 19,12 分)某地经过多年的环境治理,已将荒山改造成了绿水青山. 为估计一林区某种树木的总材积量,随机选取了 10 棵这种树木,测量每棵树的根部横截面积(单位:m^2)和材积量(单位:m^3),得到如下表所示数据:

样本号 i	1	2	3	4	5	6	7	8	9	10	总和
根部横截面积 x_i	0.04	0.06	0.04	0.08	0.08	0.05	0.05	0.07	0.07	0.06	0.6
材积量 y_i	0.25	0.40	0.22	0.54	0.51	0.34	0.36	0.46	0.42	0.40	3.9

并计算得 $\sum_{i=1}^{10} x_i^2 = 0.038, \sum_{i=1}^{10} y_i^2 = 1.6158, \sum_{i=1}^{10} x_i y_i = 0.2474.$

(1)估计该林区这种树木平均一棵的根部横截面积与平均一棵的材积量;

(2)求该林区这种树木的根部横截面积与材积量的样本相关系数(精确到 0.01);

(3)现测量了该林区所有这种树木的根部横截面积,并得到所有这种树木的根部横截面积总和为 186 m^2. 已知树木的材积量与其根部横截面积近似成正比. 利用以上数据给出该林区这种树木的总材积量的估计值.

附:相关系数 $r = \dfrac{\sum_{i=1}^{n}(x_i - \bar{x})(y_i - \bar{y})}{\sqrt{\sum_{i=1}^{n}(x_i - \bar{x})^2 \sum_{i=1}^{n}(y_i - \bar{y})^2}}$, $\sqrt{1.896} \approx 1.377$.

【高 11】（2020 全国 2 理 18/文 18，12 分）某沙漠地区经过治理，生态系统得到很大改善，野生动物数量有所增加．为调查该地区某种野生动物的数量，将其分成面积相近的 200 个地块，从这些地块中用简单随机抽样的方法抽取 20 个作为样区，调查得到样本数据 $(x_i, y_i)(i = 1, 2, \cdots, 20)$，其中 x_i 和 y_i 分别表示第 i 个样区的植物覆盖面积（单位：公顷）和这种野生动物的数量，并计算得 $\sum\limits_{i=1}^{20} x_i = 60$，$\sum\limits_{i=1}^{20} y_i = 1200$，$\sum\limits_{i=1}^{20} (x_i - \bar{x})^2 = 80$，$\sum\limits_{i=1}^{20} (y_i - \bar{y})^2 = 9000$，$\sum\limits_{i=1}^{20} (x_i - \bar{x})(y_i - \bar{y}) = 800$．

（1）求该地区这种野生动物数量的估计值（这种野生动物数量的估计值等于样区这种野生动物数量的平均数乘地块数）；

（2）求样本 $(x_i, y_i)(i = 1, 2, \cdots, 20)$ 的相关系数（精确到 0.01）；

（3）根据现有统计资料，各地块间植物覆盖面积差异很大．为提高样本的代表性以获得该地区这种野生动物数量更准确的估计，请给出一种你认为更合理的抽样方法，并说明理由．

附：相关系数 $r = \dfrac{\sum\limits_{i=1}^{n} (x_i - \bar{x})(y_i - \bar{y})}{\sqrt{\sum\limits_{i=1}^{n} (x_i - \bar{x})^2 \sum\limits_{i=1}^{n} (y_i - \bar{y})^2}}$，$\sqrt{2} \approx 1.414$．

【高 12】（2022 新高考一 20，12 分）一医疗团队为研究某地的一种地方性疾病与当地居民的卫生习惯（卫生习惯分为良好和不够良好两类）的关系，在已患该疾病的病例中随机调查了 100 例（称为病例组），同时在未患该疾病的人群中随机调查了 100 例（称为对照组），得到如下表所示数据：

	不够良好	良好
病例组	40	60
对照组	10	90

（1）能否有 99% 的把握认为患该疾病群体与未患该疾病群体的卫生习惯有差异？

（2）从该地的人群中任选一人，A 表示事件"选到的人卫生习惯不够良好"，B 表示事件"选到的人患有该疾病"，$\dfrac{P(B|A)}{P(\bar{B}|A)}$ 与 $\dfrac{P(B|\bar{A})}{P(\bar{B}|\bar{A})}$ 的比值是卫生习惯不够良好对患该疾病风险程度的一项度量指标，记该指标为 R．

（ⅰ）证明：$R=\dfrac{P(A|B)}{P(\bar{A}|B)}\cdot\dfrac{P(\bar{A}|\bar{B})}{P(A|\bar{B})}$；

（ⅱ）利用该调查数据，给出 $P(A|B),P(A|\bar{B})$ 的估计值，并利用（ⅰ）的结果给出 R 的估计值.

附：$\chi^2=\dfrac{n(ad-bc)^2}{(a+b)(c+d)(a+c)(b+d)}$，

$P(\chi^2\geqslant k)$	0.050	0.010	0.001
k	3.841	6.635	10.828

【高 13】（2021 全国甲理 17，12 分）甲、乙两台机床生产同种产品，产品按质量分为一级品和二级品，为了比较两台机床产品的质量，分别用两台机床各生产了 200 件产品，产品的质量情况统计如下表所示：

	一级品	二级品	合计
甲机床	150	50	200
乙机床	120	80	200
合计	270	130	400

（1）甲机床、乙机床生产的产品中一级品的频率分别是多少？

（2）能否有 99% 的把握认为甲机床的产品质量与乙机床的产品质量有差异？

附：$\chi^2=\dfrac{n(ad-bc)^2}{(a+b)(c+d)(a+c)(b+d)}$.

$P(\chi^2\geqslant k)$	0.050	0.010	0.001
k	3.841	6.635	10.828

【高 14】(2020 全国 3 理 18/文 18,12 分)某学生兴趣小组随机调查了某市 100 天中每天的空气质量等级和当天到某公园锻炼的人次,整理数据得到下表所示(单位:天):

锻炼人次 空气质量等级	[0,200]	(200,400]	(400,600]
1(优)	2	16	25
2(良)	5	10	12
3(轻度污染)	6	7	8
4(中度污染)	7	2	0

(1)分别估计该市一天的空气质量等级为 1,2,3,4 的概率.

(2)求一天中到该公园锻炼的平均人次的估计值(同一组中的数据用该组区间的中点值为代表).

(3)若某天的空气质量等级为 1 或 2,则称这天"空气质量好";若某天的空气质量等级为 3 或 4,则称这天"空气质量不好".根据所给数据,完成下面的 2×2 列联表,并根据列联表,判断是否有 95% 的把握认为一天中到该公园锻炼的人次与该市当天的空气质量有关?

	人次≤400	人次>400
空气质量好		
空气质量不好		

附:$\chi^2 = \dfrac{n(ad-bc)^2}{(a+b)(c+d)(a+c)(b+d)}$

$P(\chi^2 \geq k)$	0.050	0.010	0.001
k	3.841	6.635	10.828

【高 15】(2020 新高考一 19,12 分)为加强环境保护,治理空气污染,环境监测部门对某市空气质量进行调研,随机抽查了 100 天空气中的 PM 2.5 和 SO_2 浓度(单位:$\mu g/m^3$),得下表:

SO₂ PM 2.5	[0,50]	(50,150]	(150,475]
[0,35]	32	18	4
(35,75]	6	8	12
(75,115]	3	7	10

(1)估计事件"该市一天空气中 PM 2.5 浓度不超过 75,且 SO_2 浓度不超过 150"的概率;

(2)根据所给数据,完成下面的 2×2 列联表:

SO₂ PM 2.5	[0,150]	(150,475]
[0,75]		
(75,115]		

(3)根据(2)题中的列联表,判断是否有 99% 的把握认为该市一天空气中 PM 2.5 浓度与 SO_2 浓度有关?

附:$\chi^2 = \dfrac{n(ad-bc)^2}{(a+b)(c+d)(a+c)(b+d)}$

$P(\chi^2 \geqslant k)$	0.050	0.010	0.001
k	3.841	6.635	10.828